中国古代の鉄器研究

白雲翔著・佐々木正治訳

同成社

© 2005 科学出版社
白雲翔『先秦両漢鉄器的考古学研究』

まえがき

　東アジア考古学における鉄器文化研究にとって待望の研究書が刊行された。中国社会科学院考古研究所に所属する白雲翔氏の『先秦両漢鉄器的考古学研究』（科学出版社、2005年）である。B5判、総414頁におよぶ本書は、漢代以前の鉄器やその生産についての著述としては過去例をみない大著といえる。

　中国考古学界において遺跡出土の鉄製品に対する最初期の研究として貔子窩、牧羊城、南山裡といった東亜考古学会による調査例をあげることができるならば、鉄器研究の歴史は約80年とみることができる。その後の発掘例の増加とともに、秦漢代前後の鉄器や地域を限定した個別具体的な研究が蓄積される一方で、それらが総括される機会はなかなか訪れなかった。そのような研究状況であったからこそ故潮見浩氏の『東アジアの初期鉄器時代』（吉川弘文館、1982年）は中国の鉄器文化研究を志すものにとって大きな指針を与えるものであった。潮見氏の研究は鉄器文化の故地である中国の状況を把握したうえで朝鮮半島、日本列島の様相を相対化するものであった。

　しかし、1980年代後半以降の鉄器研究は質的に大きく転換する。というのも報告される鉄製品の増加が加速度的になったということと、それのみならず二大河の中下流域以外、つまり周辺地域を含む広汎な範囲で鉄製品の検出がしだいに顕著になったためである。

　白氏の『先秦両漢鉄器的考古学研究』はそういった調査研究動向を反映したものであり、さらにアジア周辺地域にも視野が開かれた書となっている。1990年代前半、白氏をはじめ李京華氏、王巍氏により、日本の弥生時代、古墳時代の鉄器文化に関する論考があいついで刊行された。中国から朝鮮半島や日本列島にも注がれる視野が、鉄器文化の東アジア的位置づけに腐心するわれわれの研究に対して示唆するところはきわめて大きい。

　また本書は秦漢代までのあらゆる鉄製品が網羅され、器種ごとに検討が加えられていることはありがたい。とくに農工具類に対しても武器類と同じく紙数が割かれており、このことも特徴の一つである。装飾性や細部を除くと基本的に共有した特徴を有する武器類に対して、農工具類は地域の生産様式に適合して、地域色の濃淡を呈する場合が多い。袋状鉄斧、鋸等に関する白先生の論考がわが国において翻訳されたり、輪読されている背景にはわれわれに近しい視線をもっておられるからなのであろう。

　もとより『先秦両漢鉄器的考古学研究』のもつ意義は東アジアのなかだけで評価されるものではない。ボタイ文化における馬事文化の発生や金属器の東伝など、1990年代後半から今日にかけて、中央アジアを対象とした研究例の蓄積は豊富である。鉄器の出現と社会的変容という課題もその一つであり、ユーラシア大陸規模での比較研究が必要とされるようになった。本書はその動向にも応える資格を有する好著といえよう。

　さて日本考古学に対する本書の重要性を鑑み、白氏に日本語への翻訳についてお願いしたところ、快く承諾をいただいた。白先生には衷心より感謝したい。そして翻訳の大役は愛媛大学東アジア古代鉄文化研究センターの佐々木正治氏が担うこととなり、ここに『中国古代の鉄器研究』として刊行される運びとなった。佐々木氏は専修大学、広島大学大学院で学業を修めたのち、四川大学に進学。四川省を主たるフィールドとし、考古学と文献史学を融合して、農業考古学というテーマで研

究をすすめ、2005年、四川大学で歴史学博士の学位を取得した。中国の鉄製品に関する論考もすでにいくつか発表しており、今後が期待される気鋭の研究者である。現在、四川省において秦漢代の製鉄遺跡をともに調査する同志が、まさに時宜を得て高著を翻訳できることを喜びたいと思う。また本書の意義を日本語で広く伝えるためには同成社山脇洋亮氏のご理解なくしてあり得なかった。感謝の意を表したい。

　本書が多くの考古学研究者や東アジア史研究者の座右の書として活用され、東アジアの鉄器文化研究がさらに推進されることを切望する次第である。
　　　　2009年元旦
　　　　　　　　　　　　　　　愛媛大学東アジア古代鉄文化研究センター長・法文学部教授
　　　　　　　　　　　　　　　　　　　　　　　　　　　　　　　　　　　村上恭通

日文版序

　　拙著『先秦両漢鉄器的考古学研究』が日本語に翻訳され、日本で出版されるはこびとなり、誠に喜びに堪えない。この機会に、日文版の読者諸氏に簡略ながら私の古代鉄器研究について説明を加えておきたい。

　　なぜ古代鉄器を研究しなければならないのか？　その最も根本的な理由は、鉄が人類の歴史上において革命的な作用を生んだ極めて重要な金属の一つであることである。鉄器の出現と使用は、人類社会に画期的な進歩をもたらした。今日に至るまで、鋼鉄は今なお社会生産・社会生活の中で最も重要かつ最も多用される金属材料である。東アジア地域の視点でみると、製鉄術はまず中国で発生し、その後しだいに周辺の地域へと伝播し、東アジア全体が鉄器時代を迎えることとなる。それゆえに、東アジア古代鉄器文化に注目する各研究者は、中国古代鉄器の起源と発展を見過ごすわけにはいかないのである。しかるに先秦両漢時代の鉄器については、中国において鉄器が生まれ発展を遂げた研究の要となる時期であるにもかかわらず、長きに渡って系統的な考古学研究がなされなかった。そういったことから、先秦両漢時代の鉄器を体系的に研究することは、中国だけでなく、東アジア地域全体における古代製鉄技術の起源と伝播の研究、また古代鉄器文化の研究に対して、重要な科学的意義をもつのであり、それは自明の理であるといえよう。

　　もちろん、古代鉄器の考古学研究にはある種の難しさが伴い、また学術的難題の一つであるといえる。その理由はいくつかある。鉄器は発見例は多いものの、一般に保存状態が悪く、資料もまとまっていない。また鉄器の研究は、考古資料の分析だけでなく、冶金学研究にも及ばなければならない。さらに鉄器研究は、孤立したものでなく、考古学研究・歴史学研究の全体に説き及ぶことが要求される。こういったことから、科学的な研究方法が求められると同時に、厳しい努力が課せられるのである。中国の歴史学界には一つの優れた学問的伝統がある。すなわち"論は史より出づる"という考えである。私の研究は、考古発見の鉄器資料の集成と整理から始まった。研究の過程では、特に鉄工場址の資料や、鉄器の出土地域・出土状況、また共伴遺物との関係などに注意を払った。そして研究方法においては、考古学的方法を堅持しつつ、冶金学研究成果・文献史料と関連付けることに力を入れ、終始一貫して鉄器を社会歴史という背景の下に位置づけて観察を行い思考を繰り返したのである。

　　私が古代鉄器の研究に従事してから、断続的ながらもすでに16年の月日が経った。思い起こせば、私の鉄器研究は日本から始まったのである。私は1990年から1991年の間、岩崎卓也先生の御指導の下、海外研究者として筑波大学歴史・人類学専攻で研究に従事した。その際、日本考古学界における古代鉄器の研究に影響と啓発を受け、「弥生時代の鉄製刃先とそれをめぐる諸問題」(『筑波大学先史学・考古学研究』第2号、1991年) という論文を発表するにいたった。帰国の後も「戦国秦漢和日本弥生時代的鍛造鉄器」(『考古』1993年第5期) を撰述した。1994年から1995年には、樋口隆康先生・菅谷文則先生の御指導の下、奈良シルクロード学研究センターにおいて研究を続けたが、その間継続して日本・中国の古代鉄器資料の収集と整理を行い、これがその後の研究の基礎を打ち立てることとなった。この場をお借りして、長きにわたりお世話になり、御指導・御援助をいただいた日本の先生方と友人に、心から深く感謝の意を表することを許されたい。

本書の撰述は2001年に始まり、3年を経てようやく完成を見た。本書における先秦両漢鉄器の研究は、おもに中国古代鉄器の起源と初期発展の体系を構築することを企図している。具体的にいうならば、三つの段階を含む。第一は考古学の基本研究であり、中国古代鉄器が発生し初期発展を遂げた段階において、その歴史の筋道・変遷の軌跡・普及の過程といったことを基本的に究明しようとした。第二は歴史学研究であり、鋼鉄技術と鉄器工業の発展過程とその要因を明らかにし、鉄器の出現と応用が社会歴史発展過程においてどのような役割をもったかを検討した。第三は歴史理論化であり、科学技術と生産力の間および生産力と社会変革の間における関係とその相互作用といった問題に対して、そこに内在する理論を探求し明確化した。

　本書を専門性の強い著作の一つとして世に送り出した後、私の予想を超えて、国内外の学術界の高い関心を得たことも、喜ばしい限りである。2005年の春に出版してから半年に至らずして、本書の売れ行きは上々であった。そしてその年の12月、蘇哲先生により日本の学術雑誌上において本書の紹介がされ（『古代学研究』第171号、2005年12月）、"中国鉄器文化研究の集大成的な著作である"、また"古代中国鉄器の起源と製鉄産業の発達に関する現在までの研究の高い到達点を示すものであるとともに、今後の研究の出発点ともいえるであろう"と評された。その後、中国の学術雑誌でも、韓国河先生の「古代鉄器研究的物証与心証」（『考古』2006年第10期）・施勁松先生の「従鉄器中閲読歴史」（『文物』2007年第2期）・唐際根先生の「先秦両漢時期鉄器的生産応用与社会発展進程問題」（『考古与文化遺産論集』科学出版社、2009年）など、たびたび書評が発表された。また本書は"2005年全国文博考古最佳論著"にも選出された。こういった諸氏による評論では、本書の学術的価値・学術的貢献・意義について肯定的な評価をすると同時に、様々な側面からさらに検討する価値のある問題を提示していただいた。中国古代鉄器の起源は西アジア地域とどのような関係にあるのか？　古代隕鉄製品の使用は人工製鉄発明の先駆けと言えるのか否か？　液体銑鉄製錬技術が春秋前期に発明されたとするならば、なぜ鉄器の大規模生産は戦国時代を待たねばならなかったのか、またその背景にある要因は何であるのか？　これらの問題はみな、一書の中で論述し明らかにすることは困難であり、私の今後のさらなる研究課題としなければならない。学問に行き止まりはなく、科学研究に終着点はない。古代鉄器研究もまた然りである。

　一人の学者として、自身の研究成果をより多くの人に理解され使用してもらうことは、望外の喜びである。しかし学術著作の翻訳は非常に困難で、また学術書の出版も決して容易ではない。二年にわたり懸命に本書の翻訳に携わってくれた愛媛大学の佐々木正治博士と、本書の日本における出版の実現を進めていただいた愛媛大学の村上恭通教授に、心から感謝と敬意を表したい。そして、今回の出版に対して大きな支援を頂いた同成社の山脇洋亮氏と中国科学出版社の閆向東氏には、誠に感謝の念に堪えない。私は、先生方が心血を注いだこの仕事が、日中の学術交流の歴史に強い一画を留めるであろうことを信じて止まない。

　古来より、東アジア各国間では密接な交流があった。今日、東アジアの歴史と文化の研究にとって、各国の学術界における交流と共同研究は不可欠である。本書の日文版の出版が、東アジア古代鉄器研究のさらなる深化と東アジア考古学の発展に、大いに益することを期待したい。

　　2007年10月5日　北京にて

白雲翔

序

　考古学は古代物質資料により歴史を研究する科学である。考古学上の全ての古代物質資料のうち、石器・銅器・鉄器より重要なものはない。考古学の時間の枠組みである石器時代・銅器時代・鉄器時代は、"石"・"銅"・"鉄"を素材とする"器"の重要さを説明するに十分である。そのうち現在に至るまで人類社会歴史との関係が最も緊密であるのは、鉄器時代である。それは、"紀元前10世紀から現在に至るまで、鉄の地殻資源中の分布や鉄の本質（遷移金属元素の一つ）、また金属製錬過程における熱力学などの条件の優越性により、鉄とその合金が一貫して人類文明の基礎であり続けた"からである（『材料科学技術百科全書・上巻』第100頁、中国大百科全書出版社、1995年）。人類史発展の長い過程の中で、鉄は最も重要な画期的作用をもつ素材であり、それは古代世界のいかなる金属・非金属材料でも比肩できるものではない。西方世界においては、"鉄鉱の熔解をもって始まり、音素文字の発明とそれを文書記録に使用することとによって、文明に移行する"こととなる（エンゲルス『家族、私有財産および国家の起原』、大内兵衛・細川嘉六監訳『マルクス＝エンゲルス全集』第21巻第33頁、大月書店、1971年）。東方においては、中国で鉄器が出現・発展することで、輝かしい春秋戦国時代を迎え、偉大なる秦漢帝国を打ち立て、漢族を主体とする中華民族を形成することとなった。"中国独特の、唯一の、世界で最も早い銑鉄と銑鉄錬鋼技術は現代文明へと続く中国古代文明の基礎を打ち立てることとなった"のである（柯俊「現代科技和科技史研究」『考古文物与現代科技—現代科技考古研討会論文匯編』第4頁、人民出版社、2001年）。古代鉄器の人類史における重要性は、その学術研究における地位を決定したといえよう。

　中国学術界では、古代鉄器に関する研究は、西方考古学が中国に伝わったことと密接な関係がある。20世紀中葉以前は、古代鉄器研究の大部分は田野考古において発見された鉄器資料の蓄積の段階であった。20世紀50〜60年代では、田野考古工作の大規模な展開に従い、古代鉄器の出土数量の多さ・行き渉る地域の広さ・跨る時代の長さは、これまでにないものとなり、また古代製鉄遺跡の発見・発掘により、多くの考古学者・歴史学者・科技史学家が古代鉄器に関する学術研究の領域に踏み出すこととなった。そして、20世紀70年代から今日に至るまでに、古代鉄器の研究は、深さ・広さともにさらなる発展がなされ、中国古代鉄器研究の重要領域—先秦両漢鉄器研究が特に突出している—としては、大量の古代製鉄遺跡の発見と大規模な考古発掘、膨大な古代鉄器の出土と資料の整理・公開、現代科学技術の古代鉄器考古学研究における広範な応用といった方面に反映されている。しかし、古代鉄器の人類史における重要な作用に比べて、目前の古代鉄器考古学研究はいまだ一定の隔たりがあった。古代製鉄遺跡に対する考古工作の強化や古代鉄器に対する考古学研究の細密化が待たれ、また古代鉄器と製鉄遺跡の膨大な資料に対する全面的・系統的な、また深い科学的な整理と研究が待たれ、そして古代鉄器が及ぶ人類社会歴史との関係における理論問題の研究に関して強化と深化が待たれたのである。

　白雲翔同志の『先秦両漢鉄器的考古学研究』は、まさにこういった学術背景を基礎として著述されたものである。先秦両漢鉄器考古学研究は、中国古代鉄器考古学の中核となる内容であり、そして本書は、中国製鉄の起源と初期発展、戦国時代・秦漢時代の鉄器の発見と類型学研究およびその鉄器の応用と発展、先秦両漢鉄器と当時の社会歴史・文化との関係といった、重要な問題に説き及

ぶ。これらの諸問題は中国古代鉄器考古学研究における重要な問題であり、非常に注目される問題であり、いくつかは長年にわたり存在してきた学術研究上の手薄なテーマであった。

　本書は、近年の古代鉄器考古学研究における労作である。テーマの重要性は、その学術的意義が大きいことを決定する。学術体系の時空的完結性・系統性は、本書の特徴の一つである。時系列においては、著者は古代鉄器の淵源と変遷に対し真摯に検討を進める。空間上においては、内地から周辺地域におよぶ古代鉄器について全面的考察を行なっている。そしてこういった研究の科学的基礎は、著者が先秦両漢鉄器に対して行なった考古類型学研究であり、これにより全面的・系統的に先秦両漢鉄器の考古類型学を研究する際の空白を埋めることとなり、これも本書の特徴の一つである。本書で先秦両漢鉄器に関して説き及んだ鉄器生産管理・鉄器流通、また鉄器と歴史発展といった多くの問題に関しても、著者はいずれに対しても深く検討を重ね、多くの有意義な学術的観点を提出している。特に指摘すべきは、最近のマルクス主義創新工程を背景に、著者は意図的にマルクス主義の立場・観点・方法を駆使し、中国古代歴史の実情と結合し、鉄器と社会変革の関係問題を強調していることであり、それは実際には科学技術と生産力、生産力と生産関係、生産変革と社会変革といった重要な理論問題であった。このような著者が本書において打ち出した古代鉄器考古学研究の理論問題に関する探索と新機軸は、真摯に支持する価値があろう。

　『先秦両漢鉄器的考古学研究』は、白雲翔同志の博士学位論文であるが、氏がこのような著作を完成させたことには、総括するならば次の三つの理由が挙げられる。第一に、白氏が20世紀80年代の早い段階で、石器から銅・鉄器生産工具にまで及ぶ古代生産工具に関する考古学研究の論文を発表していたことであり、その後も周辺地域や国外の関連鉄器考古学研究に注目している。これにより、著者が先秦両漢鉄器の考古学研究を進めるための基礎が打ち立てられた。第二に、氏の従事した先秦考古・秦漢考古の専門領域が、先秦両漢鉄器と密接な関係を持っていたことである。第三に、貴重な田野考古の経験と期刊考古雑誌の編集および研究所の管轄により、筆者が田野考古資料を深く理解し科学的に利用することができたことであり、考古資料を全面的・系統的に扱うに至ったのである。さらに指摘すべきは、白雲翔同志は中国社会科学院考古研究所副所長・考古雑誌社社長として、繁雑な業務管理と学術研究の任務を担っていたことであり、このような条件の下で、氏の『先秦両漢鉄器的考古学研究』という科学研究成果が上梓されたことは決して生易しいものではない。もし献身的な活動精神・強い職業意識・責任感、そして科学研究に対する不屈の探究心がなければ、このような学術成果を得ることは不可能であったにちがいない。

　考古資料の不完全性、考古工作の段階性、考古新資料の絶え間ない発見といったことを考えるならば、考古学は一つの"遺憾"な科学であるといえるが、そのため田野考古を基礎とする考古学研究もまた絶えず深化し発展していく。古代鉄器の考古学研究もまた然りである。白書における未解決の学術問題については、あるものは新資料の発見・積年の課題の解決・新しい観点の提出を待たねばならない。当面の主要な問題に関しては、考古学界は古代鉄器の考古学研究を今まで以上に重視し、この考古学領域に対する科学研究の深化・発展を促すべきである。今後さらに多くの優秀な古代鉄器考古学研究の論著が世に出ることを願って止まない。

　　　2005年3月17日

　　　　　　　　　　　　　　　　　　　　　　　　　　　　　　　　　　　　　　劉慶柱

目　次

まえがき　i

日文版序　iii

序　v

第1章　緒　論——————————————————3

　第1節　先秦両漢鉄器の考古学研究に関する課題の提示……………3

　第2節　先秦両漢鉄器の研究に関する研究史と現状………………5

　第3節　先秦両漢鉄器の考古学研究に関する若干問題の説明………12

　　1　研究の方法、進め方および基本内容　12

　　2　古代鉄器に関する考古学研究の特殊性　12

　　3　関連用語の定義と説明　13

第2章　中国製鉄の起源および初期発展——————————19

　第1節　中国製鉄の起源に関する諸説……………………………19

　　1　中国の製鉄起源に関する文献記載と分析　19

　　2　中国の製鉄起源に関する諸説と論争　22

　第2節　中国初期鉄器の考古発見…………………………………24

　　1　考古発見による初期鉄器　24

　　2　いわゆる"初期鉄器"の弁別　29

　第3節　中国初期鉄器の類型と特徴………………………………31

　　1　生産工具　31

　　2　兵　器　34

　　3　日用器具　38

　第4節　中国における製鉄の起源と初期発展………………………39

　　1　新疆地域における製鉄の起源　39

　　2　中原地域における製鉄の起源　40

　　3　中原地域における製鉄の初期発展　41

　第5節　中国における鉄器時代の始まりと春秋時期の鉄器使用状況………42

　　1　中国における鉄器時代の始まりについて　42

　　2　春秋時代における鉄器の位置づけと役割　43

第3章　戦国時代鉄器の考古発見と類型学研究——————53

　第1節　戦国時代の鉄工場址と鉄器の考古発見……………………53

1　戦国時代鉄工場址の発見と発掘　53

　　　2　戦国時代城址と集落址における鉄器の発見　55

　　　3　戦国時代埋葬施設における鉄器の発見　56

　　第2節　戦国時代鉄器の主要類型とその特徴……………………………58

　　　1　生産工具　58

　　　2　武器武具　81

　　　3　車馬機具　93

　　　4　日用器具　96

　　　5　雑用器具　105

　　第3節　戦国時代鉄器類型と構成の変遷……………………………108

第4章　戦国鉄器の応用と古代鉄器工業の初歩形成──────117

　　第1節　中原地域鉄器の普及化過程……………………………117

　　第2節　辺境地域鉄器の出現と応用……………………………121

　　第3節　鋼鉄技術の進歩……………………………131

　　第4節　鉄器の生産と組織管理……………………………140

第5章　秦漢時代鉄器の考古発見と類型学研究──────149

　　第1節　秦漢時代鉄工場址と鉄器の考古発見……………………………149

　　　1　秦漢時代鉄工場址の発見と発掘　149

　　　2　秦漢時代城址と集落址における鉄器の発見　152

　　　3　漢代窖蔵鉄器　153

　　　4　秦漢時代埋葬施設における鉄器の発見　154

　　第2節　秦漢時代鉄器の主要類型とその特徴……………………………160

　　　1　生産工具　160

　　　2　武器武具　203

　　　3　車馬機具　227

　　　4　日用器具　233

　　　5　銭幣と度量衡器　255

　　　6　雑用器具　258

　　第3節　秦漢時代鉄器類型と構成の変遷……………………………263

第6章　秦漢鉄器の応用と古代鉄器工業の全面的発展──────279

　　第1節　中原地域の鉄器化過程……………………………279

　　第2節　辺境地域の鉄器化過程……………………………285

　　第3節　鋼鉄技術の進歩と刷新……………………………307

第4節　鉄器生産の組織管理と鉄器の流通……………………………………320
　　　1　塩鉄官営以前、秦・前漢前期の鉄器生産　320
　　　2　塩鉄官営と前漢中期から後漢前期の鉄器生産　321
　　　3　塩鉄官営の廃止と後漢中後期の鉄器生産　327
　　　4　鉄器の流通　328

第7章　鉄器と先秦両漢社会の歴史、文化──────────────341
　　第1節　鉄器と製鉄の発展歴程およびその動因………………………………341
　　　1　先秦両漢時代の鉄器と製鉄の発展歴程　341
　　　2　先秦両漢時代の鉄器および製鉄の発展動因初探　344
　　第2節　鉄器の社会歴史と文化の発展における役割…………………………349
　　第3節　鉄器の伝播と東北アジア地域の文化交流……………………………354
　　第4節　"定説"とされる二つの問題の再検討………………………………359
　　　1　春秋時代に鉄を"悪金"とみなしていたか否か　359
　　　2　先秦時代鉄器は副葬に用いられていたか否か　362

第8章　余　　論──────────────────────────371
　　　1　理論の検討　371
　　　2　新世紀における古代鉄器考古学研究の思考と展望について　377

附　　表　381
　　　1　先秦両漢鉄工場址一覧表　381
　　　2　先秦両漢鉄器科学分析鑑定一覧表　390

主要参考文献　395
　　　後　　記　399
　　　訳者あとがき　401

中国古代の鉄器研究

日文訳例言

1．本訳書の出版に当たり、原著者の白雲翔氏より日文版序を新たに執筆いただき、冒頭に掲載した。

2．基本的に遺物の名称は原著に用いられているものをそのまま使用している。

3．図面はすべて原著の図をスキャニングして用いている。遺物の図面はすべて縮尺不同であり、図面上では逐一指示しない。本文の寸法記載を参照されたい。

4．訳者による注は、原著の雰囲気を損なわぬよう、必要最小限の説明のみに留め、その場合は該当箇所の直後に（訳者注……）と附している。

5．原著におけるマルクス『資本論』とエンゲルス『家族、私有財産および国家の起原』の中文訳引用箇所は、大内兵衛・細川嘉六監訳『マルクス＝エンゲルス全集』の該当箇所より日文訳を改めて引用し直し、それに従い注も改変している。

6．参考文献の表示の仕方は基本的に原著のままである。そのため日本語文献の表示が一般的な方法と異なるものもある。

7．原著に附せられる挿図目次と英文要約は省略している。

8．上記の改変部分については、全て白雲翔氏の承諾を得ている。

第1章 緒　論

第1節　先秦両漢鉄器の考古学研究に関する課題の提示

　鉄は自然界において埋蔵量の最も豊富な金属の一つであり、その地殻包含率は5.6%、金属状態で出現する鉄隕石を除くと、大部分が鉄を含む鉱物の形で存在する。鉄とその合金（主に鉄と炭素などの元素からなる合金で、すなわち鋼と銑鉄）は、磁性に富み、強度・硬度・可塑性がいずれも高いといった優れた性能をもち、そのため加工や鋳造成型等が容易である。それゆえ鉄は人類の生産活動と生活の中で極めて重要な作用を発揮した。鉄鉱石の製錬により鉄を得る製鉄術の発明と、鉄を原料として製造した工具・兵器・生活用具などの鉄器の出現は、人類の歴史上に画期的な進歩をもたらした。そして今日に至るまで、鋼鉄はなお現代工業の最も重要かつ応用度の高い金属材料となっている。

　鉄、それは人類の古代歴史上に革命的作用を生み出した最も重要な金属である。かつてエンゲルスは"歴史上での変革的な役割を演じたあらゆる原料のなかで最後の、そして最も重要なもの—ジャガイモを除いて最後のものである。鉄は、大きな面積の畑地耕作と広大な森林帯の開拓とをつくり出した。鉄は、どんな石も、ほかのどんな既知の金属も太刀打ちできない堅さと切れ味をもった道具を、手工業者にあたえ"ことを指摘した。[1]鉄は最終的に石器を排斥し、青銅器に取って代わったのである。[2]

　そして、鉄器の出現は人類史に全く新しい時代を切り開いた。1813年歴史学者ヴェデル・シモンセン（訳者注　1780-1858、デンマークの考古学者）はその著書『最古の民族史』において"スカンジナビアの最も古い居住民が使用した武器と工具は石質と木質のものに始まり、彼らは後に銅を用いることを獲得した。……そしてようやく鉄を使用するようになった。こうして見ると、彼らの文明史は石器・銅器・鉄器の三つの時代に分けることができるが、ただし、それらの間を少しも重ならないように明確に分けることはできない"と述べた。その後、デンマーク王立北欧古物博物館館長C. J. トムセンは博物館の古物陳列を配置する際、武器と工具をその製作材料によって石器・青銅器・鉄器と分けることで、三つの順次続く時代を代表させるとともに、1836年に著した博物館参観手引『北方古代文化入門』の中で、石器時代・青銅器時代・鉄器時代という"三時代区分法"（"三時期法"ともいう）について詳細な説明を行なった。この書の英文版が1848年に出版されてからは、"三時期法"は次第にヨーロッパで承認され、[3]さらに近代考古学が世界各地で起こるとともに、"三時期区分法"は世界中の考古学界によって受け入れられるところとなり、今日に至っている。中国では、1927年に章鴻釗がその著『中国銅器鉄器時代沿革考』中で、"石器時代を継ぐのは、まず銅器時代、そして鉄器時代である。その変革は或いは遅く或いは速く、往々にして文化程度によって差があるが、ただその前後関係を論ずるならば、誰もが一致するであろう"と述べている。[4]鉄器の出現は、一つの時代を表すメルクマールとなるといってよいのである。

　中国は世界でも最も早く鉄器が出現し使用された国家の一つであり、かつ中国古代の製鉄はまず

独自の起源であると考えられている。早くは紀元前1300年の殷代に、人々は鉄に対して初歩的認識をもっており、河北藁城台西村や北京平谷劉家河商代墓葬で出土した鉄刃銅鉞のような隕鉄製品が出現していた。新疆地域では、遅くとも紀元前1000年前後には人工製鉄製品が出現し、また中原地域でも、遅くとも紀元前800年前後の西周後期には製鉄術が発明されており、人工製鉄製品が人類史の舞台に登場していたのである。そしてこの後の長い歴史において、鉄器は社会生産力発展の重要な指標となっていった。春秋戦国時代には、鉄器は相当の発展を遂げ、大いに社会歴史の変革を推し進めていき、"春秋後期以来、鉄器利用などの要因により、封建的個別生産が可能となった"のである。郭沫若が戦国封建制を提議したのも、重要な根拠の一つは鉄器の使用であった。すなわち"奴隷制と封建制の交代が発生したのは春秋・戦国時代の境であり、鉄の使用が一つの確固たる証拠である"とする。秦王朝の建立を指標とする王国時代から帝国時代への転換の完成は、鉄器の使用がその重要な経済技術要因の一つである。秦漢時代、製鉄は全面的発展を遂げさらに成熟へと向かい、鉄器工業は当時の国家経済と人民生活を図るための基幹産業となった。つまり鉄器は重要な生産手段かつ戦略物資となり、社会生産と生活の中で代えることのできない役回りを演じることとなったのである。漢代の初め、嶺南に割拠した南越国と漢王朝とは関係が悪く、呂后は"南越の関に鉄器を市するを禁"じ、南越に対し鉄農具の輸出禁止を実施した。このため南越の武帝趙佗は否応なく三次に渡り漢廷に対し解禁の請求を上書することとなるが、ここに鉄器が当時の社会生産・生活の中で重要な地位と役割を担っていたことが反映されている。漢武帝時期、中央政府により全国経済の管理を強化し中央集権統治を強化するため、国家の財政経済の実力を増強し、一連の新しい経済・財政政策が採用された。そのうちの重要な措置の一つが"塩鉄官営"を実施したことである。すなわち煮塩・製鉄を均しく政府の管理に帰し、私営を厳禁し、また鉄を産しない郡には小鉄官を設置し、鉄器の専売業務等を管轄せしめた。また、戦国時代から鉄器と製鉄術は、中国辺境地域及び周辺国家・周辺地域へ大規模な拡大をはじめた。まず東へ向かい朝鮮半島・日本列島へ伝播し、前漢時代には西へ向かい西域へ伝播し、漢代の西域・朝鮮半島・日本列島などの社会歴史発展に大きな推進力をもたらした。後漢時代に至ると、中国古代の鉄器工業は全面的に成熟し、鉄器は社会生活の様々な領域に普及し、辺境地域を含む全国各地が基本的に鉄器化を達成していた。そして魏晋以後は、緩慢かつ安定した発展時期へと続いていく。

　明らかに先秦両漢時代は中国古代科学技術体系の基礎が打ち立てられ、発展形成した時期であり、そして古代製鉄が、その萌芽・発生から発展・成熟して古代鉄器工業体系が完成する、また鉄器が無から有へ、少なきから多きへと基本的に鉄器化が実現する、このような重要な時期であった。そのため、その発生・発展から成熟への軌跡、そして社会生産と社会生活の各領域に普及していく過程を究明するためには、この時期の鉄器に対して系統的研究を行なうことが避けられない課題であるといえよう。春秋戦国時代は、中国古代社会歴史上の一大発展・変革の時期であり、王国の鼎立した時代から帝国時代へ発展する転換期かつ過渡期であり、鉄器工業は"当時新しく興った最も重要な手工業部門"であり、鉄器は当時の社会生産力の重要な要素であり、その発生・発展と当時の社会歴史の発展・変革は密接な関係を持っている。秦漢時代は、多民族を統一する中央集権帝国の建立に従い、中国古代社会帝国時代が形成され初歩的発展が進んだ時期であり、かつ社会政治・経済・科学技術・文化が全面的に発展した時期であり、そして鉄器工業は当時最も重要な基幹産業となり、鉄器は最も重要な生産手段・戦略物資となった。それゆえ、先秦両漢時代の鉄器と鉄器工業

について全面的に系統的研究を行なうことは、鉄器と古代鉄器工業の発生と発展を認識すること、鉄器の社会歴史発展中における地位と役割を認識すること、先秦両漢時代の社会歴史発展の変遷とその動因を探求すること、そして社会政治・経済が鉄器の発展に与えた影響を探求すること、これらに対して非常に重要なものとなる。これは重要な歴史学的意義と実践的意義をもつのみならず、重要な理論的意義も兼ね備えている。

考古学的にみると、鉄器は一種の物質文化で、その出現から豊富な文化を内包する重要な文化遺物であり、鉄器時代の鉄器研究は、石器研究が石器時代を探求し青銅器研究が青銅時代を探求するのと同様に重要なことである。そうすると、先秦両漢時代鉄器の類型学研究・編年研究など基礎的考古学研究は、東周秦漢考古の最も基本的かつ最重要な課題の一つであり、その研究の更なる深化に重要な意義を有するといえる。つまり、先秦両漢鉄器の系統的考古学研究は重要な学術的価値と科学的意義をもつのである。

一般に、古代文献中では鉄器と製鉄に関する記述は甚だ少なく簡略であり、それに対し、鉄器と関連遺跡・遺物の考古学的発見は非常に豊富である。これは古代鉄器の考古学研究を可能にするのみならず、他の分野にない利点のあることを示す。それゆえ近代学術界の、古代鉄器と製鉄に関する研究において、出土の鉄器実物と関連資料は日を追って重要視されてきた。多くの学者が考古発見に基づいて古代鉄器と製鉄について様々な面から研究を進め、一連の見るべき重要な進展を得、我々が系統的研究を行なうための確固たる基礎を築くこととなったのである。しかし、以下に具体的に説明するように、20世紀以来の先秦両漢時代の鉄器と製鉄に関する研究は多方面に渉って展開され、かつ多くの重要な成果を得たのであるが、系統的研究は明らかに不足し、特に系統的な考古学研究はさらに空白となっている。それゆえ、その鉄器について系統的考古学研究を行なうことは、必要であり可能であるだけでなく、速やかに進めるべきである。

指摘しておきたいのは、先秦両漢鉄器の研究は決して鉄器そのものの研究だけではなく、鉄器を出発点として、古代鋼鉄技術・鉄器生産・鉄器の応用、そしてその社会生産・生活における役割などの問題の総合研究である、ということである。

第2節　先秦両漢鉄器の研究に関する研究史と現状

中国には悠久の金石学の伝統がある。早くは900年前の宋代に、金石学家は殷周秦漢等の古器物及び銘刻資料について収集整理・著録研究を始めており、中国独自の特色をそなえた金石学を形成しつつあった。ただし、鉄器は錆びやすくまた流伝しにくく、地下から出土した鉄製品も往々にして錆だらけの工具や兵器などであり、それゆえ"吉金楽石"を好む金石学家たちの重視するところとはならず、歴代金石学の著作中に鉄器の著録は非常に少なく、古代鉄器の研究はなおさらであった。中国の古代鉄器研究は、20世紀20年代に端を発する。すなわち章炳麟の「銅器鉄器変遷考」と章鴻釗の『中国銅器鉄器時代沿革考』の両著作である。[14]これより後、文献史学家により古文献に基づき、時に地下出土物と結びつけて研究が継続されていったのと同時に、考古学家と冶金史学家により考古発見をもとに文献記載と結合して、古代の鉄器と製鉄に対する研究が進められるようになった。20世紀以来の先秦両漢鉄器研究の発展過程を顧みると、おおよそ三つの段階に分けることができる。

第一段階：20世紀20年代から40年代末、先秦両漢鉄器研究の発端段階

洋学が東漸した影響のもと、この段階に人々は先秦両漢鉄器と鉄器の古代社会発展における作用に注目し始め、文献記載に基づき研究を行なった。当時は、研究の重点は鉄器の発生と初期発展そして社会生活における使用状況であった。章鴻釗『中国銅器鉄器時代沿革考』では以下のように論述される。中国が"鉄器を用い始めた時代は、春秋戦国の間、すなわち紀元前5世紀である。呉楚諸国において、冶錬は次第に洗練され、まず鉄兵器が製作されるが、ただなお銅を用いたものが多かった。鉄器が次第に盛行した時代は、戦国から漢初、すなわち紀元前4世紀から紀元後の初めである。このときすでに農具や日用諸器に盛んに鉄を用いたが、ただ兵器はなお銅を兼用していた。鉄器の全盛時代は、後漢以後すなわち紀元1世紀から今日に至るまでである。後漢の兵器にはすでに盛んに鉄を用い、そののち銅は次第に乏しくなり、甚だしくは銅器を用いるのを禁じた。"これは古代鉄器研究の嚆矢とすべきであるが、一定程度西洋考古学の影響を受けており、また結論のよりどころはやはり文献記載であった。言及すべきは、先秦両漢鉄器はこの時期にすでに発見されており、諸々の考古論著に見られることである。1927年、遼寧旅順貔子窩高麗寨の発掘において鉄器20点あまりが出土し、空首斧・錛・直口鍤・横銎钁・六角鋤・鎌刀・剣等が見られ、その年代は戦国後期に遡る可能性がある。1928年には、旅順老鉄山附近の牧羊城遺跡で戦国秦漢時代の鉄空首斧・鏃・刀等が発見された。1929年には、旅順南山裡刁家屯村民が土取り作業中に陶甕に埋納された鉄器を発見し、竪銎钁・直口鍤・鏟・銍刀など計20点余りが確認された。その年代は戦国後期で、おそらく鉄器窖蔵であろう。1930年春、燕下都考古団による燕下都老姆台建築基址の発掘中に、戦国時代の鉄錛・鉄鋌銅鏃等が発見され、1932年に簡略ながら考古発掘報告が発表されている。1931年、旅順営城子前牧城駅附近の2号漢代磚室墓で、2点の鉄器残片が出土、1940年、邯鄲趙国故城の発掘中に鉄鑿と鉄斧などが出土、1941年、河北省万安北沙城6号前漢墓において4点の虎形鉄鎮が出土、1942年、山西省陽高県古城堡前漢墓葬で、鉄剣・削刀・鍤・空首斧・鐏・夾子・鑷子・筆架形器・環首釘・釘等の鉄器が出土した。この他、河北省北部地域で鉄銍刀、陝西宝鶏鬪鶏台漢墓で鉄鋸が出土している。ただ当時は、先秦両漢鉄器を専門的に整理し研究することはなかった。

第二段階：20世紀50年代初めから60年代末、先秦両漢鉄器研究の形成段階

新中国成立後、社会主義革命と建設事業の全面的展開に伴い、科学教育事業も盛んになり、歴史学研究と考古学研究は空前の繁栄を現出した。まさにこのような大きな社会的背景の下に、次第に先秦両漢鉄器の研究が繰り広げられていったのである。当時の学術・歴史背景を具体化するならば、以下の三点は特に注意しなければならない。一つは、全国各地で田野考古が大規模に展開されるにしたがい、先秦両漢鉄器の実物資料が大量に発見されたことである。1951年、河南輝県固囲村5基の墓葬出土の戦国後期鉄器175点、1953年、河北興隆県寿王墳村出土の戦国後期鉄鋳型87点、1955年遼寧遼陽三道壕漢代集落址の発掘で出土した生産工具・車馬機具を主とする前漢鉄器265点、1958〜1959年の間に行なわれた河南鞏県鉄生溝漢代製鉄遺跡の大面積の発掘、1954年に発見され、1959〜1960年に大規模発掘が進められた河南南陽瓦房荘漢代鋳鉄遺跡などである。この後も全国各地で先秦両漢鉄器は絶え間なく出土し、鉄工場址も続々と発見された。こういった考古発見は、学術界に注意され、多くの学者が相次いで先秦両漢鉄器研究に足を踏み入れていった。二つ目は、50年代に中国古代史分期問題の大論争がピークに達したことである。鉄器の社会歴史発展過程中の位置づけ・役割がかつてないほどに重視され、"この問題を討論する際、一人として中国古代製鉄

技術の発明・発展の問題に触れないものはない"[31]ほどであった。特に"西周封建論"と"戦国封建論"についてはことさらであり、これにより学術界において中国古代社会発展過程を検討する際に、鉄器について、すなわち中国鉄器の起源と初期発展について議論される結果となった。三つめは、50年代末の"全民大錬鋼鉄"が全国ですさまじい勢いで展開され、それに従い古代鉄器と製鉄が社会の広汎な注意を引いたことである。これに呼応するように、学術界では様々な側面から中国古代の製鉄技術とその成就について研究と総括がなされた。20世紀50〜60年代の先秦両漢鉄器の研究とその成果については、主に以下の四方面に帰納できる。

　第一は、先秦両漢鉄器と鉄工場址の考古発見と研究であり、主に出土鉄器資料の整理と研究、および鉄工場址の発掘と総合研究である。前者は主に出土鉄器の総合分析[32]と概況の総括[33]であり、各種遺跡・墓葬で出土した鉄器の紹介と分析[34]、関連鉄製農具・鉄兵器の専題研究[35]、漢代鉄器の地域的研究[36][37]、そして海外の学者による中国初期鉄器時代の鉄器と鉄器工業の総合研究[38]などである。これらの研究は、おおよそ出土鉄器資料に基づいて、ある歴史段階やある地域、またはある種類の鉄器について考察を進め、また鉄器の類型と特長について分析し、そして当時の鉄器の使用状況および社会生産力の発展水準に対して説明を加えたものであり、先秦両漢鉄器の考古学研究において先鞭をつけた意義を有する。この段階での鉄工場址に関する発見と研究は、前述の興隆寿王墳村戦国鉄鋳範・鞏県鉄生溝漢代製鉄遺跡・南陽瓦房荘漢代鋳鉄遺跡の発掘と研究のほかに、河南新鄭倉城村鋳鉄遺跡[39]・河北承徳漢代鉱冶遺跡[40]・河南鶴壁漢代製鉄遺跡[41]・江蘇徐州利国駅採鉱製鉄遺跡[42]、そしてその他の戦国秦漢古城址中の製鉄遺跡の調査、また山東滕県漢代鋳範の発見[43]など、先秦両漢鉄工場址の考古発掘と研究の序幕を開き、東周秦漢考古研究の新領域を切り開くこととなった。

　第二は、先秦両漢鉄器の冶金史学研究であり、鉄器に対する科学鑑定・検査・分析等の冶金学研究を通じて、当時の鋼鉄技術と鉄器製造工芸を研究することである。出土鉄器は古代鋼鉄技術史研究の最も直接的で最も重要な実物資料であり、現代科学技術を利用して、その金属成分や構成などに対して分析を行い、当時の鋼鉄技術と製作工芸に関連する大量の重要な情報を直接得ることができるのである。この段階の冶金史学家は、前後して考古発見の先秦両漢鉄器に対して金相学観察をすすめ、当時の鋼鉄技術および鉄器製造工芸について初歩的認識を得るところとなった[44]。その科学鑑定は主に金相学観察と分析に限定され、方法もやや単純で鑑定した実物資料にも限りがあり、さらにはいくつかの鑑定結果には当時としての限界があった[45]。しかしそれにもかかわらず、古代鉄器と製鉄の研究において自然科学の方法を導入し始めたことは、古代鉄器・鋼鉄技術研究の方法上における重要な刷新であるといえ、後に現代科学技術を大いに応用するための基礎を打ち立てたのであり、その端緒を開いた功績は忘れてはならないのである。

　第三は、中国古代史時代区分問題の大論争と古代社会歴史発展過程の討論において、先秦鉄器に論及したことである。この論争では先秦鉄器の論述は主に二方面の問題に集中した。一つは中国の鉄器出現時期、つまり製鉄起源の問題である。今一つは鉄器の古代社会歴史発展における役割の問題である。多くの場合、この二つの問題は関連をもちながら討論が進められた。当時は、多くの歴史家が多かれ少なかれ中国の鉄器起源とその社会歴史発展における役割を論じた。代表的な観点についてみると、楊寛は、"西周時代にすでに製鉄術は発明され、農具製造に長期に渉り運用され、……春秋戦国の間は製鉄術が発明された時期ではなく、製鉄術発展の時期である"と定義した[46]。郭沫若は、鉄の出現はおおよそ西周末年で、春秋初年にはすでに鉄器の使用があったと認識する[47]。さ

らに強調して、"奴隷制から封建制へと転化する主要な鍵は生産力の発展上に追求しえる。……鉄の出現と使用は特に重視する価値のある鍵となる要素である""戦国以前の鉄器がもし充分大量に出土するならば、……春秋戦国の境が奴隷制と封建制の境界となり、さらに多くの確固たる証拠を得ることになる"とした[48]。魚易は春秋時代の社会変革の出現を根拠に文献時代と結びつけて、"中国が鉄を用いるのはおおよそ春秋初年であり、春秋中葉の斉桓公の時には比較的普遍的なものとなった。……鉄生産工具の出現は、必然的に社会関係に変化が発生するのを促した"と推察した[49]。また李学勤は関連の文献資料を分析した後、"厳密に言うならば、春秋時代またはそれ以前にすでに鉄器があったことを証明する文献資料は一つとして存在しない"と認識した[50]。ここで説明が必要であるが、製鉄技術と鉄器を社会性質と同一にする史学観念と方法に対して、童書業はかなり批判的であり、"鉄器が有るか無いかは、決して奴隷社会と封建社会の主要分野ではなく、奴隷社会においても鉄器を使用することはできるからである"とした[51]。

　第四は、中国古代鋼鉄技術発展史の系統的論述において、先秦両漢鉄器と鋼鉄技術・工芸に論及したことである。関連の概説的論著では、楊寛の『中国古代冶鉄技術的発明和発展』[52]・『中国土法冶鉄錬鋼技術発展簡史』[53]の両書が系統的な論述をもつ以外に、通論的論著も多い。同時に、多くの学者が先秦両漢時代の鋼鉄技術と鉄器の使用などの関連問題について専門的討論と総括を行い、少なからぬ成果を挙げている[54]。これらの研究は、明らかに当時の"全民大錬鋼鉄"の社会背景に関連があるが、ただ客観的に見るならば、先秦両漢時代の鉄器および鋼鉄技術の学術研究に対して、また中国古代製鉄の起源と早期発展をより深く理解し認識することに対して、有意義であった。

　20世紀50～60年代は、中国古代鉄器研究の本当の出発であり初歩形成段階であり、先秦両漢鉄器および製鉄の研究が初めて一定の地歩を持つに至ったといえる。鉄器と生産遺跡・遺物の資料は一定の蓄積を見、関連文献資料は再度整理・分析された。また考古資料を中心に、現代科学技術の分析と鑑定を導入し、文献記載と結びつけて総合的研究を進めていく方法の初歩的形成がなされた。そして鉄器と製鉄に関するいくつかの基本問題、製鉄の起源と初期発展、鉄器類型とその使用状況、鉄金属の製錬および鉄器製造の技術、鉄器の使用とその社会歴史発展における役割など、すでに様々な程度において討論され、すぐれた成果を得、これ以後の先秦両漢鉄器研究の盛行に確実な基礎を打ち立てることとなったのである。

第三段階：20世紀70年代初めから21世紀初め、先秦両漢鉄器研究の発展段階

　20世紀50～60年代の発見と研究を基礎として、70年代初めから、先秦両漢鉄器・製鉄の研究は次第に深化の方向へと進み始め、全面発展の段階に入り、盛行の局面を現出することとなった。この段階の主な社会歴史と学術の背景として、第一に、1972年に『考古学報』・『考古』・『文物』の中国考古学の"三大雑誌"が復刊したのを契機に、考古工作が急速に回復し、調査・発掘が次第に展開されたことが挙げられる。同時に、大量の過去の田野考古資料が前後して整理・刊行され、考古学研究は次第に深化の方向へと進んでいった。二つめは、科学技術の発展に随って考古学の発展と相互に適応し、現代科学技術の考古学における応用が急速な発展を遂げ、次第にその手段が考古発掘と研究に導入されていき、かつ両者の結合と考古学者と科学技術の専門家の協力が日増しに自覚され緊密になっていったことである。三つめは、1976年に"文化大革命"が収束した後、社会主義現代化建設が全面的に展開し、全ての科学文化事業が日の目を見ることとなり、科学工作者がそれまでなかったほどの多大な情熱を各分野の科学研究に注ぐようになったことである。四つめは、新し

い時代の思想解放と改革開放に従い、特に対外的学術交流が日増しに増加したことで、人々の思想は最大限に解放され、その視野は最大限に展開し、様々な分野の科学工作者が海外の経験の受容に努力し、絶え間なく新しい方法と手段を採用し、また新しい研究領域を切り開き、世界の科学文化の潮流の中に中国独自の特色と気風を備えた中国科学を作り出していくことに心血を注いだ。このような背景のもと、考古新発見が日を追って増加し、考古学と自然科学が日増しに緊密に結びつき、先秦両漢鉄器・製鉄の研究は長足の進歩を遂げていった。そして、この段階における研究の重点と主要な成果は、以下の各方面に帰納することができる。

　第一は、中国製鉄起源の研究が新たな進展を得たことである。これは古代鉄器研究の一つの基本問題として、70年代以来なお学術界の注目するところであった。歴史学家にはこの問題に対する50年代のような研究の熱心さはなかったが、逆に多くの考古学者と冶金史学者が注目する関心事となり、一貫して関連の研究が進められてきた。特に初期鉄器発見の不断の増加に随って、かつ多くの現代科学技術を利用して初期鉄器に対して分析鑑定を進め、製鉄起源研究は絶えず新しく進展していった。1972年、河北藁城台西村商代中期墓葬で一点の刃部に鉄金属を嵌め込んだ銅鉞が出土し[55]、学術界の大きな関心を引き起こした。その鉄刃部分は、最初の定性・定量分析と金相・電子探針マイクロ分析・X線透視などの鑑定結果から、古代錬鉄に属するものと認識され、かつては殷代にすでに人工製鉄があった証拠であるとされた[56]。しかし、後の鑑定結果は、銅鉞の鉄刃は決して人工製鉄の鉄ではなく、隕鉄を加熱鍛打した後に鉞身に嵌め込んだものであることを示した[57]。最終的な研究結果は殷代に人工製鉄が存在したという推論を否定したが、ただし商代にすでに隕鉄製品を使用し始めていた事実を確認することとなり、かつ人々の中国製鉄起源に対するさらに深い考慮を引き起こした。1976年、黄展岳は「関于中国開始冶鉄和使用鉄器的問題」を発表し、文献記載と考古発見に対する総合研究を通じて、"製鉄と鉄器の使用が始まった時間は春秋後半期、すなわち紀元前6・7世紀の間にあると推定でき、また最も早く鉄器の製錬と使用が行なわれた地域は、楚国である可能性が高い"とし、かつ銑鉄と塊錬鉄はおおよそ同時に発生したものと認識した[58]。この認識は、その後しばらく中国鉄器起源の最も代表的な観点となった[59]。ただし学者によっては、中国における塊錬鉄技術の発明は西周中期以後かつ春秋中期以前にあり、銑鉄製錬技術の発明は遅くとも春秋中期にあると主張した[60]。その後、世界における鉄器の起源についても検討が進められ[61]、中国製鉄起源研究に有益な参考となった。

　20世紀80年代以来、初期鉄器の一連の新発見に随い、中国製鉄起源研究は考古学研究の注目を集める問題の一つとなった。一つには、70年代末から80年代末までの期間に、新疆地域の初期鉄器が前後して少なからず発見されたことがあり、C14年代測定によると、そのうち相当部分の年代が紀元前5世紀の早きにあり、さらに早い紀元前10世紀ないし前13世紀のものもあった。また一方では、90年代に入り、晋南・豫西・関中の地域で前後して西周後期と春秋前期の鉄器が発見され、鑑定により人工製鉄製品とされたものもあった。これらの発見は、人々の中国製鉄起源に対する新たな思考と探索を啓発し、前後して多くの論著が発表され、また多くの新しい観点を提出することとなった。陳戈は[62]、"我国は世界のその他の各文明国と同じように、紀元前1000年前後、すなわち西周時代に、すでに鉄器を製錬し使用することを開始し、それにより初期鉄器時代に進んでいた"と認識した。唐際根は、"中国境内の人工製鉄の最初は新疆に始まり、時代にしておよそ紀元前1000年以前である"とし、また中原地域の製鉄技術は、"新疆から河西走廊に沿って伝来した可能性が

強い"と考える。筆者は"我国の人工製鉄製品は、紀元前10世紀以前に新疆地域で、また紀元前9世紀に中原地域で始まり、人工製鉄は新疆地域と中原地域でそれぞれ独立して起源を持ち、—無論人工製鉄発生の初めに両地の間に何らかの情報の交流や伝播のあったことは否定しないが—かつ初期発展の中でそれぞれ特有の鉄器の伝統を形成していった"と考える。もちろん、上述の諸説の間にはいずれも何らかの不一致があり、それぞれの観点はみなさらに多くの考古発見による検証と修正が待たれるが、いずれにせよ中国製鉄起源の認識は以前よりも相当の深化を見ているといえる。

指摘すべきは、製鉄の起源の研究と関連して、学術界は辺境地域における鉄器の出現と使用の問題に対して注意を払い検討を進めていることである。例えば、60年代の研究の基礎上に、継続して雲南・貴州等西南地域や、広東・広西等嶺南地域の初期鉄器について議論を進めてきた。[63]80年代以後に新疆地域初期鉄器とその起源の研究が重視されたことはすでに述べたところである。90年代以後には、東北地域における初期鉄器の発見が日増しに増加し、特にこの地域における先秦時代考古学文化の系譜が次第に確立し、その絶対年代がはっきりしたことに伴い、東北辺境地域における鉄器の出現と使用問題に多くの重視すべき価値のある見解が提示された。[64][65]中国辺境地域における鉄器の出現・使用問題の研究は、中国古代鉄器の起源・発展・伝播及び初期鉄器時代といった問題に対して全面的に完備した認識を得る上で、いずれも非常に重要な学術的意義を備えているのである。

第二は先秦両漢鉄器考古研究の深化と拡大である。一面では、東周鉄農具、東周鉄器とその社会的意義の考察、先秦鉄器使用の古代社会発展過程に対する影響など、もともとあった研究テーマが引き続き検討され次第に深化していった。[66]もう一面では研究領域の絶え間ない開拓がなされた。鉄器そのものの研究において、生産工具の研究が継続されると同時に、武器武具・生活器具等の研究が次第に展開されていった。[67][68][69]あるいは鉄器の形態や機能、そして社会的意義などの研究が継続されるとともに、鉄器銘文・鉄器生産、また鉄器が反映するところの文化交流や中国製鉄技術の海外伝播などのように、研究視野が拡大していった。[70][71][72]そのほか、中国古代農業と農業生産工具を系統的に研究する多くの論著の中で、往々にして先秦両漢時代の鉄農具に言及している。[73]

第三は鉄工場址に関する考古発掘と研究の継続と深化である。鋼鉄を製錬し鉄器を製造する鉄工場遺跡は、鉄器・製鉄・鉄器製作に関係する大量かつ多方面に渡る情報を埋蔵しており、古代製鉄・鉄器研究において最も重要な遺跡として、日増しに考古学界の重視するところとなっていった。70年代以後、50〜60年代の一連の発掘資料が前後して刊行されると同時に、製鉄遺跡に対する考古調査と発掘がさらに展開され、特に、鄭州古滎鎮漢代製鉄遺跡・温県西招賢村漢代烘範窯遺跡・登封告城鎮東周陽城南郊戦国前漢鋳鉄遺跡・鶴壁鹿楼戦国前漢製鉄遺跡・湖南桑植朱家台漢代鋳鉄遺跡等などの大規模発掘では、一連の採鉱・製錬から鉄器鋳造・加工製作などの方面にいたる重要な資料が得られた。[74]そしてまさにこれらの鉄工場遺跡の発掘や関連遺跡・遺物の発見を基礎として、考古学者と冶金史学家が協力しあい、当時の鋼鉄技術と生産過程に対して研究を深めていき、当時の鉄器・鋼鉄技術そして鉄器工業に対する認識が、最大限に豊かなものとなっていったのである。[75]

第四は、鉄器と鋼鉄技術の冶金史学研究が新しい局面を切り開いたことである。それは、20世紀50年代にすでに始まっており、70年代以来急速に発展し、そしてその研究方法と手段は常に刷新され、個別的研究と総合的研究のいずれにおいても大きな進展を見せた。その研究方法についてみると、継続して金相学観察を採用すると同時に、電子探針・X線蛍光分析などの技術も次第に採用され、測定手段はさらに先進的かつ多様化していき、測定内容もさらに多様化し、正確なものとなっ

ていた。個別的研究についてみると、主にある一つの遺跡または墓葬の考古発掘で出土した鉄器、或いはある一つの鉄器に対して科学鑑定と検査を行い、鉄器の成分と組織構造を分析し、そしてその製錬技術・製造加工技術を検討するものである。こういった研究は日増しに考古学者と冶金史学家の広い注目を受けるようになり、大量の鉄器が分析され、鋼鉄技術と加工工芸などに関する豊富な情報を得ることとなり、我々の古代鋼鉄技術の発展過程に対する認識は日々深まっていった。例えば、藁城台西村や平谷劉家河の殷代鉄刃銅鉞の鉄刃部分を隕鉄製品と確定したことや、三門峡虢国墓地出土の鉄刃銅器の鑑定・研究により、それが目下中国で知られる最も古い人工製鉄製品であることを確認し、また当時の人工製鉄が塊錬法を採用し、かつ塊錬鉄滲炭鋼が出現していたことを究明した[76]。また、晋南天馬-曲村出土の鉄器は共晶白口鉄の製品であるとの科学鑑定結果をみており、中国古代液体銑鉄製錬の出現時期を紀元前8～7世紀にまで繰り上げることとなった[77]。大量の戦国秦漢鉄器の科学鑑定と分析は、中国古代の銑鉄・脱炭鋳鉄・靭性鋳鉄・鋳鉄脱炭鋼・炒鋼などの鋼鉄技術および焼き入れなどの熱処理工芸等を探求するために、確かな根拠を提示することとなり（附表2）、その時期の古代鉄器に関する冶金史学研究の重要な利点となった。まさに冶金史学家は、各地で出土した大量の鉄器の科学鑑定と分析を基礎として文献記載と結びつけ、様々な側面から中国先秦両漢時代の鋼鉄技術およびその発生・発展等について綜合研究を進め、実り多い成果を挙げたのであり[78]、それゆえそれ以前の鋼鉄技術史研究に対する総括であり、かつ以後の研究のために基礎打ち立てたといえるのである。

　総じて見ると、20世紀とくに後半の50年間に、中国古代鉄器と製鉄の研究は地歩を固め、かつ大きな進展を得たといえる。先秦両漢鉄器についていうと、地下より出土した鉄器と製鉄関連の遺跡・遺物はすでに相当の累積を見せ、かついまだ絶えず増加している。調査と発掘された実物資料を基礎として、鉄器の科学分析と鑑定を結びつけ、かつ文献記載を参考とする現在の研究方法もすでに基本的に成熟し、かつ絶えず整ったものになっていった。鉄器・製鉄研究の基本的な問題は、様々な程度で進展を見せており、例えば、中国製鉄起源の研究は、すでに完全に過去の認識を改めており、また優れた出土鉄器の科学分析・鑑定の成果を基礎として、鋼鉄技術史と鉄器製造工芸史の研究はすでに体系化されている。そのほか、鉄器の分類整理・分析や綜合考察等は多くの成果を得ており、次第に細分化・深化しつつある。また鉄器の古代社会歴史過程における位置づけ・役割に関する問題も、20世紀50～70年代の激しい討論と近年の冷静な思考を経て、目下さらに深まってきている。こういった研究とその成果は、今後の研究のための優れた基礎となるであろう。しかし、鉄器の人類歴史上における極めて重要な地位と役割について、中国古代製鉄の悠久なる歴史と輝かしい成就、東アジア全体の鉄器発展史に対する貢献について、千をもって計る鉄器実物の考古発見について、世界のほかの国において繁栄した古代鉄器の研究についてなどといった古代鉄器と製鉄の研究に対しては、目下のところ中国の学術界では充分に重視しておらず、鉄器の系統的な深化した研究は相対的に停滞しており、かつ長期に渡り、"技術的研究にかたより、社会歴史の研究と良好な結びつきを持たなかった"[80]のである。先秦両漢鉄器の研究もまた然り、特に系統的な考古学研究はなお空白のままである。それゆえ、先人の研究の実践とその成果を総括しまた学び、目前に存在する問題を冷静かつ客観的に認識して、先秦両漢鉄器について系統的な考古学研究を行ない、それにより中国古代鉄器の研究を絶えず前進させていくことは、我々の目前に投げかけられた重要な課題なのである。

第3節　先秦両漢鉄器の考古学研究に関する若干問題の説明

　この研究課題の年代範囲は鉄器出現から後漢末年の紀元3世紀初めまで、地域範囲は主に現在の中国境内である。ここでは本研究の若干の具体的問題について以下に説明をしておく。

1　研究の方法、進め方および基本内容

　古代鉄器の研究には、主に二つの方面がある。一つは技術面、つまり鋼鉄技術の冶金学研究で、主に鉄器に対する科学技術分析と鑑定を通じて関連の製錬遺跡と結び付ける考察であり、鋼鉄製錬技術と鉄器製造工芸等の発生・発展・進歩・体系・変遷の軌跡について検討を進めるものである。もう一つは文化的方面、すなわち歴史学研究であり、主に鉄器と鉄器生産を一つの社会歴史・文化の要素として、鉄器の出現や形態・構成の変遷、また分布地域・流行年代等に対して分析を行い、出現から普及までの発展過程を考察し、他の製鉄遺跡と結び付けて生産・流通を考察し、そして鉄器の社会生活における使用状況やその社会歴史発展過程における役割、また当時の社会歴史の変遷を検討していくものである。当然この二方面の研究は相互に関連し互いに補いあうもので、明確に区別できるものではないが、ただし両者は研究の方法・内容・目的・注目点・科学的意義などにおいて明らかに異なる。その意味から言うと、先秦両漢鉄器の考古学研究は明らかに文化方面すなわち歴史学研究に属する。

　ただし本研究は一般の文化史研究と同じではなく、それ自身の特徴を具えている。つまり、依拠する基本資料は考古資料であり、研究の基本方法は考古学の方法で、また研究内容は考古学の基本問題である。しかし決してそこで止まるものではなく、ここから今一歩歴史研究に進み、理論を探索していく。具体的に本研究は三つの段階を包括する。第一段階は、考古学の基本研究であり、出土鉄器資料および関連の遺跡・遺物資料を全面的に集成し、類型学方法を運用して資料に対して系統的な整理を行い、形態学研究や器物類型・組成の研究、また地域的分布と編年の研究等を進め、それにより鉄器の発生・初期発展段階における歴史の脈絡と変遷の軌跡を基本的に究明する。第二段階は、歴史学研究であり、考古学基本研究の基礎上に、一方では主に冶金史学の研究成果を吸収し、鉄工場遺跡の発掘・研究と結合し、鋼鉄技術と鉄器製造工芸の発展過程について詳述していく。もう一方では、主に歴史学・考古学における他方面の研究成果を吸収し、関連の文献記載と結び付け、鉄器工業の発生と発展およびその動因や、鉄器の生産と流通、鉄器の社会生活における使用状況ともたらされた影響、また鉄器に反映される社会生産力の発展水準などを検討し、その上で鉄器の出現と応用の社会歴史発展過程における役割について考察を進める。第三段階は、理論の検討であり、前二段階の研究を基礎として、科学技術と生産力、生産力と社会変革の間にある関係および相互作用など理論問題に対して試論として検討を進めていく。簡略に言えば、考古学研究より出発して、歴史を研究し、理論を探求するということである。

2　古代鉄器に関する考古学研究の特殊性

　古代鉄器は古代人たちの活動による物質文化の遺留品として、石器・陶器・銅器・玉器など他の材質の器具と同様に、古代社会の生産・生活・文化の重要な物質的表象の一つであるといえる。そ

れゆえ、鉄器研究と他の材質の器具に関する研究は無論方法・手段の上で、あるいは研究の内容と強調点の上で、おおよそ同様である。ただし、鉄器の特性や生産・流通・使用などの方面に多くの独自の特徴をもつことから、古代鉄器の研究には他の材質の器具に対する研究にある特性とは異なるのであり、研究において注意が必要である。

　第一に、鉄金属の特徴の一つは酸化しやすいことであり、千年に達する埋蔵過程で多くは錆蝕がひどく、錆の凝結は外形の保存状態を一様に悪くする。そのため、鉄器の形態に対する観察・描写・寸法の記録などは、一般に石器や玉器・銅器のように正確にはならない。

　第二に、鉄金属は自然界における埋蔵量が多く、金属性能もすぐれ、そのため古代鉄器の主要なものは各種生産工具と武器武具であり、生活器具・装飾品などは相対的に少なく、実用性の高さが古代鉄器の一つの突出した特徴となっている。このことは鉄器の形態上の地域的差異を相対的に小さくし、時間的な変化を緩慢にすることとなった。これにより、鉄器形態の研究においては、同類器物の形態上の差異を重視して、必要な形態観察・分析を進めた上で、さらに各種の異なる類型の器具について発生と変遷に注目すべきである。

　第三に、器物の型・式の区分は考古類型学研究の基本手段であり、鉄器も例外ではないが、上述の鉄器自身の特徴により、型式分類は細かくしすぎるのは不適切になる。よって、型式分類と説明においては、適切に例の提示を増加する必要があり、特に異なった細部の特徴を具えていたり、異なる地域で出土したり、異なる時期に属するなどの場合は、鉄器類型の特徴について比較的全面的な認識を得るために、その形態の特徴と大小について説明を加えるようにしなければならない。

　第四に、鉄金属は人類の古代歴史において、石・骨・蚌などの非金属と銅などの金属を開発・利用したのちに、発見・利用した金属であり、中国古代の鉄器は、青銅器が大量に使用され各種非金属器具が依然として存在している時に出現したものである。そのため、鉄器の発生・発展・変遷、特に社会生活における使用状況とその役割等の問題について分析と考察を進めるには、鉄器のみにより鉄器を論ずるのではなく、青銅器や各種非金属器具との相互関係に対して充分な注意を払うべきである。

　第五に、古代鉄器は各種生産工具と武器武具を主とし、実用性が強く象徴的意義が薄いといった特徴があり、これが鉄器そのものを紋様などの装飾が少ないものにし、その造型・装飾方面の美術性・芸術性は、青銅器・玉器・漆木器・陶器などに比べて相当微弱なものとなる。このため、古代鉄器に対して芸術性の研究を進め、これを出発点として当時の人々の精神生活を探求するのは困難である。このような状況であるため、古代鉄器の美学・精神文化の研究は、鉄器研究の基本問題とはなりがたい。

3　関連用語の定義と説明

　考古学界と冶金学界とでは、時に冶金学に関する多くの名詞・術語に対して異なる理解と使用があり、それらは本研究でも常用するものである。そこで学術界の一般的な認識に基づき、また筆者の理解と本研究の必要性から、関連常用術語について定義と説明を加えたい。

　鉄器——各種類の鋼鉄製品で、部分的に鋼鉄を使用したものも含む（必要に応じて明記する）。一般的には、人工製鉄製品を主とし、また隕鉄製品も含むが、人工的でないものは隕鉄であり、その場合明確に"隕鉄"と称する。

製鉄——広く鉄金属の人工製錬・製鋼、及び鉄器の加工製造とその技術・方法を指す。それに応じて、"錬鉄"は鉄金属の製錬を、"製鋼"は鋼鉄の精錬を、"熔鉄"は鉄素材の熔錬を、"鋳鉄"は鉄素材の熔錬と鉄器鋳造を、"鍛鉄"は鉄器の鍛造加工製作を、"製鉄"は鉄器の鋳造・鍛造及び関連の技術処理等鉄器の製造を指す。

　　鋼鉄技術——すなわち"製鉄術"であり、鉄金属製錬・製鋼・鉄器加工製造の技術と方法を指す。技術面を強調する場合は"鋼鉄技術"を用い、広く指す場合は"製鉄術"を用いる。

　　鉄工場——鉄金属の製錬・製鋼・鉄器鋳造・鍛造加工など鉄器製造を行なう工場を指し、一般的にいう製鉄・鋳鉄・鉄器加工製造の工房と工場を包括する。

　　鉄器工業——一定の生産方式・技術を採用して鉄金属製錬・製鋼・鉄器製造を行なう産業を指す。

　　この他、本研究で頻繁に用いる地域概念のうち、"中原地域"は広義の中原地域すなわち黄河中・下流域と長江中・下流域を中心とする広大な地域を指し、秦嶺-淮河を結ぶ線以南を"南方地域"、以北を"北方地域"と称し、長城沿い及びその北側を"北方長城地帯"と称する。また東周列国の境域外の地域を"辺境地域"とする。

　　ついでながら最後に説明すると、本研究では言及する文献の非常に多いことから、紙数を省き、かつ引用文の出典の査閲に影響のないように、同一の文献（特に考古簡報と報告）を同節中で何度も引用する際は、一度の引用のみで繰り返さない。また文中の挿図はほぼ全ての発掘簡報・報告にわたるので、挿図の説明中では逐一付注しないが、関連文献の注釈を参照することができる。

註

1　エンゲルス『家族、私有財産および国家の起原』、大内兵衛・細川嘉六監訳『マルクス＝エンゲルス全集』第21巻第162頁、大月書店、1971年。ジャガイモは南アメリカ大陸原産で、16世紀後半にスペイン人がヨーロッパにもたらし、18世紀末にヨーロッパ大陸の国々とイングランド西部の主要農作物となった。
2　エンゲルス『家族、私有財産および国家の起原』、大内兵衛・細川嘉六監訳『マルクス＝エンゲルス全集』第21巻第162頁、大月書店、1971年。
3　グリン＝ダニエル（訳者注　1914-1986、イギリスの考古学者）著・黄其煦訳『考古学一百五十年』第29～43頁、文物出版社、1987年。『北方古代文化入門』は、『北方文物陳列指南』として中文訳されている。
4　章鴻釗『石雅・附録・中国銅器鉄器時代沿革考』（下編）第15頁、1927年。
5　A．何俊『冶金史』、『中国大百科全書・鉱冶』第753頁、中国大百科全書出版社、1984年。B．潮見浩「考古学から見た古代の鉄」、『日本古代の鉄生産』第4頁、六興出版社、1991年。
6　中国科学院考古研究所『新中国的考古収穫』第61頁、文物出版社、1962年。
7　郭沫若『奴隷制時代・中国古代史的分期問題』第6頁、人民出版社、1973年。
8　『史記巻一百一十三南越列伝』より。また『漢書巻九十五西南夷両粤朝鮮伝』にも、高后が令を出し、"蕃夷外粤に金鉄田器を与えることなからし"めたことが見られる。
9　『漢書』巻二十四食貨志。
10　A．雲翔「戦国秦漢和日本弥生時代的鍛銎鉄器」『考古』1993年第5期453頁。B．王巍『東亜地区古代鉄器及冶鉄術的伝播与交流』中国社会科学出版社1999年。
11　杜石然主編『中国科学技術史・通史巻』第116頁、科学出版社、2003年。
12　白雲翔「20世紀中国考古発現述評」『二十世紀中国百項考古大発現』第37頁、中国社会科学出版社、2002年。
13　中国科学院考古研究所『新中国的考古収穫』第63頁、文物出版社、1961年。
14　章炳麟「銅器鉄器変遷考」『華国月刊』第2期（1925年）第5冊1頁、章鴻釗『石雅・附録・中国銅器鉄器時代沿革考』（下編）第21頁、1927年、北京。
15　浜田耕作『貔子窩—南満洲碧流河畔の先史時代遺跡』第60・61頁、東亜考古学会、1929年。
16　原田淑人『牧羊城—南満洲老鉄山麓漢及漢以前遺跡』第1～10頁、東亜考古学会、1931年。
17　浜田耕作等『南山裡—南満洲老鉄山麓の漢代磚墓・鉄器墓』第26・27頁、東亜考古学会、1933年。調査者

は鉄器を出土した遺構を墓葬と認識したが、おそらく実際は窖蔵であろう。
18　傅振倫「燕下都発掘報告」『国学季刊』第3巻（1932年）第1号、175〜182頁。
19　森修『営城子—前牧城駅附近の漢代壁画磚墓』第28頁、東亜考古学会、1934年。
20　駒井和愛等『邯鄲—戦国時代趙都城址の発掘』第82・107頁、東亜考古学会、1954年。
21　水野清一等『萬安北沙城—蒙疆萬安県北沙城及び懐安漢墓』第45頁、東亜考古学会、1946年。
22　小野勝年等『陽高古城堡—中国山西省陽高県古城堡漢墓』第80〜84頁、六興出版、1990年。
23　J. G. Anderson, An Early Chinese Culture, PL. 1 and 2, Peking, 1923.
24　蘇秉琦『闘鶏台溝東区墓葬』第228頁、国立北平研究所史学研究所、1948年。
25　中国科学院考古研究所『輝県発掘報告』第69〜109頁、科学出版社、1956年。
26　鄭紹宗「熱河興隆発現的戦国生産工具鋳範」『考古通訊』1956年第1期29頁。
27　東北博物館「遼陽三道壕西漢村落遺址」『考古学報』1957年第1期119頁。
28　河南省文化局文物工作隊『鞏県鉄生溝』文物出版社、1962年。
29　河南省文化局文物工作隊「南陽漢代鉄工廠発掘簡報」『文物』1960年第1期58頁。
30　林甘泉『中国古代史分期討論五十年』（1929〜1979）、上海人民出版社、1982年。
31　楊寛「試論中国古代冶鉄技術的発明和発展」『文史哲』1955年第2期26頁。
32　黄展岳「近年出土的戦国両漢鉄器」『考古学報』1957年第3期93頁。
33　中国科学院考古研究所『新中国的考古収穫』第60〜62頁、75〜76頁、文物出版社、1961年。
34　A．蒋若是「洛陽古墓中的鉄製生産工具」『考古通訊』1957年第2期81頁。B．湖南省文物工作隊李正光「長沙・衡陽出土戦国時代的鉄器」『考古通訊』1956年第1期77頁。
35　A．李文信「古代的鉄農具」『文物参考資料』1954年第9期80頁。B．殷滌非「試論東周時期的鉄農具」『安徽史学通訊』1959年第4/5期29〜46頁。C．曾庸「漢代的鉄製工具」『文物』1959年第1期16頁。D．于豪亮「漢代的生産工具—鍤」『考古』1959年第8期440頁。
36　李京華「漢代的鉄鑲鉤与鉄鈹戟」『文物』1965年第2期47頁。
37　李家瑞「両漢時代雲南的鉄器」『文物』1962年第3期33頁。
38　関野雄『中国考古学研究・中国初期鉄器文化の一考察—銅鉄過渡期の解明に寄せて』第159頁、日本東京大学東洋文化研究所、1956年。
39　劉東亜「河南新鄭倉城発現戦国鋳鉄器泥範」『考古』1962年第3期165頁。
40　羅平「河北承徳専区漢代鉱冶遺址的調査」『考古通訊』1957年第1期22頁。
41　河南省文化局文物工作隊「河南鶴壁市漢代冶鉄遺址」『考古』1963年第10期550頁。
42　南京博物院「利国駅古代錬鉄炉的調査及清理」『文物』1960年第4期46頁。
43　李歩青「山東滕県発現鉄範」『考古』1960年第7期72頁。
44　A．孫廷烈「輝県出土的幾件鉄器底金相学考察」『考古学報』1956年第2期125頁。B．林寿晋「関于戦国鉄器鑑定問題的説明」『考古通訊』1957年第1期132頁。C．華覚明等「戦国両漢鉄器的金相学考察初歩報告」『考古学報』1960年第1期73頁。D．楊根「興隆鉄範的科学考察」『文物』1960年第2期20頁。
45　現在までの中国古代鋼鉄技術の研究成果に基づいてみると、当時の輝県固囲村出土の鉄鑣・鉄斧等の冶錬方法と成型技術に関する認識は、改めて検討する必要があろう。
46　楊寛「試論中国古代冶鉄術的発明と発展」『文史哲』1955年第2期28頁。
47　郭沫若『奴隷制時代』第32頁、人民出版社、1973年。この文章が最初に発表されたのは1952年である。
48　郭沫若「希望有更多的古代鉄器出土—関于古代史分期問題的一個関鍵」『人民日報』1956年9月18日第7版。『奴隷制時代』第202〜207頁、人民出版社、1973年より引用。
49　魚易「東周考古上的一個問題」『文物』1959年第8期64頁。
50　李学勤「関于東周鉄器的問題」『文物』1959年第12期69頁。
51　童書業「従中国開始用鉄的時間問題評胡適派的史学方法」『文史哲』1955年第2期30頁。
52　楊寛『中国古代冶鉄技術的発明和発展』、上海人民出版社、1956年、『中国土法冶鉄錬鋼技術発展簡史』、上海人民出版社、1960年。
53　この種の通論の著作には主に以下がある。A．湖南省博物館『中国鋼鉄史話』、湖南人民出版社、1959年。B．洛陽市第一高級中学歴史教研組『中国冶錬史略』、河南人民出版社、1960年。C．高林生等『中国古代鋼鉄史話』、中華書局、1962年。
54　この種の論述は非常に多く、例を挙げるならば以下の如くである。A．周志宏「中国早期鋼鉄冶錬技術上創造性的成就」『科学通報』1955年第2期25〜30頁。B．張子高「関于我国古代人民対于鉄的性能認識和応用

的二三事」『文物』1959年第1期22頁。C. 王蘇等「我国在鋼鉄冶錬工業上的偉大創造」『文物』1959年第1期26頁。D. 高林生「関于我国早期的冶鉄技術方法」『考古』1962年第2期99頁。
55　河北省博物館等「河北藁城台西村的商代遺址」『考古』1973年第5期266頁。
56　唐雲明「藁城台西商代鉄刃銅鉞問題的探討」『文物』1975年第3期57頁。
57　A. 李衆「関于藁城商代銅鉞鉄刃的分析」『考古学報』1976年第2期17頁。B. 葉史「藁城商代鉄刃銅鉞及其意義」『文物』1976年第11期56頁。
58　黄展岳「関于中国開始冶鉄和使用鉄器的問題」『文物』1976年第8期68頁。
59　北京鋼鉄学院等『中国冶金簡史』第40〜46頁、科学出版社、1978年。
60　楊寛『中国古代冶鉄技術発展史』第34〜37頁、上海人民出版社、1982年。
61　A. 塗厚善「有関印度鉄器時代開始年代的問題」『華中師範大学学報（哲学社会科学版）』1986年第6期75頁。B. 孔令平「鉄器的起源問題」『考古』1988年第6期542頁。
62　A. 陳戈「新疆出土的早期鉄器—兼談我国開始使用鉄器的時間問題」『慶祝蘇秉琦考古五十五年論文集』第431頁、文物出版社、1989年。B. 張宏明「中国鉄器時代応源于西周晩期」『安徽史学』1989年第2期14頁。C. 唐際根「中国冶鉄術的起源問題」『考古』1993年第6期563頁。D. 趙化成「公元前5世紀中葉以前中国人工鉄器的発見及其相関問題」『考古文物研究』第294頁、三秦出版社、1996年。E. 韓建武「中国古代人工鉄的考古発見及其相関問題」『陝西歴史博物館館刊』第10輯（2003年）78頁。F. 白雲翔「中国的早期鉄器与冶鉄的起源」『桃李成蹊集—慶祝安志敏先生八十寿辰』第298頁、香港中文大学中国考古芸術研究中心、2004年。
63　A. 楊式挺「関于広東早期鉄器的若干問題」『考古』1977年第2期98頁。B. 黄展岳「南越国出土鉄器的初歩考察」『考古』1996年第3期51頁。C. 李龍章「西漢南越王墓"越式大銘鼎"考辨」『考古』2000年第1期72頁。D. 藍日勇「広西戦国鉄器初探」『考古与文物』1989年第3期77頁。E. 張増祺「雲南銅柄鉄剣及其有関問題的初歩探討」『考古』1982年第1期60頁。F. 宋治民「三叉格銅柄鉄剣及相関問題的探討」『考古』1997年第12期50頁。G. 宋世坤「貴州早期鉄器研究」『考古』1992年第3期245頁。
64　楊志軍等「二十年来的黒龍江区系考古」『北方文物』1997年第4期5頁。
65　A. 譚英傑等「黒龍江中游鉄器時代文化分期浅論」『考古与文物』1993年第4期80頁。B. 李陳奇等「松嫩平原青銅与雛形早期鉄器時代文化類型的研究」『北方文物』1994年第1期2〜9頁。C. 張偉「松嫩平原早期鉄器的発現与研究」『北方文物』1997年第1期13頁。
66　雷従雲「戦国鉄農具的考古発現及其意義」『考古』1980年第3期259頁、同「三十年来春秋戦国鉄器発現述略」『中国歴史博物館館刊』1980年第2期92頁。
67　趙化成「論冶鉄術的八世及其鉄器的使用対中国古代社会発展進程的影響問題」『文化的饋贈——漢学研究国際会議論文集・考古学巻』第240頁、北京大学出版社、2000年。
68　A. 楊泓「漢代兵器綜論」『中国歴史博物館館刊』1989年総第12期55頁、同「漢代兵器二論」『揖芬集——張政烺先生九十華誕紀念文集』第115頁、社会科学文献出版社、2002年。B. 中国社会科学院考古研究所技術室等「広州西漢南越王墓出土鉄鎧甲的復原」『考古』1987年第9期853頁。C. 山東省淄博市博物館等「西漢斉鉄甲冑的復原」『考古』1987年第11期1032頁。D. 孫機「略論百錬鋼刀剣及相関問題」『文物』1990年第1期72頁。E. 鍾少異「漢式鉄剣綜論」『考古学報』1998年第1期35頁。F. 白栄金「西安北郊漢墓出土鉄甲冑的復原」『考古』1998年第3期79頁。G. 白栄金「呼和浩特出土漢代鉄甲研究」『文物』1999年第2期71頁。
69　A. 全洪「試論東漢魏晋南北朝時期的鉄鏡」『考古』1994年第12期1118頁。B. 岳洪彬等「中国古代的鉄三足架」『南方文物』1996年第4期42頁。C. 傳挙有「両漢鉄銭考」『湖南考古輯刊』第二集183頁、岳麓書社、1984年。D. 劉森『中国鉄銭』第16〜27頁、中華書局、1996年。
70　李京華「漢代鉄農具銘文試釈」『考古』1974年第1期61頁、同「新発現的三件漢鉄官銘器小考」『考古』1999年第10期79頁。
71　彭曦「戦国秦漢鉄業数量的比較」『考古与文物』1993年第3期97頁。
72　A. 李京華「試談日本九州早期鉄器来源問題」『考古与文物』1993年第3期97頁。B. 雲翔「戦国秦漢和日本弥生時代的鍛造鉄器」『考古』1993年第5期453頁。C. 王巍『東亜地区古代鉄器及冶鉄術的伝播与交流』、中国社会科学出版社、1999年。
73　A. 陳文華『中国古代農業科技史図譜』、農業出版社、1991年。B. 周昕『中国農具史綱曁図譜』、中国建材工業出版社、1998年。
74　河南省文物研究所「南陽北関瓦房荘漢代冶鉄遺址発掘報告」『華夏考古』1991年第1期1頁。
75　A. 河南省博物館等「河南漢代冶鉄技術初探」『考古学報』1978年第1期1頁。B. 河南省博物館等『漢代畳鋳——温県烘範窯的発掘和研究』、文物出版社、1978年。C. 『中国冶金史』編写組「従古滎遺址看漢代生

鉄冶錬技術」『文物』1978年第2期44頁。D. 趙青雲等「鞏県鉄生溝漢代冶鋳遺址再探討」『考古学報』1985年第2期157頁。E. 李京華『中国古代冶金技術研究』第53〜122頁、中州古籍出版社、1994年。F. 李京華等『南陽漢代冶鉄』、中州古籍出版社、1995年。

76　韓汝玢等「虢国墓地出土鉄刃銅器的鑑定与研究」『三門峡虢国墓』第一巻第559頁、文物出版社、1999年。

77　韓汝玢「天馬-曲村遺址出土鉄器的鑑定」『天馬-曲村（1980〜1989）』第三冊1178頁、科学出版社、2000年。

78　A. 李衆「中国封建社会前期鋼鉄冶錬技術発展的探討」『考古学報』1975年第2期1頁。B. 李衆「従澠池鉄器看我国古代冶金技術的成就」『文物』1976年第8期59頁。C. 北京鋼鉄学院『中国冶金簡史』、科学出版社、1978年。D. 韓汝玢等「中国古代的百錬鋼」『自然科学史研究』第3巻（1984年）第4期317頁。E. 北京鋼鉄学院冶金史研究室「我国古代鋼鉄冶金技術的重大成就」『中国冶金史論文集』第147頁、北京鋼鉄学院学報編輯部、1986年。F. 華覚明『中国古代金属技術』、大象出版社、1999年。

79　日本古代の製鉄技術は中国から伝播したもので、鉄器出現年代は紀元前3世紀前後であるが、日本の学術界における古代鉄器と製鉄の研究は相当発展しており、関連の論文も百篇以上に及ぶ。学術専著も時に応じて出版されており、筆者所見の20世紀90年代以来の著作には以下のものがある。窪田蔵郎『鉄の文明史』（1991年、雄山閣）、潮見浩『東アジア出土鉄器地名表』（1991年、広島大学）、奥野正男『鉄の古代史——弥生時代』（1991年、白水社）、たたら研究会編『日本古代の鉄生産』（1991年、六興出版）、川越哲志『弥生時代の鉄器文化』（1993年、雄山閣）、松井和幸『日本古代の鉄文化』（2001年、雄山閣）など。

80　華覚明等『中国冶鋳史論集・前言』第2頁、文物出版社、1986年。

第2章　中国製鉄の起源および初期発展

　中国古代鉄器・製鉄発展史において、まず解決すべき問題の一つは製鉄の起源についてである。鉄器が最も早く出現した時期、最初に発生した地域、採用された技術、そして製鉄はどのようにして発生したのか、といった問題は、近代考古学が生れる前は古代典籍の関連記載に依拠する外ない上、そういった文献資料は数も少なく内容も簡略なため意を尽くさないものであった。その後、考古学の誕生と発展に随い、古代鉄器実物資料の発見は次第に増加し、その初期鉄器資料を根拠に文献資料と冶金学研究の成果と結合して、製鉄起源研究の最良の方法となっていく。ここでは出土初期鉄器資料に対する整理と分析を通じて、関連の冶金学研究の成果と文献記載を参考とし、中国の製鉄起源と初期発展について検討していく。

第1節　中国製鉄の起源に関する諸説

　中国の製鉄起源に関しては、古代の文献にある程度記載が見られる。それぞれの記載で言い回しが違い、かつ異なる解釈が可能であるが、中国製鉄起源を検討するための手掛りであることにかわりはない。20世紀20年代以来、学術界は考古発見をもとに関連の文献記載と結び合わせ、中国製鉄起源に対して検討し、相前後して多くの見るべき観点を提出してきた。それは頗る多岐に渉るものの、この問題に関する認識が常に深化していることを反映していよう。それゆえ、さらに深く中国の製鉄起源について検討するため、古代典籍中の関連記載に対して分析を加え、先人の提示した各種の観点を整理する必要がある。

1　中国の製鉄起源に関する文献記載と分析

　先秦史に関する文献で、戦国時代の鉄器についての記載は必ずしも珍しくなく、当時の鉄器使用はすでに学界で争われるところではない。ただし、それ以前の鉄器・製鉄の問題については、古文献に依拠すると夏代にまで遡り、なお盛んに議論されている。戦国時代以前の製鉄と鉄器に関する文献記載は、主に以下の三つの時期に渉るとまとめられる。

(1)　夏代の製鉄に関する文献
　『尚書』巻三禹貢梁州条：“厥れ璆・鉄・銀・鏤・砮・磬……を貢す。”
　『山海経』巻五中山経：“禹曰く、天下名山……出鉄の山三千六百九十。”
　『史記』巻四周本紀集解：『司馬法』曰く、“夏玄鉞を執る。”宋均曰く、“玄鉞は鉄を用いる、磨砺せず。”
　『古今刀剣録』："孔甲在位三十一年、九年歳次甲辰、牛首山の鉄を採り一剣を鋳る、名じて爽と曰う。"
　上述の夏代の製鉄に関する記載は、以下の理由から一般に信を置かれないものである。まず、

『尚書』禹貢篇は一般に戦国時代の人物が古の資料を利用して偽作したものと考えられている[1]。学者により『禹貢』の成立を西周初期より遅くないとするが[2]、なお夏代梁州が鉄を貢納したとするのは信頼できず、"周以前に鉄器があったとする証拠とは出来ない"[3]。また『山海経』の成立年代はおおよそ周秦の境にある[4]。『史記』集解は南朝宋人の裴駰によるもので、玄鉞が鉄を用いたものとするのは推測に過ぎない。『古今刀剣録』も南朝梁人の陶弘景の撰述で、孔甲（訳者注　夏14代目の王）が剣を鋳造したとするのは付会の辞である。

(2)　西周時代の製鉄に関する文献

　『逸周書』巻四克殷：武王"すなわち右にこれを撃つに軽呂をもってし、これを斬るに玄鉞をもってし、諸を少白に懸けん。"『克殷』篇は一般に信頼性の高い史料で、ここでいう"玄鉞"は晋孔晁の"玄鉞は、黒斧なり"の注解から考古発見と結びつけ、"鉄鉞"と解釈することも可能であるが、ただしそれは人工製鉄のものではなく、自然の隕鉄製品であろう[5]。

　『尚書』巻二十費誓："備えるにすなわち弓矢を、鍛えるにすなわち戈矛を、砺ぐにすなわち鋒刃を、あえて不善のものなからしむ。"『詩経』大雅公劉："取りて厲ぎ取りて鍛えん。"文中に記される"鍛"字は、孔穎達が"鍛鉄"と解釈しており、西周時代にすでに製鉄があったとする学者の根拠であり、楊寛などは、この"鍛"字は鍛錬の意味に違いない"とし[6]、さらにその鍛えるものは"塊錬法を用いて錬成した鍛鉄兵器"であると推論する[7]。ただし、『詩経』鄭氏箋の注釈と毛亨伝『詩経』中の"鍛は、石を鍛えるなり"などの解釈から、学者によっては鍛を青銅工具を打ち鍛える石製工具と考えており、この"鍛"字によって西周時代に鍛鉄が存在していたと推測することはできない[8]。

　『詩経』巻六秦風駟驖："駟驖は孔阜にして、六轡手に在り。"文中の"驖"字について、"鐵"は"鉄"とすることがあるので、馬の色が鉄のようであったことを示し、まず"鐵"があり、のちに鐵の色に依拠して黒馬を"驖馬"としたのであり、これにより西周時代に人工製鉄があったとする認識がある[9]。一方の意見としては、驖と鐵のどちらも"戴"字の後にできた字であり、まず黒色を代表する"戴"字があり、しかる後に黒馬を代表する"驖"字ができ、最後に黒色の金属を表現する"鐵"字ができたと解釈すべきであり、ゆえに『詩経』中の"駟驖"の一語を西周時代の製鉄の証拠とすることは出来ないとする[10]。さらにもう一つの見解として、先に馬名の驖があり、後に金属名の鉄があったとしつつも、やはりこの史料を当時鉄を用いていた証拠と見做すものもある[11]。

　『礼記』巻十七月令："孟冬……天子玄堂に左个に居し、玄路に乗じ、鉄驪に駕す。"一般に『月令』篇は『呂氏春秋』に基づき、秦漢の際の儒者が古に託して成したものとされ[12]、この問題の根拠とはできないが、学者によってはここに見られる"鉄"字が人工製錬の金属鉄の色を指し、西周時代にすでに人工製鉄が出現していたことを反映しているとする[13]。

　『班簋銘』："王、毛公をして邦家君・徒御・戜人を以って東国を伐たしむ……。"班簋は周成王時期ないし康・穆王時期とされる[14]。"戜"字については、"鉄"字に解釈し、"戜人"は、""製鉄工人"であり、確かならば、周初にすでに鉄鉱石の製錬と鉄器の使用があったことになる"とする学者もいる[15]。ただし学者により、この字の形符は戈に従い、戮・伐などと同類の字で、"戜人"は攻戦に従事する士卒を指し[16]、製鉄とは関係がないとする[17]。

　明らかに、上述の西周製鉄に関する古文献は、現代人の解釈が往々にして全く異なり、それゆえ、

西周時代に人工製鉄が存在したか否かということは、文献記載に依拠する限りは納得のいく答えを出すことは出来ないであろう。

(3)　春秋時代の製鉄に関する文献

『菅子』巻二十三地数篇：“出鉄の山、三千六百九山。”また『菅子』巻二十二海王篇：“今鉄官の数に曰く、一女必ず一鍼一刀を有し、若だしその事立てんとす。耕者は必ず一耒一耜一銚を有し、若だしその事立てんとす。行服連軺輂者は必ず一斤一鋸一錐一鑿を有し、若だしその事立てんとす。しからざれば事を成すもの、天下にあることなし。……耜鉄の重十を加し、三耜鉄で一人の籍なり。”『菅子』巻二十四軽重乙篇：“一農のこと、必ず一耜一銚一鎌一鎒一椎一銍ありて、しかる後成すに農を為す。……一女必ず一刀一錐一箴一鉥ありて、しかる後成すに女を為す。請うらくは、以って山木を断ち、山鉄を鼓し、ここに以って籍をなからしめ用足るべし。”一般に『菅子』は管仲の作ではなく、また一時期に個人によって為されたものでもなく、その成立は長い過程を経ていると考えられ、“戦国秦漢の文言の総集であり、秦漢時の諸学家の説が最も多くここに集まって”おり[18]、記載される春秋斉国の状況は真偽のほどは判断しがたく、この書の述べるところは戦国末から漢代の状況であるとされる。ここから、『菅子』所載の春秋斉国の製鉄は、一般には確実なものとされず、判断は保留せざるを得ない[19]。

『呉越春秋』巻四闔閭内伝：“干将剣を作るに、五山の鉄精・六合の金英を采り、……童女童男三百人をして橐を鼓し炭を装せしむれば、金鉄すなわち濡れ、遂に以って剣を成し、陽を干将と曰い、陰を莫邪と曰う。”『越絶書』巻十一越絶外伝：“欧冶子・干将茨山を鑿し、その渓を泄して、鉄英を取り、剣三枚を作る。……風胡子これを楚王に奏す。風胡子曰く、この時にあたり、鉄兵を作らば、威は三軍を服し、天下これを聞かば、敢えて服せざるなし。これまた鉄兵の神なり。”一般に両書は秦漢時代の人が当時見ることのできた関連史料を利用して編成したものとされるが[20]、書中の春秋時代の呉・楚両国が製鉄を行い剣を鋳造したとする記載は、賛同者もおり、“この段の記載は、おそらく真実であり、『越絶書』の成書が若干晩いからといって否定することはできない”とする[21]。ただ一方では反論もあり[22]、その主要な根拠はこの両書の成書が漢代であることで、ゆえに信頼性がないとする。

『斉叔夷鍾銘』：“𡚱（造）戜徒四千為[23]。”叔夷鍾は斉霊公（紀元前581年～前554年）時期のもので、銘文中の“戜”字については学術界において異なる解釈がある。学者によっては“鉄”字の初形ないし省略形とし、“戜徒”はつまり“采鉄製錬の官徒”とする[24]。ただし反論もあり、この字形は戈に従い、戮・伐と同類で、“戜徒”はすなわち攻戦に従事する士卒である[25]。或いは“戜”字は黒色を示し、そこから派生して隷徒または庶人となり、“造戜徒”は一種の兵役に服する自由民で、製鉄とは直接の関係はないとする[26]。

『国語』巻六斉語：“美金は以って剣戟を鋳し、諸の狗馬に試みる。悪金は以って鉏・夷・斤・斸を鋳し、諸を壌土に試みる。甲兵大いに足る。”これと似た文句は『菅子』巻八小匡にもあり[27]、『国語』からの引き写しであろうが、春秋斉桓公時期（紀元前685年～前643年）のことを記している。この条はよく引用されるが、観点が様々で、その論点は“美金”と“悪金”の解釈である。ある意見は、“いわゆる“美金”は青銅を指し、……いわゆる“悪金”は鉄を指す”とし[28]、桓公時の斉国の製鉄はすでに一定規模に達していたとする。ただし考古発見から見ると、“美金”・“悪金”のど

ちらも青銅を指すことが知れ、"美金"は良質の青銅のこと、"悪金"は質の劣る粗銅のことで、鉄とは全く関係がないのである。[29]

『左伝』昭公二十九年："冬、晋趙鞅・荀寅師を帥いて、汝濱に城き、遂に晋国に一鼓鉄を賦し、以って刑鼎を鋳し、范宣子為すところの刑書をここに著す。"これも広く引用されているが、やはり異なる見解がある。賛同者は晋国が鉄で刑鼎を鋳造したことは信頼性が高いと考える。[30]しかし反論として、文中の"一鼓鉄"は"一鼓鍾"の誤りで、この段の標点は"……遂に晋国に一鼓鍾を賦して、以って刑鼎を鋳し……"とするべきで、当時范宣子の『刑書』を鋳込んだ、或いは刻した鼎は銅鼎とするべきである、とされる。[31]

上述の春秋時代製鉄に関する文献記載は、現代の学者により異なる解釈が多々あり、そのため異なる認識が生じてしまうことは容易に予想される。

総じて、古籍中に夏代から春秋時代までの製鉄と鉄使用の記載は少なくないが、しかしこれらの記載が異なる理解が可能で、しかも全く異なる解釈となることから、学術界では多くの論争と討論を引き起こしており、中国製鉄起源の年代問題についての意見は統一を見ないのである。

2　中国の製鉄起源に関する諸説と論争

20世紀20年代以来、前項の文献記載とそれらに対する異なる理解を根拠に、出土の初期鉄器資料の収集・分析と結びつけて、学術界では中国製鉄起源の年代問題について様々な観点を提示し、かつ激しい論争を進めてきた。それらをまとめると、主に以下の諸説がある。

夏代製鉄起源説：これは唐堯・虞舜の時代、或いはさらに早い時代から製鉄が始まるとする説である。最も早くこの説を唱えたのは章炳麟である。[32]20世紀50年代には周則岳が"西周以前確かにすでに鉄が、しかも鋼があり、かつ少なくとも禹貢の時代まで溯れる"と示した。[33]駱賓基はまず『人民政協報』1986年9月30日版の"中華五千年文明史問題"と題するコラムで、鉄が中国で出現した年代を、紀元前2300年の唐堯・虞舜の世よりも早いとし、1988年にもまた一文を執筆し文献記載・古文字考証等の方面から論証を進めた。[34]甚だしくは、"中国が鉄器を使用したのは、紀元前3500～前4000年より遅くはない"とし、その立論は、春秋時代の製鉄業はすでに相当発達していて、紀元前8世紀にはすでに相当高度の鋳鉄能力を有し、それ以前の殷代にはすでに鋳鉄と併せて合金鋼を精錬することができ、また西アジアのヒッタイト人が紀元前1400年に最初に鉄を用いてから、紀元後12世紀にようやく鋳鉄が出現するまで2千年以上の時間を経ていると推算されることを根拠とし、"中国が鉄を用いた歴史は紀元前4000年まで溯ることができる"とした。[35]

殷代製鉄起源説：童書業は春秋時代に製鉄技術がすでに相当高度に発展し、またそれが"鉄を使用し始めてから鉄器時代に至るまでのおおよそ千年から二千年を経た状況"であると認識し、"西周時代にすでに鉄器があっただけでなく、さらに殷代にすでに鉄器があったと主張する必要がある"とした。[36]これに対し冶金史学家が、殷代に鉄器があったとすればそれは塊錬鉄であり、非常にあり得ることで、"温度調節の掌握という点から、塊錬鉄の生産は青銅より早く、おそらく陶器と銅器が盛行した殷代にはあったに違いない"と提示した。[37]束式澂も同様の見方を示す。[38]胡澱咸も、殷代生産工具の製作と使用に対する研究を根拠に、かつエンゲルスの未開時代の高級段階に、"鉄鉱の熔解をもって始まり……"という説に推論を加え、"中国が鉄を用い始めたのは殷墟時期以前に違いない。殷墟時期にすでに鉄を用いていたのは明らかである"とした。[39]夏湘蓉らは、文献記載

を根拠に関連の考古発見と結びつけ、"我国古代の製鉄業は、おそらく古の梁州すなわち今の秦嶺以南の陝南・川東地域に起源があり、その時代は殷周の境あるいはさらに早いであろう"とした[40]。ある学者にいたっては、"殷代にすでに高性能合金鋼を精錬し、……考古発掘の実物から見ると、殷墟早期にはすでに鉄鋳造ができた"とする[41]。この他、日本の梅原末治は殷代に"鉄に関する知識が一部に存し"、かつそれが人工製錬の鉄であるとしたが、その根拠にはなお誤解がある[42]。

西周製鉄起源説：これは史学界の主流な見方の一つであり、郭沫若・呂振羽[43]・楊寛・白寿彝[44]ら史学の大家がみなこの説を支持するが、その立論の根拠や具体的な論証方法には差異がある。郭沫若は、"鉄の発現はおおよそ殷代にあり、西周時代に至り見慣れたものとなり、""春秋時代に至り鋳鉄が現れた"としており[45]、西周説と見做すことができる。楊寛は50年代以来"西周時代にすでに製鉄術は発明されていた"と主張しており[46]、その後も文献記載と考古発見等の方面から繰り返し論証を進め、1982年にはさらに一歩明確に、製鉄術の発明は"西周中期以後かつ春秋中期以前にある"と示した[47]。考古学界では雷従雲が、製鉄技術の発明は西周晩期に当たり、かつ"最も早い起源は中原の北方で、……遅くとも春秋中葉に至って人工的な鉄器製錬の技術はすでに北方・南方の広大な地域において発展していた"とした[48]。張宏明は、製鉄は西周時代の技術発明であり、そうでなければ、"春秋時代の製鉄業が同時に塊錬鉄と銑鉄そして製錬鋼を得ようとする技術であったことが想像できないのである"とした[49]。1993年には唐際根が、"中国境内の人工製鉄はまず新疆に始まり、その時期はおおよそ紀元前1000年以前、すなわち殷末周初の段階にある。……中国の核心地としての中原地域では、製鉄を始めた時期はおおよそ西周中後期で、技術的にみておそらくは新疆より河西走廊に沿って伝来したと考えられる"と提示した[50]。これに対し、趙化成は同意を示しさらに一歩論証を加えた[51]。西周説を支持する学者には、陳戈[52]・祝中熹[53]等がいる。

春秋製鉄起源説：これはかつて史学界と考古学界で比較的受け入れられた観点である。1957年李剣農は、"春秋時代は鉄器の萌芽時期に当たる"と提示した[54]。1959年には魚易が、"中国が鉄を用いたのはおおよそ春秋初期であり、春秋中期の斉桓公の時に至って普遍的なものとなった"とした[55]。1960年には華覚明らが鉄器の考古発見と戦国鉄器の冶金学研究を根拠に、"鉄器は新しい生産力の出現を代表することができ、それは春秋末期・戦国初期にあるに違いない（戦国以前にすでに一部分の地域では少量の鉄器を使用していたが、決して矛盾するものではない）"と示した[56]。鉄器の起源が春秋時期にあることを示唆するが、ただ後にさらに修正が加えられている[57]。1976年には黄展岳が、"製鉄と鉄器使用の時期は春秋後半すなわち紀元前6～7世紀の間にあると推定され、かつ最も早く製錬を行い鉄器を使用した地域はおそらく楚国である"とした[58]。范文瀾らも同様に春秋起源説を支持する[59]。

この他、章鴻釗らはかつて中国の製鉄は春秋戦国の境に始まったとし、"鉄器を用い始めた時代は、春秋戦国の間すなわち紀元前5世紀にある。呉楚諸国では、製錬技術が次第に成熟し、鉄兵器を製作し始めた"と示した[60]。

中国製鉄起源の地域的問題に関しても、学術界では同様に見解が様々であり、主なものとしては、中原北方地域起源説、楚国を中心とした南方地域起源説、まず新疆で発生し後に河西走廊を通じて中原地域に伝来したとする説、人工錬鉄の発明は周人の手になり、関中地域に起源があるとする説、秦嶺以南川東陝南地域説、多地域起源説、あるいは、"人工製鉄術は西アジア・中央アジアから新疆を経て中原へと伝来した"とする説[61]などがある。これら諸説の内容とその主張者については上述

の文ですでに言及している。そしてそれらはみなそれぞれの中国製鉄起源の時期的観点と関連しているものである。

　指摘すべきは、以上の諸説は異なる時に前後して提出されたことで、その中の幾つかは現在見るといまだ当時の状況から刷新されていないが、学者によってはなお新しい発見を根拠として元来の見方に絶えず修正と補充を加えている。全体的に見ると、学術界では中国製鉄起源の時期に関しては、次第に古くする傾向を呈する。上述の諸説における提言と論証は、一方では、学術界の中国製鉄起源問題に対する認識の相違を反映し、さらにその認識が常に深化していることを反映している。が、一方では一つの共通認識をも反映する。つまり、現存の古籍・金文資料だけを根拠として、中国が製鉄を開始し鉄器を使用した時間を説明しようとするのは非常に困難であり、この研究をさらに一歩深め最終的に解決していくには、必ず考古学発見・研究に依拠しなければならない、ということである。そういった点から、出土の初期鉄器資料の整理と分析から出発し、関連の冶金史学研究の成果や文献記載と有機的に結びつけて総合的考察を進めると、以下のことを提示できる。中国古代製鉄は新疆地域と中原地域に分かれて起源があり、かつそれぞれの初期発展を経ている、つまり新疆地区の製鉄は紀元前1000年前後に起源があり、中原地域の製鉄は紀元前800年前後の西周後期に発生し、その中心的起源地は現在の豫西・晋南・関中一帯と考えられるのである。[62]

第2節　中国初期鉄器の考古発見

　ここでいう初期鉄器とは、中国境内で発見された春秋時代及びそれ以前、すなわち紀元前5世紀中葉以前の鉄製品を指す。[63]

1　考古発見による初期鉄器

　1952年長沙龍洞坡発見の春秋後期鉄刮刀を嚆矢に、初歩的統計によると、これまで各報告で見られる初期鉄器は39地点140点以上、12の省・市・自治区に分布する（図1）。ここで地域ごとに年代の前後と関連付けながら以下に簡略ながら紹介する。

北京市
　1977年平谷県劉家河の1基の殷代中期墓から鉄刃銅鉞一点が出土した。[64]様々な方法の鑑定を経て、その鉄刃部は鉄を主体として大量のニッケルとそのほか多種の元素を含んでおり、隕鉄を用いて加工して作られたものであることを証明している。[65]

河北省
　1972年、藁城台西村殷代中期墓葬で刃部に鉄金属を嵌め込んだ銅鉞一点が出土した。最初の化学定性・定量分析と金相・電子探針マイクロ分析、X線透視結果などから、その鉄刃部分は古代錬鉄で、外層に鋳造による銅合金を用いて包み込んだものと考えられた。[66]しかし、同時に夏鼐氏はこの結果発表の読後記で疑義を呈し、"すでに行なわれた科学分析と金相学考察を根拠にすると、この鉄が隕鉄である可能性を排除するとは限らず、"古代に製錬された錬鉄である"とすることも確定できない"とした。[67]そしてその後の鑑定結果により、銅鉞の鉄刃には人工製鉄が含む大量の不純物がなく、ニッケル含有量6％以上、コバルト含有量が0.4％以上、かつニッケル・コバルトの層状分布を留めており、そのため銅鉞の鉄刃は人工製錬の鉄ではなく、加熱鍛打した隕鉄を鉞身上に嵌

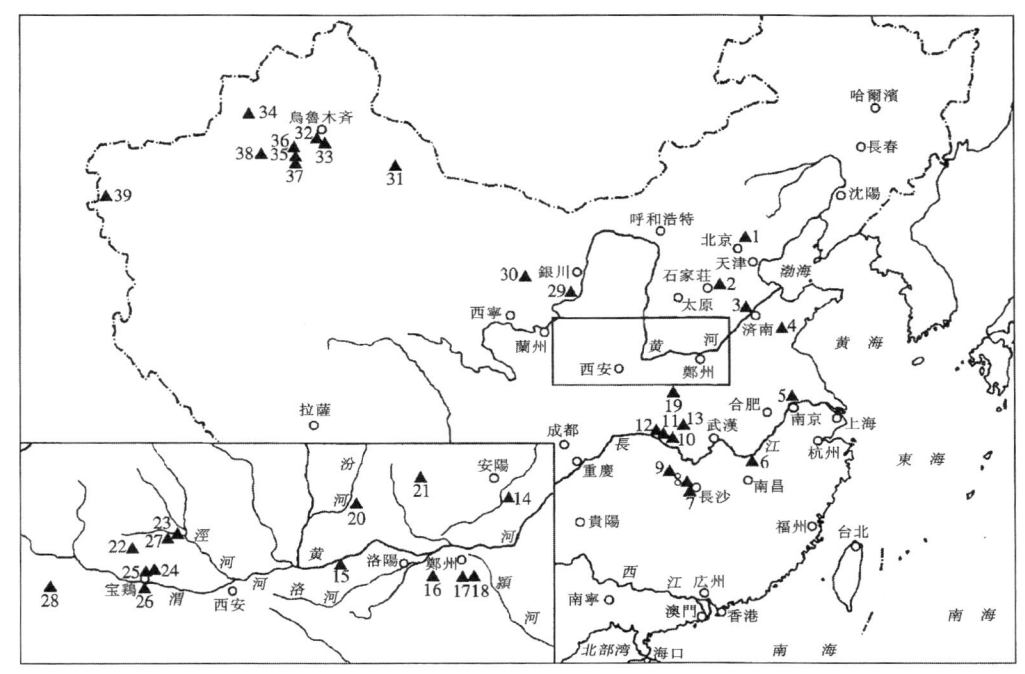

図1　中国初期鉄器分布図

1．平谷県劉家河　2．藁城県台西村　3．長清県仙人台　4．沂水県石景村　5．六合県程橋　6．九江市大王嶺　7．長沙市龍洞坡　8．長沙市楊家山　9．常徳県徳山　10．江陵県紀南城　11．宜昌県県上磨堖　12．秭帰県柳林渓　13．荊門市響鈴崗　14．浚県辛村　15．三門峡市虢国墓地　16．登封県王城崗　17．新鄭市鄭国公墓区 18．新鄭市唐戸村 19．淅川県下寺　20．曲沃県天馬一曲村　21．長子県牛家坡　22．隴県辺家荘　23．長武県春秋墓　24．鳳翔県秦公1号大墓　25．鳳翔県馬家荘　26．宝鶏市益門村　27．霊台県景家荘　28．礼県秦公墓地　29．中衛県双塔村　30．永昌県蛤蟆墩　31．哈密市焉不拉克　32．烏魯木斉市南山礦山区阿拉溝　33．烏魯木斉市柴窩堡　34．尼勒克県窮科克　35．和静県察吾乎溝　36．和静県哈布其罕　37．和静県拝勒其爾　38．輪台県群巴克　39．塔什庫爾干県香宝宝

め込んだものであることが確定された。[68]

山東省

1995年に、長清仙人台6号墓の槨室内から鉄援銅内戈1点（M6：GS12）が出土し、その鉄援部分はまだ鑑定されていないが、年代は春秋初期のやや遅い時期である。[69]

1986年に沂水石景村の東周墓1基から鉄削刀1点が出土し、年代は春秋後期に当たる。[70]

江蘇省

1964年に、六合県程橋1号墓から鉄丸1点が出土し、鑑定を経て銑鉄とされ、その年代は春秋末期とされた。[71][72]

1968年に、六合程橋2号墓で鉄条一点が出土し、年代は春秋末期とされた。[73]金相鑑定から鉄を主体とし、炭素含有量0.04％以下で、塊錬鉄を鍛造して成形されたものとされる。[74]

江西省

九江大王嶺で鉄凹口錛1点が出土し、年代は春秋時代で、江西省博物館所蔵である。[75]

湖南省

1952年に長沙龍洞坡826号墓（＝長沙楚墓M6）から鉄刮刀1点が出土しており、年代は春秋後期である。[76]

1976年に、長沙楊家山65号墓（＝長沙楚墓M26）で鉄剣・鼎形器・刮刀各1点が出土し、年代

は春秋後期とされる。金相鑑定から、鉄剣は球状炭化物を含有する炭素鋼で、おそらく炭素含有量0.5％前後の塊錬滲炭鋼を鍛造加工して成形したもので、鼎形器（M65：1）は共晶白口鋳鉄とされる。[77]

1959年に、常徳徳山12号墓で鉄刮刀１点が出土し、年代は春秋後期とされる。[78]

湖北省

1973年に楚都紀南城南垣水門遺跡第４層で鉄凹口錛が出土し、年代は春秋後期とされる。[79]

1999年に、宜昌県上磨垴遺跡第４層で鉄凹口錛・刀・削刀等の鉄器が出土し、その年代は春秋後期とされる。また第５層から鉄凹口錛・鉄鏟等が出土し、春秋中期と考えられる。[80]

1981年に、秭帰県柳林渓遺跡で鉄鍤３点・斧１点・凹口錛19点・刀４点・残鉄器４点の計31点が出土した。最初の発掘者はその年代を春秋中期としたが、[81]その後の正式報告で、春秋後期と年代付けられた。[82]

1987年に、荊門響鈴崗東周遺跡第３層で鉄削刀・凹口錛・錛などの鉄器が出土し、その年代は早ければおそらく春秋後期である。[83]

河南省

伝聞では、1931年６月浚県辛村で殷末周初の鉄刃銅鉞と鉄援銅戈各１点が出土し、のち流伝して米国ワシントンフリア美術館により所蔵された。[84]この２点の鉄刃銅兵器は、1954年の梅原末治の研究により製錬された鉄と認識され、かつ"画期的な事実"とされた。[85]しかしその後アメリカの学者 R．J．ゲッティンスらが鉞身中に残された鉄金属とその附近の気化鉄に対して電子探針検査を行い、高ニッケル金属区のニッケル含有量が22.6～29.3％に達し、その鉄質部分が隕鉄を鍛造加工して成形したものであることが証明された。[86]

1990年に、三門峡虢国墓地西周後期の2001号墓（虢季墓）で鉄器２点が出土した。そのうち、玉柄鉄剣１点（M2001：393）は、剣身が鑑定により塊錬滲炭鋼を用いて作られたものとされ、銅内鉄援戈１点（M2001：526）は、鉄援が鑑定により人工塊錬鉄製品とされた。[87]

1991年に、三門峡虢国墓地西周後期の2009号墓（虢仲墓）で鉄刃銅器４点、銅内鉄援戈・銅骸鉄葉矛・銅銎鉄錛・銅柄鉄削刀各１点が出土した。鑑定を経て、そのうち鉄葉矛は塊錬滲炭鋼製品とされ、そのほかの３点は隕鉄製品とされた。[88]

1975年から1981年の間に、登封王城崗春秋後期文化遺存で、鉄鋌銅鏃１点と鏟形鉄器残片１点が出土している。[89]

2000年に、新鄭鄭韓故城東南部の鄭国公墓区１号墓で鉄鏟などの鉄器が出土し、その他の墓葬からも鉄器が出土しており、年代は春秋中後期とされる。[90]

1976年新鄭唐戸村南崗７号墓で板状鉄器残片１点が出土し、年代は春秋後期とされる。[91]鑑定の結果、共晶白口鉄で脱炭退火処理を経たものとされる。[92]もし本例の脱炭処理が意識的にされたものならば、この遺物が目下知られる中国で最も古い脱炭鋳鉄製品となる。

1979年に、淅川下寺10号墓で玉柄鉄短剣１点（M10：33）が出土した。この墓の年代は春秋後期後葉とされる。[93]

山西省

1984年から86年の間に、山西曲沃県天馬－曲村春秋晋文化遺跡の春秋時代の地層堆積中から鉄器３点が出土した。そのうち、84QJ７T12④：９は鉄器の残片で、共晶白口鉄と鑑定され、その年代

は春秋初期のやや晩い段階、紀元前8世紀末とされた。86QJ7T44③：3は鉄条で、ほぼ残片で、塊錬鉄製品と鑑定され、その年代は春秋中期のやや早い段階、紀元前7世紀とされた。84QJ7T14③：3は鉄器残片で、共晶白口鉄と鑑定され、その年代は春秋中期のやや遅い段階、紀元前7世紀とされた[94]。ここで発見された二例は共晶白口鉄残片とされ、これまで知られる中国で最も早い鋳鉄残片であり、ゆえに液体銑鉄の出現が紀元前8世紀に溯り得ることを示している。

1977年に、山西長子県牛家坡7号墓から鉄鋌銅鏃7点・銅環首鉄削刀4点が出土し、年代は春秋後期とされる[95]。

陝西省

報告によると隴県図書館に隴県辺家荘春秋前期墓出土の銅柄鉄剣1点が所蔵されている[96]。

報告によると、長武の一基の春秋前期墓から鉄短剣1点が出土したとのことである[97]。

1986年に、鳳翔秦公1号大墓で鉄鏟・錛・環・削刀などの鉄器が出土した。墓主は秦景公（紀元前535年卒）と推定され、その年代は春秋後期前葉とされる[98]。

1981年から1984年の間に、鳳翔馬家荘一号建築群遺跡132号祭祀坑の埋土中で鉄直口錛1点（K132：1）が出土し、年代は春秋後期とすることができる[99]。

1992年に、宝鶏益門村2号墓で鉄器20点が出土し、うちわけは金柄鉄剣3点、金環首鉄刀13点、金方首鉄刀2点、金環首料背鉄刃刀2点で、墓葬年代は春秋後期のやや早い段階とされる[100]。この墓葬出土の鉄剣残片1点に対する鑑定によると、人工製錬の塊錬鉄を反復鍛打して作られたものとされる[101]。

甘粛省

1978年に、霊台景家荘1号墓で銅柄鉄剣1点（M1：14）が出土し、鉄質の剣身部分が金相鑑定を経たものの、銹蝕のため結果は得られなかった。この墓は春秋前期のやや晩い段階の秦墓とされる[102]。

1994年に、礼県秦公墓地大堡子山2号中字形大墓南側の1号車馬坑で、"銹蝕の深刻な鉄製品"が発見された。分析によると、2号墓はおそらく紀元前766年に卒した秦襄公の墓と考えられ、ゆえに鉄器の年代は春秋初期とされる[103]。

1998年に、礼県秦公墓地趙坪墓区2号貴族墓から、鎏金鏤空銅柄鉄剣1点が出土し、その年代は春秋前期とされる[104]。

1979年に、永昌蛤蟆墩で20基の沙井文化墓葬が発掘され、M7とM9からそれぞれ残鉄刀1点が出土した。C14測定から、墓葬年代は紀元前900〜前409年とされる[105]。

寧夏回族自治区

1987年に、中衛県双瘩村墓地で銅柄鉄剣2点が発見され、発掘者はその年代を春秋より晩くないとし[106]、具体的な年代を春秋中期前後としている。

新疆ウイグル自治区

1986年に、哈密焉不拉克村附近で発掘された76基の墓葬で、小鉄刀・剣残片・指環などの鉄器が7点出土した。これらの墓葬は3期に分けられ、鉄器を出土した墓葬はみな第一期に属する。第一期墓葬のC14年代測定は均しく紀元前1285年以前で、それにより発掘者は、紀元前1300年が第一期墓葬の上限で、さらに慎重を要したとしても、その上限は紀元前1100年すなわち西周初期より晩くはないと認識する。小鉄刀を出土したM31は、C14測定で今から3240±135年（年輪年代の校正を

経る）前、すなわち紀元前1290年である。その他の炭素測定のデータは、大部分が紀元前1000年よりも早い。[107]

1976年から1978年の間に、烏魯木斉市南山礦山区の阿拉溝口墓地で発掘された80余基の墓葬で、小刀等の鉄器が出土した。この墓地のC14測定のデータのうち、紀元前6世紀以前のものが7件あり、紀元前775～前510年とされる（年輪年代の校正を経る）。[108]

1984年から1985年の間に、烏魯木斉市南山礦区阿拉溝内の東風機械廠附近で発掘された40数基の墓葬で、それぞれの墓葬から小型の鉄器が出土した。この墓地のC14年代測定データで、紀元前1300年から前1000年の間のものが二例、別に紀元前700年から前600年の間のものが二つある。発掘者はその年代を春秋戦国時代に当たると認識する。[109]

1991年から1994年の間に、烏魯木斉市東南柴窩堡湖東岸で三次に渡り墓葬33基が発掘され、そのうち第一類墓葬から、鉄刀・鏃・釘・包金鉄泡等の小型鉄器が出土した。墓葬のC14年代測定では、四つのデータが紀元前1520年～前800年で、一つが紀元前361年～前38年となっている。発掘者は墓葬の年代は春秋戦国時代の前後とする。[110] 柴窩堡墓葬が典型的な蘇貝希文化遺存に属し、その文化の年代が紀元前1000年から紀元前後までであることを考えると、[111] 柴窩堡墓葬出土の鉄器の中には紀元前5世紀以前の初期鉄器が含まれるに違いないと考えられるが、その具体的な墓葬と年代については更なる研究が待たれる。

2001年に、尼勒克県哈什河南岸の窮科克墓地で、"多くの墓葬で鉄器が発見され、その多くは小型の鉄刀である。うち残りのよい一点の鉄器は、長さ20cmで、痕跡から見ておそらく鉄剣である"と報告された。この墓地における二つのC14年代測定のデータは基本的に一致し、紀元前1000年前後となっている。[112]

1983年から1984年の間に、和静県察吾乎溝口一号墓地で発掘された102基の墓葬から鉄釜残片・錐・環等の少量の鉄器が発見された。この墓地のC14年代測定のデータはすでに20数例が発表されており、そのうち年代のやや早い11例は紀元前900年から前625年の間（年輪年代校正）となっている。これらの墓葬は年代上早晩の区別があり、早期墓の年代は紀元前8世紀以前であろう。[113]

1983年から1984年の間に、和静県察吾乎溝口二号墓地で18基の墓葬が発掘され、鉄刀残片などの鉄器が出土した。二号墓地もまた察吾乎溝口文化に属するが、年代は一号墓地よりもやや晩く、C14年代測定データは紀元前695～前470年となっている。[114]

1986年から1989年の間に、和静県察吾乎溝口内外の一・二・四・五号墓地で察吾乎溝口文化の墓葬計421基が発掘され、鉄小刀・指環・残塊などの鉄器が出土し、年代は紀元前1000～前500年前後とされる。[115]

1992年に、和静県哈布其罕Ⅰ号墓地で察吾乎溝口文化の墓葬42基が発掘され、耳環などの鉄器が出土し、その年代は紀元前1000～前600年と推測される。[116]

1993年に、和静県拝勒其爾で察吾乎溝口文化に属する石囲墓8基が発掘され、小刀などの鉄器が計4点出土し、その年代は紀元前700～前500年前後と推測される。[117]

1985年から1987年の間に、輪台県群巴克郷附近で発掘された56基の墓葬から（Ⅰ号墓地43基、Ⅱ号墓地13基）、鉄刀・鎌・短剣（鉄質身部で、柄は銅柄に鉄を外装したもの）・錐などの鉄器が多く出土した。この墓地の文化性質は察吾乎溝口文化に属し、第一次発掘で2点の鉄刀が出土したM3は、C14年代測定が紀元前835年と810年（ZK2115の蘆葦による）、M4は紀元前585年、M2は

紀元前955年、ⅠM1は紀元前680年となっている。発掘者は、上述の炭素測定のデータがやや早い時期に偏っている嫌いがあるとする。第二・三次発掘のⅠ区の炭素測定データは紀元前950～前300年で、Ⅱ区のデータは紀元前810～前500年である。このほか、鉄器を出土したⅡM4・ⅡM7・ⅡM10・ⅡM12等4基の墓葬の年代は今から2680～2510年前で、年輪年代校正では紀元前829～前767年である。ここから出土鉄器の年代は、多くが紀元前7世紀以前、少数は紀元前10世紀に溯ると考えられる。[118]

1976年に、塔什庫爾干県香宝宝墓地の40基の墓葬において、5基の墓から鉄小刀・管・指環・鐲等5点の鉄器及び鉄器残片10数点が出土した。この墓地では五つのC14年代測定データがあり、うち一つが明らかに早期に偏っているほかは、四つとも紀元前900年から前525年の間（年輪年代校正）にあり、発掘者は春秋戦国時代に相当すると推定している。[119]

以上39地点で出土した鉄器は、これまでに春秋時代及びそれ以前の鉄器実物資料と確定できたものであり（その年代が春秋戦国の境または戦国初期と断定された資料を含まない）、その絶対年代はみな紀元前5世紀中葉よりも早いものである。

2　いわゆる"初期鉄器"の弁別

以上のように中国の初期鉄器の発見は少なくない。しかし指摘すべきは、過去に春秋時代のものとされた鉄器のうち、幾つかの鉄器の年代は実際には決して春秋時代ではなく、そのため初期鉄器とすることは出来ないので、訂正を加えなければならない。

1956年山東青島嶗山東古鎮東周遺跡の大灰坑で鉄帯鈎1点が出土した。発掘者は遺跡と灰坑の年代を東周時代としたが、鉄帯鈎の年代を春秋時代とはしていない。[120]目下知られる最も古い時期の明確な鉄帯鈎は戦国初期とされる。[121]1982年山東新泰郭家泉8号東周墓出土の鉄箍に至っては、発掘者は明確に墓葬の年代を春秋戦国の境まで降るとしている。[122]

1951年長沙識字嶺314号墓出土の鉄凹口錛（M314：1）は、その年代は原報告では明確に戦国時代としている。[123]長沙地区において、1952年から1994年の間に発掘された29基の春秋後期の楚墓では均しく鉄錛が見られず、鉄錛の出現は戦国初期である。[124]1977年長沙窯嶺15号墓（＝長沙楚墓M102）出土の鉄鼎1点は、発掘報告ではすでに明確にこの墓葬の年代を戦国初期と断定している。[125]

1965年江陵望山1号墓で錯金鉄帯鈎1点が出土し、発掘者はまずそれを大体東周時代の楚墓であるとし、その後正式の報告で明確に戦国中期としている。[126]1999年武漢市江夏区鄭店の一基の東周水井から鉄空首斧1点が出土したが、発掘者は"鉄斧は共伴して出土した春秋時代の陶と同時期である"とするものの、この水井の出土遺物はその年代が春秋前期から戦国前・中期であることを示しており、[127]ゆえにこの資料を春秋時代の鉄器とするにはなお充分な証拠に欠けるといえる。

1954年洛陽中州路2717号東周墓で銅環首鉄削刀1点が出土し、この墓の年代は実際には戦国前期であるが、最も早いとしても春秋戦国の境を越えない。[128]1957年河南陝県後川2040号墓で金質剣格剣首の鉄短剣1点が出土し、発掘者は当初春秋末期と年代付けた。[129]その後戦国初期説・戦国中期説などが見られたが、最後の結論としては、"2040号墓の年代は戦国初期あるいは若干後と定めるのが比較的妥当である"とされた。[130]1957年信陽長台関1号墓で鉄帯鈎5点等の鉄器が出土し、この墓の年代は春秋後期説もあるが、発掘者は最終的に戦国初期と認識した。[131]

1954年から1955年に山西長治分水嶺で発掘された12号墓と14号墓で鉄器20点が出土し、発掘者は

両墓を戦国時代とした[132]。その後学者により春秋中期ないし戦国中期とされたが[133]、研究によると実際は両墓は紀元前403年晋分裂後の初期韓墓とされ、よって戦国初期に属する[134]。1956年から1957年の間に、山西侯馬北西荘東周遺跡で鉄犂鏵残器１点が出土し、発掘者は春秋時代と断代した[135]。ただしこの遺跡の出土物には戦国時代の遺物が多く含まれており、鉄犂鏵を春秋時代とするには根拠に欠ける。同時に東周時代の鉄農具の中で、"目下出土の鉄犂鏵はみな戦国時代のものである"[136]。1956年侯馬市西侯馬村東周陶窯址の発掘で鉄針１点が出土した。発掘者はおおよそ春秋戦国時代の間と推測し、"鉄針の出現は、紀元前二百数十年以前にこの地域が銅器時代から鉄器時代へ変遷しつつあったことを説明する"[137]とする。春秋後期とするのは根拠に欠ける。1959年侯馬喬村で東周殉人墓２基（M26・M27）が発掘され、M27から錯金鉄帯鈎１点が出土した。その年代に関して、原報告では"時代は戦国あるいは戦国後期"とし[138]、後に春秋後期ともされたが[139]、総合的研究から実際は紀元前307～前251年の戦国後期早段に属するとされる[140]。1976年山西霊台石旌介村殷代後期墓葬出土の含鉄銅鉞に至っては、身部全体に錆が見られ、刃部の鉄含有量が8.02％に達するものの、やはり青銅合金製品に属する[141]。

1982年甘粛正寧県後荘村で銅柄鉄剣の残柄部分１点が出土[142]、1984年甘粛寧県袁家村で鉄矛が出土[143]、1987年甘粛慶陽五里坡で銅柄鉄剣残件が出土した[144]。この三ヶ所で発見された鉄器と銅鉄複合製品について、発掘者はその年代を春秋時代から戦国中期または戦国時代までのものとし、学者により春秋末戦国初期とする[145]。銅柄鉄剣・鉄矛およびその共伴遺物の特徴から見ると、その年代は戦国前期が妥当であろう。

沙井文化の鉄器については具体的な分析の必要がある。沙井文化は甘粛省河西走廊東端一帯に分布する考古文化であり、甲乙両組の遺存があり、甲組は乙組よりも早い。そして甲組の年代は紀元前10世紀前後と推測され、鉄器の発見はなく、乙組遺存はC14年代測定により前900年から前540年の間とされ[146]、前述の永昌蛤蟆墩墓葬出土例のように鉄器の発見があるが、初期鉄器とするには妥当でないものもある。1979年に甘粛永昌三角城遺跡の調査で、"城東北隅の地表下30cmの地点から、錨に形状の似た残鉄器１点が出土した"。当遺跡採集の木炭サンプルの炭素測定データは、"2675±100年前と2600±100年前の二例があり、春秋初期段階に相当する"とされる。しかし木炭サンプルは地表下2.2mの深さから採集されたもので、かつ遺跡表土上には戦国時代秦国の陶器紋飾と同様の縄紋泥質陶器片が散見される[147]。鉄錨の外形は液体鋳鉄の製品に似て、その形態は戦国時代以後中原地域の鉄錨の特徴を備えている。よって当該遺跡で発見された鉄錨は春秋初期の遺物とするより、戦国時代の遺物と見做すのが妥当であろう。三角城遺跡の試掘の際にＨ１から出土した残鉄銹も同様である[148]。1980年甘粛永登県楡樹溝で、撹乱を受けていた沙井文化墓葬一基出土の鉄錐・鏟形器・竪銎錐状器など４点の鉄器が回収された。発見者はこの墓を沙井文化遺存と認識するが、その年代は戦国時代とするのが妥当であろう[149]。またある学者はこの墓葬は戦国時代匈奴文化と関係があると認識する[150]。永昌西崗・柴湾崗等の沙井文化墓葬出土の鉄器に至っては、資料が未発表で具体的な分析は困難である。沙井文化の鉄器については、次のように判断できる。"おおよそ紀元前９世紀から５世紀の沙井文化に一定数量の人工鉄器があることは事実である。……沙井文化では小刀・錐・管飾など小型の鉄器が比較的多く、新疆の鉄器に小型品が多い状況と類似し、新疆地域の鉄器と何らかの関係があることを示している"[151]。

この他、1979年内蒙古涼城県毛慶溝63号墓で鉄飾牌１点（M63：５）が出土し、発掘者はこの墓

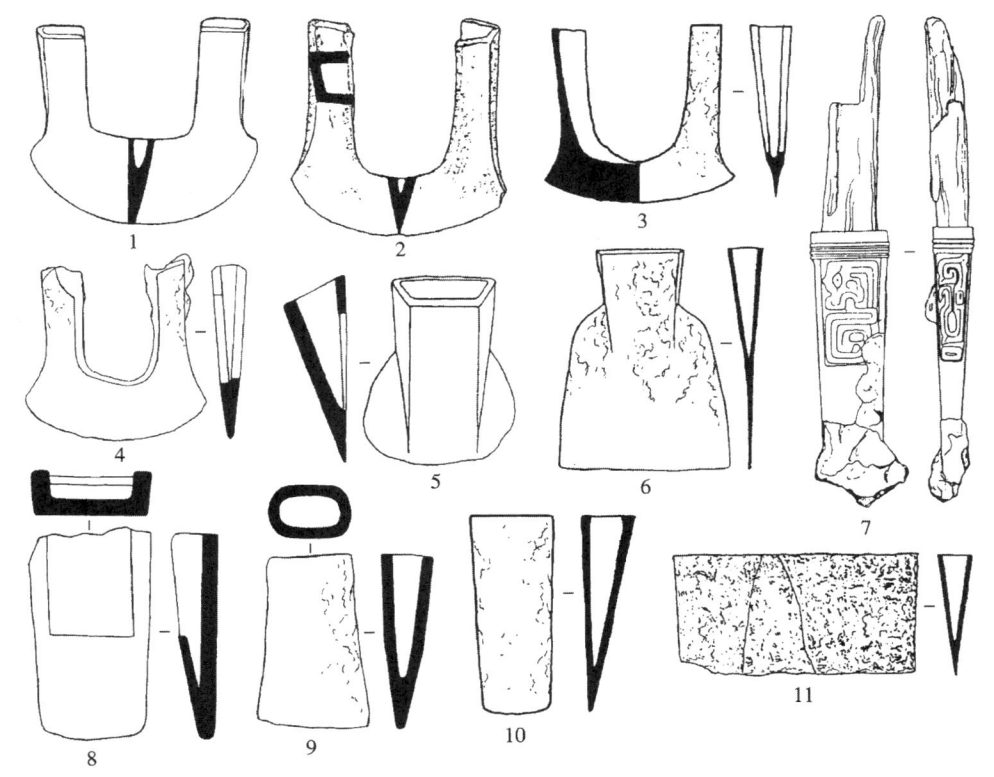

図2　鉄製生産工具（銛・鏟・錛・钁）
1～4．鉄凹口銛（宜昌上磨垴T12⑤：1、秭帰柳林渓T3③：3、荊門響鈴崗T19③：53、秭帰柳林渓F1①：6）　5・6．鉄鏟（宜昌上磨垴遺跡T11⑤：6、鳳翔秦公1号大墓）　7．銅銎鉄刃錛（三門峡虢国墓地M2009：720）　8．鉄竪銎钁（秭帰柳林渓H18：2）　9．鉄空首斧（秭帰柳林渓H18：1）　10．鉄錛（荊門響鈴崗T15③：51）　11．鉄直口銛（鳳翔馬家荘K132：1）

の年代を春秋後期とする。ただし、発掘報告の関連叙述から見ると以下のことが知れる。すなわち、毛慶溝墓地では双鳥紋鉄飾牌計60点が出土しており、8基の墓葬からそれぞれ出土している。そのうち7基の年代は戦国中・後期であり、春秋後期と年代付けられたのは63号墓のみである。そして双鳥紋鉄飾牌の造型と雲形を呈するV式双鳥紋銅飾牌は近似しており、しかも"S形銅飾牌は比較的早く、雲形銅飾牌はやや晩く、V型銅飾牌の造型と類似する鉄飾牌はさらに晩い"と考えられる。これにより、毛慶溝63号墓出土の鉄飾牌を春秋時代の鉄器と見做すのは現状では適当でない。1973年杭錦旗桃紅巴拉墓地出土の2点の鉄刀にしても、その年代は春秋時代まで早めることはできず、やはり疑問が残る。

第3節　中国初期鉄器の類型と特徴

中国でこれまでに39地点で出土した140点以上の初期鉄器は、その器物類型についてみると、生産工具・兵器・日用器具と大きく三類に分けることができる。

1　生産工具

主に空首斧・錛・竪銎钁・鏟・銛・鎌刀・刮刀・削刀・小刀・錐等がある。

空首斧　1例（秭帰柳林渓H18：1）。平面は梯形を呈し、刃部はやや広く、銎口はやや楕円形を呈する。長9.5、寛4.5～6.1cm（図2-9）。

銅銎鉄刃錛　1例（三門峡虢国墓地M2009：720）。銅製の竪銎と鉄製刃部を鍛接して成形される。銎部は長方形を呈し、銎口近くに凸弦紋が数周巡り、銎身正・背面に曲体龍紋を鋳出し、両側面は変体龍紋をなす。銎部正面中部には牛首状の紐をもち、銎下部に鉄刃を鍛接し、竪銎内に木柄が残る。残長11.3、銎口長3.1、寛1.6cmで、鉄製刃部残寛2.6cm（図2-7）。鉄刃は鑑定により隕鉄製品とされる。

錛　2例。荊門響鈴崗出土の1例（T15③：51）は、長方形の竪銎で、一面は垂直、一面は斜面を呈し、刃部はほぼ外湾し、銎部は刃部よりも広い。長8.4、刃部寛2.8cm（図2-10）。もう1例は鳳翔秦公1号大墓で出土している。

竪銎鐝　秭帰柳林渓で1点（H18：2）出土している。長条形を呈し、刃部は狭く、竪銎の一面は凹字形をなす。残長11.3、寛5.5～6.5cm（図2-8）。

鏟　3例。宜昌上磨垴遺跡T11⑤：6は、方形竪銎で弧刃をなす。高8.8、刃寛7.1cm（図2-2-5）。他2例は新鄭鄭国公墓区1号墓と鳳翔秦公1号大墓（図2-6）で出土。

錛　直口錛と凹口錛の二種類がある。

直口錛　2例。横長長方形で、断面V字形を呈する。鳳翔馬家荘一号建築群遺跡の132号祭祀坑で1点（K132：1）出土しており、寛13.2、高6.6、銎口長12.6、寛1.3、深5cm（図2-11）。もう一例は鳳翔秦公1号大墓で出土している。

凹口錛　23例。凹字形、竪銎、弧形刃を呈し、刃部両端は外に突出する。秭帰柳林渓で19点出土しており、そのうちT3③：3は保存が完全で、長9.1、刃寛9cm（図2-2）、F1①：6は形態はほぼ同じで、長9.4、寛7.7～9.7cm（図2-4）。宜昌上磨垴T12⑤：1は刃部が弧形で両端が突出し、長9.4、寛10.7cm（図2-1）。荊門響鈴崗で1点（T19③：53）出土しており、両側銎口が外に広がり、長9、刃部寛9.4cm（図2-3）、年代は春秋後期である。湖北楚都紀南城南垣水門遺跡・九江大王嶺でそれぞれ1点出土がある。

鎌刀　新疆群巴克墓地で多数出土している。群巴克ⅠM27A：8は、外彎する背、内彎する刃、直柄である。長21、寛2.5～2.7、厚1.1cm（図3-17）。群巴克ⅡM10：25は外彎する背、内彎刃で、先端がやや欠ける。残長27.8、寛2.6～3.6、厚1.4cm（図3-15）。

砍刀　秭帰柳林渓遺跡で1点出土しており（BT1817③：1）、刀身はやや幅広で、柄部が欠けている。残長11.8、刀身寛4.65、刀背厚0.7cm（図3-12）。

刮刀　3例。長沙楊家山M65：6は、先端が鋭く両側に刃があり、正面が弧形にふくらみ、背面は内に反る。長17.5cm（図3-14）。長沙龍洞坡826号墓・常徳徳山12号墓でそれぞれ1点出土がある（図3-16）。

削刀　6例。荊門響鈴崗で1点（T9③A：49）出土し、背が弓状に反り、刃は内反り、楕円形の環首があり、先端は欠けている。残長21、刀身寛2.6cmで（図3-3）、年代は春秋後期である。山東沂水石景村春秋後期墓出土の一例は、扁円形の環首で、刀身はやや内反る。残長20.5、寛1.2～1.5cm（図3-8）。この他、秭帰柳林渓遺跡で2点出土、鳳翔秦公1号大墓・宜昌上磨垴遺跡第4層で、それぞれ1点出土している。

銅柄鉄削刀　1例（三門峡虢国墓地M2009：732）。銅柄は扁平条状を呈する。鉄製刀身は銅柄

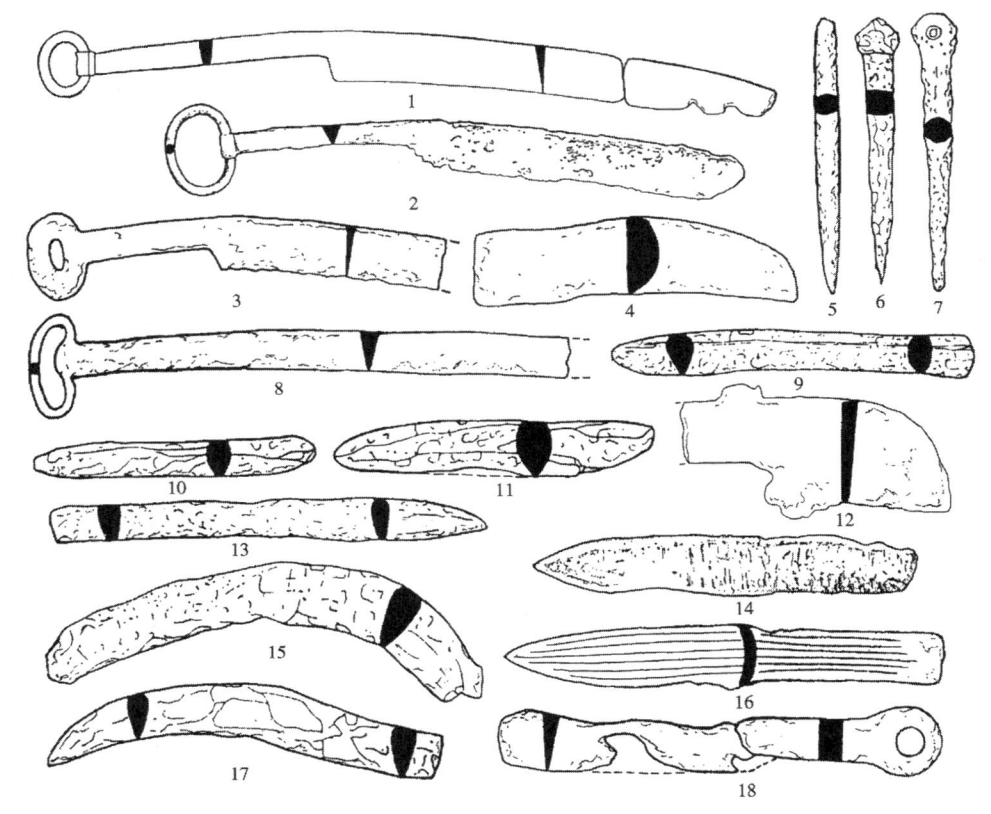

図3　鉄製生産工具（削刀・小刀・錐・砍刀・鎌刀）
1．金環首鉄削刀（宝鶏益門村M2：4）　2．銅環首鉄削刀（長子牛家坡M7：56）　3．鉄削刀（荊門響鈴崗T9③A：49）　4．鉄小刀（新疆焉不拉克M31：5）　5～7．鉄錐（新疆察吾乎溝口一号墓地M8：8、新疆群巴克ⅠM27：39、群巴克ⅡM12：3）　8．鉄削刀（沂水石景村）　9～11．鉄小刀（新疆群巴克ⅡM7：28、ⅠM27：24、ⅠM27：42）　12．鉄砍刀（秭帰柳林渓BT1817③：1）　13．鉄小刀（新疆群巴克ⅡM4D：3）　14・16．鉄刮刀（長沙楊家山M65：6、常徳徳山12号墓）　15・17．鉄鎌刀（新疆群巴克ⅡM10：25、ⅠM27A：8）　18．鉄小刀（新疆香宝宝墓地M10：11）

と鍛接されている。長11.2、寛2、厚0.3cm。出土時は木鞘を留めており、鉄製刀身は鑑定により隕鉄製品とされる。

銅環首鉄削刀　4例が長子牛家坡7号墓で出土している。M7：56は、扁円形の銅環首で、全体的に内に反り、刀身がやや広い。通長19.5cm（図3-2）。

金環首鉄削刀　15例あり、いずれも宝鶏益門村2号墓で出土している。そのうち13例は金製の環首に鉄製の身部・柄で、形態は基本的に同じながら、大小に差がある。刃部はやや内に反り、先端に向かい鋭く収束し、厚みがあり角ばる背で、刀身断面は二等辺三角形をなす。長い柄は比較的真直ぐで、断面長方形を呈する。楕円形の金製環首で、柄とかみ合う部分は方形をなすが、四角いほぞ穴があり、柄の末端に嵌め込まれている。あるものは出土時に柄部近くに革質の編まれたような痕跡があり、あるいは鞘の類かと思われる。M2：4は、通長23.4、環首直径2.2～2.8cm（図3-1）。他の2例は金製環首で、鉄製の刀身、刀背にガラス細工を鑲嵌している。残りが悪く修復されていない。

金方首鉄削刀　2例が宝鶏益門村2号墓で出土し、ともに欠損している。鉄製の刀身・刀柄で、形態は大体金環首鉄削刀と同じである。隅丸長方形の金製柄首で、表面に蟠螭紋を飾る。長方形の

ほぞ穴で柄端とかみ合う。M2：103は、柄首長1.65、寛0.9、厚0.3cm。

　小刀　比較的多く、新疆及びその附近の地域で多く発見されている。新疆群巴克墓地で多数出土し、弧背凹刃・平背凸刃・平背直刃・弧背直刃・弧背凸刃など多種の形態がある。出土時、しばしばひとつながりの羊の椎骨と一緒に木盤中に置かれるが、いずれも銹がひどい。M3D：3は、平背直刃で、残長12.2、寛2、厚1.3cm。ⅠM27：42は、弧背直刃、残長8.9、寛1.5cm（図3-11）。ⅠM27：24は、残長14、寛2cm（図3-10）。ⅡM4D：3は、弧背凸刃で、長23.6、寛2.2、厚1.2cm（図3-13）。ⅡM7：28は、長18.9、寛2.2、厚1.5cm（図3-9）。新疆焉不拉克で1点出土し（M31：5）、弧背直刃で、一面は平らで一面は膨らむ。長7.7、寛2cm（図3-4）。新疆香宝宝墓地出土の1点（M10：11）は、背部がやや内反り、刃部はやや外彎する。前部は鈍重で、直柄をなし、柄端にやや広く穿孔がある。全長12.2、寛1.5cm（図3-18）。この他、新疆窮科克墓地では、"多くの墓葬で鉄器が発見され、その多くは小型鉄刀である"とされる。新疆拝勒爾石囲墓で4点出土、永昌蛤蟆墩沙井文化墓葬でも2点の残鉄刀が出土している。新疆焉不拉克墓地出土の木俑身上に佩びたものから、この種の小刀と鉄錐は身に携帯する小工具であると知れる。[156]

　錐　新疆群巴克墓地で多数出土しており、群巴克ⅠM27：39などは、上端が太めで、断面が稜をもつ方形、長12.4、直径1.3cm（図3-6）。ⅡM12：3は、上端が太めで穿孔があり、先端は細く尖る。長13.8、直径0.5〜1.5cm（図3-7）。和静察吾乎溝口一号墓地で1点出土し（M8：8）、長条形で、断面は楕円形を呈する。長3.1cm（図3-5）。新疆鄯善県蘇貝希Ⅰ号墓地出土の紀元前5〜前3世紀の鉄錐からは、察吾乎溝口M8：8の類が木柄に差し込んで使用していたことが知れる。[157]

　この他、関連の発掘資料の紹介から、河南新鄭鄭韓故城鄭国公墓区出土の春秋中・後期の鉄器におそらく空首斧と鑿等があること、秭帰柳林渓で鉄器残片が出土していること、宜昌上磨垴・永昌蛤蟆墩等の遺跡でも鉄刀残片などが出土していることが分かる。

2　兵　器

　主に鉄刃鉞・鉄援戈・剣・鉄葉矛・鉄鋌鏃等がある。

　鉄刃銅鉞　3例。鉞身は銅製で刃部が鉄製である。藁城台西村M112：1は、刃部が欠損し、内上に穿孔があり、欄の両面に乳釘紋が二列に配される。残長11.1、欄寛8.5cm。鉄刃は隕鉄を加熱鍛打したのち鉞身にはめ込んだものである（図4-2）。平谷劉家河の鉄刃鉞は、刃部が錆びて欠けている。鉞身の一面は扁平、一面はわずかに膨らむ。直内で、内上に径1cmの穿孔がある。残長8.4、欄寛5cm。鉄刃はやはり隕鉄を鍛打したものである（図4-1）。伝河南浚県辛村出土の1例は（FGA34：10）、内が上方に偏り、端部に夔龍紋を飾り、中部に穿孔を設け、欄両端に一つずつ長方形の穿孔がある。援基部に饕餮紋をあしらい円孔を設ける。鉄刃は隕鉄製品で、鉞身に嵌め込んでいる。残長17.1cm、寛7cm（図5-2）。

　鉄援銅戈　4例。援が鉄製で、内が銅製である。三門峡虢国墓地M2001：526は、鉄援と銅内が鍛接して組み合わされ、鉄援は前方に伸び出る葉状の戈身に挟み込まれている。鉄援は脊をもち先端は欠損している。銅質の葉状部の援基部上方に横向きに長方形の穿孔があり、欄下方に縦向きに長方形の穿孔があり、銅内中ほどにも横向きの穿孔、また内の下すみに小さく抉りが入る。銅製援部の両面にはトルコ石片で一組の長鼻竜首の図案を鑲嵌で表現し、銅内の両面にもトルコ石で一組

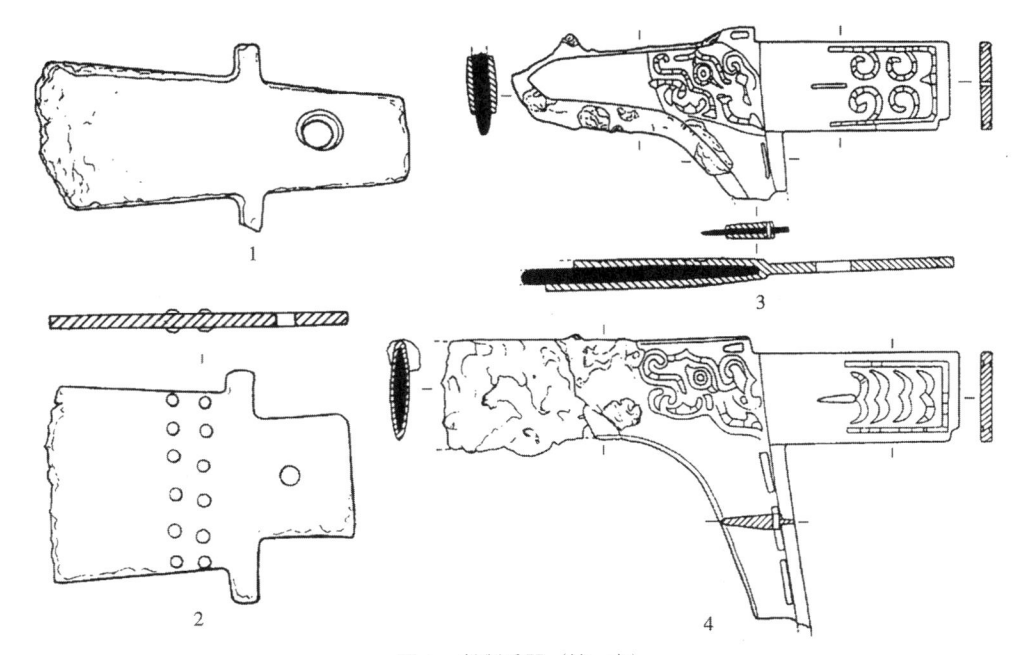

図4 鉄製兵器（鉞・戈）
1・2. 鉄刃銅鉞（平谷劉家河出土、藁城台西村M112：1） 3・4. 鉄援銅戈（三門峡虢国墓地M2001：526、M2009：703）

のC形の巻雲紋を鑲嵌している。残長17.4、内長7.5、厚0.5cm（図4-3）。鑑定を経て、鉄援は人工の塊錬鉄製品とされる。虢国墓地M2009：703は、銅内と鉄援を鍛接して組み合わせてなる。銅製の援の基部上方に横向きの長方形穿孔があり、欄にも穿孔、また内中ほどにも横向きの穿孔があり、内の下隅が欠けたようになっている。銅製援の基部正面・背面にトルコ石で長鼻竜首の図案を鑲嵌で表現し、内の両面にもトルコ石で長方形の区画と山字紋を鑲嵌している。残長19、内長7.2、厚0.4cm（図4-4）。鑑定により、鉄援は隕鉄で造ったものとされる。長清仙人台M6：GS12は、援が比較的

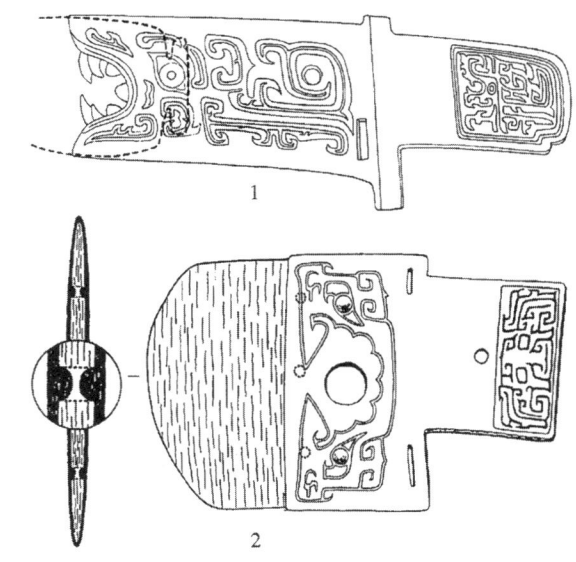

図5 鉄製兵器（戈・鉞）
1. 鉄援銅戈（FGA34：11） 2. 鉄刃銅鉞（FGA34：10）（伝河南浚県辛村）

幅広で大きめ、胡が短く、上方に三つの長方形穿孔がある。内もやや大きく長方形穿孔があり、その近くに巻雲紋を施す。通長27.5cm。鉄援部分はまだ鑑定されていない。伝浚県辛村出土の1例は（FGA34：11）残長18.3cmで、鉄援は隕鉄を鍛造加工したものである（図5-1）。

剣 15例。短剣と中長剣の二種がある。そのうち短剣の大多数が、剣身が鉄製、剣柄が銅・玉・金製となっており、中長剣は全鉄製品である。

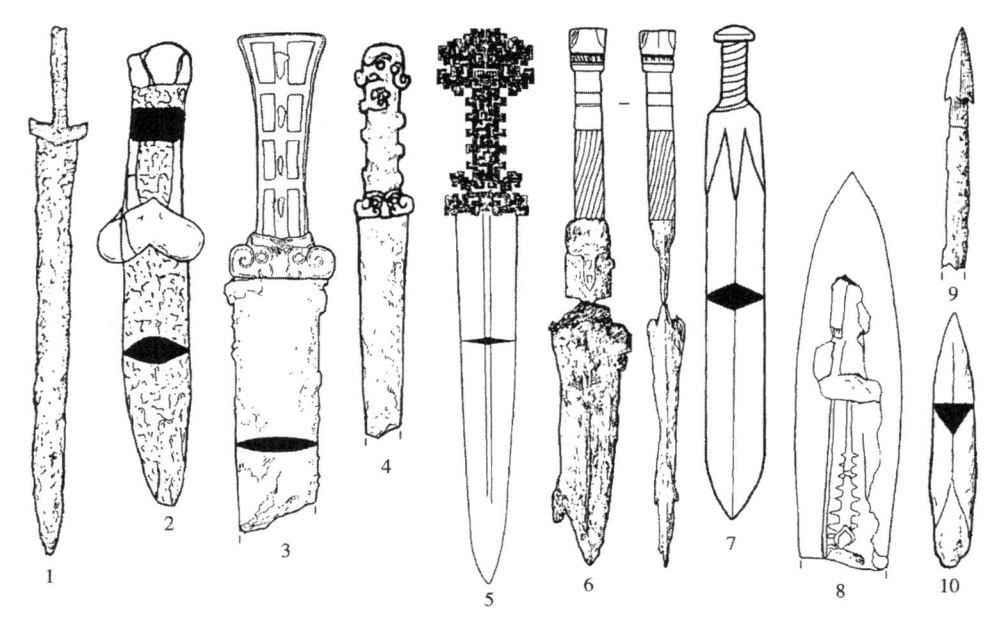

図6　鉄製兵器（剣・矛・鏃）
1．鉄中長剣（長沙楊家山M65：5）　2〜4．銅柄鉄剣（新疆群巴克ⅠM17：28、霊台景家荘M1：14、隴県辺家荘出土）　5．金柄鉄剣（宝鶏益門村M2：1）　6．玉柄鉄剣（三門峡虢国墓地M2001：393）　7．銅柄鉄剣（中衛双塔村M3：12）　8．銅骹鉄葉矛（三門峡虢国墓地M2009：730）　9．10．（長子牛家坡M7出土、登封王城崗WT8③：1）

短剣　14例あり、時に"匕首"と称する。[158]

銅柄鉄剣　6例。銅製の剣柄に鉄製の剣身である。霊台景家荘M1：14は、柄と格が一体で銅製、両面に対称の紋飾があり、柄の中心に長方形の透かし孔が四つある。柄長8.5、格長4、厚0.8cm。剣身は鉄質で、残長9、寛3、厚0.6cm。残長17cm（図6-3）。鑑定から銅柄は青銅を鋳造したもの、剣身部分は金相鑑定されるが、銹のため結果が得られず、剣柄と剣身は熔接されている。中衛双塔村M3：12は楕円形の剣首で、頂端に孔が見え茎・首の接点にまで通じる。剣格はない。平らな茎で、茎部は太い縄紋が螺旋状にあしらわれる。剣茎から剣身に向かって四条の銅製の刺が伸び、剣身中脊と剣両側の刃部にそれぞれ沿うようにして、剣身を刺の中に包み込んでいる。平面は剣身に向かって三叉が伸びるように見える。通長48.7、茎長9.5、剣身寛6.5cm（図6-7）。剣身には木鞘の痕跡が残る。隴県辺家荘の銅柄鉄剣は、銅柄の格・茎・首の飾りに透かし彫りの蟠螭紋があり、柄の両側面に三対の突起があり、鉄剣身は銅柄に挿入されている（図6-4）。また礼県秦公墓地趙坪墓区2号墓で鎏金鏤空銅柄鉄剣1点が出土している。新疆群巴克Ⅰ号墓地で1例出土しており（ⅠM17：28）、直柄でハート型の銅格、銅柄は鉄皮で包まれ、直刃をなす。出土時は木鞘が見られた。全長26.5、刃長14.5、寛3.8cm（図6-2）。他にも中衛双塔村1号墓で一例出土している。

金柄鉄剣　3例。金製剣柄に鉄製剣身で、いずれも宝鶏益門村2号墓で出土している。M2：1は、別々に作られた剣柄と剣身を嵌め合わせており、鉄茎が金柄内に挿入されている。剣身は柳葉形で柱状に脊が通る。柄全体は透かし彫り、両面とも同じ紋飾で、ともに陽線紋と細珠紋で変形蟠螭紋が表現され、さらに勾玉形・円珠形のトルコ石とガラス細工を鑲嵌する。剣首は相い連なる三組の蟠螭紋からなり、柄茎両側に五つの方形歯状突起が形成される。剣格は、二匹の螭が背中合わ

せで組成される獣面紋で、獣目にはトルコ石を鑲嵌している。出土時、小金泡を綴った織物の剣鞘があった。通長35.2、身長25、身肩部寛4、柄長12.8cm（図6-5）。M2：2は、形態はM2：1と基本的に同じであるが、剣柄が実芯で剣格と剣首が変形蟠螭紋をなし、宝石を鑲嵌している。剣柄は長条形で、無紋である。残長30.7、剣身残長18.4、剣身肩部寛3.8、柄長11.3cm。M2：3は透かし彫りの変形蟠螭紋で飾られ、剣格は変形の獣面をなしその目にトルコ石を鑲嵌し、茎両側はほぼ対称に七対の突起がある。通長35、剣身長24.6、剣身寛3.7、柄長10.4cm。当該墓葬出土の鉄剣残片1点に対する鑑定では、人工精錬の塊錬鉄を反復鍛打して製作したものと初歩的判断がされている。

　玉柄鉄剣　2例。三門峡虢国墓地で1点出土し（M2001：393）、鉄剣身で、銅製の柄芯と玉製剣柄を嵌め込んで作られる。剣身中心に脊があり、切っ先は柳葉状である。銅製柄芯前部を条状に作り剣身脊部と接合し、柄芯表面には条状のトルコ石片を鑲嵌、また柄芯後部を中空の玉柄内に挿入する。玉柄は茎・首の両部分をかぶせるように接合して作られ、茎は円柱形、剣首は底面が正方形、上面が円弧状で、茎と接する部分はトルコ石を鑲嵌する。剣首には小孔が貫通し、孔内には銅質の止め釘があり、それにより玉質の剣首と柄芯を固定し、孔の両端にはそれぞれ円形のトルコ石片を嵌め込んでいる。剣茎の表面には斜位の平行線紋とC形の雲紋を施し、剣首表面には花弁形の紋様を飾る。通長34.2、柄長12.2、剣身長22、寛3.8cm（図6-6）。鑑定から、鉄剣身は塊錬滲炭鋼を用いて製作したものとされる。ほかに淅川下寺で1点出土し（M10：33）、剣身は銹で覆われるが、柳葉形で鈍い切っ先である。青白色の玉で柄をこしらえ、格のない剣に似て璏と首があり、表面は竊曲紋と雲紋をあしらう。通長22、剣身長12、寛2.2cmで、柄端寛3.8、中間寛2.1、厚0.5cmである。

　この他、報告では、陝西長武春秋初期墓で鉄短剣1点が出土。新疆焉不拉克墓地でも切先の残片1点（M75：28）が出土し、断面菱形、残長6.7、寛3.3cm。新疆窮科克墓地で、"1点の残りのよい鉄器が発見され、長20cm、痕跡からおそらく鉄剣であろう"と報告される。

　中長剣　長沙楊家山M65：5の1例。剣首が欠けているが、円柱形の茎に銅格、剣身の中脊は隆起し、切っ先に近くなるにつれ次第に狭まる。残長38.4、茎長7.8、身長30.6、身寛2～2.6、脊厚0.7cm（図6-1）。剣身断面の顕微鏡観察で反復鍛打された層が見られ、金相鑑定から球状炭化物を含有する炭素鋼で、炭素量0.5％前後の鋼を鍛造加工し退火処理して作られたものとされる。この剣の長さについていうと、上述の短剣と近いが、ただしその形態・構造は全く異なり、それが短いながらも短剣とは別の種類の剣であることを示す。

　銅骹鉄葉矛　三門峡虢国墓地M2009：730の1例。鉄葉と銅骹を嵌め合わせて製作され、出土時各部位の多くが破損していた。銅骹部の両面とも上が狭く下が広い条状の銅片を伸ばして成形した脊状の隆起があり、鉄製刃部をその中に嵌め込む。鉄葉末端は円形を呈し、銅骹基部と鍛接されている。矛身中部にある脊状隆起の銅片表面には条形で枝分かれした沈線があり、中にトルコ石が鑲嵌される。銅骹基部近くは桃形をなし、両側には三角紋が飾られる。残長12.7、鉄葉残寛2.9cm（図6-8）。鑑定から鉄葉は塊錬滲炭鋼製品とされる。

鉄鋌銅鏃　8例。銅の鏃身に鉄の鋌をなす。登封王城崗で1点出土し（WT8③：1）、鏃身断面は二等辺三角形で峰尖は鋭く、基部は円形の鋌に収まる。鉄鋌は欠けている。残長3.8cm（図6-10）。長子県牛家坡春秋後期の7号墓で7点出土しており、鏃身は三稜形、1点は尾翼がなく、長

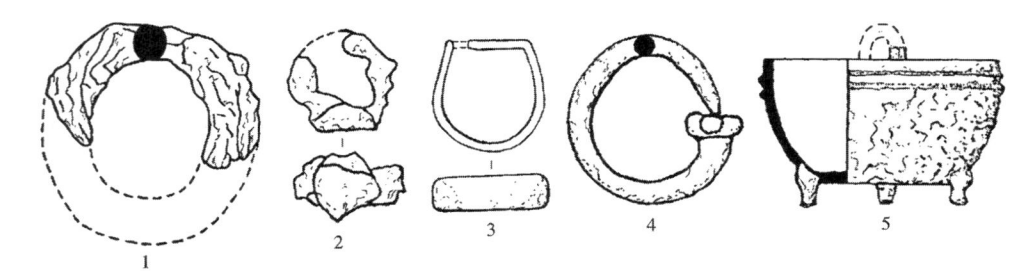

図7　鉄製日用器具（環・指輪・耳環・鼎形器）
1．環（新疆察吾乎溝口一号墓地M12：3）　2・3．指輪（新疆焉不拉克M75：26、新疆香宝宝M4：1）　4．耳環（新疆哈布其罕M6：2）　5．鼎形器（長沙楊家山M65：1）

3cm。2点は細長で尾翼があり、長2.7cm。4点は短く、尾翼がある。長2.1cm（図6-9）。矢柄は円形で長20.2～25cmであるが、すでに朽ちていた。

3　日用器具

主に環・管状飾・鐲・指環・耳環などの装身具（装身具は人体に佩戴する装飾品・服飾品や身に携帯する美容器具などを指す）と鼎形器などがある。

　環　新疆察吾乎溝口一号墓地で1点出土し（M12：3）、半分が欠けており、断面は円形を呈する。直径4.2cm（図7-1）。用途は不明であるが、とりあえず装飾品に含めておく。鳳翔秦公1号大墓でも一点出土している。

　管状飾　新疆香宝宝墓地で1点出土し（M10：12）、薄い鉄片を巻いて作られ、接合部分に合わせ目が見える。長4.5、直径0.9cm。

　鐲　新疆香宝宝墓地で2点出土している。いずれも半分欠けており、本来は円形をなすもので、断面は円形である。M37：11は直径約7cmである。

　指環　新疆香宝宝墓地で1点出土し（M4：1）、完形はほぼ馬蹄形を呈し、断面長方形である。長2.1、寬0.7cm（図7-3）。新疆焉不拉克でも1点出土しており（M75：26）、円形でやや欠けており、一方に突起状の飾りがつく。直径2.3cm（図7-2）。察吾乎墓地でも出土している。

　耳環　新疆哈布其罕I号墓地で1点出土し（M6：2）、円形に近く、太めの端部に石環が装着され、細めの端部がその環に挿入される。直径2.2～2.5、断面径0.2～0.3cm（図7-4）。

　鼎形器　1例（長沙楊家山M65：1）。広口で、豎耳は欠損し、口縁下に凸線が一周する。腹部は次第に狭まり、平底で、底部に小さく蹄足がつく。残高6.9、足高1.2cm。金相鑑定により、共晶白口鋳鉄とされる（図7-5）。

この他に、新疆察吾乎溝口一号墓地で鉄釜残片が出土したとされるが、詳細は不明である。また、天馬-曲村出土の鉄条、六合程橋出土の鉄条・鉄丸、その他出土の残鉄器などもある。

これまでに紹介してきた初期鉄器を総じて見ると、それらが二大地域から集中して出土していることが分かる。すなわち中原地域と新疆地域（河西走廊発見の沙井文化鉄器を含む）であり、かつ器物類型と地域の間に密接な関係のあることが見て取れる。例えば、各種の兵器が中原地域で主に発見されるのに対し、新疆地域では剣のみ発見されている。また工具は両地域で発見されているが、中原地域では木工工具・土木農耕器具があり、削刀は多様ながらも比較的一定の形態をもつのに対し、大量の小刀・各種鎌刀・錐は新疆地域のみで発見されている。鐲・指環・耳環・管状飾りなど

の装飾品は新疆地域に特に見られるものである。銅（金・玉等）鉄複合製品は中原地域において一定の割合で存在し、新疆地域ではほとんど見られない。両地域の間にある初期鉄器の様々な差異は決して偶然ではなく、それぞれの鉄器文化の伝統が異なることを反映している。こういった差は中国古代製鉄の起源と初期発展を考える上で、有益な手がかりを与えてくれるであろう。

第4節　中国における製鉄の起源と初期発展

中国初期鉄器の考古発見とその冶金学研究は、考古学的にその古代製鉄起源を検討するのを可能にした。それについては主に三つの方面がある。一つは製鉄発生の時期、二つ目はその地域、三つ目は製鉄技術の特徴である。考古発見の初期鉄器に対して総合的観察を通じて見れば、新疆地域と中原地域の初期鉄器に何らかの類似性がありつつも、差異のあることは明らかで、かつ両地域の間には、地域的にも鉄器の内容的にも有機的な関連は欠けている。よって、商代・西周時代の早くから新疆地域と中原地域はすでにある程度の交流とつながりはあったであろうが、その製鉄はそれぞれ独立した起源であり、独自の初期発展を遂げ、各地の伝統を形成していったと思われる。[159]

1　新疆地域における製鉄の起源

新疆地域では鉄器の出現は紀元前1000年を降らず、場合によっては紀元前13世紀にまで溯りうる。例えば、哈密焉不拉克墓地の12件のC14年代測定のデータで、9例の年代が紀元前1000年よりも早く、かつ鉄器を出土した墓葬はみな当該墓地の第一期墓に属し、鉄小刀を出土したM31棺材の炭素測定データは紀元前1312～前1127年とされる。[160]窮科克墓地の炭素測定年代は紀元前1000年前後、察吾乎溝口一号・二号墓地ではほとんどの墓葬の年代は紀元前900年から前470年の間である。群巴克Ⅱ号墓地で鉄器を出土したⅡM4・ⅡM7・ⅡM10・ⅡM12の4基の墓葬における炭素測定年代は紀元前829～前767年、阿拉溝口墓地と阿拉溝内墓地の年代は紀元前775～前510年である。初期鉄器の材質に至っては、成分・性質に関連する科学鑑定の報告はいまだ見られないが、"それらはすでに隕鉄ではなく人工鉄であり、しかもわが国で目下知られる最も早い人工鉄である。そのうち釜片・短剣の類はおそらく鋳造製品である"と認識される。[161]初期鉄器の器物類型と特徴についてみると、各種小刀を主とし、次いで装飾品、そして少量の剣類の兵器があり、掘削工具・伐採工具は見られず、銅（金・玉等）鉄複合製品が若干見られる。初期鉄器の発展過程に至っては、なお不明な点が多いが、鉄器の出土状況から見ると、初期鉄器の使用は次第に多くなる傾向にあると見ることができる。焉不拉克墓地で鉄器を出土した墓葬の年代は紀元前1000年より遅くなく、発掘された76基の墓葬ではM31・M75のみ鉄器を出土しており、かつこの両墓は墓地の中でも規模が大きく副葬品の多い部類に属し、当時鉄器の使用には限りがあったことを説明している。群巴克Ⅰ号・Ⅱ号墓地の年代はやや晩く、紀元前950～前600年であり、前後3次に渡り墓葬56基が発掘され、鉄器を出土した墓は少なくとも8基以上である。鉄小刀の出土では、往々にして一つながりの羊椎骨と一緒に木盤の中に納められている。Ⅰ号墓地のM27（29人を埋葬する）では鉄器14点が出土し、あるいは当時の鉄器使用の増加を反映しているものかもしれない。しかし鉄器出現後千年余りの間も、製鉄技術には大きな発展が見られず、鉄器も小型の工具・装飾品・剣類などに限られる。明らかに、新疆地域の鉄器起源と初期発展は独自の技術伝統と文化の特徴を持っているのである。

新疆地域における鉄器の発生は、西アジア地域と何らかの関係を持っている。最新の発見と研究は、西アジアの人工製鉄術が少なくとも紀元前19世紀に溯ることを表明しており、この後急速に発展しかつ次第に周辺地域へと伝播していった。イスラエルのガザ（訳者注　現パレスチナ自治区）附近のゲラール（Gerar）で紀元前13世紀の製鉄遺跡が発見され、錬鉄炉のほか鶴嘴斧・鎌刀・犂頭などの鉄器が出土した。一般的に、北アフリカ・ヨーロッパ・中央アジア等の地域の鉄器は、全て西アジアの影響のもとに発生したと考えられている。新疆地域は中央アジアに位置し、地理的に隣接している。ここで紀元前10世紀前後の鉄器がすでに多く発見されており、中には紀元前12世紀もしくはさらに早い時期にまで溯り得るものもある。しかし、これまでのところ、紀元前3世紀より早い製錬遺存は発見されていない。よって、新疆地域の初期鉄器は、西アジアの直接的影響のもとに発生したとすべきであるが、ただしその伝来が、製鉄技術の伝来か鉄器そのものの伝来か、それとも両者ともに伝来したのか、なおより多くの発見と検討が待たれる。

2　中原地域における製鉄の起源

　中原地域では、藁城台西と平谷劉家河の商代中後期の鉄刃銅鉞が最も古く、紀元前13世紀前後である。この時の鉄器が隕鉄製品で、かつ隕鉄と人工鉄はその成分・性能、自然界での存在状態や採取・加工方法などにおいて差があるものの、しかし結局は同じ鉄金属に属する。隕鉄を鍛打し薄片となし兵器の刃部としていることは、当時の人々が鉄金属とその性能に対し一定の認識をもっていたことを示している。また多くの地点で多くの鉄刃兵器が出土していることは、殷末周初の人々による隕鉄器の製作・使用がすでに一定程度に達していたことを示す。もし『逸周書』克殷にある"玄鉞"の指すものが鉄鉞であるとすると、それは隕鉄製品に違いない。『礼記』月令の"鉄驪"の"鉄"字が鉄の色を指すとすると、同様に自然の隕鉄のことであろう。世界的に見るならば、少なからず古代民族によって偶然に隕鉄が利用される状況があるが、ただし隕鉄の偶然の利用が製鉄の発生を促すとは限らない。しかし中国の場合は事情が異なる。殷代中期から西周初期の隕鉄の使用はすでに偶然の産物ではなく、当時隕鉄に対する認識・加工・利用は基本的に成熟しており、そこから中国古代人が鉄金属を利用する幕が開けたのである。かつその隕鉄を利用して兵器の刃部を製作する技術は、西周末期または春秋初期の隕鉄と人工鉄を用いて兵器・工具の刃部を製作する技術と一脈相通ずるものといってよい。こういった点から、中国中原地域では、隕鉄の利用は人工製鉄が出現するのに知識を蓄積し、その条件を準備したのであり、両者は密接な内在する関係を持っているのである。まさに隕鉄に対する認識・加工・利用の実践を基礎とし、さらに殷・西周時代における青銅冶鋳業の高度な発達の歴史・技術を背景として、人々は次第に鉄鉱石を製錬して鉄を得る人工製鉄技術を発明していったのである。

　中原地域の人工製鉄製品は、三門峡虢国墓地出土の西周末期の鉄援銅戈・玉柄鉄剣・銅骸鉄葉矛などが最も古く、紀元前800年前後のものである。注意すべきは、人工製鉄の出現後も隕鉄製品は依然存在することで、三門峡虢国墓地の6点の鉄器中、三点の人工製鉄製品（M2001：393玉柄鉄剣、M2009：730銅骸鉄葉矛、M2001：526鉄援銅戈）を除くと、3点の隕鉄製品（M2009：703鉄援銅戈、M2009：720銅銎鉄錛、M2009：732銅柄鉄削刀）があり、かつこれらはみな銅（玉）鉄複合製品である。これらの隕鉄を利用して製作した銅（玉）鉄複合製品は、その形態・構造または加工技術を問わず、殷末周初の隕鉄製品と継承関係にある。また、三門峡虢国墓地で鉄器を出土した

2基の墓葬はいずれも国君墓であり、その他の墓葬では鉄器の出土を見ないため、鉄製品は当時なお珍奇な器物であったといえる。こういった点から見て、三門峡虢国墓地の両国君墓の年代である西周末期は、なお人工製鉄の発生段階、または人工製鉄が最初に発生してからそう遠くない段階であったであろう。ここから、中原地域の人工製鉄はおおよそ紀元前9・8世紀の西周末期に出現し、かつ殷代中期以来長きに渡って隕鉄を加工・利用してきた基礎上に発生したといえる。中原地域で人工製鉄が最初に発生した地域については、おそらく豫西・晋南・関中一帯であろう。それは以下の理由による。これらの地域は西周王朝の中心的統治区に属し、当時の政治・経済・科学技術文化の発達地域であった。西周末・春秋初期の鉄器が集中して発見されるのもこの地域であり、かつ出土の剣・戈・矛・削刀・錛などの鉄器は、その形態・構造、紋飾・風格はすべて当地の同時期の青銅器と共通しており、外来文化要素の明確な影響は見られず、それらが当地で製作されたことが分かる。また三門峡虢国墓地西周末期の塊錬滲炭鋼鉄剣・鉄矛と、曲沃天馬-曲村遺跡春秋前期共晶白口鋳鉄残片は、現在知られる最も古い塊錬滲炭鋼と液体銑鉄製品であり、当時におけるこの地の製鉄技術が先進的な水準にあったことを説明する。

3　中原地域における製鉄の初期発展

　人工製鉄技術が中原地域で誕生した後、非常に速く技術の進歩・革新が現れ、次第に特有の鉄器伝統を形成していった。三門峡虢国墓地 M2001：526 の鉄援銅戈の鉄援部分は人工塊錬鉄の製品で、中原地域の製鉄技術が塊錬鉄の製錬から始まったことを表明している。これは世界における他の製鉄起源地でも、最初の製鉄技術が塊錬法であったのと同じである。そしてかなり長い間、塊錬鉄技術は一貫して使用されていた。天馬-曲村遺跡春秋中期の86QJ 7 T44③：3の鉄条や、宝鶏益門村2号墓春秋後期初めの鉄剣残片、また六合程橋2号墓春秋後期の鉄条など、鑑定によりみな塊錬鉄製品とされた。ただし、塊錬鉄製錬技術が生じたのとほぼ同時に、塊錬滲炭鋼技術も発明された。三門峡虢国墓地 M2001：393の玉柄鉄剣の剣身や M2009：730 の銅骸鉄葉矛の鉄葉などがそうである。塊錬滲炭鋼技術は、塊錬鉄が加熱・鍛造の過程で炭火と接触することで、炭素が鉄中に滲入し、炭素量と硬度が増加して塊錬滲炭鋼となるものであり、これにより硬度と性能は青銅を超えるものとなった。この技術の出現は、製鉄技術の伝播と発展に対して重要な意義をもっている。塊錬滲炭鋼技術は中国で長期に渡って使用された。春秋末期の長沙楊家山 M65：5の鉄剣などが塊錬滲炭鋼を用いて製作されたものである。一方、液体銑鉄の冶鋳は、さらに製鉄技術の重要な発明である。曲沃天馬-曲村遺跡春秋前期後葉の84QJ 7 T12④：9の鉄器残片と春秋中期前葉の84QJ 7 T14③：3鉄器残片は、鑑定から共晶白口鉄とされ、現在知られる最も早い鋳鉄残片であり、紀元前8世紀に中国ではすでに液体銑鉄の製錬を始めており、ヨーロッパで出現するよりも2000年以上も早かったことを証明する。この他、春秋後期には鋳鉄脱炭技術も発明されていた可能性がある。この後、銑鉄と塊錬鉄の技術は同時並存して発展し、中国古代の先進的で独特の鋼鉄技術の伝統を形成していった。

　中原地域の初期製鉄の進歩と発展は、さらに鉄器の形態・構造の変遷、類型の多様化、応用の拡大などの面にも現れている。殷代・西周初期においては、鉄は鉄刃銅鉞と鉄援銅戈など大型兵器の刃部の製作のみに限られ、かつ隕鉄であった。西周末期に至り、人工製鉄の出現にしたがって、鉄は剣・矛などの兵器や錛・削刀などの工具の製作へと拡大し始めた。しかしこのときの鉄器は依然

として主に銅鉄複合製品であった。宜昌上磨垴遺跡第5層出土の鉄凹口錛と鋳が春秋中期の年代とするのに間違いがなく、また鳳翔秦公1号大墓春秋中後期の鉄鑱・錛・削刀等の出土と併せれば、紀元前7世紀の春秋中期に全鉄器の製作が始まり、鉄器の種類も鑱・錛などの土木農耕器具へと拡大していったと考えられる。紀元前5世紀初めの春秋末期に至ると、銑鉄を用いて容器を鋳造することも始まり、長沙楊家山M65：1のような鉄器皿が現れた。ただし指摘すべきは、中原地域の初期鉄器では、今のところ指環・耳環・手鐲など鉄装飾品の報告はなく、かつ鉄製装飾品の発達は新疆地域初期鉄器の特徴の一つであり、これは一面から中原地域と新疆地域の初期鉄器がそれぞれ異なる鉄器の伝統にあることを証明している。

中原地域初期鉄器の発見地域についてみると、西周末期の鉄器は豫西一帯に集中し、紀元前7世紀春秋初期の発見地域は、西は関中・隴東一帯、東は山東・済南一帯、北は晋南の曲沃天馬-曲村の発見、南は長江三峡の発見がある。紀元前6世紀の春秋中後期では、鉄器の発見地域は継続して拡大し、西の隴東から東の江蘇六合、北の山西長子から南の湖南長沙といった広大な地域で発見されている。各時期の初期鉄器の分布状況は、考古発見の不断の増加にしたがって修正・充実されるであろうが、それらはある程度春秋時代の鉄器利用地域が絶えず拡大していく傾向を反映しているといえる。

第5節　中国における鉄器時代の始まりと春秋時期の鉄器使用状況

考古発見に基づき、冶金学研究の成果・文献記載と結びつけるならば、中国古代製鉄の起源は、紀元前10世紀以前の新疆地域と紀元前9世紀の中原地域に分けられ、かつ両地域は初期発展においてそれぞれ特有の鉄器伝統を形成していった。それでは、中国の鉄器時代はいつ始まり、鉄器は当時の社会生活中でどのような位置づけ・役割を備えていたのか、こういった問題についてさらに一歩検討しておきたい。

1　中国における鉄器時代の始まりについて

鉄器出現の時間から見ると、紀元前13世紀の殷代中後期に隕鉄製品が出現し、そして紀元前11世紀の殷末周初には、隕鉄加工技術は基本的な成熟を遂げ、西周末期まで継続した。しかし隕鉄製品の出現を鉄器時代開始の指標とすることは出来ない。世界的に見ると、隕鉄製品の出現が最も早い場合、紀元前5000年まで遡る可能性があり、また紀元前2000年以前の隕鉄製品はエジプト・トルコ・イラクなどの地で少なからず発見があるが、ただし、国際的にも学術界で隕鉄製品の出現を根拠として鉄器時代の開始年代を確定することはない。中国の状況について言うならば、殷代と周初の鉄器は鉞と戈の兵器類に限られ、なかでも鉞は当時権力の象徴であった。隕鉄を用いて製作した銅鉞の鉄刃部は、当時の人々にとって鉄金属が一種の貴重な稀有の金属であるのみならず、さらには何らかの神秘的な色合いや宗教的意義を備えており、そのためその使用が地位・権力と関係のあったことを物語る。西周末期の人工鉄器出現の初めでも、やはり同様である。よって中国鉄器時代の開始について、隕鉄製品の出現を根拠に殷代とすることは出来ないのは明白である。

人工製鉄製品の出現から見て、新疆地域では紀元前10世紀またはさらに早く出現するが、その技術と製品の由来はなお不明であり、相当の長期に渡り技術的に革新がなく、さらに重視すべきは、

この地域の人工製鉄は中国古代製鉄の発生と発展全体に大きな影響を与えてはいない、ということである。中原地域の人工製鉄製品は紀元前9～8世紀の西周末期に出現し、その技術と製品は独立した起源と連綿と発展する完全な系譜をもっており、かつここから古代中国の完結した製鉄の体系へと発展していく。さらには、新疆地域における漢代以降の製鉄の発展も中原地域の直接的影響を受けるのである。よって、中国鉄器時代の開始は中原地域の人工製鉄とその製品を以って基準として決定していかなければならない。

中原地域人工製鉄の発生と初期発展の状況を根拠とすると、中国の鉄器時代は紀元前8世紀初めの両周の境に始まる、或いは春秋時代の始まりが同時に中国鉄器時代の開始であると考えることができる。そしてその指標は中原地域の人工製鉄の発生、つまり塊錬滲炭鋼技術・液体銑鉄冶鋳技術の発明、また全鉄製品の出現、そして製鉄地域の初期的拡大である。具体的に述べると、中原地域の人工製鉄の発生はおおよそ紀元前9～8世紀の西周末期であるが、ただし当時はなお人工鉄器と自然の隕鉄が併用された段階にあり、製鉄技術は塊錬鉄と塊錬滲炭鋼技術に限られていた。また鉄器の構造においては銅（玉等）鉄複合製品が多く、種類も兵器・車馬用木工工具に限られる。鉄器は依然として珍奇な器物であり、その使用は国君などの高級貴族のみであり、分布地域も豫西一帯に限られていた。こういったことから、紀元前9世紀の西周末期はなお人工製鉄の発生段階であり、この時にすでに鉄器時代に入っていたとは言いがたい。しかし春秋前期に至ると、液体銑鉄製錬技術の発明にしたがい、塊錬滲炭鋼技術と液体銑鉄冶鋳技術の併存発展が始まり、また銅（玉等）鉄複合製品が継続して存在すると同時に、全鉄製品がすでに現れていたようで、鉄器の種類も土木農耕器具へと拡大していった。また鉄器の応用領域・範囲も拡大が見られ、鉄器分布地域は次第に関中・隴東、山東・晋南や長江北岸へと展開していった。よって、中国鉄器時代の開始は紀元前8世紀初めの両周の境または春秋初期と推定することが、歴史の実情とも符合するのである。

2　春秋時代における鉄器の位置づけと役割

春秋初期に鉄器時代が始まり、そして紀元前8～5世紀の春秋時代を通じ、製鉄技術の不断の革新と進歩、鉄器構造・種類の逐次的改良、鉄器応用の不断の拡大というように、古代製鉄は初歩的発展を遂げるに至った。明らかに春秋時代は中国古代製鉄の初期発展段階である。ならば、春秋時代中国製鉄の発展水準と鉄器の使用状況、また社会生産・社会生活全体の中における位置づけ・役割をどのように科学的に認識し客観的評価をするべきであろうか。

春秋時代の鉄器とその使用状況については、古籍中に記述もあるが、そういった文献記載に対しては、学術界では往々にして肯定と否定の全く異なる解釈が見られる。考古発見の鉄器資料にしても、新しい考古発見の絶え間ない増加にしたがい鉄器の種類・数量に不断の改変が求められるという一定の限界を避けられない。そのため考古発見と文献資料の両者に対し取捨選択しつつ分析しなければならない。

考古発見の春秋時代中原地域の鉄器資料について言うと、現在までの人工製鉄製品の出土地点は26ヶ所、鉄器は80数点にのぼり、そのうち少なくとも半数が銅鉄複合製品である。種類としては斧・錛・鐝・錯・鑱・砍刀・刮刀・削刀などの生産工具、戈・矛・剣・鉄鋌銅鏃などの兵器、鼎形器・環・鉄丸・鉄条などがある。その出土状況について分析すると、遺跡で出土した鉄器を除くと、墓葬出土のものは多くが貴族墓から出土しており、小型墓葬から出土したものは長沙楊家山65号墓

と山東沂水春秋墓の二例のみで、その年代はみな春秋後期である。春秋鉄器とその種類、出土地点の数量についてみると、今後絶えず増加することを考慮するならば、その数量の絶対値のみを根拠に当時の鉄器使用状況を考慮することはできず、同類の青銅器や非金属製品との比較を通じて検討を進めていくべきである。

考古発見の春秋時代青銅器の数量と出土地点はいまだ全面的な統計がなされていないが、典型的遺跡と墓葬を通じてその一端を窺い知ることができる。例えば、山東長清仙人台6号春秋初期墓で鉄援銅戈1点が出土し、同時に青銅兵器が出土し、戈2点・矛1点・剣1点・短剣1点・鏃30点などがある。江蘇程橋2号春秋後期墓で鉄条1点が出土し、同時に出土した銅兵器・工具には剣3点・戈4点・矛2点・鏃2点・削刀3点と錛・鉋・鏟・鑿・歯刃鎌各1点がある。山西長子県牛家坡7号春秋後期墓で鉄鋌銅鏃7点と銅環首鉄削刀4点が出土し、同墓出土の銅兵器と工具に戈2点・剣1点・環首削刀4点がある。また同一墓地における他の春秋後期墓3基では戈・剣・鏃・環首削刀等の銅兵器・工具の計18点が出土しているが、鉄器の出土はない。1951〜1954年に長沙と近郊で発掘された29基の春秋後期墓において、鉄器を出土したのは楊家山65号墓があるのみである。また、1961〜1987年に山西侯馬市上馬村墓地で西周後期から春秋戦国の境までの墓葬1383基が発掘され、銅斧・鑿・鋸・削刀等の銅工具33点と、銅戈・矛・管銎斧・鈹・鏃等の銅兵器172点が出土したが、鉄器は発見されていない。[169]1987〜1988年に、山西臨猗程村墓地で東周墓葬52基と車馬坑8基が発掘され、年代は紀元前600〜前450年の春秋中後期とされる。墓中から青銅兵器と工具70数点が出土したが、鉄器の出土はない。[170]長沙瀏城橋1号春秋後期墓で、戈・矛・剣・戟等の銅兵器計17点、斧・刮刀・削刀等の銅工具計5点が出土したが、鉄器の出土はない。[171]安徽舒城九里墩春秋後期墓で戈・矛・剣・殳・鏃など銅兵器22点と、錛・斧・鏟・歯刃鎌刀など銅工具15点が出土したが、やはり鉄器の出土はない。[172]もちろん墓葬に鉄器を埋葬するのは喪葬観念の影響を受けるであろうから、墓葬出土鉄器の数量と実際の生活における鉄器の使用状況には一定の差がもたらされるであろうが、一方住居と工房遺跡の銅器と鉄器の出土状況は実際社会の生活の実情を反映していると思われるものの、[173]しかし春秋時代の住居址・工房址における鉄器の出土もほとんど見られない。例えば山西省侯馬市西郊牛村古城一帯に位置する侯馬鋳銅遺跡は、春秋中期から戦国前期の鋳銅工房址で、絶対年代は紀元前6世紀初めから前4世紀初めであり、おおよそ5000㎡が発掘された。各種銅工具105点、各種非金属工具264点が出土したが、鉄工具は戦国前期の削刀残片2点があるのみである。[174]こういった状況に類似する遺跡・墓葬の資料はまだ多くあるが、明らかに考古発見による春秋時代の兵器・工具においては、銅製品の種類が鉄製品よりはるかに多いだけでなく、銅製品の数量も同類の鉄製品より百倍以上も多いのである。さらに重要なのは、春秋時代の青銅冶鋳遺跡は少なからず発見があり、規模も巨大であるが、[175]しかし、確実に春秋時代に属する製鉄遺跡は今のところまだ発見されていない。

様々な考古発見は、春秋時代が中国古代製鉄の初期発展段階であり、確かに製鉄の技術に大きな革新と進歩をもたらし、鉄器の構造・種類に改良があり、鉄器応用領域・地域も絶えず拡大していったことを、我々に示してくれる。しかし、春秋時代鉄器の使用はなお大きな限界があり、本格的に農業生産に応用されておらず、[176]決して"すでに普遍的に存在する器物"[177]などではなく、普及していたとはいえないのである。鉄器の冶鋳と生産はなお青銅冶鋳業の中に付随するものであり、一つの産業としての鉄器工業はまだ未形成であり、鉄器が社会生活において発揮した実用性にも限り

があり、社会変革を推し進める役割はまだ本格的には現れていない。そういった点から見ると、春秋斉桓公時期（紀元前685〜前643年）の斉国における製鉄と鉄器使用は、『菅子』に述べられる、一女必ず一刀一錐一筬一鈹あり、一農必ず一耜一銚一鎌一耨一椎一銔ありといった程度に達していなかったことは明らかである。もし『国語』斉語にある、"美金は以って剣戟を鋳し、諸を狗馬に試し、悪金は以って鉏・夷・斤・斸を鋳し、諸を壊土に試す。"という記事が確かに管仲が斉桓公に進言した言葉であるとすると、"悪金"はやはり"質の悪い粗銅"と解釈することが歴史事実と符合するのである。『左伝』昭公二十九年所載の晋国が刑鼎を鋳造したのも、おそらくは銅鼎であろう。『呉越春秋』閭閭内伝と『越絶書』越絶外伝の欧冶子・干将が製鉄し剣を鋳造したことに関する記事に関しては、あるいは呉・楚両国の春秋後期における鉄器の冶鋳状況をある程度は反映しているかもしれない。総じていうと、春秋時代は中国鉄器時代の初期段階であり、ある意味では"銅鉄併用時代"とも言えるであろう。

　考古発見および冶金学研究の成果と文献記載は、中国では紀元前13世紀の殷代中後期に、すでに自然の隕鉄の加工と利用が始まっていたことを明らかにした。人工製鉄製品の出現は、新疆地域では紀元前10世紀ないしさらに早い時期、中原地域ではおおよそ紀元前9〜8世紀の西周末期である。中国古代の人工製鉄において、その発生の初めに両地域の間に何らかの情報の交流と伝播があったことは否定しないが、新疆地域と中原地域で別々に起源をもち、かつ初期発展の中でそれぞれ特有の鉄器伝統を形成していった。すなわち中国古代鉄器の"西北系統"と"中原系統"といえよう。中原地域の人工製鉄は、隕鉄の長期にわたる加工と利用を基礎に、殷代・西周時代の高度に発展した青銅冶鋳業の背景の下に発生したのであり、さらに初期発展において急速に塊錬鉄技術と液体銑鉄技術が併存して発展する独特の鋼鉄技術の伝統を形成していった。

　中国古代製鉄と初期発展の総合的研究は、中国の鉄器時代が紀元前8世紀初めの両周の境または春秋初期に始まることを表明している。春秋時代は中国古代製鉄の初期発展段階であり、中国鉄器時代の初期段階、また中国歴史上の"銅鉄併用時代"といえる。ただし、この時期は鉄器の使用は限りがあり、鉄器の社会生産・生活における実際の作用も同様に限界があった。春秋時代の製鉄と鉄器使用は逐次的な発展・拡大の過程を経て、春秋300年の発展の路をたどり、古代製鉄は春秋戦国の境の時期に急速発展の段階へと入っていく。この後、鉄器工業が次第に形成され、鉄器の使用は逐次普及し、鉄器は本格的に先進的生産力の代表として、最大限に社会歴史の前進を推し進めていった。

註

1　顧頡剛「論今文尚書著作時代書」・「詢『禹貢』偽証書」いずれも『古史辨』第一冊第200〜207頁、朴社出版、1928年。『禹貢』を戦国時代の人による偽作とする説は郭沫若・范文瀾・楊寛などの歴史学者が広く採用している。
2　邵望平「『禹貢』"九州"的考古学研究」『考古学文化論集』（二）第29頁、文物出版社、1989年。
3　李剣農『先秦両漢経済史稿』第40頁、中華書局、1962年。
4　呂振羽『殷周時代的中国社会』第15頁、三聯書店、1962年。ここでは、"国内の多くの学者の意見によると、『山海経』は鄒衍またはその徒の手にかかるもの"とする。（訳者注　鄒衍は戦国時代斉国臨淄の人）
5　華覚明「隕鉄・隕鉄器和冶鉄術的発生」『中国冶鋳史論集』第284頁、文物出版社、1986年。
6　楊寛『中国古代冶鉄技術的発明和発展』第10頁、上海人民出版社、1956年。

7　楊寛「試論中国古代冶鉄技術的発明和発展」『文史哲』1955年第2期27頁。
8　黄展岳「関于中国開始冶鉄和使用鉄器的問題」『文物』1976年第8期62頁。
9　童書業『中国手工業商業発展史』第12頁、斉魯書社、1981年。
10　楊寛「試論中国古代冶鉄技術的発明和発展」『文史哲』1955年第2期26頁。
11　黄展岳「関于中国開始冶鉄和使用鉄器的問題」『文物』1976年第8期63頁。
12　祝中熹「中国古代始錬鉄及秦人用鉄考述」『隴右文博』2001年第1期50頁。
13　『礼記』月令第六正義冒頭の孔頴達疏に、『月令』は"もと『呂氏春秋』十二月紀の首章なり、礼家の事を好むを以ってこれに抄合す"とある。また梁啓超『古書真偽及其年代』第126〜128頁、中華書局、1955年参照。
14　唐際根「中国冶鉄術的起源問題」『考古』1993年第6期560頁。
15　中国社会科学院考古研究所『殷周金文集成釈文』第三巻479頁、香港中文大学中国文化研究所、2001年。
16　郭沫若『出土文物二三事・〈班簋〉的再発現』第72頁、文物出版社、1972年。
17　高明『古文字学講義』第365頁、北京大学歴史系考古専業、1974年。
18　郭沫若『菅子集校・校畢書後』第2頁、科学出版社、1956年。
19　李剣農『先秦両漢経済史稿』第41頁、中華書局、1962年。ここでは、"『菅子』は明らかに後代人の偽作であり、その軽重諸篇は特に不確かであり、そのほとんどが戦国時の遊説策士の言葉に類する"とされる。
20　『古籍考辨叢刊』第一集310〜311頁、中華書局、1955年に見える（清）姚際恒『古今偽書考』（顧頡剛校点）参照。
21　李学勤『東周与秦代文明』第262頁、文物出版社、1984年。
22　黄展岳「関于中国開始冶鉄和使用鉄器的問題」『文物』1976年第8期63頁。
23　中国社会科学院考古研究所『殷周金文集成釈文』第一巻242頁、香港中文大学中国文化研究所、2001年。
24　A．郭沫若「希望有更多的古代鉄器出土——関于古代分期問題的一個関鍵」『奴隷制時代』第203頁、人民出版社、1973年版。この文は1956年に最初に発表された。B．韓連琪「春秋戦国時代社会生産力和農工商業的発展」『先秦両漢史論叢』第136頁、斉魯書社、1986年。
25　高明『古文字学講義』第365頁、北京大学歴史系考古専業、1974年。
26　李学勤「関于東周鉄器的問題」『文物』1959年第12期69頁。
27　『菅子』小匡：菅氏答えて曰く、"そも斉国甲兵寡なく、吾れ罪を軽重するにこれを甲兵に移さんと欲す。……美金は以って戈剣矛戟を鋳し、諸の狗馬に試みる。悪金は以って斤・斧・鉏・夷・鋸・欘を鋳し、諸を土木に試みる。"『諸子集成』（五）第125頁、中華書局、1954年。
28　郭沫若『奴隷制時代』第33頁、人民出版社、1973年版。この文は1952年に最初に発表されている。
29　白雲翔「"美金"与"悪金"的考古学闡釈」『文史哲』2004年第1期54頁。
30　A．楊寛『中国古代冶鉄技術発展史』第22頁、上海人民出版社、1982。B．童書業『中国手工業商業発展史』第13頁、斉魯書社、1981年。
31　李学勤「関于東周鉄器的問題」『文物』1959年第12期69頁。
32　章炳鱗「銅器鉄器変遷考」『華国月刊』第2期（1925年）第5冊1頁。
33　周則岳「試論中国古代冶金史的幾個問題」『中南礦冶学院学報』1956年第7期97頁。
34　駱賓基「関于鉄在中国出現的年代——"書簡外篇"」『上海社会科学院学術季刊』1988年第3期165頁。
35　趙恩語「華夏何時開始使用金属」『安徽史学』1989年第2期11頁。
36　童書業「従中国開始用鉄的時代問題評胡適派的史学方法」『文史哲』1955年第2期30頁。
37　阮鴻儀「従冶金的観点試論中国用鉄的時代問題」『文史哲』1955年第6期60頁。
38　束式澂「従蘇聯考古学的成果看中国鉄器時代」『歴史教学』1957年第6期5頁。
39　胡漑咸「試論殷代用鉄」『安徽師大学報』1979年第4期83〜91頁。
40　夏湘蓉等『中国古代鉱業開発史』第212頁、地質出版社、1980年。
41　趙恩語「華夏何時開始使用金属」『安徽史学』1989年第2期11頁。この中では殷代にすでに鋳鉄と合金鋼があったとする根拠を具体的に説明しておらず、河北藁城台西と北京平谷劉河家出土の鉄刃銅鉞をその証拠としており、明らかに妥当ではない。
42　梅原末治「中国出土の一群の銅利器に就いて」『京都大学人文科学研究所創立二十五周年紀念論文集』第1〜21頁、1954年。梅原氏が提示した殷代に用鉄を知っていたとする根拠は、1931年伝殷墟出土の一群の銅兵器中に鉄金属を含むものがあったということであるが、しかしこれらの兵器は青銅中に鉄元素を含むものであり、鉄製品ではない。

43　呂振羽『殷周時代的中国社会』第18頁、三聯書店、1962年。
44　白寿彝総主編『中国通史』第三巻上冊第384頁、上海人民出版社、1994年。
45　郭沫若『中国史稿』第一冊第313頁、人民出版社、1994年。
46　楊寛「試論中国古代冶鉄技術的発明和発展」『文史哲』1955年第2期28頁。
47　楊寛『中国古代冶鉄技術発展史』第36頁、上海人民出版社、1982年。
48　雷従雲「三十年来春秋戦国鉄器発現述略」『中国歴史博物館刊』1980年第2期100頁。
49　張宏明「中国鉄器時代応源于西周晩期」『安徽史学』1989年第2期14頁。
50　唐際根「中国冶鉄術的起源問題」『考古』1993年第6期563～564頁。
51　趙化成「公元前5世紀中葉以前中国人工鉄器的発現及其相関問題」『考古文物研究』第289頁、三秦出版社、1996年。
52　陳戈「新疆出土的早期鉄器——兼談我国開始使用鉄器的時間問題」『慶祝蘇秉琦考古五十五年論文集』第425頁、文物出版社、1989年。
53　祝中熹「中国古代始錬鉄及秦人用鉄考述」『隴右文博』2001年第1期53頁。この文では、西周後期にすでに鍛鉄が存在し、人工錬鉄の最も早い発明は周人の手になると思われ、また春秋列国中では秦国が鉄を用いたのが最も早い、と認識している。
54　李剣農『先秦両漢経済史稿』第42頁、中華書局、1962年。
55　魚易「東周考古上的一個問題」『文物』1959年第8期64頁。
56　華覚明等「戦国両漢鉄器的金相学考察初歩報告」『考古学報』1960年第1期73頁。
57　華覚明『中国古代金属技術——銅和鉄造就的文明』第303～305頁、大象出版社、1999年。作者はこの書の中で"すでに知られている実物資料の文献から見て、筆者は製鉄術が中国で始まった年代を暫定的に西周時代と捉え、銑鉄冶鋳技術の発明は春秋中期あるいはやや晩い時期と考えたい。……中国の製鉄術は決して単一の起源ではなく、特に農業と青銅冶鋳業が比較的良好な基礎を持ち、比較的早くから鉄農具と鉄兵器を使用した地域が、製鉄術の発祥地と思われる"としている。
58　黄展岳「関于中国開始冶鉄和使用鉄器的問題」『文物』1976年第8期68頁。
59　范文瀾『中国通史簡編』（修訂本）第一編第185頁、人民出版社、1964年第4版。
60　章鴻釗『石雅・附録・中国銅器鉄器時代沿革考』（下編）第21頁、中央地質調査所1927年。李学勤も50年代に類似の観点をもっており、"厳密にいうと、春秋時代あるいはそれ以前に鉄器があったと証明する文献資料は一つとしてないのである"と指摘しているが、その後春秋鉄器の発見を根拠として修正を加えている。
61　劉学堂「中国冶鉄術的起源」『中国文物報』2004年4月2日。
62　白雲翔「中国的早期鉄器与冶鉄的起源」『桃李成蹊集—慶祝安志敏先生八十寿辰』第308頁、香港中文大学出版社、2004年。
63　考察の便宜のため、本文でいう初期鉄器は年代が春秋戦国の境とされる鉄器は含めない。
64　北京市文物管理処「北京市平谷県発現商代墓葬」『文物』1977年第11期5頁。
65　張先得等「北京平谷劉家河商代銅鉞鉄刃的鑑定」『文物』1990年第7期66頁。
66　河北省博物館等「河北藁城台西村的商代遺址」『考古』1973年第5期270頁。
67　河北省博物館等「河北藁城台西村的商代遺址」『考古』1973年第5期271頁。
68　A．李衆「関于藁城商代銅鉞鉄刃的分析」『考古学報』1976年第2期31頁。B．葉史「藁城商代鉄刃銅鉞及其意義」『文物』1976年第11期56頁。
69　山東大学考古系「山東長清県仙人台周代墓地」『考古』1998年第9期19頁。
70　沂水県博物館「山東沂水発現一座東周墓」『考古』1988年第3期286頁。
71　北京鋼鉄学院『中国冶金簡史』第44頁、科学出版社、1978年。
72　江蘇省文物管理委員会等「江蘇六合程橋東周墓」『考古』1965年第3期113頁。
73　南京博物院「江蘇六合程橋二号東周墓」『考古』1974年第2期119頁。
74　李衆「中国封建社会前期鋼鉄冶錬技術発展的探討」『考古学報』1975年第2期1頁。
75　陳文華「中国古代農業考古資料索引・第二編・生産工具」『農業考古』1982年第1期165頁。
76　顧鉄符「長沙52・826号墓在考古学上諸問題」『文物参考資料』1954年第10期68頁。
77　長沙鉄路車站建設工程文物発掘隊「長沙新発現春秋晩期的鋼剣和鉄器」『文物』1978年第10期44頁。
78　湖南省博物館「湖南常徳徳山楚墓発掘報告」『考古』1963年第9期461頁。
79　湖北省博物館「楚都紀南城的勘察与発掘（上）」『考古学報』1982年第3期347頁。
80　湖北省文物考古研究所「湖北宜昌県上磨堖周代遺址的発掘」『考古』2000年第8期35頁。

81 湖北省博物館江陵考古工作站「一九八一年湖北省秭帰県柳林渓遺址的発掘」『考古与文物』1986年第6期12頁。この遺跡の第3層は殷周層で、包含遺物のうち主要なものは東周陶片で楚文化に属し、関連の遺跡と比較して、その年代は古くは春秋初・中期と知ることができる。この他、第3層に属するＨ1（灰坑）で陶製鋳型片が出土し、附近に鋳造工房があったことを物語る。発掘者は、柳林渓遺跡は西陵峡の山並みが比較的平坦な段丘上に位置し、保存範囲は大きく、その他の遺跡で見られるような地層の"倒転"現象はなく、それゆえ柳林渓の出土鉄器は春秋中期を降らないとする。
82 湖北省文物考古研究所『秭帰柳林渓』第191～193頁、科学出版社、2003年。発掘報告によると、柳林渓周代文化遺存は三期に分けることができ、第一期が西周後期、第二期が春秋中期、第三期が春秋後期または戦国初期で、報告された鉄器は全て第三期遺存のものである。
83 荊門市博物館「荊門響鈴崗東周遺址与墓地発掘簡報」『江漢考古』1990年第4期12頁。発掘者は、当遺跡のＡ組第2層とＢ組第3Ａ層では大量の鉄器が出土し、出土の陶器に春秋後期の特徴があり、それにより年代を春秋後期と定める傾向にあり、同時に第2層を戦国初・中期とする。発掘報告中の鉄器のうち、第3層と確認できるのは削刀・錛・凹口鍤各1点だけであり、よってそれらは春秋後期の遺物と見做すことができる。
84 Freer Gallery of Art, A Descriptive and Illsutrative Catalogue of Chinese Bronzes Acquircd During the Administration of John Ellerton Lodge, PP. 96～97 and Plate 49 (34・10 and 34・11), Washington, 1946.
85 梅原末治「中国出土の一群の銅利器に就いて」『京都大学人文科学研究所創立二十五周年紀念論文集』第1～21頁、日本京都大学、1954年。
86 R. J. Gettens, R. S. Clarke, Jr. and W. T. Chase, Two Early Chinese Bronze Weapons with Meteoritic Iron Blades, Freer Gallery of Art, Washington, 1971.
87 河南省文物考古研究所等『三門峡虢墓』第一巻第126・530頁、文物出版社、1999年。
88 Ａ．侯俊傑「三門峡虢国墓地2009号墓獲重大考古成果」『虢国墓地的発現与研究』第25頁、社会科学文献出版社、2000年。Ｂ．玉龍正等「出土器物最多的西周国君墓——三門峡上村嶺虢仲墓」『中国十年百大考古新発現』第341頁、文物出版社、2002年。Ｃ．韓汝玢等「虢国墓地出土鉄刃銅器的鑑定与研究」『三門峡虢国墓』第一巻第559頁附録三、文物出版社、1999年。
89 河南省文物考古研究所等『登封王城崗与陽城』第195・199頁、文物出版社、1992年。
90 国家文物局主編『2001中国重要考古発現・新鄭鄭韓故城春秋貴族墓葬与大型車馬坑』第56～59頁、文物出版社、2002年。
91 開封地区文管会等「河南省新鄭県両周墓葬発掘簡報」『文物資料叢刊』第2集第52頁、文物出版社、1978年。
92 柯俊等「河南古代一批鉄器的初歩研究」『中原文物』1993年第1期96頁。
93 河南省文物研究所等『淅川下寺春秋楚墓』292頁、文物出版社、1991年。この遺物は報告では"匕首"と称している。
94 北京大学考古学系商周組等『天馬-曲村（1980～1989）』第59・1178～1180頁、科学出版社、2000年。
95 山西省考古研究所「山西長子県東周墓」『考古学報』1984年第4期512・514頁。銅環首鉄削刀は、原報告では銅環首削刀鉄鞘と称されているが、東周時代に鉄を用いて刀剣の鞘を製作した例は今まで報告がなく、かつ製鉄技術の発展状況から分析しても、当時鉄で鞘を作る可能性はなく、銅環首削刀鉄鞘はおそらく銅環首鉄削刀の誤りであろう。
96 張天恩「秦器三論」『文物』1993年第10期24頁。
97 袁仲一「従考古資料看秦文化的発展和主要成就」『文博』1990年第5期10頁。この遺物は元来"匕首"と称されていた。
98 韓偉・焦南峰「秦都雍城考古発掘研究綜述」『考古与文物』1988年5／6期合刊121頁。
99 陝西省雍城考古隊「鳳翔馬家荘一号建築群遺址発掘簡報」『文物』1985年第2期26頁。この建築群は秦の宗廟建築で、建築年代は春秋中期、廃棄年代は春秋後期である。発掘された181基の祭祀坑は、ほとんどが建築の落成時と建築の使用過程における祭祀坑で、建築廃棄後のものもあり、132号坑出土の鉄錛はとりあえず春秋後期とする。
100 宝鶏市考古工作隊「宝鶏市益門村二号春秋墓発掘簡報」『文物』1993年第10期5頁。
101 白崇斌「宝鶏市益門村Ｍ2出土春秋鉄剣残塊分析鑑定報告」『文物』1994年第9期82頁。
102 劉得禎等「甘粛霊台県景家荘春秋墓」『考古』1981年第4期300頁。
103 戴春陽「礼県大堡子山秦公墓地及有関問題」『文物』2000年第5期75頁。
104 戴春陽「礼県大堡子山秦公墓地及有関問題」『文物』2000年第5期77頁。
105 甘粛省文物考古研究所「永昌三角城与蛤蟆墩沙井文化遺存」『考古学報』1990年第2期228頁。

106 周興華「寧夏中衛県狼窩子坑的青銅短剣墓群」『考古』1989年第11期977頁。
107 新疆維吾爾自治区文化庁文物処等「新疆哈密焉不拉克墓地」『考古学報』1989年第3期350頁。
108 陳戈「新疆出土的早期鉄器——兼談我国開始使用鉄器的時間問題」『慶祝蘇秉琦考古五十五年論文集』第425頁、文物出版社、1989年。
109 張玉忠「烏魯木斉市南山礦区古墓葬」『中国考古学年鑑（1985）』第256頁、文物出版社、1985年。同「天山阿拉溝考古考察与研究」『西北史地』1987年3期。
110 新疆文物考古研究所等「烏魯木斉柴窩堡古墓葬発掘報告」『新疆文物』1998年第1期11頁。同「1993年烏魯木斉柴窩堡墓葬発掘報告」『新疆文物』1998年第3期19頁。同「烏魯木斉市柴窩堡林場Ⅱ号点墓葬」『新疆文物』1999年第3／4期19頁。
111 陳戈「新疆史前時期又一種考古学文化——蘇貝希文化試析」『蘇秉琦与当代中国考古学』第153頁、科学出版社、2001年。
112 国家文物局主編『2001中国重要考古発現・新疆尼勒克県窮科克墓地第一次考古発掘』第72頁、文物出版社、2002年。
113 中国社会科学院考古研究所新疆隊等「新疆和静県察吾乎溝口一号墓地」『考古学報』1988年第1期92頁。
114 中国社会科学院考古研究所新疆隊等「新疆和静県察吾乎溝口二号墓地発掘簡報」『考古』1990年第6期517頁。
115 新疆文物考古研究所『新疆察吾乎』第1～225頁、東方出版社、1999年。
116 新疆文物考古研究所等「和静哈布其罕Ⅰ号墓地発掘簡報」『新疆文物』1999年第1期23頁。
117 新疆文物考古研究所等「和静県拝勒其爾石囲墓発掘簡報」『新疆文物』1999年第3／4期51頁。
118 中国社会科学院考古研究所新疆隊等「新疆輪台群巴克古墓葬第一次発掘簡報」『考古』1987年第11期993頁、同「新疆輪台県群巴克古墓葬第二・三次発掘」『考古』1991年第8期692・699頁。
119 新疆社会科学院考古研究所「帕米爾高原古墓」『考古学報』1981年第2期208頁。
120 山東省文物管理処「青島市崂山郊区東古鎮村東周遺址」『考古』1959年第3期143頁。
121 王仁湘「帯鈎概論」『考古学報』1985年第3期269頁。
122 山東大学歴史系考古専業等「山東新泰郭家泉東周墓」『考古学報』1989年第4期467頁。
123 中国科学院考古研究所『長沙発掘報告』第66・162頁、科学出版社、1957年。
124 湖南省博物館等『長沙楚墓』第593～595頁附表二・三、文物出版社、2000年。
125 湖南省博物館等『長沙楚墓』第498頁、文物出版社、2000年。
126 湖北省文物考古研究所『江陵望山沙冢楚墓』第78・131・178・207頁、文物出版社、1996年。
127 武漢市考古研究所「江夏鄭店東周水井清理簡報」『江漢考古』2001年第4期15頁。
128 中国科学院考古研究所『洛陽中州路』第111頁、科学出版社、1959年。
129 黄河水庫考古工作隊「1957年河南陝県発掘簡報」『考古通訊』1958年第11期74頁。
130 中国社会科学院考古研究所『陝県東周秦漢墓』第112頁、文物出版社、1994年。
131 河南省文物研究所『信陽楚墓』第63・69・112・119頁、文物出版社、1986年。長台関2号墓も鉄帯鈎を出土しており、その年代は同じく戦国前期に属する。
132 山西省文物管理委員会「山西長治市分水嶺古墓的清理」『考古学報』1957年第1期103頁。
133 殷滌非「試論東周時期的鉄農具」『安徽史学通訊』1959年第4／5期29頁。
134 葉小燕「東周刻紋銅器」『考古』1983年第2期158頁。
135 黄盛璋「試論三晋兵器的国別和年代及其相関問題」『考古学報』1974年第1期42頁。
136 山西省文管会侯馬工作站「侯馬北西荘東周遺址的清理」『文物』1959年第6期42頁。
137 陳文華『中国古代農業科技史図譜』第132頁、農業出版社、1991年。
138 山西省文管会侯馬工作站「侯馬東周時代焼陶遺址発掘紀要」『文物』1959年第6期45頁。
139 山西省文物管理委員会「侯馬東周殉人墓」『文物』1960年第8／9期15頁。
140 段紅梅『三晋地区出土戦国鉄器的調査与研究——兼論中国鋼鉄技術的第一次大発展』第17頁、北京科技大学2001年博士論文。
141 山西省考古研究所『山西考古四十年』第184頁、山西人民出版社、1994年。
142 戴尊徳「山西霊石旌介村商代墓和青銅器」『文物資料叢刊』第3集46頁、文物出版社、1980年。
143 劉得禎・許俊臣「甘粛慶陽春秋戦国墓的清理」『考古』1988年第5期416頁。
144 劉得禎・許俊臣「甘粛慶陽春秋戦国墓的清理」『考古』1988年第5期413頁。
145 慶陽地区博物館等「甘粛慶陽城北発現戦国時期葬馬坑」『考古』1988年第9期852頁。

146 羅豊「以隴山為中心甘寧地区春秋戦国時期北方青銅文化的発現与研究」『内蒙古文物考古』1993年第1／2期34頁。
147 李水城「沙井文化研究」『国学研究』第二巻493頁、北京大学出版社、1994年。
148 甘粛省博物館文物工作隊等「甘粛永昌三角城沙井文化遺址調査」『考古』1984年第7期598頁。
149 甘粛省文物考古研究所「永昌三角城与蛤蟆墩沙井文化遺存」『考古学報』1990年第2期216頁。報告によると三角城遺跡で発掘された窖穴はいずれも表土の下に開口している。
150 甘粛省博物館文物工作隊「甘粛永登楡樹溝的沙井墓葬」『考古与文物』1981年第4期36頁。
151 李水城「沙井文化研究」『国学研究』第二巻502頁、北京大学出版社、1994年。
152 趙化成「公元前5世紀中葉以前中国人工鉄器的発現及其相関問題」『考古文物研究』第294頁、三秦出版社、1996年。
153 内蒙古文物工作隊『鄂爾多斯式青銅器・毛慶溝墓地』第271頁、文物出版社、1986年。
154 桃紅巴拉墓地の年代について、発掘者は当初おおよそ戦国時代としたが、同時にその上限を戦国初期かやや早い時期と推測した（田広金「桃紅巴拉的匈奴墓」『考古学報』1976年第1期140頁）。しかしその後"墓葬の年代はおおよそ春秋末期と認定することができる"としている（田広金「桃紅巴拉墓葬」『鄂爾多斯式青銅器』第218頁、文物出版社、1986年）。あるいは学者により、春秋末期から戦国初期とする見方もある（烏恩「関于北方草原早期鉄器時代文化的若干問題」『21世紀中国考古学与世界考古学』第366頁、中国社会科学出版社、2002年）。
155 柳林渓遺跡出土の竪銎鏃は、原報告では"犂"とされているが、"钁"とすべきである。
156 新疆維吾爾自治区文化庁文物処等「新疆哈密焉不拉克墓地」『考古学報』1989年第3期348頁。この報告では、M75：5の木質男俑は、毛皮・毛織物の衣服を身に付け、"腰に革帯をまとい、その上に三つの小さい革鞘を結び、鞘内には小銅刀・木柄銅錐・木柄小刻刀をそれぞれ入れている"とされる。これにより、同類の小鉄工具を佩帯し使用する状況を知ることができる。
157 新疆文物考古研究所等「新疆鄯善県蘇貝希遺址及墓地」『考古』2002年第6期36頁。
158 『史記』巻三十一呉太伯世家索隠の引く劉氏に"匕首は、短剣なり"とある。現在の学術界でも常に短剣を"匕首"と称する。しかし、一般に匕首とするものにも実際には双刃と片刃の区別があり、本研究では双刃のものは"短剣"と称し、片刃のものを"匕首"とし、以って区別をしたい。
159 河南安陽殷墟では玉器2000点以上が出土しており、その玉材は鑑定から新疆のものが多数を占める（中国社会科学院考古研究所『殷墟発現与研究』第324頁、科学出版社、1994年参照）。陝西扶風周原西周宮殿基壇遺跡で出土した2例の西周中期の蚌製人頭像は、中央アジア白色人種の特徴を備えており（尹盛平「西周蚌雕人頭種族探索」『文物』1986年第1期46頁）、古代新疆地域の吐火羅人とする研究者もいる（林梅村「開拓絲綢之路的先駆──吐火羅人」『文物』1989年第1期73頁参照）。
160 中国社会科学院考古研究所編『中国考古学中炭十四年代数据集』第319頁、文物出版社、1991年。
161 陳戈「新疆出土的早期鉄器──兼談我国開始使用鉄器的時間問題」『慶祝蘇秉琦考古五十五年論文集』第427頁、文物出版社、1989年。新疆地域の初期鉄器は、科学鑑定を経ない現在では人工鉄──塊錬鉄製品に属すると推測すべきで、鋳鉄があるとするのは適さない。
162 孔令平「鉄器的起源問題」『考古』1988年第6期542頁。
163 『逸周書』克殷に、武王"之を撃つに軽呂を以ってし、之を斬るに黄鉞を以ってす。……すなわちすなわち右にこれを撃つに軽呂をもってし、これを斬るに玄鉞をもってす"とあり、孔晁注に、"玄鉞は、黒鉞なり"とある。これらの文脈と考古発見から見て、"黄鉞"は銅鉞を指し、"玄鉞"は鉄鉞を指すと思われる。
164 世界的に見ると、文化の発展が比較的早い民族の多くで、隕鉄を使用する歴史を有する。エジプトでは、ゲルゼーの古墓で紀元前3500年前の史前時代にニッケル7％を含む隕鉄製で作られたビーズが発見され、また紀元前2000年の第11王朝の墓からニッケル10.5％を含む隕鉄で作られた銀鑲嵌の魔除けの虎符が発見されている。西アジアでは、紀元前3500年の両河流域のウル王墓で、ニッケル10.9％を含む隕鉄片が出土した。この他少なからぬ事実が示すように、偶然的に隕鉄を使用したのであり、直接人工製鉄の発明をもたらしたわけではない。
165 華覚明「隕鉄・隕鉄器和冶鉄術的発生」『中国冶鋳史論集』第279頁、文物出版社、1986年。ここでは、"中国製鉄術の歴史発展の特質から見ると、隕鉄器の製作・使用が製鉄技術の発生に何らかの影響を与えた可能性を排除することはできない"と指摘している。
166 楊寛『中国古代冶鉄技術発展史』第2〜5頁、上海人民出版社、1982年。
167 窪田蔵郎『鉄の文明史』第21頁、雄山閣、1991年。

168 『漢書』巻六十六西域伝上に"宛より以西、安息国に至り、……その地みな絲漆なく、鉄器を鋳するを知らず。漢使の亡卒降るに及んで、它に兵器を鋳作するを教える"とある。
169 A．山西省考古研究所『上馬墓地』、文物出版社、1994年。B．山西省文物管理委員会侯馬工作站「山西侯馬上馬村東周墓葬」『考古』1963年第5期229頁。この時は14基の東周墓が発掘され、うちＭ１～Ｍ４は戦国中期墓である。
170 中国社会科学院考古研究所『臨猗程村墓地』、中国大百科全書出版社、2003年。
171 湖南省博物館「長沙瀏城橋一号墓」『考古学報』1972年第1期69頁。
172 安徽省文物工作隊「安徽舒城九里墩春秋墓」『考古学報』1982年第2期237頁。
173 黄展岳「試論楚国鉄器」『湖南考古輯刊』第二集154頁、岳麓書社、1984年。
174 山西省考古研究所『侯馬鋳銅遺址』第404～425頁、文物出版社、1993年。
175 中国社会科学院考古研究所『中国考古学・両周巻』第414～427頁、中国社会科学出版社、2004年。
176 春秋時代の鉄器がすでに農業生産において応用されていたかどうかは、どのように鉄器の使用程度とその社会的役割を評価するかに関わる鍵となる問題の一つである。現在の発見を根拠とすると、春秋中期に鉄錛・鉄鑱が現れ始め、春秋後期に堅銎鑼等が出現したといえるものの、これらの工具は土木工具に属し、必ずしも農業生産に用いられる農具とは限らない（白雲翔「殷代西周是否大量使用青銅農具的考古学観察」『農業考古』1985年第1期70頁参照）。鎌刀・銍刀など専門の農具はいずれも銅製で今のところ鉄製のものは発見されていない（雲翔「歯刃銅鎌初論」『考古』1985年第3期257頁参照）。鉄器が本格的に農業生産に応用されるのは、春秋末期に始まると考えられる。
177 楊寛「試論中国古代冶鉄技術的発明和発展」『文史哲』1955年第2期26頁。
178 白雲翔「"美金"与"悪金"的考古学闡釋」『文史哲』2004年第1期54頁。
179 西北系統鉄器は、新疆地域とその近隣地域の初期鉄器を代表とする鉄器系統で、その鋼鉄技術は塊錬鉄技術を特徴とする。その鉄器類型は各種小刀と錐などの小型工具、また指環・鐲・耳環・帯飾・泡飾などの装身具、短剣・箭鏃などの小型兵器、馬具などを特徴とする。中原系統鉄器は、晋豫陝地域とその近隣地域の初期鉄器を代表とする鉄器系統であり、その鋼鉄技術の特徴は塊錬鉄技術と液体銑鉄冶鋳技術が併存し、かつ銑鉄冶鋳技術を主とする。その鉄器類型は斧・錛・鑿・鏟・錛・鑼・環首削刀など大型の土木・農耕・加工工具や、帯鉤などの装身具、長剣・中長剣・矛・戈などの大型兵器と箭鏃などの兵器武具、車馬機具、容器などの日用器具を特徴とする。

第3章　戦国時代鉄器の考古発見と類型学研究

　紀元前457年（周元王元年）から前221年（始皇帝二十六年）までの戦国時代は、中国古代社会史における列国紛争時期であり、また社会大変革の時期であり、そして同時に社会経済・文化・科学技術が大きく発展した時期である。このような歴史背景のもと、中国古代の鉄器と製鉄は春秋時代の初歩発展の基礎上に急速な発展段階に入った。この発展状況を全面的に理解するため、まず戦国鉄器と鉄工場遺跡の考古発見について整理を加え、戦国鉄器について類型学研究を行う必要があり、ここからその状況を見ていくこととする。

第1節　戦国時代の鉄工場址と鉄器の考古発見

　考古発見による戦国時代の鉄器は、その種類・数量の大きさ、地域の広さなど、空前の水準に達している。更に重要なのは、錬鉄・鋳鉄と製鉄などに関連する遺跡・遺物の多くの重要な発見により、戦国鉄器生産の研究に直接の実物資料がもたらされたことである。鉄器と製鉄に関する発見はおおよそ鉄工場遺跡・城址・集落址・埋葬施設の三種類に分けられる。

1　戦国時代鉄工場址の発見と発掘

　鉄金属の製錬場と鉄器の鋳造・加工製造場を内包する鉄工場遺跡は、当時の鉄器生産の最も直接的な物質遺存であり、生産遺跡だけでなく大量の鉄器を包括しているので、鉄器生産の研究において最も直接的かつ重要な資料となる。その多くは城址内と城付近で発見されるが、城址から遠く離れた地で見られる場合もある。ほとんどが鉄器の鋳造と加工を行う工場の遺跡である。以下に説明を加えたい。

　興隆鉄範出土地　河北興隆県寿王墳大副将溝の山上に位置する。山長は約300m、寛さ約100m、山下には一年中流れのある渓流がある。1953年、当地の村民が家を立てる際に地表20cm下から鉄鋳範40組87点が発見された。鉄鋳範は上下に重ねて置かれており、六角鋤範1組3点、鎌刀範2組2点、竪銎钁範25組47点、空首斧範11組30点、鑿範1組2点、車具範2点がある。そのうち1点の芯範に金相学的考察が行われ、鉄鋳型は高温液体還元法により鋳造された白口銑鉄製品と判明した。[1] 1954年8月には、考古調査員が鉄範出土地点とその付近の調査と試掘を行い、戦国時代の地層堆積と、鉄鉱石の砕塊・木炭・スサ混入土・焼土・陶器残片などが発見され、切石組の建築基礎を検出し、鉄鋳型出土地一帯が鉄工場址であり、その年代が戦国時代であろうことを証明した。この他、調査中に鉄鋳型出土地点以東1.5kmの地点の古洞溝で古代の鉄鉱坑遺跡が発見され、鉄範出土地点以西約3kmの地点の大溝付近で戦国時代の遺跡が発見された。[2] この一帯は銅・鉄金属鉱が豊富であり、また木材も盛んに生産され、おそらく当時の重要な採鉱製鉄鋳造地であった。

　新鄭倉城村鋳鉄遺跡　河南新鄭鄭韓故城外郭城内、すなわち現在の新鄭市東南の倉城村南に位置し、面積は4万平方mである。1958年に発見され、1960年に試掘が行われた。遺跡東南部に二つの

トレンチが開けられ、トレンチ南端で互いに20cm隔てた二つの円形窖穴が発見された。窖穴中から竪銎斧・鏟・環首刀などを鋳造するための陶製鋳型と、錛・鏟・刀などの鉄器が出土した。遺跡では他に精練滓・鼓風管残片・鉄器、また大量の瓦片が発見され、年代は戦国後期とされた。1964年以降、また錬炉一基と烘範窯二基が調査され、钁・鋤・鎌刀・鏟・鑿・削刀・剣・箭杆・帯鈎などを鋳造するための陶製鋳型、そして钁・鋤・鏟・錛・刀・削刀・鑿・鎌刀・錐などの鉄器が発見された。[4]

登封陽城鋳鉄遺跡 河南登封東周陽城南城墻外約150mの地点、現在の登封市告城鎮旧寨東門外一帯に位置し、面積約2.3万平方mである。1975年に調査が行われ、1977～1978年に面積400平方mを発掘した。地層堆積と出土遺物から、主に戦国前期・戦国後期・漢代の三時期の遺存を含むと判明した。戦国前期では、灰坑・井戸などの遺構と大量の出土遺物がある。熔炉残塊、陶質またはスサ混じりの泥質の鼓風管残塊、各形式の竪銎钁陶製鋳模、竪銎钁・梯形鋤・半円形鋤・鎌刀・鑿・削刀・戈・短剣・環・帯鈎、条材・板材等の陶製鋳型、支墊・浅口杯・浅口杯蓋等の冶鋳関連遺物、鉄竪銎钁・梯形鋤・削刀等の鉄工具、銅削刀・針等の銅工具、磨石・陶製紡錘車・陶製拍子など非金属工具、そして各種の陶製生活用品がある。戦国後期遺存では、烘範窯・退火脱炭炉・盆池・井戸・灰坑・路溝等の遺構が発見され、出土遺物では、多量の熔鉄炉残塊や、泥質と陶質の鼓風管残塊、陶管道、また各形式の竪銎钁・空首斧・梯形鋤・帯鈎の陶製鋳模、竪銎钁・空首斧・錛・直口鍤・梯形鋤・半円鋤・鎌刀・鑿・削刀・剣・刀・帯鈎そして条材・板材等の陶製鋳型、浅口杯・浅口杯蓋・石範等の冶鋳関連遺物、鉄竪銎钁・梯形鋤・横銎钁・鏟・錛・鑿・削刀・刀等の鉄工具、条形鉄材と板形鉄材、磨石・陶製紡錘車・陶拍子など非金属工具、そして各種の陶製生活用品がある。[5] 陽城鋳鉄遺跡は初めて大規模な発掘調査が行われた数少ない戦国鉄工場遺跡の一つであり、熔鉱炉・烘範窯・鋳鉄脱炭炉の初めての発見や、各種陶製鋳模・鋳型の大量出土、そして出土鉄器中の脱炭鋳鉄・靭性鋳鉄・鋳鉄脱炭鋼などの製品に対する金属組織鑑定の結果など、戦国時代の鉄器生産工芸・技術を探求するために、貴重な実物資料をもたらすこととなった。

西平酒店製鉄遺跡 河南西平県西部の酒店郷酒店村南に位置し、面積は約2.8万平方mである。20世紀50年代に発見され、1987年40平方mの試掘が行われた。試掘中に錬鉄炉一基が整理調査されたほか、炉口・炉腹・炉基の耐火壁の残塊や、木炭・陶器・板瓦残片などが出土し、年代は戦国後期とされる。[6] 西平は戦国時代には韓の地であり、韓国の重要な鉄器生産基地の一つであった。酒店製鉄遺跡の発掘は、戦国時代錬鉄炉の構造・工芸の研究に実物資料を提供するのみならず、韓国の鉄兵器生産を考察するのに意義をもつ。

輝県古共城鋳鉄遺跡 河南輝県古共城西北角城墻外約110mの地点に位置し、東西長150m、南北寛約100m、面積約1.5万平方mである。1988年土地開発にともない発掘され、烘範窯遺構一基（編号HHQY1）が検出されたほか、各種遺物113点が出土している。そのうち陶製鼓風管・鉄钁陶芯模・錯範・錛範・梯形板状器範・削刀範・竪銎钁範・鋤範・支墊等の冶鋳関連遺物、鉄板材1点・夾具2点・竪銎钁1点・梯形板状器30点・鎌刀1点・凹口鍤1点等の鉄製品、砥石などが見られる。その年代は戦国中後期で、当時の古共城の鋳鉄工場遺跡であり、主に土木工具と農具を鋳造していた。[7] 大量の鉄器が出土した1951年発掘の輝県固囲村大型戦国墓は、この遺跡から東へ約3kmに位置し、出土鉄器はここで生産されたものであろう。

易県燕下都21号工房遺跡 河北易県燕下都東城西北部、現在の武陽台村西北1300mの地点に位置

する、戦国中後期の製鉄・鋳銅工房遺跡である。1966年と1978年の二回にわたり、計2240平方kmが発掘され、灶・井戸・灰坑・大量の柱穴等の居住遺構や、子供を埋葬した甕棺等を検出したほか、大量の筒瓦・瓦当等の建築材料、各種鉄器・青銅工具・兵器・車馬具・生活用品等が出土した。出土鉄器は1678点に及び、鉄竪銎鍬・三歯钁・鏟・鎌刀などの土木農耕器具8点、空首斧・錛・鑿・錘・刀・工具刀・冲牙・砥など伐採加工器具80点、車輨・馬鑣など車馬器具5点、矛・剣・鏃・鐏・鏃・鏃鋌など兵器1003点、鎧甲片・冑甲片491点、鉄鐓内範1点、頸鉗・脚鐐など刑具6点、鈎・環など雑用器具と各種鉄材・残鉄器84点があり、その種類・数量の多さは戦国遺跡でもまれである。発掘された遺構・遺物から、この遺跡は南北両区画に明らかな区別のあることが分かる。南区では大量の銅滓と銅器を鋳造する鋳型が出土し、同時に少量の鉄滓もあるので、南区は銅器鋳造を主とし鉄鋳造も兼ねていたと知れる。北区では大量の砕鉄塊・鉄製鏃鋌・鉄兵器と鉄製土木・農耕器具等が出土しており、北区は鉄器の加工製作区であると分かる。このような鋳銅と製鉄が一体となった工場遺跡の発見は、当時の鉄器鋳造と加工の組織形態及びその工場の構造を提示してくれる。

上述の鉄工場遺跡のほか、考古発掘が行われたものとして、河南鶴壁鹿楼製鉄遺跡[9]等があるが、戦国時代古城址の考古調査・ボーリング調査で発見された鉄工場遺跡はさらに多く、易県燕下都高陌村5号鋳鉄工房遺跡[10]、夏県禹王城廟後辛荘手工業工房遺跡[11]、曲阜魯国故城内の立新鉄器工房遺跡[12]、臨淄斉国故城址内の多くの鉄器工房遺跡[13]などがある（附表1）。

2　戦国時代城址と集落址における鉄器の発見

城址と集落址は、鉄器を出土する主要な遺跡類型の一つであり、城址内の手工業工房址など、特に生産関連の遺跡は、鉄器の発見された数量が多いだけでなく、比較的客観的に当時の鉄器類型と実際の使用状況を反映している。戦国時代の城址と集落址での鉄器出土は、以下の諸例を代表とすることができる。

易県燕下都武陽台村第22号遺跡　河北易県燕下都東城内の北区西部、現在の北董村以南1100mの地点に位置し、骨器製作工房となっている。1964年遺跡東側においてトレンチ4基約80平方mを発掘し、大量の加工骨材・陶器・石器・銅器・角器そして鉄器64点が出土した。鉄器の多くは骨器加工工具であり、同時に少量の土木農耕器具もあり、刀・鏟刀・扁鏟・錘・錐・空首斧・竪銎鍬・五歯钁・鏟・鎌刀・鏃・帯鈎等見られ、その年代は戦国後期とされる[14]。この遺跡で出土した生産工具中、石紡2点・砥石8点・鎌1点が非金属製工具であるのをのぞき、その他はみな金属製工具であり、戦国後期に至って手工業生産において鉄工具がすでに基本的に普及していたことを示している。出土鉄器中、扁鏟（寛刃鑿の一種）・環首刀・鏃などは明らかに鍛造製品であり、扁鏟の銎部を鍛打して薄い板状にし彎曲させて整形していることや、環首刀の環首を鍛打し彎曲させ整形していることなど、当時の鉄器鍛造技術とその応用状況を反映している。

易県燕下都郎井村10号遺跡　河北易県燕下都東城の中部、現在の郎井村西北一帯に位置しており、戦国前期から後期の鋳銅を主とし鉄鋳造も兼ねる工房遺跡である。1972～1978年の間に4回にわたり発掘が行われた。発掘面積は5800平方mで、住居址・灶・道路・井戸・水管道・灰坑・灰溝・土坑墓・甕棺葬などの遺構のほか、陶器・石器・骨器・銅器・鉄器及び大量の陶製鋳型・少量の鉄製鋳型などの遺物が出土した。出土鉄器は合計で282点、そのうち戦国前期の3点には鉄帯鈎と鈎

があり、戦国中期の58点には鉄堅鋬鐅・鋤板・鎌刀・叉・錘・鑿・錛・削刀などの生産工具、車輨・馬銜など車馬機具、そして鉄剣・帯鉤・刑具などがある。戦国後期には216点以上あり、そのうち戦国中期と同じ鉄製品を除くと、新たに鉄釜・三歯鐅・六角鋤・人字鋤・截具・冲牙・鉆頭・鍬・鐏・盔甲などが出現している。この遺跡の発掘と各時期の鉄器の出土は、同一遺跡内の異なる段階における鉄器数量と種類の変化を示しており、戦国時代の鉄器が次第に発展していく過程を把握し、また当時の金属手工業工場における鉄工具の使用状況を理解するのに重要な意義をもっている。

洛陽戦国糧倉遺跡 河南洛陽東周王城南城墻内側の洛河北岸、すなわち現在の洛陽市区南部に位置する。1971〜1976年の間、ボーリング調査により地下糧倉74基が見つかり、そのうち3基について発掘調査が行なわれた。発掘された62号糧倉から、126点にのぼる鉄器が出土し、鏟4点・鎌刀29点・竪鋬鐅15点・梯形鋤13点・耙歯1点・錛3点・空首斧3点・鑿6点・鏨2点・削刀16点・刻刀6点・環首杆3点・環首錐3点・鈎3点・車輨1点・六角承2点・T形器1点・帯鉤3点・雑用機具2点などがあり、年代は戦国後期とされる。これらの鉄器の発見は、東周洛陽地区における戦国後期鉄器の類型と使用状況を理解するのに貴重な資料を提供してくれる。

撫順蓮花堡遺跡 遼寧撫順市東郊渾河南岸蓮花堡村東の台地上に位置し、面積約1.5万平方m、大型集落址となっている。1957年発掘が行われ、面積278平方mを調査、また墻基・灶址・灰溝などの遺構が検出された。出土遺物には陶器・石器・銅兵器・装飾品・鉄器75点のほか、鉄鋌銅鏃3点がある。鉄器には、竪鋬鐅60点・空首斧1点・板状鋤2点・横鋬鐅1点・鎌刀2点・銍刀3点・削刀1点・鑿2点・鉆頭1点・錐3点・魚鉤1点が見られる。そのうち6点の鉄器は一基の住居址の石墻基礎付近に集中して置かれていた。整然と積み重ねて一緒に並べられており、3点の銍刀が上に、中間に鎌刀2点、最下に板状鋤1点があり、明らかに人為的に放置されたものである。この遺跡年代は、おおよそ戦国時代後期に当たり、その下限は漢初にまで降るようである。

3 戦国時代埋葬施設における鉄器の発見

墓葬と車馬坑を主とする埋葬施設は、鉄器を出土するもう一つの重要な遺跡類型である。戦国時代の各種埋葬施設では、鉄器の出土は必ずしも普遍的というわけではないが、集中して出土するものなど重要な発見もある。以下に例を挙げ見ていく。

輝県固圍村戦国墓地 河南省輝県県城東郊固圍村の東約1kmの台地上に位置する。1951年に大型墓葬3基と小型墓葬2基が発掘され、墓中出土の鉄器は175点に達し、年代は戦国時代後期とされる。そのうち、1号墓墓室出土鉄器44点には鉄鐏冠・横鋬鐅・直口锸・凹口锸・鏟・空首斧・環首削刀などが見られる。墓室の南約40mの墓道上方の半地下式房址中で鉄器99点が出土し、鉄空首斧3点・板状斧2点・錛1点・削刀4点・小刀4点・刮刀1点・帯鉤1点・鉄鋌銅鏃79点等がある。2号墓出土の鉄器は16点で、鉄空首斧2点・凹口锸2点・直口锸1点・鎌刀1点・刀1点・鐏冠3点、そして鉄釘・鉄器残片等がある。3号墓では鉄直口锸2点が出土、5号墓墓室填土中から鉄鏟9点・直口锸2点の計11点が出土、6号墓では鉄凹口锸3点が出土している。これらの鉄器の出土は固圍村戦国墓発掘の主要な収穫であるのみならず、中国先秦鉄器の初めての大量発見であり、発掘者により"画期的な鉄質生産工具の発見"と評された。のち、孫廷烈によりこれらの鉄器のうち6点について金相学鑑定と研究が行われ、"原始錬冶法"(すなわち固体還元法)を用いて精錬製

造されたものと認定され、中国古代鉄器冶金学研究の先がけとなった。[19]

鄭州二里崗戦国墓地 河南鄭州市南郊二里崗村東北の傾斜地上に位置する。1953年秋から1954年春にかけて、この地で戦国墓葬212基が発掘され、墓中から鉄堅銎钁 7 点・直口锸 2 点・梯形板状鋤 3 点・削刀 4 点・帯鉤52点・残鉄器 1 点など計69点が出土し、その年代は戦国前期から後期とされる。[20]そのうち鉄帯鉤は52点に達し、52基の墓葬からそれぞれ出土した。発見数量の多さといい、先秦時代の鉄帯鉤が初めて集中的に発見された例である。

侯馬喬村墓地 山西省侯馬市区東南約10kmの喬村西北の澮河北岸台地上に位置する。1959～1996年の間に、戦国両漢及び唐・金の墓葬が計1038基発掘された。そのうち戦国秦漢の墓葬952基から鉄器計401点が出土した。そのうち生産工具29点には、空首斧・堅銎钁・直口锸・削刀・銍刀などがあり、多くは墓葬填土中より出土している。ほか、兵器では剣 1 点、日用器具では帯鉤263点、雑用器具では頸箝 8 点、また鉄器残片等がある。金相鑑定を経た17点の鉄器では、共晶白口鋳鉄・脱炭鋳鉄・鋳鉄脱炭鋼、また鋳鉄の退火処理・鍛打を経たもの、鋳鉄脱炭鋼の焼き入れ処理を施したものなど各種製品が見られる。[21]喬村戦国秦代墓の中で、257基の墓から263点に達する鉄帯鉤が出土しており、出土鉄器総数の65％以上を占める。[22]形態も多様で、錯金・銀の装飾のものが少なくなく、喬村墓地出土鉄器の目立った特徴となっており、これまでに鉄帯鉤が最も集中して発見された例である。

長沙楚墓 1951～1994年の間に湖南省長沙市区とその近郊で春秋後期から戦国後期にかけての墓葬2048基が発掘された。そのうち戦国墓は2019基で、196基から計237点の鉄器が出土している。種類は鉄锸・鋤・斧・鑿・夯錘・刮刀・削刀・小刀などの生産工具と、鉄剣・戟等兵器、鉄鼎・帯鉤・勾形器等日用品がある。そのうち、鉄鼎 5 点が出土し、これまでの戦国時代鉄鼎で、最も多く発見されたものである。[23]これらの墓葬に対しては詳しい時期区分がされており、異なる時期の墓葬でそれぞれ鉄器が出土しており、ここから当時の長沙地区の墓葬における鉄器埋葬状況とその変遷について、研究を深めていくことが可能となる。

易県燕下都44号墓 この墓は叢葬墓であり、河北易県燕下都東城内の北区西部、燕下都第 5 号地下夯土遺跡の範囲内、すなわち現在の武陽台村の西約200mの地点に位置する。1965年の発掘により以下の状況がわかった。この墓は長方形の堅穴土坑で葬具はなく、22個体の屍骨が発見され、相互に折り重なり、あるものは胴体から首が断たれていた。ある特殊な状況下における埋葬に違いなく、おそらくは戦争や虐殺と関係があるものと推測される。墓中から鉄冑・剣・矛・戟・短剣など鉄製武器武具計51点が発見され、墓坑中に散乱しており、おそらく死者が生前に使用した実用兵器にちがいない。 4 点の人骨の腰骨・肢骨・肋骨上に鉄鋌銅鏃が刺さっており、これらの死者が弓矢で射られて死亡したことを示している。また、鉄六角鋤・堅銎钁など鉄工具 5 点、鉄環 7 点・鉄鉤 1 点・帯鉤 3 点などの鉄器や、束ねられた或いは積み重ねられた刀幣・布幣計1360枚あまりが出土しており、死者が身に携帯していた財産であろう。この他、墓中からは銅戈・剣・鉄郭弩機・距末が各 1 点、鉄鋌銅鏃19点、円形銅片 1 点、環形器 1 点、帯鉤 4 点等の遺物が出土している。この墓の年代は戦国後期とされるが、戦国末期よりは早い。鑑定を経た鉄剣・矛・戟・鐏・鉄鋌・鋤・钁など計 7 種 9 点の鉄器中、 6 点は塊錬鉄あるいは鋼鉄製品で、 3 点は柔化処理または未処理の銑鉄製品であった。[24][25]戦国時代の埋葬遺跡の中で、一基の墓葬から出土した鉄器でこれほど種類・数量が多く、かつ実用器である例は、非常に珍しいものである。

第2節　戦国時代鉄器の主要類型とその特徴

　戦国時代の鉄器の種類は多様であり、その用途によりおおよそ生産工具・武器武具・車馬機具・日用品・雑用器具の五種類に大別できる。

1　生産工具

　生産工具は戦国鉄器の主要組成部分であり、種類・数量ともに多い。その用途によりおおよそ木工工具・土木農耕器具・鉱冶器具の三種類に分けられる。[26]

(1)　木工加工器具

　ここでいう木工加工器具は、林木伐採・木工作業・金属加工、また石材切り出しと加工、及び各種切り割り加工作業等に用いる鉄製生産工具を指す。

　空首斧　発見地点と数量は比較的多い。竪銎で、銎口は一般的に長方形、少数は梯形または方形・楕円形に近く、両面刃である。平面形状から五型式に分けられる。

　A型：条形の空首斧で、長方形を呈し、刃部と銎部はだいたい同じ幅か刃部が銎部より狭い。側面は二等辺三角形を呈し、あるものは銎口下に突帯を巡らす。古丈白鶴湾M32：1は、刃部が銎部よりやや狭く、銎口外側に突帯が二条巡る。長14.5cm（図8-1）、年代は戦国中期である。益陽桃花崙M6：17は、刃部が銎部よりやや狭く、長14.2、寛6.2cm（図8-6）、年代は戦国中期である。長沙楚墓M1556：01は、銎口内径が楕円形に近く、長13.3、寛5.7cm（図8-2）、年代は戦国時代である。長沙楚墓M605：5-1は、身部が短く幅広で、銎口に突帯がある。長9.3、寛5.95cm（図8-10）、年代は戦国後期。燕下都M44：32は、身部がやや短く、長9.8、寛6.7、銎口厚2.6cm（図8-15）、年代は戦国後期である。燕下都W22H1：26は、身部がやや短く、刃部はやや彎曲する。長6、寛5cm（図8-7）、年代は戦国後期である。燕下都W22T1：3：6は、銎口下に二条突帯が巡り、長15.4、寛7.2、刃寛6.8cm（図8-14）、年代は戦国後期である。荊門包山2号墓出土の2例の木柄鉄斧も形態はこの型式に属する。そのうち包山M2：135は、鉄斧長14、刃部寛5.6cm、銎部サンプルの鑑定から、銑鉄鋳造後に柔化退火処理を施したものとされる。木柄は曲尺形で、両端が太く、中間が細い。柄首断面は八角形を呈し、直柄と斧を装着する木柄は、ほぞとほぞ孔の構造でほぼ直角に固定されている。柄長70cm（図9-1）、年代は紀元前316年の戦国中期である。包山M2：405は、柄長45.2cmである。[27]

　B型：梯形空首斧。梯形を呈し、刃部は銎部より幅広である。燕下都W22T2：3：9は、身部は平らで幅広、直刃、長4.8、刃部寛7cm（図8-8）、年代は戦国後期とされる。撫順蓮花堡T3：91は、合範鋳造製で、長12.2、刃部寛8.5、厚3.3cm（図8-3）、年代は戦国後期である。

　C型：双肩空首斧。竪銎はやや短く厚く、身部は方形または長方形に近い。両肩をもち鏟に似る。長沙楚墓M1612：3は、銎部外形が多辺形を呈し、両肩は斜め、刃部は弧を描く。長8.6、刃部寛7.75cm（図8-11）、年代は戦国時代である。臨潼油王村秦芷陽製陶工房址のQZYC：01は、竪銎でやや厚く、両肩は斜め、長9、刃部寛7cm、銎口長3.3、器壁厚1.6cm（図8-4）、年代は戦国後期である。[28]臨潼油王村秦芷陽製陶工房址T5：13は、身部が縦長で、両肩は角張る。長11、刃部

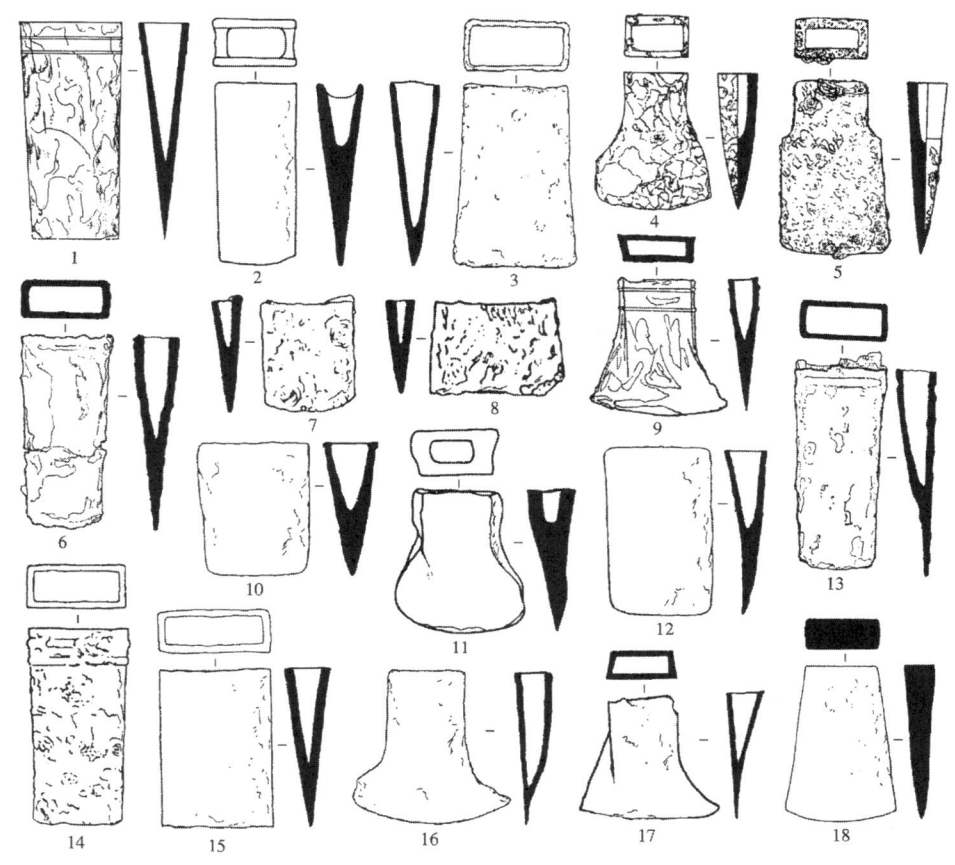

第 3 章　戦国時代鉄器の考古発見と類型学研究　59

図 8　鉄製生産工具（斧・錛）

1・2．A型空首斧（古丈白鶴湾M32：1、長沙楚墓M1556：01）　3．B型空首斧（撫順蓮花堡T3：91）　4・5．C型空首斧（臨潼油王村QZYG：01、油王村T5：13）　6・7．A型空首斧（益陽桃花崙M6：17、燕下都W22H1：26）　8．B型空首斧（燕下都W22T2：3：9）　9．D型空首斧（益陽赫山廟M4：13）10．A型空首斧（長沙楚墓M605：5-1）　11．C型空首斧（長沙楚墓M1612：3）　12・13．錛（長沙楚墓M540：5、益陽桃花崙M1：1）14・15．A型空首斧（燕下都W22T1：3：6、燕下都M44：32）16．D型空首斧（荊門響鈴崗T3②：52）17．E型空首斧（湘郷椅子山M52：11）18．板状斧（成都北郊M3：1）

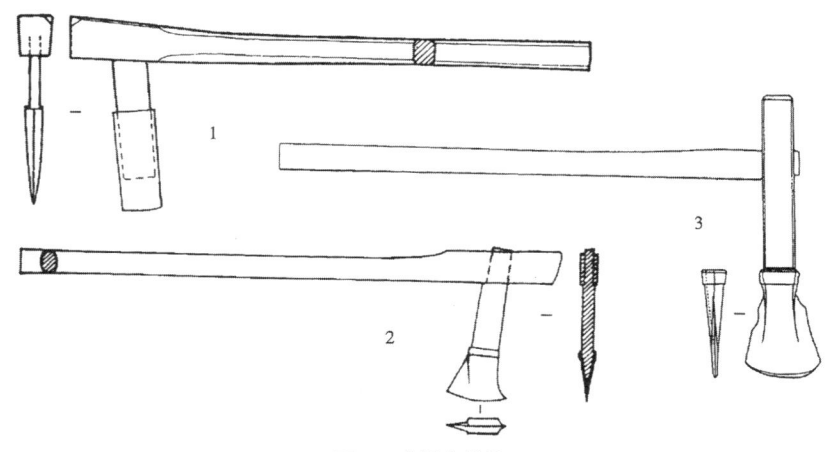

図 9　木柄空首斧

1．木柄A型鉄空首斧（包山楚墓M2：135）　2．木柄E型鉄空首斧（包山楚墓M4：39）　3．木柄銅空首斧（長沙楚墓M89：29）

寛7cm、銎口長3.4、器壁厚1.2cm（図8-5）、年代は戦国後期である。

D型：扇形空首斧。竪銎は扁平で、身部は平らで薄く扇形を呈し、刃部両端は外反する。荊門響鈴崗T3②：52は、一面が平らで、一面はやや膨らみ、刃部は弧を呈す。長7.4、刃部寛7.2cm（図8-16）、年代は戦国中期より晩くない。益陽赫山廟M4：13は、銎口平面はほぼ梯形を呈し、外周に二条の突帯が見られる。刃部は弧刃、長8.6、刃部寛8.4cm（図8-9）、年代は戦国中期である[29]。この形態に近い銅斧が、長沙89号戦国前期墓で1例出土しており、木柄が残り、この型式の斧の装柄と使用方法を表している（図9-3）[30]。

E型：靴型空首斧。竪銎は平らで、身部は扁平で薄く、刃部両端は不対称に広がる。湘郷椅子山M52：11は、銎口平面がほぼ梯形を呈し、刃部は片刃でやや弧を呈す。長6.8、刃部寛7.7cm（図8-17）、年代は戦国前期である。荊門包山4号墓で木柄鉄斧1例（M4：39）が出土し、鉄斧は弧形の刃部で寛7.3cm、木柄断面は楕円形で、長65.8cm（図9-2）、年代は戦国後期である。

空首斧は形態的に竪銎鏃に近いが、斧の柄と刃の方向はだいたい平行で、鏃の柄と刃の方向は直角になり、装柄方向の違いによってその機能は大いに違ってくる。さらにそれぞれの種類で大型と小型のものがあり、そのため木柄が残らない状況では、斧か鏃かを判断するのは困難である。ただし、出土した木柄を装着する空首斧と竪銎鏃の実物資料は、両者の区別に手掛かりを与えてくれる。前述の包山2号墓と4号墓出土の木柄鉄斧、長沙89号墓出土の木柄銅斧のほか、江陵天星観1号楚墓盗掘坑中で出土した戦国末期の帯柄鉄斧（M1：012）は、斧本体はA型、すなわち平面・銎口平面が長方形で、直刃、刃部と銎部は同幅、長15、寛5.5、厚3cm、柄長67cm[31]。こういった発見とその機能に対する認識と併せて考慮し、空首斧と竪銎鏃について以下のような区分と定義を試みておく。平面が長方形を呈し、直刃で、刃部と銎部が大体同じ幅の場合、身部が扁平で短いもの――身部長と幅の比が3：1よりより小さく、幅と厚の比が2：1より小さいものを斧とする。身部が縦長で重厚なもの――長さと幅の比が3：1より大きく、幅と厚の比が2：1より大きいものを鏃とする。弧形刃または直刃で、刃部が銎部より広いもの、或いは刃部両端が外に広がるものを斧とし、直刃で刃部が銎部より狭いものを鏃とする。銎口下部に突帯があるものは一般に斧とする。この他、空首斧と錛も形態上混同しやすく、鏃ではないと判断できる場合に、両刃のものが斧、片刃のものが錛、また弧形刃ないし刃部両端が外に広がるものを斧、直刃のものを錛とする。

板状斧 比較的少ない。扁平で板状、銎はない。成都北郊戦国墓で1点（M3：1）出土しており、平面は梯形を呈し、頂部は平らで、刃部は弧をなす。長9.7、寛4.4～6.8、頂部厚1.8cm（図8-18）、年代は戦国後期である[32]。

錛 形態は空首斧に近く、身部は長方形を呈し、やや扁平で薄く、銎部と刃部はほぼ同じ幅、片刃である。資興旧市M357：4は、身部はやや平らで広く、刃部は平直、銎口は欠ける。残長6.8、寛5.8cm、年代は戦国前期[33]。益陽桃花崙M1：1は、身部がやや縦長で、出土時に銎内に木質が残っていた。長15、寛6.2cm（図8-13）、年代は戦国中期。長沙楚墓M540：5は、長10.1、寛6、銎部厚2.8cm（図8-12）、年代は戦国後期である。

鑿 比較的多く発見されている。完形は長条形を呈し、竪銎で、側面形は楔形、一般に片刃である。三型式に分かれる。

A型：銎口は方形ないし梯形を呈し、銎部と刃部は大体同じ幅か刃部がやや狭い。撫順蓮花堡T4：42は、鋳鉄製品で、正面が広く背面が狭い。銎口は梯形をなし、長13.2、寛2.1～1.6、厚

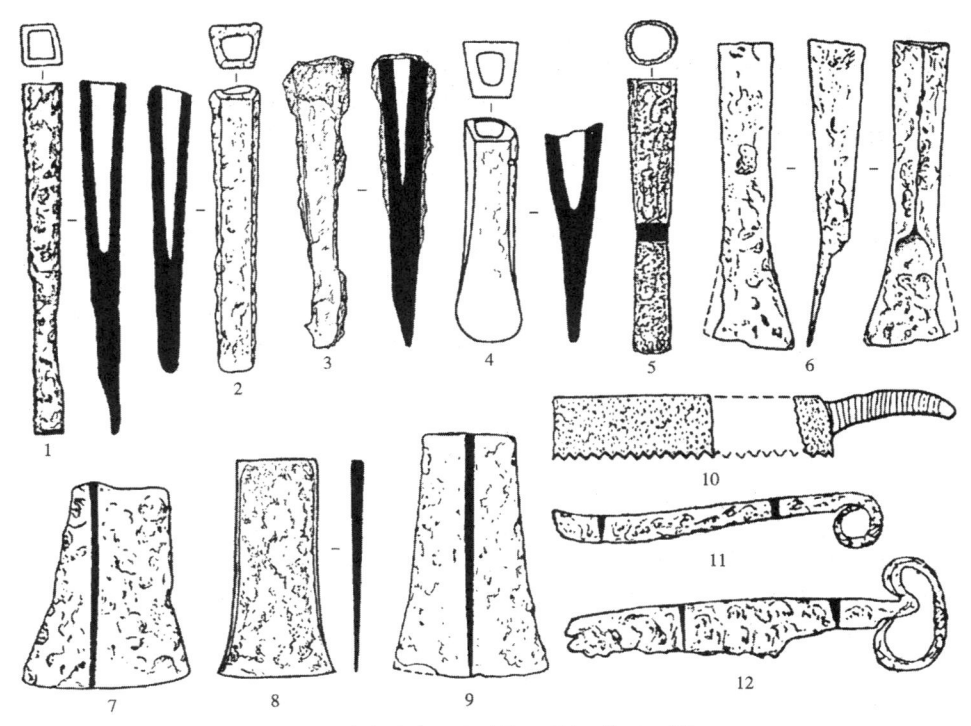

図10 鉄製生産工具（鑿・扁鏟・鏟刀・鋸）
1．B型鑿（燕下都武陽台村W21T76②：5） 2・3．A型鑿（撫順蓮花堡T4：42、登封陽城YZHT2②：59）
4．B型鑿（長沙M705：18） 5．C型鑿（洛陽戦国糧倉LC62：B5） 6．扁鏟（燕下都W22T4：3：14） 7～9．鏟刀（燕下都W22T3：3、燕下都郎井村LJ10T146③：H11219：2、燕下都M31：8） 10．A型鋸（咸陽林院M22：9） 11・12．B型鋸（燕下都YXD66W：0128-1、燕下都YXD66BF：0216）

2.07cm（図10-2）、年代は戦国後期である。登封陽城鋳鉄遺跡のYZHT2②：59は、方形の銎口で、長13.8、刃部寛1.4、銎口長2.3、寛2.5cm（図10-3）、年代は戦国後期。陽城鋳鉄遺跡YZHT4L2：7は、金相鑑定から炒鋼製品を鍛打したものとされる。[34]

B型：銎口は方形ないし梯形で、刃部は薄く幅広である。長沙楚墓M705：18は、一面平らで一面はややへこみ、梯形の銎口、弧形の刃部である。長6.8、刃部寛1.9、銎部寛1.7cm（図10-4）、年代は戦国後期である。燕下都武陽台村W21T76②：5は、身部は幅が狭く刃部は幅広、銎口断面は梯形を呈す。長18.5、刃部寛1.4cm（図10-1）、年代は戦国後期である。

C型：銎口は円形、鑿身断面は長方形を呈す。洛陽62号糧倉で1例出土し（LC62：B5）、形態はやや小さく、胴部が狭まる。通長8、銎口直径1.4、刃部寛1cm（図10-5）、年代は戦国後期である。

扁鏟　筒形で、刃部は扁平で薄くやや幅広である。燕下都W22T4：3：14は、鍛造製で銎部に鍛接した合わせ目が見られる。斜刃で、長16、刃部残寛4、銎径2.9cm（図10-6）、年代は戦国後期である。この種の扁鏟は寛刃鑿とも称され、鑿の一種に属し、木柄を装着した後、彫刻したり削ったりできる。

鏟刀　一種類（A型）のみ発見されている。薄い板状で、平面は梯形を呈し、刃部はやや幅広である。易県燕下都で多く出土している。燕下都M31：8は、やや細身で、弧形刃、長15.2、寛9.7cm（図10-9）、年代は戦国前期である。[35]燕下都W22T3：3は、弧形刃、長11、寛8.6cm（図

10-7)、年代は戦国後期。燕下都郎井村10号工房址で戦国後期の4例が出土し、そのうち LJ10T146③ H1219：2は、やや縦長で両側辺に突帯がある。頂部は平らで、刃部両端は外に広がる。長16.2、寛5.7〜8.4、厚0.6cm（図10-8）。LJ10T4② H13：2は、両側辺に突帯はなく、頂12.6、寛6.3〜8.1、厚0.9cm。

鋸　手鋸の類のみ発見されている。完形は刀形を呈し、刀体の刃部に鋸歯が設けられる。一般に形態はやや小さい。その構造から二型に分けられる。

A型：装柄の手鋸で、鋸体の一端を柄に装着する。咸陽林院戦国後期秦墓で1点出土し（M22：9）、頂条形の鋸体である。欠損しているが、片方に歯があり、頂13、寛4.5cm。鋸体一端に角状の取っ手があり、頂11、寛2.5cm、布を巻きつけている（図10-10）。

B型：柄つきの手鋸で、鋸体の一端に柄をもつ。易県燕下都YXD66BF：0216は、鍛造品で、背部は真直ぐ、柄は短く、柄首は環形に彎曲させて成形している。鋸体は比較的薄く、断面は楔形をなし、先端は欠けている。残長14.4cm（図10-12）。燕下都YXD66W：0128-1は、鍛造品で、背部はやや内反りする。柄は細く、柄首は円形に彎曲させて成形している。歯部は錆がひどく、先端は欠けている。残長14.4cm（図10-11）。年代はいずれも戦国後期である。

錘　その形態から、二型式に分けられる。

A型：四稜錘。錘体が四稜形で、錘身中部に長方形の銎が穿孔され柄を装着するようになっている。錘頂は隅丸方形である。燕下都LJ10T81① J38：4は、錬鉄製品で、縦長、両端は長期の使用のため周縁がめくれている。長19.6、寛5.4、厚4cm（図11-2）、年代は戦国中期である。燕下都W22T1：3：7は、長9.3、寛5、厚4.6cm（図11-1）、年代は戦国後期である。

B型：円柱錘。錘体は円柱形で、錘身中部に装柄の長方形銎が穿たれる。錘頂は円形である。三式に分けられる。

Ⅰ式：頂部が平らな錘。両端が平らかやや膨らむ。黄石銅緑山Ⅸ1：34は、錘身中部に幅のある隆帯があり、長13.7、最大直径10cm、重さ6kg。木柄が残っており、その断面は円形、長64cm（図11-3）、年代は戦国後期。燕下都W21T22②：2は、長方形の銎でやや斜めになっており、銎上下にそれぞれ突帯が一周する。長10.2、直径4.8cm（図11-7）。また燕下都W21T82② H67：3-6は、長9.9cm（図11-6）、年代は戦国後期。燕下都YXD66DD：0238は、錘体中部が膨らんで鼓形を成し、形態はやや小さい。長4.9、錘面直径2.6cm（図11-4）。この種の錘は長治戦国墓等でも発見されている。

Ⅱ式：頂部一端が平らで、もう一端が膨らむ。燕下都W21T82② H67：3-1は、長方形の銎で、銎上下にそれぞれ突帯が巡る。長10.8、直径4.7cm（図11-4）、年代は戦国後期である。

Ⅲ式：頂部が丸く膨らむ。頂部両端いずれも半球状を呈す。燕下都W21T82② H67：19は、錘体は太く短く、銎口上下にそれぞれ突帯が二条巡る。長8.4、直径5.4cm（図11-5）、年代は戦国後期とされる。

砧　燕下都武陽台村21号工房址で1例出土し（W21T82② H67：17）、方柱形で、長・寛・高さいずれも10.4cm（図11-11）、年代は戦国後期。

鉆頭　撫順蓮花堡で1例出土し（T4：45）、鍛造製である。円柱形で、刃部は扁平の三角刃、末端は尖っている。長12.8、直径0.57cm（図11-17）、年代は戦国後期である。易県燕下都採集の1点は（YXD66YBB：0214）、鋳鉄製で、先端が三稜で尖っている。中間が円柱形で、差込み部分が

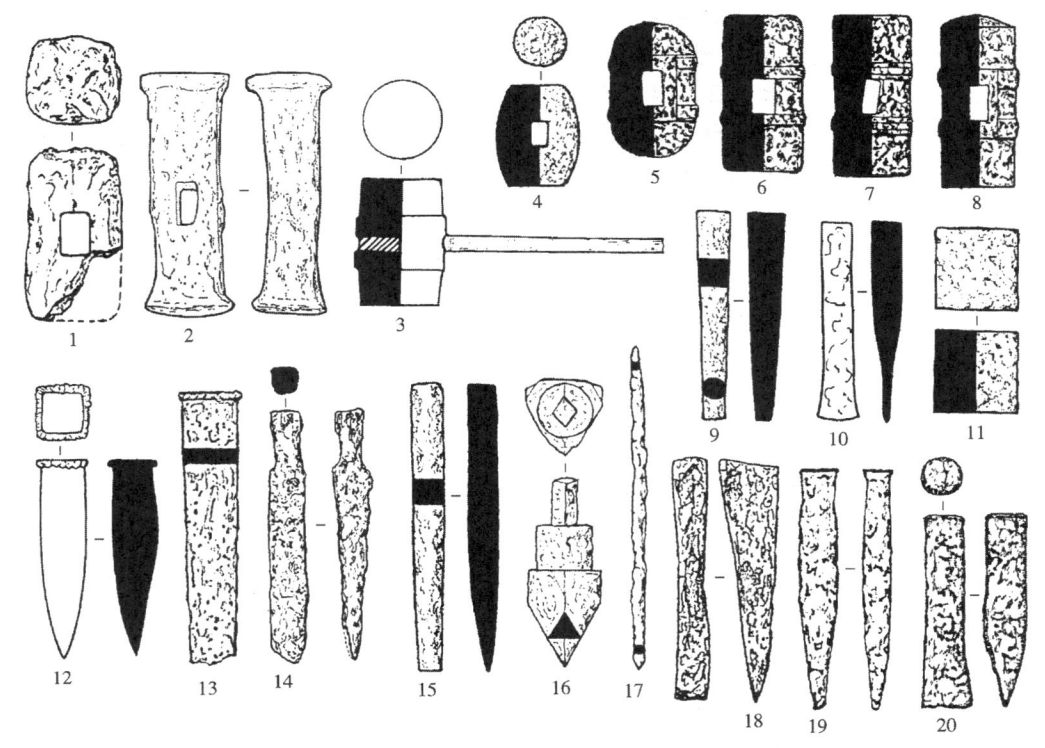

図11 鉄製生産工具（錘・截具・沖牙・鉆頭・鏨・砧）

1・2．A型錘（燕下都W22T1：3；7，燕下都LJ10T81①J38：4） 3・4．B型Ⅰ式錘（黄石銅緑山Ⅸ1：34，燕下都YXD66DD：0238） 5．B型Ⅲ式錘（燕下都W21T82②H67：19） 6・7．B型Ⅰ式錘（燕下都W21T82②H67：3-6，燕下都W21T22②：2） 8．B型Ⅱ式錘（燕下都W21T82②H67：3-1） 9．沖牙（燕下都W21T22③：1） 10．截具（准格爾旗二里半遺跡ⅠT5④b：3） 11．砧（燕下都W21T82②H67：17） 12．A型鏨（黄石銅緑山Ⅸ1：37） 13．C型鏨（洛陽戦国糧倉LC62：B2） 14・15．截具（燕下都W21T8①H3：15，燕下都LJ10T25②H162：16） 16・17．鉆頭（燕下都YXD66Ybb：0214，撫順蓮花堡T4：45） 18．B型鏨（洛陽戦国糧倉LC62：B1） 19．沖牙（燕下都W21T39③：3） 20．截具（燕下都W21T44②：3）

断面菱形を呈す。残長13.2cm（図11-16）。

　衝牙 孔を打つのに用いる工具。燕下都武陽台村21号工房址で4例出土し、鍛造製である。器身は方形で、下端は収縮して丸く尖る。頂部は長期の打撃により周縁がめくれたようになっている。W21T39③：3は、先端がやや欠けており、残長12.9cm（図11-19）、年代は戦国後期。燕下都LJ10T22③：1は、頂部が平らで、打撃痕がある。頂10.4cm（図11-9）、年代は戦国後期。

　截具 "截子"・"剝子"とも称す。完形は長条形で、平たく幅のある直刃をなす。准格爾旗二里半遺跡で1点出土し（ⅠT5④b：3）、上部は四稜形で、下部は平たく幅広の刃部である。切っ先は真直ぐで、刃はやや外に広がる。長8、刃部寛1.6、厚1.2cm（図11-10）、年代は戦国前期である。燕下都武陽台村21号工房址で3例出土し、年代は戦国後期である。W21T44②：3は、頂部が円柱形を呈し、直径1.2cm、打撃の痕跡が見られる。下部は薄い直刃で寛1.6cm、通長6cmである（図11-20）。W21T8①H3：15、は、上部はほぼ円柱形を呈し、打撃の痕跡がある。下部は平たい長条形で、両肩をもつ。通長10.1cm（図11-14）。燕下都LJ10T25②H162：16は、器体は四稜形で、刃部は平たい直刃でやや幅が狭い。頂部は平らで、打撃痕がある。長14.2、刃部寛1.2cm（図11-15）、年代は戦国後期である。この種の工具は手工加工の際に、硬質の材料を裁断する作業に用いられ、金属加工においてよく使われたものである。

鏨 石材の採掘と加工に使う工具。長条形で、銎を持たない。三型式に分かれる。

A型：錐形鏨。黄石銅緑山鉱冶遺跡で3例発見され、いずれも形態は同じで鍛造製である。器身は四稜の錐形で、頂部は平らな方形、その面は打撃により四周がめくれている。銅緑山Ⅸ1：37は、長22.5、頂面の一辺が5cm（図11-12）。年代は戦国後期である。その構造に基づいて見ると、採鉱・採石活動専用の工具であり、岩石を削り取る作業にもっぱら使用されたほか、石材の加工にも用いられた。[38]

B型：楔形の鏨。洛陽62号糧倉で1点（LC62：B1）出土し、正面は長方形、側面は楔形を呈し、直刃。長7.5、寛1.7cm（図11-18）、年代は戦国後期。

C型：条形の鏨で、扁平な長条形をなす。洛陽62号糧倉で1点（LC62：B2）出土し、断面は長方形を呈し、直刃、頂部四周は打撃のためめくれている。長15、寛2.3、厚0.6cm（図11-13）、年代は戦国後期である。

刮刀 "蔑刀"・"刻刀" とも称す。扁平の長条形で、両側が刃となっており、また切っ先がある。断面は三日月形を呈し、一面ふくらみ一面内反る。三型式に分けられる。

A型：器体はやや細長で、柄端と刀体はほぼ同じ幅ないし柄端がやや広い。両刃は直線的で、鋭い切っ先である。長沙戦国楚墓で7例出土し、柄端がやや広いものである。そのうちM357：8は、背面が彎曲し、背面柄部に木柄を縛り付けており、一部は今も残る。長15.1、柄端寛2.4、切っ先寛2.2、厚0.3cm（図12-19）、年代は戦国中期である。雲陽李家壩M53：8は、残長15.4、寛2.4cm（図12-14）、年代は戦国中期後葉。燕下都M44：75は、出土時に反っている面のほうに腐朽した木の痕跡があり、本来木柄を装着していたことが分かる。通長16.6、寛1.6cm（図12-16）、年代は戦国後期である。[39]

B型：器体はやや細長で、柄端幅が狭く、切っ先に向かい幅を大きくし弧状の曲刃を呈する。切っ先は鋭い。資興旧市M573：2は、柄端がやや欠けるが、残長15、寛1.4cm（図12-17）、年代は戦国前期である。長沙戦国墓で3例出土し、そのうちM354：4は、長15.9、柄端寛1.8、切っ先に近い部分の寛2.1、厚0.35cm（図12-18）、年代は戦国中期。咸陽塔児坡M38315：4は、柄端が欠け、出土時は刃部に腐朽した木の痕跡が残っていた。残長18.3、寛2.4cm（図12-15）、年代は戦国後期。[40][41]

C型：器体はやや短く幅広、両刃は直線的で三角形の切っ先に収斂する。古丈白鶴湾M32：5は、器体は真直ぐで短く幅広、両刃はそのままのびて切っ先となる。柄端に縄をくくった痕跡がある。長15cm（図12-13）、年代は戦国中期。

鉄刮刀は直接銅刮刀に由来し、主に南方地域で流行したが、中でも楚の地域に多い。今まで見られるものは、湖南長沙や常徳などの春秋後期墓葬の出土品が最も早い。銅刮刀と鉄刮刀は黄河中・下流域の東周遺存でも発見があり、山西長治戦国墓・臨猗程村東周墓で銅刮刀の出土があるが、往々にして"匕首"・"剣"・"矛"・"圭形器"などと称される。[42][43]

削刀 真直ぐなもの（直体）と彎曲するもの（彎体）の二種の類型があり、どちらも環首である。通長は一般に20cm前後で、最も長くても30cm足らずである。二型式に分かれる。

A型：彎体の削刀。弓なりの背に内反る刃。二式に分かれる。

Ⅰ式：刀身は柄よりも幅広である。信陽長台関2号墓で三点の銅環首鉄削刀が出土し、刀身と刀柄は鉄製で、環首が銅製となっている。その製作技法は、まず鉄刀身と柄を鋳造し、次いで銅環首

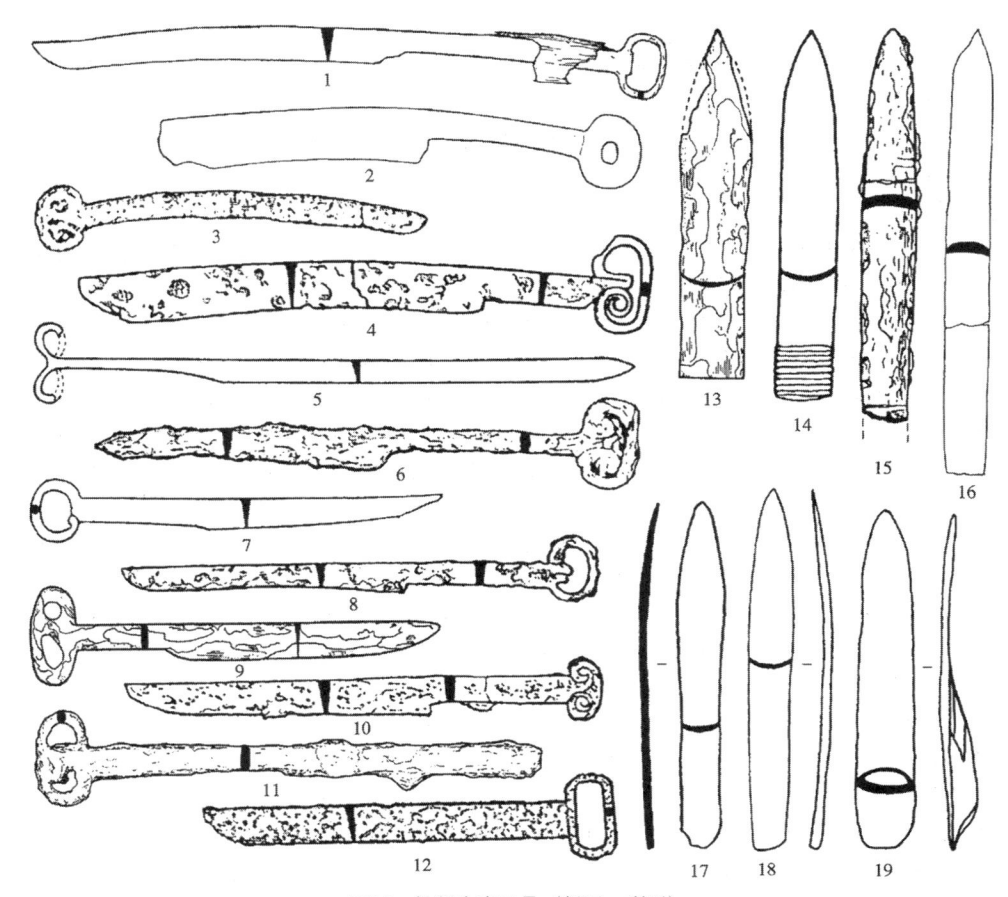

図12 鉄製生産工具（削刀・刮刀）
1・2・4．A型Ⅰ式削刀（信陽長台関M2：258、紹興西施山出土、燕下都W22T3：3：4）　3．A型Ⅱ式削刀（鳳翔高荘M39：16）　5〜11．B型Ⅰ式削刀（資興旧市M166：2、易県燕下都D6T29③：10、資興旧市M356：2、燕下都W22T4：2：1、古丈白鶴湾M52：9、燕下都LJ10T10②H23：8、垣曲古城東関ⅠH202：2）　12．B型Ⅱ式削刀（洛陽戦国糧倉LC62：B3）　13．C型刮刀（古丈白鶴湾M32：5）　14・16．A型刮刀（雲陽李家壩M53：8、燕下都M44：75）　15・17・18．B型刮刀（咸陽塔児坡M38315：4、資興旧市M573：2、長沙楚墓M354：4）　19．A型刮刀（長沙楚墓M357：8）

を鋳接する。長台関M2：258は、刀身断面が楔形を呈し、楕円形の環首がつく。通長16.6、環首径1.3〜1.8cm（図12-1）、出土時は漆鞘の腐朽した痕跡があった。年代は戦国前期である。燕下都W22T3：3：4は、鍛鉄品で、刀身断面は楔形、楕円形の環首は鍛造製の四稜の鉄条を彎曲させて作ったもので、長27.4、寛2.5cm（図12-4）、年代は戦国後期である。この型式の削刀は二里崗戦国墓や、紹興西施山などでも発見されている（図12-2）。

この形態の鉄削刀は青銅削刀に直接由来し、戦国時代に最もよく見る形態である。江陵望山3号戦国中期墓で2点発見され、出土時は漆鞘内に折り重なって置かれていた。鞘は夾胎で、黒漆が塗られ、紅漆で幾何形花紋を描いている。戦国前期の信陽長台関2号墓出土の銅環首鉄削刀も漆鞘を佩びる。ここから、この種の削刀は平時は鞘に納められていたことが分かる。この他、春秋後期の長沙22号墓や、戦国前期の信陽長台関1号墓、戦国中期の江陵望山1号墓などで出土した工具箱の中に、いずれも彎体の環首銅削刀が、そのほかの簡牘を修繕する工具と同時に出土しており、この種の削刀が簡牘を修繕する主要な工具の一つであることが分かる。

Ⅱ式：刀柄と刀身が同じ幅で、やや少ない。鳳翔高荘 M39：16は、楕円形の環首で、通長19.6cm（図12-3）、年代は戦国後期である。
　B型：直体の削刀で、真直ぐな背部と直刃である。二式に分けられる。
　Ⅰ式：刀身は刀柄より幅広で、数量が多く、環首の形態も多様である。臨淄郎家荘 M１：１は、背がほぼ弓反りで、直刃、器体は重厚である。楕円形の環首で、残長は21.5cm、年代は戦国前期である。[44] 燕下都 W22T4：2：1は、鍛鉄品で、刀身断面は楔形を呈し、刃は内反る。楕円形の環首で、鍛造した四稜鉄条を彎曲させて作ったものである。通長19.6、寛1.3cm（図12-8）、年代は戦国後期である。資興旧市戦国墓で４例出土し、斜めの切っ先である。そのうち M356：2は、環首が彎曲し巻き込むようにして造られており、通長17cm（図12-7）、年代は戦国中期である。同 M166：2は、完形は細長で、尖った切っ先、通長29cm（図12-5）、年代は戦国末期である。咸陽塔児坡 M27062：4は、柄は細長で、出土時には麻布をまきつけた痕跡が残っていた。通長17、刀身寛1.8cm、年代は戦国後期である。垣曲古城東関で１点（ⅠH202：2）出土し、刀身は刀柄より幅広で、巻雲形の環首、先端はやや欠けている。残長15.2、寛0.8、厚0.3cm（図12-11）、年代は戦国時代である。[45] 易県燕下都 D6 T29③：10は、刃が内反り、柄はやや長く、柄端は彎曲して双頭の巻雲状楕円形環首である。通長20cm（図12-6）、年代は戦国中期である。燕下都 LJ10T10② H23：8は、切っ先は斜めに収斂し、柄はやや短く、双頭の巻雲状楕円形環首である。通長27.3cm（図12-10）、年代は戦国後期である。古丈白鶴湾楚墓で１点（M52：9）出土し、楕円形の環首は二つの穿孔によって双環を形成している。刀柄は幅広で薄く、丸く尖った切っ先である。通長10.6cm（図12-9）、年代は戦国中期である。[46] この型式の削刀は長沙戦国楚墓などでも発見されている。
　Ⅱ式：刀身と刀柄がほぼ同じ幅で、やや少ない。洛陽62号糧倉で15点出土し、完形は短く幅広で、斜めに尖り、環首は両端が丸い長方形で、そのうち LC62：B3は、長16、寛1.6cm（図12-12）、年代は戦国後期である。洛陽中州路2717号墓でこの型式の銅環首鉄削刀が出土しており、年代は戦国前期である。[47]

　砍刀　形態は比較的大きく、一般に30cm以上で、形態の変化が大きい。燕下都郎井村10号工房址で６点出土し、形態は同じである。直体で、刀身は刀柄より幅広、柄は短く、柄首は折り曲げて楕円形に成形している。LJ10T60③：26は、通長36.2cm（図13-10）、年代は戦国後期である。この種の刀は形態において削刀に類似するが、完形はやや長く、用途の上でも差があるのであろう。

　小刀　刮刀・削刀・砍刀以外の形態の小型刀具を指す。完形は一般に扁平長条形を呈するが、形態は多様で定形でなく、多用途に通じる。通長は一般に20cm足らずである。柄付刀の類のみ発見されているが、柄首の形態は多様である。その刀身の構造から二式に分かれる。
　Ⅰ式：刀柄は刀身より幅広か同じ幅で、柄と刃の境が明瞭でない。新疆鄯善県蘇貝希Ⅲ号墓地 M13：2は、刀身断面が楔形を呈し、柄部断面が長方形で、柄端に穿孔が一つある。通長12、柄寛1.5、刀身寛1.2cm（図13-9）、紀元前5世紀から前3世紀の蘇貝希文化に属する。[48] 新疆庫爾勒上戸郷 M3：20は、鍛造製で、刀身断面は楔形を呈し、環状の柄首である。柄長8、寛2、厚0.8cm、通長16.8cm（図13-5）、年代の下限は漢代よりも早い。[49] この型式の刀は泰来平洋磚場墓地でも発見されている。
　Ⅱ式：刀身は刀柄より幅広で、柄と刃の境は明瞭である。鄯善県蘇貝希Ⅰ号墓地 M10：6は、

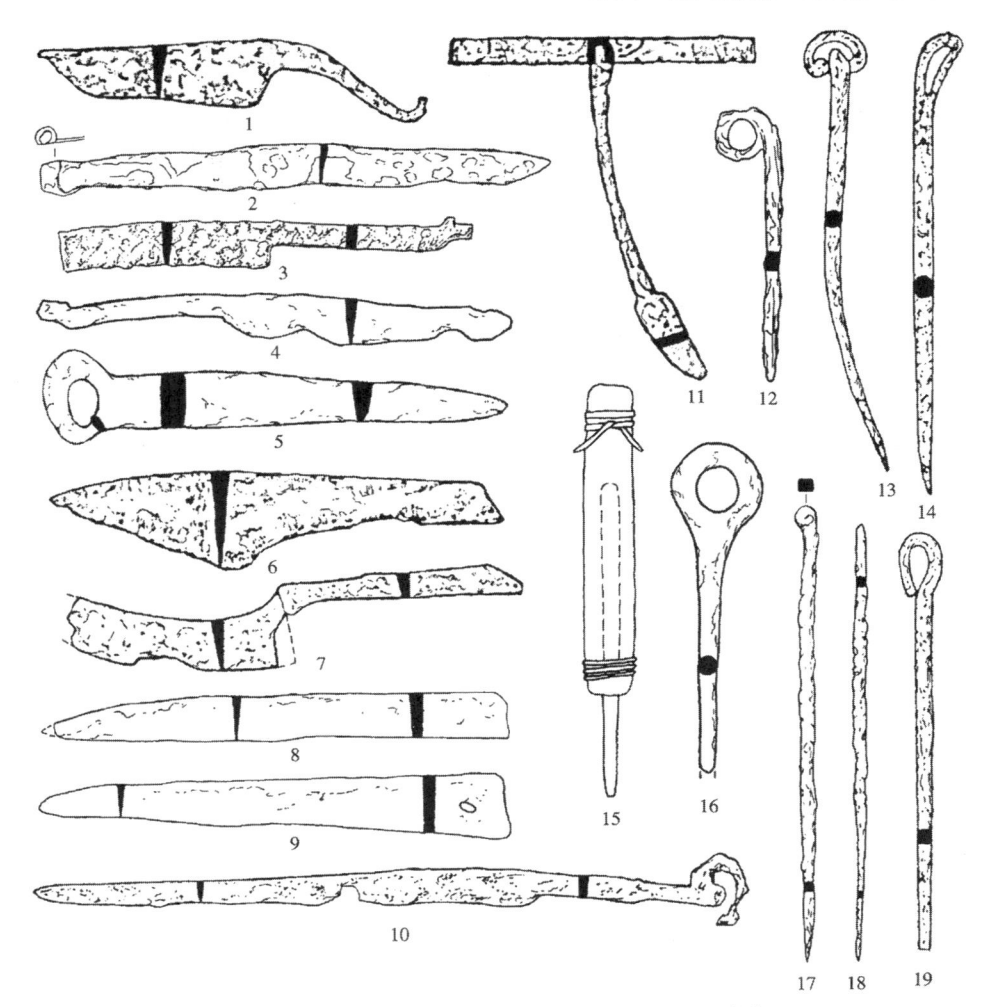

図13 鉄製生産工具（砍刀・小刀・工具刀・錐・T形器）
1. 工具刀（易県燕下都W21T82②H67：25） 2. Ⅱ式小刀（涼城県白雨廟圪旦H5：6） 3・4. 工具刀（鄭州南関外T84：1、樺甸西荒山屯M6：3） 5. Ⅰ式小刀（庫爾勒上戸郷M3：20） 6・7. 工具刀（燕下都W21T83②：9、燕下都LYVT3③：6） 8. Ⅱ式小刀（鄗善県蘇貝希M10：6） 9. Ⅰ式小刀（鄗善県蘇貝希ⅢM13：2） 10. 砍刀（燕下都LJ10T60③：26） 11. T形器（洛陽戦国糧倉LC62：B4） 12〜14. 環首錐（准格爾旗西溝畔M2：22、燕下都YXD72LJ10：037、燕下都LJ13T5②H1：24） 15. 木柄鉄錐（鄗善県蘇貝希ⅠM11：26） 16. 環首錐（江陵余家湾J2：3） 17・18. 錐（撫順蓮花堡T1：166、蓮花堡T1：114） 19. 環首錐（燕下都LJ10T122④H888：1）

刀身と刀柄がほぼ同じ長さで、通長14、寛1.4cm（図13-8）、紀元前5世紀〜前3世紀の蘇貝希文化に属する。涼城県白雨廟圪旦で1例（H5：6）出土し、刀身は刀柄とほぼ同じ幅で、柄首は彎曲して小環状に成形している。長16.1cm（図13-2）、年代は戦国中期である。この型式の刀は泰来平洋磚場墓地などでも発見されている。

　工具刀　刮刀・削刀・砍刀・小刀以外の加工・切割に用いる刀具を指す。形態・用途は多様である。鄭州南関外戦国遺址T84：1は、刀体は内反り、刀身は刀柄より幅広、残長13.4cm（図13-3）。樺甸西荒山屯M6：3は、完形は細長で、刀身は刀柄より幅広、柄首は彎曲している。通長23cm（図13-4）、年代は戦国末期である。易県燕下都老爺廟台LYVT3③：6は、鍛鉄品で、背部が内反り、刃部が弧状で、直柄、切っ先と柄端は欠けている。残長22cm（図13-7）、年代は戦国

中期である。燕下都武陽台村21号工房址で多量に出土し、年代は戦国後期である。そのうちW21T82②H67:25は、鍛鉄品で、幅広の器身に細身の柄が下に彎曲する。柄首は欠ける。残長14.6cm（図13-1）。またW21T83②:9は、鍛鉄品で、刀体はほぼ三角形を呈し、柄は平たく幅広、柄首は欠けている。残長16.7cm（図13-6）。

　錐　比較的よく見られる。主に柄を装着するものと環首の錐の両種がある。

　装柄錐　比較的多く発見されており、形態も多様である。使用時は木・骨の柄に装着する。燕下都22号遺址で17点出土し、両端が尖るもの、丸い柄のもの、柄端が扁平なもの、柄端が平らなものの4種があり、年代は戦国後期である。撫順蓮花堡で戦国後期の鉄錐3点が出土し、いずれも鍛造である。そのうちT1:166は、四稜形で柄端が巻き込まれるように折れる。残長21cm（図13-17）。またT1:114は、断面が円形を呈し、残長20.4cm（図13-18）。鄯善県蘇貝希Ⅰ号墓地で1点の木柄鉄錐（M11:26）が出土しており、鉄錐は四稜形で、一端が円柱形の木柄に挿入されている。木柄の両端は革紐で縛られている。通長9.4、鉄錐長7.2、木柄長7.2cm（図13-15）、年代は紀元前5世紀～前3世紀である。

　環首錐　頂端に環首を持ち、その形態はそれぞれ異なる。易県燕下都郎井村13号工房址で1点（LJ13T5②H1:24）出土し、錐体断面は円形で、柄首は折り曲げて楕円形環に成形している。長16cm（図13-14）、年代は戦国後期。燕下都LJ10T122④H888:1は、錐体断面が円形を呈し、柄端が彎曲して楕円形環首となる。先端は欠けており、残長17cm（図13-19）、年代は戦国後期。燕下都72LJ10:037は、鍛鉄品で、器身が細長く、楕円形の環首、丸く尖る。通長17.4cm（図13-13）。江陵楚都紀南城余家湾古井で1点（J2:3）出土し、残長約10.8cm（図13-16）、年代は戦国時代。[50] 准格爾旗西溝畔で1点（M2:22）出土し、錐身は四稜形を呈し、頂端は巻きこんで環首を成形している。先端は欠けている。残長8.8cm（図13-12）、年代は戦国後期。環首錐は永登楡樹溝などの[51]地でも発見されている。　T形器　洛陽62号糧倉で1点（LC62:B4）出土している。横向きの円柱形鉄条に、弧状の鉄条をT字に鍛接しており、先端は平らで幅を増す。縦長21、横長19cm（図13-11）、年代は戦国後期である。その構造と形態からみると、この種の器具は特殊な用途を具えた木工工具と思われる。

　鶴嘴斧　"鶴嘴鎬"・"鶴嘴鋤"とも称す。掘削ができ、割ったりもできる一種の多用途工具である。中間に円形ないし楕円形の横銎があり、刃部の一方はやや短く扁平な竪刃になっている。もう一方はやや長く鶴嘴状になる。両端は同方向に彎曲する。涼城飲牛溝で1点（M1:3）出土し、円形の横銎で、鶴嘴状の一端は断面円形を呈する。長17.7、竪刃寛2.6、銎径2.5cm（図14-2）、年代は戦国後期である。涼城毛慶溝M38:1は、長19.6、刃部寛2.5、銎径2.1cm（図14-3）、年代は戦国後期。准格爾旗玉隆太で1点（YLTM:2264）出土し、銎孔は楕円形に近く、竪刃は切っ先が鋭く使用痕が見られる。鶴嘴状の一端は断面が円形を呈する。長23.5、竪刃寛3、銎径2.4cm

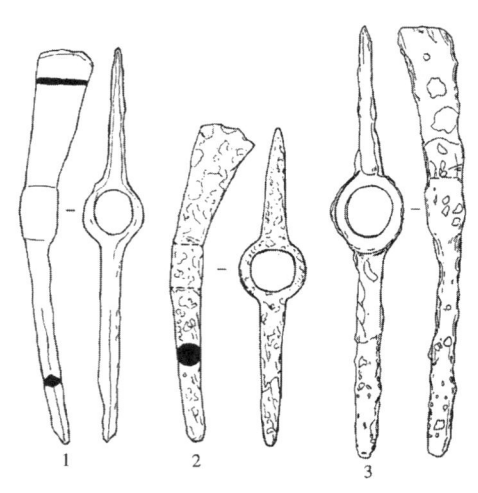

図14　鉄製生産工具（鶴嘴斧）
1. 准格爾旗玉隆太YLTM:2264　2. 涼城飲牛溝M1:3　3. 涼城毛慶溝M38:1

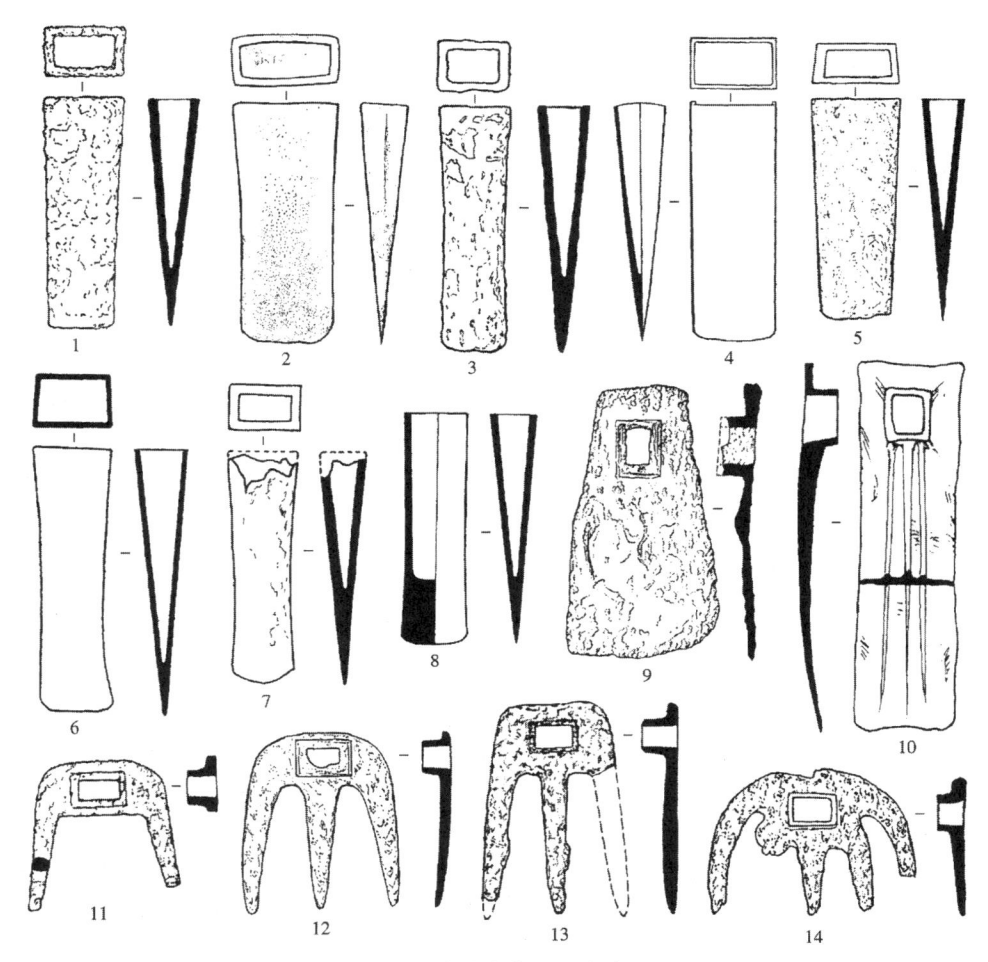

図15　鉄製生産工具（钁）
1．B型竪銎钁（平山中山国王墓FT:32）　2・3．C型銎钁（鄭州二里岡M182：3、鞏義倉西M26：1）　4．A型竪銎钁（当陽趙家湖YM４：2）　5．B型銎钁（易県燕下都LJ13T５②：32）　6～8．C型銎钁（輝県固圍村M２：1a、長沙楚墓M605：5-2、長沙楚墓M190：01）　9．Ⅱ式横銎钁（登封陽城鋳鉄遺址YZHT４②：8）　10．Ⅰ式横銎钁（唐山東歓坨F４：1）　11．二歯钁（燕下都YXD66YDD：0212）　12・13．三歯钁（燕下都LJ10T129③：2、燕下都W21T74②H57：1）　14．五歯钁（燕下都G２T８②H66：2）

（図14-1）、年代は戦国後期である。[52]

(2)　土木農耕器具

ここでいう土木農耕器具は、各種土木工事・農業耕作・漁猟等の作業に用いる鉄製生産工具を指す。

竪銎钁　その構造は空首斧とほぼ同じであり、長方形または梯形の竪銎、器体は長方形を呈する。刃部は銎部より幅が狭いかだいたい同じ幅である。その装柄の方法は錛に近い。器体が細長かつ重厚であることが特徴である。三型式に分かれる。

A型：銎部と刃部はほぼ同じ幅で、両側辺は平らで真直ぐ。当陽趙家湖 YM４：2は、直刃でやや孤状の刃部。長15.2、寛5.3cm（図15-4）、年代は戦国前期後葉。[53]この型式の竪銎钁は戦国時代の遺跡・墓葬から多く発見されており、長治分水嶺戦国墓では埋土中から８点出土し、年代は戦国

後期である。興隆鉄範群の竪銎鍬の鋳型もこの型式に含まれる。[54]

　B型：銎部は刃部よりやや幅広で、両側辺は平らで真直ぐ。平山中山国王墓で8点出土し、鋳鉄品である。FT：32は、趙15.8、銎部寛5.3、刃部寛4.6cm（図15-1）、年代は戦国中後期の境に当たる。長沙楚墓M1519：01は、銎口はほぼ梯形を呈し、長15.4、寛4cm。長沙楚墓M843：4は、長14.3、寛5.4～6.3cm、年代は戦国後期である。易県燕下都郎井村13号工房址LJ13T5②：32は、銎口平面は梯形を呈し、長14.1、刃部寛4.4cm（図15-5）、年代は戦国後期である。

　C型：両側辺はやや内反り、明確にくびれがあり、器体は細長である。長沙楚墓M190：01は、刃部がやや弧刃を呈し、長15.2、寛4.2、銎部厚3cm（図15-8）、年代は戦国中期。またM605：5-2は、両側辺がややくびれ、長14.7、寛3.95、銎部厚2.7cm（図15-7）、年代は戦国後期。輝県固囲村M2：1aは、器体はやや平らで幅広、長15.5、銎部寛6.5、刃部寛6.2、銎部厚3.3cm（図15-6）、年代は戦国後期。鞏義倉西戦国墓では10点出土しており、形態・大きさともほぼ同じである。両側辺は若干内に反る。年代は戦国後期である。M26：1は、長16.3、寛4.2cm（図15-3）。[55] 鄭州二里崗戦国墓で7例出土し、M182：3は、長16.6、銎部寛4.4、刃部寛4.2、中間寛3.8、銎部厚3.6cm（図15-2）。

　横銎鍬　器体は長方形ないし梯形で縦長、銎孔は正面が小さく背面がやや大きい。唐山東歓坨遺跡で1点（F4：1）出土しており、鍬体はやや彎曲し、正面中部に縦に突出した脊をもつ。長25.2、寛6.5cm（図15-10）、年代は戦国中後期。[56] 撫順蓮花堡で1点（LHBB：05）出土し、刃部が欠けているが、器体中部に縦に稜脊が見られる。残長10.7、寛6.8cm、年代は戦国後期である。[57] 易県燕下都でもこの型式の鍬が採集されている。[58]

　二歯鍬　上辺は真直ぐ、肩は丸く、上辺近くに長方形銎があり、銎口正面の周囲は突出する。二歯である。燕下都で1点（YXD66YDD：0212）採集され、歯部断面は楕円形を呈する。長19.6、背面寛5.2、刃部寛11、銎口長2.6、銎口寛1.9cm（図15-9）、年代は戦国後期である。

　三歯鍬　完形は縦長、三歯で、上辺近くに方形ないし長方形の銎があり、その周縁は突出し横銎となる。燕下都武陽台村W21T74②H57：1は、幅の狭い器体に、上辺真直ぐ、丸肩、一歯は欠けている。通高16.6、肩寛7.5cm（図15-13）、年代は戦国後期。金相分析により、鋳鉄脱炭鋼製品とされる。燕下都郎井村LJ10T129③：2は、器体はやや短く幅広で、弧状の上辺、丸肩。通高15.2、寛約13cm（図15-12）、年代は戦国後期とされる。

　五歯鍬　完形は半円形、弧状の上辺、丸肩、上辺近くに方形の横銎があり、銎の背面は平ら、正面は周縁が突出する。五歯である。易県燕下都W22T2：3：10は、二歯が欠けているが、通高10.5、寛16.5、厚0.7cm。燕下都G2T8②H66：2、一歯が欠け、通高11.4、寛約12cm（図15-14）。年代はいずれも戦国後期とされる。この他、唐山東歓坨遺跡などでも発見がある。河北興隆で発見された鋳型にこれと同じものがあり、鋳造製と分かる。

　鍤　直口鍤と凹口鍤の二種類がある。

　直口鍤　完形は大体扁平で横長長方形を呈し、横長条形の竪銎である。二型に分けられる。

　A型：器形は規格的で、銎口・刃部・両側辺は直線的、平面は横長の長方形ないし上部が広く下部が狭い梯形を呈する。琉璃閣M3：28は、高6.5、寛13.5cm、年代は戦国後期である。咸陽林院秦墓で1点（M15：10）出土し、刃部は使用の磨滅痕がある。高5.4、寛13cm（図16-3）、年代は戦国後期である。咸陽塔兒坡M37355：4は、高6.9、寛13.5、銎部厚1.8cm、年代は戦国後期。鄭[59]

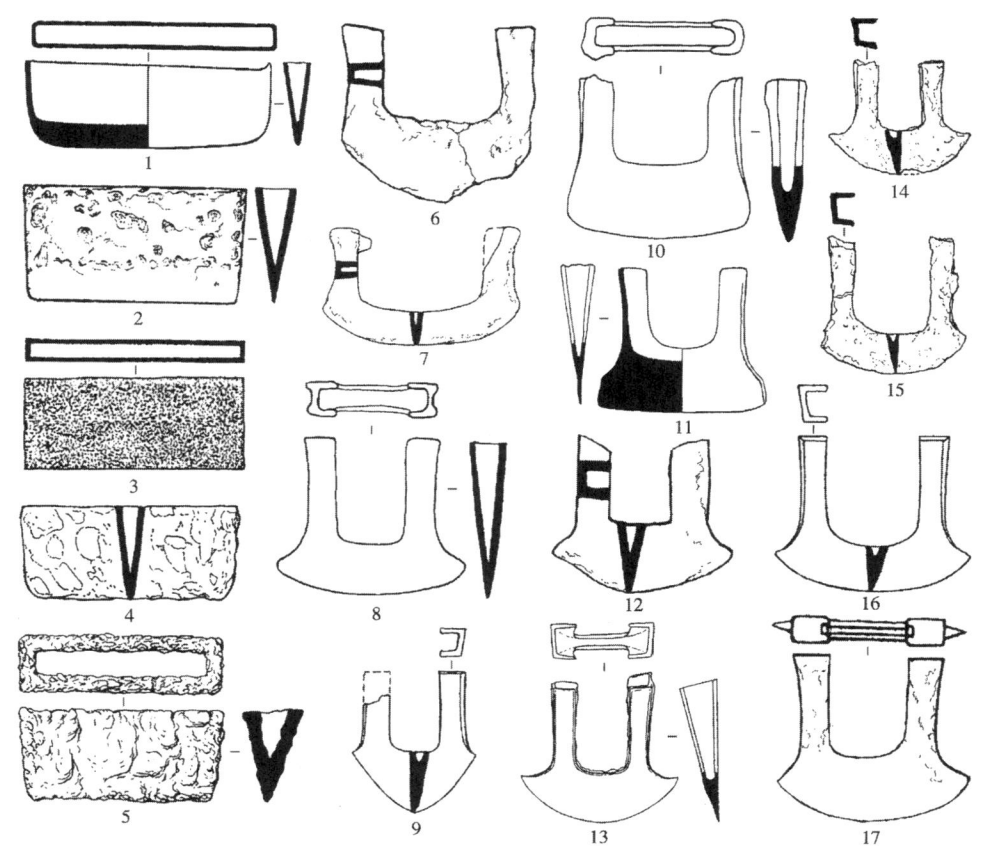

図16 鉄製生産工具（钁）
1．B型直口钁（鄭州二里崗M430：9） 2～5．A型直口钁（凌源安杖子T2咸陽林院秦墓M15：10、鞏義倉西M21：1、鄭韓故城冷蔵遺跡LCST1：45） 6・7．A型凹口钁（宜昌前坪M23：1、楽昌対面山M184：4） 8．B型Ⅰ式凹口钁（宜昌路家河H3：3） 9．B型Ⅱ式凹口钁（資興市M234：01） 10・11．B型Ⅲ式凹口钁（長沙楚墓M1102：6、輝県固囲村M2：52） 12～17．B型Ⅰ式凹口钁（輝県古共城鋳鉄遺跡Y1A：5、長沙楚墓M1605：01、益陽桃花崙M3：1、益陽羊舞嶺M6：1、資興旧市M357：01、常徳徳山M32：B1）

　韓故城冷蔵遺跡 LCST 1：45は、銎口はやや厚く、高5.5、寛12、厚3.5cm（図16-5）、年代は戦国後期である。[60]凌源安杖子T2③：7は、高7.6、銎口寛14.2、刃部寛13.6cm（図16-2）、年代は戦国後期。鞏義倉西戦国墓 M21：1、高6.2、刃部寛13.5cm（図16-4）。

　B型：直刃あるいはやや弧状の刃部で、刃部両端は丸みを帯びる。刃部はやや狭い。鄭州二里崗戦国墓 M430：9は、高4、銎部寛11.5、刃部寛11、厚1.1cm（図16-1）。

　凹口钁　平面が凹字形を呈し、器体は扁平、両側辺は真直ぐか内反る。長条形の竪銎である。二型に分けられる。

　A型：刃部と銎部がほぼ同じ幅で、両側辺は真直ぐないし内反る。宜昌前坪戦国後期秦墓で1点（M23：1）出土し、器体は扁平で幅広、刃部は弧状で舌形を呈す。高11、寛15cm（図16-6）。楽昌対面山 M184：4 は両側辺がやや内反り、刃部は弧状。高6.5、寛10.5cm（図16-7）、年代は戦国時代である。[61]この型の钁は江陵楚都紀南城などの地でも発見されている。

　B型：刃部は銎部よりも幅広で、両側辺は真直ぐないし内反る。三式に分けられる。

　Ⅰ式：弧状の刃部で、刃部両端は顕著に外に突出する。長沙識字嶺 M314：1 は、高9.4、寛

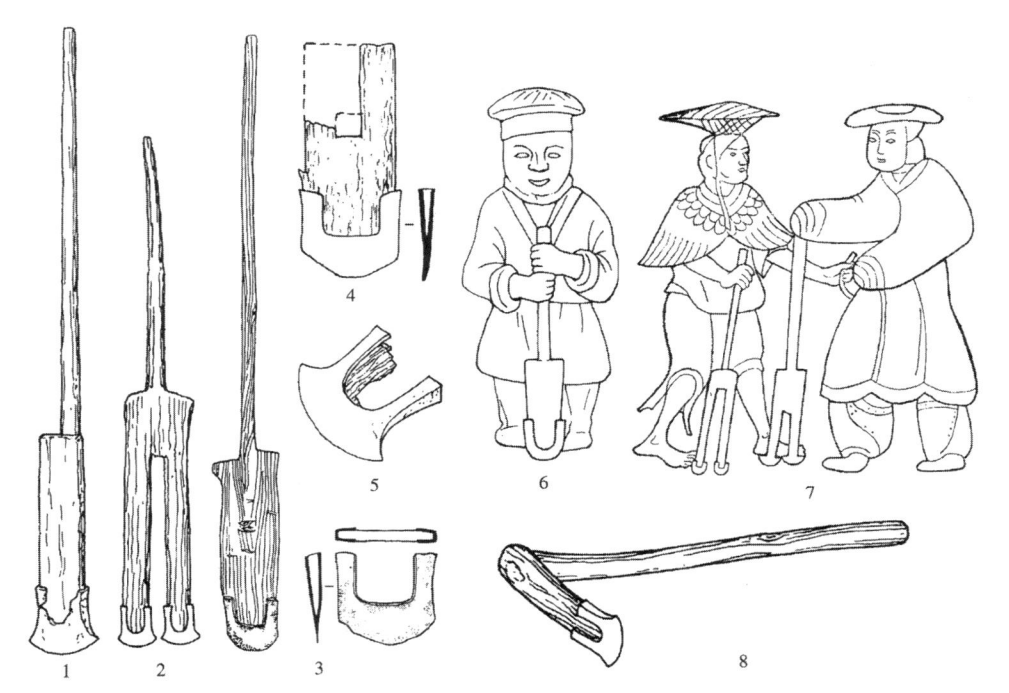

図17　木柄鉄生産工具（木葉鉄錨・木柄鉄鋤・木葉鉄耒）
 1．木葉鉄錨（江陵天星観 1 号楚墓埋土出土）　2．木葉鉄耒（江陵紀南城古井 J82：35）　3．木葉鉄錨（長沙馬王堆 3 号漢墓出土）　4．木柄鉄鋤（黄石銅緑山Ⅸ10：41）　5．木柄鉄鋤の鉄刃（江陵天星観 1 号楚墓盗掘坑 M 1：025-1）　6．後漢持錨石俑（四川峨嵋出土）　7．手持木柄鉄耒画像石（銅山小李村出土）　8．木柄鉄鋤（天星観 1 号楚墓盗掘坑 M 1：025）

9.3cm、年代は戦国初期である。資興旧市戦国墓で16点出土し、そのうち M357：01 は、両側辺が真直ぐ、高 8、寛11cm（図16-16）、年代は戦国初期である。常徳徳山 M32：B1 は、両側辺が内反り、器体は扁平で幅広。高9.5、寛12cm（図16-17）、年代は戦国前期である。宜昌路家河戦国遺跡の H3：3 は、両側辺は真直ぐに近く、高9.6、銎部寛8.4、刃部寛 8 cm（図16-13）。益陽桃花崙 M6：1 は、長7.4、寛5.8cm（図16-14）、金相鑑定から靱性鋳鉄製品とされる。益陽羊舞嶺 M6：1 は、長10、寛 8 cm（図16-15）。この二例は戦国中期である。輝県古共城鋳鉄遺跡で 1 点（Y1A：5）出土し、両側辺は銎口頂部が内に傾き、器形はやや小さい。高7.2、銎部寛5.6、刃部寛 8、器厚1.6、器壁厚0.35cm（図16-12）、年代は戦国中後期である。

　Ⅱ式：刃部は弧状で舌形を呈し、刃部両端は外へ開く。資興旧市234号墓で 1 例（M234：01）出土し、器体は縦長、銎部両側辺は真直ぐで、刃部はやや尖る。銎部は一部欠けている。高 8、寛6.5cm（図16-9）、年代は戦国中期。その大きさと形態から、この型式の錨はおそらく耒（双歯錨）の鉄刃である。

　Ⅲ式：刃部は平らで、両側辺は内反る。長沙 M1102：6 は、刃部両端はやや弧状で、両刃である。高10.5、刃部寛11.9cm（図16-10）、年代は戦国後期である。輝県固囲村 M2：52は一面平らで一面やや膨らみ、片刃である。高 9、刃部寛10.2cm（図16-11）、年代は戦国後期である。この器の銎口はやや厚く、斧や錛としてもよいかもしれない。

　直口錨にしろ凹口錨にしろ、錨は一つの工具の鉄刃部分である。凹口錨ならば、実際には錨の鉄刃――鏨、さらには鋤の鉄刃、耒耜の鉄刃を含んでいる。その装着方式の違いにより、錨・耒・

耒は縦方向に柄を装着し、木柄の方向と刃部の方向は縦向きの垂直になり、一方、鋤は曲尺形の曲がった柄で、木柄の方向はその刃部の方向とほぼ横向きの垂直になる。よって、この器種のあるものは锸・耒・耙の鉄刃になり、あるものは鋤の鉄刃となる。その木身部・木柄の遺存しない状況では、锸と鋤のどちらか判断するのは困難である。仮に出土の帯柄锸や帯柄鋤の実物資料や関連の図像資料に基づき、かつその機能に対する認識と結びつけてある程度の区分をしたとしても、同様に困難であろう。それは関連の考古発見によって説明できる。例えば、江陵天星観１号楚墓の墓坑北壁二層台上で一点の木身部の遺存下鉄凹口锸が発見され、木柄は腐朽していたが痕跡を留めており、直柄と知れる。通長は99cm。鉄锸平面はおおよそ梯形を呈し、弧状の刃部で刃部両端は外へ開く。長10、刃部寛10cm（図17-1）で、年代は戦国中期である。また天星観１号楚墓の盗掘坑出土の木柄鉄凹口鋤（M１：025）は、曲尺形の曲がり柄で、出土時の保存は完全で、柄長46.5cm（図17-8）。またその鉄刃（M１：025-1）は同様に弧状刃部で刃部両端は広がる。長11、刃部寛11.5cm（図17-5）。そして同時に出土した木柄鉄凹口锸（M１：04）は、木身部と木柄はすでに朽ちているが、鉄刃はやはり弧状刃部で、両端が広がる。長7.8、刃部残寛7.6cmで、同時に出土した上述の鋤の鉄刃と形態は全く同じである。ここから、弧状の刃部で、刃部両端が外へ広がり、刃部が銎部より幅広の凹口鉄器は、锸の鉄刃とも鋤の鉄刃とも為しうる。また、黄石銅緑山出土の戦国後期の木柄凹口鋤（Ⅸ10：41）は、鉄刃部は鋳造製で、両側辺は縦に真直ぐ、弧状の刃部で、形態上Ａ型凹口锸に属する。長12.2、寛12.2cm。その鋤身部が遺存し、長方形の木板で、長28cm、中部に方形の穿孔があり、そこに柄を装着するので、柄と身部は直角になる。このため横向きに柄を装着する鋤と知れる（図17-4）。一方長沙馬王堆３号墓の埋土から前漢時代の木身部鉄锸が出土し、保存は完全で、全長139.5cm。その鉄刃部分も両側辺が真直ぐで、弧状刃部、Ａ型凹口锸に属する。長11、刃部寛13.1cm（図17-3）で、その形態は銅緑山の凹口鋤の鉄刃と基本的に同じである。こういった形態の凹口锸は、四川新津で発見された後漢時代の陶製持锸俑や、四川灌県都江堰出土の漢代持锸石人像、また四川峨眉出土の後漢時代の持锸石俑（図17-6）などにも見られる。ここから、両側辺が真直ぐで弧状刃部の鉄凹口器は、同様に鋤と锸の鉄刃に用いられると分かる。よって形態のみで锸か鋤かを判断するのが難しいのは明らかである。耒と耙の鉄刃に至っては、その形態は锸の鉄刃と同じであり、形態がやや小さい程度である。1979年江陵紀南城龍橋河一帯の古井で３例の戦国中期の木身部鉄口耒が出土し、そのうちJ82：35は比較的保存がよく、柄端が若干欠けている。柄・身部・双歯が木製で、通長109cm、木柄長59、直径3.5～４cm、身部板長50、寛13.5cm、双歯長33.5、寛５cm、双歯の間隔3.5cmである。双歯はやや前に彎曲しており、その端に鉄口を装着する。鉄口長７、寛８cm。身部の木板と双歯は、製作時の鉋削りがされず荒削りの痕跡が残り、双歯の土に接触する部分は長期の摩擦のため光沢が見られる。その鉄口の両側辺は真直ぐで、刃部は弧状で両端が広がり（図17-2）、Ｂ型Ⅰ式凹口锸のような一般的な凹口锸と大同小異で、形態がやや小さい程度である。山東肥城・江蘇銅山などで出土した画像石上には、凹口鉄刃を装着した耒を手にもつ図像が見られる（図17-7）。ここから、資興旧市234号墓出土のＢ型Ⅱ式凹口锸（M234：01）は、双頭の耒ないし耙の鉄刃口かもしれない。以上の状況から見て、無理に锸か鋤かを区別するよりは、その形態から一類に統一して、これを総称して锸としておくのが、とりあえず客観的であろう。

鏟 竪銎で、銎口断面の形態は多様である。鏟体は薄く、大抵は方形か梯形を呈す。三型に分か

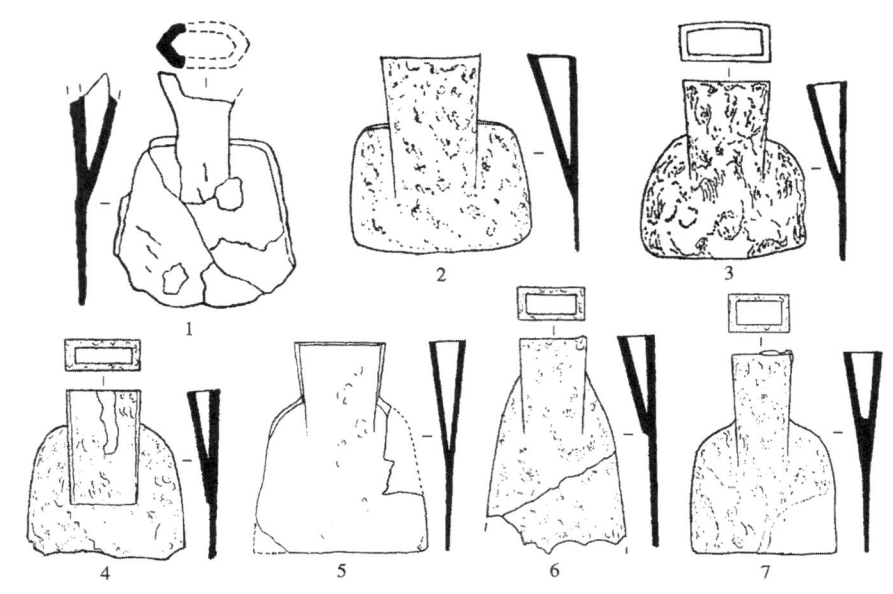

図18 鉄製生産工具（鏟）
1．A型鏟（天津巨葛荘BB：1） 2〜5．B型鏟（易県燕下都XG9T18②：1、燕下都XG9T21③：1、燕下都LJ10T37②J16：2、鳳翔西村FX79M58：1） 6．C型鏟（燕下都LJ10T62③H451：3）
7．A型鏟（燕下都LJ10T35②：2）

れる。

　A型：長銎鏟。銎はやや細長で、銎口は方形ないし六角形を呈する。肩は丸い。天津巨葛荘BB：1は、銎口断面が六角形、鏟体は梯形を呈する。弧状の刃部である。通長12.6、寛12.5cm（図18-1）、年代は戦国中後期である。燕下都LJ10T35②：2は、銎口断面が長方形、鏟体がおおよそ方形を呈する。刃部一端は欠けている。通長14.1、刃部寛11.4cm（図18-7）、年代は戦国後期である。

　B型：短銎鏟。銎は比較的短く幅広で、銎口は方形ないし長方形、肩は丸いか撫で肩である。易県燕下都XG9T21③：1は、丸肩、背面は平ら、通長11.5、刃部寛9.6cm（図18-3）、年代は戦国中期である。燕下都XG9T18②：1は、丸みのある方肩、背面は平ら、正面の肩部から両側辺にかけて突出した縁取りがある。通長11.4、刃部寛10.2cm（図18-2）、年代は戦国後期。燕下都LJ10T37②J16：2は、銎口は横長長方形、背面は平ら、刃部はやや欠けている。残長11.7、刃部寛11.1cm（図18-4）、年代は戦国後期。鳳翔西村秦墓埋土で1点（FX79M58：1）出土しており、鏟体は梯形で、撫で肩、直刃である。銎はやや幅広で、通長12.5、刃部寛12.1、銎口長5.1cm（図18-5）、年代は戦国後期。

　C型：長体鏟。完形は細長で、方形或いは長方形の銎である。燕下都LJ10T62③H451：3は、肩は斜めで、背面は平ら、刃部は欠けている。残長15.3、刃部寛約9.5cm（図18-6）、年代は戦国後期である。

　六角鋤　上半部が梯形またはアーチ形で、下半部が横長方形、上部に方形ないし長方形の銎がある。正面の銎口周辺は突出して横銎を形成する。鋳造製で、三型に分けられる。

　A型：上半部分は梯形で斜めの真直ぐな肩、最もよく見られる。黄石銅緑山Ⅸ1：30は、鋤身正面の横銎下方に巻雲紋が鋳出される。刃部両端はやや欠ける。高10.5、刃部寛17.5cm（図19-6）、

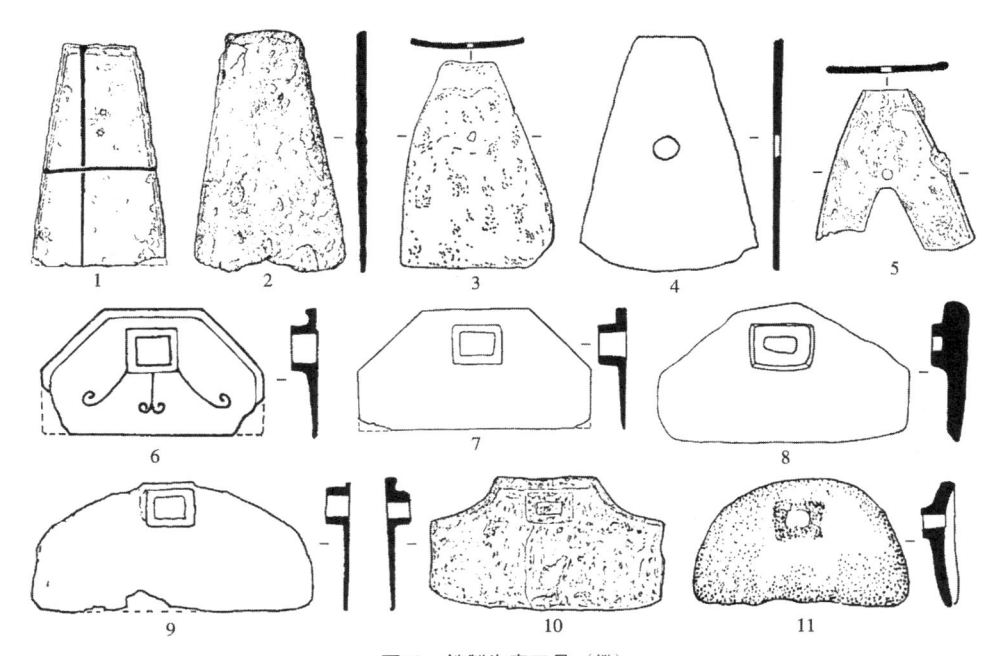

図19 鉄製生産工具（鋤）
1・2．A型鋤板（撫順蓮花堡T4：112、登封陽城鋳鉄遺跡YZHT2②：14） 3・4 C型鋤板（易県燕下都 LJ10T46②：37、輝県古共城鋳鉄遺跡Y1A：2） 5．人字鋤（燕下都LJ10T19②H99：1） 6〜8．A型六角鋤（黄石銅緑山Ⅸ1：30、燕下都M44：13、長沙楚墓M269：2） 9．C型六角鋤（淄川南韓村M9：1） 10．B型六角鋤（燕下都W23T1②Z1：109） 11．半円鋤（唐山東歓坨H231：1）

年代は戦国後期。河北興隆出土の鉄製鋳型の製品部分は、その形態と紋様がこれと同じである。燕下都M44：13は、直刃で横長方形の鋳である。寛18、高9cm（図19-7）、年代は戦国後期である。長沙戦国楚墓で6点出土しており、M269：2は、高11.7、刃部寛21.5cm（図19-8）で、年代は戦国中期とされる。益陽赫山廟17号墓で1例出土しており、年代は戦国中期である。この型の鋤は天津巨葛荘などでも発見されている。

B型：上部が凸字形をしており、両肩はえぐれる。燕下都W23T1②Z1：109は、高10.8、寛18.9cm（図19-10）、年代は戦国後期。

C型：上部中央が突出するアーチ形で、両肩は丸い。あまり見ない例である。山東淄川南韓村戦国墓で1点（M9：1）出土し、上部は中央がやや突出する。器体は比較的薄い。寛22.8、高10.5、厚0.4cm（図19-9）、年代は戦国後期である。

半円鋤 平面は半円形を呈し、器体は薄く、上部に長方形の横鋳が設けられる。釜口周縁は突出し、また器体の周縁も突出して縁取られる。その構造は六角鋤と同じで、平面形状が異なるだけである。唐山東歓坨遺跡で1点（H231：1）出土し、鋤体はやや彎曲する。高15.5、寛17.7cm（図19-11）、年代は戦国中後期。登封陽城鋳鉄遺跡ではこの型の鋳型4組が出土しており、その製品部分は高11.7、刃部寛19.5cmで、年代は戦国後期である。

鋤板 平面は梯形を呈し、器体は薄く板状であり、厚さはほぼ一定で、刃部のみやや薄い。三型に分けられる。

A型：頂部と両側辺の周縁が突出して縁取られる。鋳造製。撫順蓮花堡T4：112は、直刃で、上部に二つ孔があり柄を固定するのに用いられた。長18.9、刃部寛11、厚0.36cm（図19-1）、年代

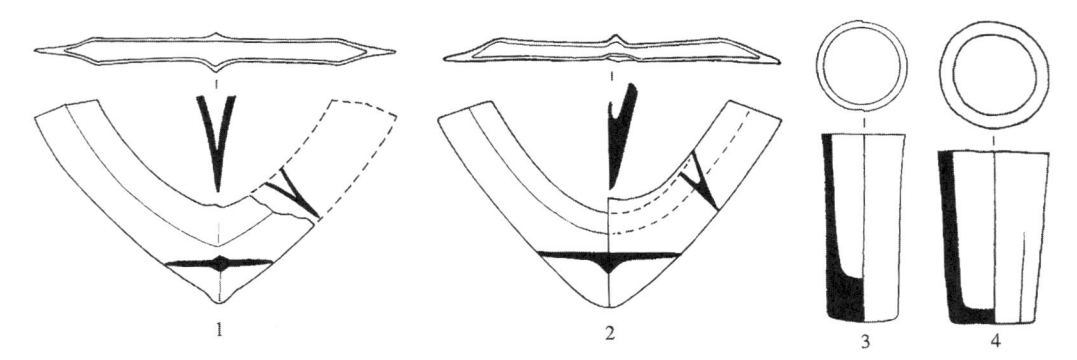

図20　鉄製生産工具（鏵冠・夯錘）
1．A型鏵冠（輝県固囲村M2：51a）　2．B型鏵冠（輝県固囲村M2：58）　3・4．夯錘（資興旧市M254：01、長沙楚墓M1409：1）

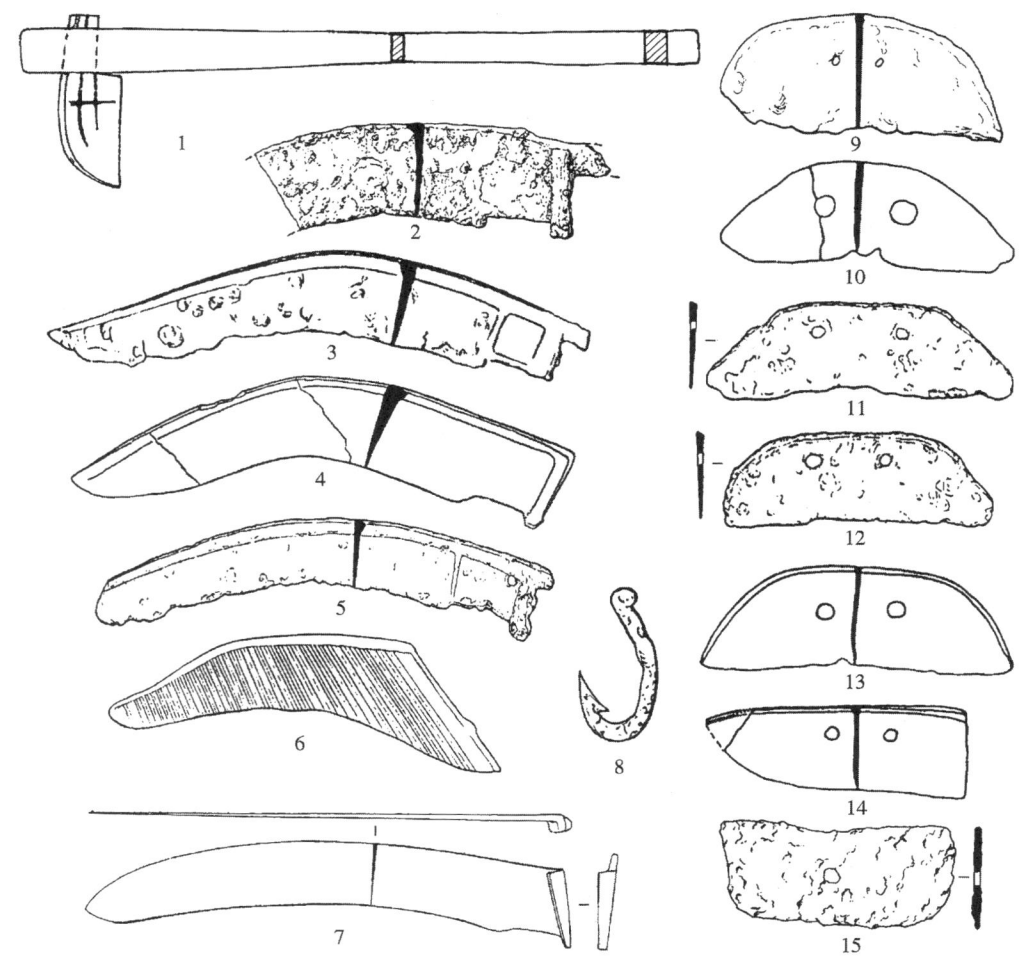

図21　鉄製生産工具（鎌刀・銍刀・魚鈎）
1．A型鋒刃鎌刀（荊門包山M4：37）　2～5．B型鋒刃鎌刀（鄭州南関外H57：1、易県燕下都W22T4：3：5、樺甸西荒山屯M3：13、撫順蓮花堡T4：111）　6．歯刃鎌刀（紹興西施山XSH：01）　7．C型鋒刃鎌刀（輝県固囲村M2：4）　8．魚鈎（撫順蓮花堡LHB：B3）　9・10．B型Ⅱ式銍刀（唐山東歓坨T30②：1、寛甸黎明村LMD：02）　11～13．B型Ⅰ式銍刀（撫順蓮花堡T4：109、蓮花堡LHB：B7、寛甸黎明村LMD：01）　14．銍刀（寛甸黎明村LMD：04）　15．A型銍刀（侯馬喬村M422：9）

は戦国後期。鄭州二里崗戦国墓では3点出土し、そのうちM147：1は、正面中央がややへこみ、刃部両端は丸い。長17.7、寛4.8～10、厚0.3cm。登封陽城鋳鉄遺跡 YZHT 2 ②：14は、両側辺の縁取りがやや狭く、刃はやや弧状。長17.7、寛5.5～10.9、厚0.2～0.4cm（図19-2）、年代は戦国後期。この他平山中山国王1号墓の埋土と盗掘坑から、また輝県古共城鋳鉄遺跡で3点出土がある。

B型：頂部と両側辺に縁取りはない。荊門響鈴崗東周遺跡 XLGC：54は、弧状の刃部で、断面はやや梯形をなす。長17.2、寛4.4～8.8cm、年代は戦国中期より晩くない。鄭韓故城 LCST 1：48は、器体はやや彎曲し、長15.5、寛5.5～8、厚0.3cm、年代は戦国後期である。

C型：頂部と両側辺に縁取りはなく、器体中央の上寄りに円孔が穿たれる。鋳造製である。輝県古共城鋳鉄遺址で1点（Y1A：2）出土し、弧状の刃部、長15.6、寛4～12、厚0.2、孔径1.6cm（図19-4）、年代は戦国後期である。燕下都 LJ10T46②：37は、横断面が弧をなし、円孔はやや小さい。長19.6、寛3.8～15cm（図19-3）、年代は戦国後期である。

人字鋤 燕下都郎井村10号工房址で1点（LJ10T19② H99：1）出土し、完形は薄く、平面は人字形を呈す。頂部は平らで、正面両側辺は突帯で縁取られる。中央に円孔があり、両方の歯部は平らで薄い。通長13.2、寛約12.5、頂部寛3.9、歯寛3.9cm（図19-5）、年代は戦国後期である。

鏵冠 犂鏵先端にかぶせて装着する鉄刃である。完形はV字形で、両側辺が刃部となっている。内側はV字形の釜になり木鏵にかぶせる。鋳造製で二型に分かれる。

A型：釜口の正・背面の高さが同じで、刃部中央の正・背面に脊が通る。輝県固囲村M2：51aは、高14、復原寛24.5、刃長18.5cm（図20-1）、年代は戦国後期。

B型：釜口の正面が高く、背面が低い。刃部中央の正面側に脊が通る。輝県固囲村M2：58は、高14.2、寛23、刃長17.5～18cm（図20-2）、年代は戦国後期。易県燕下都採集の鏵冠もこの型に属する。

鎌刀 横長条形で、直体または彎体。刃部の違いから鋒刃鎌と歯刃鎌の両種に分かれる。

鋒刃鎌 長条形で、三型に分かれる。

A型：鎌体は短く幅広、弓形の背に直刃、柄端は薄く細長、柄部は木柄に挿入して固定される。荊門包山4号墓で木柄鉄鎌1点（M4：37）が出土し、柄端と背部に三条の突帯があり、木柄は中ほどがやや細く、断面は隅丸方形である。刃部長8、木柄長45.8cm（図21-1）、年代は戦国後期である。

B型：彎体で、弓形の背に刃部は内反る。背は厚く、かつ正面が突出して縁取りをなす。器体は薄い。鋳造製。燕下都 W22T 4：3：5は、柄端に方形の台状部分がある。長26、寛4cm（図21-3）、年代は戦国後期である。撫順蓮花堡 T4：111は柄端に欄をもち、欄内右上に円孔が一つ穿たれている。長24.2、寛3.7、背厚0.5cm（図21-5）、年代は戦国後期である。樺甸西荒山屯M3：13は、柄端に欄があるほか下面が凹形をなす。長27.5、最寛部5、厚0.7cm（図21-4）、年代は戦国後期。鄭州南関外戦国遺跡で1点（H57：1）出土し、欄の内部が凹形をなす。先端は欠けている。残長16、寛4.4cm（図21-2）。河北興隆出土の鉄製鋳型の中に、これと同じ鎌の鋳型が見られる。江陵紀南城新橋遺跡 J2①：30は、鎌体の彎曲がやや顕著で、欄の内部に長条形の抉りが見られる。外側には円孔が穿たれる。長20、寛1.8～4cm。

C型：薄い長条形で、背部はやや弓形、直刃はやや内反る。器体は比較的薄く、柄端は折り曲げ

て平らにつぶし欄を形成する。輝県固圍村M2：4は、通長24.1、刃長21cm（図21-7）、年代は戦国後期。荊門響鈴崗で1点（T11②：55）出土し、年代は戦国中期より晩くない。

歯刃鎌 刃口は鋸歯形をなす。紹興西施山で1点（XSH：01）出土し、先端は尖り、柄端は幅広、弓なりの背に、斜めに内反る刃である。正面に平行に斜線が入り櫛歯紋を呈し、刃部は細かい歯となっている。通長14.7cm（図21-6）、年代は戦国時代である。その構造・大きさは、共伴の青銅歯刃鎌とほぼ同じである。[83]

銍刀 平面は半月形に近いか長方形である。二型に分けられる。

A型：単孔の銍刀。侯馬喬村戦国墓で1点（M422：9）出土し、平面は長方形に近く、中部に穿孔が一つある。寛10.7、高4.8cm（図21-15）、年代は戦国中期。金相鑑定から、塊錬鉄製品とされる。[84]

B型：双孔の銍刀。背部近くに双孔がある。鋳造製で二式に分けられる。

Ⅰ式：背部は平らで、やや弧状をなす。背は厚めで正面が突出して縁取りを作る。撫順蓮花堡集落遺跡で3例出土し、形態はいずれも同じである。そのうちT4：109は、寛13.3、高4.16、背厚0.37cm（図21-11）。またLHB：B7は、寛12.3cm（図21-12）。年代は戦国後期である。寛甸黎明村窖蔵LMD：01は、双孔はやや小さく、寛13、高4、厚0.2、孔径0.5cm（図21-13）、年代は戦国後期である。平山中山国王1号墓盗掘坑中で1点出土している。[85]

Ⅱ式：背部は弧状を呈し、完形は半月形に近い。背部は厚めで凸稜はない。唐山東歓坨遺跡で1点（T30②：Ⅰ）出土し、寛13.8、高6cm（図21-9）、年代は戦国中後期である。寛甸黎明村窖蔵LMD：02は、寛12、高4.2、厚0.3、孔径0.5～0.9cm（図21-10）、年代は戦国後期。

上に挙げた二種の形態のほか、寛甸黎明村窖蔵で梯形双孔の銍刀1例（LMD：03）と鎌形双孔銍刀1例（LMD：04）が出土し、長さは13.5cmと10cm（図21-14）で、鉄鎌を再利用して作ったものであり、形態に典型的属性はない。

魚鈎 発見例はやや少ない。撫順蓮花堡で1点（LHB：B3）出土し、鍛造製である。鈎身は彎曲し、先端はかえしがある。長約2.6cm（図21-8）、年代は戦国後期。

夯錘 木製の胴突きの先端に被せて使うもので、土木建築工具の一種である。長沙戦国墓で8点出土し、いずれも底部が細く銎部が太い円筒形で、底面は丸く平ら、大小に差がある。長沙楚墓M1409：1は、長12.9、直径6.15～7.3cm。M1551：01は、長10.3、直径5.4～6.6cm（図20-4）。資興旧市M254：01は、底面が重厚で、長12.8、直径5.8、底厚2.5cm（図20-3）、年代は戦国中期である。

(3) 鉱冶器具

ここでいう鉱冶器具は、専用にまたは主に鉱山の開採や、製銅・製鉄、また鋳鉄・鉄器製造に用いる鉄製器具を指す。ただし採鉱・冶鋳に用いることができても、その他の労働作業に広く使用される鉄工具は含まない。戦国時期の鉱冶器具には、主に鋳型と工具などがある。

鋳範 鉄器を鋳造するのに用いる鋳型。河北興隆寿王墳で40組計87点が出土している。空首斧・鑿・竪銎钁・六角鋤・鎌刀・車具の鋳範がある。

空首斧範 11組。いずれも二枚の外範と一つの内範からなる。外範は上部が広く下部が狭い。背面に縦向きの取っ手があり、鋳型面下部に凹凸部分があり、外範同士がうまく接合するようになっ

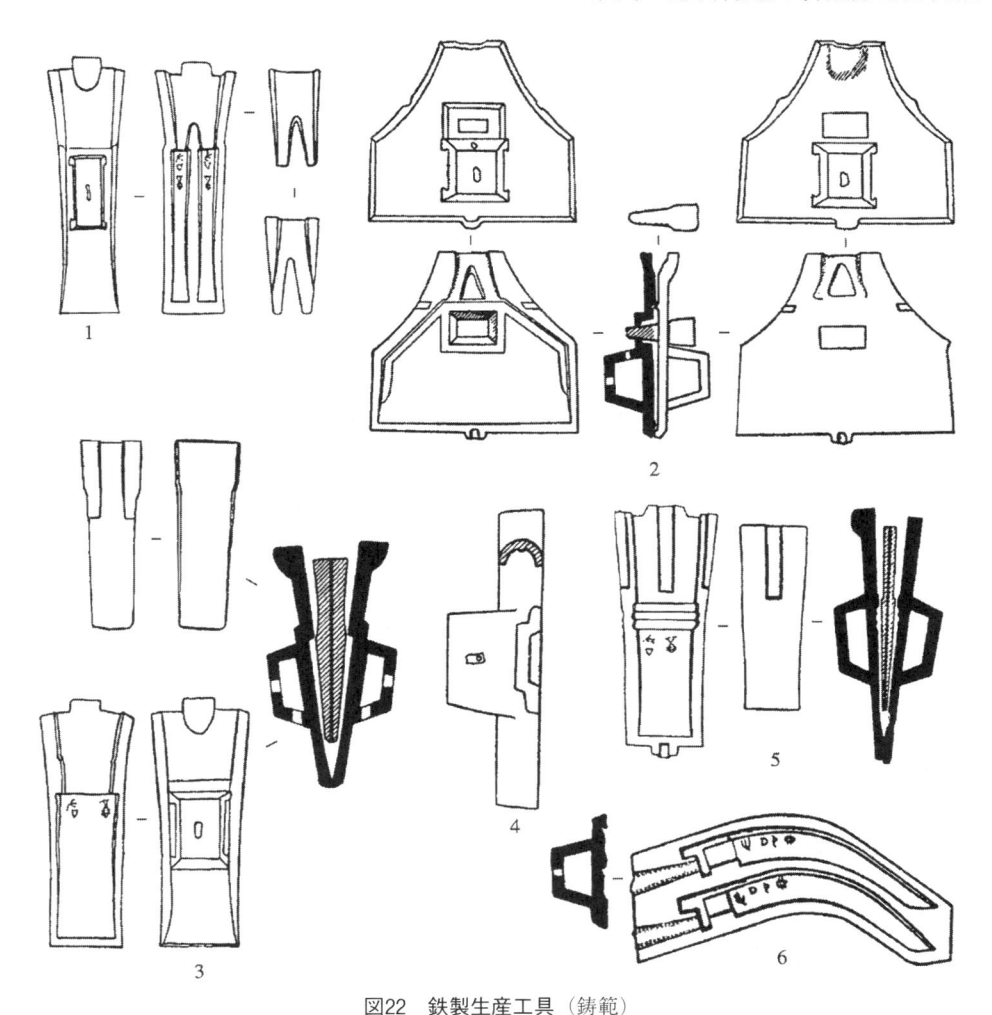

図22 鉄製生産工具（鋳範）
1．両腔鑿範　2．六角鋤範　3．竪銎鑱範　4．車具範　5．空首斧範　6．両腔鎌範　（いずれも興隆寿王墳出土）

ている。上部にも凹凸があり、内範とかみ合うようになっている。型取りはくぼみ、銎口周縁が突帯をなす空首斧形で、型取りの左右上部に"右廩"の二字の銘が鋳込まれる。上方に注口が設けられる。内範は楔形で、上部に凹凸があり、外範と組み合うようになっている。外範長26.3、寛9〜11.5、取っ手高4cm。内範長21.5、寛6〜7cm（図22-5）。その鋳出される鋳造品は、刃部幅がやや狭く、銎口周縁に突帯のある空首斧で、長15.2、寛6〜7.2cmとなっている。

両腔鑿範　1組2点。単範の外範と竪銎の内範からなる。外範は長方形板状で、背面に縦向きの取っ手がある。鋳型面は二つのへこんだ鑿形の型取りが並列し、銎部に"右廩"の二字の銘が鋳込まれ、上方に注口がある。竪銎内範は二股の楔形で、上部に外範と対応する注口がある。その二股と鋳型の型取りは対応するようになっている。外範長27.3、寛7.4〜9cm。内範長11、寛6.6cm（図22-1）。その鋳造品はくびれのある条形の鑿で、長16.5、寛2.4cmとなっている。

竪銎鑱範　25組。いずれも外範・内範各1点からなる。外範は上部が広く下部が狭く、背面に縦向きの取っ手がある。型取りはへこみ、長条楔形をなす。左右上部に"右廩"の二字の銘が鋳込ま

れ、注口が上方に設けられる。内範は楔形で、上方に外範と対応する注口がある。外範長26.2、寛9〜10.2、厚1.5cm。内範長21、寛5.8〜8cm（図22-3）。その鋳造品は長条形の竪銎鏃で、長16、寛7cmである。

　六角鋤範　1組3点。2点の外範と1点の横銎範からなる。外範は六角形の板状で、背面にはいずれも弓形の取っ手がある。型取り面の上部に横銎範を挿入する長方形の孔が設けられる。上部に注口があり、両肩・底部にそれぞれ凹凸がありうまく組み合うようになっている。外範の一つの鋳型面はくぼんだ六角鋤形の型取りがなされ、もう一方の鋳型面は光沢のある平らな面となっている。横銎範は四稜の錐状で、鋳造時は外範上部の孔を横から貫くようになっている。外範高18.6、底部寛23、取っ手高4cm（図22-2）。その鋳造品は六角形横銎鋤で、正面両側辺と頂部辺が突出した縁取りとなり、銎口周縁も突出する。背面は平ら。高11.5、刃部寛20、厚0.5cm。この製品の形態と同じ六角鋤が、易県燕下都（M44：13など）などの地で多く発見されており、戦国時代の六角鋤でよく見られる形態である。

　両腔鎌範　二組あり、それぞれ一つの単範である。範体は彎曲し、彎体鎌刀の形をなす。背面に横向きの取っ手がある。鋳造面に二つのくぼんだ彎体鎌刀が型取られ、背部と柄部に"右廩"の二字の銘が鋳込まれ、注口が鎌刀柄部の一端に設けられる。長31.5、寛11.2、厚0.9cm（図22-6）。その鋳造品は弓なりの背に内反る刃の彎体鋒刃鎌刀で、正面背部の縁が突出し、柄端が突出して欄を形成する。背面は平らである。長26.2、寛4、厚0.6cm。この形態と同じ鎌刀は、易県燕下都（W22T4：3：5など）や撫順蓮花堡などで多く発見されており、戦国時代鉄鎌刀のよく見る形態である。

　車具範　2点。いずれも外範であるが、一組のものではない。器体は円筒形を縦に割ったような形状で、背面には取っ手がある。鋳造面は半円形にくぼんだ型取りがなされ、注口が一方にある（図22-4）。その鋳造品は軸頭の類の車具であろう。

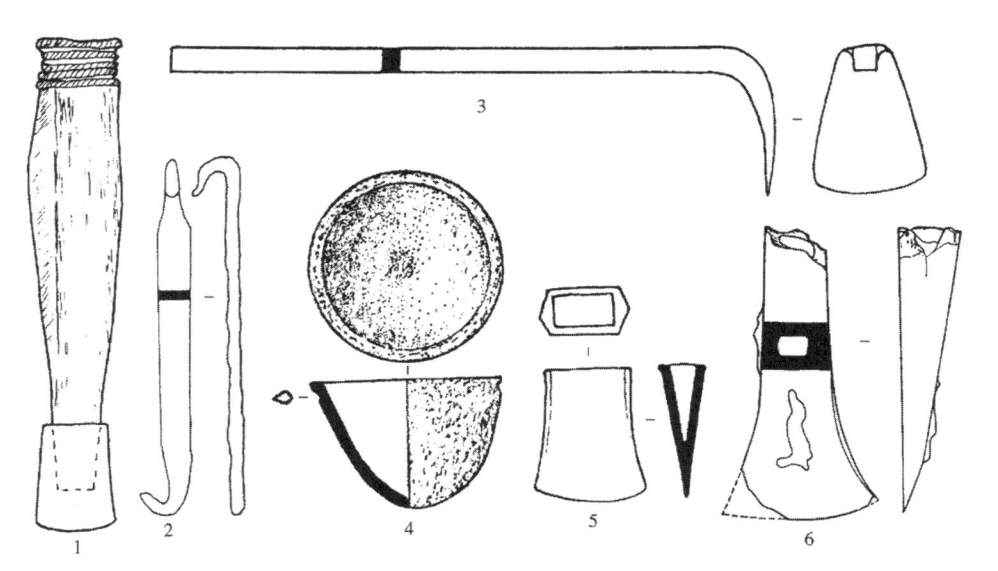

図23　鉄製生産工具（鉱冶器具）
1．木柄斧形鑿（黄石銅緑山Ⅸ1：32）　2．夾具（輝県古共城鋳鉄遺跡Y1B：1）　3．長柄耙（黄石銅緑山Ⅸ2：50）　4．坩堝（江陵紀南城J84：19）　5・6．斧形鑿（黄石銅緑山Ⅸ1：36、江陵紀南城西垣北門遺跡T9③：1）

戦国時代の鉄鋳範には、他に易県燕下都武陽台21号工房址で１点（W21T14②：5）出土しており、鉄鐶の内範で、中空、器壁は薄く、年代は戦国後期である。これと共伴したもので他に陶範と石範がある。この他、磁県下潘汪遺跡で竪銎鐹範が１点出土、磁県栢陽城址で鋳範多数が発見されている。また江西新建県大塘赤岸山で斧範１点が出土しており、年代は戦国中後期である。

　坩堝　江陵紀南城古井より１点（J84：19）出土しており、広がった口に丸みのある尖底、斜めに広がる器壁は重厚である。注ぎ口の相対する位置に一つずつくぼみがある。口径23.5、深16cm、重さ4.4kg（図23-4）。出土時には内外表面に粘性の強い泥土が塗られており、内表面にはさらに手でなでた痕跡が残っていた。年代は戦国中期である。

　斧形鑿　その形態は空首斧に類似するが、柄の装着と使用の方法は鑿に近いため、このように称する。主に鉱業生産における鉱石の剥離作業に用いる。鉱石銅緑山古鉱冶遺跡で６例発見されており、形態は大体同じで、みな鋳造製である。長方形の竪銎で、両側辺の上部はほぼ真直ぐ伸び、刃部に近づくにつれ外へ広がり、弧状の刃部をなす。両側には鋳型の合わせ目が見られる。銅緑山Ⅸ1：36は、長11、刃部寛8cm（図23-5）。銅緑山Ⅸ1：32は、刃部の磨耗が著しいが、木柄の保存が完全である。木柄は長条形を呈し、中部がやや膨らみ、下部はほぞ状に削られ竪銎内に挿入される。頂端は長方形を呈し、四本の箍で縛りつけられ頂端が衝撃で割れるのを防止している。頂面は衝撃のため毛状にめくれている。通長47cm（図23-1）、年代は戦国後期である。江陵楚都紀南城西垣北門遺跡で１点（T9③：1）出土し、残長約18.6cm（図23-6）、年代は戦国前中期である。

　長柄耙　黄石銅緑山鉱冶遺跡で１点（Ⅸ2：50）出土し、鍛造製である。耙身は梯形板状を呈し、直刃はやや弧を描く。頂端が彎曲して伸び柄となる。柄は細長で四稜形である。全長50cm、耙身長12、刃身寛9.3、厚0.5～2cm（図23-3）、年代は戦国後期である。その構造と出土状況から見て、主に採鉱生産において鉱石の掻き出し作業に用いられた。

　夾具　輝県古共城鋳鉄遺跡で２点出土し、形態は同じで、鋳造過程で鉄範を挟み固定するのに用いられた。そのうちY1B：1は、両端が内側に向かって鉤状に曲げられ、その一端はさらに別の方向に捻られている。長26.5、寛0.8～2.4、厚0.9cm（図23-2）、年代は戦国中後期である。

２　武器武具

　兵器と武具は戦国鉄器の一つの重要な組成部分であり、剣・矛・戟等の格闘兵器と、鏃等の遠射兵器、また甲冑などの防護装備がある。

　剣　比較的多く発見されており、形態も多様で、長短の差が大きく、その使用方法の相違を反映している。長短をもとに長剣・中長剣・短剣の三種に分けられる。

　長剣　通長は一般的に70cm以上で、扁茎あるいは四稜茎である。剣身の幅とその剣長との比率から四型に分けられる。

　A型：寛体剣。剣身寛は一般的に4cm以上で、剣身長・寛の比は15：1よりも小さい。剣柄の構造と特徴から二式に分けられる。

　Ⅰ式：扁茎方肩剣。長沙楚墓M115：14-1は、剣茎は欠けているが、玉剣格の幅は4.9cm、残長68.5、剣身寛4.4cm（図24-14）、年代は戦国中期である。長沙楚墓M228：1は、銅剣格で、茎断面は菱形を呈し、六条の巻き付けた縄の痕跡がある。剣身中脊はやや隆起する。残長69.7、剣身寛

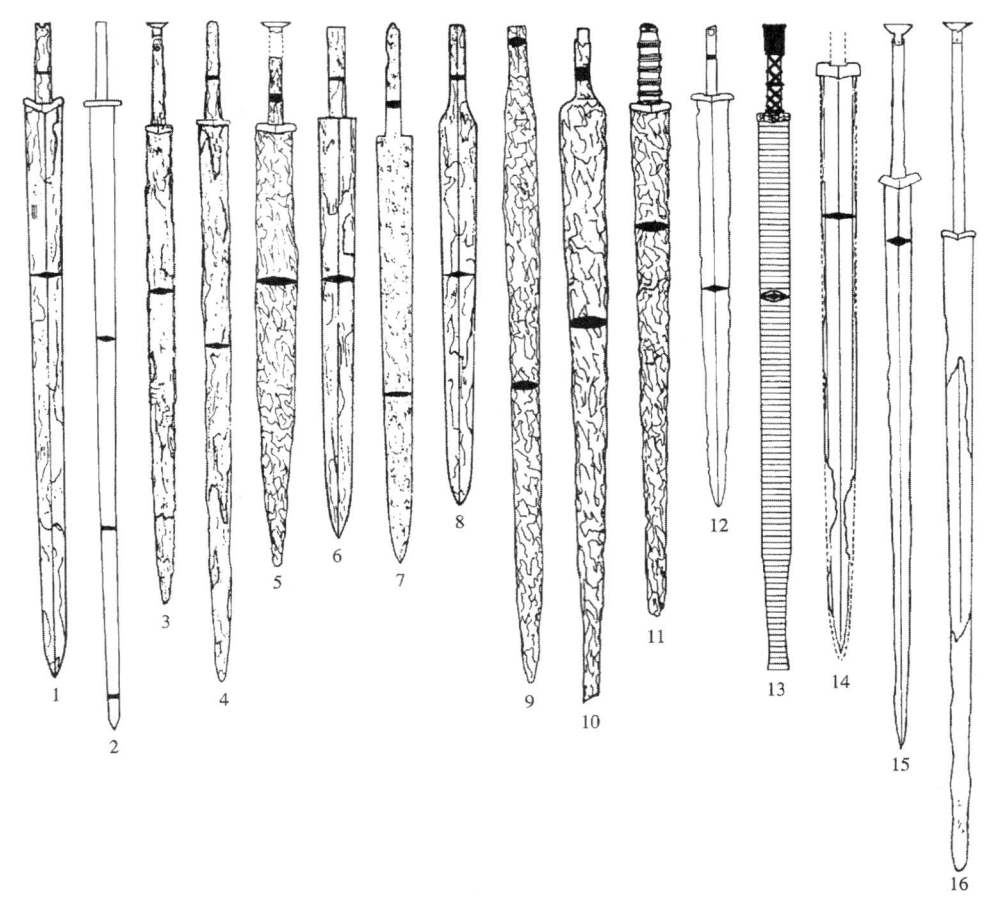

図24 鉄製兵器（剣）
1～4．B型長剣（古丈白鶴湾M22：5、咸陽林院秦墓M11：9、益陽赫山廟M11：1、益陽赫山廟M16：1） 5．A型中長剣（長沙楚墓M1592：2） 6・7．B型Ⅰ式中長剣（古丈白鶴湾M9：1、燕下都LJ10T 5 ②H17：15） 8．B型Ⅱ式中長剣（古丈白鶴湾M24：1） 9・10．A型Ⅱ式長剣（長沙楚墓M1041：4、長沙楚墓M1026：7） 11・14．A型Ⅰ式長剣（長沙楚墓M228：1、長沙楚墓M115：14-1） 12．B型Ⅰ式中長剣（江陵九店M730：1） 13．D型長剣（長沙楚墓M1281：10） 15・16．C型長剣（易県燕下都M44：59、宜昌前坪M23：9）

4.5、剣格寛4.6cm（図24-11）、年代は戦国中期である。

　Ⅱ式：扁茎斜肩剣。長沙楚墓で7点（原報告でAⅢ式と称す）出土している。剣格のないこの型式は、剣身断面が平たい楕円形を呈する。M1026：7は扁茎断面が長方形で、残長70.1、剣身寛4.8cm（図24-10）。M1041：4は扁茎断面が楕円形で、通長91、剣身寛5 cm（図24-9）で、この型式の中で最長のものである。両例の年代は戦国後期である。

　B型：窄体剣。剣身寛は一般に4 cm以下で、剣身の長さと寛さの比は15：1より大きい。今のところ有扁茎方肩の型式のみがある。古丈白鶴湾M2：5は、人字形の銅製剣格で、剣首は欠けており、剣身断面は菱形を呈する。通長78、剣身寛約3.8cm（図24-1）、年代は戦国前期。益陽山廟楚墓で2点出土し、扁平の茎に菱形の銅製剣格、そのうちM11：1は、有円形銅剣首である。通長78、剣身寛3.5cm（図24-3）、年代は戦国前期で、鑑定から塊錬鉄を反復鍛打した塊錬滲炭鋼で製作されたものとされる。M16：1は、銅製剣格があり、剣首は欠けている。通長88、剣身寛3.6cm（図24-4）、年代は戦国中期である。咸陽林院秦墓で1点出土し（M11：9）、扁茎で青銅の

剣格、通長98、寛1.9〜3.2、茎長11cm（図24-2）、年代は戦国後期である。燕下都では鉄剣2点が採集されており、剣身寛はいずれも4cm、うち1点が長64.25cmで窄体中長剣に属する以外は、みな長90cm以上の窄体長剣である。ここから窄体長剣は燕国の主要な形態であったと考えられる。

　この型式として他に、易県燕下都辛荘頭戦国後期の30号墓では2点の金柄鉄剣が出土している。金柄に金剣首・金剣格で、鋳鉄の剣身であり、木質の剣鞘がある。そのうち XZHM30：104 は、剣鞘口に凹字形の金箔を鑲嵌し、その中ほどに双獣紋を浮き立たせ、両側は羊首紋と撚紋である。鞘身上にも金箔の図案が施され、上から下へ順に撚紋縁円形紋様、撚紋臥獣紋様、鳥紋が施され、末端に金玗が嵌められる。一面には連続した龍鳳紋を浮き立たせている。また桃形剣首の両面ともに撚紋縁の巻角羊首紋様である。柄の飾りは雲紋と席紋で、剣格中心には五組の重環紋、その両側は巻雲紋が施される。鉄剣身は扁平で、中間はふくらみ脊はない。両刃はほぼ平行で、先端近くで急にすぼまり切っ先をなす。剣鞘口の長径4.6、鞘通長62.5cm。剣通長71.6、剣身寛3.8cm（図25-1）。XZHM30：105 は、剣身と剣鞘の形態構造は基本的に XZHM30：104 と同じであるが、装飾図案が場所により異なる。剣鞘口長径4.4、鞘通長63.5cm、剣通長71.4、剣身寛約3.6cmである（図25-2）。

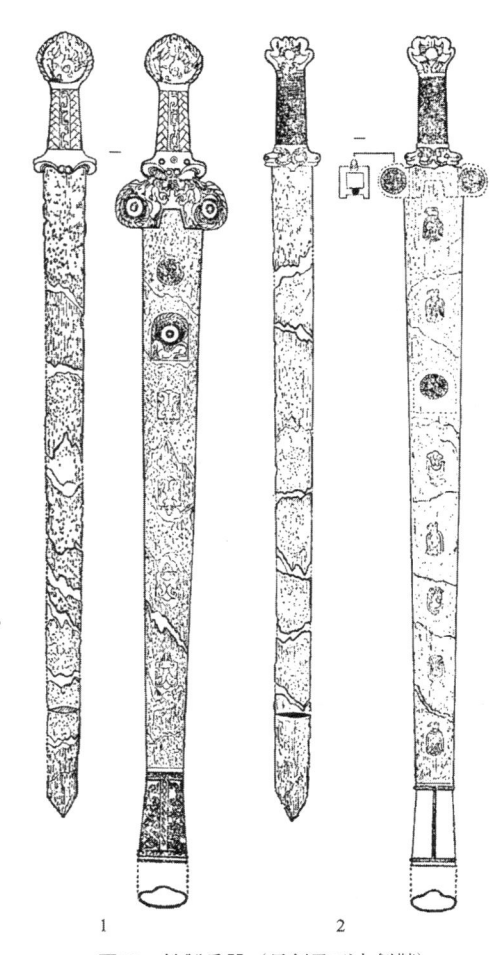

図25　鉄製兵器（長剣及び木剣鞘）
1．燕下都辛荘頭 XZHM30：104　2．燕下都辛荘頭 XZHM30：105

　C型：窄体長茎剣。剣身寛は一般に4cm以下で、剣身長と寛の比は15：1より大きい。剣茎は細長で一般に15cm以上、多くは四稜茎で方肩である。宜昌前坪戦国後期秦墓で1点出土しており（M23：9）、銅の剣首・剣格である。出土時に木製の鞘の痕跡が残留していた。通長120、茎長28、剣身寛約4cm（図24-16）。この型式の剣は燕下都戦国後期の44号墓で合計12点出土しており、保存の比較的良い8点の測量によると、茎長は15.7〜22cm、通長73.2〜100.4と不揃いで、平均通長88cmである。M44：59は、四稜形の銅製剣格で、ラッパ形の円形剣首、通長99.5、剣身長77.5、剣茎長22、剣格寛5.5、剣身寛4cm。出土時に漆木質の鞘の痕跡があった（図24-15）。

　D型：空茎剣。長沙楚墓 M1281：10 は、銅の剣首で、頂面に凸弦紋がある。また銅の剣格で両面に雲紋をあしらう。扁茎は六角形をなし中空で、外面には八条の撚紐紋の鉄条が交差して巻きつき、菱形の図案と二条の箍を形作る。剣身断面は菱形を呈する。鉄製剣鞘は、表面に漆が塗られ、錆のため鉄剣身とくっついている。通長88cm（図24-13）。年代は戦国後期である。この型式の鉄剣はこの一例のみである。

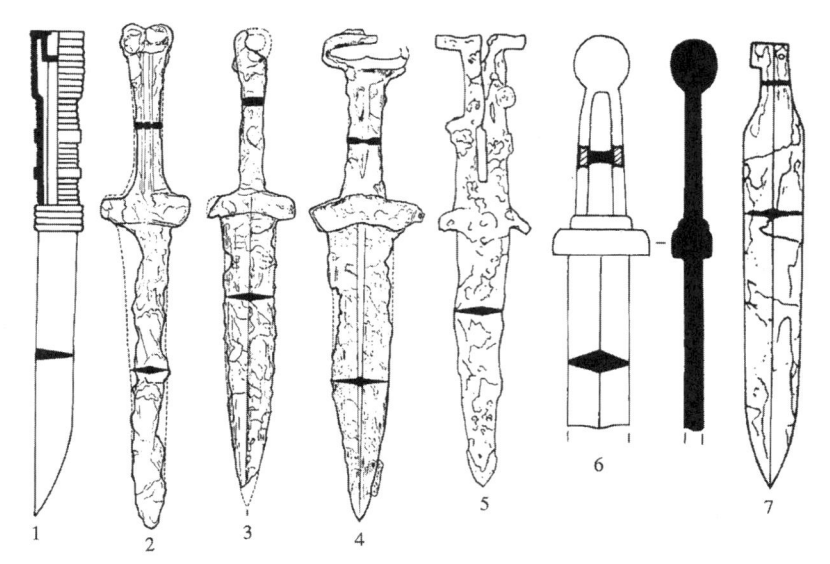

図26　鉄製兵器（匕首・短剣・剣形器）
1．匕首（湘郷紅侖上M37：2）　2．A型短剣（涼城毛慶溝M6：12）　3．B型Ⅰ式短剣（毛慶溝M29：1）　4．B型Ⅱ式短剣（毛慶溝M38：4）　5．C型短剣（涼城飲牛溝M1：2）　6．D型短剣（庫爾勒上戸郷M3：56）　7．剣形器（古丈湾M43：1）

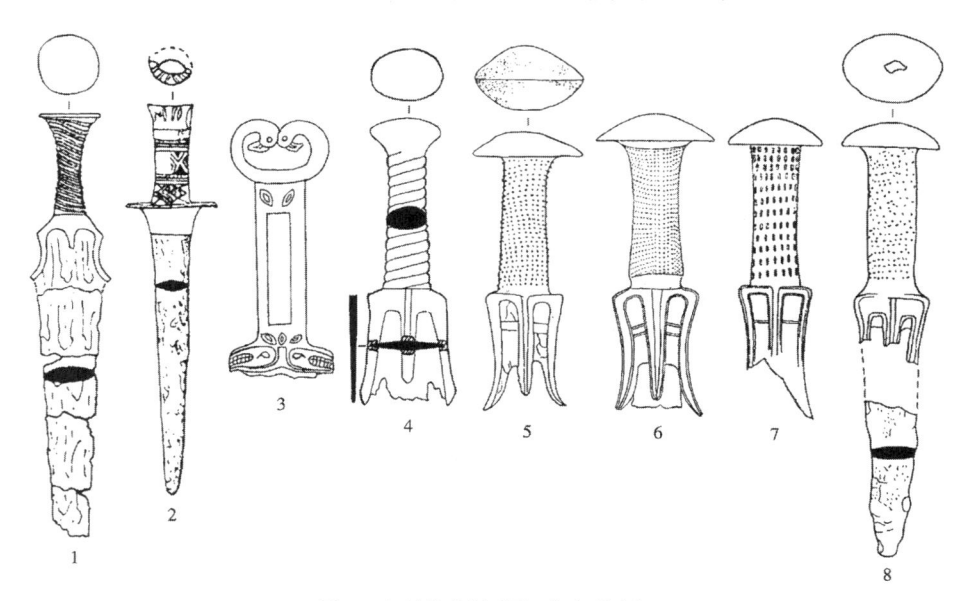

図27　銅鉄複合製兵器（銅柄鉄剣）
1．C型（江川李家山M21：26）　2．D型（赫章可楽M194：2）　3．A型（正寧後荘村HZM：01）　4．B型Ⅰ式（慶陽五里坡WLPM：01）　5～8．B型Ⅱ式（固原余家村YJM：01、固原楊郎馬荘ⅠM12：3、西吉陳陽川村CYCM：01、彭陽県官台村GTCM：01）

中長剣　通長は一般に40～70cmの間で、扁茎ないし四稜茎である。その剣身の幅と、剣身幅と長の比率から、二型に分けられる。

A型：寛体剣。剣身寛は一般に4cm以上、長・寛の比は12：1より小さい。今のところ有扁茎方肩剣の一種類のみ見られる。長沙楚墓M1592：2は、銅の剣格と円形剣首で、剣身中部がやや広い。残長60、剣身寛5.1cm（図24-5）、年代は戦国中期である。長沙M545：2は、通長60.9cm、

年代は戦国後期である。

　B型：窄体剣。剣身寛は一般に4cm以下、剣身長・寛の比は12：1より大きい。剣柄の構造と特徴から二式に分かれる。

　Ⅰ式：扁茎方肩剣。古丈白鶴湾M9：1は扁茎で、剣格・剣首は見られない。方肩で断面は菱形を呈する。通長60、剣身寛約3.8cm（図24-6）、年代は戦国前期。江陵九店M730：1は、剣身はやや細長く、断面は菱形を呈し、中脊が見られる。剣茎末端に小孔があり剣首を装着するようになっている。四稜形の銅剣格で、寛4.8cm。通長54.5、剣身寛3.6cm（図24-12）。金相鑑定から鋳鋼剣とされ、年代は戦国後期の早い段階である。[94] 燕下都LJ10T5②H17：15は、扁茎で断面長方形を呈し、剣身は扁平で稜脊はない。両刃はすぼまり切先となる。剣首・剣格は見られない。通長64.8cm（図24-7）、年代は戦国後期。

　Ⅱ式：扁茎斜肩剣。古丈白鶴湾M24：1は、剣身が斜肩で断面菱形を呈する。通長57、剣身寛約3.8cm（図24-8）、年代は戦国前期である。

　剣首　易県辛荘頭30号墓で1点（XZHM30：61）出土し、扁円形で中央に円孔が穿たれる。表面の鑲嵌と同じ大きさの金製泡飾がある。直径3.8、孔径0.8cm、年代は戦国後期である。

　短剣　通長は一般に30cm前後で、剣身長は20cm前後である。発見はやや少なく、主に柄首の差異から四型に分類できる。

　A型：角型首剣。凉城毛慶溝で1点出土しており（M6：12）、柄首は相対して連接する鳥首から構成される。錆のため輪郭が変形した触覚状になっている。柄は扁平で、中間に二条の凹線があり、両側は斜めの短線紋となっている。長方形の格である。剣身は幅が狭く長めで、柱状の中脊がある。通長29.5、剣身長16cm（図26-2）。年代は戦国前期である。

　B型：環首剣。凉城毛慶溝で3点出土している。二式に分かれる。[95]

　Ⅰ式：1点（M29：1）あり、柄首はやや小さく円環形を呈し、剣柄は扁平で幅が狭い。剣格はほぼ人字形を呈し、剣身断面は菱形を呈する。通長28.2、剣身長17.2cm（図26-3）、年代は戦国中期である。

　Ⅱ式：2点ある。柄首は比較的大きい扁円形を呈し、剣柄はやや幅広で、中間に凹線があり、凹線中間にすかし孔がある。剣格はほぼ人字形を呈し、剣身は幅広で柱状の中脊がある。M38：4は、通長28、剣身長17.8cm（図26-4）、年代は戦国後期である。

　C型：T形首剣。凉城飲牛溝で1点（M1：2）出土しており、T形の柄首で、扁茎には合わせ目が見られる。人字形の剣格で、剣身は短く幅広、断面は菱形を呈する。切っ先部に木鞘の痕跡が残る。通長28.7、寛4.2cm（図26-5）、年代は戦国後期である。[96]

　D型：球形首剣。新疆庫爾勒上戸郷M3：56は、剣身・剣茎が鉄を鍛造したものである。剣身は扁平で、中脊があり、切っ先は欠けている。剣茎は扁平で、外側に銅を被せている。球形の剣首と、一字形の剣格は銅製である。残長21.5、寛3.2、剣柄長7.5cm（図26-6）。年代は戦国時代である。[97]

　銅柄鉄剣　剣柄が銅製で、剣身が鉄製である。発見はやや少ないが、形態は多様であり、多くは短剣に属する。剣柄の形態と構造の違いから、四型に分けられる。

　A型：環首・扁茎である。正寧後荘村で1点（HZM：01）発見されており、柄首は二つの禽首が内に曲がって環状になる。茎両面に長条形の凹溝があり、剣格両側は双魚戯水の紋様が飾られる。

剣身は欠けている。残長11.5cm（図27-3）、年代は戦国前期に当たる。[98]

B型：キノコ状首で扁円茎。剣格前部が舌状に伸びて四つに分かれ、鉄質剣身を堅固に包み込み、"三叉格"を形成する。二式に分かれる。

Ⅰ式：茎は螺旋状紋で飾られる。慶陽五里坡で1点（WLPM：01）出土しており、剣身は欠けている。残長17、剣身寛5.5（図27-4）、年代は戦国前期である。[99]

Ⅱ式：茎表面に小さな突起が密集する。固原楊郎馬荘ⅠM12：3は、茎が中空で、剣身は欠ける。残長18.9、剣格寛5.2、柄長11cm（図27-6）、年代は戦国後期である。[100] この型式の剣はほかに彭陽県交岔郷官台村（図27-8）[101]、固原県彭堡郷余家村（図27-5）[102]、西吉陳陽川村（図27-7）[103]などの地で発見されており、その年代はいずれも戦国時代である。

C型：喇叭形首、扁円茎、三叉銅格で、鉄製剣身は三叉格中に挿入されている。江川李家山M21：26は、切っ先が欠け、残長26.6cm（図27-1）、年代は戦国後期である。[104]

D型：喇叭形首、扁円茎で、一字形の剣格である。赫章可楽M194：2は、茎飾には幾何学紋様があり、剣身は幅が狭く長い。切っ先は欠け、残長26.6cm（図27-2）、年代は戦国後期である。[105]

剣形器 古丈白鶴湾楚墓で1点（M43：1）出土し、形がT形の剣首のものである。茎は扁平で幅広、柄首はT形をなす。剣首に小孔が一つあり、剣身は円形の柱脊がある。通長30.4、寛約4.2cm（図26-7）。年代は戦国前期である。[106] この器は長短でみるならば短剣に属するが、茎が非常に短く、柄首に円形穿孔があり、明らかに短剣ではない。おそらく長柄に装着して使用したものであろうが、ここではとりあえず"剣形器"として説明しておく。

匕首 直体で、単面刃である。湘郷紅侖上M37：2は、直刃で切っ先が鋭く、円茎で、絵は中空、表面に絢索紋が施される。通長24cm（図26-1）、年代は戦国前期である。

矛 矛身と茎の形態差により四型に分けられる。

Ⅰ式：矛身は扁平でやや短く幅広。燕下都W21T78②：1は、鋳造製で、通長28.7、矛葉長12.5cm（図28-5）、年代は戦国後期である。

Ⅱ式：矛身断面が菱形を呈し、中脊をもち、やや細長である。燕下都W21T9②：10は、通長36.9、矛葉長19.3cm（図28-8）である。燕下都W21T10②：4は、鍛鉄製で、骹口周辺が外に巻き込まれる。通長34、矛葉長19.6cm（図28-7）である。両者年代は戦国後期である。燕下都YXD67DD：023は、鍛造製で、中脊が突出し、断面円形の骹の一面は鍛接の合わせ目が見られる。矛葉長20.7、通長36.6cm（図28-9）。

Ⅲ式：矛身は扁平で、長茎である。燕下都M44：69は矛身断面が扁平楕円形で、葉・骹の間に長茎があり、骹上部の茎に近い部分に銅箍がある。銅箍上に突帯があり、その突帯上にはくぼみがある。通長32.4、葉長11.5cm（図28-3）、年代は戦国後期である。この型式の矛は唐山東歓坨（図28-4）などでも発見されている。

B型：矛身は細長で、双葉は平ら、前部がすぼまり切っ先となる。円骹はやや長い。燕下都M44：48は、矛身断面が菱形を呈し、葉・骹が一つながりで、骹の一面に鍛接の合わせ目があり、鍛造と知れる。骹中部の両側に対称の小穿孔があり、鉄釘を打ち込んで矛柲を固定したもので、片側の鉄釘は残存している。通長37.5、葉長22cm（図28-10）、年代は戦国後期。この型式は燕下都44号墓で16点出土し、通長は32〜37.9cmと不揃いである。ここから、この型式は戦国後期の燕国で戦闘中に最も常用された矛であると考えられる。

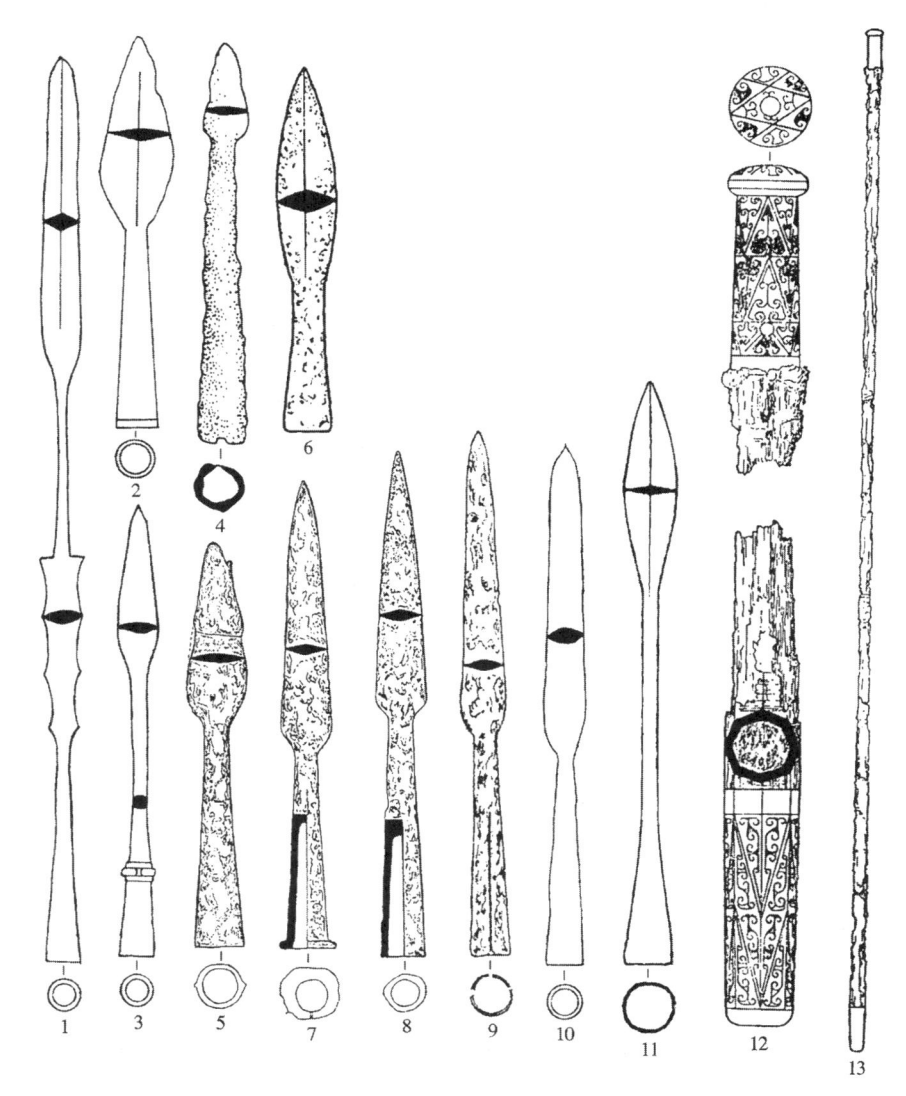

図28 鉄製兵器（矛・杖）
1．D型矛（易県燕下都M44：47） 2．C型Ⅰ式矛（寧県袁家村M：01） 3・4．A型Ⅲ式矛（燕下都M44：69、唐山東歓坨T81③：1） 5．A型Ⅰ式矛（燕下都W21T78②：1） 6．C型Ⅰ式矛（平凉廟荘M6：18） 7～9．A型Ⅱ式矛（燕下都W21T10②：4、燕下都W21T9②：10、燕下都YXD67DD：023） 10．B型矛（燕下都M44：48） 11．C型Ⅱ式矛（楊郎馬荘ⅢM4：13） 12・13．杖およびその復元（平山中山国王墓M1CHMK2：19）

C型：矛身はやや桂葉形を呈し、断面は菱形、中脊を有し、円骸である。二式に分かれる。
Ⅰ式：円骸はやや短い。寧県袁家村M：01は、矛身はやや扁平で幅広、骸口周縁は厚みが加わり箍状になる。通長28、葉長14、寛4.8cm（図28-2）、年代は戦国前期である。[107] 平凉廟荘M6：18は、通長25.5、葉長14、寛3.6、骸径3.2cm（図28-6）、年代は戦国後期である。[108]
Ⅱ式：長茎短骸矛。楊郎馬荘ⅢM4：13は、円柱状の細い長茎で、短い円骸である。通長43.2、葉寛4、骸径3.2cm（図28-11）、年代はおおよそ戦国後期である。
D型：異形矛である。燕下都M44：47は、矛身は細長で、断面は菱形を呈し、中脊が有る。葉・

骸の間に長茎があり、茎上には三節の刃のある棘状突起がある。通長66、葉長24cm（図28-1）、年代は戦国後期である。

杖　"殳"とも称す。平山中山国王１号墓の車馬坑で木皮鉄杖１点が出土した（M１CHMK２：19）。全体は長い竿状で、断面稜形の鉄芯で、表面は規格的な木片を鉄杖表面に綴り合わせて木皮を形成し、木皮表面を紐で巻きさらに赤漆を塗布する。長159、直径2.1、木皮厚0.25cmである。鉄杖頂端に銅帽を被せ、底端には銅鐏を装着し、均しく金銀の紋飾を錯嵌する（図28-12・13）。年代は戦国中期と後期の境である。『呂氏春秋』巻二十一貴卒に"趙氏中山を攻む。中山の人の力多きもの吾丘鳩と曰い、鉄甲を衣し、鉄杖を操り以って戦う。撃つに砕かざるなく、冲して陥ちざるなし。"とある。ここから、中山国では確かに鉄杖を兵器として戦闘を行なっていたことが分かる。

鐏　矛柲の末端に装着し、柲を補強する。全体は円筒形を呈し、二型に分けられる。

A型：全体は太く短い。燕下都M44：114は、平底で、銎端径と底径が大体同じ、器身中部に突帯が一周し、その下に円形穿孔があり、柲を固定する目釘孔となっている。通長7.5、直径3.8cm（図29-1）、年代

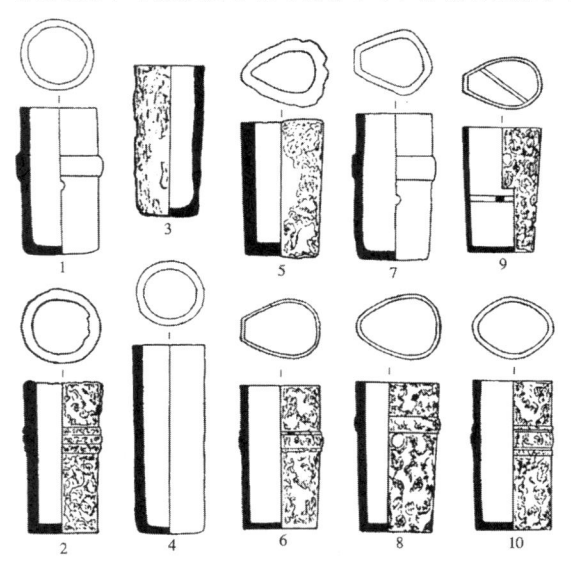

図29　鉄製兵器（鐏・鐓）
１～３．A型鐏（易県燕下都M44：114、燕下都W21T９②：2、咸陽塔児坡M15101：2）　4．B型鐏（燕下都M44：24）　5～9．A型鐓（燕下都W21T11②：8、燕下都W21T80②：5、燕下都M44：42、燕下都W21T77②：15、燕下都W21T85②：1）　10．B型鐓（燕下都W21T80②：1）

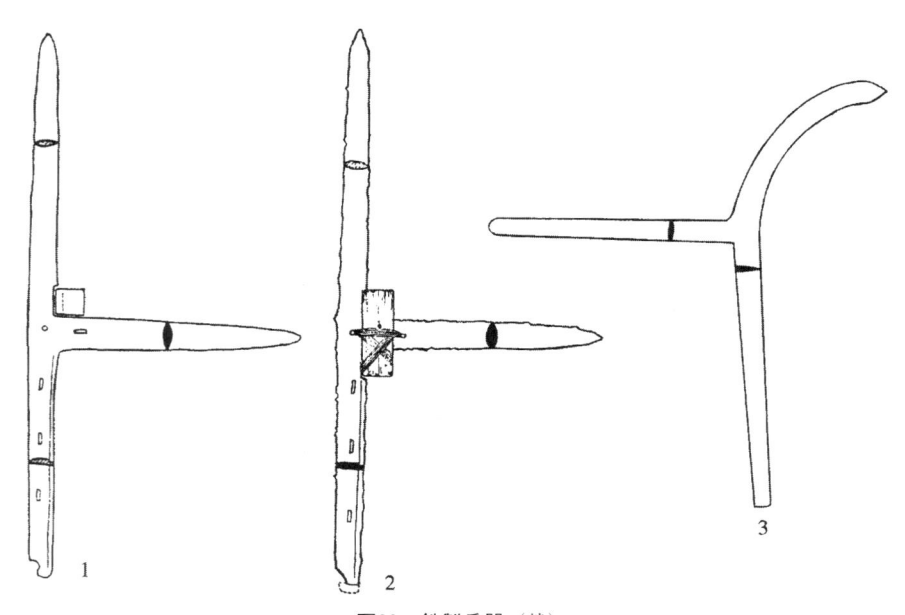

図30　鉄製兵器（戟）
１・２．B型戟（易県燕下都M44：11、燕下都M44：54）　3．A型戟（長沙楚墓M356：1）

は戦国後期で、同類器物で年代の最も早いものである。燕下都武陽台村21号工房址で45点出土しており、みな形態は同じで合範鋳造製である。釜端径はやや大きく、底径はやや小さい。W21T9②：2は、中部に円形穿孔があり、その上に突帯が一周する。長8、直径3.6〜4cm（図29-2）、年代は戦国後期。咸陽塔児坡M15101：2は、口径が底径よりやや大きく、長6.6、直径3、器壁0.45cm（図29-3）で、年代は戦国後期前段である。[110]

B型：全体は細長である。燕下都M44：24は、平底で、長10.3、直径3.7cm（図29-4）、年代は戦国後期、同類器では年代が最も早い。

戟 発見はやや少ない。その形態と構造の違いから二型に分けられる。

A型：全体は三叉形で、刺・胡・援はみな細長である。刺は一方に彎曲し、援は横に延び、胡と垂直になる。長胡で穿はない。長沙戦国楚墓で4点出土しているが、ほとんどは破損している。そのうちM356：1は、通長52.5、援長20.5cm（図30-3）で、年代は戦国中期である。

B型：全体は"卜"字形を呈し、刺・胡はほぼ一直線で、援は横に延びて刺・胡と直角になり、三者の交わる部分に円形穿孔が一つある。刺・援の断面は扁平な楕円形を呈する。援末端に長方形の穿孔が一つあり、胡上にも長方形穿孔が三つある。燕下都M44：54は、通長54.2、援長22.2cm（図30-2）である。援の付根に青銅柲帽があり、やや長く、断面は卵形で、両側に穿孔があり紐ないし皮革で戟・柲帽・柲を結び固定するようになっている。燕下都M44：11は、通長46、援長22.4cm（図30-1）で、柲帽はやや短く、刺と援の交わる部分にある。年代は戦国後期。この型の戟は燕下都44号墓で計12点出土しており、戦国後期燕国の主要な兵器類型の一つと知れ、今のところ年代の最も早いものである。

鐏 戈・戟等の柲末端に装着し、柲を強化するものである。筒形で、断面は卵形なし楕円形で、二型に分けられる。

A型：断面が卵形を呈する。燕下都M44：42は、平底で、釜端径と底径がほぼ同じで、器身中部に突帯が一周する。その下に円形穿孔があり、柲を固定する目釘を挿す。通長7.8、直径4cm（図29-7）、年代は戦国後期で、同類器物では最も古い。燕下都武陽台村21号工房址で156点出土し、みな双範合鋳により製作される。釜端が大きく底径がやや小さい。そのうち、W21T80②：5は、上部両側にそれぞれ穿孔があり、その下に突帯が三条見られる。通長7.8、釜端径3.1〜4cm（図29-6）である。W21T77②：15は、上部に幅広の突帯が一周し、突帯下の両側に一つずつ円形穿孔がある。通長8、釜端径3.4〜4.3cm（図29-8）である。W21T11②：8は、上部両側にそれぞれ穿孔があり、突帯はなく、通長7.2、釜端径3.4〜4.2cm（図29-5）である。W21T85②：1は、形態はやや小さく、通長6.4、釜端径2.9〜3.9cm（図29-9）である。年代はみな戦国後期である。

B型：断面は楕円形に近い。燕下都W21T80②：1は、上部両側にそれぞれ円形穿孔があり、その下に突帯が三条めぐる。長8.1、釜端径3.5〜4.2cm（図29-10）で、年代は戦国後期である。

鏃 鉄鏃と鉄鋌銅鏃の二類がある。

鉄鏃 発見はやや少ない。鏃身の形態の差から四型に分かれる。

A型：三稜鏃で、稜面は平らかやや内反り、有関のものもある。易県燕下都XG9T4③H21：3は、稜面は平らで鏃身下部は狭まりながら鉄鋌につながる。関はない。鏃身長3.6、鋌残長11.4cm（図31-1）、年代は戦国後期である。凌源安杖子T2③：25は、全体が太く短く、稜面は

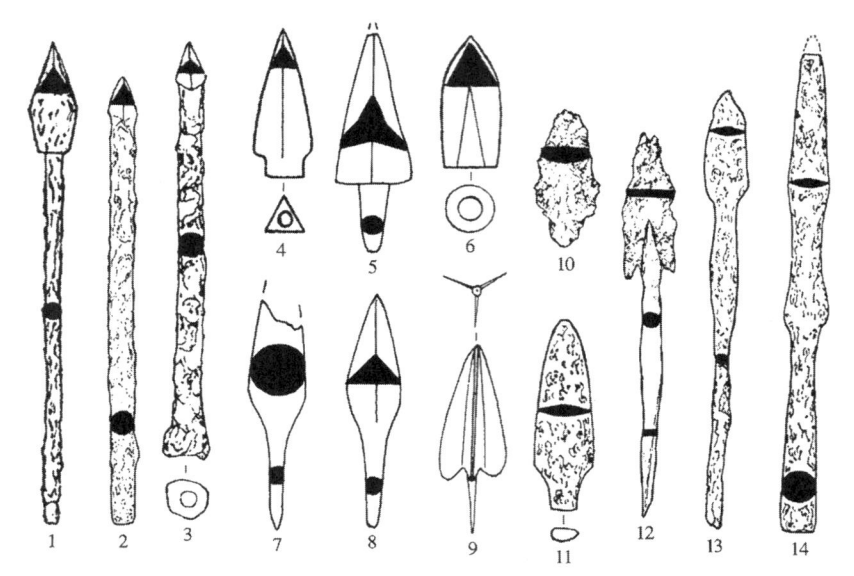

図31 鉄製兵器（鏃）
　1～4．A型鏃（易県燕下都XG 9 T 4③H21：3、燕下都LY27T24③：5、燕下都W21T32③：28、凌源安杖子T 2③：22） 5．B型鏃（庫爾勒上戸郷M 3：75） 6．A型鏃（凌源安杖子T 2③：25） 7．D型鏃（庫爾勒上戸郷M 3：6） 8．A型鏃（庫爾勒上戸郷M 3：22） 9．B型鏃（鄯善県蘇貝希Ⅲ M10：9-4） 10～14．C型鏃（平洋磚場墓地M107：34、燕下都YXD66W21：0275、平洋磚場墓地M107、燕下都YXD66B：0254、燕下都YXD66W：0242）

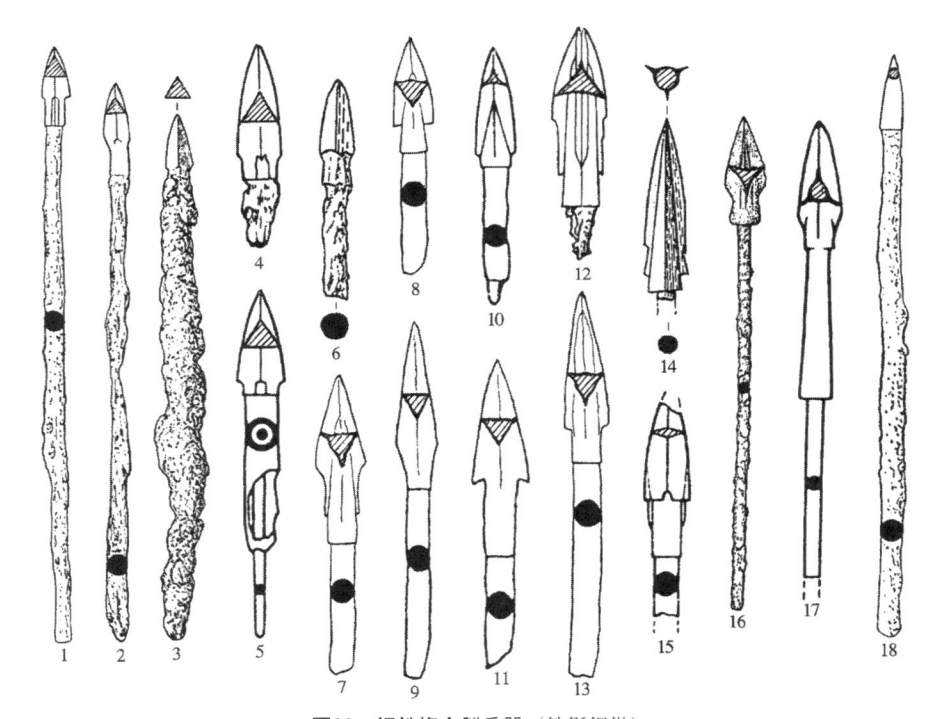

図32　銅鉄複合製兵器（鉄鋌銅鏃）
　1～6．A型（易県燕下都LYVT 4③：5、燕下都D 6 T88③：4、赤峰蜘蛛山T 2②：9、輝県琉璃閣M242：16、長沙楚墓M980：5、鄭州南関外T84：11） 7・8．B型（燕下都M44：77、燕下都M44：15） 9．A型（燕下都M44：65） 10．B型（長沙楚墓M329：2） 11．A型（燕下都M44：88） 12．B型（輝県琉璃閣M242：15） 13．A型（燕下都M44：33） 14．B型（鄭州南関外T84：21） 15．C型（長沙楚墓M504：12） 16・17．B型（南関外T84：50、江陵沙冢M 1：23-12） 18．D型（燕下都LYVT 7②：1）

平ら、下部は円柱状で、底端に箭杆を装入する円孔がある。長2.5、寛1cm（図31-6）、年代は戦国後期である。庫爾勒上戸郷Ｍ３：22は、鏃身断面が二等辺三角形で、次第にすぼまる。鍛造製で、通長4.6cm（図31-8）。上戸郷Ｍ３：46は、錐状鏃身で、断面が二等辺三角形で、脊が末広がりである。鍛造製で、通長5.6cm。凌源安杖子古城址では17点出土しており、錐状で、刃鋒は鋭く、短い関があり、底端に箭杆を装入する円孔がある。そのうちＴ２③：22は、関があり、長2.8、寛1.1cm（図31-4）、年代は戦国後期である。燕下都老爺廟台27号遺跡で１点（LY27T24③：5）出土し、鋳造製で、鏃身は太く短い。円形関部で鉄鋌に鋳接される。残長13.8cm（図31-2）で、年代は戦国後期である。燕下都Ｗ21T32③：28は、関があり、鋌は中空で、鏃身長1.6、残通長13.6cm（図31-3）で、年代は戦国後期である。平山中山国王墓２号車馬坑で１点（CHMK２：29-1-9）出土し、鏃身は太く短く、三刃は弧状にすぼまり鋒を形成する。関があり、円形で細い長鋌、藤蔓で巻かれ漆が塗られる。鏃身長1.3、通長54cm、年代は戦国中期・後期の境である。

B型：三翼鏃。庫爾勒上戸郷Ｍ３：77は、鍛造製で、鏃身断面は三稜形を呈し、稜面は内に反る。関はなく錐状の短い鋌で、尾翼がある。通長6.2cm。上戸郷Ｍ３：75は、通長4.8cm（図31-5）。新疆鄯善県蘇貝希Ⅰ号・Ⅲ号墓地出土の鉄鏃はみな三翼形で、M10：9-4は、三翼が肥大し、鋌は細く短く、長3.8cm（図31-9）、年代は紀元前５～前３世紀である。上戸郷Ｍ３：40は、鏃身が三翼形で、尾翼があり、鍛造製、残長3.8cmである。

C型：双刃鏃。鏃身は扁平で、双刃である。易県燕下都で２点採集され、うちYXD66W21：0275は、鏃身は扁平で、両刃はすぼまり鋒をなし、下部はすぼまりながら楕円形の鉄鋌になっていく。残長4.8cm（図31-11）。YXD66B：0254は、鏃身の中脊が突出し、末端は円形の長鋌へと連なる。残長10.8cm（図31-13）。YXD66W：0242は、鏃身がやや長く、両側辺が内に弧を描いて曲刃をなす。鋌はやや太い。残長14.2cm（図31-14）。庫爾勒上戸郷Ｍ３：76は、鍛造製で、鏃身は扁平で桂葉形を呈する。断面は扁平の楕円形で、鋒は欠けている。通長6.7、寛3.2cm。泰来平洋磚場墓地で10点出土しており、うちM107：34は、鏃身が短く幅広で、桂葉形に近い。円形の骨鋌を装着している。残長3.4cm（図31-10）。M107：107は、鏃身は三角形に近く、下部がやや長く、基部に骨鋌を嵌装している。通長11.3、鏃身長4.7cm（図31-12）。

D型：円錐形の鏃。庫爾勒上戸郷Ｍ３：6は、鋳造製で、円錐状の鏃身、断面は円形を呈する。末端はすぼまり、鋒は欠けている。通長7.2cm（図31-7）。

鉄鋌銅鏃 鏃身は銅製で、鋌が鉄製である。比較的多く発見されており、鏃身の形態差から四型に分けられる。

A型：三稜鏃。発見は多く、戦国時代の鉄鋌銅鏃で最もよく見られる形態である。易県燕下都ＤＧＴ88③：4は、稜面は平らで、三刃はすぼまり鋒をなす。基部は斜めにおさまり関となる。鏃長2.9、鉄鋌残長14.4cm（図32-2）、年代は戦国前期である。鄭州南関外Ｔ84：11は、鏃身はやや短く、稜面は平ら、鋒は鋭く、基部はやや長い。円銎があり鉄鋌を納める。鏃長2.4、残通長13.2cm（図32-6）、年代は戦国後期である。燕下都M44：65は、鏃身は細長で、稜面は平ら、鈍角に曲って丸くすぼまり短い関につながる。鏃長３cm、脊長2.2cm（図32-9）、年代は戦国後期である。燕下都M44：88は、鏃身は太く短く、稜面は平ら、脊が鋭角に折れ短い翼を形成する。関は細く長い。鏃長は3.3cm（図32-11）、年代は戦国後期である。輝県琉璃閣M242：16は、稜面は平ら、三刃はすぼまり鋒となり、円柱形の関が鉄鋌と連なる。通長4.5cm（図32-4）、年代は戦国

後期である。赤峰蜘蛛山で4点出土し、そのうちT2②：9は、鏃長2、残通長18cm（図32-3）、年代は戦国後期である。長沙楚墓で9点出土し、鉄鋌には竹箭杆が被され、その上にさらに円形の鉄管が被される。M980：5は、長7.5、鋒長1.9cm（図32-5）、年代は戦国後期である。燕下都老爺廟台LYVT4③：5は、鏃身は太く短く、三刃はすぼまって鋒となり、関断面は六稜形を呈し、鉄鋌と鋳接される。鏃長2.4、鉄鋌残長15.1cm（図32-1）、年代は戦国後期である。この他、平山中山国王1号墓で2点出土している。江陵沙冢M1：23-4は、鏃身は三稜形で、三刃はすぼまり鋒となり、長関は三稜形を呈す。鋒長1.7、関長20.3、鋌残長7.5cm、年代は戦国中期のやや晩い時期である。

　B型：三翼鏃。関があり、後翼はない。鄭州南関外T84：50は、鏃身がやや太く、脊末がすぼまって関とつながる。鏃長3.5、鋌残長12.7cm（図32-16）。鄭州南関外T84：21は、鏃身が細長で、三刃下部が翼形に広がる。鏃長4cm（図32-14）。年代はいずれも戦国後期。輝県琉璃閣M242：15は、形態は太く短く、鏃身は三葉形で、三葉の間の中脊は円形に膨らむ。葉下部はすぼまる。管状の銎で、鏃身中部に直接つながる。銎内には鉄鋌が残存する。通長4.9cm（図32-12）、年代は戦国後期。燕下都M44：77は、鏃身はやや短く、脊末は鈍角にすぼまり、関につながる。鏃長4.4、脊長3.6cm（図32-7）。燕下都M44：33は、鏃身がやや長く、稜面は内に反り、関は延びて鏃身中部に至る。鏃長4.5、脊長3.5cm（図32-13）。燕下都M44：15は、鏃身が太く短く、脊末が直角にすぼまり、関につながる。鏃長3.2、脊長2.4cm（図32-8）。年代はいずれも戦国後期である。長沙329号楚墓で1点（M329：2）出土し、関が短く、通長5.3、鋒長2.2cm（図32-10）、年代は戦国中期。江陵沙冢M1：23-12は、関がやや長く、出土時には鉄鋌上に漆塗りの箭杆が被さっていた。鋒長2.4、関長2.8、鋌残長6.3cm（図32-17）、年代は戦国中期のやや晩い時期である。この型の鉄鋌銅鏃は、当陽趙家湖などでも発見されている。

　C型：双刃鏃。長沙504号楚墓で1点（M504：12）出土し、鏃身は扁平で、断面菱形を呈し、関がある。長4.4、鋒長2.1cm（図32-15）、年代は戦国後期である。

　D型：円錐鏃で、鏃身は弾頭状である。易県燕下都老爺廟台V号基址で1点（LYVT7②：1）出土し、関はなく、鏃長2、鉄鋌残長13cm（図32-18）、年代は戦国後期である。

　弩機郭　銅弩機の鉄郭底座である。燕下都44号墓で1点（M44：21）出土している。出土時には銅懸刀の端部が鉄郭上に付着していた。鉄郭長18.5、寛3.1、厚0.5cm。両端は竪に突出し前に向かって屈曲し、前部は高6cm、後部高3cmである。年代は

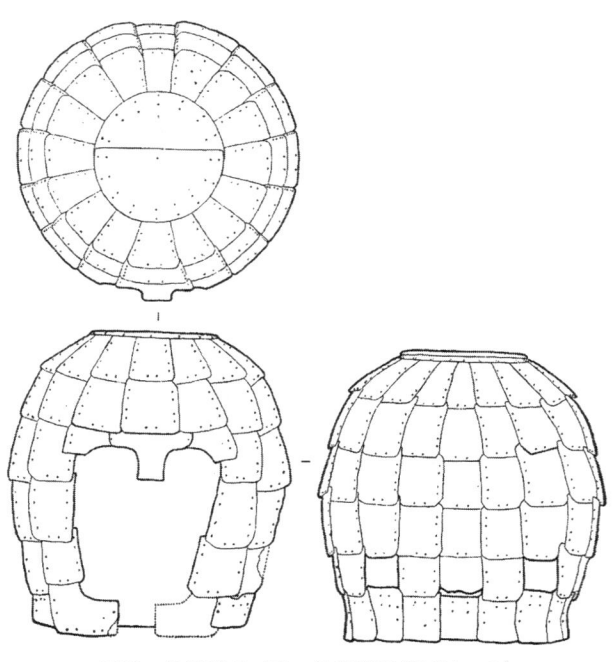

図33　鉄製武具（冑、易県燕下都M44：2）

戦国後期。銅弩機は戦国前期に出現し、鉄郭は燕国のものがもっとも古い。

冑　燕下都44号墓で１点（M44：２）出土しており、鉄札片を綴り合せて作られている。鉄札片は89片あり、綴られる部位によって大きさ・形態が様々で、一枚一枚の周縁にある小孔で綴られる。札は７層に分けられ、上層が下層に被さり、前面が後面に被さるようになっている。札同士は糸ないし皮革で綴られる。冑内側には腐朽した織物が残留しており、本来は柔らかい下当てがあったと分かる。全体は丸く頂部は平らである。高26、直径24cm（図33）、年代は戦国後期である。[114]『韓非子』巻九内儲説上に、"矢の来るに郷あらば、すなわち鉄を積みて以って一郷に備える。矢の来るに郷なければ、すなわち鉄室をなして以って尽くこれに備える。"とあり、『集解』に"甲の全きものの、首より足に至り、鉄有らざるなきを謂い、故に鉄室と曰う。"とある。首から足までの鉄室とは、冑をも包括するであろう。鉄冑甲片は易県燕下都の各遺跡で多く発見されており、最も古いものは戦国中期のもので、老爺廟台Ⅴ号基址で８点出土している。武陽台村21号工房址では214片出土し、年代は戦国後期で、当時鉄冑が大量に使用されたことが分かる。

鎧甲　復元できるものは未発見である。燕下都武陽台村21号工房址で鎧甲片270片以上が出土し、完全なものが63点あり、梯形・長方形・方形・Ｔ形の四種類がある。年代は戦国後期である。

３　車馬機具

車馬機具は、馬車で使う部品や馬装・馬具、船用鉄製品と古典機械の部品等を指し、種類・数量ともやや少なく、車釭・車鐗・車轙・旌首・馬鑣・馬銜、歯車・船用鉄箍等がある。

車釭　木製車轂に嵌める鉄製品で、車轂を強化する。二型に分かれる。[115]

Ａ型：円筒形で、一端両側に方形柄が突出する。易県燕下都Ｄ６Ｔ88③：３は器体は短めで、両側の柄は小さい。長5.3、直径9.2、壁厚１cm（図34-10）、年代は戦国前期。燕下都LJ10T83①H704：１は短い円筒形で、形態は小さい。長4.5、穿径6.3、壁厚１cm（図34-12）、年代は戦国中期。燕下都W23T１②：４は、長5.6、直径8.8、壁厚２cm（図34-11）、燕下都LJ10T140③：１は長4.8、穿径７～7.4cm（図34-13）、年代は戦国後期。

Ｂ型：内径は円形で、外形は六角形を呈し、また一般に"六角承"ともいう。洛陽戦国糧倉で２点出土し、長5.4、孔径７、外形辺長5.2cm、年代は戦国後期である。

車鐗　輪轂内側の軸木に被せる鉄製品で、車釭による軸木の摩耗を軽減する。[116]平山中山国王１号墓２号車馬坑で３点出土し、器体は半管状、各両端に二枚の鉄釘があり器体を軸上に固定する。Ｍ１CHMK２：56は２点一対で、２号車両轂の内側で出土し、内面には軸木の痕跡があり、表面にも朽ちた木質と帯を巻いた痕跡があった。長５、最大径6.6、厚0.3cm（図34-7）、年代は戦国中後期の境である。平涼廟荘６号墓車馬坑で１点出土し、左輪の轂内側で発見され、器体は円弧形、平底、中に楔がある。長5.8、寛４cm、年代は戦国後期。

車轙　車衡上に装着して轡を連ねる部品である。[117]平山中山国王１号墓２号車馬坑で５点出土し、１号車に属するものである。アーチ形で、両脚は折れて長く広がり、衡木のミゾ内に嵌入する。断面は長方形である。中間の１点はやや小さい。Ｍ１CHMK２：40-1は、高6.2、寛8.5、脚長5.4cm（図34-5）、中間の小さめのものは、高4.6、寛7.5cmである。

馬鑣　二型に分けられる。

Ａ型：彎体鑣。易県燕下都老爺廟台Ⅴ号基址で１点（LYVT２③：11）出土し、鍛造製で、器体

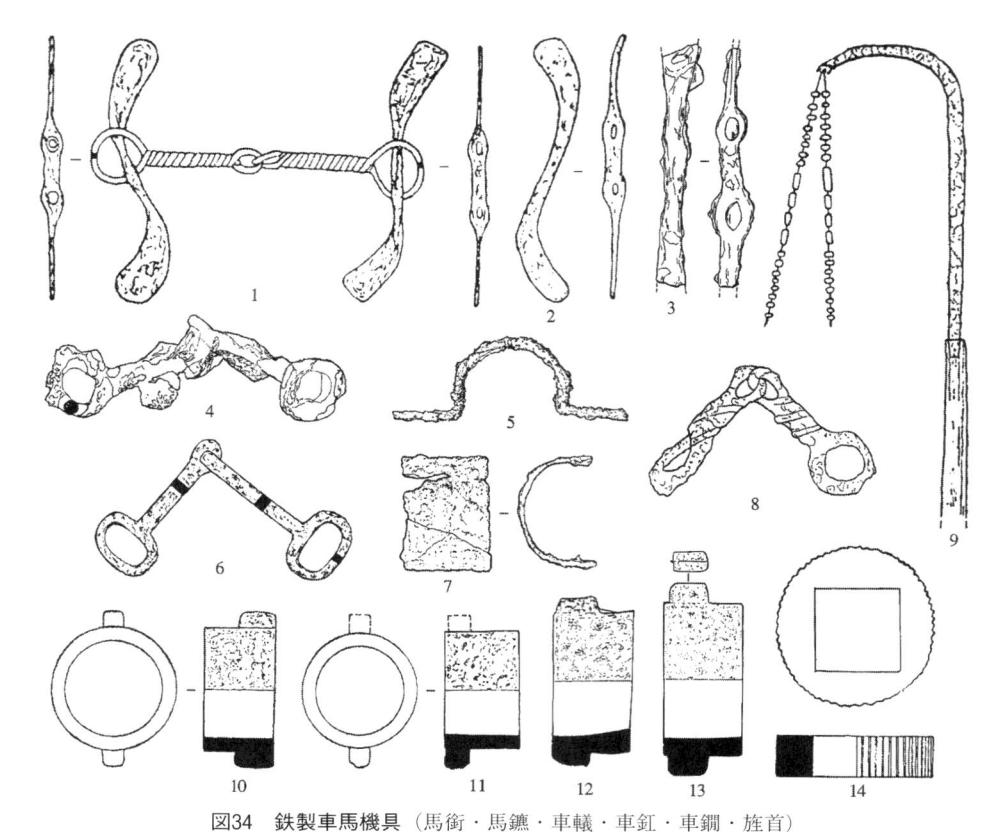

図34 鉄製車馬機具（馬銜・馬鑣・車轄・車釭・車䡅・旌首）
1．馬銜鑣（易県燕下都YXD66W：0200） 2．A型馬鑣（燕下都LYVT2③：11） 3．B型馬鑣（准格爾旗西溝畔M2：25） 4・6．A型馬銜（固原楊郎馬荘ⅢM5：22、燕下都LJ10T125③：1） 5．車轄（平山中山国王墓M1CHMK2：40-1） 7．車䡅（平山中山国王墓M1CHMK2：56） 8．B型馬銜（平涼廟荘M6：199） 9．旌首（平涼廟荘M6：19） 10〜13．A型車釭（燕下都D6T88③：3、燕下都W23T1②：4、燕下都LJ10T83①H704：1、燕下都LJ10T140③：1） 14．歯輪（燕下都G2T6④：4）

はS形を呈する。両端は扁平で幅広、中部はやや細く二つの楕円形穿孔がある。長20.4cm（図34-2）、年代は戦国中期である。

B型：直体鑣。准格爾旗西溝畔で2点出土し、長条形で、両端は幅が広く鏟状となる。中部に両孔がある。うちM2：25は、残長11.2cm（図34-3）、年代は戦国後期である。

馬銜 両節が互いに鎖状に連なるもので、構造から二型に分けられる。

A型：各節が直体で、連接部の環が比較的小さく、両端の環はやや大きい。燕下都LJ10T125③：1は、両端が楕円形環で、直体の節と環の断面は長方形で、通長26cm（図34-6）、年代は戦国後期である。固原楊郎馬荘で1点（ⅢM5：22）出土し、通長17.6、一つの節の長さが7.7cm（図34-4）、年代は戦国後期である。この型の馬銜は内蒙古准格爾旗玉隆太匈奴墓や西溝畔匈奴墓などでも発見されている。

B型：各節が、二条の鉄棒を捻じった形状のものである。平涼廟荘で5点出土し、うちM6：199は、長22cm（図34-8）、年代は戦国後期である。

易県燕下都武陽台村で、鉄銜鑣の完形品一組（YXD66W：0200）が表採されており、鑣はA型彎体で、長19.8cm、銜はB型に属し、長24cm（図34-1）である。

第3章　戦国時代鉄器の考古発見と類型学研究　95

　旌首　平凉廟荘で1点（M6：19）出土し、全体は曲尺状で、器体は扁平、長46、寛2、鈎部横長18cmである。下端は細く木杆に差し込まれる。木杆は赤色漆を塗り、残長60cm。前端は下向きに彎曲し、端部に小さい穿孔があり、穿孔下には出土時にガラス珠二列41点があり、旌首に垂らした装飾であったと思われる（図34-9）。年代は戦国後期である[118]。

　歯車　易県燕下都高陌村2号遺跡で1点（G2T6④：4）出土し、円形で内孔は方形、周縁は歯牙が60ある。銹が顕著であるが、直径5.2、内径2.8、厚1.4cm（図34-14）、年代は戦国後期である。

　船用鉄箍　船板を固定する部品で、船板を密着させ強固にする。平山中山国王1号墓葬船坑で71点出土している。寛1.6～1.8、厚0.15cmの鉄条を巻いて作られており、大体四周巻かれている。巻き込む際、まず2cmほど木板中に固定し、それから巻きつけ、末端は板孔に差し込む。その巻きつける形状は船体の部位によって異なり、底部に用いるものは長方形で、M1ZCK：80は、内径長16.1、寛6.2～6.6cm、側壁に用いるものは平行四辺形に近い梯形で、M1ZCK：61は、長14、寛10.5cm、船舷に用いるものは不規則な方形で、M1ZCK：60は、辺長9.1cmとなっている（図35）。

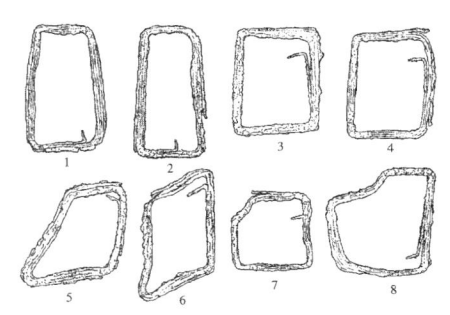

図35　鉄製車馬機具（船用鉄箍）
1．船底鉄箍（平山中山国王1号墓ZCK：80）　2．船底鉄箍（ZCK：82）　3．船底鉄箍（ZCK：56）　4．船底鉄箍（ZCK：62）　5．船側壁鉄箍（ZCK：61）　6．船側壁鉄箍（ZCK：60）　7．舷辺鉄箍（ZCK：60）　8．舷辺鉄箍（ZCK：52）

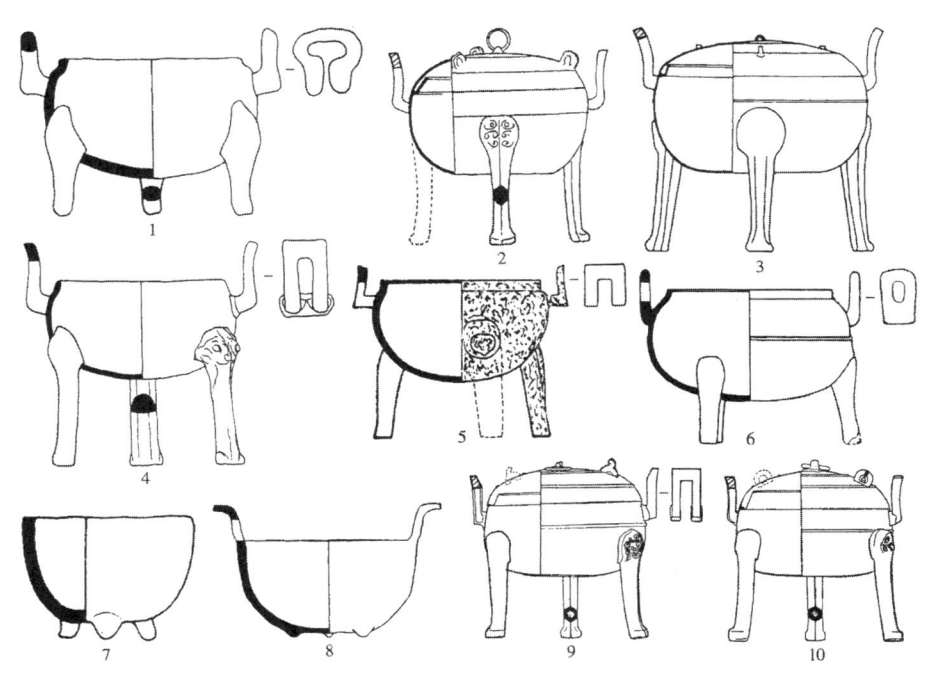

図36　鉄製・銅鉄複合製日用器具（鼎）
1．D型Ⅰ式鼎（長沙楚墓M102：2）　2・3．鉄足銅鼎（江陵李家台M4：9、江陵望山M2：T81）　4．D型Ⅱ式鼎（長沙楚墓M249：2）　5．C型Ⅱ式鼎（易県燕下都YXD66D：0243）　6．C型Ⅰ式鼎（大荔朝邑M204：1）　7．A型鼎（長沙楚墓M643：7）　8．B型鼎（輩義倉西M52：3）　9・10．鉄足銅鼎（荊門包山M2：150、包山M2：152）

4 日用器具

日常生活中で用いる器皿・用具・美容器具・服飾などを指し、主に家用器具・装身具・縫織器具の三種類がある。

(1) 家用器具

鼎 発見はやや少ない。四型に分けられる。

A型：短足無耳の鼎。長沙643号楚墓で1点（M643：7）出土し、広口に、斜腹、小さく平らな底部、乳釘状の小足である。通高6.2、口径9.3cm（図36-7）、年代は戦国後期。

B型：矮足に立耳の鼎。鞏義倉西戦国後期墓で1点（M52：3）出土し、直口で、四角い口縁、弧状の腹部、平底で、矮小な足部である。耳は外に広がり、腹部には突帯紋が一周する。残高13、口径17.4cm（図36-8）である[119]。

C型：柱状の足に耳附きの鼎。足の付け根はやや太い。二式に分かれる。

Ⅰ式：有孔の方形耳をもつ。大荔朝邑戦国中期秦墓で1点（M204：1）出土し、すぼまる口に立ち上がる口縁、丸い腹部、丸底である。足付け根と足先は発達せず、柱状に近い。腹部に弦紋が一周する。耳の形態は長方形に近く、孔は小さい。耳の一方は足に対応し、もう一方は両足の間に位置する。口径21.4、腹径26.8、通高23.6cm（図36-6）である[120]。

Ⅱ式：方形孔の方形耳をもつ。易県燕下都で1点（YXD66D：0243）採集されている。立ち上がる耳に、深い腹部、丸底、足はやや高い。方形の環耳となっている。口径19.2、通高22.8cm（図36-5）で、年代は戦国後期である。西安南郊茅坡秦墓で1点（M117：2）出土し、足付け根と足先はやや太い。蓋をもつ。通高19.4cm、年代は戦国後期である。

D型：蹄形の足に附耳の鼎である。二式に分かれる。

Ⅰ式：器体は低く幅広で、円環形の耳である。長沙楚墓で1点（M102：2）出土し、すぼまる口に、丸い腹、丸底、足付け根は太く大きい。通高約22、口径約22cm（図36-1）、年代は戦国前期。金相鑑定から小量の石墨を含む亜共晶鋳鉄とされ、炭素量は4.3％に近い。

Ⅱ式：器体はやや痩せて高い。方形孔の方形耳である。長沙楚墓で2点出土し、すぼまる口に、丸腹、丸底、長方形の耳で、蹄形足は細く高い。長沙M249：2は、通高22.5、口径15.4cm（図36-4）、年代は戦国中期である。

上の全鉄製鼎以外に、鼎蓋と鼎体が銅製で三足が鉄製の鉄足銅鼎も発見されている。江陵望山2号墓で3点出土し、その形態は同墓出土の銅鼎と大体同じで、やや小さいのみである。望山M2：T81は、蓋が低く平らで、中央にアーチ形の鈕があり銜環はない。周りに三つ鈕がある。浅い腹で丸底は平らに近い。鉄製蹄形足は細く高く、外側は四稜状になる。外表面が鉄質、内部は泥芯で、銅鼎身部上に鋳接されている。通高25.1、口径21cm（図36-3）、年代は戦国中期のやや晩い時期である[121]。荊門包山2号墓で2点出土し、鼎蓋中部に環鈕が一つ、周りに三つの環鈕がある。口縁部は内にすぼまり、やや低い丸腹、底部は平らに近い。三足は獣蹄形で、断面円形をなす。耳・足は分鋳され、差し込み口をもち、鼎体上に嵌鋳し、足底には棗核形の注口がある。蓋面と腹上部に凸弦紋があしらわれ、蓋・耳・口縁内には鋳型土が残る。このうち包山M2：150は、環鈕上部が内に巻かれ、口径16.2、通高21.6cm、重量2.2kg（図36-9）、M2：152は、口径15、通高22.1cm、重

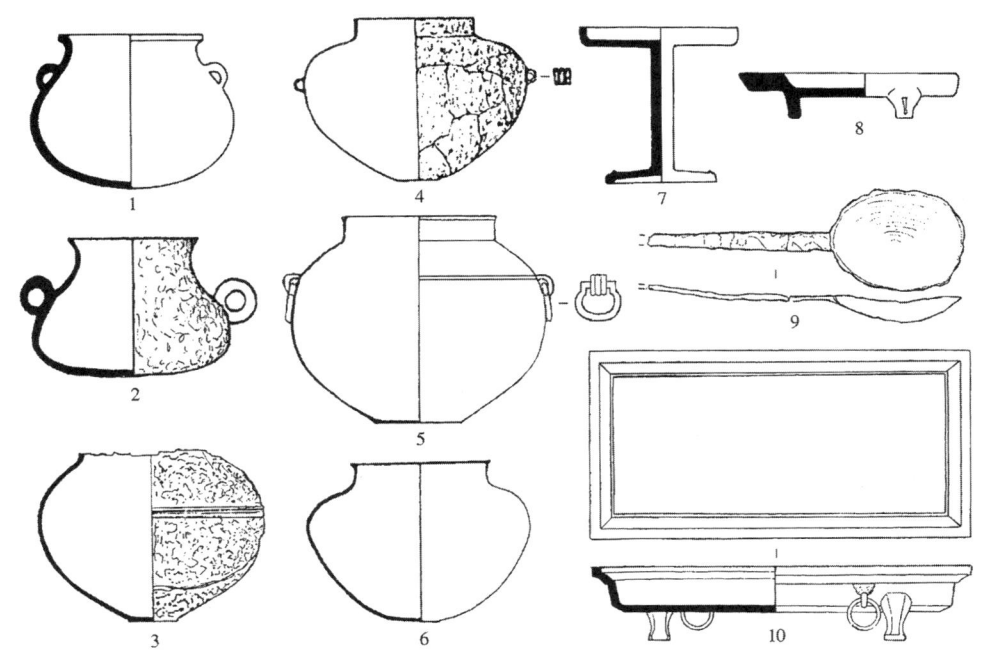

第 3 章　戦国時代鉄器の考古発見と類型学研究　*97*

図37　鉄製日用器具（鍪・釜・灯・勺・火盆）
1．A型鍪（寧県西溝古城NXC：01）　2．B型鍪（咸陽林院秦墓M4：7）　3・6．無耳釜（易県燕下都YXD72W：046、咸陽林院秦墓M11：1）　4・5．双耳釜（江陵紀南城J84：30、荊門響鈴崗J2：21）　10．方形火盆（平山中山国王墓M1DK：64）

量2.2kg（図36-10）である。年代は戦国中期。江陵李家台4号楚墓で2点出土し、形態は同じで、耳はやや外に開き、蓋面中央に円環鈕、周縁に三つの半環形紐があり、鈕外周に凸弦紋が一周する。浅い腹で、耳下に凸弦紋が一周する。平底である。鉄足断面は六稜形で、付け根は勾雲紋で構成された獣面紋が施される。うちM4：9は、通高25.8、腹径22.5cm（図36-2）、年代は戦国中期のやや晩い時期である。[122] 随州雷鼓墩磚瓦場13号墓で2点出土し、形態的特徴は包山M2：150と基本的に同じで、年代は戦国中期である。[123] 他に成都羊子山出土の戦国末期の銅鼎1点（M172：1）は、三足の一つが鉄製であるが、[124] これは、本来あった銅足が欠落した後に鉄で補修したものである。[125] これまでに見られる戦国鉄足銅鼎のうち、河北平山中山国王墓で1点出土した以外は、みな南方の楚地で出土している。

釜　耳の有無により二種に分けられる。

双耳釜　荊門響鈴崗東周古井より2点出土し、形態は同じである。立ち上がる口で平らな口縁、口縁内は折れて稜をなす。なで肩で鼓腹、最大腹径は中部よりやや上方にある。肩部に対称に衔環双耳がある。平底である。肩部には弦紋が一周する。このうち、J2：56は、口径27.6、高37.6、腹径46、底径16cm（図37-5）、年代は戦国前期である。[126] 江陵紀南城古井J84：30は、立ち上がる口に、肩が張り、腹部は斜めにすぼまっていく。器壁は薄く、肩・腹の境に一対の小耳がある。底部は小さく平ら。口径25.2、高34.8、腹径47.2cm（図37-4）、年代は戦国中期かやや晩い時期である。

無耳釜　咸陽林院秦墓で1点（M11：1）出土し、立ち上がる口に平らな口縁、丸肩、半球形の腹部、丸底である。口径23.5、高26.5、壁厚0.7cm（図37-6）、年代は戦国後期である。[127] 易県燕下

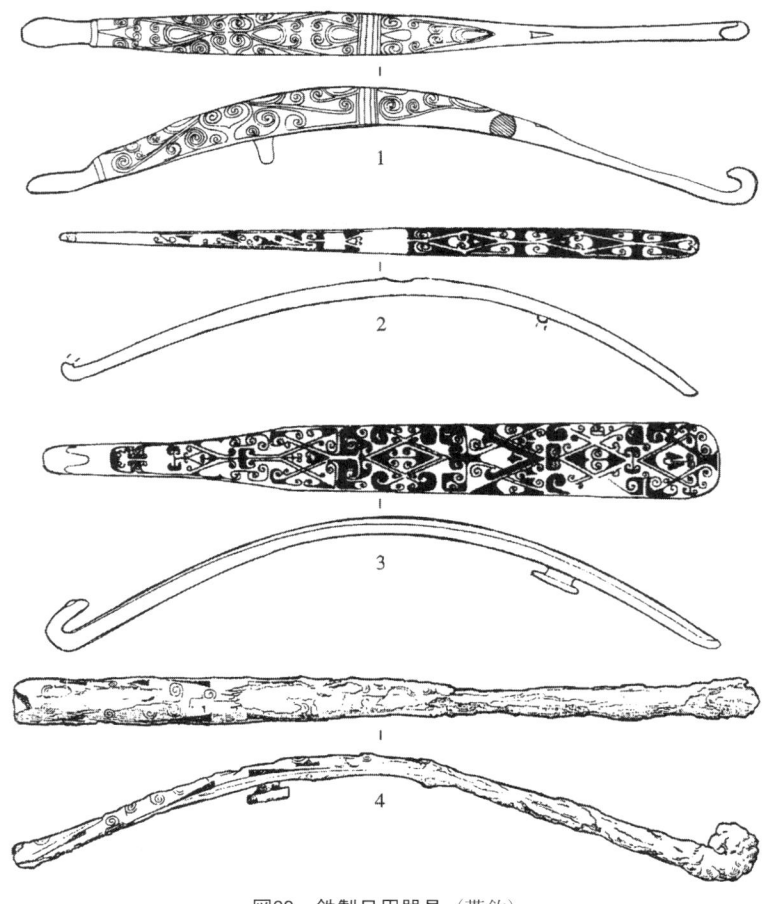

図38　鉄製日用器具（帯鉤）
1・2．A型（信陽長台関M2：268、黄岡蘆冲M1：11）　3・4．B型（黄岡蘆冲M1：12、輝県褚邱村M9：1）

都で1点（YXD72W：046）表採され、小口に小さい平底部、口縁は欠ける。腹部に突帯紋が二周する。腹径44.4、底径9.9、残高34.2cm（図37-3）である。

鍪　釜類の炊具である。いずれも双耳鍪で、二型に分けられる。

A型：肩部に一対の大小の同じ半環形耳がある。寧県西溝古城で1点（NXC：01）出土し、口は広がり、頸はすぼまり、口縁は外折する。丸腹、丸底である。口径18、高19、腹径26cm（図37-1）、年代は戦国時代である。

B型：肩部の環耳は一つは大きく一つは小さい。咸陽林院秦墓で1点（M4：7）出土し、広がる口に、くびれる頸部、なで肩で、膨らむ腹部は下に下がり、底部は平らに近い。口径13.5、高14.5cm（図37-2）、年代は戦国後期である。

勺　准格爾旗西溝畔で1点（M2：21）出土し、勺頭は楕円形で、柄は扁平な長条形、柄首は欠けている。残長18.2cm（図37-9）、年代は戦国後期である。

灯　主に豆形灯と行灯の二種類がある。

豆形灯　器形は豆形で、灯盤・灯座・竪柄から成る。咸陽林院秦墓M19：1は、浅い灯盤で、細く高い柄、覆盤形の灯座である。灯盤径11、盤深1cm、灯座径7.5cm、通高11cmで（図37-7）、年代は戦国後期である。

行灯　灯盤は三足盤形で、片側から柄が伸びる。咸陽林院秦墓で1点（M4：6）出土し、灯盤は浅く、平底、三蹄足である。盤径12.5、通高3、足高1.5cm（図37-8）、年代は戦国後期である。

方形火盆　河北平山中山国王1号墓で2点出土しており、東庫と西庫でそれぞれ出土し、形態は同じである。平面は長方形を呈し、広がる口で口縁は折れる。側面は垂直で、平底、底部両側にそ

第3章　戦国時代鉄器の考古発見と類型学研究　99

れぞれ二つずつ蹄形足が付く。外壁両側にそれぞれ二つの獣面鋪首銜環があり、銜環は銅製である。器体は端正で、辺角が整然とし、表面は平滑である。そのうち、М1DK：64は、長88.4、寛44、高18.2cm、重量74.1kg（図37-10）、М1XK：68は、長89、寛45、高18、重量66.5kg。年代は戦国中後期の境である。この二つの器は、今のところ年代の最も早く、形態の大きい鋳鉄製品であり、当時の鉄容器鋳造の高水準を反映している。

(2) 装身具

帯鉤　形態は多様である。先学の銅帯鉤の分類を参考に、鉄帯鉤の特質と併せると、主にその平面形態の特徴から七型に分けられる。

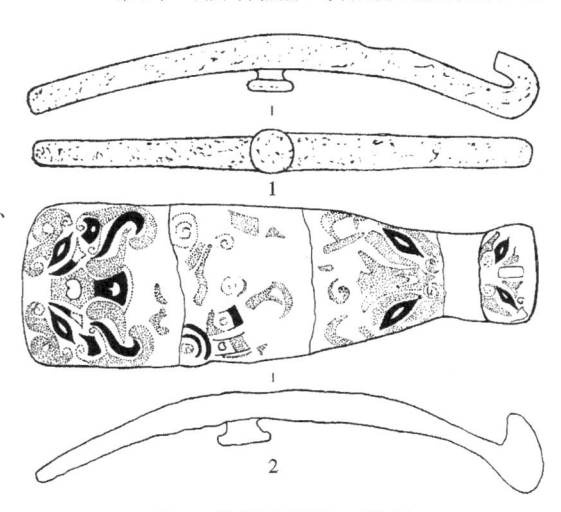

図39　鉄製日用器具（帯鉤）
1．A型（易県燕下都LJ10T26④H147：4）　2．C型Ⅲ式（曲阜魯国故城戦国墓M58：117）

A型：曲棒形。器体は長条棒状、多曲体で、一般に鉤腹がやや太く、鉤首が短く小さい。信陽長台関2号墓で1点（M2：268）出土している。錯金銀鉄帯鉤で、断面は半円形を呈し、鉤身正面に錯金三角顆粒紋と錯銀巻雲紋で夔龍図案が構成される。長19.6cm（図38-1）、年代は戦国前期である。長台関1号墓で2点出土し、形態は同じで、大小が異なる。どちらも錯銀鉄帯鉤で、鉤面は錯銀蝉紋図案が施され、中部には錯銀の箍状飾りがある。長台関М1：58は、形態はやや小さく、長16.6、鉤身直径0.4～0.8cm、年代は戦国前期である。長台関の二基の墓葬被葬者は士大夫に相当する貴族である。燕下都LJ10T26④H147：4は、鉤首がやや太く、鉤腹がやや厚い。鉤鈕は鉤体背面の中央に位置する。長12.6cm（図39-1）、年代は戦国前期である。黄崗蘆冲М1：11は、断面が扁円形で、鉤面に金糸と金片で花弁巻雲紋を鑲嵌している。鉤首と背鈕はやや欠けている。残長18cm（図38-2）、年代は戦国中期の後段である。侯馬喬村戦国墓で31点出土し、いずれも素面である。

B型：槳葉形。全体は平らな長条槳葉形で、細く長い頸、鉤腹はやや幅広。黄岡蘆冲М1：12は鳥首形の鉤首で、頸はやや短い。鉤尾は円弧形を呈し、鉤鈕は鉤尾の方に偏る。鉤面は金糸と金片で三角形・花弁巻雲紋を鑲嵌し、長21.8、寛1～2.5、厚0.3cm（図38-3）、年代は戦国中期後段である。輝県褚邱村М9：1は、鉤首は短小で、鉤頸は長い。鉤尾は方形を呈し、鉤鈕は鉤体中部にある。鉤面には錯銀の幾何学形花紋が飾られ、紋様は精緻で、鉤鈕周囲には鎏金の痕跡が見える。通長20.6cm（図38-4）、年代は戦国後期。この型の帯鉤は、鄭州二里岡戦国墓で8点出土しているほか、侯馬喬村などでも見られる。

C型：長牌形。鉤腹は扁平で長方形の牌状である。三式に分けられる。

Ⅰ式：鉤腹両側が直線的で、鉤首は短小。信陽長台関М1：57は錯金銀鉄帯鉤で、幅が狭く長い。背面に平らな円形鈕がある。鉤面は三組の錯金菱形・三角紋様で飾られ、三角形内にさらに三角紋と雲紋が錯金される。長22.4、寛2.4cm、年代は戦国前期。江陵望山М1：G2は、鉤首が龍首形をなし、鉤頸は短い。鉤腹両側は平直で、鉤尾は方形を呈する。背面には大小二つの鉤鈕があ

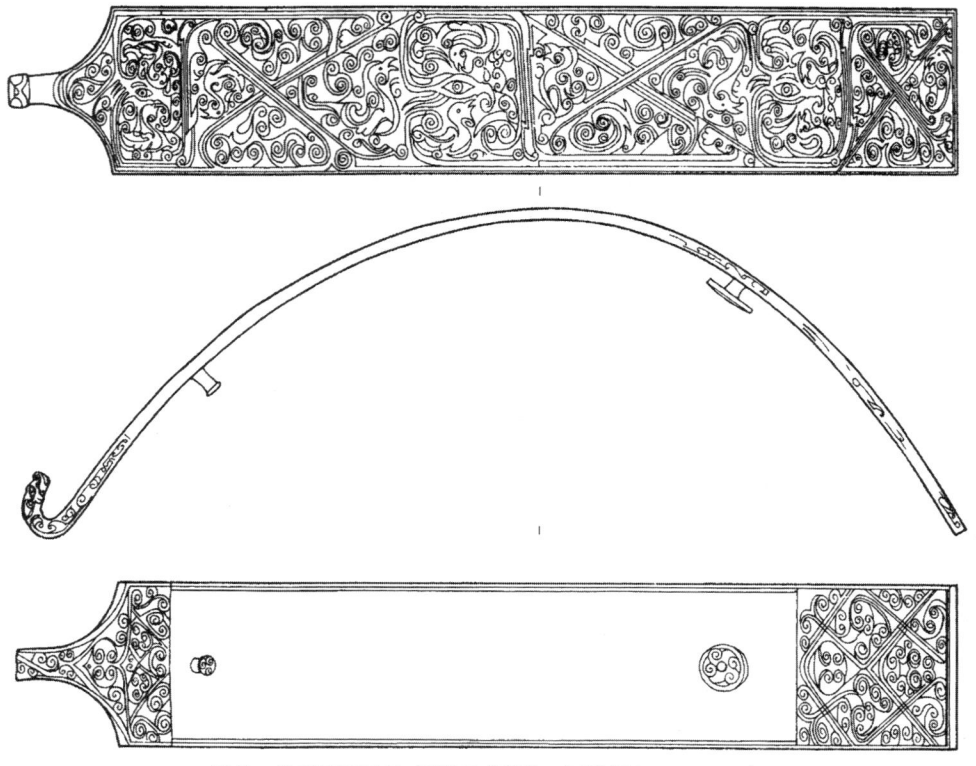

図40　鉄製日用器具（C型Ⅰ式帯鈎、江陵望山M1：G2）

る。鈎首は金片と金絲で龍首の眼・耳・鼻・嘴を嵌出し、鈎面と鈎背の両端に錯金銀の花紋があしらわれ、紋様は精細で華美である。通長46.2、寛6.5、厚0.5cm（図40）、年代は戦国中期楚威王の時期で、被葬者の身分は下大夫に当たる。[136]

Ⅱ式：鈎腹両側が弧状に膨らみ、鈎首が短く小さい。信陽長台関1号墓で2点出土しており、どちらも錯金銀鉄帯鈎で、形態もほぼ同じで、龍首形の鈎首である。長台関M1：94は、鈎面に四つの方形と一つの三角形の金質蟠螭紋浮彫板を鑲嵌し、それらの間に三つの穀粒紋方玉片を嵌め、それらの周囲に紋様を錯金している。鈎首も錯金紋様で飾られる。長21.5、中部寛3.75cm、年代は戦国前期である。

Ⅲ式：鈎腹両側は外に膨らみ、鈎頭は短く、鈎首は平たく幅広。曲阜魯国故城戦国墓で1点（M58：117）出土し、鈎首は短く広く獣首形を呈し、鈎尾は隅丸方形で、鈎鈕は背面の中ほど近くにある。鈎首と鈎面は金銀片と金銀絲で流雲紋と獣面紋を鑲嵌している。長13.5、鈎身寛4.4cm（図39-2）、年代は戦国中期であり、同時期の墓葬で出土した銅帯鈎の形態・風格に完全に一致する。[137]

D型：琵琶形を呈する。形態・大小の差は大きく、最小で長3.3cm、最大で長25.7cm、通長12cm以下のものが多い。易県燕下都郎井村10号工房址で1点（LJ10T21④J6：1）出土し、鈎頸断面が三角形を呈し、鈎首は欠ける。年代は戦国前期。益陽赫山廟M35：3は、鈎首が蛇首形をなし、鈎身はやや幅が狭い。長4.8、寛1cm（図41-6）、年代は戦国中期。燕下都W22T4：2：2は、鈎首が鳥首形で、鈎鈕はやや小さい。長6.3cm（図41-8）、年代は戦国後期。凌源安杖子T1③：

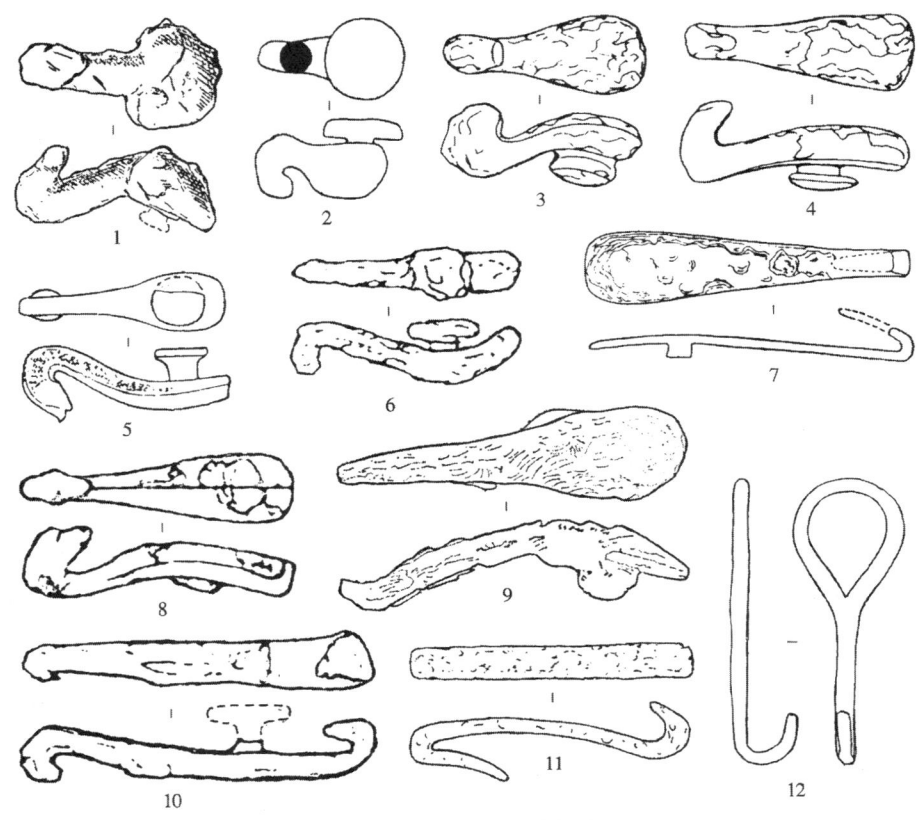

第 3 章　戦国時代鉄器の考古発見と類型学研究　*101*

図41　鉄製日用器具（帯鉤）
1．E型（汲県山彪鎮M7：1）　2．F型（易県燕下都M44：81）　3～9．D型（長沙楚墓M1379：11、長沙楚墓M761：9、荊門包山M4：64、益陽赫山廟M35：3、凌源安杖子T1③：12、燕下都W22T4：2：2、燕下都XG7T4①M2：1）　10～12．G型（赫山廟M21：14、燕下都LY27T24③：1、鄯善県蘇貝希ⅢM13：11）

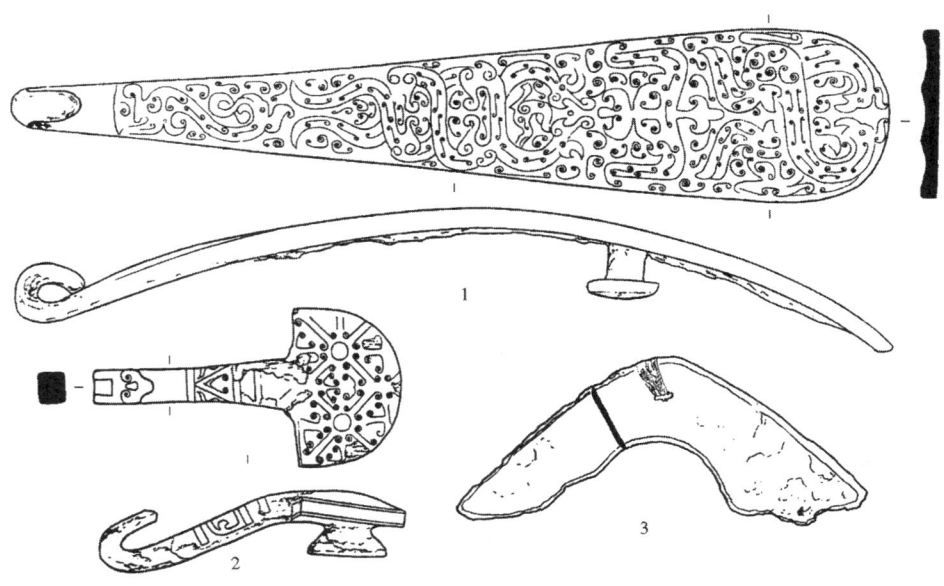

図42　鉄製日用器具（帯鉤・璜）
1．D型帯鉤（侯馬喬村M728：1）　2．E型帯鉤（喬村M438：3）　3．璜（西安茅坡M51：7）

12は、鈎体は平直で、背鈕は小さく、鈎首がやや大きい。一部欠ける。長7.2、寛1.2cm（図41-7）、年代は戦国後期。長沙楚墓で3点出土し、器体はやや短小、鈎首は鴨嘴形ないし蛇首形で、そのうちM761：9は、長4、鈎身寛0.8cm（図41-4）、年代は戦国後期。M1379：11は、長3.3、鈎身寛0.7cm（図41-3）、年代は戦国時代。荊門包山4号墓で1点（M4：64）出土し、鈎首は太く短く鳥首形をなし、背面の円形鈕はやや欠けており、腹正面と鈎両側に密集した顆粒紋が施される。長3.9、厚0.55cm（図41-5）、年代は戦国後期。二里岡戦国墓で15点出土し、鈎断面は三角形ないし半円形で、鈎面正中には縦向きに稜が入る。大きいもので長5.8cm、小さいもので4.2cmである。通長12cm以上の大型の帯鈎は、易県燕下都で1点（XG7T4①M2：1）出土しており、鈎頭はやや太く、鈎首は欠けている。鈎鈕は鈎尾の一端につく。残長14.2、寛3.9、鈕径1.8～2.4cm（図41-9）、年代は戦国中期。侯馬喬村戦国墓で117点出土し、通長12cm以上の大型、かつ精美な錯金銀紋様で飾られたものが多い。喬村M728：1は、鈎体がやや長く、鈎腹が幅広で、鈎首は獣首に似る。鈎頭はやや太く、背鈕も比較的大きい。鈎腹面には縦向きに二条の稜が明瞭に入る。鈎身正面は錯金紋様で飾られ、頸部近くは鳳鳥紋をなし、鈎腹は各々絡み合う双龍紋と双鳳紋となり、その間は巻雲紋で埋められる。鈎身側面は錯銀の装飾がある。鈎腹寛4.2、通長21.8cm（図42-1）、年代は戦国中期である。

E型：鏟頭形である。鈎腹平面が円頭鏟のようになり、鈎頭に連なる一辺はやや平ら、鈎頭は比較的長めである。汲県山彪鎮M7：1は、鈎首が蛇首形で、背鈕がやや小さい。長4.2cm（図41-1）、年代は戦国中後期である。鄭州二里岡戦国墓で3点出土しており、鈎面は錯金銀花紋で飾られる。M265：7は、長8.3、寛4.8、厚0.6cm。侯馬喬村戦国墓では32点出土しており、多くは比較的形態が大きく、精美な錯金銀紋様で飾ったものが少なくない。喬村M437：5は、鈎身がやや幅広で、鈎頭は太く短い。鈎首は獣首に似て、背鈕はやや大きい。鈎腹と鈎頭は錯金紋様で飾られる。鈎腹寛6、通長8.9cm。M438：3は鈎頸が細長で、鈎首は獣首に似る。背鈕はやや大きい。鈎腹と鈎頸は錯金紋様で飾られる。鈎腹寛4.3、通長8.1cmである（図42-2）。

F型：水禽形。鈎腹は肥大して鴨腹形に似る。鈎頭は太く短く全体も太く短い。燕下都M44：81は、鈎腹が重厚で鈎首は蛇首形をなし、背鈕はやや大きい。通長3.3、鈕径2cm（図41-2）、年代は戦国後期である。この型の帯鈎は二里岡戦国墓でも3点出土している。

G型：異形、すなわち形態の特殊な帯鈎である。益陽赫山廟で1点（M21：14）出土し、全体はやや細長で、鈎体は扁平、鈎首と鈎尾のどちらも鴨嘴形を呈する。長7.4、寛1.2cm（図41-10）、年代は戦国中期。易県燕下都老爺廟台27号遺跡で1点（LY27T24③：1）出土し、鍛鉄製で器体は扁平、両端が相反する方向に湾曲して鈎首と鈎鈕となり、S字形を呈する。長6、寛0.8、厚0.4cm（図41-11）、年代は戦国後期。新疆鄯善県蘇貝希Ⅲ号墓地で1点（ⅢM13：11）出土し、鈎尾は円環をなし、鈎身は条形で、鈎首はやや大きい。通長9cm（図41-12）、年代は紀元前5世紀から前3世紀である。

これまでに述べてきた帯鈎とは、実際には革帯を締めるための帯鈎だけでなく、佩剣鈎・佩削刀鈎・佩鏡鈎など装身具を佩帯するための帯鈎をも包括している。ただしその形態から明確に区分するのは難しい。考古発見が示すように、帯鈎は春秋中期すなわち紀元前6世紀前後に最初に出現しており、必ずしも伝統的観点で言われるような、趙武霊王が"胡服騎射"を唱導した（紀元前307年）のに伴って出現したのではない。先秦時代の帯鈎では銅帯鈎が最もよく見られ、鉄帯鈎がこれ

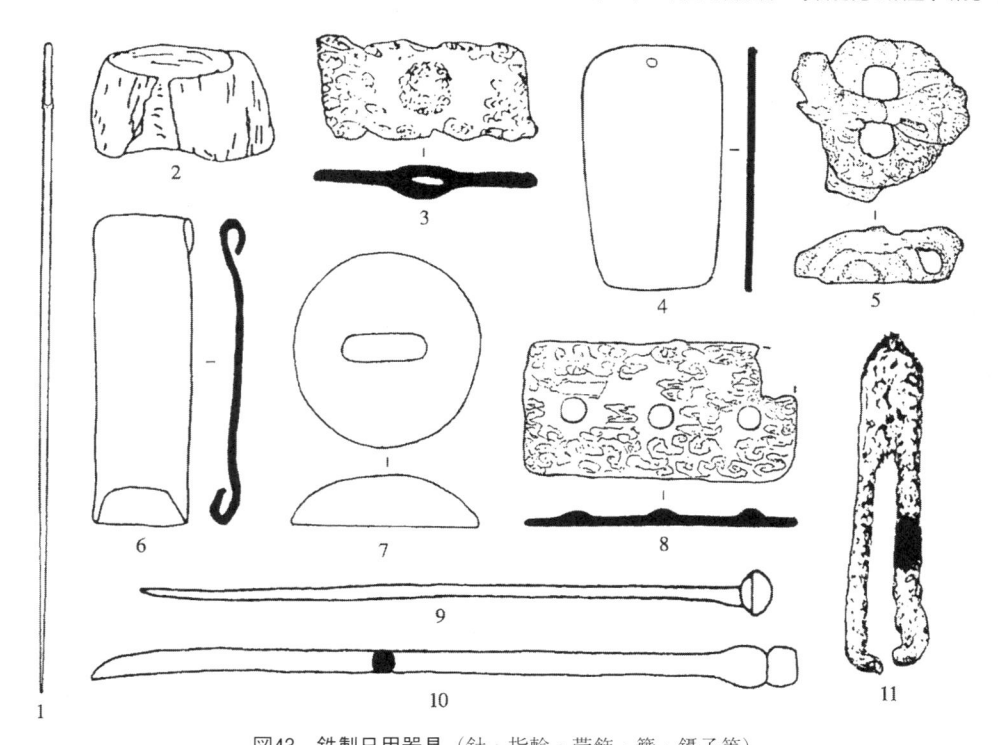

図43　鉄製日用器具（針・指輪・帯飾・簪・鑷子等）
1．針（荊門包山M2：374）　2．指輪（且末県扎滾魯克IM4A：35-1）　3．B型帯飾（固原楊郎馬荘ⅢM5：17）　4．牌飾（鄴善県蘇貝希ⅢM6：3）　5．帯扣（易県辛荘頭XZHM30：152）　6．板状束髪器（鳳翔八旗屯FB81M14：15）　7．扣飾（蘇貝希ⅢM13：10）　8．A型帯飾（楊郎馬荘ⅢM5：16）　9・10．簪子（蘇貝希ⅢM8：3、石河子市M2：6）　11．鑷子（鳳翔高荘M39：2）

に次ぎ、金・銀・玉・石・骨などの素材の帯鉤はあまり多くない。これまでに見られる鉄帯鉤では、鳳翔高荘26号秦墓出土の1例と、侯馬喬村の628号墓ほか6基で出土した例が最も古く、その年代は戦国前期である。この後、銅・玉・金・銀などの素材の帯鉤も共に流行していく。戦国時代の鉄帯鉤は上述の各種形態以外にも、発掘報告中で詳細に記述されないか、錆がひどいために形態の不明なものも多く発見されている。長治分水嶺のM27・M32・M40・M48ではそれぞれ鉄帯鉤1点が出土しており、年代は戦国中期から後期であるが、報告では具体的な記述はない。侯馬喬村出土の鉄帯鉤でも、81点が錆による腐食や破損が顕著なため形態が不明である。

　璜　西安茅坡秦墓で6点出土し、そのうち5点は51号墓棺内後端で出土し、年代は戦国末期である。形態はアーチ形を呈し、中部は孤形に折れる。両翼は斜めにまっすぐ下り、正面周縁は突出した稜となる。頂部中央に小孔が一つある。孔から上縁にかけて絲織品を結んだ痕跡が残っている。M51：7は、高4、寛10.5、両翼寛2.2、厚0.2cm（図42-3）である。璜は橋形飾とも称し、東周時代によく見られた装飾品の一種であるが、多くは銅璜や玉璜で、鉄は少ない。用途は銅製・玉製のものと同じである。

　帯扣　易県辛荘頭30号墓で2点出土し、扣身は円環形ないし楕円形で舌鉤を一つ装着する。XZHM30：152は、舌鉤と扣身が錆のためくっついている。扣身直径3.9～4.2cm（図43-5）、年代は戦国後期である。

　帯飾　二型に分かれる。

A型：固原楊郎荘で１点（ⅢM５：16）出土し、長方形の薄板状で、正面に三つの円形乳突があり、長15.4、寛7.6cm（図43-8）、年代はだいたい戦国後期に相当する。[144]

　B型：固原楊郎荘で12点出土し、器体は平行四辺形の薄板状で、正面中央に円形の突起があり、背面に横鈕が一つある。そのうちⅢM５：17は、長5.9、寛2.7cm（図43-3）、年代は戦国後期に相当する。

　牌飾　新疆鄯善県蘇貝希Ⅲ号墓地で１点（ⅢM６：３）出土し、器体は隅丸長方形で、平らな板状であり、頂端近くに穿孔があり、紐で掛けるようになっている。長７、寛3.8cm（図43-4）、年代は紀元前５～前３世紀である。涼城県毛慶溝墓地で72点出土し、年代は戦国前期から後期。そのうち双鳥紋牌飾が60点で、平面は両側がくびれ、M63：5-1は、長5.3、寛３cmである。鳥形牌飾は７点ある。動物紋長方形牌飾は７点あり、平面は長方形で、動物形象を陰刻し、M31：３は、長18.6、寛７cmである。

　扣飾　新疆鄯善県蘇貝希Ⅲ号墓地で１点（ⅢM13：10）出土し、円形で、一面は円鼓状、一面に長条形の突起がある。直径5.8cm（図43-7）、年代は紀元前５～前３世紀である。[145]

　管状飾　泰来平洋磚場墓葬で35点出土し、単管形と双管形があり、長1.7～4.4cmである。

　指環　新疆且末県扎滾魯克一号墓地で１点（ⅠM４A：35-1）出土し、薄鉄片を曲げて作っており、やや欠ける（図43-2）。当墓のC14年代データは紀元前388年とされる。[146]

　鐲　固原楊郎馬荘で１点（ⅢM５：26）出土し、円環形で、環壁に沿って数十枚のトルコ石の珠を張り付けて飾っている。外径8.9、内径6.4cm、年代はおおよそ戦国後期に当たる。

　板状束髪器　形態は長方形を呈し、器体は薄い板状で、両端は相反する方向に巻かれてＳ形の構造をなす。鳳翔八旗屯秦墓で１点（FB81M14：15）出土し、長11.2、寛3.4cm（図43-6）、年代は戦国中期である。[147]鳳翔八旗屯西溝道26号墓で２点出土し、年代は戦国前期。[148]この器物の用途についてはなお不明であるが、注目したいのは、鳳翔八旗屯14号墓で、鉄製板状束髪器と同時に形態の同じ銅製品１点（FB81M14：14）が出土したことである。その表面は斜線帯紋と人字帯紋で飾られ、一端に小孔が一つあり、発掘者は"帯形飾"と称する。ほかに同類銅製品が鳳翔八旗屯西溝道・西村・銅川棗廟などの戦国秦墓で発見されており、発掘者は"帯飾"・"髪飾"と称する。銅川棗廟６号墓出土の銅製品（M６：５）は欠損しているが、表面には斜線帯紋が陰刻され、屈曲部分には斜線菱形紋が飾られ、製作は精美である。残長7.7cm、出土時には人骨頭部の左側に位置していた。[149]ここから、この種の板状器は束髪と関係があり、そのため暫時"板状束髪器"と称する。

　簪子　器体は長条形である。新疆鄯善県蘇貝希Ⅲ号墓地のⅢM８：３は、形態は細長で、簪帽は円球形を呈し、通長8.8cm（図43-9）、年代は紀元前５～前３世紀である。新疆石河子市M２：６は、一端が鋭く尖り、一端はくびれのある帽となっている。通長21、直径0.7cm（図43-10）、年代はおおよそ戦国時代である。[150]

　鑷子　形態は長条形で、二股の鑷片からなる。鑷片端部は内に折れる。鳳翔高荘M39：２は、鑷片断面が隅丸長方形で、通長6.2cm（図43-11）、年代は戦国後期である。

(3)　縫織器具

　紡輪　比較的少ない。隴県店子秦墓で１点（M135：３）出土し、年代は戦国後期である。

　針　荊門包山２号墓で１点（M２：374）出土し、鼻部は扁平で、孔は楕円形を呈する。針体断

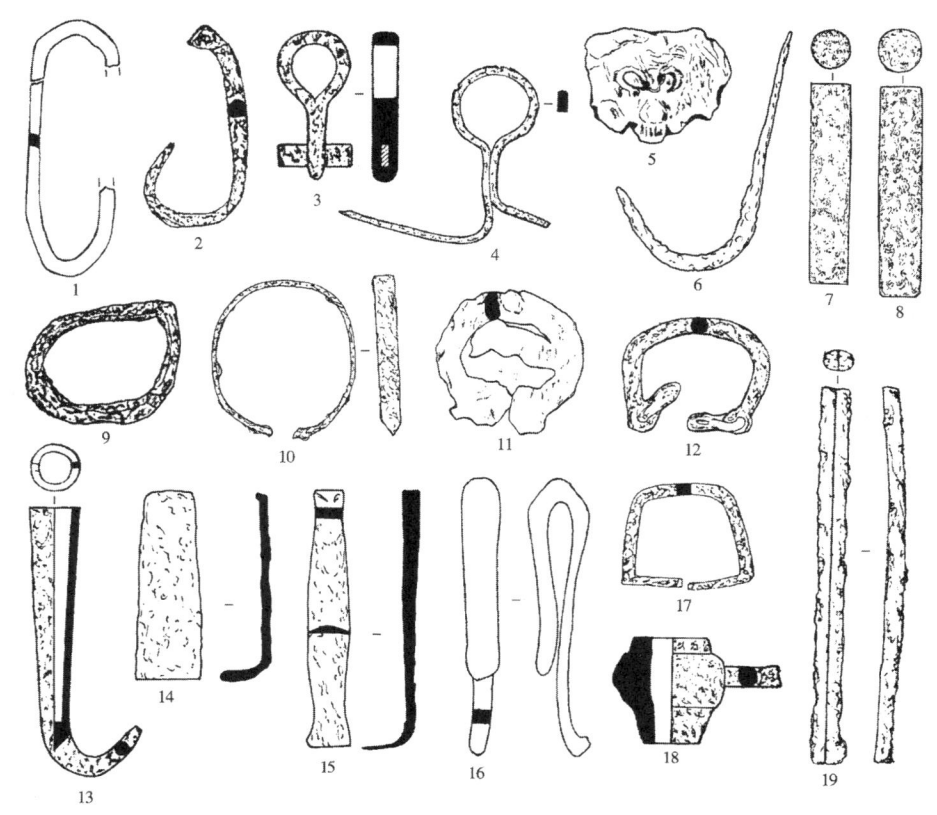

図44 鉄製雑用器具（鈎・環・素材等）
1．環（易県燕下都M44：26） 2．鈎（燕下都W21T11②：9） 3．帯鉛環（燕下都LJ10T6②F1：1-3） 4．鉛釘環（燕下都LJ10T6②F1：5-3） 5．鋪首（准格爾旗玉隆太YLTM：2233） 6．鈎（江陵望山M2：B46） 7・8．素材（燕下都W21T82②H67：18-1、燕下都W21T82②H67：18-2） 9．環（燕下都W21T11②：10） 10．箍（臨潼秦芷陽製陶工房址T5：14） 11・12．環（彭陽張街村M3：15、燕下都XG9T7②H26：5） 13．長柄鈎（燕下都LJ10T56③：2） 14・15．曲尺形器（燕下都W21T89②H114：1、燕下都W21T73②：15） 16．鈎（燕下都M44：108） 17．環（燕下都W21T74②H57：18） 18．穀形器（燕下都LJ10T46②F3：56） 19．素材（燕下都W21T8①H3：18）

面は円形で、先端は欠けている。残長8.18、直径0.08、針鼻径0.06cm（図43-1）、年代は紀元前316年前後の戦国中期である。新疆鄯善県蘇貝希Ⅲ号墓地で2点出土し、うち1点は長5.2cm、年代は紀元前5～前3世紀である。

5　雑用器具

雑用器具は上述4種類の鉄器以外のもの、または具体的な用途を明確にできない鉄製品を指すが、種類は多く用途も煩雑である。その用途からいうならば、建築や器具の装飾部品、刑具、生産・生活用品、そして様々な規格の素材などである。

　鈎　形態は多様である。江陵望山M2：B46は、鈎柄と鈎先がやや細く、先端は錐形を呈する。鈎柄断面は長方形で、長20.1、寛0.7、厚0.5cm（図44-6）、年代は戦国中期である。燕下都M44：108は、四稜の鉄条を湾曲させて製作し、長7.5、鈎長5.5cm（図44-16）、年代は戦国後期である。燕下都武陽台村W21T11②：9は、断面が桃形の鉄条を彎曲させたものであり、鈎先は丸く鈍い。鈎末端は扁平で小穿孔がある。長約8cm（図44-2）、年代は戦国後期である。

長柄鈎　燕下都郎井村10号工房址で1点（LJ10T56③：2）出土しており、器体は鈎状で、柄部は円形の長骹になっている。骹上の一面に円形穿孔がある。通長16、骹径1.9cm（図44-13）、年代は戦国後期である。その形態構造からみると、この器は使用する際長い木柄に装着していたと思われる。

環　形態は多様である。彭陽張街村墓地で1点（M3：15）出土し、平たい円形鉄条を曲げて作っている。内側に横向きで鉄条一条を連接する。直径8.5cm（図44-11）、年代は大体戦国前期である。燕下都M44：26は、四稜鉄条を曲げ両端が弧状を呈する長方形につくったもので、長8.5、寛3.5cm（図44-1）、年代は戦国後期である。燕下都武陽台村W21T11②：10は、断面方形の鉄条を湾曲させて作ったもので、両端は重ねて押し合わせており、環径4cm（図44-9）、W21T74②：H57：18は、鍛造製で、長条形の鉄条を曲げて作っており、馬蹄形を呈する。寛約7cm（図44-17）。燕下都XG9T7②H26：5は、円形鉄条をU字形に湾曲させたもので、両端に穿孔があり、各穿孔に捻じれた鉄環が接合されている。寛8.8cm（図44-12）。上記3例はみな戦国後期である。

帯銷環　燕下都郎井村10号工房址で1点（LJ10T6②F1：1-3）出土し、一端が円環になり、一方に短く頸が伸びて、頸末端に長方形穿孔があり、穿孔内にリベットがある。通長8.8、環径4.2、リベット長4.2cm（図44-3）、年代は戦国後期である。その形態構造から、大型の器具に固定した環と考えられる。

銷釘環　燕下都郎井村10号工房址で1点（LJ10T6F1：5-3）出土し、鉄条を湾曲させたもので、一端が円環になり、一端が鉄条両端を合わせた長茎になっており、長茎は対象物を貫いた後に左右に分かれ広がり、これにより環を対象物上に固定させる。環径6.2cm（図44-4）、年代は戦国後期である。

箍　器物を固定する鉄製品で、形態は多様で、大小も様々である。臨潼秦芷陽製陶工房址T5：14は、器体は環状を呈し、一部やや欠ける。内径10.8、高1.6、壁厚0.3cm（図44-10）、年代は戦国後期である。

鋪首　装飾器物を固定する鉄製品。准格爾旗玉隆太で1点（YLTM：2233）出土し、残片で、薄片状である。表面は獣面紋様が施される。残高4.4、寛5.4cm（図44-5）、年代は戦国後期である。

矩尺形器　燕下都武陽台村21号工房址で2点出土し、器体は扁平で、曲尺形を呈する。年代は戦国後期である。そのうちW21T89②H114：1は、幅広の一端が曲尺状に彎曲し、長12.4、寛4.4、厚0.4cm（図44-14）、またW21T73②：15は両端が幅が狭く、中間が広い。薄く平らな一端が曲尺状に屈曲し、長16.8、寛3cm（図44-15）である。その形態と出土状況から、手工業において使用された器具と考えられる。

轂形器　易県燕下都郎井村10号工房址で1点（LJ10T46②F3：56）出土し、器体は円筒形で、一端がやや大きく一端がやや小さい。中部は突起して突帯が一周する。突帯両側にそれぞれ円形穿孔があり、孔内に差し込まれた鉄棒が残存する。一端の直径が2.1、もう一端が直径1.6、孔径1～1.2、両穿孔径0.6cm（図44-18）、年代は戦国後期である。

頸鉗　易県燕下都遺跡で多数出土しており、構造はどれも大体同じで、みな戦国後期である。YXD66W：0195は、鍛鉄製で、鉗環は円形の鉄条をU字形に湾曲させたものであり、両端にそれぞれ長方形の穿孔があり、そこに鉗銷が差し込まれる。鉗銷はやや長く、断面は長方形、で、一端

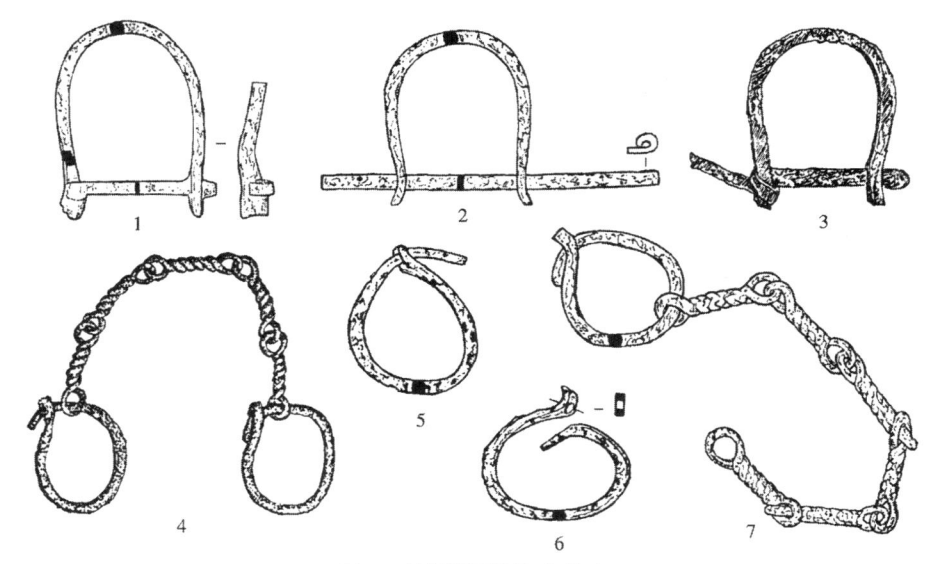

図45 鉄製雑用器具（刑具）
1～3．頸鉗（易県燕下都YXD66YDD：0197、燕下都YXD66W：0195、燕下都LT65M：B1） 4・7．脚鐐（燕下都LT65M：B2、燕下都YXD66XSH：0198-1） 5・6．脚鐐環（燕下都LJ10T19②H99：17、燕下都LJ10T53②：3）

が折り曲げられて円環となっている。鉗環寛約14、鉗鎖長31.8cm（図45-2）である。YXD66YDD：0197は、鍛鉄製で、鉗環が比較的長く、鉗鎖はやや短い。鉗鎖の一端は折り曲げられて円環となり、もう一端が鉗環の両端を通った後に鉗環の末端に巻き付くように折り曲げられる。鉗環寛約14、長約18.5cm（図45-1）である。侯馬喬村戦国墓で8点出土しており、その形態は燕下都のものと同様である。

脚鐐 易県燕下都遺跡で多く出土しており、鍛鉄製で、脚鐐環と脚鐐鏈からなる。年代は戦国後期である。YXD66XSH：0198-1は、脚鐐鏈は6節の鉄条を捻じった鎖が連結され、両端がそれぞれ脚鐐環に接合する。一環は欠けている。脚鐐環は鉄条を折り曲げたもので、一端に長方形穿孔があり、もう一端が穿孔に挿入されて固定されている。鐐鏈総長は約60cm、鐐環直径は約12cm（図45-7）である。燕下都郎井村10号工房址で2点の脚鐐環が出土しており、構造は大体同じである。そのうちLJ10T19②H99：17は、円形の太い鉄条を湾曲して作られ、鉄条の一端は平らで、長方形の穿孔があり、もう一端はやや細く、穿孔に差し込まれる。直径約11.2cm（図45-5）。LJ10T53②：3は、鉄条断面が楕円形を呈し、末端は穿孔に挿入されていない。直径約12cm（図45-6）である。

報告では、1965年易県燕下都煉台荘の戦国土坑墓の人骨頸部に鉄頸鉗（LT65M：B1）が嵌められ、両足には脚鐐（LT65M：B2）が架せられ、保存は完全で、この種の刑具の使用方法を示している（図45-3・4）。[152]

上述の諸器類のほか、雑用器具には多くの発見がある。河北平山中山国王1号墓では、扭絲状環冒釘・扭絲状環首器・包藤皮鉄鋌等が出土している。

この他戦国時期の鉄工場址では、頻繁に各種形状の鉄素材が出土している。燕下都武陽台村21号工房址出土の鉄素材は多種多様で、W21T8①H3：18は、二本の断面半円形の長条形鉄素材を接着したもので、長15.8cmである（図44-19）。W21T82②H67：18-1は、長条円柱状で、長18.5cm、

直径3.3cmである（図44-7）。W21T82②H67：18-2は、長条円柱状で、長18.5cm、直径3.3cmである（図44-8）。ほかに長方形板状鉄素材や条形鉄素材など有り、年代は戦国後期である。

第3節　戦国時代鉄器類型と構成の変遷

　戦国鉄器の発見とその類型学研究は、当時の鉄器類型と構造の変遷を検討するための基礎をもたらす。中国の人工鉄器が紀元前800年前後の西周後期に出現した後、約400年間の初期鉄器段階の発展を経て、前5世紀中葉の春秋戦国の際に至り、新しい発展段階に入っていった。戦国時代の約250年間、春秋時代の鉄器発展を基礎として、古代鉄器は空前の速さで発展を遂げていく。この時期の鉄発展に関する重要な指標として、鉄器類型の急速な増加と成形の不断の改良が見られる。ここで中原地区を中心に、周辺地区とも結び付けつつ、鉄器類型と組成の変遷について整理しておきたい。

　生産工具についてみると、人工鉄器の発生に伴って出現しており、春秋末期にはすでに、空首斧・錛・鑿・錘・刮刀・削刀・小刀・錐など木工加工工具、土木農耕器具を含む鉄器類型にまで発展した。ただ形態はやや単一で、鉱冶・漁猟器具などは欠けていた。この状況は戦国時代に入って急速に変化を生じた。木工加工器具の中で、条形空首斧は継続して流行し、戦国中期にはD型扇形空首斧とE型靴形空首斧が出現、戦国後期にはC型双肩空首斧・B肩梯形空首斧・板状斧が現れた。鑿は戦国後期になって出現したが、非常に速く発展してA型窄刃鑿・B型寛刃鑿・C型円銎鑿となり、かつ彫刻もでき削ることもできる扁錛が派生した。また戦国後期には鑿刀と鋸が出現し、当時の鋸の多くが手鋸である装柄鋸と帯柄鋸であるが、洛陽戦国糧倉遺跡のT形器の発見は、戦国後期の木工工具の専門化する傾向を反映している。錘は戦国中期に出現したもので、戦国後期に至りA型四稜錘とB型円柱錘の二大系列に発展し、かつ円柱錘の大小はそれぞれ異なり、錘頂形態は、平らなものや凸起したものがあり、その用途の多様性を反映している。戦国前期には、硬質の材料を截断する作業に用いる道具が出現し、戦国後期には石材を加工する鏨、金属を加工するのに用いる砧、穿孔に用いる冲牙と鉆頭などが出現し、かつ鉆頭の形態は多様である。環首削刀では、銅環首鉄削刀が次第に消滅し、彎体削刀は継続して流行し戦国初期には新しく直体削刀が出現し、直体削刀と彎体削刀が平行して発展するようになった。戦国後期には、鋼鉄鍛製技術の広範な応用の背景の下、削刀はさらに多く鍛製技術を用いて製作されるようになり、結果、その環首の形態が多様化することとなった。戦国中期には、形態がそれぞれ異なり用途も多様な各種工具刀が増加し、刀具に急速な発展が生じていたことを反映している。錐の変化は、主に各種形態の環首錐が増加し流行したことである。戦国後期鶴嘴斧の出現は、新しい多用途の工具が鉄器の歴史の舞台に登場したことを示している。土木農耕器具の中では、春秋時代にすでに出現していた竪銎钁・鏟・直口錛・凹口錛等が引き続き流行するが、形態は次第に多様化していく。戦国後期には、A型長銎鏟・C型長体鏟などが見られるようになる。また、戦国中期にBⅡ式尖円刃凹口錛、戦国後期にBⅢ式直刃凹口錛などが出現し、かつ錛の大小は明らかに異なり、耒・耜などの土木工具も鉄刃口の応用が始まっていた。鉄鋤は戦国時代の産物であり、鋤板と六角鋤はどちらもおおよそ戦国中期に生じ、戦国後期に至ると細部の形態と造りが多様化していく。六角鋤の場合、背部に少なくとも三種の形態があり、また半円鋤も現れる。鐱は重要な土木農耕工具として、最も早くは春秋後期に出現してお

り、戦国前期には空首钁の急速な流行が始まるが、戦国後期には横銎板状钁と多歯钁が現れ、また後者には二歯・三歯・五歯など多様な形態が見られる。鐏冠は輝県固囲村2号墓の出土品が最も古い例で、その年代は戦国後期とされるが、ただその発生は戦国中期に遡る可能性がある。鎌刀と銍刀は典型的な農耕具であるが、鉄鎌の出現は新疆地区で早ければ前8世紀前後であるが、中原地区では前4世紀の戦国中期に出現した。銍刀も戦国中期に出現したもので、まずはＡ型単孔銍刀で、後に発展してＢ型双孔銍刀が出現した。夯錘は土木施工作業の専門工具として、戦国中期に出現している。ここで特に指摘しておく必要のあるのは、戦国中期の横銎鋤の出現とやや後の横銎板状钁と多歯钁の出現が、鉄器形態構造の飛躍であり、また生産工具発展史上の変革であり、鉄器が形態構造上において青銅器の制約から抜け出したことを示すのみでなく、さらには鋤・钁等工具の構造が曲柄に装着するものから直柄に装着するものへと、より簡便・堅牢な装着へ変化したことを現しており、歴史的意義を持つ一大事であった。鉄製鉱冶・漁織器具はみな戦国後期に出現し、採鉱に用いる斧形鑿・長柄耙・冶鋳に用いる坩堝・鋳型・夾具、また漁猟・紡織工具の釣鉤・紡錘車・針などがみられる。

　兵器は最も早く出現した鉄器類型の一つであり、春秋時代にすでに鉞・戈・矛・剣・短剣・鉄鋌銅鏃などの器種が発展していたが、そのうちの多くは銅（金・玉等）鉄複合製品であった。戦国時代に入ってからは、銅鉄複合製の鉞・戈・矛などは再び見ることはなく、銅柄鉄短剣は辺境地域では継続して存在し、戦国前期には環首あるいは三叉格の銅柄鉄短剣が出現しており、戦国後期には全鉄製の短剣も出現し、柄首の形態も角形・環形・Ｔ字形・球形など多種見られる。剣の発展は非常に急速で、春秋後期の小型中長剣（長沙楊家山Ｍ65：5など）の基礎上に、戦国前期に窄体中長剣と長剣が出現、戦国中期には寛体中長剣と長剣が出現、また戦国後期にはＣ型長茎窄体長剣・Ｄ型空首剣と発展していった。全鉄製の矛は戦国後期に出現し、Ａ型三角形葉矛・Ｂ型細長葉矛・Ｃ型桂葉形矛などがあり、茎の有無と骹の長短はさらに多種多様となっている。鉄鋌銅鏃は継続して流行し、戦国後期前後には全鉄製の三稜鏃・三翼鏃・双刃鏃が出現した。戦国中期にはいくつかの新しい兵器・武具が前後して生れた。戦国中期にはＡ型三叉形戟が、後期には卜字形戟が出現した。戦国中期には鉄冑が、後期には鉄鎧甲が出現、また弩機郭・鐓・鐏など兵器の部品や杖などの新型兵器は、みな戦国中期以後に生れたものである。

　日用器具は春秋時代にすでに出現していた鉄器類型であるが、その内容は主に指環・耳環など装身具と小型の器皿であった。戦国時代の鉄製装身具の変化は、主に帯鉤の出現と形態の多様性の上に表象される。すなわち、戦国前期にＡ型曲棒形・Ｂ型檠葉形・Ｃ型長牌形・Ｄ型小琵琶形の帯鉤が出現し、中期にはＤ型大琵琶形帯鉤・Ｅ型鏟頭形帯鉤が出現、後期にはＦ型水禽形帯鉤が出現し、かつ地域によっては広く普及した。同時に戦国前期に板状束髪器と牌飾が、後期には帯扣・帯飾・鑷子などの器具が出現した。家用器皿についてみると、春秋後期の小型鼎形器の基礎上に、戦国時代に鉄足銅鼎が出現すると同時に、前後して全鉄製のＤ型蹄形足附耳鼎・Ｃ型柱状足附耳鼎・Ｂ型矮足立耳鼎・Ａ型矮足無耳鼎が出現した。鉄釜・鏊・勺・豆形灯・行灯・火盆などは全て新出の日用器具であり、そのうち双耳釜の出現は、あるいは戦国前期に遡り、他の器種はおおよそ戦国中期以後に続々と出現した。

　鉄製車馬機具は戦国時期の産物であり、主に車釭・車䥫・車轄・旌首・馬鑣・馬銜・歯車・船用鉄箍などがある。そのうち車釭の出現は早ければ戦国前期であり、最初の形態は円筒形の一端の両

側が柄になっており、戦国後期に至ると六角形釭も現れた。車鋼・車轄・A型彎体馬鑣はだいたい戦国中期後半に出現し、そのほかはおおよそ戦国後期に生れたものである。

　戦国時代の雑用器具の出現と漸次的増加は、当時の鉄器の社会生活における応用状況を考察するのに重要であるが、ただ器種が繁雑で、形態・用途も多様であり、鉄器の類型・構造の変化を分析するのに必ずしも典型的な意義を有しない。しかし、戦国時期の頸鉗と脚鐐等の鉄刑具の出現と流行は注目に値する[154]。

　戦国時代鉄器の考古発見と類型学研究は、中原地区であろうと辺境地区であろうと、鉄器はすべて様々な程度で発展を遂げていたことを表明する。鉄器の類型・構造について言うと、西北系統の鉄器は変化が大きくなく、逆に中原系統の鉄器は長足の進歩を遂げている。一方では、春秋時期にすでに形成された生産工具・兵器・日用器具の三大鉄器類型がさらに充実し豊富になり、また一方では、新たに車馬機具と雑用器具の二大新類型が出現した。もともとある鉄器類型か、新たに出現したものかに関わらず、新しい器具・器形は常に生まれ、同類器具でも異なる型式が常に増加し、多様化の傾向は次第に強まっていった。これは、社会生活における鉄器の応用が次第に拡大していったことが、類型と形態構造上に直接反映していることを示している。

　ここで今一歩説明すべきは、戦国時代の鉄器類型・構造の変遷とその多様性が、一面では地域性差異を反映していることである。西北等辺境地域の鉄器類型と構造は明らかな地域的特色を備えており、また後に検討するが、列国地域内の中原地域においてもいくつかの差異が存在する。例えば、斧・錛は最も重要な伐採木工工具であるが、そのうち条形空首斧は各地に流行し、双肩空首斧・扇形空首斧・靴形空首斧は目下のところ南方の楚地で発見されている。锸は土木建築と農耕において最も常用された工具であるが、そのうち直口锸は主に北方の列国地区で流行し、各種形態の凹口锸は長江流域とその以南の南方地区において特有のものであり[155]、そのほかの土木農耕器具では、各種形態の鏟・横銎钁・多歯钁・鐏冠・半円鋤・鋤板、また柄端に欄をもつ鋳造製の鋒刃鎌刀と半月形銍刀など、全て主に北方列国地区で発見されており、歯刃鎌刀は南方でのみ見られ、刮刀は明らかに南方の特色である。こういった差異は明らかに異なる地域の自然環境・生産活動・生産方式の差異と直接の関連がある。例えば、武器武具においては、南方地区では剣身寛4cm以上の寛体剣と通長70cmに満たない中長剣が流行し[156]、北方地区では剣身寛が4cmに満たない窄体剣と通長70cm以上の長剣および長茎窄体長剣が流行、また空首剣は長沙楚墓のみ一例（M1281：10）発見されている[157]。これまでに、三叉戟は南方で、卜形戟は北方で発見されている。各種形態の矛も、北方各地で多く出土している。兵器武具のこのような差異は、当時の南方と北方における格闘形態と軍事活動の特質の差異またはその変遷状況に関連があるにちがいない。車馬機具は、目下のところ北方地区でのみ発見されている。日用器具について見てみると、鉄足銅鼎は南方楚地のみで発見されており、柱状足附耳鼎は北方地区で、蹄形足附耳鼎は南方地区で発見されている。また双耳釜は南方楚地に見られ、無耳釜と鍪は北方秦地に見られる。豆形灯と行灯も秦地にのみ見られるものである。帯鉤は主に北方地区で見られるが、ただしその形態の特徴は各地で異なる。侯馬喬村で発見された帯鉤は、関中等の地のものより大きく、多くは通長12cm以上の大型帯鉤である。以上の鉄器類型と構造の地域性差異は、異なる器具の、また同類器具で違った形態の発生地と発生時間の検討に有効であるだけでなく、各地の鉄器生産と使用状況の分析の一助ともなり、さらには戦国時代列国間における社

会生産・生活様式の異同など、地域文化の特質の研究を深めていくのに有益な情報を提供してくれる。

註

1 A．華覚明等「戦国両漢鉄器的金相学考察初歩報告」『考古学報』1960年第1期、75頁。B．楊根「興隆鉄範的科学考察」『文物』1960年第2期、20頁。
2 鄭紹宗「熱河興隆発現的戦国生産工具範」『考古』1956年第1期29頁。
3 劉東亜「河南新鄭倉城発現戦国鋳鉄期泥範」『考古』1962年第3期165頁。
4 河南省博物館新鄭工作站「河南新鄭鄭韓故城的鉆探和試掘」『文物資料叢刊』第3集62頁、文物出版社1980年。
5 河南省文物研究所等『登封王城崗与陽城』第256～336頁、文物出版社1992年。
6 河南省文物考古研究所等「河南省西平県酒店冶鉄遺址試掘簡報」『華夏考古』1998年第4期27頁。
7 新郷市文管会等「河南輝県市古共城戦国鋳鉄遺址発掘簡報」『華夏考古』1996年第1期1頁。
8 河北省文物研究所『燕下都』第129～163頁、文物出版社、1996年。
9 鶴壁市文物工作隊『鶴壁鹿楼冶鉄遺址』中州古籍出版社、1994年。
10 A．中国歴史博物館考古組「燕下都城址城址調査報告」『考古』1962年第1期10頁。B．河北省文物研究所『燕下都』第85頁、文物出版社、1996年。
11 童心等「夏県禹王城廟後辛荘戦国手工業作房遺址」『文物季刊』1993年第2期11頁。
12 山東省文物考古研究所等『曲阜魯国故城』第17・45頁、斉魯書社、1982年。
13 群力「臨淄斉国故城勘探紀要」『文物』1972年第5期45頁。
14 河北省文化局文物工作隊「燕下都第22号遺址発掘報告」『考古』1965年第11期562頁。
15 河北省文物研究所『燕下都』第204～435頁、文物出版社、1996年。
16 洛陽博物館「洛陽戦国糧倉試掘紀略」『文物』1981年第11期55頁。
17 王増新「遼寧撫順蓮花堡遺址発掘簡報」『考古』1964年第6期286頁。
18 中国科学院考古研究所『輝県発掘報告』第69～109頁、科学出版社、1956年。1号墓墓道上の房址中で出土した鉄器の種類と数量について、報告中で前後して97点、99点とされ、種類の説明も前後で異なる。ここでは関連記述により総合して考える。
19 孫廷烈「輝県出土的幾件鉄器底金相学考察」『考古学報』1956年第2期125頁。
20 河南省文化局文物工作隊『鄭州二里岡』第44～94頁、科学出版社、1959年。戦国墓出土の鉄器数量は文中では66点とするが、統計すると69点である。
21 山西省考古研究所『侯馬喬村墓地（1959～1996）』科学出版社、2004年。
22 段紅梅等「侯馬喬村墓地出土鉄器的鑑定与研究」『侯馬喬村墓地（1959～1996）』（中）第1200頁、科学出版社、2004年。
23 湖南省博物館等『長沙楚墓』文物出版社、2000年。
24 河北省文物管理處「河北易県燕下都44号墓発掘報告」『考古』1975年第4期229頁。
25 北京鋼鉄学院圧力加工専業「易県燕下都44号墓葬鉄器金相考察初歩報告」『考古』1975年第4期241頁。燕下都44号墓出土鉄器中の剣（M44：19、M44：100）、矛（M44：115）、鏃（M44：87）は塊錬鉄あるいは塊錬鉄滲炭鋼製品という結果であったが、のち疑問視された。すなわち"燕下都における塊錬鉄の有無、及びどの程度の応用か、といったことはさらなる検討を要する"と認識する（李仲達等「燕下都鉄器金相考察初歩報告」『燕下都』第892頁、文物出版社、1996年）。
26 古代生産工具の一器の多様性と複雑性を鑑みて、本研究では生産工具を三種類に分類する。木工加工器具は林木伐採・各種木工・製陶・製骨・製鉄等の加工作業に用いる工具・小型工具を指す。土木農耕器具は、土木工程・農田水利・農業耕作等の作業に用いる器具を指す。鉱冶器具は、採鉱・冶鋳作業に用いる器具を指す。この他、漁猟活動に用いる鉄工具は土木農耕器具中に含む。また紡織・裁縫に用いる鉄工具は、日用器具中に含む。
27 湖北省荊沙鉄路考古隊『包山楚墓』文物出版社、1991年。
28 陝西省考古研究所秦陵考古隊等「秦芷陽製陶作房遺址清理簡報」『考古与文物』1995年第5期21頁。
29 湖南省博物館等「湖南益陽戦国両漢墓」『考古学報』1981年第4期535頁。
30 湖南省博物館等『長沙楚墓』第230頁図153-2、文物出版社、2000年。

31 湖北省荊州筑博物館「江陵天星観1号楚墓」『考古学報』1982年第1期113頁。
32 成都市文物考古工作隊「四川成都市北郊戦国東漢及宋代墓発掘簡報」『考古』2001年第5期30頁。
33 湖南省博物館「湖南資興旧市戦国墓」『考古学報』1983年第1期93頁。
34 北京科技大学冶金史研究室「陽城鋳鉄遺址鉄器的金相鑑定」『登封王城崗与陽城』第330頁表一、文物出版社、1992年。
35 河北省文化局文物工作隊「1964～1965年燕下都墓葬発掘報告」『考古』1965年第11期548頁。
36 河北省文化局文物工作隊「燕下都第22号遺址発掘報告」『考古』1965年第11期568頁。
37 咸陽市文管会「西北林学院古墓清理簡報」『考古与文物』1992年第3期30頁。
38 黄石市博物館『銅緑山古鉱冶遺址』第130頁、文物出版社、1999年。この種の工具は原報告では"鈷"とされるが、妥当でない。
39 四川大学歴史文化学院考古学系等「重慶雲陽李家壩東周墓地1997年発掘報告」『考古学報』2002年第1期86頁。
40 湖南省博物館「湖南資興旧市戦国墓」『考古学報』1983年第1期93頁。
41 咸陽市文物考古研究所『塔児坡秦墓』第166頁、三秦出版社、1998年。本例は原報告では"剣"と称される。
42 山西省文物管理委員会等「山西長治分水嶺戦国墓第二次発掘」『考古』1964年第3期131頁。この墓地のM21・M35・M41三基で、合計8点の銅刮刀が出土しているが、発掘者は"Ⅲ式矛"と称し、年代は戦国後期とする。
43 中国社会科学院考古研究所等『臨淄程村墓地』第114頁、中国大百科全書出版社、2003年。この墓地の1072号墓で銅刮刀2例が出土し、発掘者は"圭形器"と称し、年代は春秋後期とする。
44 山東省博物館「臨淄郎家荘一号東周殉人墓」『考古学報』1977年第1期77頁。
45 中国歴史博物館考古部『垣曲古城東関』第459頁、科学出版社、2001年。
46 湖南省博物館等「古丈白鶴湾楚墓」『考古学報』1986年第3期354頁。
47 中国科学院考古研究所『洛陽中州路（西工段）』第111頁、科学出版社、1959年。
48 新疆文物考古研究所等「新疆鄯善県蘇貝希遺址及墓地」『考古』2002年第6期42頁。
49 巴音郭楞蒙古自治州文物保護管理所「新疆庫爾勒上戸郷古墓葬」『文物』1999年第2期38頁。
50 湖北省博物館「楚都紀南城的勘察与発掘（下）」『考古学報』1982年第4期496頁。
51 甘粛省博物館文物工作隊「甘粛永登楡樹溝的沙井墓葬」『考古与文物』1981年第4期35頁。
52 内蒙古博物館等「内蒙古准格尔旗玉隆太的匈奴墓」『考古』1977年第2期113頁。
53 湖北省宜昌地区博物館『当陽趙家湖楚墓』第148頁、文物出版社、1992年。
54 山西省文物管理委員会等「山西長治分水嶺戦国墓第二次発掘」『考古』1964年第3期132頁。
55 河南省文物考古研究所「河南鞏義市倉西戦国漢晋墓」『考古学報』1995年第3期382頁。
56 湖北省文物研究所等「唐山東歓坨戦国遺址発掘報告」『湖北省考古文集』第196頁、東方出版社、1998年。
57 王増新「遼寧撫順市蓮花堡遺址発掘簡報」『考古』1964年第6期288頁。
58 中国歴史博物館考古組「燕下都城址調査報告」『考古』1962年第1期14頁。
59 咸陽市文物考古研究所『塔児坡秦墓』第166頁、三秦出版社、1998年。
60 河南省文物研究所「鄭韓故城内戦国時期地下冷蔵室遺跡発掘簡報」『華夏考古』1991年第2期13頁。
61 広東省文物考古研究所「広東楽昌市対面山東周秦漢墓」『考古』2000年第6期45頁。
62 中国科学院考古研究所『長沙発掘報告』第66・162頁、科学出版社、1957年。過去少なからぬ学者がこの鉄錨を春秋時代の鉄器としたが、ここでは発掘者の見解により、この墓葬を戦国初期とする。
63 湖南省博物館「湖南常徳徳山楚墓発掘報告」『考古』1963年第9期461頁。
64 『説文』巻二十七第十四上金部に"錾は、河内でいわゆる鋘頭金なり"とある。『方言』巻五郭璞注に"江東では鍬刃を"錾"となす"とある。
65 耒と耜の形態・構造については諸説あり、意見は一致しない。ここでは先人の研究と筆者の認識を総合して、耒と耜はいずれも双頭で、耒は直柄で直身部、耜は曲柄・曲身部、と定義しておく。
66 白雲翔「弥生時代的鉄刃先及相関問題」（日本筑波大学）『先史学・考古学研究』第2号11～24頁、1991年。
67 湖北省荊州地区博物館「江陵天星観1号楚墓」『考古学報』1982年第1期73頁。
68 湖北省荊州地区博物館「江陵天星観1号楚墓」『考古学報』1982年第1期113頁。
69 夏鼐等「湖北銅緑山古銅鉱」『考古学報』1982年第1期50頁。
70 文保「馬王堆三号漢墓出土的鉄口木錨」『文物』1974年第11期45頁。
71 四川省博物館等「都江堰又出土一躯漢代石俑」『文物』1975年第8期89頁。

72　四川省博物館等「四川峨眉発現東漢石俑」『文物資料叢刊』第4集240頁、文物出版社、1981年。
73　湖北省博物館江陵紀南城工作站「一九七九年紀南城古井発掘簡報」『文物』1980年第10期46頁図九：1。
74　孫機『漢代物質文化資料図説』第2頁図1-3、文物出版社、1991年。
75　黄展岳「古代農具統一定名小議」『農業考古』1981年第1期39頁。
76　天津市文化局考古発掘隊「天津南郊巨葛荘戦国遺址和墓葬」『考古』1965年第1期14頁。
77　雍城考古隊「陝西鳳翔西村戦国秦墓発掘簡報」『考古与文物』1986年第1期14頁。
78　鄭紹宗「熱河興隆発現的戦国生産工具鋳範」『考古通訊』1956年第1期29頁。
79　荊門市博物館「荊門市響鈴崗遺址与墓地発掘簡報」『江漢考古』1990年第4期18頁。
80　中国科学院考古研究所『輝県発掘報告』第91頁、科学出版社、1956年。
81　吉林省文物工作隊等「吉林樺甸西荒山屯青銅短剣墓」『東北考古与歴史』第1期147頁、文物出版社、1982年。
82　湖北省文物考古研究所「紀南城新橋遺址」『考古学報』1995年第4期443頁。
83　沈作霖「紹興出土的春秋戦国文物」『考古』1979年第5期458頁。
84　山西省考古研究所『侯馬喬村墓地（1959～1996）』（上）第423頁、科学出版社、2004年。
85　許玉林「遼寧寬甸発現戦国時期燕国的明刀銭和鉄農具」『文物資料叢刊』第3集126頁、文物出版社、1980年。
86　河北省文物管理處「磁県下潘汪遺址発掘報告」『考古学報』1975年第1期115頁。
87　湖北省博物館江陵紀南城工作站「一九七九年紀南城古井発掘簡報」『文物』1980年第10期47頁。
88　夏鼐等「湖北銅緑山古銅鉱」『考古学報』1982年第1期5頁。
89　黄石市博物館『銅緑山古鉱冶遺址』第130頁、文物出版社、1999年。
90　湖北省博物館「楚都紀南城的勘察与発掘（上）」『考古学報』1982年第3期334頁。
91　新郷市文管会等「河南輝県古共城戦国鋳鉄遺址発掘簡報」『華夏考古』1996年第1期6頁。
92　湖南省益陽地区文物工作隊「益陽楚墓」『考古学報』1985年第1期109頁。
93　河北省博物館『燕下都』第707頁、文物出版社、1996年。
94　湖北省文物考古研究所『江陵九店東周墓』第259・532頁、科学出版社、1995年。
95　内蒙古自治区文物工作隊『鄂爾多斯式青銅器・毛慶溝墓地』第259頁、文物出版社、1986年。
96　内蒙古自治区文物工作隊「涼城飲牛溝墓葬清理簡報」『内蒙古文物考古』第1期28頁、1984年。
97　巴音郭楞蒙古自治州文物保護管理處「新疆庫爾勒上戸郷古墓葬」『文物』1999年第2期38頁。
98　劉得禎等「甘粛慶陽春秋戦国墓的清理」『考古』1988年第5期416頁。
99　慶陽地区博物館等「甘粛慶陽城北発現戦国時期葬馬坑」『考古』1988年第9期852頁。
100　寧夏文物考古研究所「寧夏固原楊郎青銅文化墓地」『考古学報』1993年第1期28頁。
101　羅豊等「1988年固原出土的北方系青銅器」『考古与文物』1993年第4期17頁。
102　延世忠「寧夏固原出土戦国青銅器」『文物』1994年第9期94頁。
103　羅豊等「寧夏固原近年発現的北方系青銅器」『考古』1990年第5期404頁。
104　雲南省博物館「雲南江川李家山古墓群発掘報告」『考古学報』1975年第2期140頁。
105　貴州省博物館考古組等「赫章可楽発掘報告」『考古学報』1986年第2期237頁。
106　湖南省博物館等「古丈白鶴湾楚墓」『考古学報』1986年第3期354頁。
107　劉得禎等「甘粛慶陽春秋戦国墓葬的清理」『考古』1988年第5期413頁。
108　甘粛省博物館「甘粛平涼廟荘的両座戦国墓」『考古与文物』1982年第5期32頁。
109　『淮南子』巻十一斉俗注に、"殳は、木杖なり"とある。
110　咸陽市文物考古研究所『塔児坡秦墓』第166頁、三秦出版社、1998年。
111　楊志軍等『平洋墓葬』第92頁、文物出版社、1990年。
112　河南省博物館「鄭州南関外商代遺址の発掘」『考古学報』1973年第1期89頁。
113　中国社会科学院考古研究所内蒙古工作隊「赤峰蜘蛛山遺址的発掘」『考古学報』1979年第2期238頁。
114　河北省文物管理處「河北易県燕下都44号墓発掘報告」『考古』1975年第4期231頁。
115　『説文』金部に"釭は、車轂中の鉄なり"とあり、『釈名』巻七釈車に"釭は、空なり、それ中空なり"とある。
116　『釈名』巻七釈車に"鐧は、間なり、間は釭・軸の間にして、相い摩さざらしむるなり"とある。
117　『爾雅』中二釈器に、"轡に載せるを蟻と謂う"とある。
118　甘粛省博物館「甘粛平涼廟荘的両座戦国墓」『考古与文物』1982年第5期32頁。

119　河南省文物考古研究所「河南鞏義市倉西戦国漢晋墓」『考古学報』1995年第3期382頁。
120　陝西省文管会「朝邑戦国墓葬発掘簡報」『文物資料叢刊』第2集77頁、1978年。
121　湖北省文物考古研究『江陵望山沙冢楚墓』第131頁、文物出版社、1996年。
122　荊州博物館「江陵李家台楚墓清理簡報」『江漢考古』1985年第3期22頁。
123　随州博物館「随州雷鼓墩磚瓦場十三号墓発掘簡報」『江漢考古』1984年第3期37頁。
124　四川省文物管理委員会「成都羊子山第172号墓発掘報告」『考古学報』1956年第4期8頁。
125　童恩正「対雲南冶鉄業産生時代的幾点意見」『考古』1964年第4期207頁。
126　荊門市博物館「荊門市響鈴崗東周遺址与墓地発掘簡報」『江漢考古』1990年第4期17頁。
127　咸陽市文管会「西北林学院古墓清理簡報」『考古与文物』1992年第3期30頁。
128　『急就篇』巻三顔氏注に、"鍪は、釜に似て反唇なり。一に曰く、鍪は小釜の類なり"とある。
129　李仲立等「甘粛寧県西溝発現戦国古遺址」『考古与文物』1998年第4期21頁。
130　伊克昭盟文物工作站等「西溝畔匈奴墓」『文物』1980年第7期5頁。
131　河北省文物研究所『䰟墓—中国中山国国王之墓』第150頁、文物出版社、1996年。
132　A．長広敏雄『帯鈎の研究』1943年、京都。B．王仁湘「帯鈎概論」『考古学報』1985年第3期267頁。
133　黄岡市博物館「湖北黄岡両座中型楚墓」『考古学報』2002年第2期279頁。
134　中国科学院考古研究所『輝県発掘報告』第132頁、科学出版社、1956年。
135　河南省文物研究所『信陽楚墓』第63頁、文物出版社、1986年。
136　湖北省文物考古研究所『江陵望山沙冢楚墓』第79頁、文物出版社、1996年。
137　山東省文物考古研究所等『曲阜魯国故城』第161頁、斉魯書社、1982年。
138　遼寧省文物考古研究所「遼寧凌源安杖子古城址発掘報告」『考古学報』1996年第2期218頁。
139　中国科学院考古研究所『山彪鎮与琉璃閣』第50頁、科学出版社、1959年。
140　呉鎮烽等「陝西鳳翔高荘秦墓地発掘簡報」『考古与文物』1981年第1期36頁。
141　山西省文物管理委員会等「山西長治分水嶺戦国墓第二次発掘」『考古』1964年第3期137頁。
142　西安市文物保護考古所『西安南郊秦墓』第339頁、陝西人民出版社、2004年。
143　岳洪彬「我国古代銅橋形飾及相関問題」『考古求知集』第387頁、中国社会科学出版社、1996年。
144　寧夏文物考古研究所「寧夏固原楊郎青銅文化墓地」『考古学報』1993年第1期44頁。
145　新疆文物考古研究所等「鄯善県蘇貝希墓群三号墓地」『新疆文物』1994年第2期17頁。
146　新疆博物館等「新疆且末扎滚魯克一号墓地」『新疆文物』1998年第4期37頁。
147　陝西省雍城考古隊「一九八一鳳翔八旗屯墓地発掘簡報」『考古与文物』1986年第5期29頁。
148　陝西省雍城考古隊「陝西鳳翔八旗屯西溝道秦墓発掘簡報」『文博』1986年第3期25頁。
149　陝西省考古研究所「陝西銅川棗廟真保発掘簡報」『考古与文物』1986年第2期9頁。
150　新疆文物考古研究所「石河子市南山古墓葬」『新疆文物』1999年第1期5頁。
151　寧夏回族自治区文物考古研究所等「寧夏彭陽県張街村春秋戦国墓地」『考古』2002年第3期22頁。
152　陳応琪「燕下都遺址出土奴隷鉄頸鎖和脚鐐」『文物』1975年第6期89頁。
153　戦国時代に鉄製戈が出現していたか否かについては更なる考古発見に待たねばならない。『長沙楚墓』第498頁に、"長沙楚墓出土の鉄器の中で、兵器に属するものには戈・戟・矛・鏃等がある"とあるが、同報告第310頁に"兵器は39点みられるが、剣と戟の二種類のみである"という。ゆえに戦国楚墓での鉄戈の有無は確定できない。また戦国時代の鉄戈の実物は確実な発見はいまだないものの、登封陽城鋳鉄遺跡において戈の鋳型が出土しており、鉄戈は戦国前期にすでに出現していたかもしれない。それにしても、戦国時代の鉄戈の数量には限りがある。
154　河北省文物研究所『燕下都』第279・533頁、文物出版社、1996年。戦国時代の鉄刑具は、目下のところ易県燕下都と侯馬喬村墓地のみで発見されており、多くは戦国後期のものである。ただし、燕下都北沈村8号住居址出土の残脚鐐環（B8T2④：5）は年代が戦国前期で、郎井村10号工房址出土の残頸鉗（LJ10T97①H709：6）は年代が戦国中期、侯馬喬村の鉄頸鉗を出土したM421・M430・M5200等の墓葬は、年代が戦国中期である。これによると、鉄刑具の出現は戦国前期に遡り、ただ流行するのは戦国中後期であると認識することができる。
155　鉄凹口錛は、北方地区での発見は極めて少なく、目下のところ二点のみ発見されている。一点は輝県固囲村2号墓で出土し（M2：52）、もう一点は輝県古共城鋳鉄遺跡烘範窯で出土したもので（Y1A：5）おそらくは斧・錛の類の機能のものである。
156　1953～1955年の間に、湖南長沙と衡陽の両地で発掘された古墓葬中では64基の戦国墓で鉄器を出土してお

り、そのうち鉄剣が14点で、長短の区別はあるものの、剣身の寛度は等しく4.5cmである（湖南省文物工作隊「長沙・衡陽出土戦国時代的鉄器」『考古通訊』1956年第1期78頁）。長沙楚墓で出土した35点の鉄剣の測量統計によると、保存の比較的よい13点の鉄剣中、通長70cm以下のものは7点、通長70.1～80cmのものが3点、通長80.1～95.1cmのものが3点で、これにより発掘者は、"長沙楚墓では30数点の鉄剣が出土しており、長60～70cm前後のものが多い"としており、また出土の7点の長剣（原報告のAⅢ式）は、みな寛体長剣に属する（『長沙楚墓』第498頁）。

157　燕下都採集の鉄剣12点は、剣身寛が等しく4cmで、そのうち一点が長64.25cmの窄体中長剣に属するほかは、11点がみな窄体長剣で、いずれも90cm以上の長さであった。長茎窄体長剣は、宜昌前坪戦国後期秦墓で1点（M23：9）、燕下都戦国後期の44号墓で計12点が出土している。

第4章　戦国鉄器の応用と古代鉄器工業の初歩形成

　鉄器と鉄工場遺跡の発見・研究は、戦国時代鉄器の発展を明らかにした。一つは中原地域の鉄器利用が次第に普及し、鋼鉄技術が進歩し鉄器工業が初歩的形成を遂げたことを示し、今一つは利用地域の広がり、すなわち辺境地域で鉄器が出現し普及したことを明らかにする。

第1節　中原地域鉄器の普及化過程

　戦国鉄器発展に関わる主な指標は、中原地域鉄器の社会生活における応用程度が絶えず高まったこと、つまり鉄器が逐次的に普及していったことである。これは、応用領域が不断に開拓された過程であり、また使用量が次第に増加していく過程でもある。その様子は、新しい類型が絶えず生まれていったことに直接的に反映しているといえる。

戦国前期（紀元前5世紀中葉～前4世紀初頭）
　春秋時代にすでに見られた竪銎钁・空首斧・錛・鏟・錘・刮刀・削刀・錐などの生産工具は継続して製作・使用されたが、中でも竪銎钁が急速に流行しており、生産活動における鉄器利用の拡大を反映している。春秋後期に出現した小型中長剣を基礎として、中長剣・長剣など実践兵器が生まれ、鉄兵器が実際の戦闘に使われ始めたことを示す。車釭は車馬機具のうち最初に現れた鉄製品であった。鼎・釜など炊具の出現や、帯鈎・束髪器など装身具の発生は、鉄器応用が日常生活の領域へと拡大し始めたことを明示する。戦国初期鉄器の種類は依然限りがあるものの、日常生活と実際の戦闘行為において使用され始めたように、本格的に鉄器普及が展開していったのである。

戦国中期（紀元前4世紀中葉～末葉）
　戦国前期の類型の基礎上にさらに多くの新しい器類が出現した。扇形空首斧・靴形空首斧等の伐採工具や、四稜錘・工具刀・截具等の加工工具、六角鋤・鋤板・鎌刀・銍刀・夯錘等の土木農耕器具が出現したことは、鉄器の手工業・農業・土木建築など生産領域における応用が、しだいにその各種工程・作業へと浸透していったことを表している。もし戦国前期とそれ以前の鉄製生産工具が、一種で多用途であったならば、この時期に現れた夯錘・鎌刀・銍刀など用途は比較的単一ながら、鉄器が効能において専門化の傾向にあることを反映しており、鉄器普及過程で必然的に起きる現象である。全鉄製の矛・戟・三稜鏃・杖・寛体長剣と中長剣など攻撃性兵器や、鐓・鐏・弩機郭など兵器の部品、冑などの防護装備が相次いで出現し、ここまでで先秦時代の主要な武器武具類型はすべて鉄製品が出揃い、銅兵器に取って代わる過程が以後全面的に展開していく。車鐧・車轄・馬鑣・馬銜等はみなこの時期に出現し、車馬機具も本格的に鉄器化し始めたことを示す。日用器具の類型の変化は小さく、新しく長方形四足火盆などの暖房器具や縫針が現れたほか、鼎・帯鈎・等に新しい形態が見られた程度で、この方面の鉄器普及は主に使用量の増加として捉えられる。頸鉗・脚鐐等の刑具は特殊な用途をもつもので、その出現は、鉄器の使用が日常生産・生活や軍事活動のなどの社会生活領域に拡大していったことを物語る。

戦国後期（紀元前3世紀初頭～中葉）

この時期の鉄器類型変化は、一つは新しい器類の出現であり、もう一つは同類器具における形態の多様化である。木工工具の鑿・扁鏟・鏟刀・鋸、加工工具の鈷頭・冲牙・塹・砧などみなこの時期に出現したもので、かつ鑿・塹・鋸等みな多種多様な形態をもち、斧形鑿・長柄耙・鋳範・夾具などは鉱冶労働作業の専用工具である。ここから、鉱冶・金属加工・木工・骨器製作など手工業生産活動の各種作業で鉄器使用が始まっていたことが分かる。農耕器具の鏵冠・横銎鏵・横銎多歯鏹・半円鋤・人字鋤等の出現と使用は、先秦時代農耕器具の基本類型がここに至って全て鉄製品となったことを反映し、土地整理・耕種・田間管理から穀物収穫に至る農耕活動の各段階において鉄農具の応用が始まったことを表している。釣針の出現は、漁撈活動での鉄器の使用を示す。武器武具では、矛・剣・鏃の類型がさらに増え、長剣の比率が急速に増大し、攻撃性のさらに大きな長茎窄体長剣と防御性が高まった鎧甲が出現し、軍事活動における鉄器使用が今一歩深化・拡大したことが明らかである。日用器具では新しく無耳釜・鍪などの煮炊具や豆形灯・行灯など生活器皿が出現し、日常生活でも鉄器使用が比較的大きく発展したことが分かる。この時期に各種雑用器具が明らかに増えており、鉄器の初歩的普及の重要な指標である。

この類型変化とその分析は、戦国時代中原地域鉄器の、様々な社会生産・生活領域及びその各段階における応用が、常に拡大し、深化していった過程の輪郭を描き出した。しかし、それと同時に、銅器・石器・骨器等の使用もなお存在しており、鉄器類型増加が反映する鉄器応用の拡大過程で認識を留めず、戦国鉄器と関連遺物の出土状況について、中でも同じ機能で異なる材質の同類器具の消長関係について更なる考察を進めなければならず、それにより戦国鉄器の普及過程に対してさらに全面的な理解を得ることができよう。

戦国時代集落・城址の考古資料は、鉄と他の材質でできた工具の使用状況を理解するのにある程度の手掛かりを与えてくれる。1954～1955年に洛陽中州路遺跡で発掘された東周時代の地層と遺構から多くの鉄器が出土したが、同時に石・骨・蚌器が出土しており、そこから発掘者は"相当量の蚌刀・蚌鎌などの工具の発見は、それらが当時の生産においてなお一定の重要性を占めていたことを示す"と指摘する。1982～1986年に山西垣曲古城東関遺跡で2700平方mが発掘された。戦国遺存を主とする東周時代の地層堆積が発掘区に広く分布し、さらに灰坑127基・井戸1基・陶窯2基と壕溝1条等の遺構が検出された。出土遺物では大量の陶質生活器具を除くと、鉄器は削刀1点・残鉄器1点のみであり、また非金属工具がかなり見られ、石製の斧・耘・鏟・錛・鑿・銍刀・鎌刀の計28点、骨・角製の錐・鑿・針の計11点、蚌製の鏟・銍刀・鎌刀の計23点がある。垣曲は東周時代まず晋に属し、三家分裂後は魏に属した。古城東関遺跡は当時の集落遺跡であり、大量の非金属生産工具の発見が表明するように、魏では鉄製生産工具の普及程度はなお限界があり、中でも農業生産においては非金属農具がなお一定の役割を果たしていた。易県燕下都郎井村第10号遺跡は、鋳銅を主とし鋳鉄も兼ねる工場址であるが、1972～1978年に四次に渡って計5800㎡以上が発掘され、鉄器280数点を出土した。そのうち、戦国前期は帯鈎・鈎の計3点、戦国中期は竪銎鏵・鋤板・鎌刀・叉・錘・鑿・錛・削刀等の生産工具に、車釭・馬銜などの車馬器、剣・帯鈎・刑具等の計58点がある。戦国後期鉄器の種類は中期の基礎上に、新たに鉄釜・三歯鏹・六角鋤・人字鋤・鎌刀・截具・冲牙・鈷頭・鐓・鐏・盔甲等が出現し、計216点を数える。これも当時の鉄器の種類が常に増加し、使用も頻繁になる発展過程を一面から示している。

戦国時代の埋葬施設についての考古発見は、別の一面から当時における鉄器の使用状況と鉄器と銅器の消長関係を反映している。

鳳翔八旗屯西溝道墓地　1983年に戦国秦墓20座を発掘し、銅器を副葬する墓が13基、鉄器を副葬する墓が2基で、出土鉄器は環4点・束髪器2点・帯鉤1点・直口錛1点の計8点がある。同時期の墓葬では銅環・銅錛は見られないが、束髪器7点、銅帯鉤9点が出土している。注目すべきは、26号墓は戦国前期墓で一棺一槨の葬具であり、同期墓では規模が比較的大きく、墓中に銅鼎・壺・豆などの礼器と戈・剣・鏃等の兵器計38点が副葬され、同時に鉄束髪器2点と鉄環4点が出土している。[5]当時の秦地における鉄器使用状況を反映しているであろう。

鳳翔高荘秦墓地　1977年、秦都雍城南郊鳳翔高荘秦墓地で、春秋後期から秦統一時期までの墓葬46基が発掘され、銅器計701点が出土し、鉄器は39点のみ出土した。鉄器出土状況は、春秋後期墓2基は鉄器がなく、戦国前期墓16基で、26号墓のみ鉄帯鉤1点が出土する。戦国中期墓15基のうち3基で鉄器を出土し、帯鉤5点と環2点がある。戦国後期墓3基ではいずれも鉄器が出土し、帯鉤2点、削刀・鑷子各1点がある。秦統一時期の墓葬10基では、鉄器を出土したのが9基、鑿・鋸・鉆頭・錛・刀・削刀・剣・釜・帯鉤・鉤などがある。[6]これは、鉄器が秦国で次第に普及していく過程を反映していよう。この墓地出土の銅器と鉄器の墓葬数と同類器物の比較からみて見ると（表1）、同様に鉄器と銅器の消長の傾向が反映されており、特に鉄剣・鉄削刀・鉄釜など、次第に同類銅製品に取って代わっていく形跡が見て取れる。

隴県店子墓地　1991〜1993年に店子墓地で東周・秦代の墓葬224基が発掘され、そのうち215基が六期に分けられる。第一期が春秋中期、第二期が同後期、第三期が戦国前期、第四期が同中期、第五期が同後期、第六期が秦代である。第五期から鉄器が副葬され始め、墓葬40基のうち2基で鉄器計2点が出土、第六期の54基では、9基で鉄器計15点が副葬され、大体同期墓葬総数の16.7％を占める。[7]同一墓地で戦国後期から鉄器副葬が始まり、秦代に大量に増加するのは、当時の社会生活中に鉄器使用が急速に増加していったことの反映であろう。

咸陽塔児坡墓地　1995年に塔児坡墓地で戦国後期と秦代の墓葬381基が発掘され、I段＝戦国後期前段、II段＝戦国後期後段、III段＝秦統一時期に分けられる。副葬の金属器中、帯鉤と削刀が最もよく見られ数量も最も多く、この墓地の鮮明な特色となっている。統計分析によると、170基の墓で銅帯鉤計180点が副葬され、墓葬総数の44.6％を占め、64基の墓で鉄帯鉤67点が出土し、墓葬総数の16.8％を占める。また34基の墓で鉄削刀計40点が副葬され、墓葬総数の8.9％を占める。銅削刀を副葬するのはわずかに1基（M47288）で2点ある。この他、8基の墓でそれぞれ1点ずつ鉄錛が出土し、いずれもII段とIII段の墓葬である。鉄剣を副葬する墓は5基あり、1基がI段に属

表1　鳳翔高荘秦墓出土銅器・鉄器（同類）比較表

時代 \ 墓葬数と器物	墓葬総数	銅器墓	鉄器墓	銅帯鉤	鉄帯鉤	銅削刀	鉄削刀	銅釜(瓿)	鉄釜	銅剣	鉄剣	備考
春秋後期	2	1		1	6		1					
戦国前期	16	10	1	8	1	6		3		1		
戦国中期	15	9	3	9	5	1						銅・鉄器共存墓2基
戦国後期	3	1	3		2		1					銅・鉄器共存墓1基
秦代	10	6	9	5	1		7	2	6		5	銅・鉄器共存墓5基

するのを除いて、みなⅡ段ないしⅢ段の墓葬である[8]。ここから、一面では戦国末期に大型鉄器の副葬が明らかに増加し、また一面では削刀の鉄器化が帯鉤の鉄器化程度を大きく上回ることが分かる。

長治分水嶺戦国墓 1959年分水嶺において大・中・小三種の規模の戦国墓19基が発掘され、年代は戦国前期から後期である。銅車馬器238点、銅兵器111点が出土したが、鉄器は竪銎钁8点と帯鉤4点、残鉄器1点のみがある。そのうち鉄帯鉤は戦国中後期墓（M40・M27・M35）で出土している。鉄钁は戦国後期墓（M21・M35・M36）の埋土中より出土した[9]。こういった状況は、鉄器が戦国後期になってようやくある程度普及したことを示している。

輝県戦国墓 1950～1951年における輝県戦国墓の発掘は、一面から戦国鉄器の発展の傾向を反映している。琉璃閣戦国墓葬27基は、前期・後期の二期に分けられ、鉄器は戦国後期墓でのみ発見されている。趙固鎮戦国中期墓の7基は、1基の大型墓を含み、大量の銅器が出土しているが、鉄器の出土はない。褚邱村戦国後期墓15基では、鉄帯鉤が出土している。固囲村の5基の戦国後期墓では、鉄器の出土が175点に達する[10]。

邯鄲百家村墓地 1957年と1959年に百家村で各規模の戦国墓49基と車馬坑6基が発掘された。副葬品は計2629点出土し、年代は戦国中期である。出土の708点の銅器では、容器・車馬器・装飾品を除くと、剣・戈・矛・戟・鏃・鉞等の兵器606点と、削刀・刻刀などの工具22点がある。出土の鉄器は削刀2点のみである[11]。戦国中期においては、趙国の兵器と工具は依然主要なものは銅製品であり、鉄製品ではなかったようである。

長沙楚墓 1952～1994年に長沙地区で春秋後期から戦国後期の墓葬2048基が発掘され春秋後期・戦国前期・戦国中期・戦国後期の四期に分けられている。各時期の墓葬からいずれも鉄器が出土し、長沙地区墓葬における鉄器の在り方を知るための重要資料である。まず鉄器と銅器の比較からみると、銅鼎が83基の墓葬で132点出土し、鉄鼎が5基で5点出土している。銅剣は483基で508点出土し、鉄剣は35基で35点出土。銅戈は211基で240点、銅矛は170基で196点、銅匕首は16基で16点それぞれ出土しているが、鉄製の戈・矛・匕首は出土していない。鉄戟は4基で4点出土している。銅

表2　長沙楚墓出土鉄器墓葬統計表

墓葬 \ 時代	春秋後期	戦国前期	戦国中期	戦国後期	合計
墓葬総数	29	80	289	909	1307
出土鉄器墓葬数（鉄器数量）	1（3）	6（7）	29（32）	85（103）	121（145）
比率	3.4	7.5	10	9.4	9.3

説明：本表は『長沙楚墓』第593～706頁の統計を元に作成している。

表3　資興旧市戦国墓出土鉄器墓葬統計表

墓葬 \ 時代	戦国前期	戦国中期	戦国後期	合計
墓葬総数	33	32	15	80
出土鉄器墓葬数（鉄器数量）	9（10）	8（12）	85（103）	23（31）
比率	3.4	7.5	10	9.3

説明：本表は『考古学報』1983年第1期122～124頁の統計を元に作成している。出土鉄器の総数は、報告では32点とするが、墓葬登記表の統計では31点となる。

斧は3基で3点出土し、鉄斧は18基で18点出土、銅鑿は1基で2点、鉄鑿は1基で1点出土、銅刮刀は5基で6点、鉄刮刀は43基で43点出土、銅削刀は12基で12点（他に銅刀5点がある）出土し、鉄削刀は5基で5点（他に12点の残刀がある）出土、銅鋸は1基で1点出土し、鉄鋸は見られない。鉄錘は37基で37点、六角鋤は6基で6点、堅銎鍬は9基で9点、夯錘は8基で8点出土しているが、これらは同類銅器の出土がない。銅帯鈎は137基で140点、鉄帯鈎は3基で3点出土している。以上から長沙楚墓では、出土の頻度・量ともに、銅製の兵器と日用器具は同類鉄製品よりはるかに多く、鉄製の木工工具と土木農耕器具は同類銅製品より多いことが分かる。当時の長沙地区では、各種工具の鉄器化程度は兵器や日用器具よりも高かった。また長沙楚墓各時期別の墓葬出土鉄器の統計（表2）からみると、戦国中後期墓葬における鉄器の出土が明らかに増加しており、あるいはその時期における社会生活中で鉄器の使用が大きく発展したことを反映しているのであろう。

資興旧市戦国墓　1978～1979円に、湖南資興旧市で戦国墓80基が発掘され、そのうち23基で鉄器が出土している。統計の結果（表3）から、戦国後期の墓葬で鉄器が明らかに増加していることが分かる。

　上述の典型的集落址と墓葬の考古発見を鉄器類型の変化と併せて総合的に分析すると、戦国時代中原地域の鉄器普及化過程に関して次のように認識できる。まず鉄器が青銅器と各種非金属器と交代する普及化過程は、逐次的・漸進的であり、鉄器の初歩普及は戦国後期にようやく達成された。『管子』の耕者が必ず鉄の耒・耜・銚・鎌をもち、女子が必ず鉄の刀・錐・鍼・鈦をもつという記載[12]は、やはり戦国後期の状況である。また、列国間における鉄器普及化過程の発展は不均衡であり、その特質も異なる点がある。例えば秦地と魏地では、鉄帯鈎の使用が他の地域にはるかに及ばず[13]、秦地では鉄釜・鍪などの日用器具の発展が比較的速い。また楚地における生産工具の鉄器化程度は兵器と日用器具よりも高い[14]。車馬機具の鉄器化は北方各地で始まった。そして、社会生産と生活の各領域の間で、鉄器の使用程度に明らかな差がある。戦国後期の手工業生産と農業生産において、鉄器は基本的に青銅と各種非金属工具に取って代わっていたが[15]、軍事活動においては、青銅兵器が依然重要な役割を発揮しており、車馬機具・各種日用器具の鉄器化もなお発展途上にあった[16]。

第2節　辺境地域鉄器の出現と応用

　鉄器利用地域の拡大、特に列国周辺地域における鉄器の出現と応用は、戦国時代鉄器発展の重要な指標である。もちろん辺境地域の異なる地区同士で出現と使用状況、その特質など明らかに異なっており、ここでは地域ごとに分けて具体的な考察を進めていく。

　西北地域は、新疆地域と、関中と新疆の間の広い地域を含む。新疆地域は長い鉄器の伝統があり、戦国時代は主にもともとあった鉄器の伝統が継続していた。鄯善県蘇貝希Ⅰ号・Ⅲ号墓地は、紀元前5～前3世紀に属する初期鉄器時代の蘇貝希文化遺存である。1980年と1992年の二次にわたり墓葬43基が発掘され、小刀5点・針2点・錐1点・簪子2点・帯鈎2点・泡1点・三翼鏃2点・帯孔牌飾1点・馬銜1点・残鉄塊などを含む鉄器17点が出土した[17]。この他、年代がだいたい戦国時代に相当する鉄製品には、鄯善県三個橋墓地で鉄簪と木柄鉄錐、鄯善県洋海墓地で鉄馬銜・残鉄塊[18]、烏魯木斉市柴窩堡墓地で小刀・包金鉄泡等[20]、烏魯木斉市南山鉱区の阿拉溝墓地で鉄小刀など[21]、且末県

122

図46 新疆地域出土鉄器

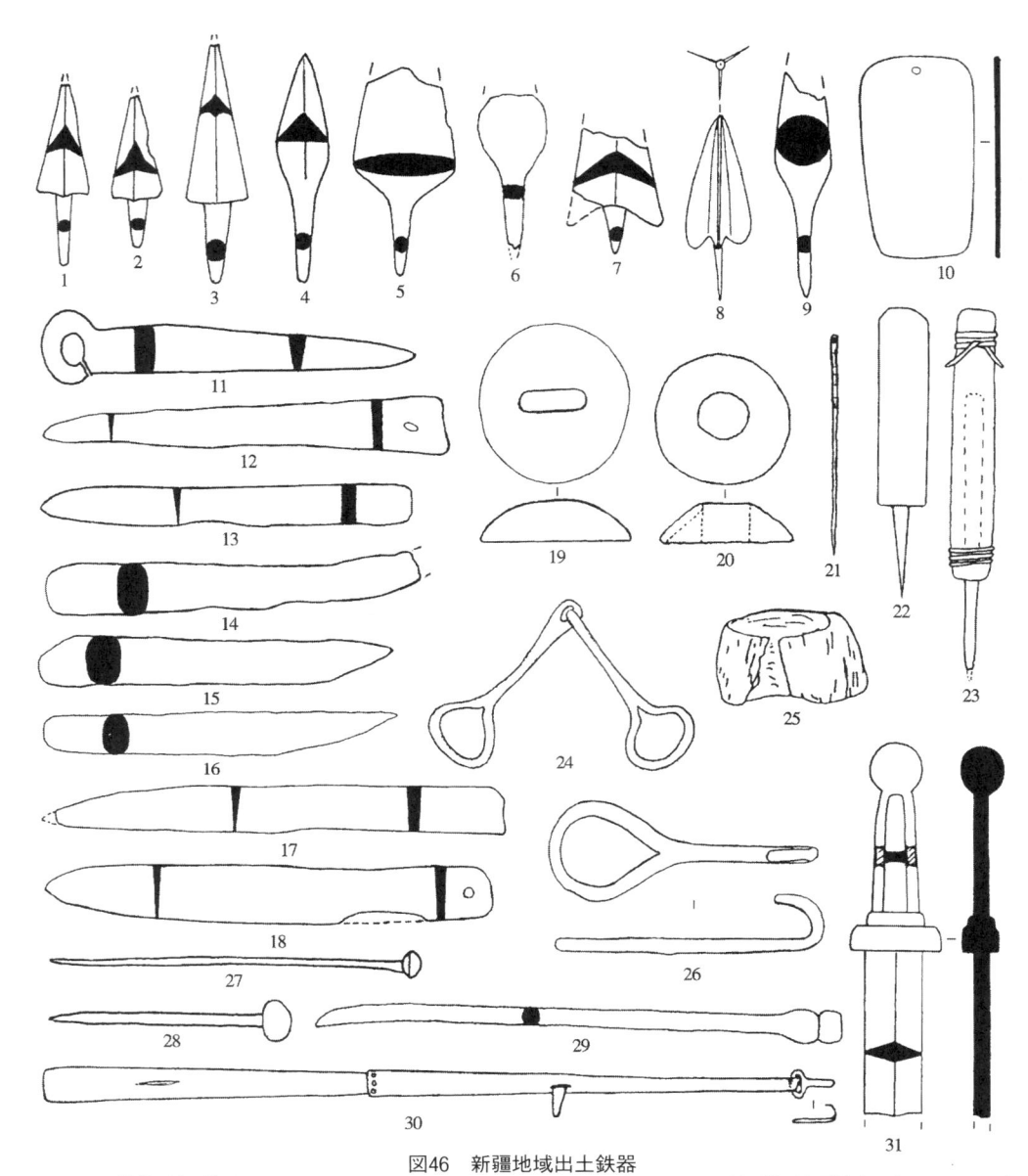

 1～4．三稜鏃（庫爾勒上戸郷M3：77、M3：75、M3：46、M3：22） 5～7．双刃鏃（庫爾勒上戸郷M3：76、烏魯木斉柴窩堡M3：2、上戸郷M3：40） 8．三翼鏃（鄯善蘇貝希ⅠM10：9-4） 9．円錐鏃（上戸郷M3：6） 10．牌飾（蘇貝希ⅢM6：3） 11～18．小刀（上戸郷M3：20、蘇貝希ⅢM13：2、蘇貝希ⅢM18：3、石河子市南山M10：3、南山M3：3、南山M7：2、蘇貝希ⅠM10：6、蘇貝希ⅢM27：13） 19．扣飾（蘇貝希ⅢM13：10） 20．包金鉄泡（柴窩堡M1：2） 21．針（蘇貝希ⅢM5：2） 22・23．木柄鉄錐（鄯善三個橋M9：9、蘇貝希ⅠM11：26） 24．馬銜（蘇貝希ⅠM10：B1） 25．指輪（扎滾魯克ⅠM4A：35-1） 26．帯鉤（蘇貝希ⅢM13：11） 27～29．簪（蘇貝希ⅢM8：3、三個橋M9：3、南山M2：6） 30．革帯と帯鉤（蘇貝希ⅠM10出土） 31．（上戸郷M3：56）

　扎滾魯克一号墓地で鉄剣残片・鉚釘・指輪、石河子市南山墓地で鉄小刀・鉄簪[22]、庫爾勒市上戸郷墓地で小刀・残短剣・鏃などが[23]、それぞれ発見されている。上述の各地で発見された鉄器は多くが小型の工具類・馬具・装飾品で[24]、中原地域で常に見られる大型の伐採木工工具・土木工具・大型兵器・容器等は見られない。小刀はよく見られ、帯鉤・泡・三翼鏃・帯孔牌飾等はみな鮮明な地方色を具えており、明らかに西北系統鉄器が継承・発展したものである[25]（図46）。これは一つには当

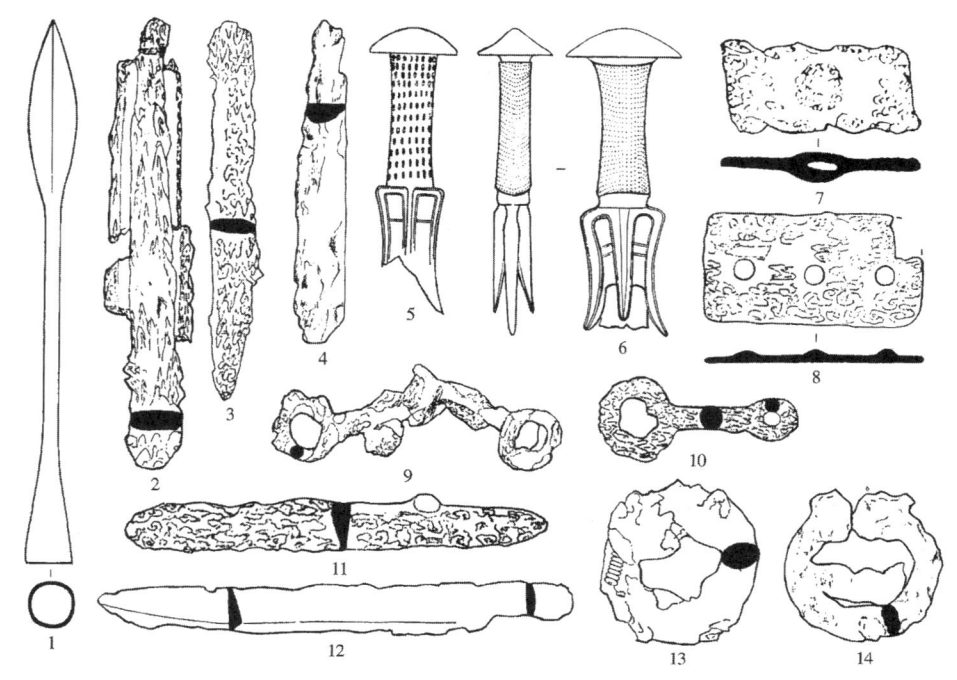

図47 隴山地域出土鉄器
1．矛（固原楊郎馬荘ⅢM4：13）　2～4．短剣（馬荘ⅢM4：88、馬荘ⅠM4：10、彭陽張街村M2：50）
5・6．銅柄鉄剣（西吉陳陽川村CYCM：01、馬荘ⅠM12：3）　7・8．帯飾（馬荘ⅢM5：17、馬荘ⅢM5：16）　9・10．馬銜（馬荘ⅢM5：22、馬荘ⅢM4：12）　11・12．小刀（馬荘ⅠM15：1、ⅠM2：45）
13．鐲（馬荘ⅢM5：26）　14．環（張街村M2：50）

の経済生活と生活方式を基礎とする文化の伝統に由来するものであり、また別の面では当地の伝統的な鉄器製作技術と密接な関係にある。[26]

　新疆以東・関中以西の広大な地域では、戦国時代の鉄器文化は複雑な様相を呈する。一つは中原系鉄器の西進である。河西走廊地域は早くは春秋時代に鉄器が出現し、新疆地域の鉄器とともに西北系統鉄器を構成してきた。戦国時代に至り、中原の鉄器文化拡大に伴い、中原系鉄器は東から西へ黄河を越え、河西走廊東部一帯に伝播していく。河西走廊東部に位置する甘粛永昌三角城遺跡では、1979年の調査中に残鉄锸が採集され[27]、1号窖穴でも残鉄銎が出土し[28]、形態から見ていずれも液体銑鉄鋳造品であり、明らかに中原地域から伝来したか、その影響下に生産されたものである。今一つは西北系統鉄器の継続とその東漸である。寧夏南部隴山山地に位置する固原一帯における考古発見が、その傾向を如実に示す。1987年の固原彭堡于家荘墓地における発掘で、17号墓等の墓葬から鉄短剣・扁連環飾・長方形牌飾等の鉄製品が出土し、年代は大体戦国初期とされる。于家荘墓地では多量の鄂爾多斯式の風格をもつ青銅製品が出土しており、発掘者は西戎文化遺存と推定する。[29] 1989年固原楊郎馬荘墓地の発掘で、鉄短剣・矛・小刀・馬銜・馬鑣・帯飾・鐲・環などの鉄製品34点が発見され、その年代は戦国初期と後期で、同様に西戎文化遺存とされる。[30] 1998年彭陽張街村墓地の発掘では残鉄短剣・環・残鉄器各1点が出土し、年代はおおよそ戦国前期とされる。[31] 西吉陳陽川村で1点の銅柄鉄剣が発見されており、年代は戦国後期である。[32] 上述の固原地域出土の戦国鉄器は（図47）、器物類型や形態特徴のどちらも顕著に西北系統鉄器の風格を具え、明らかにその東漸の産物である。また固原西郊鴉児溝と頭営王家坪の古墓中で戦国後期の鉄直口锸が発見されたのは、[33]

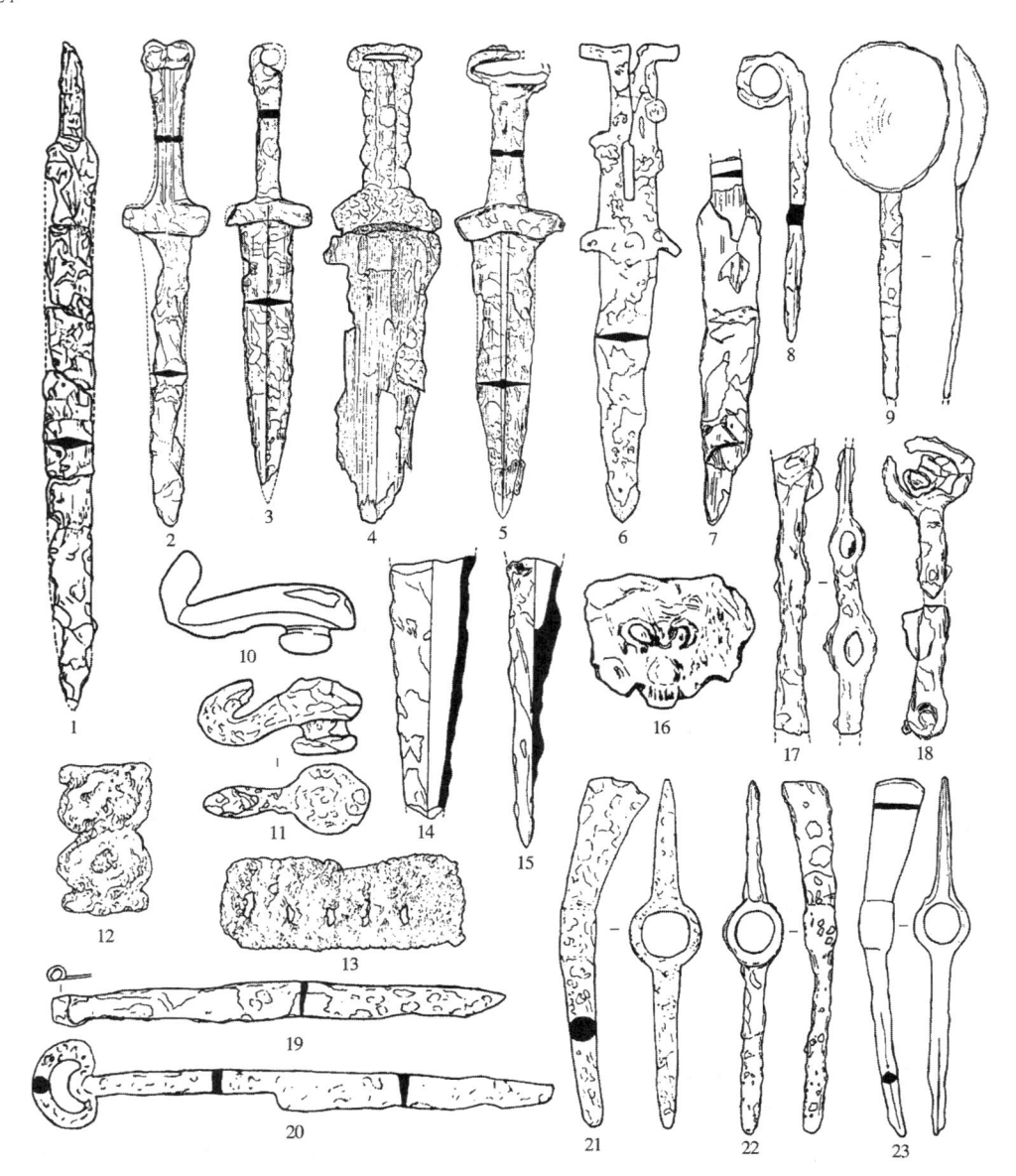

図48　北方長城地帯西部出土鉄器

1．剣（准格爾旗西溝畔M2：20）　2～6．短剣（涼城毛慶溝M6：12、毛慶溝M29：1、毛慶溝M18：4、毛慶溝M38：4、涼城飲牛溝M1：2）　7．小刀（毛慶溝M27：3）　8．環首錐（西溝畔M2：22）　9．勺（西溝畔M2：21）　10・11．帯鉤（毛慶溝M39：4、飲牛溝M12：2）　12・13．牌飾（毛慶溝M63：5、毛慶溝M31：3）　14・15．帯釜錐状器（西溝畔M1：2、西溝畔M1：3）　16．鋪首（准格爾旗玉隆太YLTM：2233）　17．馬鑣（西溝畔M2：25）　18．馬銜（西溝畔M2：23）　19．小刀（涼城白雨廟圪旦H5：6）　20．削刀（飲牛溝M1：4）　21～23．鶴嘴斧（飲牛溝M1：3、毛慶溝M38：1、玉隆太YLTM：2264）

中原系統の鉄器もここまで影響を及ぼしていたことを物語る。

　北方長城地帯では、戦国時代に当たる年代の鉄器が多く発見されており、主に内蒙古西南部陰山一帯と長城沿線と陰山以南の鄂爾多斯高原に分布している。1972年杭錦旗桃紅巴拉匈奴墓で鉄小刀2点と残鉄器が発見され、その年代上限は戦国初期かやや早い時期とされる。1975年准格爾旗玉隆太匈奴墓で、鶴嘴斧・馬銜・獣面鋪首各1点が出土し、年代は大体戦国後期前後である。1979年准

格爾旗西溝畔匈奴墓鉄器多数が出土し、器形を判別できたものには剣・勺・錐・馬銜・馬鑣等６点があり、その年代下限はおおよそ戦国後期である。1979年涼城県毛慶溝墓地で鉄短剣４点、刀２点、鶴嘴斧２点、牌飾72点が出土し、年代は戦国前期から後期に至る。1980年毛慶溝墓地付近の墓地に関連する白雨廟圪旦遺跡で、鉄刀と鉄帯鈎各１点が出土、年代は戦国中期である。1982年涼城飲牛溝墓地で鉄短剣・鶴嘴斧・環首削刀・帯鈎各１点が出土し、年代は戦国後期である。上述の各地で発見された戦国時代に相当する鉄器の中で（図48）、西溝畔鉄剣（Ｍ２：20）・飲牛溝環首削刀（Ｍ１：４）と帯鈎（M12：２）などは北方系青銅器の風格とは明らかに異なり、中原系統鉄器中の同類器物とほぼ類似し、その由来は中原地域に求められる。ただしその他の大部分の鉄器、特に短剣・鶴嘴斧・牌飾等は、器物類型・形態特徴を問わず同時期の中原系統鉄器の風格とは明らかに差異があり、顕著に独自の特質を具え、かつ隴山及びその以西でよく見られる西北系統の鉄器と少なからず類似している。注目されるのは、1986～1994年に内蒙古准格爾旗二里半遺跡の発掘において、戦国時代の文化堆積から鉄竪銎钁・鏟・截具・刀などの鉄工具が発見され、年代が戦国前期から後期とされることで、発掘者はこの戦国遺存を"晋文公が戎翟を攘った"後の晋人およびその後の趙国人が黄河以西に進出した後の文化遺存と考える。そうすると、自ずとこの戦国鉄器は中原鉄器系統に属することになる。

　北方長城地帯東端では戦国時代の鉄器が多く発見されている。例えば1974～1975年に内蒙古赤峰市老虎山遺跡で、鉄空首斧・鑿・竪銎钁・鏟・鋤板・鎌刀・銍刀など鉄器30点余りと鉄鏃鋌600本余りが出土した。共伴の燕国明刀幣等が示すように、年代は戦国後期にさかのぼる。1979年遼寧凌源県安杖子古城址の発掘で、戦国時代の文化堆積から鉄直口锸・空首斧・錛・鏃・帯鈎など鉄器31点が出土し、年代は戦国後期とされる。発掘者は安杖子古城は右北平郡の石城県城とする。1958年、遼寧錦州烏金塘東周墓地で鉄竪銎钁１点が採集され、おおよそ戦国時代のものとされる。このほか、錦西市小荒地古城址、内蒙古赤峰市蜘蛛山遺跡、哲里木盟奈曼旗沙巴営子でも戦国後期の鉄器が発見されている。上述の各地で出土した戦国後期の鉄器（図49・50）は、いずれも中原系に属する。そのためこの地域では、燕国勢力の進入と燕文化の影響にしたがって、中原系統の鉄器が戦国後期に大量に伝播し始め、さらに鉄器化の過程を歩み始めたと考えられる。

　東北地域では、戦国時代の出土鉄器は、おおよそ西遼河と東遼河のラインを境とした南部と北部の両地域の系統に分かれる。北部では戦国時代の鉄器出土地点はやや少なく、主に黒龍江省泰来県平洋鎮磚場墓地などの古代墓地で発見される。1984年平洋磚場墓地で97基の墓葬が発掘され、そのうち15基から鉄器計63点が出土し、鉄鏃・小刀・管状飾を主とし57点に達する（図51）。発掘者は当墓地の墓葬は三期に分けることができ、その絶対年代はおおよそ春秋後期から戦国中期とする。この他、斉斉哈爾大道三家子墓地・賓県慶華遺跡などで、戦国後期にさかのぼる鉄器が発見されている。よって東北地域北部の松嫩平原一帯では、鉄器の出現は戦国後期を降らないであろう。形態的特徴や組成などの面から見ると、この地域の鉄器は中原地域の鉄器とは明らかに異なり、むしろ西北地域と北方長城地帯のものと顕著な共通性を具えている。あるいは西北地域鉄器の系統に属すると捉えることもでき、中原系統の影響は受けていない。東北地域南部では、戦国時代の鉄器出土地点と数量は比較的多く、いずれも戦国時代後期のものである（図52・53）。1957年遼寧撫順蓮花堡集落址の発掘において、鉄空首斧・竪銎钁・板状鋤・鎌刀・銍刀など鉄工具75点が出土し、集落遺跡の年代は戦国後期、または漢初まで継続するとされた。1958年大連旅順後牧城駅１号墓で残鉄

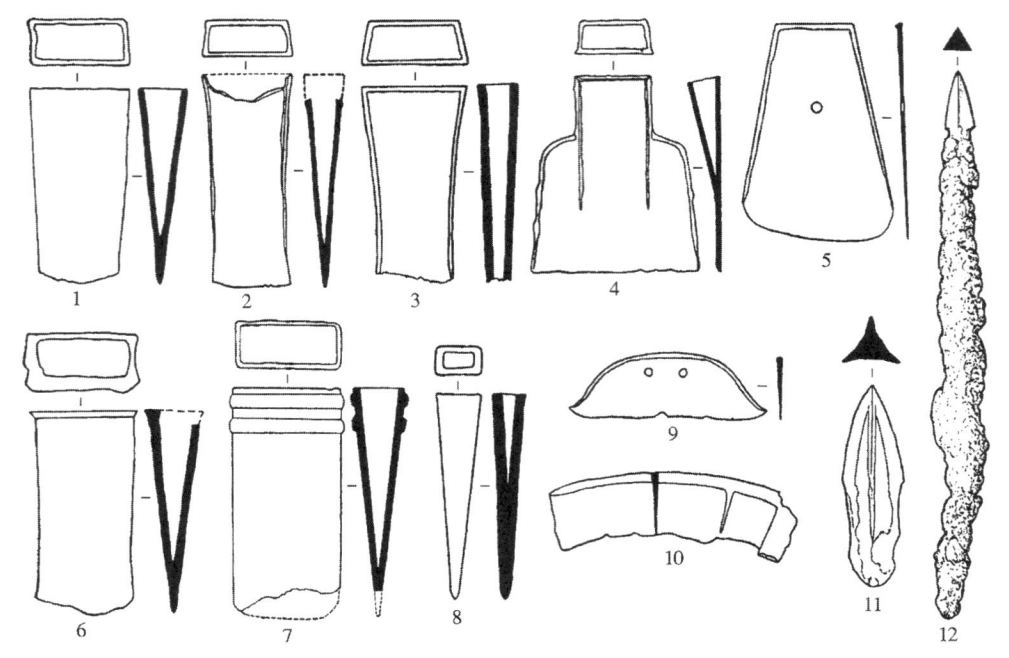

図49　北方長城地帯東部出土鉄器（一）
　1～3. 竪銎钁　4. 鏟　5. 鋤板　6. 竪銎钁　7. 空首斧　8. 鑿　9. 铚刀　10. 鎌刀　11・12. 鉄鋌銅鏃
（赤峰蜘蛛山H27：2、蜘蛛山T2②：9）（地点名不記載のものはすべて赤峰老虎山遺跡出土のもの）

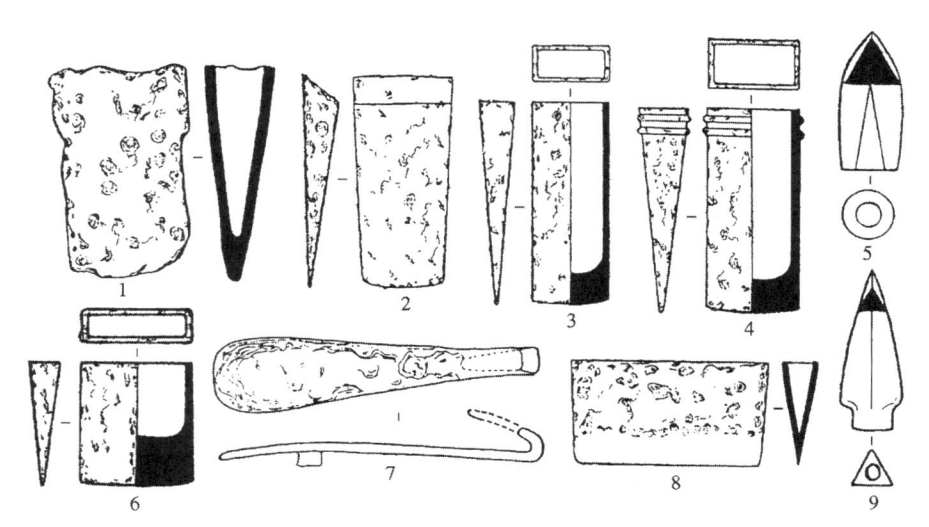

図50　北方長城地帯東部出土鉄器（二）
　1. 空首斧（T2③：16）　2・3. 竪銎钁（T12③：4、T12③：5）　4. 空首斧（T3③：1）　5. 鏃（T2③：25）　6. 锛（AZZC：02）　7. 帯鉤（T1③：12）　8. 直口锸（T2③：7）　9. 鏃（T2③：22）（いずれも凌源安杖子古城址出土）

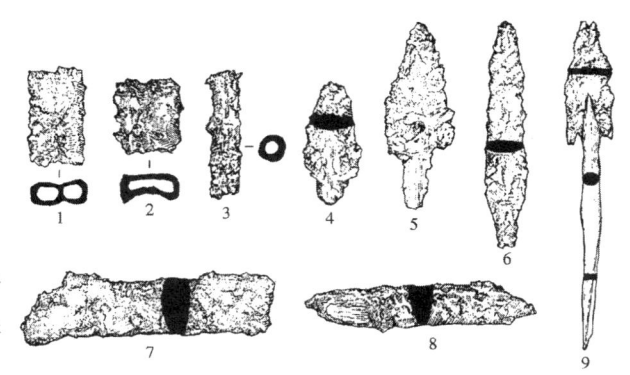

図51　東北地域北部出土鉄器
1～3．管状飾（M140：65、M104：12、M107：48）　4・5．鏃（M107：34、M109：2）　6．矛（M107：41）　7・8．小刀（M107：232、M140：40）　9．鍬（M107：107）（いずれも泰来県平洋磚場墓地出土）

鎌１点、２号墓で残鉄器１点が出土し、戦国後期とされる。1974年遼寧寛甸黎明村洞穴窖蔵で鉄空首斧１点・錛１点・双孔銍刀７点が出土し、また明刀銭200枚余りと共伴しており、年代は戦国後期とされる。1979年吉林省樺甸県西荒山屯墓地で鉄錛５点、鎌刀３点、削刀４点が出土し、青銅短剣など大量の青銅製品と共存しており、その年代は戦国末期とされる。1987年吉林省梨樹県二龍湖古城址の調査で、鉄空首斧・竪銎鑺・刀・鎌刀・馬鑣などの鉄器計10数点が出土し、いずれも中原系統の鉄器であった。調査者は二龍湖古城址の年代を戦国末期から漢初とし、最も北に位置する戦国城址であり、戦国燕人とその子孫の残したものであろうと認識する。東北地域南部で発見された戦国後期の鉄器は、その器物類型にしろ形態的特徴にしろ、みな燕国境内発見の戦国鉄器と一致しており、その鉄器が燕国よりもたらされ、燕国勢力と燕文化が東進北漸していく歴史背景の下に生じたものであることを表明している。まさに戦国後期燕国の東北地域に対する経営により、中原系統の鉄器は急速に東北地域に拡大し、その時期にはすでに北は東遼河一帯に達していたのである。

東南地域福建沿岸一帯は、長く先秦鉄器の発見がなかった。報告によると、1996～1999年に福州市北郊新店古城址のボーリング調査と発掘で、城内西南部において錬鉄炉の炉底礎石の遺構が発見され、鎌刀・刀類の残鉄塊と鉄滓・陶製鋳型などが出土した。発掘者はその年代を戦国後期とし、塊錬法技術が採用されていたと認識する。ただ当地の考古学者は、新店古城の製錬遺跡と関連遺物の性質と年代に関しては、更なる研究が待たれるとする。

嶺南地域の戦国時代における鉄器の有無については、常に学術会が注目してきた問題であり、かつ明らかに異なる二つの観点がある。一つは戦国時代の嶺南地域に鉄器が存在したとする見方で、地域によっては普遍的に鉄器を使用し、さらに当地に製鉄業が存在し、よって戦国中期にすでに鉄器時代に入っていたとすることもある。もう一方の観点は、すでに鉄器を使用し鉄器時代に入っていたとする認識は成立しがたく、当地の鉄器使用は秦始皇の嶺南統一に始まるとするものである。では、実際鉄器が存在していたのか、また鉄器の使用状況はどのようなものであったか。現在までのところ、諸報告に見られる嶺南地域の戦国鉄器は以下の10例がある。広東地区では、始興白石坪山遺跡で、1962年に鉄空首斧１点と凹口錛１点が発見され、1974年と1983年にもそれぞれ鉄空首斧１点が採集されている。1987年には１基の窯跡から鉄竪銎鑺４点と凹口錛１点が検出され、年代は戦国中後期とされた（図54-１・３～５）。1987年深圳疊石山遺跡の発掘で鉄空首斧４点が出土し、その年代は戦国中期前後とされた。1987年、楽昌対面山東周墓で鉄凹口錛（M184：４、M187：４）と鉄空首斧（M４：５）などの鉄器が出土し（図54-２・６・７）、戦国時代とされた。他に増城朱村・曲江馬壩・龍帰などの３地点でそれぞれ鉄空首斧１点が採集されたとされる。広西地区で

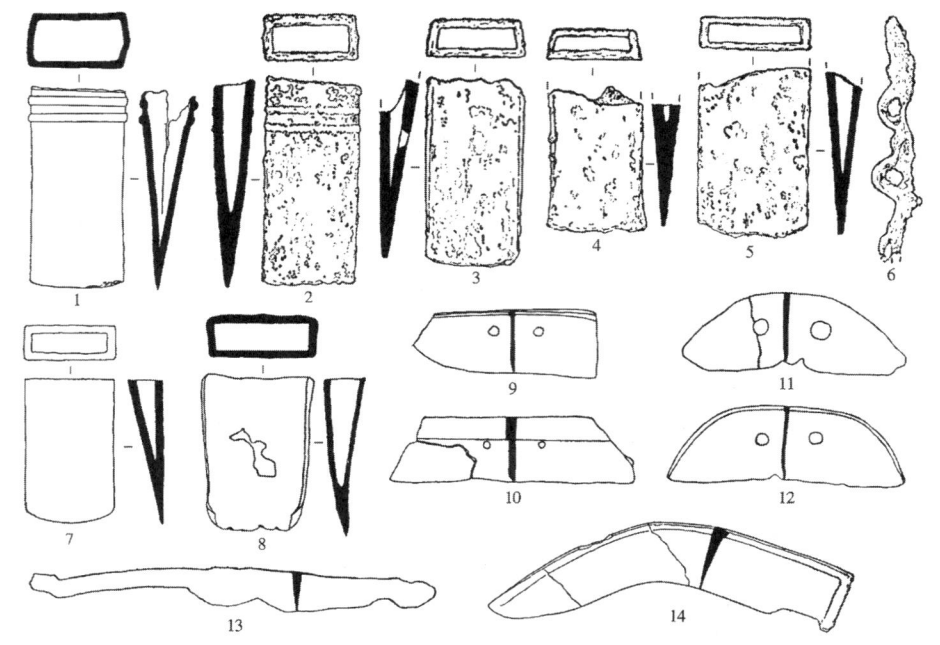

図52 東北地域南部出土鉄器（一）

1～5．空首斧（寛甸黎明村LMD：05、梨樹県二龍湖古城BC：87、二龍湖古城G1：20、二龍湖古城BC：93、二龍湖古城BC：104）　6．馬鑣（二龍湖古城BC：106）　7・8．錛（樺甸西荒山屯M6：4、黎明村LMD：06）　9～12．銍刀（黎明村LMD：04、黎明村LMD：03、黎明村LMD：02、黎明村LMD：01）　13．小刀（西荒山屯M6：3）　14．鎌刀（西荒山屯M3：13）

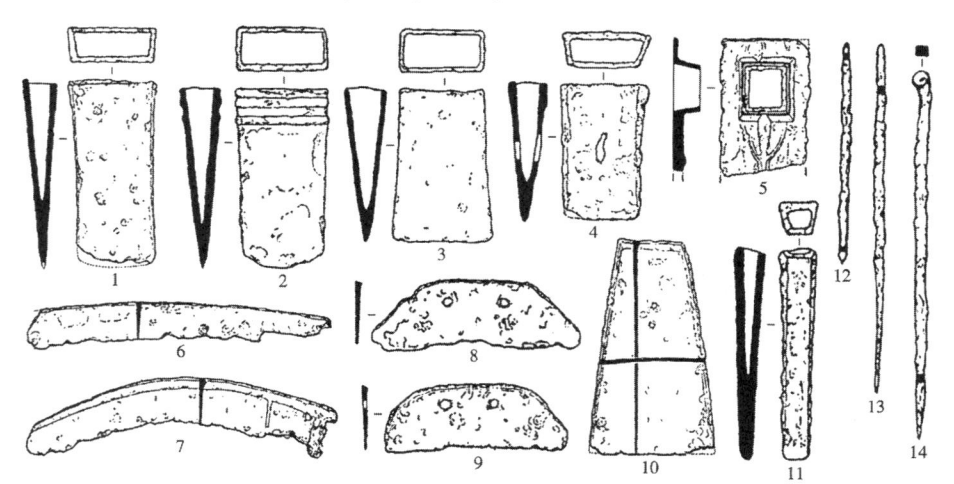

図53 東北地域南部出土鉄器（二）

1～4．空首斧（LHB：B3、T1：132、T3：91、T4：117）　5．横銎鏟（LHBC：01）　6．刀（T4：110）　7．鎌刀（T4：111）　8・9．銍刀（T4：109、T4：108）　10．鋤板（T4：112）　11．鑿（T4：42）　12．鉆頭（T4：45）　13・14．錐（T1：114、T1：166）（いずれも撫順蓮花堡遺跡出土）

は、1974年に平楽銀山嶺で戦国墓110基が発掘され、鉄器181点が出土した。発掘者はその年代は戦国後期で、中には上限が戦国中期に遡り、下限が秦・前漢初期に降るとした。1985年、武鳴安等秧で戦国墓98基が発掘され、鉄凹口錛1点が出土し、その年代は戦国時代とされた。この他、灌陽県城子嶺で鉄棺釘3点、防城県箭猪籠嶺で鉄凹口錛1点が出土し、戦国時代の鉄器とされた。以上のうち、広東増城朱村・曲江馬壩・龍帰の3地点で発見された鉄斧はいずれも表採によるもので、共

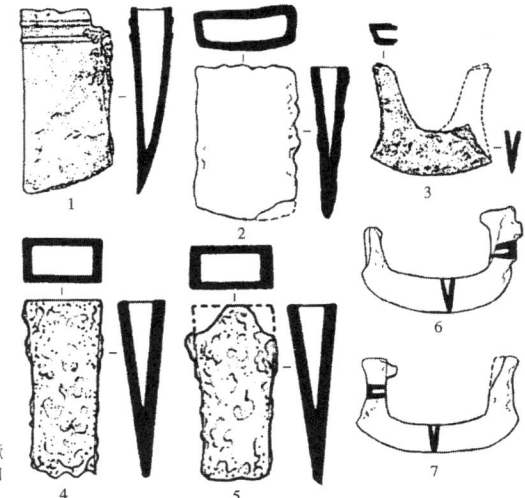

図54 嶺南地域出土鉄器
1・2．空首斧（資興白石坪山BSP62C：01、楽昌対面山M4：5）　3．凹口錛（白石坪山BSP62C：02）　4・5．竪銎鑱（白石坪山BSP87C：01、白石坪山BSP87C：02）　6・7．凹口錛（対面山M187：4、対面山M184：4）

伴遺物がないため正確に年代を証明することはできない。深圳畳石山の鉄斧は当該遺跡のT12・T13の第2層で出土し、またT11第3層出土の木炭の炭素C14年代データ（年輪年代の校正を経る）は紀元前390～前112年である。平楽銀山嶺戦国墓の年代は、その後の研究により、[75]"それらを広州・賀県の前漢初期墓と比較すると、墓葬形態が相似するのみならず、出土器物も基本的に一致する。同様に南越王国の初期墓葬に属する"と考えられ、出土鉄器は秦が嶺南を平定した後に中原からもたらされたものであろう[76]。武鳴安等秋の鉄鍤は当該地の22号墓より出土し、発掘者は銀山嶺の鉄鍤と基本的に相似することから戦国時代とする。簡報では当墓のほかの出土遺物を報告していないが、墓地全体からみると、"出土の陶器は多く前漢初期に流行した米字紋・細弦紋間水波紋・細弦紋間篦点紋があしらわれており、器形も両広の前漢初期墓でよく見られるものであり、よってその年代は前漢初期とするのが妥当であろう"としている[77]。灌陽県城子嶺と防城県箭猪籠嶺出土の鉄器は、発掘報告がなくその年代決定の根拠は不明である。嶺南地域発見の戦国鉄器とされるもののうち、明らかに8地点の鉄器は漢代の遺物に属するか、あるいは戦国時代と決める確かな証拠に欠けるものであり、始興白石坪山と楽昌対面山で発見された鉄器が基本的に戦国中後期と断代できるのみである。戦国時代、特に戦国中期以後は、楚国の勢力範囲はおおよそ南嶺をその南境とし、楚国は南嶺を越えて嶺南の地に進攻し"南のかた百越を平らぐ"軍事行動を興し、これにより南境の一部はすでに南嶺を超えていた可能性がある[78]。始興と楽昌はいずれも嶺南地域北縁の南嶺山地南麓に位置し、楚国の南境に近く、かつ嶺北から嶺南に進入する戦略的ルートの一つである。楚国勢力の南下と楚文化の南漸に従って、戦国中後期に中原系統鉄器が楚地から、または楚地を経てこの地に伝来したのである。戦国時代に嶺南地域北部の一部地域に鉄器が出現していたことは確かであるが、ただし嶺南地域全体についていうならば、いまだ本格的に鉄器の使用は始まっておらず、まして製鉄業は現れていない[79]。よって、鉄器時代に入っていたとは到底言えず、"秦が百越を平定した後に、鉄器は大量に嶺南に出現した"[80]のであり、嶺南地域が鉄器時代に進んでいったのは秦による嶺南平定に伴って始まったのである。

中国西南に位置する雲貴地域では、鉄器の使用と製鉄業がいつ始まったのかが、同様に長らく学術界の注目を集めていた問題であり、かつ多くの異なる観点が存在する。ある学者は、雲南地域に

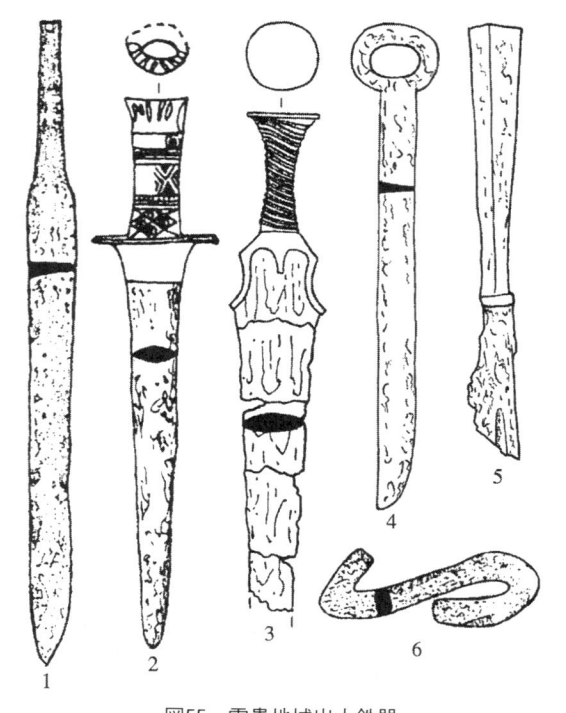

図55 雲貴地域出土鉄器
1．砍刀（赫章可楽M161：2） 2・3．銅柄鉄剣（可楽M194：2、江川李家山M21：26） 4．削刀（可楽M161：3）
5．銅銎鉄刃钁（李家山M13：14） 6．帯鉤（可楽M194：4）

おける鉄器使用は前漢時代に始まり、かつ四川より輸入されたものとし、後漢時代にようやく自ら鉄器を製造するようになったとする。[81] またある学者は、前漢時代にすでに自ら鉄器を製作することができ、自身の製鉄業ももっており、雲南の製鉄の歴史は漢武帝時期に始まったとする。[82] または、前漢時代雲南の濆人はすでに鉄器の使用を始めており、かつすでに鉄器鍛造技術を掌握し、ただし後漢時代になってようやく製鉄業が始まったとされる。[83] また学者によっては、貴州西部の古夜郎一帯と濆池地区では、早くは戦国後期にすでに鉄器を使用しており、[84] さらに"戦国秦漢時代の南夷民族はすでに鉄器加工製作技術を掌握"しており、ただし製鉄業は出現していなかったとする。[85] また、春秋末期戦国初期が雲南で最も早く鉄器が使用された年代とする説もある。[86] 雲貴地域における鉄器の使用は結局いつまで遡ることができるのであろうか。また先秦時代に鉄器の製作と使用は存在するのであろうか。現在までに発見された古代鉄器のうち、年代が先秦時代に遡る可能性のあるものは以下の6例である。濆池一帯では、1972年に江川李家山21号墓で銅柄鉄剣1点（M21：26）が出土し、第13号墓では銅銎鉄刃钁2点と残鉄器が出土している（図55-3・5）。発掘者は、両墓は李家山墓地の一類墓に属し、その年代上限は早ければ戦国末期に当たると認識する。[87] ただし、21号墓で銅柄鉄剣と共伴した銅器木柄のC14年代データ（年輪年代の校正を経る）は紀元前800～前410年とされ、[88] そのため学者によっては21号墓の年代を春秋末期戦国初期と改める。[89] 1979年には、呈貢天子廟41号墓で鉄削刀1点（M41：121）が出土し、銅鼓内に納められ、実芯の柄に直刃弧背で、通長22.6cm、年代は戦国中期後段とされる。[90] この他、濆西北地区では1977年に祥雲検村1号石槨墓で2点の残鉄钃が出土し、[91] 参考となる。1980年に剣川鰲鳳山80号墓で残鉄器1点が出土し、年代は戦国末期に遡るであろう。[92] 貴州西部の古夜郎地域一帯では、1976～1978年に、赫章可楽乙類墓で大量の鉄器が出土し、そのうち戦国後期と年代づけられ、かつ鉄器を出土した墓葬が11基あり、鉄剣5点・削刀5点・刀2点・串1点・帯鉤2点・銅柄鉄剣2点の計17点の鉄器がある（図55-1・2・4・6）。[93] この他、戦国後期の鉄器は威寧中水でも発見されている。[94] 以上から次のことが分かる。戦国時代の雲貴地域、特に濆池一帯の濆人の集住区と貴州西部の古夜郎地区では、確かにすでに鉄器が出現していたが、ただし数は少なく、また銅鉄複合製品が優勢で、鉄器使用が始まった当初の段階の特徴を示している。鉄器の器物類型と形態的特徴から分析すると、中には一字格銅柄鉄剣や銅銎鉄刃钁等のように、当地伝統の青銅器の風格と一致することから、当地で加工制作したであろうものも見られる。あるものは他の地域から伝来したと考えられ、赫章可楽戦国後期墓出土の鉄剣などは、"形

態が巴蜀式剣に似て、柳葉形で、扁茎で格がなく、剣身は扁平で細長"であり、その由来について暗示している。江川李家山の銅柄鉄剣（M21：26）を代表とする三叉格銅柄鉄剣の製作地問題に至っては、さらなる検討を待たねばならない。雲貴地域で大量に制作された精美で独特の風格をもつ青銅器の発見と、貴州普安銅鼓山遺跡の発掘は、先秦時代の滇池一帯と古夜郎地区に高度に発達した青銅冶鋳業のあったことを示すが、ただし今のところ当時すでに製鉄業が出現していたことを示す痕跡はいまだ発見されていない。よって先秦時代の雲貴地域は、鉄器を加工製作することは可能であったが、製鉄業はなお出現しておらず、鉄器製作の素材は四川などの地から輸入したものであろう。雲貴地域で鉄器を使用し始めた時期については、戦国後期前後と考えられ、かつ"秦が巴蜀を滅"した事績と何らかの関係をもつであろう。

　上述の分析を総合すると、戦国時代鉄器の応用地域は春秋後期よりさらに拡大し、明確な地域的特徴を示すと分かる。西北地域ではもとからの鉄器の伝統が継続し、同時に中原系統鉄器の影響を受け始めた。東西に狭く長い北方長城地帯における鉄器の出現と使用は、西北系統鉄器の東進と中原系統鉄器北上を背景として発生した。東北地域鉄器の出現と使用は戦国後期に始まり、北部地区の鉄器は濃厚な地域色があり、南部地区のものは燕国から伝来した中原系統に属し、両地区で明らかな差異がある。東南沿海の福建地域で戦国後期に鉄器がすでに存在したかは、なお確実な考古学的証拠の発見を待たねばならない。華南地域における鉄器使用地域は、戦国後期に南嶺山地南麓にまで及び、これは楚文化南下の産物である。西南に位置する雲貴高原一帯では、巴蜀を通過地とする中原系統鉄器の影響下に、戦国後期前後に鉄器の製作と使用が出現し、同時に西北系統鉄器の何らかの影響も受けている。各地における鉄器出現の具体的な時期と、応用程度や鉄器の特質などは様々であるが、ただし秦の中国統一前夜に周辺地域で鉄器が出現し使用され、また加工製作がされたことは、秦漢時代における中国古代鉄器化過程の全面的推進に基礎を打ち立てることとなった。

第3節　鋼鉄技術の進歩

　戦国鉄器の発展は、鉄器類型の増加、構造の改良、鉄器使用の拡大、鉄器応用地域の辺境地域への拡大など、いずれも鋼鉄技術の進歩と鉄器生産の発展を技術的・物質的基礎としている。西北系統鉄器の製作技術とその発展水準はなお不明な点があるが、中原地域の戦国時代鉄工場址の考古発見と鉄器の冶金学研究は、当時の鋼鉄技術の進歩と鉄器生産の発展を初歩的に示してくれる。

　まず鉄工場址の発見と発掘は、戦国時代の鉄器の冶鋳と製造を理解する手がかりとなる。製鉄は鉄鉱石の採掘と鉄金属の製錬に始まる。戦国時代の鉄鉱採掘については、文献に記載が見られる。『管子』巻二十三地数に、天下に"鉄を出だす山、三千六百九山あり。"とある。この数字は必ずしも確実ではないが、当時その数量の多かったことがわかる。また『山海経』五蔵山経の記載では鉄を出す山は34か所あり、そのうち地点を考証できるのが17か所ある。『史記』などの文献記載でも、現在の山東・河北邯鄲等の地に鉄鉱山があったとされる。総合すると、戦国時代の鉄鉱山は少なくとも22か所あり、今の地理区画でみると、その地域分布は現在の河南に8か所、陝西に7か所、山西に2か所、山東・河北・湖南・湖北・四川にそれぞれ1か所ある。上記の文献記載は明らかに完全なものではないが、戦国時代の各列国に鉄鉱の採掘があったことは史実としてよい。その鉄鉱石採掘遺跡は今まで確実な発見はないが、その痕跡からみて、鉄工場址によってはその付近が当時の

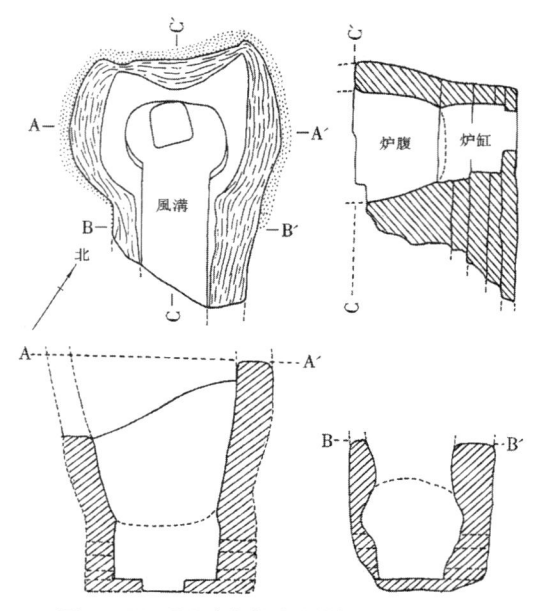

図56 西平県酒店製鉄遺跡錬鉄炉平・断面図

採鉱区であった。河北興隆鉄範出土地の周囲の丘陵山地は、銅鉄等金属鉱埋蔵が豊富であり、1954年に調査・試掘を行った際には、戦国文化層で鉄鉱石の砕塊が発見され、かつ鉄範出土地点から東1.5kmにある古洞溝の溝内と山頂から古代の鉱坑遺跡が発見された。そのうち山腹に位置する東坑は、深さ1.5m、坑口高約1m、鉱脈に沿って開鑿されており、坑内には表面に赤錆の生じた黒褐色の鉄鉱石が見られる。河南鶴壁鹿楼製鉄遺跡付近の丘陵山地も、埋蔵量の豊富な鉄鉱区である。地質調査から、鹿楼遺跡西北の大峪・沙鍋窯・姫家山・石碑頭等の地で豊富な鉄鉱が発見されており、鉱石は赤鉄鉱を主とし、含鉄量は最も高くて50%に達し、さらに地表露出鉱の品位は深層鉱よりも高い。河南泌陽下河湾製鉄遺跡は、戦国・両漢時代を主とする鉄工場遺跡であるが、遺跡の南部と西部から遠くない山上に鉄鉱の埋蔵があり、調査中に古代の採鉱洞遺跡が発見されている。以上の製鉄遺跡で当時製錬していた鉱石は、その付近で採掘したものであろう。戦国時代の鉄鉱採掘技術に関する文献資料・考古資料はともに欠けているが、古代鉱冶発展史から分析すれば、当時の鉄鉱採掘は湖北銅緑山古銅鉱の採掘技術に近く、また相当大きな規模を具えていたと考えられる。

また鉄工場址の考古発掘から、当時の鉄器冶鋳工芸技術の発展状況をみておく。1987年の西平県酒店村製鉄遺跡の発掘では、錬鉄炉一基（以下"酒店錬鉄炉"）が調査され、年代は戦国後期とされた。これは竪式炉で、丘陵南斜面に建造されており、斜面下は浅い谷になっている。まず、丘陵の南斜面に炉体を掘り出だし、再度耐火レンガを積み上げるもので、炉基・風溝・炉腹・炉缸から構成される（図56）。風溝頂部と炉缸の底部はすでに崩れているが、風溝底部で計測すると、東北部高2.17m、西南部高1.14mである。炉腹は丸底の鍋形で、炉壁は特製の内型を用いて耐火レンガを積んで築かれており、各部位で形状・大小が異なっている。炉口内径は南北1.12、東西1.36m、炉缸口からの残深0.84～1.48m、腹底（炉缸口）内径は南北0.76、東西0.96mである。炉腹の西南側に風溝が造られており、その形状は長条溝状で、北端と炉基底は相通じ、内壁は耐火レンガで築いており、残長1.26、残高1.28、寛約0.7m、頂部はすでに崩れており、おそらくアーチ状であったと推測される。こういった風溝は溝本体が細長で、また楕円形の炉基と連接するので、冶金学では"勺形風溝"と称される。この炉は丘陵の斜面を利用して掘り築いており、炉径は比較的小さく、建造方法もやや原始的である。ただ炉口は大きく、内壁は垂直で下部が弧状に内傾する。また、風溝により炉缸と地面が隔てられ、地下の湿気が上昇して炉缸の温度を降下させるのを防止する。比較的進歩した炉の型ともいえる。風溝上部がすでに崩れているので、熔鉄と鉄滓の流出口と鼓風口の位置は確かめられないが、形状と構造から、冶金学家はこの炉を銑鉄を製錬する錬鉄炉であり、人力鼓風を採用したと認識する。あるいはまた、戦国時代の錬鉄炉の形態構造は、湖北銅緑山発見

第 4 章 戦国鉄器の応用と古代鉄器工業の初歩形成　133

の春秋錬銅竪炉に近いものと考えられている。[105]

　鋳鉄生産に用いる銑鉄を溶解させる戦国時代の熔鉄炉遺跡は未発見であるが、鶴壁鹿楼製鉄遺跡や登封陽城鋳鉄遺跡では熔鉄炉壁残塊や鼓風管残片などが発見されている。陽城鋳鉄遺跡では戦国前期から後期の熔鉄炉残塊と鼓風管等の関連遺物が大量に出土しており、スサ混じりの材料のみで構築した薄壁の熔鉄炉残塊や、砂質材料で構築した縄股形の熔鉄炉残塊、砂質の炉ソデ・炉圏や草泥層および薄長方形のレンガなど多種の材料で積み築いた複合熔鉄炉炉壁と炉缸の残骸、また泥質・陶質の直角に曲がった鼓風管残塊などが見られる。ここから、陽城鋳鉄工場における戦国前期の熔鉄炉形態は当時の熔銅炉の形態を移植したものと推測できる。地面上に建造した一種の竪炉であり、炉缸の厚度はだいたい30cm前後、炉口と炉腹の構造は大体一致しており、炉体構造は内から外へ順に炉ソデ層・砂質圏層・鉄板層・砂質耐火レンガ層・草泥炉壁表層となっており、総厚度30cm以上、炉内径63〜86.1cm、外径123〜146.1cmである。熔鉄には高温が必要であることから、炉壁の厚度と使用材料・構造は絶えず改良されていった。戦国中期に至ると、複合して材料を用い、構造が比較的完全な熔鉄竪炉が創り出され、漢代まで継続して使用された。[106]

　戦国時代の鉄器鋳造は、主に陶範鋳造と鉄範鋳造の工芸技術を採用しており、また少量の石範鋳造も行っていた。単範による鋳造もあるが、合範鋳造をより常用していた。陶範鋳造工芸は、青銅器の陶範鋳造技術に直接由来する。中国の青銅器陶範鋳造技術は4000年以上前の新石器時代後期に起源があり、夏殷・西周の1000年以上の発展を経て、春秋時代に至る頃には相当成熟しており、人工製鉄が生じるとすぐに鉄器鋳造に採用されることとなった。戦国時代のその鋳模と鋳範は、考古発掘された鉄工場址で多く発見されている。鋳模は鋳範を型取りして作る模具であり、登封陽城鋳

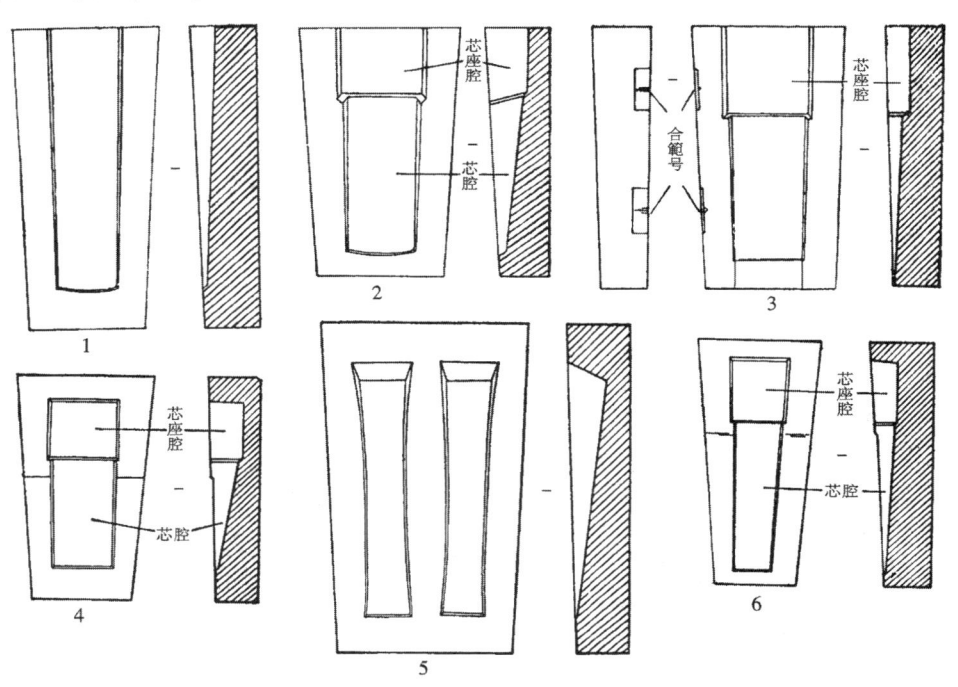

図57　登封東周陽城鋳鉄遺跡出土陶鋳模
1．単腔無芯座堅銎鐅模（YZHT61L3：104）　2・3．単腔有芯座空首斧模（YZHT 6 L 3：33、YZHC：023）
4．単腔有芯座空首斧模（YZHT 5 ①：6）　5．両腔無芯座堅銎鐅模（YZHT 6 L 3：62）　6．単腔有芯座堅銎鐅模（YZHT 6 ③：15）

鉄遺跡・鶴壁鹿楼製鉄遺跡・輝県古共城鋳鉄遺跡・夏県禹王城廟後辛荘遺跡などで出土している。陽城鋳鉄遺跡で発見された戦国前期の竪銎钁陶鋳模は、泥質で、単腔有芯座の窄钁模や、単腔で無芯座ないし有芯座の寛钁模、両腔無芯座の寛钁模等の類型がある。戦国後期の陶鋳模はその技術は前期と同じであるが、芯模の種類が増え、また金属模具を鋳造する陶模と泥芯を型取りする陶模の二類に分かれる。金属模具を鋳造する陶模は、みな竪銎钁の芯模である。泥質芯範を型取る陶模は種類が多く、単腔有芯座と両腔有芯座の竪銎钁模や、有芯座と無芯座の空首斧模、また梯形鋤平面範を型取る陶模や帯鈎模などがある（図57）。陶鋳範はさらに多く発見されている。夏県禹王城廟後辛荘遺跡出土の戦国中後期の陶範には、単腔鋳範・両腔鋳範・空首斧範・竪銎钁範・鋤板範・両

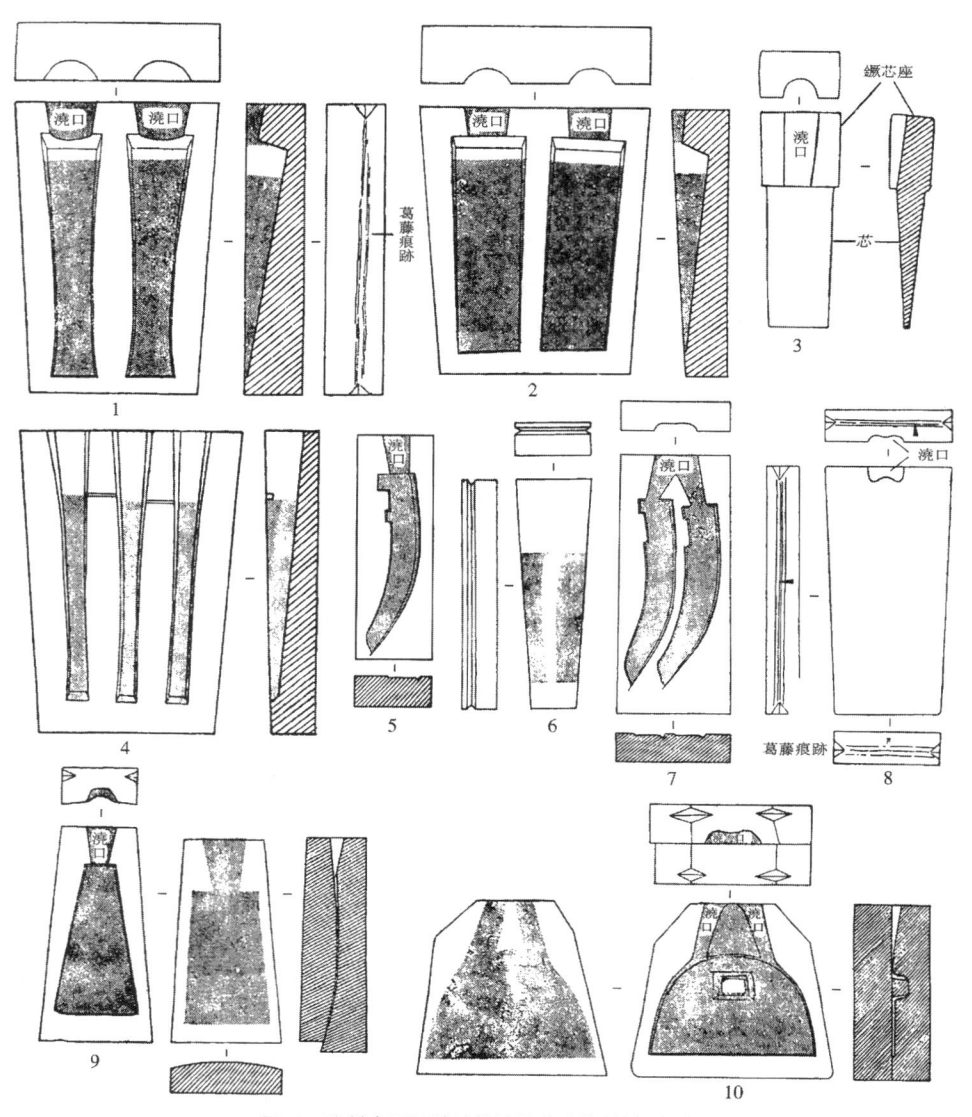

図58 登封東周陽城鋳鉄遺跡出土陶鋳範（一）
1．両腔竪銎钁範（YZHT5①：5） 2．両腔空首斧範（YZHT6L3：60） 3．空首斧範芯（YZHT6L3：24） 4．三腔鏨範（YZHT6L3：7） 5．単腔鎌刀平面範（YZHC：07） 6．単腔鎌刀平面範（YZHT2②：33） 7．両腔鎌刀範（YZHC：01） 8．両腔鎌刀平面範（YZHT6L3：76） 9．鋤板範（YZHT6L3：2） 10．半円鋤範（YZHT6L3：70）

腔削刀範・多腔条材範・部品範などがある。新鄭倉城村鋳鉄遺跡出土の陶範では、種類は竪銎钁と梯形板鋤範を主とし、ほかに鎌刀範・鏟範・錛範・鑿範・削刀範・剣範・戟範・鏃鋌範・帯鉤範等があり、みな夾細砂泥質陶で、表面は青灰色を呈し、比較的硬質である。外範背面の四隅には縄で緊縛するのに用いる三角形のミゾが設けられている。登封陽城鋳鉄遺跡出土の陶鋳範（図58、59）は、素材には泥質と細砂質の両種があり、鋳範種類には、単腔・両腔の竪銎钁範と範芯、半円鋤範・梯形鋤範・直口鍤範・両腔・三腔鑿範、また両腔・多腔の削刀範や、剣範・刀範・管状器範・容器範・環範・多腔帯鉤範・権形器範・多腔条材範・板材範、そして熔鉄を流し込む際に用いる陶製杯とその蓋などがある。陽城陶鋳範の時期的変化についていうと、戦国後期には鋳範の種類に増加があるだけでなく、条材範と板材範の型腔の数も増加し、かつ粗砂質範が多く使用されるようになった。鶴壁鹿楼製鉄遺跡出土の戦国中期と後期の陶鋳範では、その特質に異同が見られる。戦国中期の陶範は多くが細泥質で、選別し水簸した細泥にごく細かい砂を混ぜて製作したものであり、型腔表面には細かく薄い紅色塗料を塗布している。戦国後期の陶範は、泥質範が明らかに減少し、細泥中に大量に粗めの砂を混入した砂質範がにわかに増加する。陶範中には一定の比率で砂粒と植物粉末が混入しており、陶範の耐熱性を増すだけでなく、通気性と退譲性（訳者注 熔鉄の鋳型に対する圧力を緩和する性質）を増加させる。登封陽城と鶴壁鹿楼における陶範製作の変化や、多腔範使用の増加は、戦国時代に陶範鋳造工芸が絶えず進歩していたことを反映しており、特に多腔鋳範の応用は、鉄器鋳造生産率を最大限に向上させたであろう。

　陶範鋳造工芸では、鉄器鋳造過程において、陶範を焼成し予熱させてから熔鉄を注入しなければならない。陶範は泥土で制作されており、胎土は一定量の水分を含んでおり、焼成しなければ、高温の熔鉄に触れて気体化し、鋳型を破裂させてしまう。陶範を焼成し胎土中の水分が揮発し、混入させた有機物が燃焼して空洞を形成すると、通気性を高めることとなる。また熱いうちに熔鉄を注入すれば、鉄液を滞りなく型腔内に満たすことができ、冷えて遮られることがない。中国では金属冶鋳における陶範の焼成技術は最も早くは殷代に出現する。春秋時代にはすでに広く青銅器の鋳造に応用されており、侯馬鋳銅遺跡では春秋中期から戦国初期の陶範５万点余りが出土し、みな焼成され、かつ烘範窯も発見されている。戦国後期には、烘範工芸は鉄器の鋳造にも応用され始め、現在すでに当時の鉄器鋳範の烘範窯が発見されている。輝県古共城鋳鉄遺跡で烘範窯１基が発見されており（以下"古共城烘範窯"）、これまでに見られる中で最も年代の古い鉄器鋳範烘範窯の遺跡である。この窯は半地下式構造で、窯底は地表から深さ３ｍ、通道と共用の火膛（訳者注　燃焼部）、

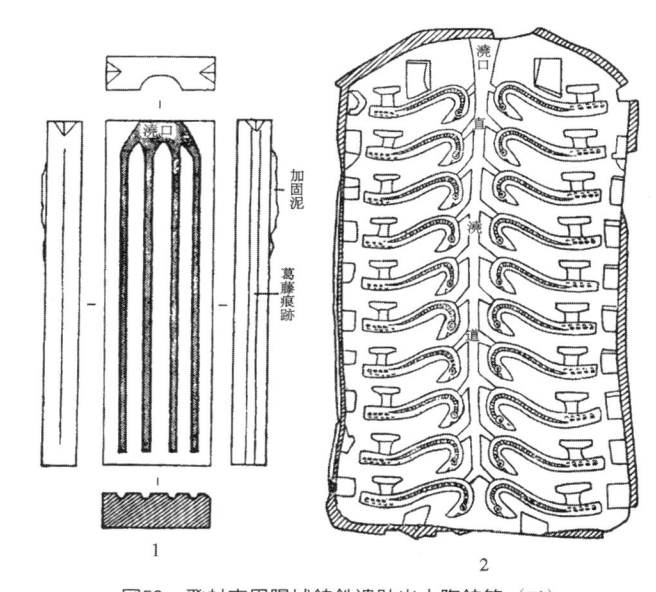

図59　登封東周陽城鋳鉄遺跡出土陶鋳範（二）
１．四腔条材範（YZHT２②：２）　２．多腔帯鉤範（YZHT５①：２）

また二つの窯室と火入れ口から構成される（図60）[110]。通道は長方形のスロープ状で、北端は火膛と相連なり、長1.7、寛1mである。火膛は二つの窯室の間に位置し、北部に磚壁があり共用の火膛を形成している。平面は長方形で、長1.88、寛0.7m。窯室は二つで、火膛を隔てて東西に並ぶ。大きさは同じで、円形筒状をなし、西側窯室（B室）の西側部分はすでに破壊されている。東側窯室（A室）の保存はよく、窯底と火膛底が平らに舗装されている。窯壁残高は約2m、直径約1.8mである。二つの窯室が火膛とつながる所にそれぞれ火入れ口があり、窯室の出入り口ともなっており、地山上に掘り込んで作られており、そのうち西側窯室の火入れ口は、高・寛ともに40cm、厚約50cmである。登封陽城鋳鉄遺跡で発見された戦国後期の烘範窯（YZHT1Y1）は、東西方向で、窯門方向は85°、作業坑・窯門・火池・窯室・烟道の五部分から構成される（図61）。作業坑の東部は漢代の遺構に壊されているが、坑底から火口へスロープを形成し、西側で窯門とつながる。窯門は作業坑と火池の間にあり、鋳型片を再利用して構築される。頂部はすでに壊れ、底部は火池底面から64cmの高さにある。その下側に火口があり、その高・寛ともに18cm。火池平面は東が狭く西が広い梯形を呈し、盆状で底部は平坦、底部長92、寛60〜140、深68〜79cm、厚25cmの木炭層が残留していた。窯室はほぼ長方形を呈し、壁は垂直で、底部は平ら、長194、寛180〜188、残深22〜63cmである。烟道は3つあり、窯室後壁に設置され、中間の一つが大きく直径50cm、両側の二つがやや小さい。みな円形で、下端で烟道と窯室が通ず

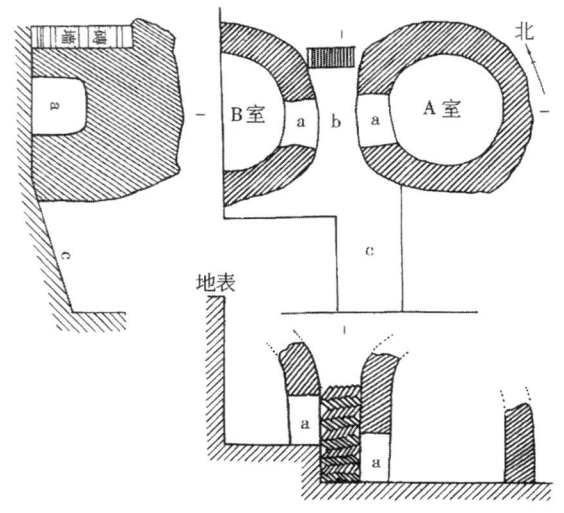

図60　輝県古共城鋳鉄遺跡烘範窯平・断面図

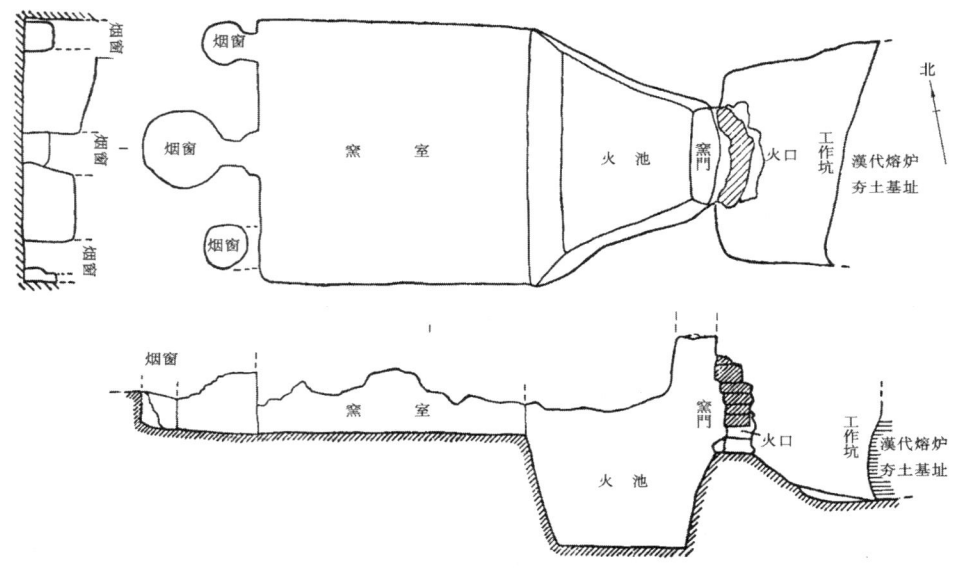

図61　登封東周陽城鋳鉄遺跡烘範窯（YZHT1Y1）平・断面図

る。窯室内の燃焼状況からみると、陶範の焼成には二段階あると考えられる。第一段階は還元炎で焼成し、第二段階では酸化炎に変えて焼成する。用いた燃料は木柴である。

　鉄範鋳造技術の出現はやや晩いが、戦国時代鉄器鋳造技術の一大進歩である。戦国時代の鉄範には、河北興隆寿王墳で40組計87点が発見され、空首斧範・両腔鑿範・竪銎鍬範・六角鋤範・両腔鎌刀範・車具鋳型などがある。単腔鋳範もあれば両腔鋳範もあり、単範もあれば、双合範ないし三合範もある（図22参照）。そのうち鍬芯範1点の金相学考察によれば、白口鉄鋳造製品と確認され、炭素量は4.45％に達する。易県燕下都武陽台村21号工房址で1点の鐵内範（W21T14②：5）が出土しており、年代は戦国後期である。磁県下潘汪遺跡で竪銎鍬範1点が出土し、磁県栢陽城址でも鉄範多数が出土している。江西新県大塘赤岸山遺跡出土の空首斧範1点は、背面に環紐が設けられる。

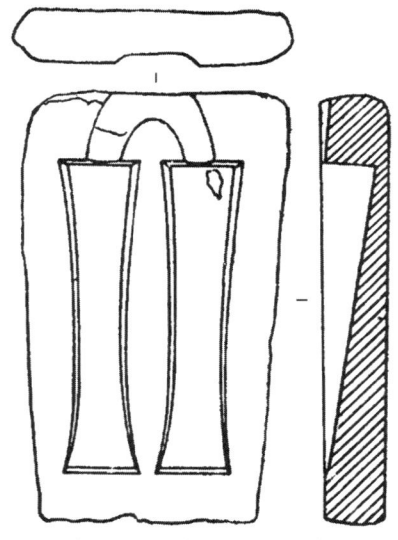

図62　鶴壁鹿楼冶鉄遺跡出土両腔竪銎鍬石鋳範（T3H2：14）

これらの鉄範の構造と器物類型は、同時期の同類陶範と基本的に同じであるが、それらは銑鉄鋳造製品であり、かつ背面には大抵取っ手がある。鉄範による鉄器鋳造は、製品の質量を高くし、表面が粗くならず、また一般に再加工はしない。さらに重要なのは、鉄範は硬質の模具として使用寿命が長く、何度でも使うことができるので、陶範の生産率に比べるとはるかに高い。よって金属鋳範の出現は、"鋳造工芸の第一次革命である"とすら称されるのである。

　中国の石範鋳造技術は同様に古い歴史を持ち、山西夏県東下馮遺跡で二里頭文化東下馮類型に属する斧・鑿・鍬を鋳造する石範が発見されている。その年代は東下馮類型第三期から第五期であり、上限はだいたい紀元前17世紀である。しかし青銅器の石範鋳造技術は辺境地域では長期にわたり継続するものの、中原地域においては必ずしも大きく発展しなかった。戦国時代鉄工場址の発掘では、石範の小量の発見がある。登封陽城鋳鉄遺跡では石範残塊6点が出土し、燕下都武陽台21号工房址では2点の鍬範と1点の鍬鋌範が出土し、泌陽下河湾製鉄遺跡では斧範1点が発見され、新鄭倉城村でも少量の石範が発見されている。鶴壁鹿楼製鉄遺跡出土の石質両腔竪銎鍬範（T3H2：14）は、軟質で範体はほぼ長方形を呈し、平面は平らに近く、型腔面には二つの竪銎鍬の型取りがあり、その頂端にはそれぞれ湯道があり、範体頂端で一つにつながり注口となる。構造は同遺跡出土の両腔竪銎鍬陶範と同じであり、長23.2、寛11.2〜13.8、厚2.9〜3.2cm、製品部分は長16.4、銎部寛4.1、刃部寛3.5cmである（図62）。明らかに鉄器の石範鋳造技術は戦国時代にも存在するものの、当時の主要な鋳造技術ではなく、陶範と鉄範の一種の補充であった。

　液体銑鉄で鋳造される銑鉄製品は、硬度は高いが脆いもので、その脆性を減少し靭性を高めるためには、鋳放しの白口銑鉄鋳造品を炉内にて酸化炎により退化脱炭する必要がある。こういった鋳鉄製品に脱炭を施す炉を脱炭炉とする。発見された年代の最も古い脱炭炉の遺跡は戦国後期に属するが、その出現はさらに早いであろう。登封陽城鋳鉄遺跡で3基の戦国後期の退化脱炭炉が発見された。破壊が著しいが、炉基底と下部の抽風井が残存していた。そのうちYZHT7L1は炉底部の直径約2mの円形で赤色の焼成痕と、炉基下面に東南方向の地下に延びる

断面長方形の風道のみ残る。炉基地表の西南縁には、弧形と長方形のレンガで築いた円形の炉基が残っており、炉基中央には長方形の小磚と陶範残片で築いた東南—西北方向の長方形の風道口がある。風道口は下に向かって96～130cmのところまでほぼ垂直で、さらに下へ東南方向へ彎曲しながら延びる。直径は30～40cm、風道下の抽風井はすでに破壊されている（図63）。新鄭鄭韓故城内の倉城村鋳鉄遺跡でも脱炭炉が発見されており、炉底のみが残っている。直径は約1.7m、炉基東北約2mのところと西北約1mのところで、それぞれ口が小さく底が大きい帯状の竪穴が発見されており、その壁は小磚で築かれ、上部に磚で築いた方形口があり、上方へ斜めに延び、そして炉底の東側辺へと達する。抽風井と風道口の遺構と思われる[116]。

戦国鉄器の冶金学研究は、当時の鋼鉄技術の進歩と水準を検討するのに直接的な物質的証拠を提供してくれる。春秋時代、鋼鉄の種類としてはすでに塊錬鉄・塊錬滲炭鋼・共晶白口鋳鉄・脱炭鋳鉄などが出現していた[117]。これ

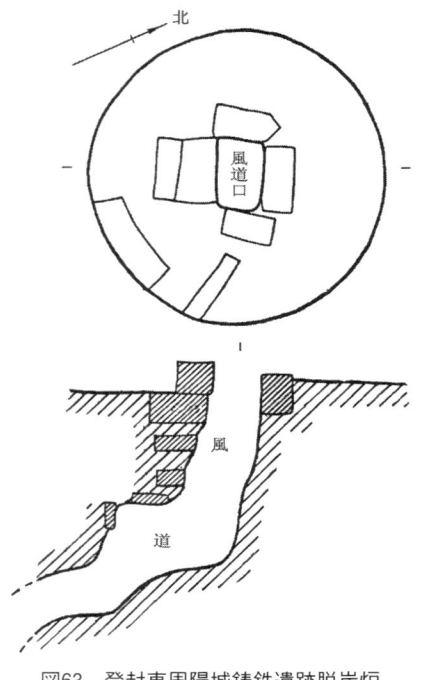

図63　登封東周陽城鋳鉄遺跡脱炭炉
（YZHT 7 L 1 ）平・断面図

らは戦国時代にも継続して生産され、その工芸技術も常に改良され、さらに新しい種類も生産された。異なる製品の性能の必要に応じて、異なる鋼鉄原料を用い、異なる加工処理が施されたのである。これまでに発見された戦国鉄器のうち、分析鑑定と科学分析が行われたのは、主に輝県固圍村戦国墓の 6 点[118]や、興隆寿王墳鉄範 1 点[119]、易県燕下都44号墓の 9 点[120]、易県燕下都遺跡の出土・表採資料33点[121]、銅緑山鉱冶遺跡の 5 点[122]、登封陽城鋳鉄遺跡の30点[123]、侯馬喬村墓地の17点[124]など（附表 2 ）である。洛陽水泥廠出土の戦国初期の鉄鏟 1 点は、鑑定から靭性鋳鉄製品とされ、これは現在知られる最も古い靭性鋳鉄であり、世界でも最古のものである[125]。銅緑山鉱冶遺跡の鑑定を経た鉄工具 5 点のうち、 2 点が塊錬鉄滲炭鍛打製品（耙・鉆頭）、 3 点が脱炭鋳鉄（錘・斧・六角鋤）であった[126]。陽城鋳鉄遺跡において金相鑑定を経た30点の戦国前期から後期の鉄器はみな鋳鉄製品で、いずれも鋳造後に様々な程度に退化脱炭処理が施されている[127]。そのうち 9 点のサンプルの金相鑑定による結果は、鋳鉄脱炭鋼ないし錬鉄が 7 点（竪銎钁 5 点・鋤 1 点・板材 1 点）、脱炭鋳鉄 1 点（鋤）、球状石墨をもつ靭性鋳鉄 1 点（鋤）となっており、戦国前期に属する鋳鉄脱炭鋼製品は 3 例あることになる[128]。易県燕下都戦国後期44号墓出土鉄器のうち 9 点が鑑定を経ており、塊錬鉄鍛造品 1 点（M44：19剣）、塊錬滲炭鋼鍛造品 4 点（M44：12剣・M44：100残剣・M44：87鏃鋌、M44：115矛）、炭素鋼鍛造品 1 点（M44： 9 戟）、靭性鋳鉄 1 点（M44：114鐏）、白口鉄鋳造品 1 点（M44：123竪銎钁）、脱炭鋳鉄 1 点（M44：13鋤）となっている。易県燕下都遺跡出土の鉄器33点に対する[129]鑑定結果は以下である。錬鉄 8 点、低炭鋼 3 点、中炭鋼 4 点、高炭鋼 1 点、灰口鋳鉄（？） 1 点、靭性鋳鉄 6 点、亜共晶鋳鉄 2 点、共晶鋳鉄 3 点、過共晶鋳鉄 6 点があり、戦国前期に属するものには亜共晶鋳鉄製品の鐯（D 6 T90③： 6 ）、共晶鋳鉄製品の竪銎钁（XSH19T73②： 2 ）、過共晶鋳鉄製品の竪銎钁（XSH19T51②： 1 ）がある。この冶金学研究から次のことが分かる。戦国時代に

鋳鉄脱炭技術が急速に向上し、戦国前期には靭性鋳鉄（洛陽鉄鏟など）が出現し、戦国後期に応用が進められていった。銑鉄製鋼技術が発明され、戦国前期に簡便で経済的な鋳鉄脱炭鋼製鋼工芸（陽城鋳鉄脱炭鋼竪銎钁など）が出現し、条材・板材の生産も併せて行われ、鋳鉄脱炭鋼と脱炭鋳鉄は生産工具の製造に広く応用されることとなった。塊錬鉄と塊錬滲炭鋼技術も継続して発展し、滲炭鋼を重ね鍛えする方法により剣・戟など高質量の兵器を製造するようになった。

焼き入れ工芸の発明は、戦国時代鋼鉄技術発展における重要な成果である。易県燕下都44号墓出土鉄器の鑑定の過程で、鋼剣（M44：12・M44：100）と鋼戟（M44：9）でマルテンサイト組織が発見され、剣刃高炭部分のマルテンサイト局部に少量の微細パーライトがあり、中低炭部分はフェライトを帯びた微細パーライトとなっており、これは鋼剣が

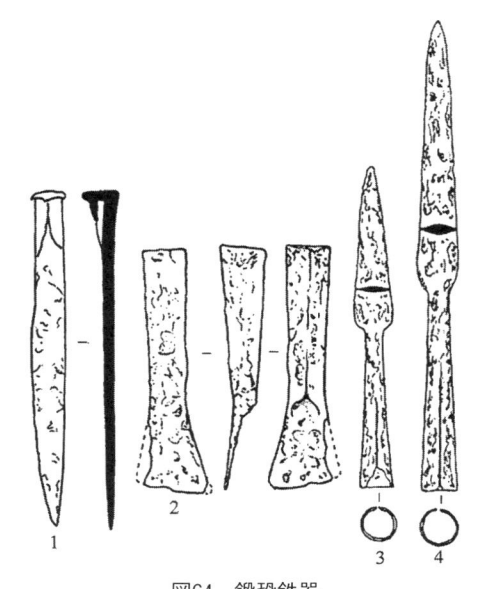

図64 鍛銎鉄器
1．鏨（鶴壁鹿楼T2②：57） 2．扁鏟（易県燕下都W22T4：3：14） 3・4．矛（燕下都YXD66DG：0190、燕下都YXD67DD：023）

900℃以上まで加熱して焼き入れされたことを説明する。侯馬喬村の鑑定を経た鋼削刀（M7193：1）は、金相観察で焼き入れによるマルテンサイトとトルースタイトが見られ、鋳鉄脱炭鋼かつ焼き入れ処理を施されたものと証明され、年代は戦国中期である。燕下都と侯馬喬村の焼き入れ鋼製品の発見は、漢代に広く応用された焼き入れ技術が、その発明は戦国中期にまで遡り、かつ急速に鉄兵器と刀具の製作に応用されていったことを示している。焼き入れ技術が生まれたことは、低炭鋼の強度・硬度がやや低い欠点をうまく補うこととなり、鋼鉄の機械性能は大きく引き上げられたのである。

鉄器鍛造技術の発展と広範な応用は、戦国時代鉄器工業発展のもう一方の顕著な特徴である。鉄器鍛造技術は塊錬鉄の出現に伴って生じ、中国では紀元前800年前後の西周後期に遡ることができる。戦国時代には塊錬鉄と塊錬滲炭鋼技術のさらなる成熟にしたがって、さらに継続して発展し応用されていった。さらに重要なことは、鋳鉄脱炭鋼工芸を代表とする鋳鉄可鍛化熱処理技術の発展が、鉄器鍛造技術の向上と応用に広大な道を切り開いたことである。中でも各種条形鉄材と板状鉄材を脱炭柔化処理を通じて錬鉄・鋼とすることにより、各種の鉄器を鍛造加工するための素材となり、鍛造技術はさらなる発展と普及を得ることとなる。易県燕下都の鑑定を経た13点の鋼質器物のうち、9点が鍛造製である。また9点の錬鉄製品のうち4点が鍛造製品である。その中で鑑定された7点の鋼剣と鉄剣はいずれも鍛造製であり、明らかによりふさわしい機械性能を付加せしめている。鑑定された14点の土木農耕具に至っては、みな鋳造品で、6点の加工工具のうち5点が鋳造品である。これは一つには当時の鍛鉄技術の発展と応用の程度と関係があり、また一方では鋳造成型が大量生産に有利であったのであろう。

鉄器鍛造技術の応用と発展にしたがって、戦国時代には"鍛銎技法"が出現した。これは当時の鍛鉄技術の一大進歩といえる。それは、鍛造技術により器具の装柄銎部を制作する工芸であり、銎

部をまず薄く板状に叩き延ばし、その後折り曲げ合わせて銎とするものである。このような方法を用いて加工制作した鉄器を"鍛銎鉄器"と称するが[132]、戦国時代の鍛銎鉄器については多く発見例がある[133]。鶴壁鹿楼鋳鉄遺跡で出土した1点の鉄鑿（T2②：57）は、鍛造製で、全体は扁平な錐形を呈し、下端が尖り、上部は彎曲させた竪銎によって木柄を装着するものであるが、鑿として再利用したために頂面が打撃のためめくれている。長20.4cm（図64-1）で、年代は戦国後期である。易県燕下都武陽台村22号工房址で出土した扁鏟1点（W22T4：3：14）は、円形の竪銎を呈しており、まず板状に鍛打したのち折り曲げ合わせて成形したものであり、合わせ目が明瞭に確認できる。通長16cm（図64-2）で、年代は戦国後期である[134]。また、燕下都で表採された8点のAⅡ式三角長葉矛はいずれも鍛銎鉄器であり、YXD67DD：023は、葉脊が突起して断面菱形を呈する。円骸の一面に鍛接した際の合わせ目がある。通長36.6cm（図64-4）である。YXD66DG：0190は、矛葉がやや短く、円骸の一面にやはり合わせ目があり、通長25.8cm（図64-3）である。燕下都YXD79DD：020の鏟や、燕下都M44：48の矛などもこういった鍛銎鉄器に属する。鍛銎技法は戦国時代にはすでに比較的成熟しており、帯銎鉄器の生産に応用されていたことは明らかである。戦国時代に出現した鍛銎技法は、秦漢時代に急速に周辺地域ないし朝鮮半島・日本列島に伝播し、応用されていった。よって、鍛銎技法の出現は、鉄器鍛造技術そのものの進歩であるのみならず、鉄器冶鋳を行うことができなかった地域で帯銎鉄器を製作するための技術的基礎を打ち立てたものといえ、鉄器がさらに広い地域で制作・使用されるために技術条件を提供することとなったのである。

第4節　鉄器の生産と組織管理

　鋼鉄技術の進歩と鉄器工業の発展は、一定の生産方式と組織管理の下に実現したものである。戦国時代に関する考古発見は相対的に欠けているが、関連の考古資料と文献記載を結合することで、当時の鉄器生産と組織管理のある程度の側面は理解することができる。

　考古発見では、戦国時代鉄工場は、興隆鉄範出土地や鶴壁鹿楼鉄工場・泌陽下河湾鉄工場などが鉄鉱付近に設置された以外、当時の都市付近ないし城内により多く分布し、また規模の大小もまちまちである。都市郊外付近に設置された鉄工場では、登封陽城鋳鉄遺跡が東周陽城南城壁外約150mに位置し、南は穎河に臨み、面積は約2.3万平米である[135]。輝県古共城鋳鉄遺跡は、東周古共城西北隅城壁外約110mに位置し、南は衛河に臨み、面積は約1.5万平米である[136]。淇県朝歌故城東郊城外付荘においても製鉄遺跡が発見されている[137]。これらは専門的に鉄器を鋳造する工場であり、そこでの生産は、鋳模・鋳範の製作から、鉄を熔解して鋳造し、製品に脱炭処理を施す鉄器鋳造の全行程を包括する。

　城内設置の鉄工場は、生産工程から二類に分けられる。一類は専門的鉄器工場であり、例えば新鄭倉城村製鉄遺跡は新鄭鄭韓故城外郭城内で発見され、面積は約4万平米である[138]。易県燕下都5号鋳鉄工房址は、燕下都の東郭城の西北部に位置し、面積は約9万平米で、鉄工具を鋳造する工場址である。1977～1978年に山東曲阜魯国故城址の調査中に、城内中部と東北部でそれぞれ1か所の製鉄遺跡が発見され、うち立新製鉄遺跡は面積が5万平米に達し、堆積の厚さは2mもある。試掘で発見された戦国・前漢前期の冶錬遺跡は、戦国後期に始まる鉄工場の存在を明らかにした[139]。邯鄲趙

第 4 章　戦国鉄器の応用と古代鉄器工業の初歩形成　141

国故城大北城中部の鋳鉄遺跡も同類である。こういった工場址の発掘と調査は、それらが専門的に鉄器を製造する工場であることを示した。もう一類は鋳銅などと一体になった総合的金属加工場である。例えば易県燕下都武陽台村21号工房址では、大量の銅・鉄兵器・鎧甲・甲冑片・各種鋳範・鉄素材などの遺物が発見され、この地が戦国後期における銅・鉄の武器武具や車馬機具を製造加工する工場であることを示しており、南部が鋳銅を主とし、北部が鉄器を主に製造している。郎井村10号工房址出土の剣範・戈範・鑢範・鑿範・削刀範・帯鈎範と関連遺物から、ここが戦国中期における銅兵器と鉄工具の鋳造を一体に集めた金属鋳造加工場であると分かる。夏県禹王城廟後辛荘遺跡では大量の鉄器陶範が出土したのと同時に、1点の両腔布幣陶範が出土しており、この地では戦国中後期に鉄器を鋳造すると同時に銭幣の鋳造も行っていたことを説明する。その他の古城址内で発見された製鉄遺跡は、発掘調査がなされておらず内容は不明であるが、1971年における山東臨淄斉国故城址の調査と試掘では、城内で5か所の戦国秦漢時代の鉄器工房址が発見された。そのうち小城西部の1か所は東周時代に属し、面積約1.5万平米であり、また大城内の石仏堂・付家廟・劉家寨・崔家荘など4か所の錬鉄遺跡では戦国時代遺存を包含することが確認でき、面積はみな4万平米以上である。淇県朝歌故城の中北部で発見された西壇村精鉄遺跡や、商水扶蘇故城内西北部の製鉄遺跡などもまだ不明な点が多い。こういった状況ではあるが、すでに見られる考古発見から、戦国時代鉄器工業の配置についておおよそ次のような認識を得ることができる。鉄鉱業は全体的に見るとすでに青銅冶鋳業から独立しており、特に戦国後期にはすでに一つの独立した産業となっていた。また鉄鉱付近では一般に製鉄工場を設置し、鋼鉄の精錬、鉄器の鋳造・加工処理などに従事していた。鉄器鋳造工場の多くは都市近郊に建設され、城内に設置された鉄工場は、あるものは専門的に鉄器の鋳造加工を行い、またあるものは鋳銅と一体となった総合的金属加工場であった。そして戦国後期には、鉄器鋳造加工場はすでに列国各地に遍く分布していた。

　戦国時代鉄器工業には私営も官営も存在した。文献によると、戦国後期の六国には鉄器生産を経営して富を築いた工商大賈が多い。『史記』巻一百二十九貨殖列伝に、"邯鄲郭縦は鉄冶を以て業となし、王者と富を埒しくす"とあり、"蜀卓氏の先は、趙人なり、鉄冶を用いて富む。秦趙を破りて、卓氏を遷す。……富僮千人に至り、田池射猟の楽は、人君に擬す"、また"程鄭は、山東の遷虜なり、また冶鋳し、椎髻の民に賈す。富は卓氏に埒しく、俱に臨邛に居す"といい、"宛の孔氏の先は、梁人なり、鉄冶を用いて業となす。秦魏を伐ち、孔氏を南陽に遷す。……家は富数千金に致る"とある。ここから、列国各地には鉄器工業の私人経営が多かっただけでなく、時には規模も大きいことが知れ、私人経営は戦国時代鉄器工業の重要な経営方式であったといえよう。同時に官営も存在していた。1975年発掘の湖北雲夢睡虎地11号墓は、秦始皇三十年（紀元前217年）前後に葬された秦墓である。出土の竹簡『秦律雑抄』には、"大（太）官・右府・左府・右采鉄・左采鉄の殿を課さるれば、嗇夫に一盾を貲わしむ"の記述があり、戦国後期の秦国には鉄鉱採掘を専門に管理する"右采鉄"・"左采鉄"の機構があり、その長官を嗇夫としていたことが分かる。『史記』の作者司馬遷の曽祖父司馬昌は秦の主鉄官に任ぜられていた。研究によると、戦国後期の秦国中央と郡には鉄官と鉄市官が設けられ、中央の鉄官はさらに左右の采鉄官と左右の冶鉄官に分かれていたとされる。斉国にも鉄官が設置されていた。臨淄斉国故城発見の製鉄遺跡のうち、一か所は小城すなわち宮城西部に位置し、明らかに官営鉄工場に相当する。その他の列国でも官営鉄器工業が存在した。燕下都郎井村10号工房址は、銅兵器鋳造と鉄工具製造と刀幣鋳造を一か所に集約した工場

であり、銭幣の鋳造が官府の管轄である以上その工場は官営に違いない。注目すべきは、官営鉄工場の生産において刑徒を使用したことである。燕下都郎井村10号工房址では、鉄刑具が出土し、かつ大きさが身体を入れることができるだけの半地下式住居址が検出されている。燕下都21号工房址でも、同様に頸鉗と脚鐐等の鉄刑具が出土している。燕下都で出土したその他の鉄刑具も多くは手工業工房址付近で発見されており、一般の住居址ではあまり発見されない。雲夢秦簡には刑徒が刑具を架せられ服役する関連記事が見える。よって、燕下都鉄工場遺跡で鉄刑具が出土したことは、当時の官営鉄器生産において刑徒を使用していた明証であろう。むろん私営であろうと官営鉄工場であろうと、主要な生産者はやはり従属・隷属する工匠であったと思われる。

　私営鉄器工業は商品生産に属し、自ずとその産品は商品として交換される。官営工場の産品は主に政府の土木建築・軍事行動・官営工商業・農業活動等に用いられ、同時に一般民に賃貸・販売していた。雲夢秦簡『秦律』司空に、"城旦春の瓦器・鉄器・木器を毀折し、大車を為すに幹（轅）を折るは、すなわち之を治す"とあり、刑徒の労役で使用する鉄器は、官営工場のものである。また『秦律』厩苑に、"鉄器を叚（假）し、銷敝し勝へずして毀つものは、為すに書を用てし、受けて責むるなかれ"とあり、秦国農民は政府より鉄器を借用し、長期の使用で破損した際、官方が登記し廃品を回収すれば、借用者は賠償・懲罰を受けなかった。秦国政府が農民に貸与した鉄器も官営工場の産品であろう。政府が鉄器を貸与するのは、農業生産の促進に有利なだけでなく、鉄器工業発展にも資するところであった。

　以上の戦国鉄器と鉄器生産に関する遺跡・遺物の検討から、中原地域では春秋時代の初歩的発展を基礎とし、戦国時代250余年の間に急速な発展を達したことが分かった。鉄鉱の採掘や鉄金属製錬と鉄器生産は、次第に銅器冶鋳業から独立し、採鉱・製錬から鋳造・加工製造に至る比較的完備した一連の鉄器生産体系を形成した。鋼鉄技術は長足の進歩を遂げ、塊錬鉄と塊錬滲炭鋼技術は継続して発展し、鋳鉄脱炭技術も急速に発展し広範に応用される。靭性鋳鉄・鋳鉄脱炭鋼などの製鋼工芸が出現し次第に普及し、鉄範鋳造工芸も現れる。鋳鉄脱炭技術は素材の生産に用いられ、鍛造技術は絶えず進歩しその応用領域を広げていった。また焼き入れ工芸も発明される。鉄器生産は中原列国で遍く行われ、官営と私営鉄器工業が併存して発展する。以上を指標として、戦国後期に中国古代鉄器工業体系は初歩的形成を遂げ、秦漢時代鋼鉄技術の深化と古代鉄器工業の成熟に基礎を打ち立てたのである。

　鋼鉄技術の長足の進歩と鉄器工業の急速な発展を基礎として、戦国時代の鉄器化過程は急速に広まっていく。応用領域は不断に拡大し、その程度も常に向上し、応用地域も絶えず広がっていった。戦国後期には中原地域の土木建築・農業・各種手工業などの生産領域において、鉄製生産工具は基本的に青銅・各種非金属工具に取って代わり、軍事活動でも鉄製武器武具が重要な役割を発揮していた。鉄製日用器具と車馬機具も発展していく。中原地域鉄器の初歩的普及に従い、使用地域は次第に周辺地域へと拡大し、西北地域ではもともとあった鉄器の伝統が続くと同時に、中原系統鉄器の影響が次第に強くなっていく。中原系統鉄器は北方長城地帯へと広がり、東北では松花江上流の輝発河流域に達し、南方では南嶺山地を越え始めていた。西南地域でも鉄器の使用だけでなく加工製作が始まっていた。まさにこういった基礎上に、秦漢時代の中国はついに全面的に鉄器時代へと進んでいくのである。

註

1　中国科学院考古研究所『洛陽中州路（西工段）』第35頁、科学出版社、1959年。
2　中国歴史博物館考古部『垣曲古城東関』第433～469頁、科学出版社、2001年。
3　侯馬喬村墓地で発掘された952基の戦国時代から秦代の墓葬では、出土鉄器が計401点に及ぶ（山西省考古研究所『侯馬喬村（1959～1996）』科学出版社、2004年）。内訳は鉄帯鈎263点、生産工具29点、頸鉗8点、兵器1点、残鉄器100点で、当地の鉄帯鈎の鉄器化程度が生産工具や兵器よりもはるかに高いことを反映している。
4　河北省文物研究所『燕下都』第204～435頁、文物出版社、1996年。
5　陝西省雍城考古隊「陝西鳳翔八旗屯西溝道秦墓発掘簡報」『文博』1986年第3期1頁。
6　呉鎮烽「陝西鳳翔高荘秦墓地発掘簡報」『考古与文物』1981年第1期12～86頁。
7　陝西省考古研究所『隴県店子秦墓』第109頁～197頁、三秦出版社、1998年。
8　咸陽市文物考古研究所『塔児坡秦墓』第137～294頁、三秦出版社、1998年。
9　山西省文物管理委員会等「山西長治分水嶺戦国墓第二次発掘」『考古』1964年第3期111頁。
10　中国科学院考古研究所『輝県発掘報告』第32～46頁、69～122頁、科学出版社、1956年。
11　河北省文化局文物工作隊「河北邯鄲百家村戦国墓」『考古』1962年第12期613頁。
12　『菅子』巻二十二海王篇に "今鉄官の数に曰く、一女必ず一鍼一刀を有し、若だしその事立てんとす。耕者は必ず一耒一耜一銚を有し、若だしその事立てんとす。行服連軺華者は必ず一斤一鋸一錐一鑿を有し、若だしその事立てんとす。しからざれば事を成すもの、天下にあることなし" とある。また『菅子』巻二十四軽重乙篇に "一農のこと、必ず一耜一銚一鎌一鎒一椎一銍ありて、しかる後成すに農を為す。……一女必ず一刀一錐一箴一鉗ありて、しかる後成すに女を為す。請うらくは、以って山木を断ち、山鉄を鼓し、ここに以って籍をなからしめ用足るべし" とある。
13　鉄帯鈎出土量の統計についていうと、鳳翔高荘の34基の戦国墓で8点出土、咸陽塔児坡の381基の戦国後期～秦統一時期墓葬で67点出土、西安半坡の112基の戦国墓で20基から21点出土、鄭州二里岡212基の戦国墓では52基で52点出土し、銅帯鈎の出土量と近い。侯馬喬村の952基の戦国～秦代墓葬では257基で263点出土する。こういった鉄帯鈎が普遍的に使用されている状況は、他の地域では見られない。
14　長沙楚墓を例に見ると、全部で2048基の墓葬で出土した銅器と鉄器において、銅剣508点・戈240点・矛196点・短剣16点など大型銅兵器が960点あり、大型鉄兵器は39点で、鉄剣35点・戟4点があり、鉄戈・矛・匕首は出土していない。銅生産工具は計29点で、銅斧3点・鑿2点・刮刀43点、削刀と刀具17点・鋸1点があり、銅鍤・鋤・鐹・夯錘は見られない。鉄生産工具は計135点で、鉄斧18点・鑿1点・刮刀43点、削刀と刀具17点・鍤37点・六角鋤6点・堅銎鐹9点・夯錘8点があり、鉄鋸は見られない。数量の比率からみると、銅・鉄兵器の比は1：0.04、銅・鉄工具の比は1：4.65である。明らかに生産工具の鉄器化程度は兵器よりはるかに高い。
15　『孟子』巻五滕文公上に、"陳相耒耜を負い宋より滕へゆく" とあり、孟子は陳相に問うに "許子は釜甑を以って爨ぎ、鉄を以って耕すか" という。当時鉄農耕器具が広く使用されていたことを反映している。
16　1971年に、河南新鄭鄭韓故城外郭城（東城）の東南部にある白廟範村で1基の兵器坑が発見され、破損した銅兵器180点余りが出土し、銅戈80数点・銅矛80数点・銅剣2点などがある。兵器坑の年代は戦国後期で、出土兵器の鋳造年代は紀元前310年から前231年の間である。ここから、鉄器工業の比較的発達した韓国においても、戦国後期に銅兵器が依然重要な役割を担っていたことが分かる（郝本性「新鄭"韓故城"発現一批戦国銅兵器」『文物』1972年第10期32頁）。
17　A. 吐魯番地区文管所「新疆鄯善蘇巴什古墓葬」『考古』1984年第1期41頁。B. 新疆文物考古研究所「鄯善蘇貝希墓群一号墓地発掘簡報」『新疆文物』1993年第4期1頁。C. 新疆文物考古研究所等「鄯善蘇貝希墓群三号墓地」『新疆文物』1994年第2期1頁。D. 新疆文物考古研究所等「新疆鄯善県蘇貝希遺址及墓地」『考古』2002年第6期42頁。
18　新疆文物考古研究所等「新疆鄯善県三個橋古墓葬的搶救清理発掘」『新疆文物』1997年第2期1頁。鉄簪は原報告では "鉚釘" とされている。
19　新疆文物事業管理局等「新疆維吾爾自治区文物考古工作五十年」『新中国考古五十年』第486頁、文物出版社、1999年。
20　新疆文物考古研究所「1993年烏魯木斉市柴窩堡墓葬発掘報告」『新疆文物』1998年第3期19頁。
21　王炳華『絲綢之路考古研究·"絲綢之路" 新疆段考古新収穫』第4頁、新疆人民出版社、1993年。烏魯木斉市南山鉱区阿拉溝墓地出土の鉄器では、年代の早いもので紀元前6世紀よりも遡るが、ただし、"年代の戦国

時代に相当する墓葬で、比較的普遍的に鉄小刀が出土する"ようである。
22 新疆博物館等「新疆且末扎滾魯克一号墓地」『新疆文物』1998年第4期1頁。
23 新疆文物考古研究所等「石河子市南山古墓葬」『新疆文物』1999年第1期1頁。
24 巴音郭楞蒙自治州文物保護管理所「新疆庫爾勒市上戸郷古墓葬」『文物』1999年第2期32頁。
25 西北地域の鉄鏃について、新疆鄯善蘇貝希墓地と庫爾勒上戸郷墓地出土の鉄鏃からみると、多くは鍛造製で、小量の鋳造製がある。鏃身の形態は多様であるが、一般に関がなく、鏃身と鋌は一体となっている。中原地域の鉄鏃が多くは鋳造製で、三稜鏃や関のあるものが多いのとは、明らかに異質である。
26 戦国時代新疆地域の発展状況について、蘇貝希墓地を例に見てみると、1980年と1992年の二次にわたり発掘された43基の墓葬と、1985年に調査された破壊された50基余りの墓葬で、銅器が出土し、獣頭形飾4点、花形飾1点、牙形飾1点、鏡1点、耳環1点、牌飾2点、匕首1点、小刀2点などが見られる（吐魯番地区文管所「新疆鄯善県蘇巴什古墓群的新発現」『考古』1988年第6期502頁）。
27 甘粛省博物館文物工作隊等「甘粛永昌三角城沙井文化遺址調査」『考古』1984年第7期598頁。
28 甘粛省文物考古研究所「永昌三角城与蛤蟆沙井文化遺存」『考古学報』1990年第2期216頁。
29 寧夏文物考古研究所「寧夏彭堡于家荘墓地」『考古学報』1995年第1期97頁。この報告では出土鉄器に対する詳細な記述がなく、関連の図版資料も未発表である。
30 寧夏文物考古研究所等「寧夏固原楊郎青銅文化墓地」『考古学報』1993年第1期43頁。
31 寧夏回族自治区文物考古研究所等「寧夏彭陽張街村春秋戦国墓地」『考古』2002年第8期22頁。
32 羅豊等「寧夏固原近年発現的北方系青銅器」『考古』1990年第5期405頁。
33 鐘侃等「寧夏南部春秋戦国時期的青銅文化」『中国考古学会第四次年会論文集（1983）』第206頁、文物出版社、1985年。
34 ここでいう"北方長城地帯"とは、長城沿線と以北の近隣地域を指す。学者によっては"北方草原地帯"と称する。この地域の区域範囲については、学術界における区分もおおよそ近いものの人により異なっている。ここでは自然地理環境と文化発展状況を根拠に、また烏恩氏の研究を参考に次のように定める。その西境はおおよそ寧夏西北辺境の賀蘭山脈に始まり、南は黄河に達し、寧夏中衛より東に向かい陝西定辺・靖辺のラインに達する。東境はおおよそ遼寧西部の医巫閭山脈を境とし、南は燕山山脈に達し、大体西南から東北へ秦皇島—錦州—阜新—通遼と結ばれる。また指摘すべきは、西端の賀蘭山脈以西の騰格里砂漠地区をみると、自然地理と文化の様相において当該地域によく似ていることであり、また東端の医阜閭山脈から努魯児虎山の間の丘陵地帯は、自然地理上は内蒙古高原と遼河平原の過渡地帯であるが、古代文化の発展上では、やはり草原地帯文化と農耕文化の耕作地帯であり、内地と東北に通ずる重要なルートである。
35 田広金「桃紅巴拉的匈奴墓」『考古学報』1976年第1期139頁。
36 内蒙古博物館等「内蒙古准格爾旗玉隆太的匈奴墓」『考古』1977年第2期113頁。
37 伊克昭盟文物工作站「西溝畔匈奴墓」『文物』1980年第7期5頁。
38 内蒙古自治区文物工作隊『鄂爾多斯式青銅器・毛慶溝墓地』第227頁、文物出版社、1986年。
39 内蒙古自治区文物工作隊「涼城飲牛溝墓葬清理簡報」『内蒙古文物考古』第3期26頁、1984年。
40 『史記』巻一百十匈奴列伝。
41 内蒙古文物考古研究所「内蒙古准格爾旗二里半遺址第二次発掘報告」『考古学集刊』第11集128頁、中国大百科全書出版社、1997年。
42 敖漢旗博物館「敖漢旗老虎山遺址出土秦代鉄権和戦国鉄器」『考古』1976年第5期335頁。
43 遼寧省文物考古研究所「遼寧凌源安杖子古城址発掘報告」『考古学報』1996年第2期218頁。
44 錦州市博物館「遼寧錦西烏金塘東周墓調査記」『考古』1960年第5期9頁。
45 吉林大学考古学系等「遼寧錦西市邰集屯小荒地秦漢古城址試掘簡報」『考古学集刊』第11集144頁、中国大百科全書出版社、1997年。
46 中国社会科学院考古研究所内蒙古工作隊「赤蜘蛛山遺址的発掘」『考古学報』1979年第2期238頁。
47 李殿福「吉林省西南部的燕秦漢文化」『社会科学戦線』1978年第3期108頁。
48 楊志軍等『平洋墓地』第92・165頁、文物出版社、1990年。平洋磚場墓地で発掘された97基の墓葬では、鉄器を出土した墓が15基あり、そのうち前期墓が6基、中期墓が5基、時期不明ものが4基であるが、後期に属する10基では鉄器の発見は見られない。
49 黒龍江省博物館等「斉斉哈爾市大道三家子墓葬清理」『考古』1988年第12期1096年。この墓地の年代は、発掘者は戦国前期から前漢後期と推測する。
50 黒龍江省文物考古研究所「黒龍江賓県慶華遺址発掘簡報」『考古』1988年第7期599頁。この発掘報告では、

慶華遺跡では鉄小刀・鍤・鏃が計4点出土し、"製作方法はみな双範合鋳で、刀背には鋳型の合わせ目が見られる"とし、注目に値する。この他、当遺跡出土の鉄器には、戦国後期と漢代の異なる時期の遺物が含まれる。

51　松嫩平原の鉄器出現年代については、学者により平洋磚場墓地の分期と年代推定を根拠として、"春秋後期より、平洋墓地の先民は鉄器を利用することを知った"とし、よって松嫩平原の"鉄器が出現した最も早い年代は、おおよそ中原の春秋後期である"とされる（張偉「松嫩平原早期鉄器的発現与研究」『北方文物』1997年第1期13頁）。ただし注目すべきは、平洋磚場の10基の後期墓では鉄器の出土がないことである。1985年平洋戦闘墓地で墓葬21基が発掘され、前後両時期に分けられた。その前期墓は平洋磚場墓地の中期に相当し、後期は平洋磚場墓地の後期に相当し、いずれも鉄器は発見されていない。よって、松嫩平原における鉄器出現年代は戦国後期より晩くないが、春秋後期まで遡るか否かは、さらに発見の増加を待たねばならない。
52　王増新「遼寧撫順市蓮花堡遺址発掘簡報」『考古』1964年第6期286頁。
53　旅順博物館「旅順口区後牧城駅戦国墓清理」『考古』1960年第8期14頁。
54　許玉林「遼寧寛甸発現戦国時期燕国的明刀銭環鉄農具」『文物資料叢刊』第3集125頁、文物出版社、1980年。
55　吉林省文物工作隊「吉林樺甸西荒山屯青銅短剣墓」『東北考古与歴史』第1集141頁、文物出版社、1982年。
56　四平地区博物館等「吉林省梨樹県二龍湖古城址調査簡報」『考古』1988年第6期507頁。
57　『史記』匈奴列伝に、"燕に賢将秦開あり、胡に質たり。帰りて襲破して東胡を走らせ、東胡却くこと千余里。荊軻と秦王を刺した秦舞陽は、開の孫なり。燕また長城を築き、造陽より、襄平に至る。上谷・漁陽・右北平・遼西・遼東の郡を置き以って胡を拒む"とある。燕将秦開が東胡を撃破したのは燕昭王在位の期間であり、紀元前311～前279年のことである。
58　呉春明「閩江流域先秦両漢文化的初歩研究」『考古学報』1995年第2期147頁。
59　福建省博物館等「福建福州市新店古城発掘簡報」『考古』2001年第3期21頁。
60　福建省博物院の考古学者の報告による。同時に、福建でこれまでに発見された年代の最も古い鉄器は武夷山城村漢城より出土しており、"福建の鉄器は中原の内陸地域より導入されたに違いなく、かつ秦が閩中郡を置き、また閩越国が形成されたのとおおよそ歩を一にするものである"という指摘もされている（福建博物院「福建考古的回顧与思考」『考古』2003年第12期11頁）。
61　嶺南は南嶺山脈以南の地区を指し、その北はおおよそ北緯25°を境界とし、一般に現在の広東と広西の両省区を包括する。嶺南の呼称は漢代に始まる。
62　藍日勇「広西戦国鉄器初探」『考古与文物』1989年第3期77頁。
63　区家発「従出土文物看広東在戦国時是否已進入鉄器時代」『考古与文物』1991年第6期85頁。
64　梁国光等「秦始皇統一嶺南地区的歴史作用」『考古』1975年第4期204頁。
65　莫稚「広東始興白石坪山戦国遺址」『考古』1963年第4期217頁。
66　楊式挺「五年来広東文物工作的重要発現」『広東文博』1984年第2期12頁。
67　廖晋雄「広東始興戦国遺址調査」『考古与文物』1993年第1期5頁。
68　広東省文物管理委員会等「広東増城・始興的戦国遺址」『考古』1964年第3期151頁。
69　深圳博物館「深圳市畳石山遺址発掘簡報」『文物』1990年第11期21頁。
70　広東省文物考古研究所等「広東楽昌市対面山東周秦漢墓」『考古』2000年第6期45頁。
71　楊式挺「関于広東早期鉄器的若干問題」『考古』1977年第2期98頁。
72　広西壮族自治区文物工作隊「平楽銀山嶺戦国墓」『考古学報』1978年第2期211頁。
73　広西壮族自治区文物工作隊等「広西武鳴馬頭安等秧山戦国墓群発掘簡報」『文物』1988年第12期14頁。
74　藍日勇「広西戦国鉄器初探」『考古与文物』1989年第3期77頁。
75　中国社会科学院考古研究所『中国考古学中碳十四年代数集（1965～1991）』第211頁、文物出版社、1991年。
76　黄展岳「論両広出土的先秦青銅器」『考古学報』1986年第4期426頁。
77　李龍章「湖南両広青銅時代越墓研究」『考古学報』1995年第3期279頁。
78　蒋廷瑜「楚国的南界和楚文化対嶺南的影響」『中国考古学会第二次年会論文集（1980）』第67頁、文物出版社、1982年。
79　李龍章「西漢南越王墓"越式大鉄鼎"考辨」『考古』2000年第1期72頁。
80　広州市文物管理委員会等『西漢南越王墓』第333頁、文物出版社、1991年。
81　A．李家瑞「両漢時期雲南的鉄器」『文物』1962年第2期64頁。B．李家瑞「関于雲南開始製造鉄器的年代

的説明」『考古』1964年第4期208頁。
82 A. 林声「談雲南開始製造鉄器的年代問題」『考古』1963年第4期201頁。B. 林声「関于雲南開始製造鉄器的年代問題」『考古』1964年第5期249頁。
83 童恩正「対雲南冶鉄業産生時代的幾点意見」『考古』1964年第4期205頁。
84 宋世坤「我国西南地区銅柄鉄剣研究」『中国考古学会第三次年会論文集（1981年）』第271頁、文物出版社、1984年。
85 宋世坤「貴州早期鉄器研究」『考古』1992年第3期245頁。
86 張増祺「雲南銅柄鉄剣及其有関問題的初歩探討」『考古』1982年第1期61頁。
87 雲南省博物館「雲南江川李家山古墓葬発掘報告」『考古学報』1975年第2期140頁。
88 中国社会科学院考古研究所『中国考古学中碳十四年代数据集（1965～1991）』第236頁、文物出版社、1991年。
89 張増祺「雲南銅柄鉄剣及其有関問題的初歩探討」『考古』1982年第1期61頁。
90 昆明市文物管理委員会「呈貢天子廟滇墓」『考古学報』1985年第4期527頁。
91 大理白族自治州文物管理所等「雲南祥雲検村石槨墓」『文物』1983年第5期35頁。
92 雲南省文物考古研究所「剣川鰲鳳山古墓発掘報告」『考古学報』1990年第2期257頁。
93 貴州省博物館考古組等「赫章可楽発掘報告」『考古学報』1986年第2期246頁。
94 宋世坤「貴州早期鉄器研究」『考古』1992年第3期245頁。
95 A. 宋治民「三叉格銅柄鉄剣及其相関問題探討」『考古』1997年第12期53頁。ここでは、三叉格銅柄鉄剣来源が中国北方にあると認識する。B. 張増祺「雲南銅柄鉄剣及其有関問題的初歩探討」『考古』1982年第1期64頁。ここでは、三叉格銅柄鉄剣は当地の青銅剣から直接発展して成ったと認識する。
96 劉恩元等「普安銅鼓山遺址発掘報告」『貴州田野考古四十年』第65頁、貴州民族出版社、1993年。
97 鉄器の加工製作と製鉄錬は関連するものの、同じものとはできない。よって、古代鉄器と鉄器生産を研究する時は、"鉄器の製造加工"と"製鉄技術の掌握"というように区別しなければならない。詳細は後述の関連の論述にある。
98 江川李家山21号墓銅器木柄のC14年代データは紀元前5世紀に早まるが、銅器の木柄が銅銹の浸透を受けやすく、測定時にすべて取り除くことができないこと、またデータが500～600年古く偏っていることなどが考慮される。この他、この墓葬で出土した他の銅器も、その年代が原報告の定める戦国後期が妥当であることを示している（宋治民「三叉格銅柄鉄剣及相関問題的探討」『考古』1997年第12期53頁参照）。これにより、滇池一帯で鉄器を使用し始めたのはやはり戦国後期であろう。
99 『史記』巻十五六国年表に、秦昭襄王六年（紀元前301年）に、"司馬錯往きて蜀守輝を誅す。"とある。秦国の巴蜀に対する交流は古く、秦厲共公二年（紀元前475年）に蜀人は秦に通じて使し、この後交流が増え、紀元前301年に秦が巴蜀を平定した後に、巴蜀に対して大規模な経営を進め始めた。
100 『山海経』五蔵山経。
101 夏湘蓉等『中国古代鉱業開発史』第32～35頁表1、地質出版社、1980年。
102 宋国定「河南泌陽下河湾発現大型鉄官遺存」『中国文物報』2005年1月25日。
103 黄石市博物館『銅緑山古鉱冶遺址』文物出版社、1999年。銅緑山古銅鉱の採掘年代は春秋から漢代で、戦国から前漢時代には"竪井Ⅵ式支架と平巷Ⅲ式が共存"する方法を採用していた。
104 河南省文物考古研究所等「河南省西平県酒店冶鉄遺址試掘簡報」『華夏考古』1998年第4期27頁。
105 A. 黄石市博物館「湖北銅緑山春秋字期錬銅遺址発掘簡報」『文物』1981年第8期31頁。B. 盧本珊等「銅緑山春秋錬銅竪炉的復原研究」『文物』1981年第8期40頁。
106 河南省文物研究所等『登封王城崗与陽城』第310頁、文物出版社、1992年。
107 張童心等「夏県禹王城廟後辛荘戦国手工業作坊遺址調査簡報」『文物季刊』1993年第2期11頁。
108 河南省文物考古研究所『鄭州商城―1953年～1985年考古発掘報告』（上冊）文物出版社、2001年。この報告の339頁で、南関外商代鋳銅遺跡で二里岡下層の陶範120点以上が出土し、"鋳型を制作した後、みな高温で焼成されているようであり、これにより各種陶範の形態の安定性を保持した"と述べられる。
109 山西省考古研究所『侯馬鋳銅遺址』（上）第59頁、文物出版社、1993年。
110 新郷市文管会等「河南輝県古共城戦国鋳鉄遺址発掘簡報」『華夏考古』1996年第1期2頁。
111 中国古代鉄器の鉄範鋳造技術は、春秋時代の銅銭幣の銅範鋳造と戦国時代の銅銭幣の鉄範鋳造技術に由来する（華覚明「金属型在我国的起始年代」『中国冶鋳史論集』第287頁、文物出版社、1986年）。
112 河北省文物管理處「磁県下潘汪遺址発掘報告」『考古学報』1975年第1期115頁。

113 彭適凡「江西先秦農業考古」『農業考古』1985年第2期108頁。
114 中国社会科学院考古研究所『夏県東下馮』第75〜209頁、文物出版社、1988年。
115 鶴壁市文物工作隊『隔壁鹿楼冶鉄遺址』中州古籍出版社、1994年。
116 河南省博物館新鄭工作站「河南新鄭鄭韓故城的鉆探和試掘」『文物資料叢刊』第3集62頁、文物出版社、1980年。
117 河南新鄭唐戸村南崗7号墓出土の残板状器は鑑定により共晶白口鉄で脱炭退火処理を経ているもので、年代は春秋後期とされたが、その脱炭退火処理が意識的に行われたものかどうかは確定できない（柯俊等「河南古代一批鉄器的初歩研究」『中原文物』1993年第1期96頁）。
118 孫廷烈「輝県出土的幾件鉄器底金相学考察」『考古学報』1956年第2期125頁。
119 楊根「興隆鉄範的科学考察」『文物』1960年第2期20頁。
120 北京鋼鉄学院圧力加工専業「易県燕下都44号墓葬鉄器金相考察初歩報告」『考古』1975年第4期241頁。
121 李仲達等「燕下都鉄器金相考察初歩報告」『燕下都』第881頁、文物出版社、1996年。
122 冶軍「銅緑山古鉱井遺址出土鉄製及銅製工具的初歩鑑定」『文物』1975年第2期19頁。
123 北京科技大学冶金史研究室「陽城鋳鉄遺址鉄器的金相鑑定」『登封王城崗与陽城』第329頁。文物出版社、1992年。
124 段紅梅等「侯馬喬村墓地出土鉄器的鑑定与研究」『侯馬喬村墓地（1959〜1996）』第1200頁、科学出版社、2004年。当墓地出土鉄器で鑑定を経たものは33点あるが、年代が明確に戦国・秦代とされるものは17点である。
125 北京鋼鉄学院『中国冶金簡史』第64頁、科学出版社、1978年。
126 靭性鋳鉄は、"展性鋳鉄"・"可鍛鋳鉄"・"瑪鉄"・"瑪鋼"とも称される。英文では malleable cast iron、または temperguss である。本研究では冶金史学家柯俊氏の意見に従い（『中国大百科全書・鉱冶巻』第754頁参照）、"靭性鋳鉄"の呼称を採用する。銑鉄鋳造品を鋳造後に再度900℃ないしやや高い温度まで加熱し、長時間にわたり退火を行い、これにより白口鋳鉄中の滲炭体が分解して石墨となり、石墨が団子状に集まり、このため鋳鉄の性能は改善され、靭性鋳鉄となる。一般にヨーロッパでは、白心靭性鋳鉄は1722年にフランス人 Reaumur が発明したとされる（華覚明「漢魏高強度鋳鉄的探討」『中国冶鋳史論集』第37頁、文物出版社、1986年）。
127 冶軍「銅緑山古鉱井遺址出土鉄製及銅製工具的初歩鑑定」『文物』1975年第2期19頁。
128 北京科技大学冶金史研究室「陽城鋳鉄遺址鉄器的金相鑑定」『登封王城崗与陽城』第329頁、文物出版社、1992年。この鑑定報告本文では、"金相鑑定の結果、34点の鉄器（筆者注　そのうち漢代鉄器4点を含む）のうち、鋳造製が33点、金相組織が白口の鉄権が1点ある"とするが、表一では YZHT4L2：7 の鑿の鑑定結果は"炒鋼（鍛打）"となっており、本文と齟齬がある。ここでは本文に従う。
129　A．北京鋼鉄学院圧力加工専業「易県燕下都44号墓葬鉄器金相考察初歩報告」『考古』1975年第4期241頁。
　　　B．李衆「中国封建社会前期鋼鉄冶錬技術発展的探討」『考古学報』1975年第2期10頁。燕下都44号墓出土鉄器で塊錬鉄と塊錬滲炭鋼の製品が存在すると鑑定された問題に対して、冶金史学家の間でも意見が異なっている（李仲達等「燕下都鉄器金相考察初歩報告」『燕下都』第892頁、文物出版社、1996年参照）。
130 『漢書』巻六十四王褒伝に、王褒が漢宣帝に上書したなかで、"巧みに干将の樸を冶鋳し、清水もてその鋒を焠す"とあり、紀元前60年前後の漢宣帝時期に、焼き入れが広く文人の知る所となっていたようである。
131 登封陽城鋳鉄遺跡で戦国前期の条材と板材の鋳範が出土したことからみると、鋳鉄脱炭板材の出現は紀元前400年前後の戦国前期に当たると考えられる。
132 雲翔「戦国秦漢和日本弥生時代的鍛造鉄器」『考古』1993年第5期453頁。
133 1950年輝県固囲村発見の鉄斧は、その製作技法は"鍛造技法"を採用したと推測されている（孫廷烈「輝県出土的幾件鉄器底金相学考察」『考古学報』1956年第2期132頁）。
134 河北省文化局文物工作隊「燕下都第22号遺址発掘報告」『考古』1965年第11期568頁。
135 河南省文物研究所等『登封王城崗与陽城』第256〜336頁、文物出版社、1992年。
136 新郷市文管会等「河南輝県市古共城戦国鋳鉄遺址発掘簡報」『華夏考古』1996年第1期1頁。
137 楊育彬等主編『20世紀河南考古発現与研究』第438頁、中州古籍出版社、1997年。
138 劉東亜「河南新鄭倉城発現戦国鋳鉄器泥範」『考古』1962円第3期165頁。
139 山東省文物考古研究所『曲阜魯国故城』第17・45頁、斉魯書社、1982年。
140 河北省文物管理處等「趙都邯鄲故城調査報告」『考古学集刊』第4集182頁、中国社会科学出版社、1984年。
141 河北省文物研究所『燕下都』第129頁〜163頁、文物出版社、1996年。

142　群力「臨淄斉国故城勘探紀要」『文物』1972年第5期45頁。
143　楊育彬等主編『20世紀河南考古発現与研究』第438頁、中州古籍出版社、1997年。
144　商水県文物管理委員会「河南商水県戦国城址調査記」『考古』1983年第9期846頁。
145　孝感地区第二期亦工亦農文物考古訓練班「湖北雲夢睡虎地十一号秦墓発掘簡報」『文物』1976年第6期9頁。
146　雲夢秦簡整理小組「雲夢秦簡釈文（二）」『文物』1976年第7期10頁。
147　睡虎地11号墓の埋葬年代は紀元前217年前後であるが、ただし当墓出土の秦簡に記載される秦律は、大部分が秦昭王から秦始皇初期に修訂されたものであり、始皇帝が六国を統一した後のものではない（黄盛璋「雲夢秦簡辨正」『考古学報』1979年第1期5頁。黄展岳「雲夢秦律簡論」『考古学報』1980年第1期1頁）。『史記』巻八十七李斯列伝に、秦始皇三十四年（紀元前213年）に"法度を明らかにし、律令を定める"とある。これによると、秦代初年に実行されたのは、なお六国統一前の法律であったと考えられる。よって、雲夢秦簡中の秦律は戦国後期の秦国と秦朝初期の法律に属する。
148　『史記』巻一百三十太史公自序に、"斬の孫昌なり、昌は秦の主鉄官となる"とある。
149　徐学書「戦国後期官営冶鉄手工業初探」『文博』1990年第2期37頁。
150　『管子』巻二十二海王篇等参照。
151　陳応琪「燕下都遺址出土奴隷鉄頸鎖和脚鐐」『文物』1975年第6期89頁。
152　雲夢秦簡『秦律十八種』司空に、"鬼薪・白粲のもの、群の下吏にして耐なきもの、人の奴妾にして責を贖貲して城旦に居るもの、皆その衣を赤くし、枸櫝・欙杕し、之を将司す"とある。鬼薪・白粲は刑徒名である。男は鬼薪といい、女は白粲とする。枸櫝欙杕はみな刑具である。枸櫝は頸鉗のことで、杕は足釱、脚鐐である。
153　童書業『中国手工業商業発展史』第32頁、斉魯書社、1981年。

第5章　秦漢時代鉄器の考古発見と類型学研究

　紀元前221年、秦の始皇帝は歴史発展の大勢に乗り、十年近くに及ぶ兼併戦争を経て、韓・趙・魏・燕・楚・斉の六国を相前後して併呑し、長期に渡る諸侯割拠の局面に終止符をうった。これは中国史上最初の、多民族を統一しかつ広大な面積を有する中央集権国家が建設され、東方世界で最も偉大な帝国の誕生を告げるものであり、封建帝国時代の新たな段階を切り開くこととなった。また多民族国家の形成、郡県制の実行、文字・貨幣・度量衡の全国統一など、社会政治・経済・文化の発展にとって大きな発展の可能性が広がったのである。

　秦王朝は短命であったが、秦制は漢の受け継ぐところとなる。紀元前206年から紀元220年に及ぶ漢王朝は、秦朝の打ち立てた社会制度を継承し完成させ、社会政治・経済・文化は空前の繁栄を迎え、封建帝国時代の最も高い発展水準をもたらした。このような歴史背景の下、先秦鉄器・製鉄の発展とその成熟を基礎として、中国古代鉄器と鉄器工業は新しい全面的発展の時期に進んでいく。ここではまず秦漢鉄器と鉄工場遺跡の考古発見について概観し、その上で秦漢鉄器について考古類型学研究を進め、その状況を総合的に見ていくこととする。

第1節　秦漢時代鉄工場址と鉄器の考古発見

　秦漢時代の関連の考古発見は、地域がさらに広がり、数量もさらに増加し、内容もより豊富なものとなる。各地の鉄器発見と、各種鉄工場遺跡の大規模な考古発掘、また大量の鉄器実物に関する冶金学研究は、当時の鉄器と鉄器工業の発展を全面的に検討するのに豊富な実物資料と情報を提供する。それについて、ここでは鉄工場遺跡、城址と集落遺跡、鉄器窖蔵、埋葬施設の四つの方面から適宜選択して説明をしていく。

1　秦漢時代鉄工場址の発見と発掘

　秦漢時代鉄工場址は、これまで50数か所が発見されており、北は遼寧から南は湖南に至り、東は山東から西は新疆に至る広大な地域に分布する（附表1）。これらは少数が戦国時代から漢代に継続する遺跡であるのを除き、大部分が両漢時代遺存であり、大規模な発掘と研究がなされたものも多い。ここでは以下の5か所について重点的に説明していく。

　鞏県鉄生溝漢代製鉄遺跡　河南省鞏県（現鞏義市）西南29kmの鉄生溝村南側台地上に位置し、遺跡は東西長180、南北寛120m、面積は約21600平米である。遺跡周囲は低丘陵で、鉄鉱が盛んに産出しかつ豊富な森林・炭鉱など燃料資源に恵まれている。遺跡の北は山の斜面に依り、南側は塢羅河が流れる。1958年に発見され、1958年から1959年に二度にわたる大規模な発掘がなされ、面積2000平米を検出し、1980年には部分的に再度調査がされた。製錬場西南3kmにある羅漢寺と、東北方の青龍山麓の羅泉村・北荘村で、当時の採鉱井・坑道などの採鉱遺跡が発見されている。遺跡北半部分に鉱石加工場が一か所ある。発掘された遺構には、錬炉8基・鍛炉1基・炒鋼炉1基・脱炭

退火炉1基・烘範窯11基、多用途長方形窯列・廃鉄坑8基・配料池1基・房址4基、そして遺物には、鉄器と素材200点、陶器233点、熔範耐火材料39点・鉄範1点・注口鉄3点・泥範少量・鼓風管8点、各種耐火材料残塊・建築材料など1000点以上がある。鉄器には、鉄竪銎钁11点・鐴26点・錘・鑿・銹・双歯鐮・鋤・犂鏵・刀等の生産工具92点、鈎・釘・釜等の生活用具32点、剣・鏃各1点、その他があり、そのうち73点の金相分析が行われ、共晶白口鉄・亜共晶白口鉄・過共晶白口鉄・灰口鉄・麻口鉄・脱炭鋳鉄・靭性鋳鉄・鋳鉄脱炭鋼・炒鋼鍛打品などの存在が証明されている。また地層堆積と出土遺物から、遺跡の年代は前漢中期から後漢初期で、河南郡鉄官所轄の第3号鉄工場であると知れる。鉄生溝製鉄遺跡は、中国で初めて大規模に発掘された古代鉄工場址であり、多種類型の炉基遺構と烘範窯が検出され、同時に鉱石加工場と付近の山麓にある採鉱場が発見され、また大量の鉄器が出土している。ここから、この地が前漢時代における銑鉄製錬を主とし鉄器鋳造と鍛造加工を兼ねる大型鉄工場であると分かり、中国だけでなく世界の冶金史上重要な地位を占めている。鉄生溝遺跡の発掘と、考古学者・冶金学者によって研究が深化したことは、中国古代冶金史研究に重要な貢献をもたらした。

鄭州古滎鎮漢代製鉄遺跡　河南鄭州市西北20数kmに位置する古滎鎮は、漢代滎陽県城西墻外側に当たり、北は邙山に依る。遺跡南北長400、東西寛300m、面積は12万平米である。1965・66年に調査と試掘がされ、1975年に1700平米が発掘された。発掘により錬鉄炉2基、炉前坑1基、坑内に堆積した大型積鉄塊9点、鉱石堆1か所、多用途窯13基、水井・水池・四角柱穴・船形坑などが検出され、また大量の炉滓・耐火磚・鼓風管残塊・餅形燃料塊や、各種鉄範を鋳造する陶模と鉄器318点が出土した。鉄器には、鐴112点・鍤18点・竪銎钁21点・銹39点に、鑿・犂鏵・鏵冠・双歯鐮・釘・棘輪・矛などがあり、同時に銅銭幣や日用陶器・磚瓦などが発見されている。出土遺物からその年代は前漢中後期から後漢時代で、河南郡鉄官所轄の第1号鉄工場と知れる。その産品は主に銑鉄で鋳造された農具・工具・鉄範・梯形鉄板である。また発見された錬鉄炉は、その容積が50立方mに復元され、目下知られる古代最大の錬鉄炉である。発見された各種の遺構・遺物は、当時の工場の配置や築炉技術・錬鉄工芸などを比較的系統的に示しており、紀元2世紀前後における中国の銑鉄製錬と加工技術がすでに西方の17世紀における水準にほぼ達していたことを表明する。

南陽瓦房荘漢代鋳鉄遺跡　河南省南陽市北関瓦房荘西北に位置し、面積は2.8万平米である。1954年に発見され、1959～1960年に二度にわたり大規模な発掘がなされ、発掘面積は4864平米（鋳銅遺跡900平米を含む）に達する。検出された漢代製錬遺跡は前漢と後漢の二時期に分かれる。そのうち前漢遺存では錬鉄炉基址4基・水井9基・水池3基・勺形坑1基、また廃鉄材・耐火磚・炉滓・鋳範・鼓風管残塊等がある。出土鉄器83点には、鏵冠2点・凹口鍤10点・竪銎钁7点・鐴3点・銹8点・空首斧27点に、車馬機具・兵器・日用器具などがある。後漢遺存には、錬鉄炉炉基5基と関連遺物、炒鋼炉1基・鍛鉄炉8基・水井2基・焼土槽4基に各種坑穴が見られる。また大量の廃鉄材や鋳造工具、車馬機具・日用器具の各種陶範と陶模602点と鉄範が見られる。鉄器には、鉄範7点・注口鉄21点・鏵冠154点・犂鏵6点・凹口鍤109点・竪銎钁71点・銹21点、その他生産工具・車馬機具・兵器・日用器具など1106点がある。このうち24点がサンプルの分析鑑定がなされ、白口鋳鉄・灰口鋳鉄・靭性鋳鉄・鋳鉄脱炭製品・炒鋼・塊錬鉄などが確認されている。この発掘は、ここが前漢初期から後漢後期に至る大型鉄工場であり、南陽郡鉄官所轄の第1号鉄工場であることを示し、主に廃鉄材を原料として鉄器を鋳造・鍛造している。瓦房荘は鉄生溝に次いで大規模な発

掘がなされた漢代鉄工場址として、漢代の鉄器鋳造・鍛造加工の技術過程とその水準を系統的に示しており、漢代製鉄研究を最大限に推進することとなった。

温県漢代烘範窯　河南省温県西招賢村の西北台上に位置し、温県故城の北城城墻中段の外側に当たる。遺跡面積は約 1 万平米、地表には漢代の陶片・鉄滓・炉磚・焼土・陶範残塊などが散布している。1975年前後に、1 基の保存の良好な烘範窯が検出され、窯室内には、熔鉄の注がれていない陶叠鋳範500余組が整然と並べられていた。その鋳造製品の種類は16種類で36種の器形があり、主に車馬機具と権などの鋳範である。また日用陶器と鉄滓の堆積 2 か所と鉄条等の遺物が発見されている。調査・発掘により、ここが漢代鋳鉄工場址であると分かった。温県烘範窯出土の叠鋳範は100を以って数え、保存は完全で、古代叠鋳技術の形成と発展を研究するために確実な実物資料を提供し、この総合的研究は、漢代叠鋳技術と工芸の認識を最大限に深化させた。[8]

桑植朱家台鋳鉄遺跡　湖南桑植県県城西側澧水西岸の、面積約 2 平方kmの朱家台といわれる台地上に位置する。1992年から1995年の間に、朱家台の朱家大田と菜園田で 2 か所の鋳鉄遺跡が発掘され、両地点は南北に約150m離れている。菜園田遺跡の発掘面積は約150平米、炉基墩台 2 基と、熔鉄炉 1 基、水井・水池・灰坑等の遺構が検出され、鉄坩堝 2 点、泥質斧範と鍬範、凹口錛 4 点・鍛銎鑱 5 点・銛 5 点・斧 6 点に、直口錛・刀・錘・矛・剣・鏃等の鉄器計64点が出土し、また磚瓦等の建築材料と日用陶器が見られる。朱家大田遺跡の発掘面積は700平米で、炉基墩台 2 基と、水井・水塘・石板路等の遺構が検出され、鉄坩堝 2 点、泥質鍬範と石質刀範、凹口錛 2 点・竪銎鑱 6 点・鍛銎鑱 5 点・斧 5 点・銛 6 点、また刀・鑱・矛・削刀など鉄器31点に日用陶器が出土している。遺物の分析から、両遺跡の年代は同じで、大体前漢後期から後漢前期に当たり、素材を熔解して鉄器を鋳造する鉄工場に属すると考えられる。現在の朱家台一帯は漢代武陵郡充県県治の所在地であり、朱家台鋳鉄遺跡は充県所属の鉄工場と推測される。[9]この遺跡は長江以南地域でこれまでに発見された唯一の漢代鉄工場址であり、かつその鋳造設備や技術・産品はいずれも独特の風格があり、漢代江南地域の鉄器鋳造技術と鉄器生産の研究に対して重要な価値を持っている。

ほかにも調査と発掘が行われた遺跡は多く、重要な発見も多い。1964年の山東滕県薛城城址の調査では、城址中部の皇殿崗村東部で、前漢時代の製鉄遺跡が発見されている。その範囲は東西約170、南北約300mに及び、鉄鉱石・鉄滓・鉄塊や、鏟・犂鏵の陶範残片などの遺物が採集されている。そのうち鏟範型腔の銎部一側に、反文の篆書で"山陽二"字の銘文が陰刻されている。[10]ここでは後漢時代の"鉅野二"字銘のある陶模と陶範も発見されている。[11]1983年前後には、陝西韓城県芝川鎮漢代製鉄遺跡の調査で、竪銎鑱範・鎌刀範・鏟範・鑿範・削刀範・歯輪範などの陶鋳範55点が採集され、年代は前漢時代である。[12]また一定規模の発掘がされた遺跡もある。河南魯山県望城崗漢代製鉄遺跡は、1976年に調査され、2000年に発掘が行われた。錬鉄炉炉基や、陶窯・房基・給水施設等の遺構が検出され、また鼓風管残塊・犂鏵鋳模・鍬範・鋤範などが出土し、陶鋳模には"陽一"・"河□"等の銘が刻まれたものもある。年代は前漢中期から後漢初期とされる。[13][14]河南鶴壁鹿楼製鉄遺跡は、熔鉄炉残塊や鼓風管残塊、大量の陶鋳範などの冶鋳関連遺物が出土し、空首斧・銛・鏟・竪銎鑱・鏵冠・鎌刀などの鉄器もあり、年代は前漢時代である。[15]山西夏県禹王城漢代鋳鉄遺跡では、大量の犂鏵・鏟・釭・車軎・釜・盆などの陶鋳範と、鉄滓・炉壁残塊・建築材料・鉄直口錛等の遺物が発見され、年代は前漢中後期である。[16]江蘇徐州利国駅漢代製鉄遺跡では、調査中に採鉱遺跡と鉄器が発見され、錬鉄炉の遺跡も検出されており、年代は後漢時代である。[17]

2　秦漢時代城址と集落址における鉄器の発見

　秦漢時代の城址と集落址は非常に数が多いが、大規模な発掘を経たものは、主に漢長安城や少数の諸侯国都城、郡県治城・集落址などである。これらの城址・集落址の発掘では、いずれも数量は違うが鉄器や製鉄関連遺構が発見されており、鉄器の社会生活における実際の使用状況を考えるのに重要な意義を有する。

　漢長安城出土鉄器と西市鉄工場址　1956年以来、漢長安城では長期にわたり大規模な調査と発掘が行われ、大量の鉄器が発見されてきた。鉄器の集中的発見では、1975〜1977年における武庫第1号・第7号遺跡の発掘で、大量の鉄兵器が出土した。報告によると、鉄剣3点・短剣1点・短刀10点・矛10点・戟6点・鏃1000点以上に、大量の鎧甲片、また鉄錛・鑿・錘・釜などが出土している[18]。1980〜1989年における未央宮遺跡の発掘では、剣6点・矛2点・戟2点・弩機7点・弩機部品45点・鏃203点・鐓2点・甲片247点・蒺藜2点・斧3点・錛7点・鑿3点・削刀8点・刀2点・鏨2点・鑢1点・砧1点・鉆頭1点・刀具6点・鐏冠2点・鍤6点・鏟6点・鎌刀2点・夯錘1点・錐1点・燭台1点・虎形鎮1点・馬鑣2点・鈴1点・帯扣3点・泡1点・鈎7点・釬1点・尖状器1点・刷柄1点に、その他278点の、計868点が出土している[19]。1997〜2000年桂宮遺跡の発掘では、鉄斧・鑊・鍤・刀などの生産工具と、剣・矛・長刀・鏃・弩機郭・鎧甲片などの武器武具、釭などの車器、厨刀・小刀・錐・円帽釘・直角釘などの日用器具・雑品など計40点以上のほか、鉄鋌銅鏃が出土している[20]。以上の他、1992年に、長安城西北隅横門以西、北城墻以南の西市すなわち現在の六村堡郷相家巷村南で鋳鉄遺跡一か所が発掘された。面積は138.8平米、烘範窯一組3基や、廃材堆積坑5基、熔鉄炉基址1基が検出され、車馬器と日用器具を主とする畳鋳範8種類、また鼓風管・鉄滓・磚瓦・などの建築材料と日用陶器などが出土し、"東三"の陽文をもつ陶範も見られる。その年代は前漢中後期である[21]。漢長安城は前漢の都城として、出土鉄器の種類・数量も多大であり、かつみな実用器具であり、当時の首都長安と城下における鉄器の使用を検討するのに貴重な資料を提供してくれる。

　遼陽三道壕集落址　遼寧省遼陽市北郊三道壕村に位置し、1955年に発掘が行われ、露出面積1万平米以上、住居址・水井・磚窯・舗石道路などの遺構が検出され、出土鉄器は265点あり、犂鏵3点・竪銎鐁26点・鏟4点・鍤4点・三歯鐁1点・鋤28点、また鎌刀・銍刀34点のほか、車軝22点・車鐧3点・蓋弓帽1点・斧1点・鑿2点・曲刃鑿1点・曲刃刀2点・鉆頭2点・鏃5点・刀47点・帯鈎3点などが見られる[22]。年代は前漢時代である[23]。三道壕遺跡出土の鉄器は、主に各種木工加工器具と土木農耕具、車馬機具等であり、漢代集落址において初めて鉄器が大量に発見された例として、前漢時代における鉄器の生産活動中の使用状況を提示してくれる。残念ながら、この遺跡の発掘資料はいまだ詳細な整理と公開がなされておらず、出土鉄器に対する詳しい分析が困難となっている。

　武夷山城村漢城址　福建省西北部武夷山市（旧崇安県）南部山区の城村南側に位置し、市区から約35kmの距離である。1958年の発見以来、城内・城外で数次にわたり発掘が行われ、出土鉄器は300点以上に及ぶ。1958年の第一次発掘で鉄器156点が出土し、形態の判明するものは71点ある[24]。1980〜1984年には系統的な調査と重点的な発掘が行われ、調査中に城内の下寺崗と城外の福林崗など5地点で鉄器生産と関連する遺跡が発見された。城内の高胡坪建築基址の発掘では、鉄生産工具・兵器・雑用器具など大量の鉄器が出土した[25]。1985〜1986年には、城址東門外北崗1号建築基址

の発掘で鉄器42点が出土した。[26]1988年の城址東門外北側北崗２号遺跡の発掘でも、鉄凹口錛・竪銎鐝・空首斧・鑿形器・削刀・刀などの鉄器10数点が出土している。[27]1980年から1996年における各次の発掘資料により、数量だけでなく種類も相当揃っていることが知れ、鉄凹口錛・竪銎鐝・五歯鐝・犂鏵・鎌刀など土木農耕器具が20点近く、鉄空首斧・錛・鑿・鑿形器・錘・鋸・削刀・鏨等木工加工器具40数点、剣・矛・戟・戟短刀・鏃・甲片などの武器武具30数点、三足架・釜・尖状器など日用器具、歯輪・建築部材・各種雑用器具など、計300数点が見られる。[28]城村漢城は高祖五年（紀元前202年）に建設されて後、漢武帝元封元年（紀元前110年）に破棄され、その後前漢一代を通じて廃棄されていた。[29]先秦時代に福建沿岸一帯で鉄器が既に出現していたかはなお疑問があり、そのため城村漢城における大量の鉄器の出土は、東南沿海地域における鉄器の出現と使用を考察するのに確実な実物証拠を提供してくれる。

　これ以外の城址・集落址でも秦漢鉄器は広範に発見されており、1990～1992年の敦煌漢代懸泉置遺跡の発掘では、犂鏵・鏵冠・錛・削刀・鎌刀・錛・鑿・刀などの鉄器計230点余りが出土し、年代は前漢中期から後漢中期とされ、[30]河西走廊地域で漢代鉄器が初めて発見された重要な事例である。1990～1996年の広西興安県秦城遺跡七里圩王城城址の発掘では、斧・刀・矛・鏃・権・建築部材など大量の鉄器が出土し、年代は前漢中期から後漢時代で、嶺南地域秦漢城址における鉄器の最も集中して出土した最初の例である。[31]こういった発見は非常に多く、様々な側面から秦漢時代各地の鉄器の特徴と使用状況を反映している。

３　漢代窖蔵鉄器

　窖蔵は漢代鉄器が集中的に発見される重要な遺跡類型であり、出土鉄器の種類・数量も多大である。澠池窖蔵や鎮平亓荘窖蔵等のように鉄工場の窖蔵もあれば、修水横山窖蔵・禹県朱坡村窖蔵など城邑・集落における窖蔵もある。以下に簡略ながら説明しておく。

　鎮平堯荘窖蔵　1975年に河南鎮平県堯荘村で発見され、一点の大型陶甕内に錘範61点・錘６点・六角釭９点・円形釭３点・歯輪３点・鉄権１点等の鉄器計83点が納められ、さらに一点の鉄鏊で蓋がされていた。年代は後漢中後期である。発見者はこの地点が漢代安国城東南約250mに位置することと、出土鉄器の多くが破損し、また鋳欠けなどのあることから、この窖蔵は付近の鉄工場で素材として使うために集められた廃鉄器であると推測した。[32]

　澠池窖蔵　1974年に河南澠池県汽車駅南側で発見された。窖蔵坑は円形袋状竪穴で、底径1.68、深さ2.6mである。出土鉄器は、鉄鋳範152点・砧11点・錘20点・六角釭445点・円形釭32点・犂鏵48点・犂鏡99点・鏵冠1101点・空首斧401点・横銎斧33点、その他の生産工具・兵器・日用器具・鉄素材など計4195点が見られる。窖蔵の年代は北魏時代とされるが、大量の漢代鉄器を含んでいる。またボーリング調査により、窖蔵南側が鋳鉄遺跡とされる。[33]一部の鉄器の金相鑑定と成分分析から、白口鋳鉄・灰口鋳鉄・麻口鋳鉄・靭性鋳鉄・鋳鉄脱炭鋼・球墨鋳鉄などのあることが分かっている。[34]これらの鉄器の冶金学研究は、中国古代鋼鉄技術発展におけるいくつかの重要な問題を究明することとなった。[35]

　莱蕪亓省荘窖蔵　1972年に山東莱蕪亓省荘で発見され、鏵冠範・鏟範・耙範・鎌刀範・空首斧範など鉄鋳範22点と鏵冠などの鉄器が出土した。年代は前漢前期である。[36]鉄範の鑑定から、白口鋳鉄・灰口鋳鉄・麻口鋳鉄のあることが判明した。亓省荘窖蔵の鉄範は、前漢窖蔵鉄範の最初の発見

であり、また年代の最も早い漢代窖蔵鉄器の一つであり、漢代鉄範と前漢前期鉄器生産の研究に資する点が多い。

修水横山窖蔵 1964年に江西省修水県古市鎮隴上村南の横山と称される山岡上で発見され、鉄器計27点が出土した。鉄器には鏟・六角鋤・直刃凹口鍤・尖刃凹口鍤・斧等の生産工具や、輨・円管などの車馬機具、釜・鍋・鉤などの日用器具があり、そのうち鏟と凹口鍤の銎部に"淮一"銘のあるものがあった。鉄器は出土時、一点の大鉄釜内に整然と納められ、鉄釜底部にはさらに小銅釜1点と大布黄千銅銭幣24枚があった。年代は新莽時期とされる。[37] 埋蔵状況から、この窖蔵は当地の住民が意識的に埋納したものと分かる。

禹県朱坡村窖蔵 1964年に河南禹県朱坡村で発見され、鉄炉・鉄鍬・銅釜・銅銭・銅印などが出土し、年代は後漢時代とされる。[38] 鉄器は窖穴中に埋納され、窖穴周囲は磚が積まれ、物品の埋納専用に築造されたものと考えられる。

上述の例以外にも漢代鉄器の集中的発見があり、それも窖蔵に相当すると考えられる。1975年陝西長武県丁家機站（簡称は"長武丁家DJJC"）で鉄器87点が発見され、主に土木農耕器具と車馬機具があり、錘・鑿・冲牙・鋸条・正歯輪・棘輪・鏟・横銎鐝・六角鋤・鑤冠・鎌刀・鋤板・環首刀・権・六角釭・弩機・戟・車軎・車轄・鈴・環等が見られる。年代は新莽時期である。[39] 1984年渭南市田市鎮で鉄器73点が出土し、土木農耕器具と車馬機具を主とし、小量の木工加工器具と日用器具がある。犁鏵・鑤冠・犁壁・六角釭・鋤板・鎌刀・鏟・錛・豎銎鐝・横銎鐝・砍刀・鋸条・棘輪・三足盤・鎖等があり、年代は前漢時代である。[40] 1984年鄭州劉胡垌窖蔵で鉄器103点が出土し、主に釜・鉢・灯台・燻炉・鑿・削刀・斧・鍬・鏟・直口鍤・歯輪・鋸条・車轄・紡錘車など日用器具・土木農耕器具・車馬機具等が見られ、年代は後漢末期である。[41] 鉄器窖蔵は、往々にして異なる時期の鉄器が一緒に埋納され、そのため鉄器の年代推定に一定の困難をもたらすが、窖蔵鉄器の種類は豊富で、当時の鉄器類型とその構造を理解するのに非常に有益である。

4　秦漢時代埋葬施設における鉄器の発見

秦漢時代埋葬施設の内容は豊富で、数量も多く、発掘による秦漢墓葬は万をもって数える。そして墓葬を主とする各種埋葬施設は、帝王陵、官吏・平民の墓葬、また地下の埋葬部分、地上の建築基壇と、いずれも普遍的に鉄器が発見されており、さらに出土数量・種類も各種遺跡でも最も多い。特に規模が大きく副葬品の豊富な帝王陵墓と大規模発掘がなされた墓地では、鉄器はさらに集中的に発見されている。代表的な例を挙げると以下である。

(1) 秦代埋葬施設中の鉄器

秦始皇陵園及び付属施設 陝西臨潼にある秦始皇陵園は、1962年に初めて調査され、特に1974年に兵馬俑坑が発見されて以来、陵園内外で大規模な調査・探査・発掘が行われ、各種遺跡でいずれも鉄器が出土し、かつ時代も明確で、秦代鉄器とその使用を理解するための重要な物質証拠となる。何例かみると以下の状況である。1973年、秦始皇陵園外墻垣西北に位置する潼鄭荘秦石材場の調査で鉄器173点が発見された。主に木工加工器具・刑具・建築部材があり、鉄鏨・冲牙・錘・鏟・帯嘴工具・削刀・錛・鑤冠・鎌刀・頸鉗・脚鐐などがある。[42] 1973年秦始皇陵東側馬厩坑の発掘で、鉄板状斧3点と豆形灯1点等の鉄器が出土。[43] 同年秦始皇陵園付近の陶窯遺跡の検出で、鉄錛2点・鏨

1点・鎌刀1点の鉄器が出土。1976年秦始皇陵園東側第三号兵馬俑坑の発掘で、鉄錘2点と鉄部材4点が出土。[44]同年秦始皇陵園東側上焦村馬厩坑の発掘で、鉄板状斧17点、削刀・鎌刀・直口錛・豆形灯等の鉄器計21点が出土。[45]同年秦始皇陵東側上焦村で秦陵に陪葬された秦墓8基が発掘され、鉄豆形灯・竪銎鍬・板状斧・直口錛・削刀・小刀・馬銜等の鉄器9点が出土。[46]1977年秦始皇陵封土以北の約50mの地点にある建築基壇の発掘で、鉄锛・鑿・直口錛・鏟各1点と、鉄部材6点が出土。[47]1981年秦始皇陵園西側の内外墻垣の間にある"驪山飤官"遺跡の発掘で、鉄釜・箅形器・直口錛・鏟・墼・鑿・錘・抬鉤・釭・剣など鉄器計24点が出土。[48]1979～1980年陵園西側の趙背戸村秦刑徒墓の発掘で、直口錛22点・凹口錛4点・锛3点・墼4点・鑿2点・鎌刀2点・六角釭5点・刀2点・剣1点ほか鉄器61点が出土。[49]1874～1984年陵園東側の一号兵馬俑坑東段の発掘で、栓板2点・錘2点・直口錛9点・空首斧1点・鏟1点・鑿2点・釜3点、鉤・削刀・矛・鏃・鉄鋌銅鏃など鉄器31点が出土。このうち生産工具はいずれも埋土中から出土し、兵馬俑坑建造の過程で使用された工具と考えられる。[50]1999年に発掘された秦始皇陵園東南部の内・外城の間にあるK9901号陪葬坑では、鉄鑿・矛各1点と鉄鋌銅鏃2点が出土した。[51]秦始皇陵と付属施設の発掘状況からみると、各種陪葬坑で出土する兵器はほとんどが青銅製品であるが、各種建築基址及び刑徒墓出土の生産工具は基本的に鉄製品であり、かつ建築においては鉄製部材を大量に使用している。これは秦代の鉄器使用状況を反映するのみならず、秦代の兵器と生産工具鉄器化過程の差も表している。

隴県店子秦墓 1991年から1993年に、陝西省隴県店子墓地で春秋中期から秦代の墓葬224基が発掘され、そのうち秦統一時期に属する54基の墓葬で、9基から鉄器16点が発見されている。工具・兵器・生活器具などが見られ、秦代鉄器が集中して発見された例である。[52]

咸陽塔児坡秦墓 1995年、陝西省咸陽市塔児坡墓地で、戦国後期と秦代の墓葬381基が発見され、そのうち秦の統一時期と明確に比定できる28基の墓葬のうち、10基で鉄帯鉤・削刀・錛・剣・などの鉄器が出土し、明らかな秦地の風格を具えている。[53]

(2) 漢代官吏・平民墓葬中の鉄器

洛陽焼溝漢墓 1953年、洛陽市西北郊外の邙山南斜面の焼溝一帯で漢代墓葬225基が発掘され、年代は漢武帝時期から後漢後期である。出土鉄器は306点で、鐴冠2点・六角鋤1点・横銎鍬1点・鏟10点・锛6点・鎌刀3点・錘2点・剪刀7点・横銎斧3点・長剣25点・中長剣8点・環首長刀18点・削刀98点・矛5点・炉3点・釜5点・灯2点・帯鉤3点・鑷子13点・钯釘57点・環6点・扣形器5点・泡釘2点・鏡8点・銭幣1枚などが見られる。[54]焼溝漢墓の鉄器は、漢代墓葬で鉄器が集中的かつ大量に発見された初めての事例であり、その数量・種類の多量さ・多様さはそれまでにないもので、また年代も明確であり、そのため漢代鉄器類型学研究のための重要資料となっている。

西安北郊漢墓 土地開発に伴い、1991～1992年に西安市北郊龍首原の北斜面にある範南村・棗園村・方新村の三地点の墓地において、前漢前期（紀元前206～前118）の墓葬42基が発掘され、そのうち24基の墓葬から鉄器計43点以上が出土した。釜1点・灯9点・臼4点・杵2点・帯鉤1点・刀7点・鑿1点・錐3点・鐴冠1点・剣4点・鍛1点・鉄条多数が見られる。[55]1988～2003年には、西安市北郊龍首原北斜面の範南村・棗園村・方新村及び龍首原以北の尤家荘・張家堡一帯の12地点で漢代墓葬134基が発掘され、その年代は前漢中期から後漢初期である。出土鉄器は66点で、鉄長剣19点・長刀1点・削刀15点・灯5点・釜15点・臼杵2組・鏟・锛・権・頂釘などが見られる。[56]出土

鉄器のうち、鉄灯と鉄臼が比較的多く見られ（鉄灯14点が14基の墓葬から出土、鉄臼6点が6基の墓葬から出土）、この一帯における漢墓出土鉄器の顕著な特徴となっている。

楡樹老河深墓地　吉林省楡樹県後崗郷老河深村南の岡上に位置し、1980～1981年に二度発掘が行われ、その下層は西団山文化遺跡、中層は漢代鮮卑墓葬、上層は隋唐時代の靺鞨墓葬となっている。中層墓葬は129基発掘され、その年代は前漢末後漢初期に当たる。出土鉄器は540点余りで、竪銎钁4点・空首斧23点・鎌刀13点・直口锸8点・鑿4点・小刀97点・錐65点など生産工具が214点、帯扣94点・環78点・包金鉄帯扣3点など装身具が175点、車軎3点・馬鑣12点・馬銜30点・当盧2点など車馬具が47点、長剣17点（うち7点が銅柄鉄剣）・短剣1点・刀36点（長刀・短刀・削刀を含む）・矛11点・鏃138点・箭嚢17点・冑3点・鎧甲片（8基の墓葬から出土し、1点が復元される）など兵器が223点あり、また用途不明の鉄器と残鉄器が百点以上ある[58]。出土鉄器のうち25点がサンプル鑑定され、白口鉄・鋳鉄脱炭鋼・炒鋼等があり、かつ局部焼き入れ処理や貼鋼等の工芸技術を採用していたことが判明している。老河深墓地における鉄器の発見は、東北地域において漢代鉄器が最も集中的に発見された最初の例であり、また鮮卑墓葬で鉄器出土が最も多い例の一つである。出土鉄器は数量・種類が多いだけでなく、当盧・箭嚢など初めて発見された器形のものも少なくない。その中には中原鉄器もあれば、当地の特色を具えたものもある。よって、老河深墓地の鉄器の発見は、辺境地域の鉄器化過程や中原系統鉄器の伝播、また鮮卑族の鉄器製作・使用状況などの研究にとって重要な意義をもつ。

資興漢墓　資興は湖南省東南角に位置し、前漢時代は郴県に属し、後漢時代は郴県を分けて漢寧県を置き、その治所は旧市にあり、相前後して長沙国・桂陽郡に帰属した。1978～1980年に、資興県旧市と木銀橋の両地で前漢墓葬256基が発掘され、鉄釜4点・三足架5点・削刀6点・鐏1点・凹口锸8点・锛2点・鑿1点・剣6点・刀202点・環首刀145点・矛47点钯釘など計435点の鉄器と鉄半両銭8枚が出土した。そのうち鉄刀類が多く353点に達し、出土鉄器における顕著な特色の一つとなっている[59]。1978年には、資興旧市・厚玉・木銀橋の三地点で後漢墓葬107基が発掘され、93基の墓葬から428点の鉄器が出土した。各種刀・剣・矛・空首斧・凹口锸・鉆・釜・釜架・盆・権・鉤・帯鉤・環・棺釘など二十数種に、鉄軸の紡錘車96点が見られ、各種類型の刀が266点にも達し、また鉄柄矛・鉄軸紡錘車などは他の地域ではあまり見られないものである[60]。資興両漢墓における大量の出土は、当時の湘南地区丘陵地帯における鉄器の特徴と使用状況を反映しているだけでなく、両漢時代の南方における鉄器使用の発展過程を深く検討するのに有用である。

広州漢墓　1953～1960年に、広州市区とその近郊で両漢時代の墓葬409基が発掘され、前漢前期・中期・後期・後漢前期・後期の五時期に分けられる。鉄器計226点が出土し、そのうち前漢前期には、釜2点・剣7点・矛13点・戟3点・空首斧2点・鎌刀1点・凹口锸5点・鑿3点・刮刀5点・削刀29点・帯鉤1点・鑷子5点など計156点が見られる。前漢中期では、環首刀1点・削刀2点・鑷子1点・凹口锸3点など計10点、前漢後期では、削刀4点・勾形器1点など計5点、後漢前期では、凹口锸1点・削刀2点・鑷子3点・剣2点の計8点、後漢後期では、削刀17点・鑷子1点・剣2点・刀11点など計49点が見られる[61]。これらの鉄器の出土は、秦漢時代嶺南地域の鉄器とその応用を検討するのに重要な意義を持っている。

平楽銀山嶺漢墓　広西平楽県燕水村五嶺山脈都龐嶺南側の銀山嶺に位置し、1974年に発掘が行われ、165基の墓葬が検出された。発掘者は、そのうち戦国墓が110基[62]、漢墓が45基と晋墓が1基[63]とす

る。ただし後の研究により、この地の戦国墓は実際には前漢初期南越国の初期墓葬とされている[64]。よって、銀山嶺漢墓は155基とするべきで、うち前漢前期墓が123基、前漢後期墓が20基、後漢前期墓が12基である。これらの漢墓のうち、120基の墓葬から鉄器計17種249点が出土しており、そのほかに鉄足銅鼎2点・銅環首鉄削刀1点・鉄鋌銅鏃8点などの銅鉄複合製品が見られる。出土鉄器は木工加工器具と土木農耕器具を主とし、兵器と日用器具はやや少ない。鉄器には鼎2点・釜3点・三足架5点・矛3点・凹口鍤103点・空首斧13点・錛6点・鑿6点・鎌刀1点・刮刀64点・削刀12点・刀21点・剣1点ほかがある。平楽銀山嶺の地は、古代には五嶺山の南北を橋渡しする、湘桂走廊東側の要衝であり、また前漢前期墓出土鉄器の器物類型と形態特徴は、湘鄂地域の戦国後期・秦末漢初の鉄器に相似しており、秦が嶺南を平定した後に中原地域からもたらされたものであろう。前漢後期には、鉄器の中に地方色のある釜・三足架などが見られるようになり、当地で加工製作されたものである。

江川李家山墓地 雲南省江川県李家山に位置する。1972年に墓葬27基が発掘され、鉄器48点が出土した。その中には銅柄鉄剣13点・銅環首鉄刀1点・銅骹鉄矛8点・銅鎏鉄鎌刀1点・銅鎏鉄空首斧2点・銅鎏鉄鑿4点・銅柄鉄錐2点・銜鑣1点・銅鎏残鉄器2点の、銅鉄複合製品34点が含まれ、また鉄剣8点・環首刀2点・戟1点・空首斧1点・錘1点・残器1点の、全鉄製品14点がある。この他に墓地において銅骹鉄矛と銅柄鉄剣計24点と、全鉄製の矛・空首斧・鑿の各1点ずつが採集されている。これらの墓葬の年代は、前漢前期から後漢前期であり、一部の墓葬年代の上限は戦国末期に遡る可能性もある[65]。出土鉄器のうち、21号墓の銅柄鉄剣1点（M21：26）と13号墓の銅鎏鉄鑿2点残鉄器1点の年代が戦国後期に遡る可能性のある以外は、みな両漢時代である。1991～1997年にも、前後して数度墓葬が発掘され、60基から鉄器と銅鉄複合製品あわせて340点あまりが出土し、全鉄製品には削刀・矛・短刀などの工具と兵器があり、銅鉄複合製品には、銅鎏鉄空首斧・銅骹鉄矛・銅柄鉄剣等がある。その年代は前漢前期から後漢前期である[66]。李家山墓地出土の鉄器は、種類・数量ともに多大であり、中でも銅鉄複合製品の占める割合の大きいことが特色となっている。これは、秦漢時代滇池地区の鉄器類型とその特徴を示すのみならず、この地域における戦国後期から後漢前期の、鉄器の発生から次第に普及していく発展過程を反映しているのである。

赫章可楽戦国両漢墓 貴州省西北部の赫章県可楽区可楽河両岸に位置する。1976～1978年に墓葬207基が発掘され、甲・乙の両類に分けられた。甲類墓（"漢式墓"とも称す）39基の年代は前漢中期から後漢前期で、乙類墓（"南夷墓"・"土着墓"とも称す）168基の年代は戦国後期から前漢後期である。両類墓で鉄器244点が出土し、甲類墓では127点が出土し、削刀が最も多く、次いで環首刀（長刀と短刀を含む）・剣・釜・空首斧などがあり、他に凹口鍤・鏟・鑿・錐・錘・鉆・剪刀・夾子・矛・鏃・三足架・三足灯等がある。乙類墓では117点出土し、同じく削刀の数量が最も多く、次いで環首刀（長刀と短刀を含む）・剣・凹口鍤・釜・帯鈎などがあり、他に竪銎钁・鐏冠・銅柄鉄剣・三足架・扦等がある[67]。赫章可楽戦国両漢墓出土の鉄器は、貴州地域で古代鉄器が初めて集中的に発見された事例であるだけでなく、戦国後期から後漢初期という、当地における鉄器の出現と普及化過程を検討するのに重要な意義を持っている。残念ながら、発掘報告では鉄器の記述が簡略で、ほとんどが図版資料がないので、研究を深めるのが難しくなっている。

(3) 漢代帝王陵墓中の鉄器

漢景帝陽陵陵園及び付属施設　漢景帝劉啓（紀元前188～前141年）と孝景王皇后（？～紀元前126年）の陵園で、現在の陝西省咸陽市渭城区正陽郷張家湾村北の黄土台地上に位置する。渭北咸陽原上にある9基の前漢帝王陵の中で最も東に位置する。1972年陽陵西北約1.5kmにある狼溝村で陽陵刑徒墓地が発見され、その後数度の調査・探査を経て、1990年には陵園遺跡・陪葬墓園・叢葬坑に対し大規模な考古調査・探査・発掘が行われ、一連の重要な成果を挙げた[68]。過去に出土した遺物では、いずれも種類・数量が異なるものの鉄器が見られる。陽陵刑徒墓地では、各種形態の鉄頸鉗・脚鐐などの鉄器が発見された[69]。陽陵南区叢葬坑の発掘では、第6・8・16・17号坑で鉄戟42点・矛16点・剣82点・直口錛88点・錛70点・鑿82点・手鋸2点・削刀2点の計382点が出土している[70]。第20～23号坑出土鉄器は計461点で、鉄鏃159点・戟93点・剣58点・直口錛11点・鐏冠1点・錛57点・鑿61点・手鋸3点・鈎10点・鼎2点・釜5点・舟形器1点などがある[71]。このうち、兵器の全てと生産工具のほとんどが模型明器であるが、ただしその"製作は精良で、各部品の完成度は本物の如く"である。陽陵の各種鉄器、中でも大量の鉄製模型明器の出土は、鉄製明器と前漢初期の鉄器類型とその使用状況を研究するのに重要な意義を有する。

漢杜陵陵園及び付属施設　漢宣帝劉詢（紀元前91～前49年）と孝宣王皇后（？～前16年）の陵園であり、現在の陝西省西安市東南郊少陵原北端の三兆村一帯に位置する。1982～1985年に宣帝陵と皇后陵の陵墓・陵園・寝園及び杜陵の陵廟・陵邑・陪葬坑・陪葬墓に対する探査が行われ、一部の遺跡と陪葬坑が発掘された[72]。漢宣帝陵陵園東門遺跡では、鉄釘・鎌刀・環首扦・刀・刀形器・直口錛など鉄器6点が出土した。漢宣帝陵寝園遺跡では、各種建築部材・釜1点・環首扦2点・鏟2点・犁鏵・鐏冠・凹口錛・鋤・鎌刀・錛・鑿・刀3点・削刀4点・剣・矛・鏃2点・甲片53片・釭・馬鑣・銭幣など鉄器96点が出土した。孝宣王皇后陵寝園遺跡では鉄器8点が出土し、釘・鈎・鏃などがある。杜陵1号陪葬坑では、鼎形器・斧・錛・鑿17点・剪刀・剣5点・矛3点・戟17点・環9点・環首扦・車轄・帯扣・方策・箍・馬銜・馬鑣など鉄器21種計84点が出土した。杜陵は前漢宣帝陵として元康元年（前65年）に始建され、前漢後期には陵区内における活動が非常に多く、出土遺物には後漢時代のものは今のところ見られない。よって漢杜陵陵園遺跡出土の鉄器の時代は明確で、中でも寝園遺跡出土の鉄器はいずれも実用器具と建築部材であり、また陪葬坑で出土したものは多くが模型明器であり、前漢後期の鉄器について検討する際に重要な資料となる。

永城芒碭山前漢梁王陵園および付属施設　河南省永城県東北部芒碭山に位置し、前漢梁国王陵区が所在する。漢初の梁孝王より前漢末に至る100年以上の間、梁国八代九王が芒碭山群の各峰に葬られ広大な王陵墓群を形成している。1984～1999年に数度の調査・発掘が行われた。そのうち1992年から1994年に発掘された梁孝王寝園遺跡で、鉄凹口錛6点・鎌刀2点・空首斧3点・錛4点・鑿13点・鏨4点・鋸片・刀7点・砧・帯鈎・建築部材・鉄素材・鏃・鉄鋌銅鏃など鉄器63点以上が見られる。保安山2号墓墓室では鉄鋌銅鏃2点と束ねられた鉄剣残片が出土し、埋土と塞石の隙間から鉄錘・空首斧3点・錛・鑿2点・凹口錛2点等の鉄器計9点が出土した[73]。1991年に発掘された保安山2号墓の1号陪葬坑では鉄剣3点・戟2点・矛4点・灯4点・釜・鐺・鎮4点・U形器4点・鈎6点・釘環12点・鉄鋌銅鏃16点など計59点が出土し、被葬者は梁孝王劉武の妻である李王后で、紀元前123年前後に葬られた。柿園漢墓被葬者は前136年に卒した梁共王か、あるいは梁孝王の嬪妃の墓と考えられ、墓中より車軎4点・車賢2点・車釧6点・車騎飾11点・T形器・釘形器・馬銜31

点・馬鑣27点・環・戟15点・鈹38点・剣28点・鉄鋌銅鏃など計169点の鉄器が出土している。この中で鉄車馬機具は特徴的である。[74]

満城漢墓 河北省満城県陵山に位置し、1968年に発掘が行われた。満城1号墓は前漢中山靖王劉勝墓であり、漢武帝元鼎四年（紀元前113年）ないしやや後に葬られた。墓中より出土した鉄器は27種計499点で、暖炉5点・剣6点・短剣5点・長刀・削刀29点・戟2点・矛・長柄矛・杖・弓弊20点・鏃371点・鎧甲1領・竪銎鍬15点・空首斧・錛・鑿16点・鑢・鋸条3点・錘1点に車馬機具、また鉄鋌銅鏃70点などがある。そのうち兵器が比較的重要な位置を占め、また三足円形暖炉は中国で年代の最も早い鍛造製の器皿である。満城2号墓は劉勝の妻竇綰の墓葬であり、年代は1号墓よりやや晩い。出土鉄器は21種計107点で、方形暖炉・灯・権・尺・削刀49点・錛・鑿・鋸条・錘・犁鏵・鏟7点・竪銎鍬2点・二歯鍬・三歯鍬・鋳範36点・匕形器3点・支架2点・砧2点などと、鉄鋌銅鏃18点がある。2号墓出土鉄器の種類は1号墓と明らかに異なり、大部分が生産工具と鋳範で、小量の生活器具があり、兵器は少ない。そのうち権・犁鏵・砧などは封門と墓道の埋め土から出土し、鏟・鍬・錘と少量の鋳範は封門外の堆積から出土した。生産工具はみな実用のもので、大部分が墓穴を開鑿した際の遺留品である。満城漢墓は漢代諸侯王墓で鉄器が初めて大量に発見された事例であるだけでなく、金相分析など冶金学鑑定を経た30点余りの鉄器の中で、初めて漢代の鋳鉄固体脱炭鋼と灰口鉄鋳造品、また"百錬鋼"の雛型である鋼剣が発見された事例でもあり、漢代鉄器と鋼鉄技術の研究にとって重要な価値を有する。[75]

臨淄前漢斉王墓随葬器物坑 山東省淄博市臨淄区大武郷窩托村の南に位置し、1978〜1980年に封土墓室周囲にある5基の随葬器物坑が発掘された。主墓室は南北に墓道を有する"中"字形竪穴墓で、被葬者は前漢第二代斉哀王劉襄で、漢文帝元年（紀元前179年）ないしやや後に葬られたと推測される。随葬器物坑は北墓道西側と南墓道東西両側に配され、当該墓葬の外蔵槨に属する。[76] 発掘された5基の器物坑のうち2号坑で鉄器が未発見であるのを除くと、他の器物坑4基から20種計410点にのぼる鉄器が出土している。鉄器には甲冑・殳2点・戟141点・矛6点・鈹20点・杆形器180点などの武器武具350点や、竪銎鍬・凹口鍤・六角鋤・環首削刀3点などの生産工具6点、車軎8点・釭8点・車墊4点・車飾19点・馬銜2点・銷3点などの車馬器44点、環2点・卜字形器4点などの雑用器具6点などがあり、また日用器具では炉1点がある。そのうち兵器は3号坑と5号坑から出土し、車馬器は4号坑より出土、竪銎鍬と凹口鍤は埋土中から出土した。甲冑では鎧甲2領と冑1点が復元されている。[77] これらの鉄器では、兵器と車馬器の種類・数量の多さが特色となっており、特に前漢時代の鉄戟と鈹が初めて大量に出土したもので、前漢の鉄冑も初めて出土したもので、前漢初期の鉄兵器と車馬器の研究において重要な意義をもっている。

広州前漢南越王墓 広州市区象崗山上に位置し、1983年に発掘がなされた。この墓の被葬者は前漢南越国の第二代国王である文帝趙眜で、元朔末元狩初年すなわち前122年前後に葬られた。[78] この墓の七つの墓室でいずれも鉄器が出土しており、40数種計246点が出土している。鉄器には、凹口鍤4点・竪銎鍬2点・鏟2点・錛4点・板斧・鑿2点・扞・錐5点・魚鈎2点・刮刨2点・鎌刀・彎刀・劈刀4点・匕形刀・刮刀18点・削刀52点・刻刀15点・錘2点・鑢9点・杵・剣15点・矛7点・戟2点・鈹・鎧甲・鼎・三足架9点・叉2点・鑷子7点・串扦16点、またその他の日用器具や鉄針500点などが見られる。そのうち54点の工具が西耳室の工具箱1点（南越王墓C145）の中から出土し、同墓室のもう一組の工具27点は絹糸で束ねて包装した後に織物の中に埋納されていた。金

相鑑定を経た9点の鉄器のうち、1点の鼎が鋳鉄製品であるのを除き、他8点はみな鍛鉄製品である。南越王墓の鉄器は、満城漢墓と前漢斉王墓の後における前漢諸侯王墓で鉄器が集中的に発見された事例であるとともに、嶺南地域における漢代鉄器で数量・種類ともに最も多く発見された例である[79]。出土鉄器の種類は豊富で、形態も多様であり、濃厚な嶺南地域の特徴を具え、かつ大部分が鍛造製となっている。南越王墓の鉄器の発見は、前漢前期の辺境地域における鉄器の応用と製作技術の研究に、重要な実物資料を提供することとなった。

　上述の各地で発見された鉄器は、秦漢時代埋葬施設の中でも代表的な重要資料を挙げただけであるものの、埋葬施設における鉄器の種類・数量の多大な状況を十分反映しており、類似の発見はさらに多い。同時に、埋葬施設出土の鉄器は、一般に年代も明確であるため、鉄器の年代を知るのに貴重な参考資料となる。

第2節　秦漢時代鉄器の主要類型とその特徴

　秦漢時代の鉄器種類は非常に多く、戦国鉄器の分類と関連付けるならば、おおよそ生産工具・武器武具・車馬機具・日用器具・貨幣・度量衡器・雑用器具の六種類に分けられる。ここでは同類鉄器の異なる形態から、戦国鉄器と統一的に、型式分類をしていく。

1　生産工具

　秦漢時代鉄製生産工具の数量は多く、種類も増加する。戦国生産工具の分類の原則に基づき、ここではその用途から木工加工器具・土木農工器具・鉱冶器具の三類に分けて見ていく。

(1)　木工加工器具

　空首斧　発見地点と数量が多い。堅銎で、銎口は方形・長方形・六角形・隅丸方形を呈し、双面刃である。四型があり、戦国時代のE型靴形空首斧は見られない。

　A型：条形空首斧。銎部と刃部はほぼ同じ幅か、銎部が刃部よりやや広い。銎口下に突帯を有するものもある。臨潼趙背戸ZH79C：54は、両側がまっすぐで、直刃、銎部に目釘孔があり、形態はやや小さい。長8、寛6cm（図65-1）、年代は秦代である。鶴壁鹿楼T4①：12は、両側がまっすぐ、弧状の刃部、両側面に鋳型の合わせ目が見える。長11.5、寛7.3cm（図65-7）、年代は前漢時代である。漢杜陵K1：71は、両側がまっすぐで、形態はやや小さく、長3.5、寛2.2cm（図65-2）、明器と考えられ、年代は前漢後期である。広州漢墓M1005：12は、器体は平らで薄く、両側が弧状にくびれ、刃部は膨らむ。長13、刃部寛6.8cm、年代は前漢前期である。鳳翔八旗屯前漢中期墓で1例見られ（M6：34）、器体は平らで薄く、両側はくびれ、弧状の刃部である。長12、寛8.7cm（図65-21）。この型の斧は満城2号墓・武夷山城村漢城・桑植朱家台などでも発見されている。

　B型：梯形空首斧。器体は銎部が刃部より狭い梯形を呈し、両側がくびれるものもある。成都龍泉駅前漢前期墓で2点出土し、M6：24は、銎部はまっすぐで、下部が梯形を呈する。長13.2cm（図65-12）。M16：27は腰がくびれ、器体は縦長、長12.6cm、出土時は木柄が遺存し、装着方法が明らかであった（図65-13）。涪陵点易M1：26は、器体はやや短く幅広、長8.7、刃部寛6.4cm

（図65-19）、年代は前漢前期である。漢陽陵 K20：63 は、銎部はまっすぐで、器体が梯形を呈する。長4、寛2.5cm（図65-3）、模型明器であり、年代は前漢前期である。准格爾洪水溝 H16：2 は、平面がほぼ梯形で、横長長方形の銎部、刃部はやや膨らむ。鋳鉄製で、長12、寛9.8cm（図65-20）、年代は前漢時代である。南昌老福山 LFSHM：1 は、両側が内にくびれ、刃部はやや欠ける。長14、刃部寛9.5cm（図65-9）、年代は新莽時期である。[80] 資興後漢墓で3点出土し、両側中心は突出し、刃部は弧状である。M521：9 は、長11.7cm（図65-5）、年代は後漢中期である。この型の斧はほかに漢陽陵叢葬坑や鄭州古滎鎮（図65-4）、南京陸営前漢後期墓（図65-16）、[82] 桑植朱家台鋳鉄遺跡（図65-8）、貴州清鎮前漢末期墓などでも出土している。

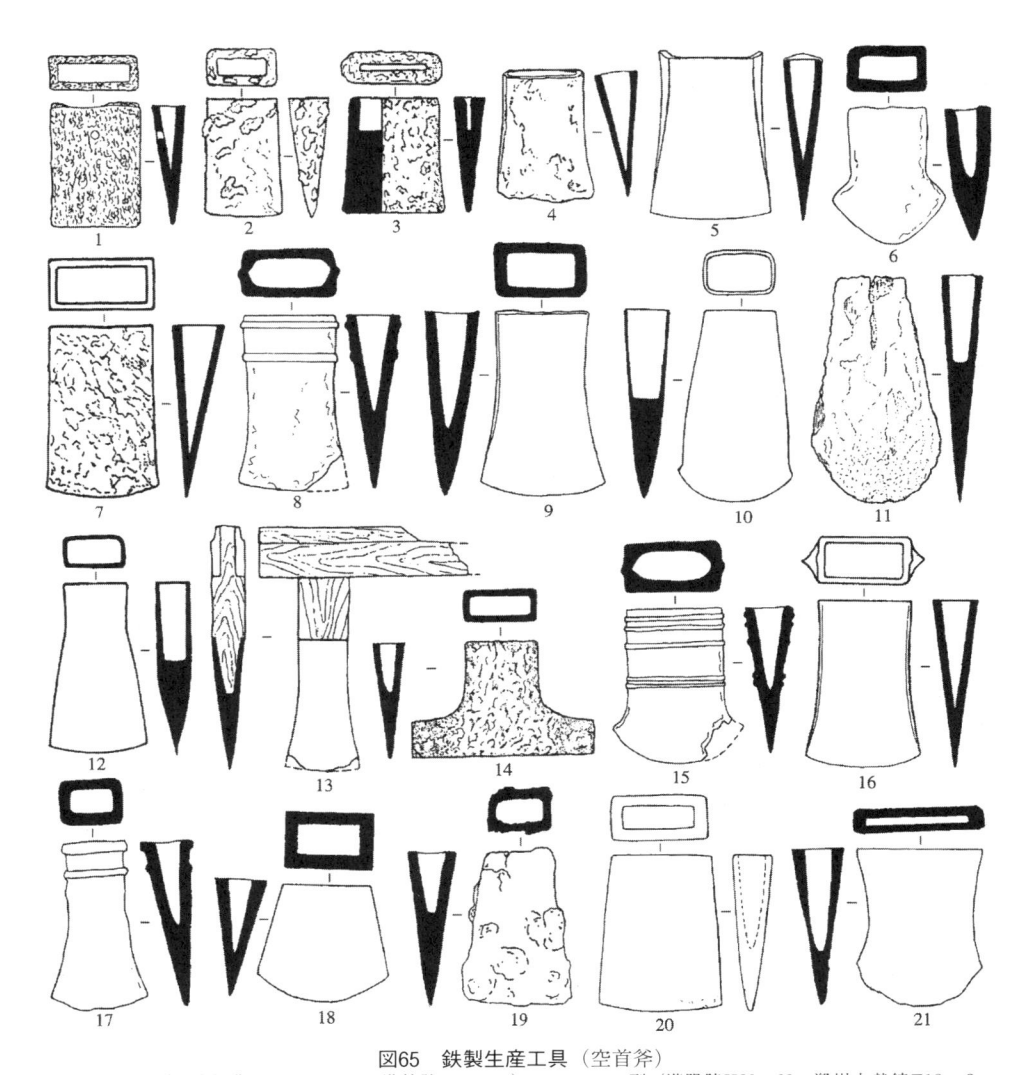

図65　鉄製生産工具（空首斧）

1・2. A型（臨潼趙背戸ZH79C：54、漢杜陵K1：71）　3〜5. B型（漢陽陵K20：63、鄭州古滎鎮T12：3、資興漢墓M521：9）　6. D型（桑植朱家台CYT95：33）　7. A型（鶴壁鹿楼T4①：12）　8・9. B型（朱家台DT93：9、南昌老福山LFSHM：1）　10・11. D型（新都五龍村M1：22、西昌東坪村DO87C：01）　12・13. B型（成都龍泉駅M6：24、龍泉駅M16:27）　14. C型（武夷山城村漢城T129：30）　15. D型（朱家台CYT95：34）　16. B型（南京陸営M1：B15）　17・18. D型（朱家台CYT95：32、興安七里圩QLW91T5：15）　19・20. B型（涪陵点易M1：26、准格爾洪水溝H16：2）　21. A型（鳳翔八旗屯M6：34）

C型：双肩空首斧。竪銎は短く厚く、器体は双肩で、鏟の形に似る。武夷山城村漢城で1点（T129：30）出土し、長方形の銎部に、えぐれた肩、直刃である。長9.6、寬14cm（図65-14）、年代は前漢前期。[83]

D型：扇形空首斧。竪銎は平らで、器体は薄い扇形ないし舌形で、刃部は弧状である。西昌東坪村DP87C：01は、銎口は方形に近く、刃部は弧状で、銎部背面に縦向きに合わせ目があり、鍛銎技術を用いて鍛造したものである。通長17、刃部寬11cm（図65-11）、年代は新莽時期である。新都五龍村M1：22は、器体は重厚で細長、舌形の刃部である。長15.1、刃部寬8.7cm（図65-10）、新莽時期のものである。[84]興安七里坪王城城址のQLW91T5：15は、器体はやや重厚で、長10、刃部寬11cm（図65-18）、年代は漢代とされる。[85]桑植朱家台前漢後期〜後漢前期の鋳鉄遺跡で3点出土し、そのうちCYT95：32は、器体はやや細長で、銎口に二条の突帯があり、長8cm。CYT95：33は、

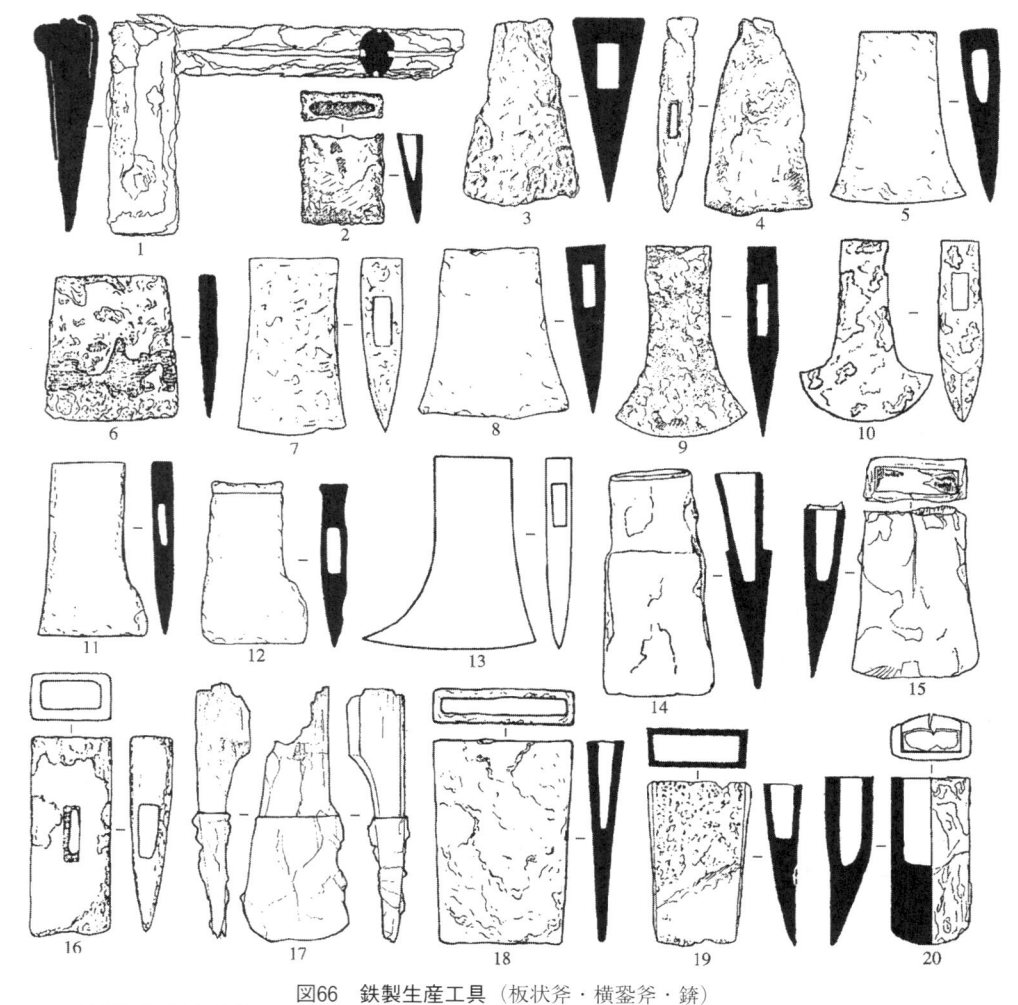

図66　鉄製生産工具（板状斧・横銎斧・鏟）
1．A型横銎斧（洛陽焼溝M1035：105A）　2．A型鏟（焼溝M16：5）　3〜5．B型横銎斧（右玉善家堡M1：25、焼溝M160：068、章丘東平陵故城DPL：0238）　6．板状斧（臨潼上焦村秦墓M17：03）　7．A型横銎斧（南鄭龍崗寺M3：5）　8．B型横銎斧（東平陵故城DPL：0239）　9・10．C型横銎斧（洛陽金谷園M1：12、漢杜陵K1：125）　11〜13．D型横銎斧（東平陵故城DPL：0242、東平陵故城DPL：0241、安陽梯家口村M49：13）　14．C型鏟（鄭州古滎鎮T7：23）　15．B型（広州南越王墓C：145-5）　16．E型横銎斧（西安三艾村M13：31）　17．B型鏟（南越王墓B：37）　18〜20．A型鏟（隴県店子秦墓M279：11、鹿泉高荘M1：714、南越王墓C：145-62）

銎部が縦に延び、刃部両端が外に広がり、尖円形の刃部である。長10.5cm（図65-6）。CYT95：34は、銎口内径が六角形を呈し、銎部に突帯が数周めぐる。刃部両端は外に広がる。長9.5cm（図65-15）である。この型[86]の斧は満城1号漢墓などでも発見されている。

　秦漢時代の鉄空首斧は形態特徴から上の四型に分けられるが、その製作技法には鋳造と鍛造の両者がある。そのうち鋳造品が多く鍛造品がやや少ないが、鍛造品には西昌東坪村の鉄斧のように鍛銎技術が採用されている。鍛銎鉄斧は武夷山城村漢城・広州漢墓・前漢南越王墓・平楽銀山嶺漢墓などで多く発見されており、鮮明な地方的特徴を具えている。この他、辺境地域では少量の銅銎鉄斧が発見されており、呈貢石碑村で1点（M1：4）出土し、鋳銅の方銎で、やや細長、銎口には突帯がめぐる。鉄製の斧刃は、やや薄く幅広、通長8.3cm（図172-2参照）、年代は前漢中後期。[87]江川李家山M26：29は、六角形の銎で、銎口には凸弦紋をあしらい、鉄刃はやや欠ける。残長12.8cm（図172-4参照）、年代は前漢後期である。これらの銅銎鉄斧は、兵器として用いられたものかもしれない。

　板状斧　やや少ない。扁平の板状で、銎はない。臨潼上焦村秦墓M17：03は、長13cm（図66-6）。[88]鶴壁鹿楼T3①：18は、平面は梯形を呈し、やや腰がくびれ、直刃はやや弧を呈する。鋳造製で、長14.6、刃部寛13.9、厚0.5cm、年代は前漢時代である。この他、洛陽西郊漢墓などでも発見されている。

　横銎斧　器体は扁平で、長方形の横穿孔が銎として柄を装着するようになっている。単面刃ないし双面刃で、一般に鍛造製である。五型に分けられる。

　A型：条形の斧で、平面全体は長方形を呈する。南鄭龍崗寺後漢後期墓で1点（M3：5）出土しており、刃部はやや広く、両側はくびれ、双面刃である。長11.1、寛6.7cm（図66-7）。[89]洛陽焼溝M1035：105Aは、帯柄斧である。斧体は整った長方形で、頂部はややアーチ状を呈する。直刃で、横銎は頂部近くに片寄る。長16.3、寛4.2、厚3cm。斧柄も鉄製で、外面は木質で包まれており、出土時にも残っていた。直径3.6cm（図66-1）。年代は後漢後期である。

　B型：梯形の斧で、平面はほぼ梯形を呈する。洛陽焼溝M160：068は、頂部が方錐状になっており、この部分を鎚として頻繁に使用したために縁が捲くれている。刃部は薄く幅広である。長14.2、刃部寛7.9、横銎長3、寛1cm（図66-4）、年代は後漢後期である。章丘東平陵故城で2点出土しており、ややくびれた腰で、横銎は頂部に近い。そのうちDPL：0238は、長12、刃部寛9.5cm（図66-5）。DPL：0239は、長12.4、刃部寛10.8cm（図66-8）。年代は漢代である。右玉県善家堡M1：25は、頂部が方形を呈し、重厚である。長9、刃部寛5.8cm（図66-3）、年代は後漢末期である。この他、洛陽西郊漢墓・定県北荘漢墓などでも発見されている。

　C型：扇形の斧で、刃部両端が対称的になっている。洛陽金谷園M1：12は、上部が長方形をなし、刃部が扇形となっている。刃部両端は外に開き、平らな頂部である。長14.3、刃部寛10、頂寛5、厚2.2、横銎長4.1、寛1.1cm（図66-9）、年代は前漢後期である。漢杜陵K1：125は、上部が梯形で、刃部が扇形となり、器体はやや厚く、横銎はやや小さい。長5.3、刃部寛3.9cm（図66-10）、明器と考えられ、年代は前漢後期である。

　D型：靴型斧で、刃部両端が不対称に広がる。安陽梯家口村M49：13は、頂部が平らで、弧刃を呈し、刃部両端が一方は大きく一方は小さく広がる。長方形の横銎は兆部近くに片寄り、内面に腐朽した木質が残る。長14、頂部寛5.6、刃部寛8.7、厚1.8cm（図66-13）、年代は新莽時期である。

章丘東平陵故城で3点出土し、直刃である。そのうち DPL：0242は、長12.3、刃部寛7.6cm（図66-11）、DPL：0241は、長11.2、刃部寛7.2cm（図66-12）、年代は漢代である。この型の斧は鶴壁鹿楼製鉄遺跡などでも発見されており、年代は前漢から後漢末期である。

　E型：双銎の斧で、頂部に竪銎があり、斧器体側部に横銎ももつ。西安三爻村漢墓で1点（M13：31）出土し、器体は長方形を呈し、頂部に長方形の竪銎、器体に長方形の横銎が設けられる。刃部は平直で単面刃、長13.6、寛5.4、最厚部4.2cm（図66-16）、年代は前漢後期である。[90]この型の斧は非常に珍しく、特殊な機能を有すると考えられ、おそらく使用時は横向きに木柄を装着し、頂部の竪銎にも木をはめ込み斧の衝撃を加えるのであろう。

　錛　比較的よく見られ、形態は大体似通っている。器体は長方形で、長方形の竪銎に、器体はやや薄く、単面刃である。鋳造製と鍛造製の二種類がある。三型に分かれる。

　A型：器体は長方形で、銎部と刃部がほぼ同じ幅、あるいは銎部がやや広い。隴県店子秦墓M279：11は刃部が銎部よりやや狭く、長15、寛9cm（図66-18）。広州南越王墓で1点（C：145-62）出土しており、鍛鉄製品で、器体はやや細長く、かつ重厚で、弧刃を呈する。銎内に木質が残存する。長8、寛3.3cm（図66-20）、年代は前漢前期である。洛陽焼溝M16：5は、器体がやや短く幅広で、長6、寛5.3cm（図66-2）、年代は前漢中期である。鹿泉高荘M1：714は、刃部は銎部よりやや狭く、長9、寛5.6cm（図66-19）、年代は前漢中期である。

　B型：銎部が刃部より幅が狭く、ほぼ梯形を呈する。広州南越王墓で3点出土し、鍛鉄製品であり、銎部に縦向きの合わせ目が明瞭に見られる。刃部は弧状を呈する。年代は前漢前期。うちB：37は、銎口内に上部が厚く下部が薄い木葉をはめ込み、銎口より10cmほど残っている。漆が塗られ、上端に横銎が設けられ横向きに装柄するようになっている。錛器長8、刃部寛7cm（図66-17）である。C：145-5は、長8、寛6.1cm（図66-15）。

　C型：有段の錛で、銎下部に段が設けられる。鄭州古滎鎮T7：23は、刃部が銎部より幅広で、正・背面いずれも段があり、双肩も比較的明瞭である。直刃で、長16、刃部寛8cm（図66-14）、年代は前漢後期から後漢時代である。有段錛は桑植朱家台鋳鉄遺跡などでも発見されている。

　鑿　比較的よく見られる。器体は長条形で竪銎、側面は楔形を呈し、一般に単面刃である。鋳造製と鍛造製の二種類がある。三型に分けられる。そのうち戦国時代のA型とC型が残り、B型は見られず、新たにD型が現れている。

　A型：銎口は方形ないし梯形で、銎部は刃部より幅広か同幅で、最も多く見られる。臨潼趙背戸ZH79C：62は、銎部が刃部より幅広で、長20.9、寛1.2〜2cm（図67-11）、年代は秦代である。広州前漢前期墓で1点（M1145：16）出土し、銎部が広く刃部が狭い。長19.5、刃部寛1.6cm（図67-4）。広州南越王墓で2点出土し、鍛鉄製で、幅広の銎部に細長の器体、幅の狭い刃部であり、銎部には鍛接の合わせ目が明瞭である。そのうちC：145-41は、長方形の銎で、通長21.5、刃部寛0.4cm（図67-2）、C：145-36は、銎口が梯形を呈し、通長15.2、刃部寛1.1cm（図67-5）。年代は前漢前期である。天長三角圩M1：129-14は、長方形の銎で、鍛造製である。鑿器体は側部がくびれる。通長28.5、刃部寛1.1cm（図67-1）、年代は前漢中後期である。長武丁家で1点（DJ：11）出土し、銎口は方形に近く、銎部は刃部より幅広である。刃部には2.7cmほど焼き入れの痕跡が見られる。通長14.9、刃部寛1.6cm（図67-10）、年代は新莽時期である。渭南田市鎮で1点（TSC：02）出土し、長方形の銎口で、単面斜刃である。長23.6、寛3.9、厚2.1cm（図67-3）、年

代は漢代である。西昌東坪村 DP87C：02は、銎口が半円形に近く、鍛銎技法を用いて鍛造したものと考えられる。長14.3、寬３cm（図67-６）、年代は新莽時期である。この型式の鑿は鄭州古滎鎮（図67-７）・南陽瓦房荘（図67-８・９）・満城１号漢墓・桑植朱家台などの鉄工場址で多く発見されており、多くが鍛銎技法を用いて製作されている。漢陽陵叢葬坑ではこの型の鑿の模型明器が出土している。

　C型：円銎の鑿である。銎口が円形を呈し、鑿身断面は長方形となる。広州前漢前期墓で１点（M1041：40）出土し、鑿体は円柱形で、刃部は平らで薄く、刃部両端がやや広がる。長15.5、刃部寬1.6cm（図67-16）である。鄭州古滎鎮Ｔ７：４は、鍛造製で、銎部に縦向きの合わせ目がある。刃部は平らで幅広。長17cm（図67-15）、年代は前漢後期である。南陽瓦房荘では21点出土し、いずれも鍛造製である。そのうちＴ４①A：96は、幅広の刃部がやや欠け、残長16.8cm（図67-

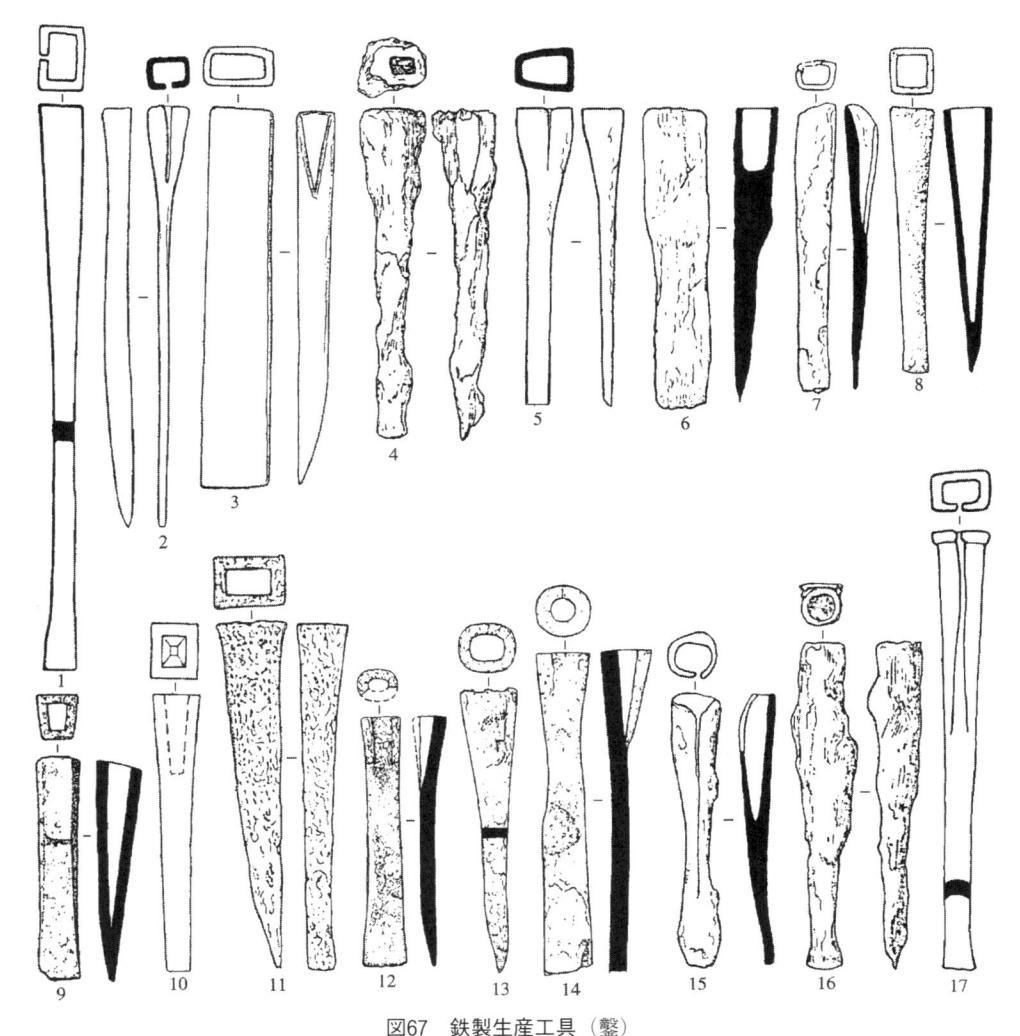

図67　鉄製生産工具（鑿）

１〜11．A型（天長三角圩M１：129-14、南越王墓C：145-41、渭南田市鎮TSC：02、広州漢墓M1145：16、南越王墓C：145-36、西昌東坪村DP87C：02、鄭州古滎鎮GXC：02、南陽瓦房荘Ｔ９①A：56、瓦房荘Ｔ２①A：４、長武丁家DJ：11、臨潼趙背戸ZH79C：62）　12〜16．C型（瓦房荘Ｔ４①A：156、瓦房荘Ｔ２①A：32、瓦房荘Ｔ４①A：96、古滎鎮Ｔ７：４、広州漢墓M1041）　17．（三角圩M１：192-10）

14)、T2①A：32は、銎口が楕円形を呈し、幅の狭い刃部で、長14.5cm（図67-13）、T4①A：156は、楕円形の銎口で、刃部は薄く幅広、長13、刃部寛2.2cm（図67-12）である。

D型：弧刃の鑿。銎口は方形ないし長方形を呈し、刃部断面は弧形をなす。天長三角圩M1：192-10は、長方形の銎で鍛造製、銎部一面に合わせ目が明瞭に見られる。通長26.5、刃部寛1.7cm（図67-17）、年代は前漢中後期である。この型の鑿は満城1号漢墓などでも発見されている。

鉄鑿の他に、江川李家山などでは銅銎鉄刃鑿が発見されている。

鑿形器 形態は鑿に似て、断面C形をした鍛銎で、器体は平らで薄い。鍛造製である。刃部の形態から二型に分けられる。

A型：刃部と銎部が大体同幅である。武夷山城村漢城で多く出土し、T210：B1は直刃で、長26cm（図68-3）、年代は前漢前期。この種の鑿形器は満城漢墓でも発見されている。

B型：刃部が銎部より幅が狭く、舌形ないし三角形の尖刃である。武夷山程城村漢城T312：B2は、刃部が収斂して尖状になる。長25.2cm（図68-4）、年代は前漢前期。桑植朱家台で2点出土し、CYT95：17は、長方形銎に舌形刃、長16.8cm（図68-1）、CYT95：16は、楕円形の銎口に尖状の刃部、長12.5cm（図68-2）、年代はおおよそ後漢前期である。

この種の鉄器がどのように使われたかはやや不明であるが、その形態・大小からみて、木工や山地における掘削などに用いられたと思われる。

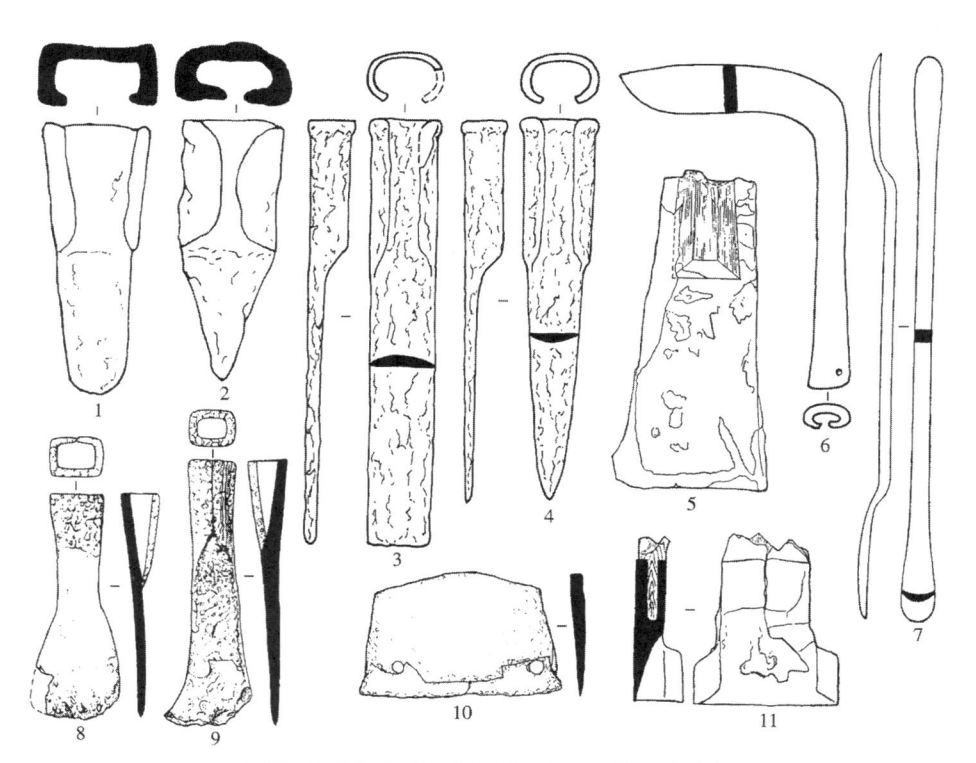

図68 鉄製生産工具（鑿形器・扁鏟・鏟刀・刨刀）
1・2．B型鑿形器（桑植朱家台CYT95：17、朱家台CYT95：16） 3．A型鑿形器（武夷山城村漢城T210：B1） 4．B型鑿形器（城村漢城T312：B2） 5．A型鏟刀（広州南越王墓C：108） 6．B型刨刀（天長三角圩M1：192-18） 7．A型刨刀（南越王墓C：121-17） 8・9．扁鏟（南陽瓦房荘H30：12、瓦房荘T39①A：26） 10．A型鏟刀（章丘東平陵DPL：0217） 11．B型鏟刀（南越王墓C：145-3）

扁鏟　竪銎で、器体は薄くやや幅広。天長三角圩前漢墓で8点出土し、形態はほぼ同じ、鍛銎で、器体は平らで薄い。うちＭ１：192-6は、通長28.3、刃部寛3㎝、出土時には木柄が装着されていた。年代は前漢中後期。南陽瓦房荘漢代鋳鉄遺跡で多数出土しており、いずれも鍛銎である。うちH30：12は、銎口が長方形で、弧刃、長12.5cm（図68-8）、T39①Ａ：26は、銎口が長方形で、斜刃で弧状の刃部、長15cm（図68-9）、年代は前漢後期から後漢時代である。

　鏟刀　削る加工をするための木工工具である。二型に分かれる。

　Ａ型：扁平板状で、平面はほぼ梯形、刃部はやや広い。広州南越王墓で1点（Ｃ：108）出土し、頂部に木柄を挟み装着しており、木質はなお残っている。長21.3、刃部寛10.2、厚0.5cm（図68-5）、年代は前漢前期である。章丘東平陵故城DPL：0217は、鍛鉄製で、刃部が破損した後にまた鉄刃をリベットで接合している。長11.6、刃部寛18.8cm（図68-10）、年代は漢代である。

　Ｂ型：竪銎の鏟刀。広州南越王墓で1点（Ｃ：145-3）出土し、鍛鉄製で、双肩巻刃式である。単面刃で刃部両端は一方に折れる。上部が長方形の竪銎になっており、銎部の一面には明瞭に鍛接の合わせ目が見える。銎内には腐朽した木質が残り、木柄を装着して削る加工作業に用いたと分かる。長7.2、刃部寛7.2cm（図68-11）、年代は前漢前期である。[91]

　刨刀　カンナ削りの加工に用いる木工工具で、二型がある。

　Ａ型：条形の刨刀。広州南越王墓で1点（Ｃ：121-17）出土し、中段が平らな条形の柄になっており、両端は薄い刃部となる。刃部は薄く幅広で、鴨の嘴の如くであるが、中央がややくぼみ、内湾する凹槽ないし筒状のものの表面を削るのに用いたと考えられる。通長27cm（図68-7）、年代は前漢中後期である。

　Ｂ型：曲尺形の刨刀。天長三角圩漢墓で1点（Ｍ１：192-18）出土しており、器体は曲尺の形を呈し、刀部分は平らで薄く両面に刃が付けられる。前に推しても後ろに引いても使うことができる。柄端は鍛造製の竪筒になっており、本来は木柄を装着していた。通長25.7、刀体長16、寛2.5cm（図68-6）、年代は前漢中後期である。

　鋸　形態は多様である。その形態構造から手鋸・架鋸・鋸条など多種に分けられる。

　手鋸　器体は刀形ないし長条形を呈し、刀体刃部に鋸歯が刻まれる。一般に形態はやや小さい。その構造から三型に分かれる。

　Ａ型：柄を装着する手鋸で、鋸体の一端に柄を設ける。漢陽陵YL91K：253は、刀形で、柄端は錐状になって柄を装着するようになっている。鋸歯は前に向かって傾く。通長10.13、鋸体寛1.92cm（図69-5）、模型明器である。天長三角圩Ｍ１：192-21は、鋸体が扁平な長条形になっており、鋸歯は細かく密で、一端に木柄が装着されている。通長25.3cm（図69-2）、年代は前漢中後期である。長沙金塘坡M13：1は、器体は長条形で、柄端部が尖状を呈し木柄に装着されるようになっている。鋸柄は鋸体よりも厚くなっており、鋸歯は前向きに大小交互に刻まれるが、多くは欠けている。残長21.5、鋸体寛3.2、厚0.4、鋸柄厚0.6cm（図69-8）、年代は後漢中期である。[92]

　Ｂ型：帯柄の手鋸で、鋸体の一端に柄をもつ。宝鶏闘鶏台溝東区墓葬で1点（H12：1）出土し、形態は直体削刀に似るが、規格的な前端部に、直背・直刃で、鋸歯は前向きに刻まれる。環状の柄首である。通長29.2、寛2～2.4cmで、年代は後漢時代である。[93]長沙金塘坡Ｍ１：1は、規格的な前端部で、直背、刃部はややふくらむ。長円形の環状柄である。また背部がやや厚く、刃部がやや

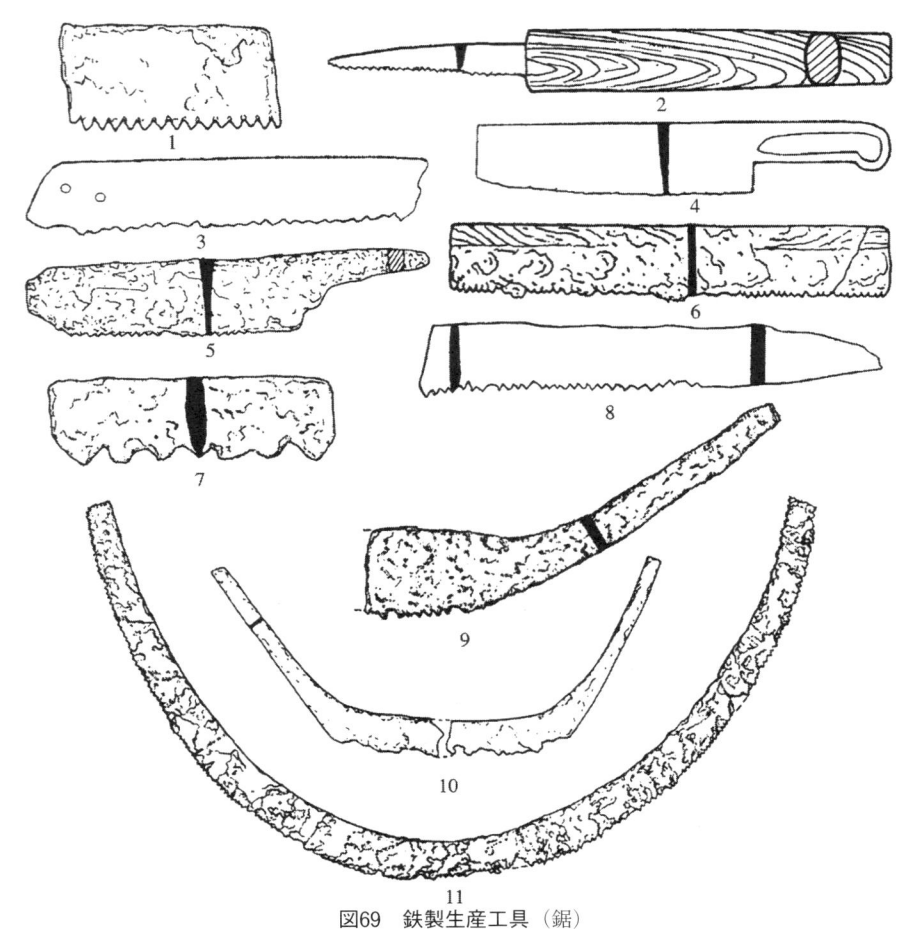

図69　鉄製生産工具（鋸）
1．残鋸条（西安三艾村M13：27）　2．A型手鋸（天長三角圩M1：192-21）　3．架鋸鋸条（長武丁家DJ：5）　4．B型手鋸（長沙金塘坡M1：1）　5．A型手鋸（漢陽陵YL91K：253）　6．C型手鋸（涪陵点易M2：20）　7．残鋸条（華陰京師倉81T9③：8）　8．A型手鋸（長沙金塘坡M13：1）　9～11．弧形鋸条（鶴壁鹿楼TD60：03、章丘東平陵故城DPL：0250、長葛石固SHGM：8）

薄く、鋸歯は細密に前向きに刻まれる。通長15、寛2～2.7、厚0.13～0.15cm（図69-4）、年代は後漢中期である。この型式の鋸は巫山麦沱前漢後期墓などでも発見されている。

　C型：柄を背部に挟む手鋸。鋸体は長条形で、背部を木柄の中に嵌め込み装着している。涪陵点易M2：20は、長条形で、鋸歯がやや大きく、背部には1.3cmの幅で木柄に嵌装した痕跡が残る。長27.9、寛4.5、厚0.25cm（図69-6）、年代は前漢前期である。満城漢墓M2：3033は、長条形で、すでに欠けている。背部両面0.9cm幅の木質痕跡があり、同型の鋸に属すると知れる。鋸歯はやや小さく、左右に交錯し、単位が明瞭である。歯間0.12、残長17.8、寛3.7、厚0.1cm、年代は前漢中期である。

　架鋸　鋸条が長条形で、両端に孔があり、鋸架に装着して使用するものである。長武丁家機站で2点出土し、一端が幅広で一端が狭い。鋸歯は明瞭に傾斜し、直角三角形に近い。鋸条両端の背に近い部分に架に固定するための穿孔があり、これによりそれが架鋸の鋸体と知れる。そのうちDJ：5は、残長約20cm、寛2.8～3.7、厚0.18～0.22cm（図69-3）、年代は新莽時期である。

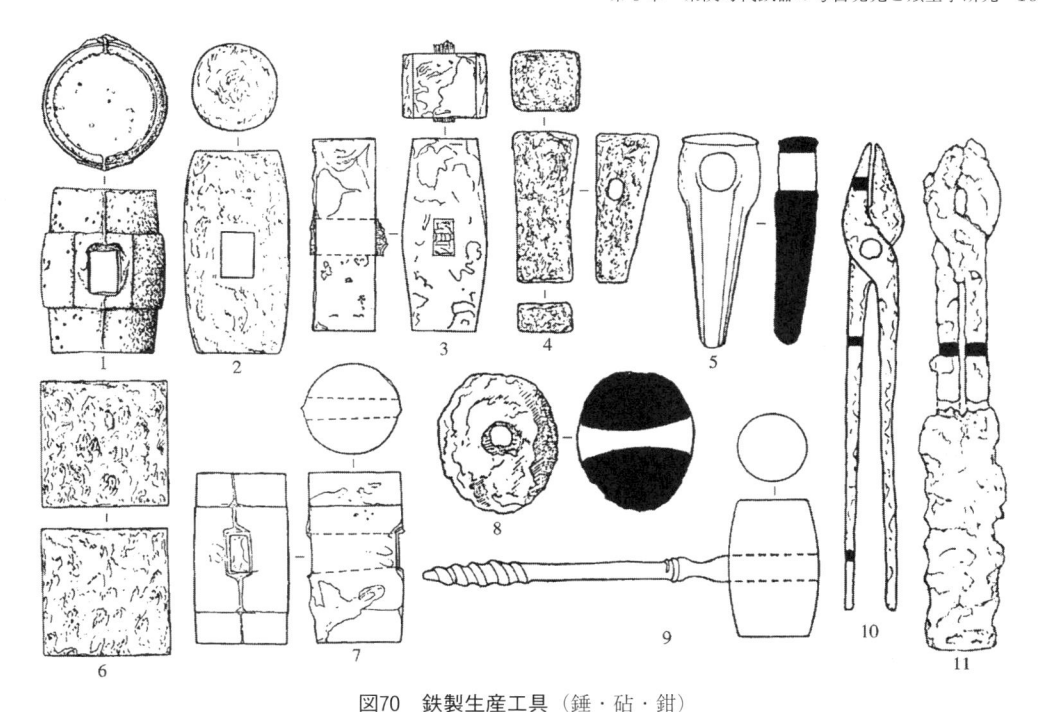

図70　鉄製生産工具（錘・砧・鉗）
1・2．B型Ⅰ式錘（鎮平堯荘H1：39、易県燕下都東沈村D6M2：25）　3・4．A型錘（広州南越王墓C：154-2、右玉善家堡M1：27）　5．D型錘（鹿泉高荘M1：716）　6．砧（燕下都東沈村D6M2：22）　7・9．B型Ⅰ式錘（南越王墓C：145-1、咸陽二道原M34：16）　8．B型Ⅲ式錘（洛陽焼溝M1009A：06）　10・11．鉗（章丘東平陵故城DPL：0263、燕下都M37：2）

弧形鋸条　長葛石固新莽墓で1点（SHGM：8）出土し、鋸条は彎曲して半円形となり、外辺に鋸歯が刻まれる。鋸歯は中間に向かって傾き、左右に交錯するやや大きめの単位を形成する。両端の柄部分は鋸歯が摩耗しているが、なお痕跡を留める。鋸体中部に重ねて鍛接した痕跡が明瞭に残り、鋸歯に近い部分では非常に緊密に鍛接されている。鍛接の部分ではそれぞれの先端が90°角で、分けて鍛造した後に一体に鍛接したことを説明している。両柄の間隔72、鋸体寛2～4、厚0.2cm（図69-11）[98]。金相分析によると鋳鉄脱炭鋼製品とされ、鋳鉄を脱炭退火処理した後に鍛造したものと考えられる[99]。章丘東平陵故城で2点出土しており、U字形を呈し、両側が鋸柄となり、中部が鋸歯のある鋸体となっている。そのうちDPL：0250は、鋸体寛4.2、鋸歯長0.6、両柄間隔50cm（図69-10）[100]、年代は漢代である。鶴壁鹿楼TD60：03は鍛造製で、長条形の鋸体、刃部が鋸歯となり、鋸歯長0.5cm、一端が欠けており、もう一端が斜めに伸びて柄に装着される。残長26、鋸体寛5、柄端寛1.5cm（図69-9）[101]、年代は漢代である。復元しうる構造は双柄のU形鋸であろう。

条形単刃鋸条　発見は比較的多く、手鋸・架鋸に属するのであろうが、多くが残片であり、復元は難しい。鳳翔高荘M21：4は、破損が著しいが、背部がやや厚く、残長3、寛2.2、厚0.2cm、刀形の手鋸残片と思われ、年代は秦代である[102]。満城漢墓M2：3111は、鋸歯が細密で、単位が明確である。残長10.3、寛3.1、厚0.1、鋸歯間0.2cm、年代は前漢中期で、背に柄を挟む手鋸の残片であろう。華陽京師倉81T9③：8は、鋸歯の摩耗が著しいが、鋸歯はやや大きい。鋸歯間0.7、鋸歯長0.4、残長5.5、寛1.5、厚0.2cm（図69-7）、年代は前漢時代で、架鋸残片と思われる[103]。西安三爻村M13：27は、一辺に正三角形の鋸歯が並び、残長9.8cm（図69-1）、年代は新莽時期である。

単刃鋸条は渭南田市鎮などでも発見されている。

　錘　その形態と構造から四型に分けられる。

　A型：四稜錘。広州南越王墓C：154-2は、中部がやや太く、錘頂はやや小さく方形を呈する。中部に長方形横銎があり、銎内には木柄が残っている。長9.1、錘頂辺長約3cm、重800g（図70-3）、年代は前漢前期である。右玉善家堡M1：27は、錘頂が方形に近く、一端が大きく一端が小さい。楕円形の横銎をもつ。長5、錘頂辺長2.3cm（図70-4）、年代は後漢末期である。四稜錘は江川李家山前漢後期墓などでも発見され、また鎮平堯荘では四稜錘の鉄鋳範が発見されている。

　B型：円柱錘。錘体は円柱形で、錘頂は円形を呈する。中部に横銎があり柄を装入する。戦国時代のⅠ式・Ⅲ式円柱錘のⅡ式が継続し、戦国Ⅱ式はない。

　Ⅰ式：円形平頂錘。易県燕下都東沈村D6M2：25は、錘頂がやや細く、長期の使用により凹凸があり平らでない。長9.6、錘頂直径4cm（図70-2）、年代は前漢中期。広州南越王墓で1点（C：145-1）出土し、鋳鉄製で、両側に鋳型の合わせ目が見られる。中部は帯状に膨らみ、長方形横銎がある。長8、錘頂直径4.1cm、重600g（図70-7）、年代は前漢前期である。咸陽二道原M34：16は、錘体が両端が細く中部が太い鼓状を呈し、中部に長方形横銎があり、錘柄は捻れている。錘体長5.8、直径3～3.8cm、柄残長14.3cm（図70-9）、年代は前漢後期。鎮平堯荘で円形平頂錘6点が出土しており、形態はいずれも同じであるが、錘体最大直径により、9.5・8.0・6.4cmの異なる三種類がある。[104]堯荘H1：39は、錘体中部に凸帯が一周し、長方形銎孔は一方が大きく一方が小さい。長12.1、直径9～10.3cm、重6kg（図70-1）、年代は後漢中後期である。寿県安豊塘で1点（AFT：01）出土し、錘体一方に"都水官"の銘がある。この型の錘は、満城1号漢墓、西安三爻村、南昌老福山新莽時期墓、定県北荘漢墓、章丘東平陵故城、長武丁家窖蔵などでも発見されている。

　Ⅲ式：球頂錘。洛陽焼溝漢墓で2点出土し、形態は似通っており、錘体はやや短い。横から見ると楕円形を呈する。中部に円形横銎がある。そのうち焼溝M1009A：06は、錘体長7.1、直径5.3、銎径1.5cm（図70-8）、年代は後漢前期である。

　C型：楕円錘。錘体断面が楕円形を呈する。臨潼鄭荘石材加工場で3点出土し、鋳鉄製で、平らな頂部、錘体の幅の狭い面に長方形横銎がある。年代は秦代。鄭荘SLC：16は、長16.5、直径8～9cm、重6.8kg、鄭荘CLC：17は、長14.5、直径6.4～8.4cm、重5.1kg。

　D型：錐状錘。鹿泉高荘M1：716は、一端が円形平頂で、もう一端が八稜錐状となり、若干尖る。円形の横銎がある。長9.4cm（図70-5）、年代は前漢中期である。[105]

　砧　易県燕下都東沈村前漢中期墓で1点（D6M2：22）出土し、立方体を呈し、頂面辺長12、高11.6cm、重12.25kg（図70-6）。[106]

　鉗　章丘東平陵故城で3点出土し、断面楔形で平口のくわえ部である。そのうちDPL：0263は、一方の条材を孔のあるもう一方の条材に貫入し、リベットで軸を固定する。通長34cm（図70-10）。DPL：0292は、二つの条材を重ね合わせて軸部分をリベットで固定する。年代は漢代である。燕下都M37：2は、くわえ部が勹形で、握り部は四稜形、通長22.4cm（図70-11）、年代は後漢後期である。[107]

　鉆頭　天長三角圩漢墓で3点出土し、柄は平らな錐状で、刃部は三角形を呈し、刃口は鋭利で、

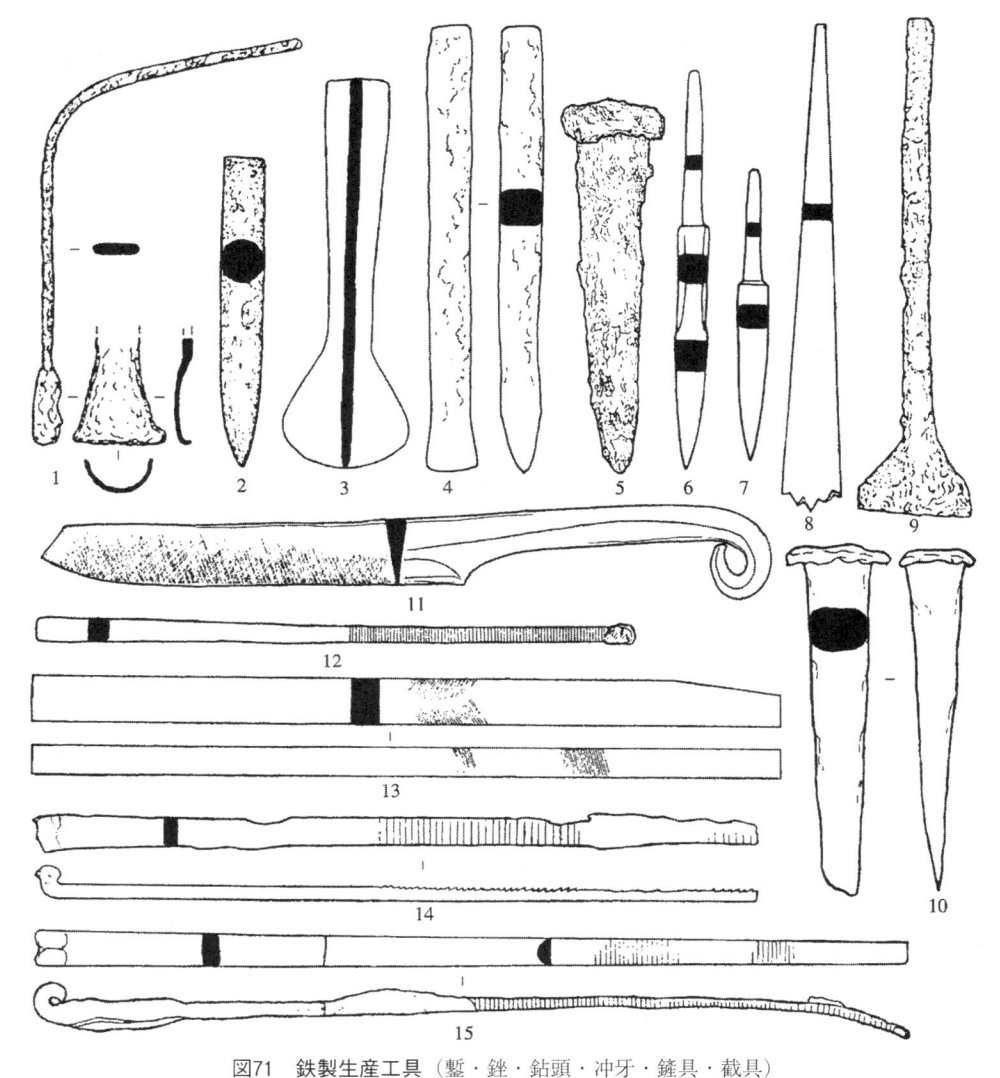

図71 鉄製生産工具（塹・銼・鈷頭・冲牙・鏟具・截具）
1．鏟具（臨潼鄭荘BB：13） 2．冲牙（臨潼鄭荘BB：2） 3．鏟具（成都躍進村M1：6） 4．截具（呼和浩特陶卜斉古城T1870①：4） 5．A型塹（鄭荘ZH：6） 6～8．鈷頭（陶卜斉古城T3270③：8、陶卜斉古城T1370③：7、天長三角圩M1：192-22） 9．鏟具（鄭荘BB：3） 10．B型塹（宜昌前坪M5：22） 11．B型銼（三角圩M1：192-17） 12～14．A型銼（広州南越王墓C：121-14、C：121-11、C：145-35） 15．C型銼（南越王墓C：121-25）

一歯・三歯・五歯の三種がある。そのうちM1：192-22は、五歯の鈷頭で、中央の歯が尖って長く、横の歯はやや短い。歯は互い違いに刻まれる。長18.4、刃部寛2.3cm（図71-8）、年代は前漢中後期である。呼和浩特陶卜斉古城で2点出土し、四稜形で、柄部はやや細い。T1370：7は、通長3.7cm（図71-7）、T3270③：8は、通長8.5cm（図71-6）、年代は前漢時代である。

　冲牙　孔を打つ工具である。臨潼鄭荘BB：2は、尖首円錐状で、長8.5、直径1.2cm（図71-2）、年代は秦代である。この他、長武丁家新莽時期鉄器窖蔵などでも発見されている。

　截具　呼和浩特陶卜斉古城で1点（T1870①：4）出土し、長条形で、断面は四稜形、刃部は平らで幅広、通長12cm（図71-4）、年代は前漢時代である。

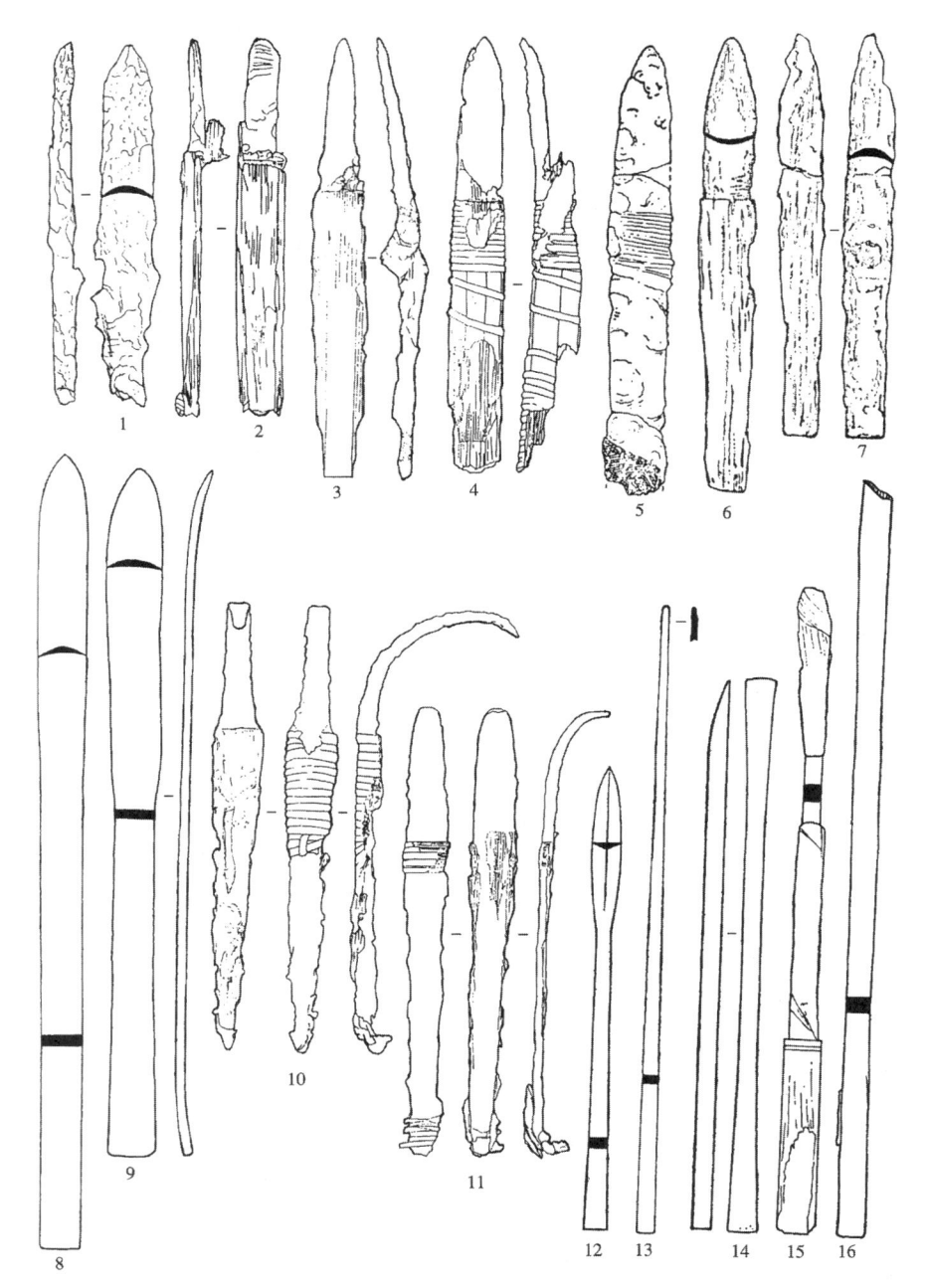

図72 鉄製生産工具（刮刀・刻刀）

1～5．A型刮刀（広州南越王墓A：40、南越王墓C：145-44、南越王墓C：145-16、南越王墓C：145-8、涪陵点易M2：4）　6～9．B型刮刀（広州漢墓M1152：42、広州漢墓M1118：39、南越王墓C：121-15、南越王墓C：121-18）　10・11．D型刮刀（南越王墓C：109、南越王墓C：145-19）　12・13．A型刻刀（南越王墓C：121-7、南越王墓C：121-9）　14．B型刻刀（南越王墓C：121-6）　15・16．C型刻刀（南越王墓C：121-27、南越王墓C：121-1）

鏨　彫刻加工をする工具である。[109]二型が見られ、戦国時代のC型鏨はない。
　A型：錐形の鏨。四稜の方柱体で、先端が尖る。臨潼鄭荘ZH：6は、太く短く重厚で、頂部は打撃のためめくれ上がる。長13.5cm（図71-5）、年代は秦代である。
　B型：楔形の鏨。長方形の四稜体で、側面が楔形を呈する。宜昌前坪前漢前期墓のM5：22は、頂部が打撃のためにめくれる。通長21.5cm（図71-10）。[110]この型の鏨は満城2号墓などでも発見されている。

鏟具　掘り起こし掻き出す道具。臨潼鄭荘石材加工場遺跡で2点出土し、年代は秦代である。そのうち鄭荘BB：3は、扁平長条の柄に、柄端が巻かれて環首をなし、頭部が扁平な鏟形になっており、直刃である。通長11.8、刃部寛2.7cm（図71-9）、鄭荘BB：13は、長条彎曲状の柄に、頭部は長い勺形で、通長28、頭部寛1cm（図71-1）である。成都躍進村前漢後期墓で1点（M1：6）出土し、全体は扁平で、頭部が扁平な弧刃の鏟形で、条形の柄である。通長21.6cm（図71-3）。[111]

鑢　数量はやや少ないが、形態は多様で、三型に分かれる。
　A型：条形の鑢。四稜の長条形で二種類ある。一種は単面に鑢目のあるもの。広州南越王墓で1点（C：145-35）出土し、器体は扁平で、鑢目はやや粗く、柄端が下に巻かれる。長25.8cm（図71-14）。もう一種は多面に鑢目のあるもの。広州南越王墓で7点出土し、四面に鑢目があり、大小の差がある。C：121-12は、両端がやや細く、長33.6cm、C：121-14は、器体は細長で、柄端がやや太く、長21.5cm（図71-12）、C：121-11は、一端が斜めに切られ、長33cm（図71-13）、年代はいずれも前漢前期である。
　B型：刀形の鑢。天長三角圩漢墓で1点（M1：192-17）出土しており、器体は刀形で、横断面が楔形を呈する。両面に細かい鑢目がある。柄はやや細く、柄端は下に巻かれて環状になる。通長21、鑢体寛1.7cm（図71-11）、年代は前漢前期である。[112]
　C型：半円形の鑢。広州南越王墓で1点（C：121-25）出土しており、器体は長条形で、柄端が広く、下に巻かれ、鑢体はやや幅が狭く、その横断面が半円形を呈する。膨らむ方の面に鑢目があり、やや粗い。通長32.1cm（図71-15）、年代は前漢前期である。

刮刀　扁平長条形で、両側が刃部となり、切っ先がある。横断面は弧形で、一面が膨らみ一面が内反る。三型に分けられる。そのうち戦国時代のA型とB型が残り、C型はなく、新たにD型が現れる。
　A型：直体で、器体はやや細長、柄端は刀体とだいたい同幅かやや広い。両刃はほぼまっすぐで、前部にすぼまり切っ先を形成する。涪陵点易M2：4は、柄部に縛り付けたものの痕跡が残り、柄端は欠ける。残長17.4、寛2.3cm（図72-5）、年代は前漢前期である。広州南越王墓A：40は、柄部が欠け、残長14、寛2cm（図72-1）。南越王墓西耳室工具箱（C：145）出土の11点の鉄刮刀は多くがこの型で、柄部を竹片ないし木条で挟み込んで藤紐で緊縛している。通長14〜18cmと幅がある（図72-2〜4）、年代は前漢前期である。
　B型：直体で、器体はやや細長、柄端が刀体よりも狭く、切っ先が幅を加えて外に弧を描く曲刃となる。丸みのある尖峰である。広州前漢前期墓で5点出土し、柄端両面を木条で挟み、縄ないし藤紐で緊縛する。そのうちM1118：39は、藤紐で結び、通長19cm（図72-7）、M1152：42は、通長19cm（図72-6）。広州南越王墓西耳室工具袋（C：121）で2点出土し、形態はやや大きく、竹片・木条などで挟み込んだ痕跡は見られない。そのうちC：121-15は、通長39.6cm（図72-8）、

図73　鉄製生産工具（A型削刀）
1・4・5．A型Ⅰ式（洛陽焼溝M103：14、広州南越王墓C：123、南越王墓C：124）　2・3．A型Ⅱ式（易県燕下都東沈村14：5、咸陽龔家湾M1：86）

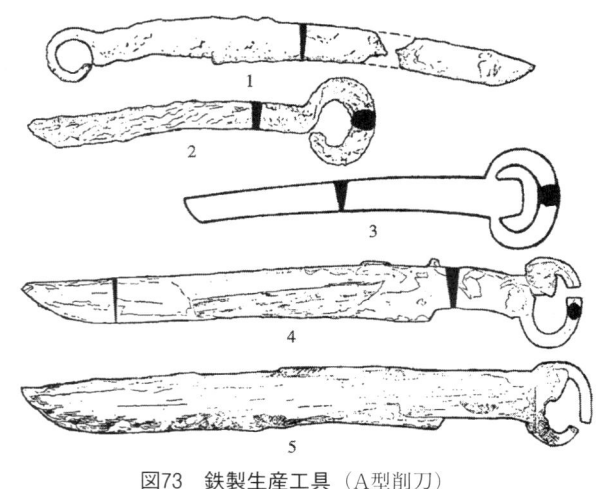

C：121-18は、切っ先と柄端が上に反り、通長34cm（図72-9）、年代は前漢前期である。

D型：彎体で、柄部は平らでまっすぐ、刀体は上に向かって湾曲する。広州南越王墓で2点出土し、柄端が鉤状になり、柄部背面に竹片ないし木条をあてがい藤紐で緊縛する。そのうちC：109は、刀体はやや幅が狭く、彎長22.4cm（図72-10）、C：145-19は、やや幅が狭く、彎長18.2cm（図72-11）、年代は前漢前期である。

刻刀　長条形で、一端は平滑、一端に刃が付けられる。三型に分かれる。

A型：尖刃。広州南越王墓で7点出土し、C：121-9は、形態は錐に似て、長21cm（図72-13）。C：121-7は、形態は矛の如くで、長15.5cm（図72-12）、年代は前漢前期。

B型：平刃。広州南越王墓で5点出土し、C：121-6は、外形は鑿に似て、長18.5cm（図72-14）、年代は前漢前期。

C型：斜刃。広州南越王墓で2点出土し、直体四稜形である。そのうちC：121-27は、柄端が木板に挟まれる。残長21.6cm（図72-15）、C：121-1は、長25.8cm（図72-16）、年代は前漢前期。

削刀　直体と彎体の二種類があり、どちらも環首で、通長は一般に20cm前後で、最も長いものは30cmに達する。二型に分けられる。

A型：彎体削刀。アーチ状の背部で、内反る刃部。二式に分けられる。

Ⅰ式：刀身は一般に刀柄より幅が広い。広州南越王墓で2点出土し、形態はやや大きく、柄が若干短い。出土時に木鞘に納められていたが、鞘は腐朽している。年代は前漢前期。そのうちC：123は、通長32cm（図73-4）、C：124は、通長33、柄長5、刀身寛3.3cm（図73-5）。この型式の削刀は満城1号漢墓などでも発見されている。

Ⅱ式：刀身と刀柄がほぼ同じ幅のもの。易県燕下都東沈村前漢初期墓M14：5は、切っ先が斜めで、楕円形の環首である。通長17.4cm（図73-2）。洛陽焼溝M103：14は、刀身が刀柄とほぼ同じ幅で、環首はやや小さい。通長18cm（図73-1）、年代は新莽時期である。咸陽龔家湾M1：86は、器体がやや短小なのに比べ、環首が大きい。通長8.6cm（図73-3）、年代は新莽時期である。[113]

洛陽焼溝漢墓でこの種の形態の彎体削刀が9点出土しており、年代は前漢中期から後漢後期である。その出土位置は、あるものは陶盒中に置かれていたが、大部分は耳室内の陶灶近辺にあり、その形態は、同墓地出土の陶灶上面に刻画された小刀に似ている。ここから、漢代の彎体削刀は、身に携帯する小工具として簡牘を削るなどに用いられたほか、炊事・飲食における切る行為に用いられたと考えられる。

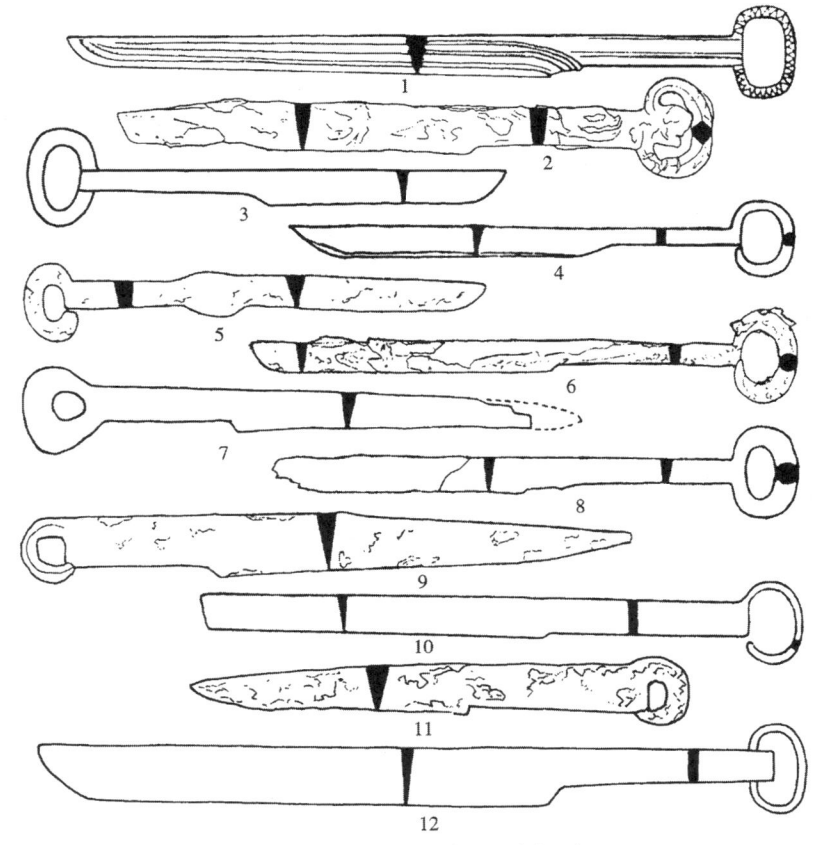

図74　鉄製生産工具（B型Ⅰ式削刀）
1．天長三角圩M1：33　2．広州南越王墓C：145-6　3．三門峡市三里橋M59：1　4．資興漢墓M396：15　5．南鄭龍崗寺M1：8　6．南越王墓C：145-26　7．武夷山城村漢城T14③：13　8．南越王墓D：142　9．漢杜陵ⅤT15：4　10．湘郷可心亭KXTM：1　11．漢杜陵ⅤT2：16　12．臨淄斉王墓器物坑K1：70

B型：直体削刀。背部・刃部とも真直ぐで直柄、環首形態は多様である。三式に分かれる。

Ⅰ式：刀身は一般に刀柄より幅広で、比較的よく見られる。三門峡市三里橋M59：1は、環首がやや大きく楕円形を呈し、通長17.5cm（図74-3）、年代は前漢前期である。南鄭龍崗寺M1：8は、刀体と刀柄の境が明らかで、通長16.8cm（図74-5）、年代は前漢前期。臨淄斉王墓器物坑K1：70は、銅環首で、通長37cm（図74-12）、年代は前漢前期である。武夷山城村漢城T14③：13は、切っ先が欠けるが、残長26cm（図74-7）、年代は前漢前期である。湘郷可心亭KXTM：1は刀身が刀柄より長い。通長17cm（図74-10）、前漢中期である。広州南越王墓出土の削刀では、17点がこの型式に属し（図74-2・6・8）、柄首が巻雲形に鍛造されたものもある。年代は前漢前期である。天長三角圩M1：33は、刀体は刀柄とほぼ同じ幅で、刀身両面に二条ずつ血槽が刻まれ、刀柄には金絲で巻雲紋があしらわれ、楕円形の環首も金絲が巻かれる。通長34cm（図74-1）、年代は前漢中後期である。漢杜陵Ⅴ号遺跡で2点出土し、刀身はやや幅広で、前部にすぼまり切っ先をなす。柄は短く幅広、柄首は環形に曲げられる。ⅤT15：4は、通長31cm（図74-9）、ⅤT2：16は、通長19.9cm（図74-11）、年代は前漢後期。資興後漢墓で41点出土しており、そのうちM396：

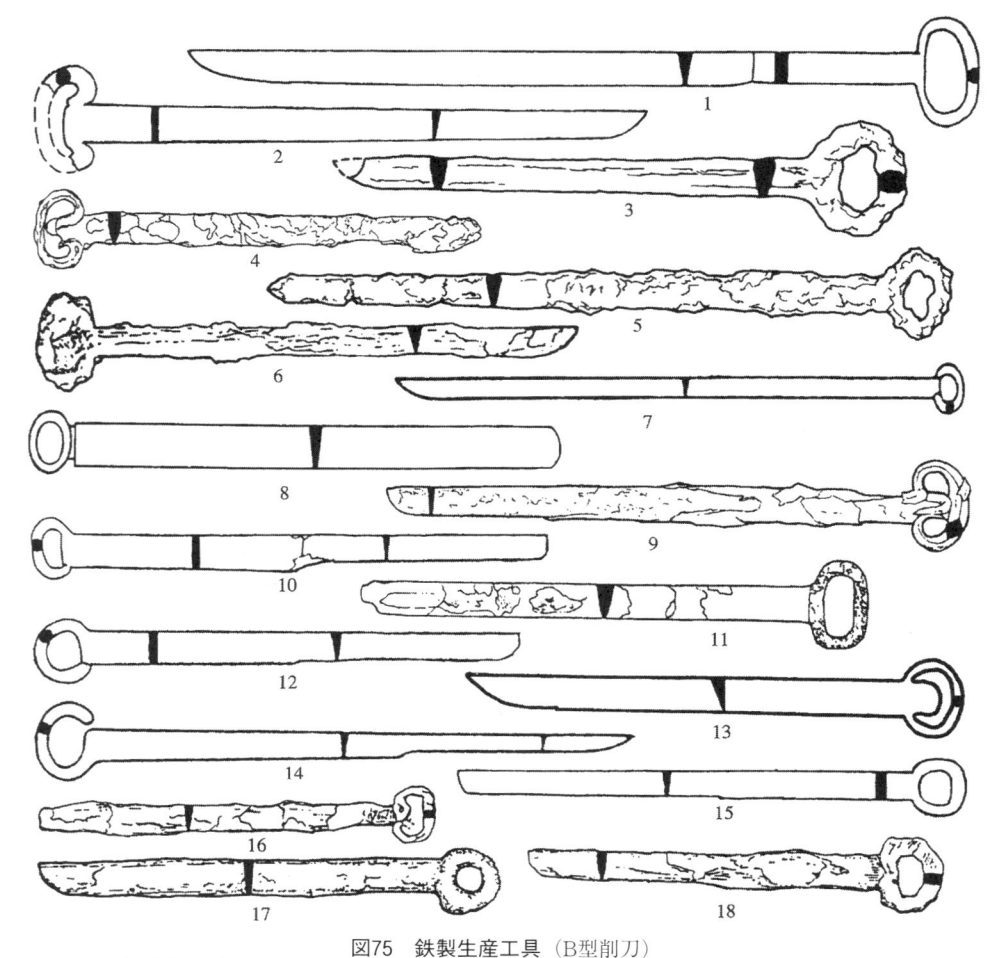

図75　鉄製生産工具（B型削刀）
1～9．B型Ⅱ式削刀（天長三角圩M1：31、資興M338：44、広州漢墓M2062：63、西安龍首村M2：51、西安北郊西飛M1：17、洛陽焼溝M128：3Ａ、湘郷可心亭KXTM：3、邗江姚荘M102：6、広州南越王墓C：145-22）
10・12・14・15．B型Ⅲ式削刀（資興漢墓M178：1、資興漢墓M511：23、湘郷可心亭KXTM：2、長沙金塘坡M8：2）　11・13・16～18．B型Ⅱ式削刀（鞏義新華M1：28、徐州東甸子M1Ｅ：32、広州漢墓M1175：81、西安三艾村M22：28、広州漢墓M1175：5）

15は通長20.5cm（図74-4）、年代は後漢後期である。

　Ⅱ式：刀身と刀柄がほぼ同じ幅で、最もよく見られる。西安龍首村M2：51は、鍛鉄製品で、横断面が楔形を呈し、環首が巻雲形に鍛造される。通長14.2、寛1.1cm（図75-4）、年代は前漢前期である。徐州東甸子前漢前期墓で7点出土し、長16.4～24.4cm（図75-13）である。広州前漢前期墓で出土した削刀25点の多くがこの型式で、そのうちM1175：81は、巻龍形の銅環首を、刀柄末端に鋳接している。通長20cm（図75-16）、M1175：5は、楕円形の鉄環首で、切先は斜め、通長21cm（図75-18）。広州漢墓M2062：63は、切っ先が斜めに切れる。通長15cm（図75-3）、年代は前漢中期である。広州南越王墓出土の鉄削刀のうち、8点がこの型式に属し（図75-9）、鍛鉄製品で、大小の別がある。柄首は巻雲形に鍛造され、その年代は前漢前期である。天長三角圩M1：31は、刀体断面は楔形を呈し、環首はやや大きく金箔で覆われる。通長38cm（図75-1）、年代は前漢中後期である。洛陽焼溝M128：3Ａは、楕円形の環首に、弧状に尖る切先。通長17.5cm（図

75-6）、年代は前漢後期。西安三爻村 M22：28 は、斜めで丸みのある切先で、通長11cm（図75-17）、年代は新莽時期。邗江姚荘前漢末期墓 M102：6 は、環首と刀体の間に短く頸が付く。通長26cm（図75-8）。四川新都五龍村 M１：27は、楕円形の環首で、通長10.7、寛0.4cm、年代は新莽時期である。湘郷可心亭 KXTM：3 は、長16.8cm（図75-7）、年代は前漢中期である。宜昌前坪前漢墓出土の７点の削刀は、みなこの型式である。資興 M338：44は環首はやや大きく、通長27cm（図75-2）、年代は後漢中期。西安北郊西飛 M１：17は、通長36、寛1.8cm（図75-5）、年代は後漢中期である。葦義新華 M１：28は、楕円形環首で、出土時には腐朽した刀鞘が残存していた。残長21.5cm（図75-11）、年代は後漢中期である。

Ⅲ式：刀身は刀柄よりも幅が狭い。やや少ない。湘郷可心亭 KXTM：2 は、刀身が刀柄より短い。通長17.5cm（図75-14）、年代は前漢中期。長沙金塘坡 M８：2 は、刀身は刀柄よりやや幅が狭く、環首はやや大きい。通長24、刀身寛2.4cm（図75-15）、年代は後漢中期である。資興後漢墓では55点出土し、通長15～20.5、寛1.2～1.5cm（図75-10・12）である。

B型直体削刀は洛陽焼溝の漢墓68基で計89点が出土しており、その年代は前漢中期から後漢後期である。出土時にはみな木鞘内に納められ（ほとんどが朽ちている）、またその多くが絲織品の痕跡を留めており、当時絲織品に包んで埋納されたことが分かる。その出土位置は、多くが人頭骨の周囲で、少数が人骨の横ないし脚部、または腰際であり、この種の削刀が身に携帯する日用小工具であることを説明する。広州の前漢前期墓25基では直体削刀29点が出土しており、その出土状況は、５点が銅鏡上に置かれ、２点が玉印とともに漆の化粧箱の中に置かれ、１点は銅鼎のわき、１点は銅盆内に置かれ、その他の多くは、陶器などの副葬品とともに埋納されていた。広州南越王墓西耳室の工具箱（C：145）内には24点の直体削刀が入れられ、鉄錘・銛・鑿・鑢・鏟などの工具と銅鋸等の銅工具とともに出土した。

砍刀　形態はやや大きく、一般に長30cm以上で、比較的重厚で、形態は多様である。いずれも鍛鉄製品である。二型に分けられる。

A型：帯柄刀。臨潼趙背戸 ZH79C：5 は、楕円形の環首がつき、刀柄はやや短い。通長23.4、寛2.7cm（図76-2）、年代は秦代である。資興前漢前期墓 M203：3 は、刀身がやや幅広で、切先は斜め、柄首は上に巻き込まれ円環となる。通長27cm（図76-6）。天長三角圩 M１：157は、刀体横断面が楔形を呈し、柄首は下方に彎曲し、かつ長条形の穿孔がある。通長27cm（図76-7）、年代は前漢中後期である。漢長安城武庫遺跡で１点（W７：2：43）は、柄が幅広で刀身がやや狭く、柄端に鈎首がある。通長30、寛4.5cm（図76-5）。長部丁家 DJ：26は、直背で刃部がやや内反る。切先は斜めで、鈎状楕円形の環首をもつ。通長40.6cm（図76-8）、年代は新莽時期である。南陽瓦房荘 T２①A：2 は、刀身が薄く幅広で、弧状の背に直刃、環首は小さい。通長24.2cm（図76-1）、年代は前漢後期から後漢時代である。濰坊後埠下 M21：01は、短い柄で柄首に小孔が一つある。通長38cm（図76-3）、年代は後漢前期。章丘東平陵故城 DPL：0188は、全体がやや内湾し、刀身はやや広く、柄は細く短く、環首は小さい。通長26.8、刀身寛3.2cm（図76-4）、年代は漢代である。渭南田市鎮で１点（TSC：019）出土しており、直背直刃、柄首は下に彎曲し、切先は欠ける。残長34.5、寛３～3.8cm（図76-11）、年代は漢代である。

B型：柄に装着する刀。刀柄は一般に薄い錐状ないし楔形を呈し、柄に装着するようになっている。広州南越王墓で４点出土し、形態は同じで、大小の別がある。長方形の刀体で背は厚く直刃、

178

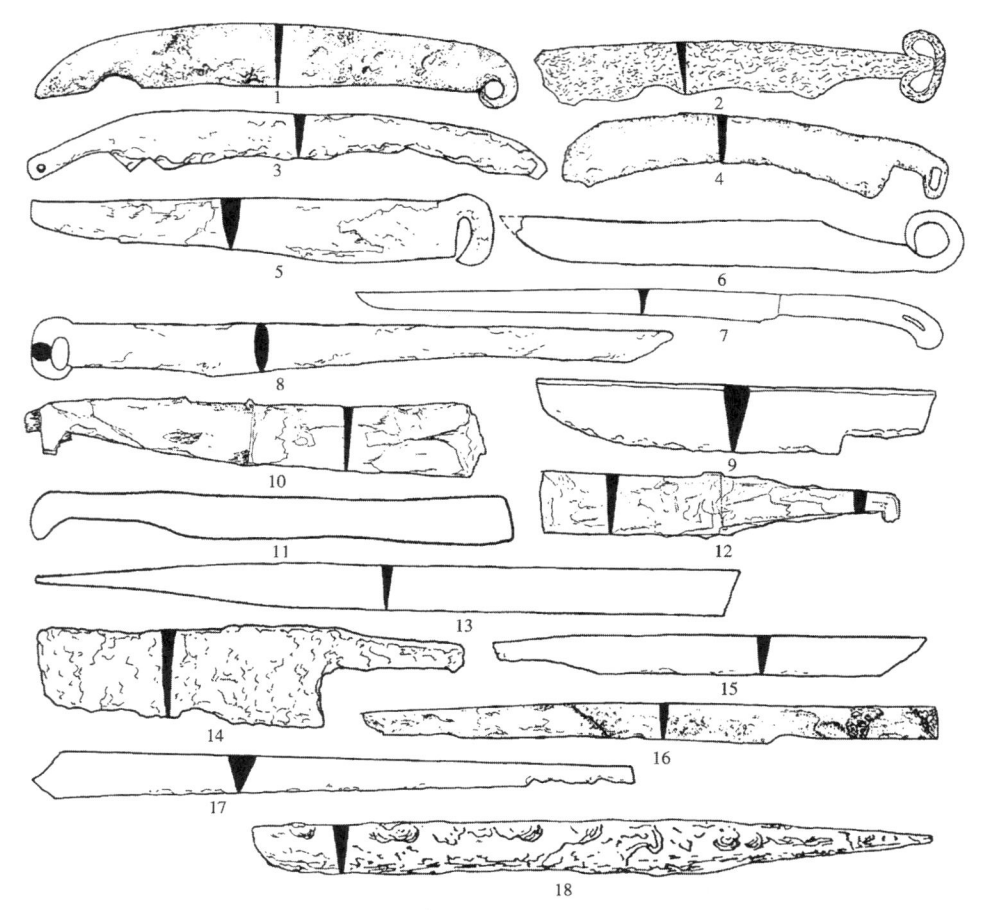

図76　鉄製生産工具（砍刀）
1～8．A型（南陽瓦房荘T2①A：2、臨潼趙背戸ZH79C：5、濰坊後埠下M21：01、章丘東平陵故城DPL：0188、漢長安城武庫W7：2：43、資興漢墓M203：3、天長三角圩M1：157、長武丁家DJ：26）　9・10．B型（杞県許村崗M1：1、広州南越王墓C：114）　11．A型（渭南田市鎮TSC：019）　12～18．B型（南越王墓C：116、資興漢墓M405：26、漢長安城桂宮二号建築遺跡B区T5③：33、資興漢墓M284：4、瓦房荘T4①A：107、大関岔河M3：7、曲江馬壩M1：8）

斜めの切っ先で、柄部は平らな錐状になっており、木条で挟み込み緊縛する。柄首は下に彎曲し鉤状になる。年代は前漢前期である。そのうちC：116は、通長21.4、刀身寛4.9cm（図76-12）、C：114は、通長28.3、刀身寛4.8cm（図76-10）である。杞県許村崗M1：1は、全体が長条形で、刀身が長く刀柄は短い。通長22、刀身寛3.2cm（図76-9）、年代は前漢後期である。南陽瓦房荘鋳鉄遺跡で多く出土しており、T4①A：107は、柄が幅広で薄い。通長28.2cm（図76-16）。資興漢墓で出土した271点の"柄刀"では、この型の装柄砍刀に属するものが少なくない。前漢後期のM284：4は、通長28cm（図76-15）、後漢後期のM405：26は、刀背がやや厚く、刀身はやや幅広、切先は斜めに切れる。通長48.5cm（図76-13）である。曲江馬壩M1：8は、切先は斜めに丸みを帯びる。横断面は楔形を呈し、柄部には木柄の朽ちた痕跡が残る。通長43、寛3.5cm（図76-18）、年代は前漢時代である。大関岔河M3：7は、切っ先が三角形に近く、柄部は斜めにまっすぐ延びる。長50、寛3～4cm（図76-17）、年代は後漢時代。この型の砍刀は洛陽西郊漢墓、武夷山城村漢城などでも発見されている。

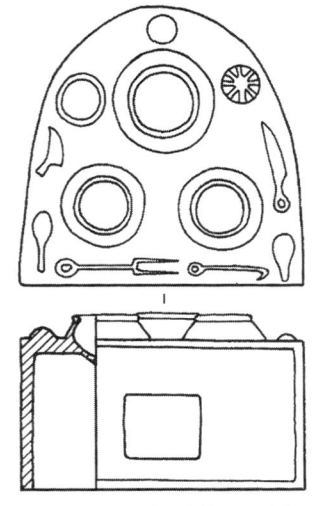

砍刀は"劈刀"・"切刀"・"厨刀"などとも称され、用途は多様である。柴薪の伐採や荊棘の刈り込みに用いるものもあれば、炊事における食物の切割などに用いるものもあったが、それを明確に区分するのは困難である。漢長安城桂宮二号建築遺跡 B 区出土の鉄刀一点（T5：33）は、刀身が長条形を呈し、前部がやや幅が狭く、後部がやや広い。背はやや厚く、扁平な錐状の直柄で朽ちた木質の痕跡が残る。通長24.5、刀身長16.3、寛4.4〜6.1cm（図76-14）である。その形態・大きさは、砍刀のうち装柄刀に属し、今日普通に見られる包丁と同じである。桂宮二号建築遺跡は宮廷の后妃が使用した宮殿建築であり、よってこの砍刀は当時"厨刀"として用いられたものであろう。鄂托克旗鳳凰山10号前漢後期墓で出土した陶灶模型（M10：2）の表面には、刀・叉・鈎・瓢などの炊事道具が浮き彫り風に型押しされており（図77）、当時の厨刀の形態が多様であったことを表している。

図77　陶灶（鄂克旗鳳凰山）

　小刀　上の刀類以外の小型刀具を指す。通長は一般に20cm前後かそれ以下で、形態・用途は多様で不定形である。一般に直体・長条形で、比較的小さい。大きく二型に分けられる。
　A型：帯柄刀で、柄首の形態は多様である。二式に分かれる。
　Ⅰ式：刀柄が刀身より幅広か同じ幅で、柄と刃部の境が明確でない。准格爾旗西溝畔 XGP：34 は、全体が細長で、柄首が環状に折り曲げられる。通長16cm（図78-4）、年代は前漢前期である。永年何荘 T5①：1 は、直背で、刃部中央がやや屈曲し、環首が大きい。通長13.9cm（図78-11）、年代は前漢中期。曲江馬壩前漢墓 M1：9 は、長条形で四角い切先、柄部は中空で柄首は内に巻かれる。通長14.3、寛1.1、柄長9cm（図78-13）。鞏義新華 M1：43は直背直刃で、環首は小さい。柄部に細縄が巻かれる。通長23.4cm（図78-10）、年代は後漢中期。燕下都 M30：5 は、刀身と刀柄が同じ幅で、柄端に円孔があり、切先は欠ける。残長25.8、寛3cm（図78-6）、年代は後漢時代である。
　Ⅱ式：刀柄は刀身より幅が狭く、柄と刃部の境が明確である。広州南越王墓で1点（C：121-16）出土し、刀体は平らで真直ぐ、刀身はやや幅広で、柄端が下方に湾曲する。通長24.8、寛1.8cm（図78-3）、年代は前漢前期。漢杜陵 VT8：3 は、刃部が短く、丸みのある切先、柄は細長で柄首に銅環が通る。通長25、刀身寛1.9cm（図78-1）、年代は前漢後期。南陽瓦房荘 T17①A：2 は、長柄で短い刀身、環首は大きい。通長13.5cm（図78-12）、年代は前漢後期から後漢時代。資興後漢墓で2点出土し、細長い柄に短い刀身、柄首は太くなる。M394：4 は、通長17.2cm（図78-2）、年代は後漢中期。
　B型：装柄刀。柄は平たい錐状で、使用時は骨柄・木柄等に装着する。二式に分けられる。
　Ⅰ式：刀柄と刀身の境は明瞭でない。陳巴爾虎旗完工 M3：15は、通長5.6cm（図78-22）、完工 M1 B：66は、通長8.1cm（図78-23）、年代は後漢時代である。洛普山普拉 SPLⅡM6：221は、直背で斜めの直刃、角製の刀柄である。通長17.8、刀身長10.2、寛1.5cm（図78-14）、年代は後漢時代。民豊尼雅 NY95M4：27は、刀体は長条形で、切先は尖り、鉄刀は丸い骨柄に挿入される。通長17.8、刀身長7.6、寛0.9cm、出土時は皮質の刀鞘中に納められていた（図78-19）。年代は後漢

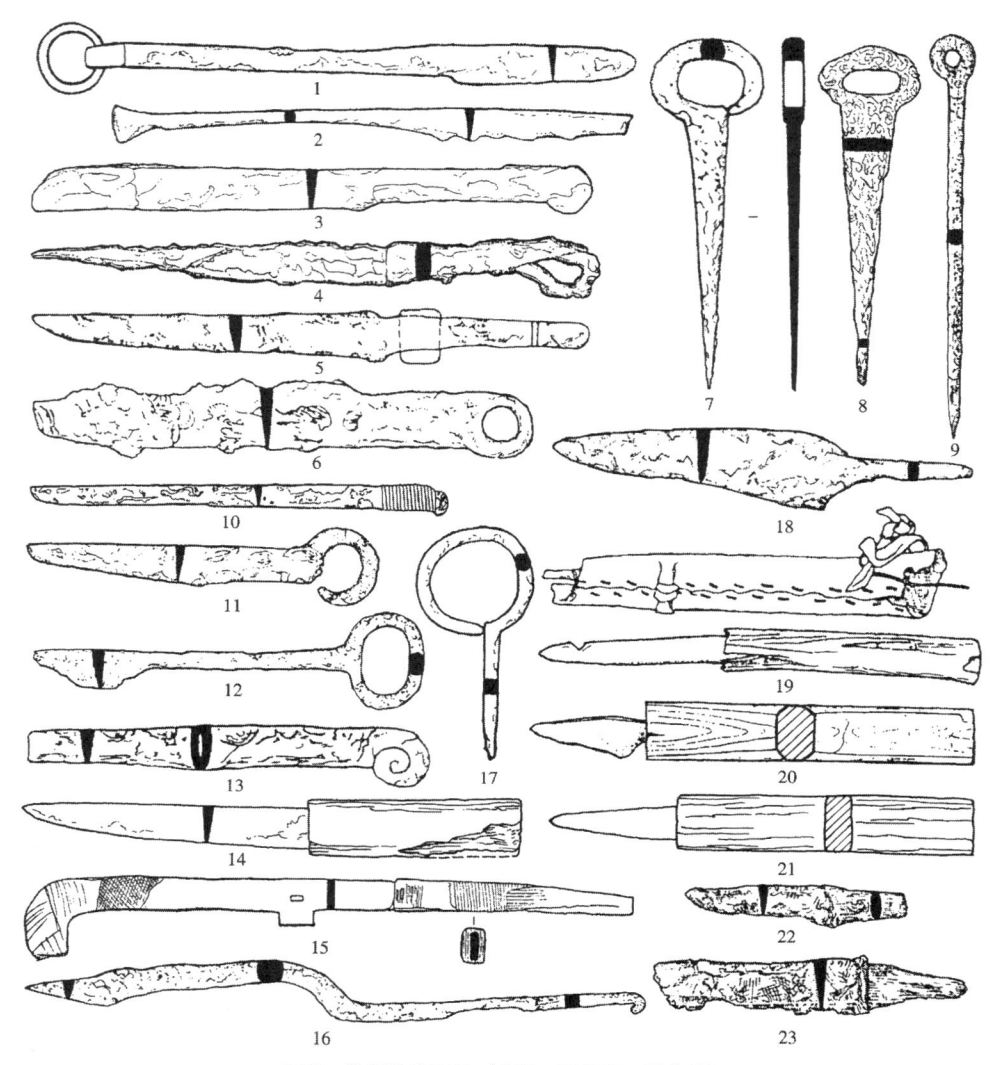

図78 鉄製生産工具（小刀・工具刀・環首錐）
1〜3．A型Ⅱ式小刀（漢杜陵ⅤT8：3、資興漢墓M394：4、広州南越王墓C：121-16） 4．A型Ⅰ式小刀（准格爾旗西溝畔XGP：34） 5．B型Ⅱ式小刀（長白干溝子AM3ZT采：2） 6．A型Ⅰ式小刀（燕下都M30：5） 7〜9．環首錐（鶴壁鹿楼T1①：3、固原楊郎馬莊ⅠT504③：3、南陽瓦房莊T32①A：54） 10・11．A型Ⅰ式小刀（鞏義新華M1：43、永年何莊T5①：1） 12．A型Ⅱ式小刀（南陽瓦房莊T17①A：2） 13．A型Ⅰ式小刀（曲江馬壩前漢墓M1：9） 14．B型Ⅰ式小刀（洛普山普拉SPLⅡM6：221） 15・16．工具刀（広州南越王墓C：121-26、瓦房莊T3①A：102） 17．環首錐（資興漢墓M439：11） 18．B型Ⅱ式小刀（干溝子AM4ZT采：1） 19．B型Ⅰ式小刀および皮革刀鞘（民豊尼雅NY95M4：27） 20．B型Ⅱ式小刀（尼雅NY95NMⅠM8：10） 21．B型Ⅰ式小刀（尼雅NYⅠM5：7） 22・23．B型Ⅱ式小刀（陳巴爾虎旗完工M3：15、完工M1B：66）

時代。民豊尼雅NYⅠM5：7は、平らな錐形の刀体で、長4.8、寛1.2cm、長方形の木柄は、長10.5、寛2cm（図78-21）、年代は後漢末期。この型式の小刀は東勝県補洞溝前漢匈奴墓地などでも発見されている。[124]

Ⅱ式：刀柄が刀身より幅が狭く、柄と刃部の境が明瞭である。長白干溝子墓地で3点出土し、そのうちAM4ZT采：1は、刀身がやや幅広で、桂葉形を呈し、通長13cm（図78-18）、AM3ZT采：2は、刀柄の根元に鉄環がかぶる。通長22.6cm（図78-5）、年代は前漢時代である。尼雅NY95NMⅠM8：10は、三角形の刀体で、アーチ状の背部、斜めに切れこむ刃部で、柄端は断面[125]

が面取りされた長方形を呈する木柄に挿入されている。通長13.6、木柄長10.1cm（図78-20）、年代は後漢末期である[126]。

工具刀 鏨刀・刮刀・削刀・小刀・砍刀以外の切割加工作業に用いる工具で、形態は多様で、その用途は多くが不明である。広州南越王墓Ｃ：121-26は、平たく長い器体で、一面に刃があり、切先近くが下方に湾曲する。刀背中央に方形の突起と方穿が一つある。柄部は木片で挟み込まれ藤紐で緊縛される。通長39.5、寛3、柄長20cm（図78-15）、年代は前漢前期である。南陽瓦房荘で4点出土し、形態は大体同じで、器体は蛇行するように湾曲する。柄端は四稜形で、柄首は鈎状に折られる。中部は円柱状で、刀部分は平たい三角形で斜刃である。Ｔ3①Ａ：102は、通長27.5cm（図78-16）、年代は前漢後期から後漢時代。ある種の加工作業に専門的に用いるものであろう。

環首錐 柄端が環首になっている。鶴壁鹿楼Ｔ1①：3は、楕円形の環首で、錐体は扁平な四稜状を呈する。鍛造製で、通長14cm（図78-7）、年代は前漢時代である[127]。南陽瓦房荘Ｔ32①Ａ：54は、器体は細長で、環首はやや小さい。通長21.2cm（図78-9）、年代は前漢後期から後漢時代。資興後漢前期墓Ｍ439：11は、環首が大きく、四稜形の錐体はやや小さい。通長10、環径4.5cm（図78-17）。固原楊郎馬荘墓地で1点（ⅠＴ505：③：3）出土し、楕円形の環首で、器体は平たい錐状、先端は鋭利である。通長13.7cm（図78-8）、年代は漢代である[128]。

(2) 土木農耕器具

竪銎鍬 その構造は空首斧と同じであり、器体はほぼ長方形を呈し、方形ないし長条形の竪銎である。銎部は一般にだいたい刃部と同じかやや広い幅で、また細長で厚みのあるのが特徴である。四型に分かれる。

Ａ型：銎部と刃部がほぼ同幅で、両側は平直である。銎部の構造差から二式に分けられる。

Ⅰ式：閉合式の銎で、よく見られる形態である。洛陽焼溝Ｍ97：27は、器形が規格的で、長15.5、寛4.5cm（図79-4）、年代は前漢後期である。桑植朱家台ＣＹＴ95：19は、直刃で、14cm（図79-9）、朱家台ＣＹＴ95：21は、器体はやや厚みがなく、弧状刃、長12cm（図79-10）、年代は前漢後期から後漢前期である。この型の鍬は臨潼上焦村秦墓、赫章可楽前漢前期墓、武夷山城村漢城などでも発見されている。

Ⅱ式：Ｃ形の銎で、やや少ない。桑植朱家台で4点出土しており、竪銎は彎曲してＣ字形に開いた形をなす。ＭＷＴ93：5は、器体はやや縦長で、長12、刃部寛5.4cm（図79-14）、ＣＹＴ95：15は、器体はやや短く幅広、長16、寛5.6cm（図79-15）、年代は前漢後期から後漢前期である。

Ｂ型：銎部は刃部よりやや広く、両側は平直。宜昌路家河Ｔ9⑤：1は、銎口平面が方形に近く、長11、寛5.6、銎厚3.6cm（図79-2）、年代は前漢前期である[129]。鄭州古滎鎮Ｔ3：27は、銎部正・背面に目釘孔をもち、長21、寛6.5cm（図79-7）、年代は前漢後期から後漢前期。鞏県鉄生溝Ｔ12：5は、銎部に一つ目釘孔をもち、長16.5、寛6.2cm（図79-1）、鉄生溝Ｔ4：1は、器体はやや大きく、長20、刃部寛6.8cm（図79-6）、年代は後漢前期である。桑植朱家台ＣＹＴ：95：22は、銎口が梯形を呈し、直刃、長12cm（図79-8）、年代は前漢後期から後漢前期である。この型の鍬は武夷山城村漢城などでも発見されている。

Ｃ型：両側がやや内に反り、腰がくびれる。臨淄前漢斉王墓器物坑Ｋ1：01は、刃部がやや幅が狭く、長16cm（図79-5）、年代は前漢前期。鶴壁鹿楼ＴＤ60：06は、鋳鉄製で、銎口平面が長

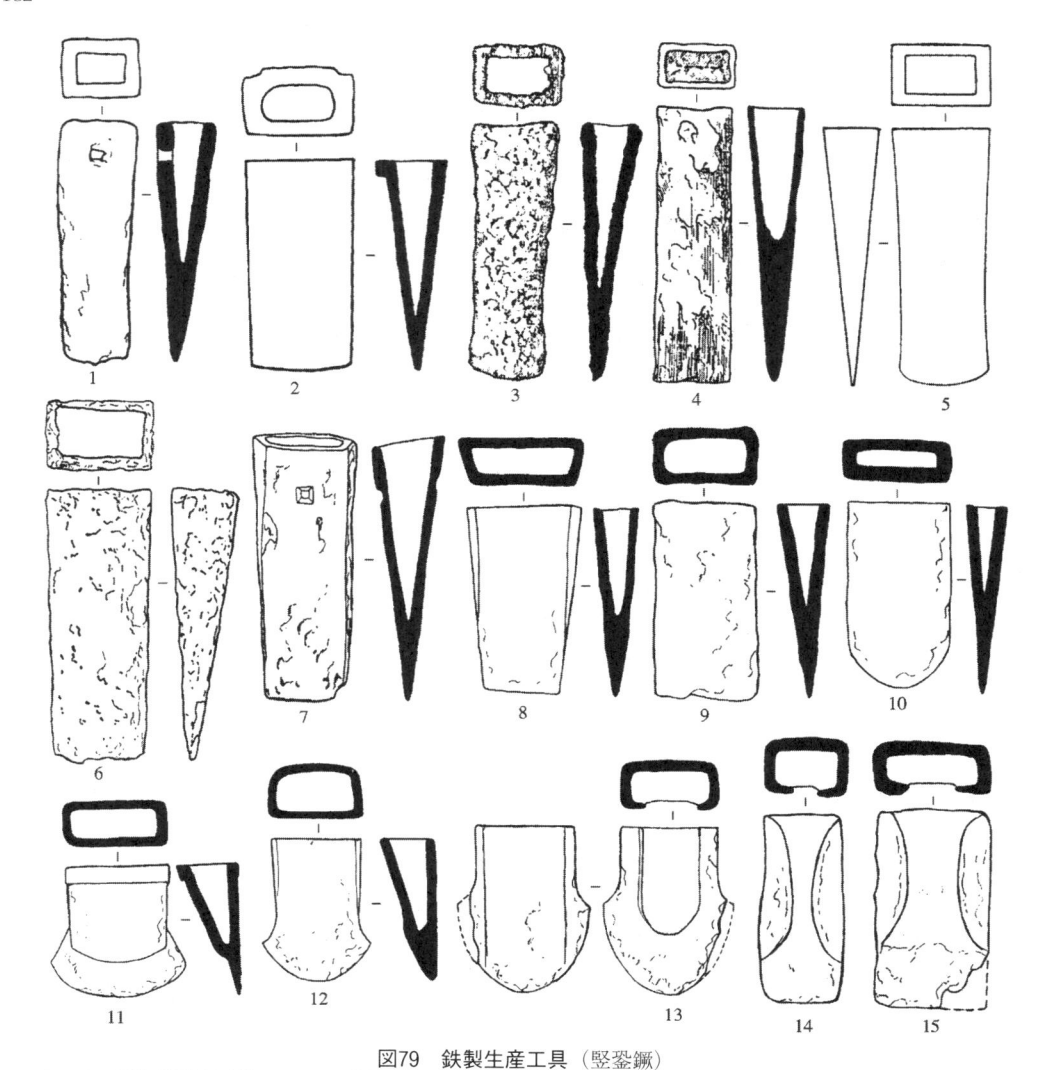

図79　鉄製生産工具（竪銎鍬）
　　1・2．B型（鞏県鉄生溝T12：5、宜昌路家河T9⑤：1）　3．C型（鶴壁鹿楼TD60：06）　4．A型Ⅰ式（洛陽焼溝M97：27）　5．C型（臨淄斉王墓K1：01）　6～8．B型（鉄生溝T4：1、鄭州古滎鎮T3：27、桑植朱家台CYT：95：22）　9・10．A型Ⅰ式（朱家台CYT95：19、朱家台CYT95：21）　11・12．D型Ⅰ式（朱家台LXTT93：4、朱家台MWT92：8）　13．D型Ⅱ式（朱家台MWT92：9）　14・15．A型Ⅱ式（朱家台MWT93：5、朱家台CYT95：15）

　方形を呈し、長17.5、寛6、厚0.3cm（図79-3）、年代は前漢時代である。桑植朱家台CYT95：26は、器体はやや長く、刃部はやや弧状で、長16cm年代は前漢後期から後漢前期である。この型の鍬は南陽瓦房荘等でも発見されている。

　D型：鏟形鍬で、あまり多くない。器体は鏟の形に似て、銎部がやや細く、刃部が扁平で広い。多くは刃部が弧を描く。銎部の構造から二式に分けられる。

　Ⅰ式：閉合式の銎。桑植朱家台で2点出土し、そのうちMWT92：8は、器体がやや縦長で、平面は平直、弧状の刃部で、刃部両端は外に開く。長7.8、刃部寛5.3cm（図79-12）、LXTT93：4は、器体がやや平らで幅広、背面は平らで弧状の刃部は扇形を呈する。長7、刃部寛7.5cm（図79-11）、年代はいずれも前漢後期から後漢前期である。[130]

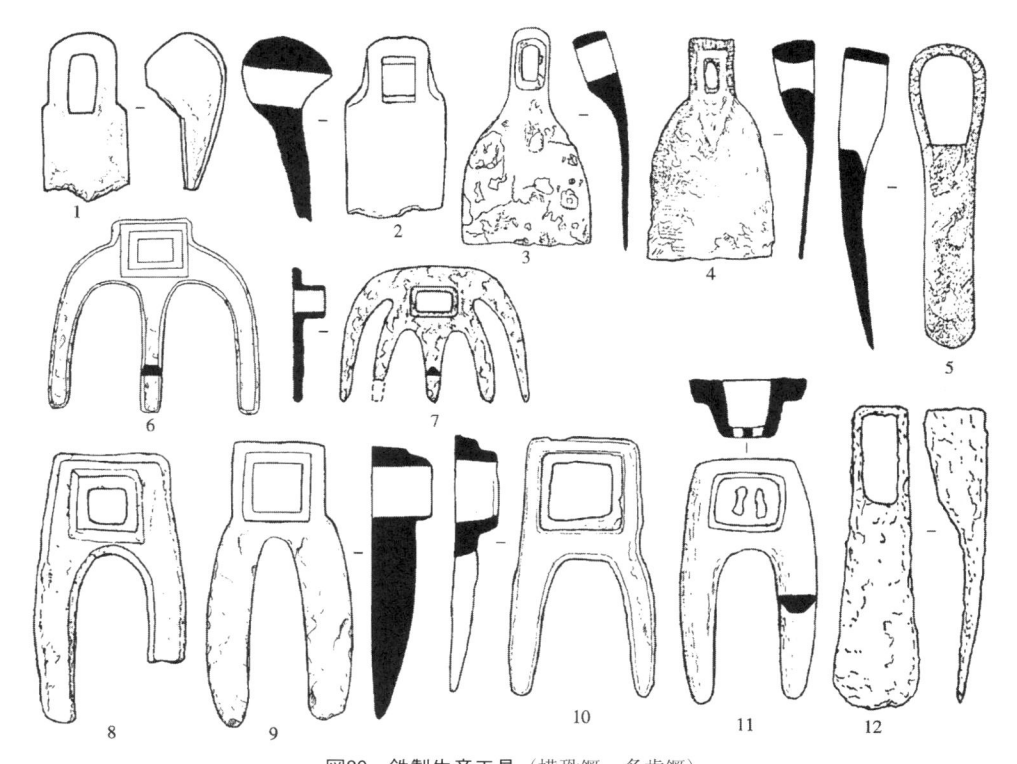

図80　鉄製生産工具（横銎钁・多歯钁）
1～4．B型横銎钁（渭南田市鎮STC：013、長武丁家DJ：8、鞏義新華M1：110、洛陽焼溝M33：5）　5・12．C型横銎钁（南陽瓦房荘T1①A：151、鞏県鉄生溝T5：19）　6．三歯钁（章丘東平陵故城DPL：0244）　7．五歯钁（武夷山城村漢城T312：1）　8～11．二歯钁（鄭州古滎鎮T3SC：22、東平陵故城DPL：0219、満城漢墓M2：3116、鉄生溝T10：3）

Ⅱ式：C形銎。桑植朱家台で2点出土し、形態・大小はほぼ同じである。銎部の一面がC字形に開き、刃部は平らで幅広の舌形を呈する。MWT92：9は、長8.5、刃部寛6.2cm（図79-13）、年代は前漢後期から後漢前期。

　横銎钁　器体は長方形または梯形で、上端近く中央に方形・長方形の横銎が設けられる。戦国時代に流行した正面銎口周囲が突出するA型钁は見られず、秦漢時代は二型が見られる。

　B型：平面は凸字形を呈し、上端は厚く横銎がある。銎口はやや小さく、鍛鉄製である。長武丁家で9点出土し、銎口は方形に近く、身部と75°の角度の方向に向く。形態はやや小さく、そのうちのDJ：8は刃部がほぼ欠けており、残長8、寛4cm（図80-2）、年代は新莽時期である。洛陽焼溝M33：5は、身部が薄く鏟形をなし、竪長長方形の銎口である。通長15、刃部寛9cm、銎口長3.3、寛2.8cm（図80-4）、年代は後漢前期である。鞏義新華M1：110は、器体はやや平らで薄く、通長12.6、刃部寛7.4cm（図80-3）、年代は後漢中期である。渭南田市鎮で3点出土し、竪長長方形の横銎で、残長8～9、寛4.2cm（図80-1）、年代は漢代である。

　C型：平面は長条形を呈し、銎口は比較的大きく、銎部は厚みがない。鞏県鉄生溝で1点（T5：19）出土し、刃部はやや幅広で、弧状の刃部。長23、刃部寛7cm（図80-12）、年代は後漢前期である。南陽瓦房荘T1①A：151は、銎部が広く大きく、刃部がやや狭く弧状を呈する。鍛鉄製で、通長28.5、刃部寛4.5cm（図80-5）、年代は漢代である。

図81　後漢画像石農耕図（鄒城出土）

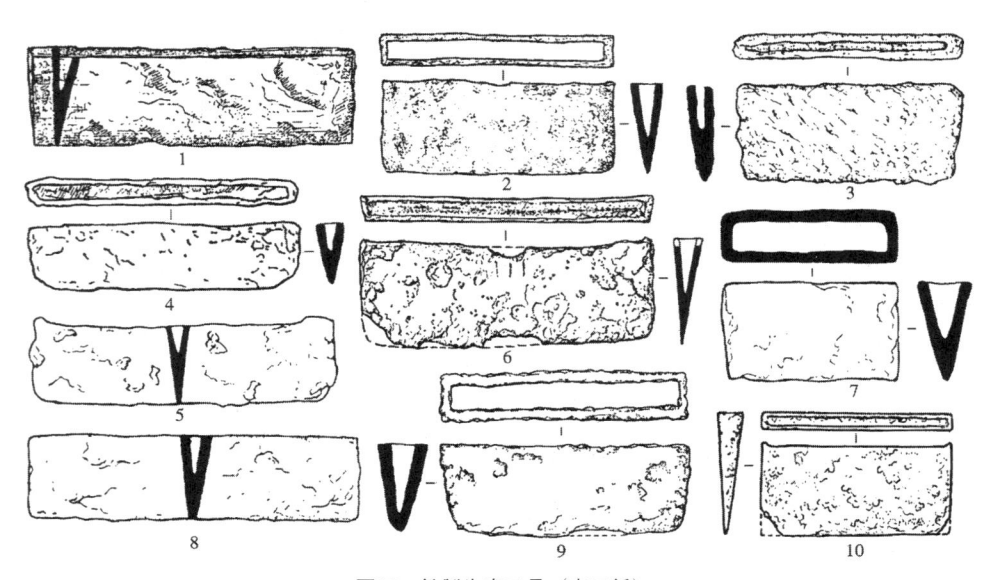

図82　鉄製生産工具（直口鍤）
1〜3．A型（洛陽焼溝M183：01、臨潼鄭荘BB：8、鳳翔高荘M6：1）　4〜6．B型（鞏県鉄生溝T5：20、漢杜陵ⅡT3：4、長葛石固SHGM：1）　7・8・10．A型（桑植朱家台CYT95：18、隴県店子秦墓M192：20、漢陽陵K22：17）　9．B型（錦西小荒地古城址T8③：1）

　横銎鑱は"袢鑱"とも称するが、戦国後期にA型鑱が出現してから、次第に各種形態の竪銎鑱に取って代わっていき、後漢時代のB型・C型鑱は横銎鑱の流行形態となった。山東鄒城で出土した後漢中後期の農耕図画像石には、農夫が横銎鑱を肩に担ぐ図像が彫刻されている（図81）。[132]

　二歯鑱　横銎で、刃が二つあり、鋳鉄製である。満城漢墓M2：3116は、背面が平らで、単合範の鋳造製である。銎径はやや大きく、通長は20.5cm（図80-10）、年代は前漢中期である。古榮鎮鋳鉄遺跡では7点出土しており、方形の横銎で、T3SC：22は、通長21.5、寛11.5cm（図80-8）、年代は前漢中後期である。[133] 鞏県鉄生溝では6点出土しており、背面が平らで、正面銎口が凸出し、単合範鋳造製である。そのうちT10：3は、長21.5、両歯の間隔は5cm（図80-11）、年代は後漢前期である。章丘東平陵故城で2点出土し、鋳造製で、器体は重厚で、方形の横銎、鑱歯断面は半円形を呈する。そのうちDPL：0219は、通長24.2、歯間5cm（図80-9）、年代は漢代である。

　三歯鑱　横銎で、歯が三つある。章丘東平陵故城で2点出土し、鋳造製、形態はほぼ同じである。そのうちDPL：0244は、長方形の横銎で、なで肩、鑱歯断面は梯形を呈し、通長15.6、寛16.8cm（図80-6）、年代は漢代である。三歯鑱は満城2号墓、保定東壁陽城などでも発見されている。

　五歯鑱　横銎で五歯。武夷山城村漢城で1点（T312：1）出土している。アーチ形の背で、横長方形の銎、高11.2、寛16cm（図80-7）、年代は前漢前期である。

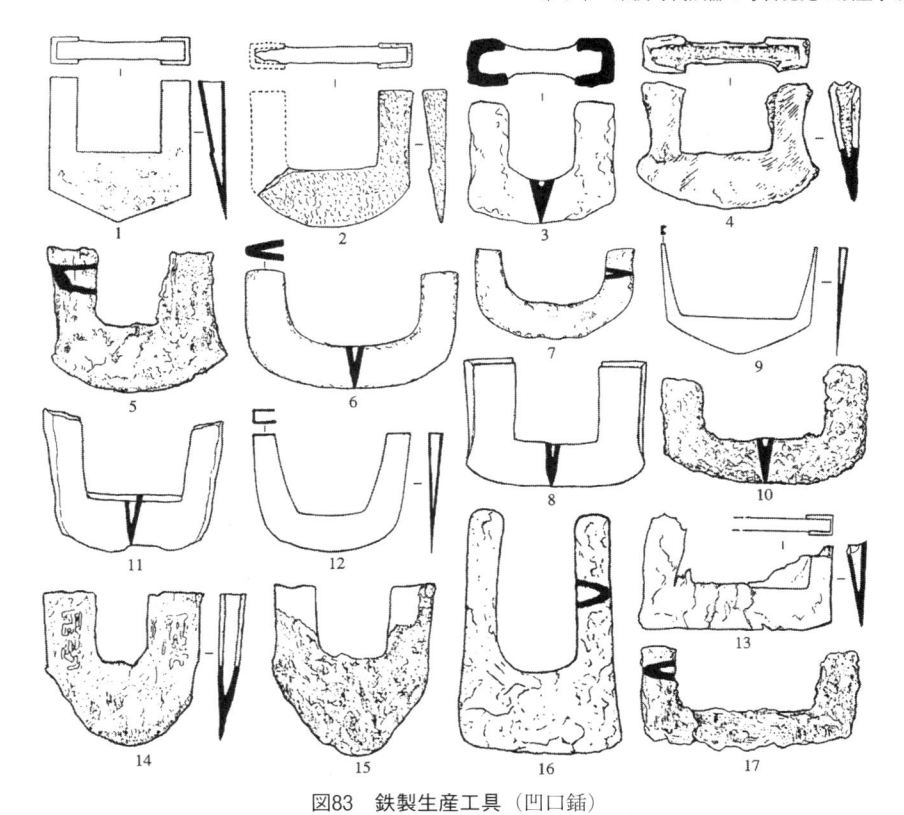

図83　鉄製生産工具（凹口鏵）
1～3．A型Ⅰ式（藍田鹿原寨CB：01、臨潼趙背戸ZH79C：80、桑植朱家台CYT95：12）　4～7．A型Ⅰ式（広州漢墓M1005：18、洛陽焼溝M1002：1、濰坊後埠下M15：01、章丘東平陵故城DPL：0180）　8．A型Ⅱ式（修水横山BB：1）　9．C型Ⅱ式（成都龍泉駅M5：4）　10．A型Ⅰ式（離石馬茂荘M2：3）　11・12．C型Ⅱ式（修水横山BB：2、龍泉駅M25：13）　13．A型Ⅱ式（広州南越王墓B：40-1）　14・15．C型Ⅰ式（西昌東坪村DP87C：03、清鎮漢墓M10：B1）　16・17．A型Ⅱ式（筆県鉄生溝TSG：C2、洛陽焼溝M45：56）

鏵　鏵・鋤・耒・耜の鉄刃に用いる。その形態から直口鏵と凹口鏵の両種がある。

直口鏵　器体は平らで薄め、平面は横長長方形で、長条形の竪鏊である。高・寛の比が多様である。二型に分けられる。

A型：器形は整い、銎口・刃部・両側辺はいずれも平直で、平面は横長方形ないし上部が広く下部の狭い逆梯形を呈する。隴県店子秦墓M192：20は、高5.6、寛21cm（図82-8）。鳳翔高荘秦墓M6：1は、器体は平らで薄く、両側辺は斜めに下がり、高6、寛14、厚1.4cm（図82-3）。臨潼鄭荘BB：8は、高6、寛15.3cm（図82-2）、年代は秦代である。洛陽焼溝M183：01は、器体が短く幅広で、高6、寛19.6cm（図82-1）、年代は前漢中期。この型の鏵は臨潼上焦村秦墓・西安潘家荘秦墓・漢陽陵叢葬坑（図82-10）・漢長安城南郊礼制建築・隴県店子秦墓・桑植朱家台鋳鉄遺跡（図82-7）などでも発見されている。この他、漢陽陵南区叢葬坑でこの型式の鏵の模型明器が出土している。

B型：直刃ないしやや膨らむ刃部で、刃部両端は丸みがあり、幅がやや狭い。錦西小荒地古城址T8③：1は、高5.2、寛13.6cm（図82-9）、年代は前漢時代である。漢杜陵ⅡT3：4は、器体はやや短く幅広、高4.7、刃部寛18.4cm（図82-5）、年代は前漢後期である。長葛石固漢墓で3点

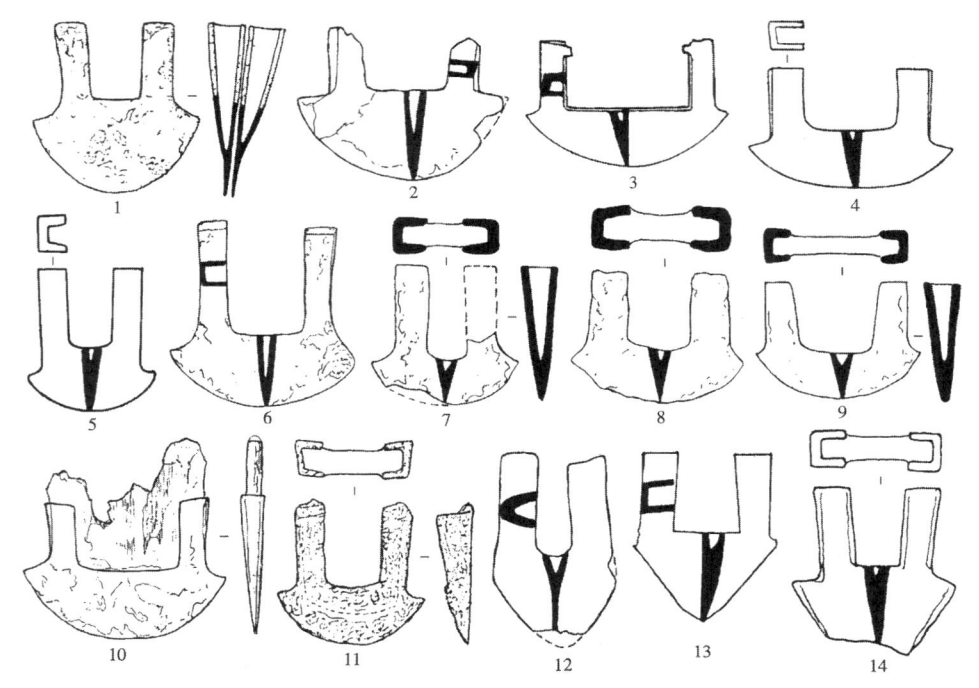

図84 鉄製生産工具（凹口鍤）
1～4．B型Ⅰ式（南陽瓦房荘T18①A：129、楽昌対面山M124：15、資興漢墓M45：1、合浦堂排M2B：5）
5～9．B型Ⅰ式（臨淄斉王墓K4：01、鄭州岔河CHM：2、桑植朱家台LXTT95：1、朱家台CYT95：10、朱家台ZJDT93：5） 10・11．B型Ⅰ式（広州南越王墓B：41、臨潼趙背戸ZH79C：103） 12～14．B型Ⅱ式（武夷山城村漢城T15③：1、資興漢墓M211：1、杞県許村崗M1：01）

出土し、鋈口と刃部はやや欠けている。石固SHGM：1は、正面中央に陰文で"川"字銘が鋳出される。高5.7、寛16.6cm（図82-6）、年代は新莽時期である。金相鑑定により、共晶白口鉄製品とされる。この型の鍤は鞏県鉄生溝（図82-4）などでも発見されている。章丘東平陵故城では、直口鍤の鉄鋳範が出土している（図101参照）。

　凹口鍤　平面が凹字形で器体は扁平、長条形竪銎で、形態は多様である。三型に分けられる。
　A型：平面は方形ないし長方形で、鋈部と刃部の幅が大体同じである。二式に分けられる。
　Ⅰ式：刃部は弧状で舌形ないし三角形を呈し、両側辺は平直かやや内反る。臨潼趙背戸ZH79C：80は、両側がまっすぐで、一方が欠ける。長11.2、寛14.5cm（図83-2）、年代は秦代である。広州漢墓M1005：18は、両側がやや内反り、刃部両端が外に広がる。高9.5、刃部寛11.8cm（図83-4）、年代は前漢前期である。洛陽焼溝M1002：1は、高10.7、刃部寛13、鋈部厚1.5cm（図83-5）、年代は前漢後期。藍田鹿原寨CB：01は、背面が平らで、正面が膨らみ、刃部は三角形を呈する。長12.8、寛12cm（図83-1）、年代は漢代。章丘東平陵故城DPL：0180は、高8、寛13.8cm（図83-7）、年代は漢代である。この型の鍤は濰坊後埠下後漢墓（図83-6）・山西離石馬茂荘（図83-10）、長沙柳家大山前漢墓[136]・桑植朱家台（図83-3）、また貴州清鎮・赫章可楽の前漢後期墓などでも発見されている。

　Ⅱ式：直刃ないしやや膨らむ刃部で両側辺は平直。広州南越王墓B：40-1は、形態はやや幅広で大きく、鋈内に木身部が残留する。高6.4、寛17cm（図83-13）、年代は前漢前期。洛陽焼溝M45：56は、高6.3、寛約15cm（図83-17）、年代は前漢後期である。江西修水横山BB：1は、ほ

ほ横長長方形を呈し、一面の側部に"淮一"の二字の銘が鋳込まれる。高9.5、刃部寛13.5cm（図83-8）、年代は新莽時期である。[137]筰県鉄生溝 TSG：C2は、器体は縦長で、両側と刃部は平直、高19.8、刃部寛13.5、銎部寛11cm（図83-16）、年代は後漢前期である。この型の錛は赫章可楽前漢後期墓などでも発見されている。

B型：刃部は明らかに銎部よりも幅が広い。両側はまっすぐか内反る。二式のみ見られ、戦国時代のⅢ式は見られない。

Ⅰ式：弧状の刃部で、刃部両端は外に広がる。臨潼趙背戸 ZH79C：103は、両側辺がまっすぐ、高6.3、刃部寛7cm（図84-11）、年代は秦代である。臨淄斉王墓器物坑 K4：01は、器体は縦長で、高8cm（図84-5）、年代は前漢前期。広州南越王墓 B：41は、両側辺がまっすぐで、銎内に木身部が残っている。高9.2、刃部寛11.2cm（図84-10）、年代は前漢前期。資興前漢後期墓 M45：1は、両側辺がまっすぐ、高8.6、刃部寛14cm（図84-3）。合浦堂排前漢後期墓 M2B：5は、器体は薄く幅広、高10、刃部寛14cm（図84-4）。[138]楽昌対面山漢後期墓 M124：15は、刃部が幅広で大きく半月形を呈する。残高10、寛12.6cm（図84-2）。[139]修水横山では13点出土しており、年代は新莽時期であるが、鋤刃と耙刃に分けて用いられたものであろう。この型式の錛は鄭州古滎鎮・桑植朱家台（図84-7～9）・南陽瓦房荘（図84-1）・[140]鄭州岔河前漢墓（図84-6）・貴州清鎮前漢後期墓などで多く出土している。この他南陽瓦房荘鋳鉄遺跡ではこの型式の凹口錛の陶鋳模が発見されている（図178参照）。

Ⅱ式：刃部は弧状で丸く尖るか三角形を呈し、刃部両端は外に広がる。一般に器体は縦長である。資興前漢中期墓 M211：1は、三角形刃で、両側辺がまっすぐ、高8cm（図84-13）。杞県許村崗前漢後期墓 M1：01は、縦長で、三角形刃はやや欠け、刃部端は横に広がる。残高8.8、刃部寛9cm（図84-14）。[141]微山万荘10号墓で2点出土し、舌形の刃部で、高10.5、寛8.8cm、年代は前漢後期である。[142]この型式の錛は武夷山城村漢城（図84-12）などでも発見されている。

C型：刃部は銎部よりも幅が狭く、平面は逆梯形を呈する。二式に分かれる。

Ⅰ式：舌形ないし尖円形の刃部で、器体は縦長。西昌東坪村 DP87C：03は、一面が平らで、一面が膨らむ。刃部は尖った舌形で、銎部の両側に"蜀郡"の二字銘が鋳込まれる。長10.5、寛12cm（図83-14）、年代は新莽時期である。[143]この型式の錛は漢長安城南郊礼制建築・貴州清鎮漢墓（図83-15）などでも発見されている。

Ⅱ式：直刃ないし弧状の刃部で、器体は薄く幅広。修水横山 BB：2は、弧刃がやや欠ける。高10、寛11cm（図83-11）、新莽時期のものである。この型式の錛は成都龍泉駅前漢前期墓（図83-9・12）などでも発見されている。

すでに論じたように、直口錛も凹口錛も、どちらも錛と鋤の鉄刃であり、また耒と耙の鉄刃でもあり、特に凹口錛はそれが顕著である。注目すべきは、藍田鹿原寨出土のA型Ⅰ式尖頭凹口錛（CB：01）は同時に出土したA型尖刃直腰小鏵（鹿原寨 CB：02）とちょうどうまく一緒に装着できることで、[144]凹口錛には耘鋤の刃部もあることを説明している。[145]

鏟 竪銎で、銎口平面の形態は多様である。鏟体は薄く、大概は方形ないし梯形である。四型に分かれる。

A型：長銎鏟。銎はやや細長く、銎口平面は方形か六角形を呈し、肩は丸く、鋳鉄製である。赫章可楽前漢後期墓で1点（M178：6）出土し、銎口は楕円形で、肩は角ばる。通長14.6、刃部寛

図85　鉄製生産工具（鏵）
1・2．B型Ⅰ式（隴県店子M279：10、磁県下潘汪T32R：1）　3・4．（章丘東平陵故城DPL：0163、東平陵故城DPL：0162）　5～8．B型Ⅰ式（鄭州岔河CHM：1、咸陽陵照村M11：B1、隴県高楼村CB：010、長武丁家DJ：4）　9．C型（臨潼地窯村M9：05）　10・11．B型Ⅰ式（高楼村CB：09、莘県鉄生溝T8：22）　12．B型Ⅱ式（修水横山BB：3）　13．A型（赫章可楽M178：6）　14．鉄刃銅鏵（右玉県善家堡M18：14）　15．B型Ⅰ式（鉄生溝T8：2）

10cm（図85-13）[146]。

B型：短銎鏵。銎は比較的短く幅広、銎口は長方形ないし方形で、鋳鉄製である。二式に分けられる。

Ⅰ式：丸肩またはなで肩で、鏵体平面は一般に梯形をなす。隴県店子M279：10は、丸肩で、通長14.1、寛13cm（図85-1）、年代は秦代である。長武丁家で8点出土し、丸肩、刃部は平直である。DJ：4は通長10.8、寛8.5cm（図85-8）、年代は新莽時期。隴県高楼村CB：09は、弧状の斜肩で、刃部は欠ける。残長12.4、寛10cm、銎部に陽文で"河二"の二字が鋳出される（図85-10）。高楼村

CB：010は、丸肩で、刃部は欠ける。残長12.4、寛9.5cm、銎部には陰文で"東二"の二字が鋳出される（図85-7）。年代は前漢時代である。磁県下潘汪 T32R：1は、丸肩、銎口に二条の突帯がめぐり、通長10.2、寛9cm（図85-2）、年代は前漢時代である。[147] 鄭州岔河前漢墓CHM：1は、通長15、刃寛12.8cm（図85-5）。[148] 鞏県鉄生溝では14点出土しており、そのうちT8：2は、銎口がほぼ六角形を呈し、銎部に"河三"の二字の銘があり、通長13.5cm（図85-15）、鉄生溝T8：22は、長約13cm（図85-11）、年代は後漢前期である。この型式の鏟は秦始皇陵西側建築遺構・漢長安城南郊礼制建築・満城2号墓・咸陽陵照村後漢墓（図85-6）・鶴壁鹿楼製鉄遺跡・南陽瓦房荘・鄭州古滎鎮などでも発見されており、夏県禹王城ではこの型式の鏟の陶鋳範が出土している。[149]

Ⅱ式：斜肩。修水横山BB：3は、両肩が斜めに伸びて側辺となり、全体は三角形に近い。弧状の刃部で銎部一面には"淮一"の二字の銘が鋳出される。通長13、刃部寛13.5cm（図85-12）、年代は新莽時期である。[150] 長葛石固SHGM：4は、長期の使用のため鏟体の大部分が破損しているが、銎部には陰文で"川"字銘が鋳出されている。通長8.7、寛8.9cm、年代は新莽時期である。

C型：長体鏟。方形ないし長方形の銎で、全体は細長く、鋳鉄製である。章丘東平陵弧状で漢代の鏟が2点出土しており、両側部に鋳型の合わせ目が見られる。そのうちDPL：0163は、鏟身がやや短く、弧状の刃部で、通長15、寛10.4cm（図85-3）。この型の鏟は臨潼地窰村漢墓（図85-9）・鄭州古滎鎮・桑植朱家台などでも発見されている。

D型：板状鏟。鍛鉄製であり、鉄板を鍛造して製造したものであり、銎部に鍛接の合わせ目が残る。形態は多様である。秦咸陽宮二号建築遺跡で1点（XYP2：B12）は、楕円形の銎で、丸肩、刃部はほぼ欠ける。背面銎部の上部が閉じられ下部が三角形に開くように銎部が作られる。銎口径1.2〜2.7、残長9.6、寛9cm（図86-3）。広州南越王墓で2点出土しており、鏟体はやや梯形を呈し、刃部はやや弧をなす。方肩で、長方形の銎、年代は前漢前期である。[151] そのうちC：145-14は、銎部が下部まで閉じられ、通長16.6、寛9.4、厚0.25cm（図86-1）、C：145-15は、銎部合わせ目は開いており、通長15.6、寛8.8、厚0.3cm（図86-2）である。天長三角圩M1：192-2は、鏟体

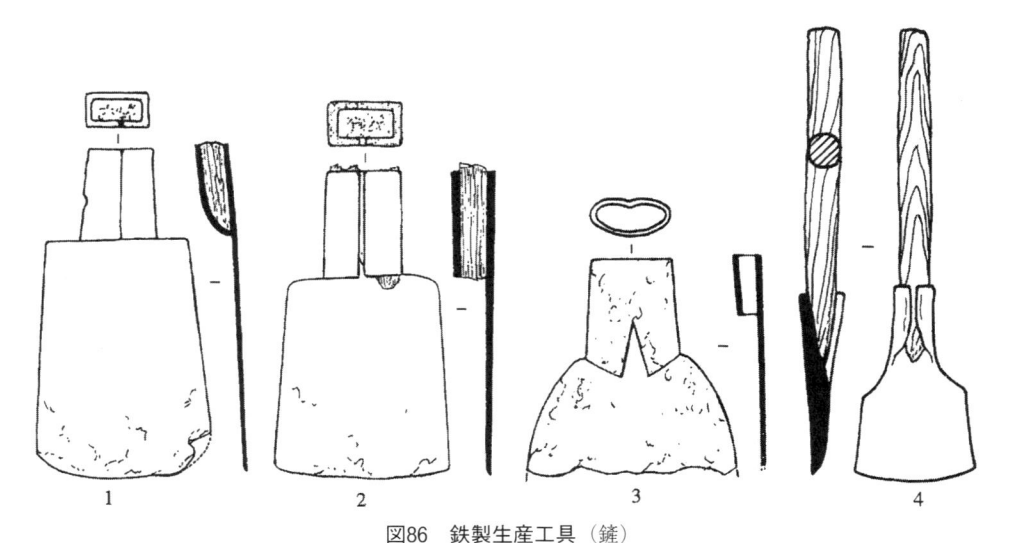

図86　鉄製生産工具（鏟）
1〜4．D型（広州南越王墓C：145-14、南越王墓C：145-15、秦咸陽宮二号遺跡XYP2：B12、天長三角圩M1：192-2）

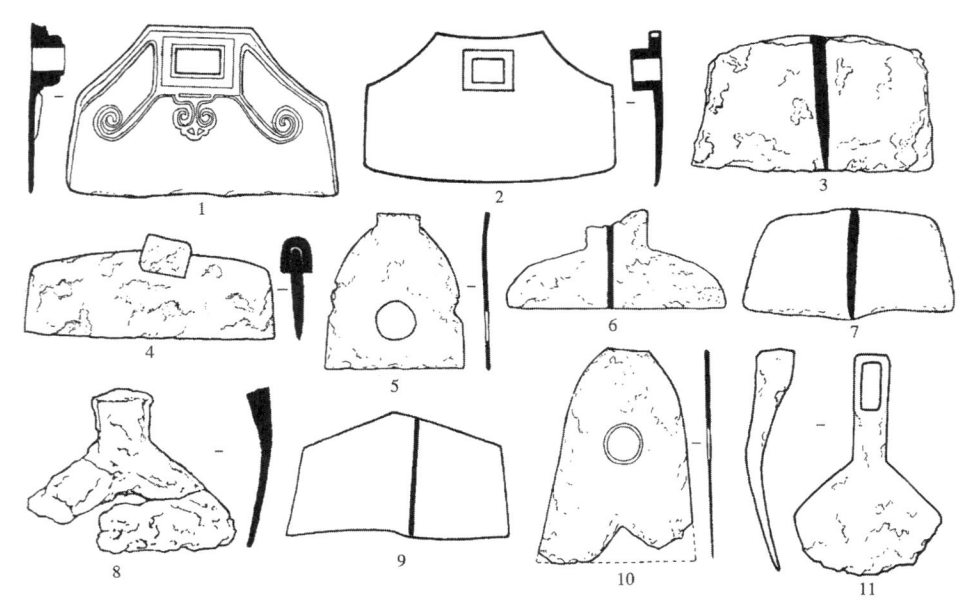

図87　鉄製生産工具（鋤）
1．A型六角鋤（長武丁家DJ：7）　2．B型六角鋤（臨淄斉王墓K5：20）　3・4．B型鋤板（漢杜陵ⅡT3：5、漢杜陵ⅤT4：2）　5．C型鋤板（章丘東平陵故城DPL：0215）　6．耨鋤（漢長安城南郊礼制建築遺跡T1345②：1）　7．B型鋤板（長武丁家DJ：1）　8．耨鋤（徐州利国駅HXM：2）　9．B型鋤板（渭南田市鎮TSC：014）　10．C型鋤板（東平陵故城DPL：0216）　11．耨鋤（江陵馬眼橋MYQ：298）

は方形に近く、長方形の銎で、合わせ目が明瞭である。弧状の肩部で、出土時には木柄が装着されていた。通長39.5、寛10cm（図86-4）、年代は前漢中後期である。鶴壁鹿楼TD60：53は、鏟体は薄く扇形であり、刃部はやや弧をなし、肩がない。通長8.8cm、年代は前漢時代。鞏県石家荘M1：8は、長17、刃部寛10cm、年代は後漢後期である。[152]

鉄鏟の出現は春秋後期であり、その後しだいに青銅鏟に取って代わっていき、秦漢時代には青銅鏟はほとんど消失する。興味深いことに、1990年山西右玉県善家堡18号墓で鉄刃銅鏟1点（M18：14）が出土した。銎部と鏟身が銅製で、梯形の銎はやや太く短く、斜めの丸肩、そして鏟体下部背面に四つのリベットで長方形の鉄刃を接合している。鉄刃は高3.9、寛9cm、鏟通長10.1cm（図85-14）、年代は後漢後期である。[153]この種の鉄刃銅鏟は非常にまれで、古い銅鏟を改造して再利用したものと考えられる。

　六角鋤　上部が梯形ないしアーチ形を呈し、下部が横長長方形である。上部中央に方形ないし長方形の横銎があり、正面の銎口周辺は突出する。鋳鉄製である。二型のみ発見されており、戦国時代のC型は見られない。

　A型：上部は梯形で、斜めにまっすぐな肩をなす。長武丁家DJ：7は、銎口が横長長方形で、刃部以外の各辺は縁が突出する。銎口下方には単線巻雲紋と雲頭紋がある。高12.8、刃部寛20.5cm（図87-1）、年代は新莽時期である。修水横山HS：4は、直刃でやや膨らむ刃部、刃部以外の各辺は縁が突出する。高10、残寛13cm、新莽時期である。この型の鋤は洛陽焼溝後漢前期墓・鞏県鉄生溝などでも発見されており、新安上孤灯ではこの型の鋤の鉄鋳範が出土している。

　B型：上部が凸字形をなし、両肩は内反る。臨淄斉王墓器物坑で1点（K5：20）出土し、直刃でやや膨らむ刃部である。高11.4、寛18.6cm（図87-2）、年代は前漢初期である。

鋤板　器体は薄く平らで板状である。厚みは一定で、刃部がやや薄くなる。二型のみ見られ、戦国時期のA型はない。

B型：頂端・両側辺に縁取りはない。漢杜陵ⅡT3：5は上部がややアーチ状で、直刃、高10.5、寛19、上部厚2.2cm（図87-3）、漢杜陵VT4：2は、器体は短く幅広、上部に装着した柄の基部が残存する。高8.1、寛21.8cm（図87-4）、年代はともに前漢後期である。長武丁家DJ：1は鍛造製で、平面はほぼ梯形を呈し、高12.2、寛14、上部厚0.9cm（図87-7）、年代は新莽時期。渭南田市鎮で1点（TSC：014）出土し、全体は五角形を呈し、上部が突出し、直刃、高10.6、寛15.8～18.3、厚1cm（図87-9）、年代は漢代である。

C型：頂端と両側辺は縁取りをもたない。上部中央に円孔・方孔がある。章丘東平陵故城で2点出土し、鋳鉄製で、平面は鐘形である。そのうちDPL：0215は、円孔が鋤体下部にあり、高12、寛10.6cm（図87-5）、DPL：0216は、円孔が鋤体中部のやや上よりにあり、高16.6、寛12cm（図87-10）、年代は漢代である。この遺跡ではこの型式の鋤板を鋳造するための陶鋳範も出土している。

耨鋤　器体は薄く平らで、茎があり、茎に鎏が設けられるものもある。鋤体の形態は多様である。漢長安城南郊礼制建築遺跡T1345②：1は、茎は欠け、鋤体は平らで幅広、直刃である。寛11.4cm（図87-6）、年代は前漢後期。徐州利国駅HXM：2は、全体がやや彎曲し、鋤身は三角形を呈する。頂部に短い茎が伸びる。通高18.5、刃部寛22.5cm（図87-8）、年代は後漢前期である。[154]江陵馬眼橋MYQ：298は、長茎で、茎上に横鎏があり、鋤体は扇形である。通高16、刃部寛10.2cm（図87-11）、年代は後漢後期である。[155][156]

犁鏵　大鏵と小鏵の二種がある。

大鏵　形態は大体差がなく、背面は平らで、正面は膨らみ、中部に凸脊が比較的明瞭に見られる。王断面は二等辺三角形を呈する。後部が銎となっており、前部が舌形刃ないし三角形尖刃となる。長さは一般に30cm前後かそれ以上である。平面形態から三型に分けられる。

A型：全体は舌形を呈し、後端は平らに整う。満城2号墓で1点（M2：01）出土し、中部は縦向きに隆起する。長32.5、後端高10.2、寛30cm、重3.25kg（図88-2）、鑑定により、灰口鉄と麻口鉄の混合組織とされる。年代は前漢中期である。

B型：全体は舌形で、後端は人字形を呈する。隴県高楼村で1点（GLC：01）出土し、正面中央に凸脊が通る。前端にV字形の鏵冠を装着する。通長39.5、銎部寛37.7、高14.3cm（図88-4）、年代は前漢時代。この型の鏵は澠池鉄器窖蔵で48点出土しており、他に礼泉王相村・西安阿房区・武夷山城村漢城でも発見されている。[157]

C型：全体は三角形を呈し、後端は平らに整う。滕県長城村で1点（CHCC：01）出土し、辺長48、銎部寛45cm（図88-9）、年代は漢代である。[158]この型の鏵は鳳翔孔家荘で7点出土しており、長27～40cm、重3～8kg、年代は漢代である。[159]

大鏵は漢代の遺跡で多く発見されているが、形態は同様ながら大きさの差がやや大きく、一般に長さは30cm以上で、遼陽三道壕出土の1例は、長40.2、銎部寛40.6cm、年代は前漢時代である。[160]滕県長城村出土の大鏵には、辺長20、銎部寛25cmといったやや小さめのものもある。犁鏵の出土した際、鏵冠を装着しているものがよく見られ、中にはさらに鏵土を装着するものもある。大鏵は藍田鹿原寨・蒲城重泉村・西安沙井村・咸陽北杜・石家荘東崗頭村などでも発見されている。[161]

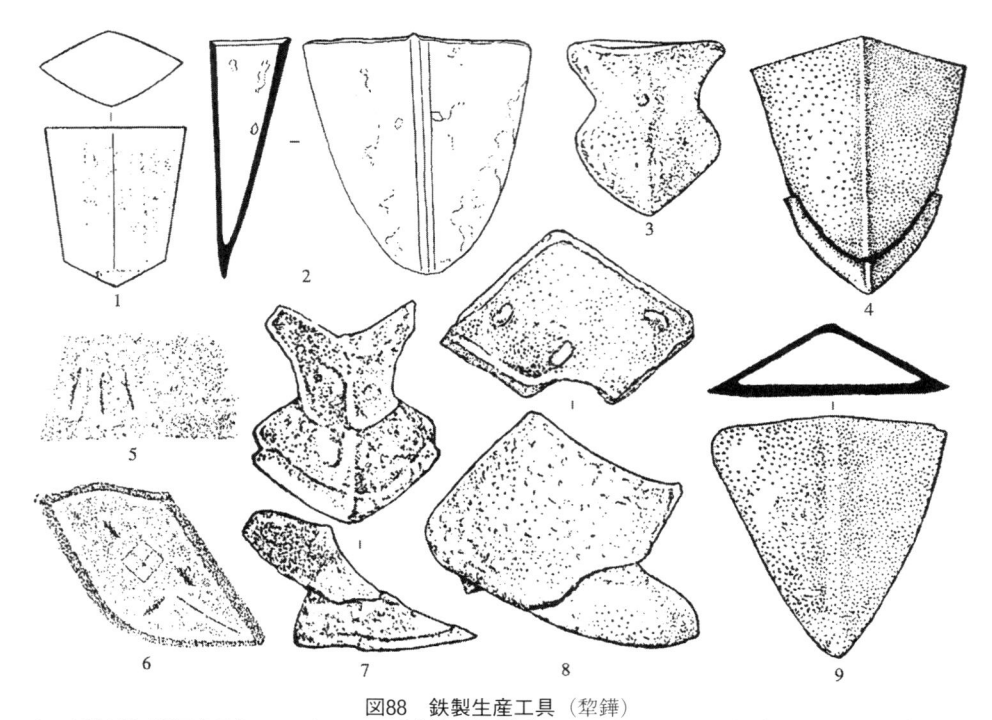

図88 鉄製生産工具（犂鏵）
1．A型小鏵（藍田鹿原寨CB：02） 2．A型大鏵（滿城漢墓M2：01） 3．B型小鏵（澠池MCJC：B1） 4．B型大鏵（隴県高楼村GLC：01） 5・6．A型鏵土銘文（咸陽趙家村ZJC：01） 7．B型鏵土と犂鏵（礼泉王相村WXC：02） 8．A型鏵土と犂鏵（長安韋兆村WZC：01） 9．C型大鏵（縢県長城村CHCC：01）

　鏵土　大型犂鏵の後部に装着する部品で、これで土壌を反転させる。二型に分かれる。
　A型：菱形ないし長方形の鏵土。長安韋兆村で一組（WZC：01）出土し、そのうち犂鏵はA型の大鏵で、長29、寛26、銎部高9cm、鏵土全体は板瓦状に彎曲し、弧度高4.5cmで、周縁は突出し、背面に四つの縄を通すための鈕がある。菱形の平面の一角が内に凹み、これにより犂鏵を装着するようになっている（図88-8）。年代は前漢時代。咸陽趙家村出土の一組（ZJC：01）は、鏵長37、銎部寬35cm、鏵土長46、寛24cm。鏵体背面に"川"字が鋳出され、鏵土平面には"田"字が鋳出される（図88-5・6）。この型の鏵土は、鳳翔孔家荘・澠池鉄器窖蔵などでも発見されている。
　B型：鞍形鏵土。礼泉王相村で一組（WXC：02）出土し、そのうち犂鏵はB型の大鏵で、長23.3、銎部寛28、高8.6cm。鏵の正面前部中央には長7.5、寛2.2、高1.3cmの凸脊が一条伸び、凸脊後端には円孔が一つある。出土時にはV字形の鏵冠と鏵土が装着されていた。鏵土は両側部が高く中間が低い馬鞍形を呈し、平面中部には縄をかけるための鈕が二つ見られる。その下端は突出して尖り、鏵の凸脊にある穿孔に挿入されている。高22、寛23cm（図88-7）、年代は前漢時代である。この型の鞍形鏵土を装着した鏵は、西安阿房区・咸陽北杜・渭南田市鎮などでも発見されている。
　鏵土の形態の違いは、その機能の差でもある。菱形ないし長方形の鏵土は、犂で土壌を耕起する際に土を一方に反転させ、鞍形の鏵土は犂で耕す際土壌を両側に翻すことができる。
　小鏵　両面が膨らみ、銎口は菱形に近い楕円形で、尖刃ないし三角形刃、一般に長20cm以下である。二型に分かれる。
　A型：くびれのない小鏵。藍田鹿原寨CB：02は、全体が逆梯形で、両側辺がまっすぐ、刃部は

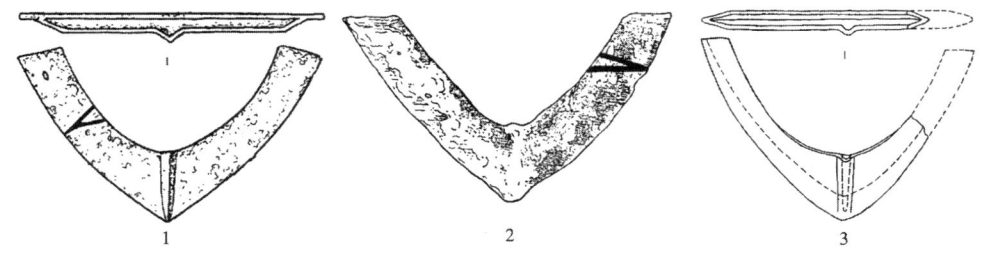

図89　鉄製生産工具（鏵冠）
1．B型Ⅱ式（漢陽陵K22：4）　2．B型Ⅰ式（洛陽焼溝M1018：03）　3．B型Ⅱ式（長武丁家DJ：9）

三角形を呈する。長15.7、釜口長14.2、寛7.5、刃部寛10cm（図88-1）、年代は漢代である。この型の鏵は富平・蒲城重泉村などでも発見されている。この種の小鏵は、耘鋤に属すると考えられる。

B型：腰のくびれる小鏵。蒲城重泉村で出土したこの型式の漢代小鏵は、両側辺が内に反り、正面刃部中央に凸脊が見られ、正面釜口下方に小円孔がある。大小両種があり、大きいものは長17.5、寛11.8〜14.5cm、小さいものは長11、寛7〜10cm。この型式の鏵は澠池鉄器窖蔵（図88-3）[163]・渭南田市鎮などでも発見されている。この種の小鏵は播種に用いる耬鏵に属すると考える研究者もいる。[164]平陸棗園漢墓壁画では、牛が三脚耬を引いて播種する図像が描かれており、年代は新莽時期である。[165]

　鏵冠　犁鏵の前端に被せる鉄刃である。全体はV字形で、両翼の外側が刃となり、内側がV形の鋬となって鏵体に嵌められる。先端は尖る。鋳造製で、一型のみあり、戦国時代のA型は見られない。

B型：正面の刃部中央に脊が通る。二式に分けられる。

Ⅰ式：釜口は前が高く後が低い。洛陽焼溝 M1018：03は、高12.6、翼寛22.3、辺刃長16cm（図89-2）、年代は後漢前期である。

Ⅱ式：釜口前後はほぼ同じ高さ。漢陽陵K22：4は、両翼が弧状で、正面が膨らみ、背面は平ら、高14、寛24.2、厚2.3cm（図89-1）、年代前漢前期である。長武丁家では4点出土し、両翼の角度は約45°で、峰刃の角度は約75°、両翼は弧状を呈する。そのうちDJ：9は、一翼はほぼ欠けており、高17、復元翼寛21.6、辺刃長23.5、翼尾寛2.8cm（図89-3）、年代は新莽時期である。隴県高楼村で8点出土し、大小は同じであり、翼寛30、峰寛6.5cm、その右翼正面にはいずれも"河二"の二字が鋳込まれており、年代は前漢時代である。この種の鏵冠は鞏県鉄生溝で23点、澠池鉄器窖蔵で1101点出土し、鳳翔孔家荘出土の6点では、うち2点が犁鏵に装着されていた。この他渭南田市鎮・赫章可楽前漢後期墓などでも発見されている。

　鎌刀　鎌体は横長条形で、直体と彎体がある。刃口の差異により鋒刃鎌と歯刃鎌の二種類に分けられる。

　鋒刃鎌　刃口は条形で、戦国時代のA型・B型はなく、三型が見られる。

　C型：扁平長条形で、器体はやや薄く、柄端が折り曲げられ欄となる。鎌体の彎曲具合から三式に分けられる。

　Ⅰ式：背がアーチ状で直刃かやや内反る（すなわち戦国時代のC型）刃部である。臨潼趙背戸

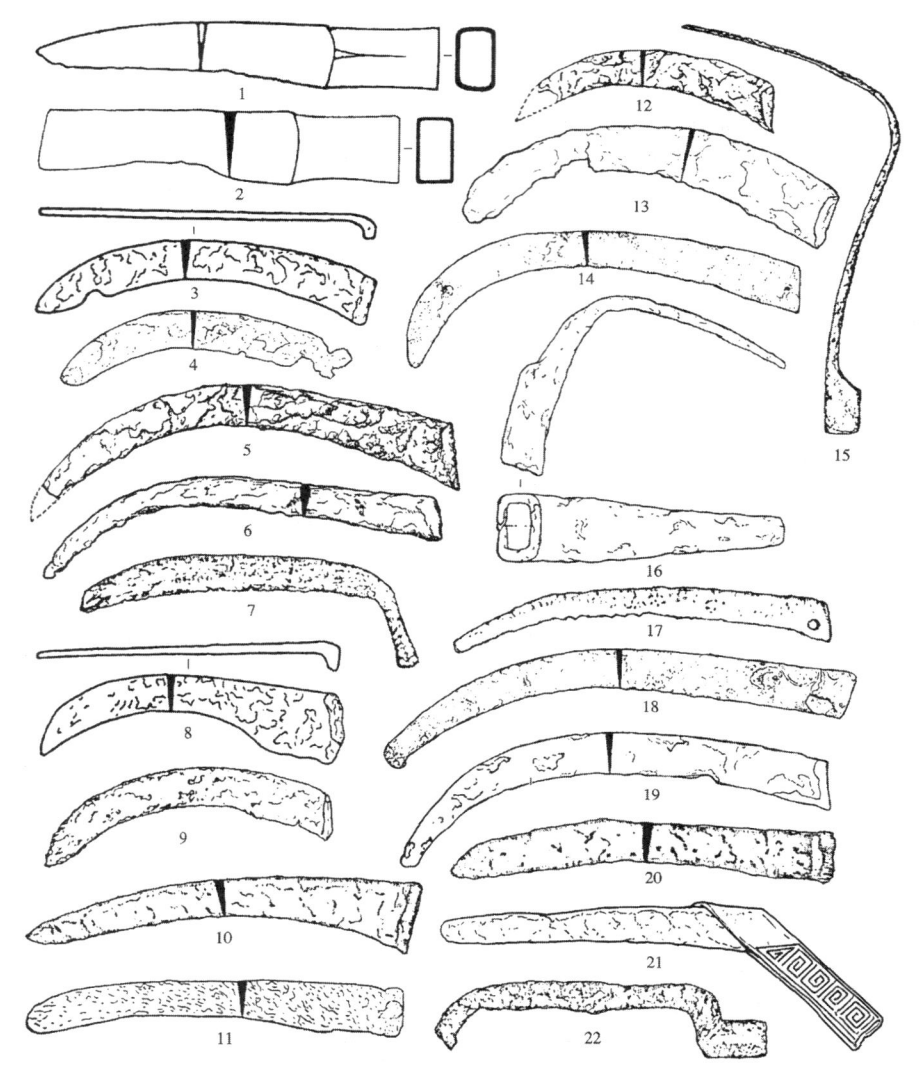

図90 鉄製生産工具(鎌刀)
1・2. D型Ⅱ式峰刃鎌(成都龍泉駅M5：5、龍泉駅M30：14) 3・4. C型Ⅲ式峰刃鎌(鶴壁鹿楼T4
①：1、南陽瓦房荘T18①A：24) 5.6. C型Ⅱ式峰刃鎌(長葛石固SGM：6、洛陽焼溝M117：43) 7.
E型鋒刃鎌(西安洪慶村HQC：01) 8. C型Ⅰ式峰刃鎌(鶴壁鹿楼T5①：2) 9. C型Ⅲ式峰刃鎌(宝
鶏闘鶏台前漢墓) 10・11. C型Ⅰ式峰刃鎌(棗荘方荘村FZM：2、臨潼趙背戸ZH79C：6) 12・13. C
型Ⅲ式峰刃鎌(長葛石固SHGM：8、漢長安城南郊礼制建築遺跡F203：2) 14. C型Ⅱ式峰刃鎌(瓦房
荘T18①A：65) 15・16. D型Ⅱ式峰刃鎌(新繁牧馬山MMS：B10、五龍大邑M18：16) 17. A型歯刃
鎌(寿県安豊塘AFT：05) 18・19. C型Ⅱ式峰刃鎌(南陽瓦房荘T18①A：63、漢杜陵ⅡT4：2) 20.
C型Ⅰ式峰刃鎌(鶴壁鹿楼TD60：B1) 21. D型Ⅱ式峰刃鎌(江川李家山M3：57) 22. B型歯刃鎌
(広州漢墓M1117：5)

ZH79C：6は、刃部がやや内反り、長20.9、寛1.1〜2.7cm(図90-11)、年代は秦代。鶴壁鹿楼[166]
T5：①：2は、柄端が鎌体より幅広で、内反る刃部、鍛造製である。長17.5、寛2.3〜3.8cm(図
90-8)、年代は前漢時代。この型式の鎌刀は棗荘方荘後漢後期墓(図90-10)・鶴壁鹿楼製鉄遺跡
(図90-20)・渭南田市鎮などでも発見されている。

Ⅱ式：鎌体後部がまっすぐで、前部が湾曲する。鎌体は一般に長めである。漢杜陵ⅡT4：2は、
柄端と鎌体がだいたい同じ幅で、背部が厚くなる。長27.5、柄端寛3、背部厚0.5cm(図90-19)、

年代は前漢後期である。南陽瓦房荘 T18①A：63は、器体は細長で、長27.5cm（図90-18）、瓦房荘 T18①A：65は、前部の湾曲がやや顕著で、長23cm（図90-14）、年代は漢代である。洛陽焼溝 M117：43は、柄端は鎌体より幅広で、内反る刃部で、長24.5、寛0.7～12.5cm（図90-6）、年代は後漢中期である。この型式の鎌刀は長葛石固漢墓（図90-5）・広州南越王墓・楡樹老河深鮮卑墓地などでも発見されている。

Ⅲ式：全体が彎曲して細長の三日月形を呈し、アーチ状の背部、内反る刃部で、柄端と鎌体はほぼ同じ幅である。鶴壁鹿楼 T4①：1は、鍛造製で、長17.5、寛2.3cm（図90-3）、年代は前漢時代。長葛石固 SHGM：8は、鍛造製で、器体はやや短く、残長23.6、寛1.1～3cm（図90-12）、年代は新莽時期。南陽瓦房荘 T18①A：24は、柄端がやや欠け、長16.7cm（図90-4）、年代は漢代。この型式の鎌刀は宝鶏闘鶏台前漢墓（図90-9）・漢長安城南郊礼制建築遺跡（図90-13）などでも発見されている。

D型：帯骹鎌で、その形態構造により二式に分けられる。

Ⅰ式：全体は長条形で、横骹をもち、骹口の方向が鎌体に一致し、使用時は曲柄を装着したと考えられる。成都龍泉駅前漢前期墓で7点出土し、内反る刃部で、長方形の骹口である。そのうちM5：5は、アーチ状の背部に、尖刃、通長30.5cm（図90-1）、M30：14は、背がまっすぐで、斜めに切れる切先、通長25.5cm（図90-2）[167]。

Ⅱ式：全体は曲尺形を呈し、竪骹で、骹口方向は鎌体とほぼ垂直になる。五龍大邑秦代墓で1点（M18：16）出土し、全体は彎曲して曲尺形となり、方形の骹口、通長20.4cm（図90-16）。新繁牧場山後漢墓で1点（MMS：B10）出土し、細長の柄で、柄首に骹が設けられる（図90-15）[168]。この他、江川李家山で1点の銅骹鉄刃鎌（M3：57）が出土し、銅骹断面は方形を呈し、表面には回字形紋が鋳込まれる。鉄製刀体は直体長条形で、全長26.2、刃長18.5cm（図90-21）、年代は前漢後期である。この種の鎌刀は撥鎌ともいわれ、主に草を刈るのに用いられる。成都市郊で出土した後漢時代の草刈り収穫図画像磚城には、農夫が撥鎌を振って草を刈る場面が模刻されている（図91）[169]。

E型：曲尺形の鎌。西安洪慶村で1点（HQC：01）出土し、鍛造製で、アーチ状の背部、直刃で、後端が下方に曲り曲尺形を呈する。湾曲部分は扁平・細長で木柄に挟み込まれるようになっている。刀身長32、寛3.5cm（図90-7）[170]、年代は漢代である。渭南田市鎮で1点（TSC：09）出土し、扁平で細長い鉄片鍛造して製作したもので、柄と刀身は約110°の角度となり、柄長18.5、刀身長10.5cm、年代は漢代である。

歯刃鎌　刃口が鋸歯状をなす。二型に分かれる。

A型：長条形。寿県安豊塘閘壩遺跡で1点（AFT：05）出土し、柄端に穿孔が一つ設けられる（図90-17）[171]。

B型：帯骹弓形鎌。広州前漢前期墓で1点（M1117：5）出土し、全体は弓形を呈し、歯刃は錆で覆われる。柄端は丸骹となっている。通長17.5cm（図90-22）[172]。

考古発見による秦漢時代の鉄鎌刀は、ほとんどが木柄の残っていない鉄鎌刀部分のみであるが、新疆地域における保存の良好な木柄鉄鎌の発見は、当時の無骹鉄鎌刀の装柄状況と全体の構造を明らかにしてくれる。洛普県山普拉Ⅱ号墓地出土の木柄鉄鎌（SPLⅡM3：202）は、鎌体がやや小さく、直体彎頭形をなし、羊皮で包まれていた。木質の柄で、鎌刀は柄の頂端に挿入されてから細線で緊縛し、かつ羊皮で梱包されている。鎌刀長8.5、寛1cm、木柄長27、直径1.6cm（図92-4）、

図91 後漢画像磚草刈り図中の撥鎌使用状況（成都市郊出土）

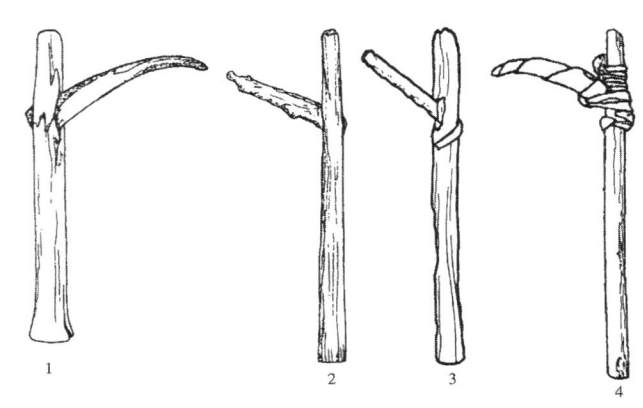

図92 鉄製生産工具（木柄鉄鎌刀）
1．民豊尼雅NY93A27F1：10　2．民豊尼雅NY95M4：17　3．尼雅遺跡採集　4．洛普県山普拉Ⅱ号墓地SPLⅡM3：202

年代は後漢時代である。[173]民豊尼雅95M4出土の木柄鉄鎌（NY95M4：17）は、鎌刀は直体長条形を呈し、真直ぐな背部に直刃で、柄端が木柄に挿入され、リベットで固定される。刀体と木柄は118°の角度となる。木柄断面は丸い。鎌刀長7.2、寛1.5cm、木柄長22.3、直径1.1〜1.8cm（図92-2）、年代は後漢時代である。[174]民豊尼雅93A27遺跡出土の木柄鉄鎌（NY93A27F1：10）は、鎌刀前端が細くなって内湾し、柄端はやや幅広で木柄に挿入される。木柄断面は円形で、柄首はやや太い。鎌刀長18.6、寛3.3cm、木柄長31.8、直径3cm（図92-1）、年代は後漢後期である。[175]尼雅遺跡採集のもう一例の木柄鉄鎌刀は、鎌刀残長が12cm、木柄長32cm。刀身末端が木柄に挿入されたのち、さらに折り曲げられて柄に固定されている。刀刃と柄は鈍角をなす（図92-3）、年代は漢晋時期である。[176]尼雅95M4の木棺周囲には蘆葦（あし）と小麦藁が充填されており、また尼雅遺跡では粟・麦が発見され、比較的完全な麦穂も採集されている。[177]尼雅一帯で発見された漢代の木柄鎌刀は、粟・麦・蘆葦などを刈り取るのに用いられたと考えられる。

銍刀 平面は三日月形ないし長方形を呈し、戦国時代のA型単孔銍刀は見られず、B型双孔銍刀があるのみである。

B型：二式に分けられるが、戦国時代のB型Ⅰ式は見られない。

Ⅱ式：平面は三日月形に近く、背が厚く、または縁が隆起する。背部近くに双孔がある。鋳鉄製である。呈貢石碑村で13点出土し、刃部寛9〜11cm、年代は前漢後期である。[178]

Ⅲ式：平面は横長長方形で、背部近くに双孔がある。鍛鉄製。広州南越王墓で2点出土し、形態

は同様で大小に差がある。器体は比較的薄く、断面は弧状で板瓦に似る。背部は竹管内に嵌めこまれる。C：125-1は、高3.9、寛7.1、厚0.3cm（図93-1）、年代は前漢中期である。

　抹泥板　土木建築工具である。鶴壁鹿楼製鉄遺跡で1点（TD60：01）出土しており、鍛造製である。抹板は長方形の薄板で、上端は丸みがあり、下端は角ばる。背面に薄い鉄条で作った長方形の取っ手を鍛接しており、長25、寛7cm（図93-3）、年代は漢代である。

　夯錘　円筒形で、一端が閉じて夯頭となり、一端が開いており木製の夯体を装入する。長清小範荘前漢墓の埋め土から2点出土し、口はやや大きく、夯頭がやや小さい。頭は平らである。

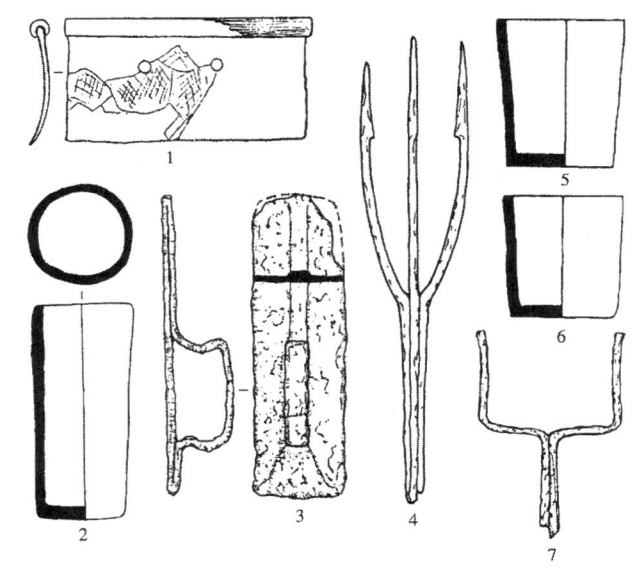

図93　鉄製生産工具（銍刀・抹泥板・夯錘・魚叉・二歯叉）
1．B型Ⅲ式銍刀（広州南越王墓C：125-1）　2．夯錘（章丘東平陵故城DPL：0185）　3．抹泥板（鶴壁鹿楼TD60：01）　4．魚叉（寿県安豊塘AFT：04）　5・6．夯錘（長清小範荘M19：01、小範荘M13：03）　7．二歯叉（洛陽主幹線M4904：B4）

そのうちM13：03は、高7cm（図93-6）、M19：01は、高8.4cm（図93-5）[179]である。章丘東平陵故城DPL：0185は、鋳造製で、両側に鋳型の合わせ目が見られ、夯頭は平ら、長15.7、直径6～7.2cm（図93-2）、年代は漢代である。

　魚鈎　寿県安豊塘で発見されている。ほかに陝県劉家渠漢墓で1点（M3：25）出土しており、残長3.7、年代は後漢時代である。

　魚鏢　武夷山城村漢城でl点（T227③：1）出土しており、四稜錐状で、両端が尖り、一端にかえしがある。長30.6cm、年代は前漢前期。

　魚叉　寿県安豊塘漢代閘壩遺跡で1点（AFT：04）出土し、三叉に分かれ、それぞれかえしがある（図93-4）[180]。これと同じ魚叉が武夷山崇安漢城で1点発見されており、年代は前漢前期である。巫山麦沱38号墓で1点出土しており、年代は前漢後期である。[181]

　二歯叉　洛陽主幹線漢墓で1点（M4904：B4）出土しており、細長の骰に装柄できるようになっており、叉は直角に曲げられている。残長24.5、寛17cm（図93-7）、年代は後漢後期である。[182]

(3)　鉱冶器具

　秦漢時代、鉱山採掘と冶鋳作業専用に用いた鉄製器具としては、鋳範と模具が主となる。鉄鋳範は、山東莱蕪亍省荘[183]・章丘東平陵故城[184]・河南新安上孤灯[185]・河南鎮平堯荘[186]・南陽瓦房荘[187]・桑植朱家台[188]・澠池鉄器窖蔵などで発見され、器類には錘範・犁鏵範・犁架範・鏵冠範・鎌刀範・竪銎鐝範・鏟範・凹口鍤範・六角鋤範・多歯耙範・鍬範などが見られる。

　錘範　河南鎮平堯荘鉄器窖蔵で61点出土し、円柱錘と四稜錘の鋳型二種類がある。鑑定で共晶白口鋳鉄・共晶白口鋳鉄と灰口鋳鉄の鋳造品があるとされる。年代は後漢中後期。

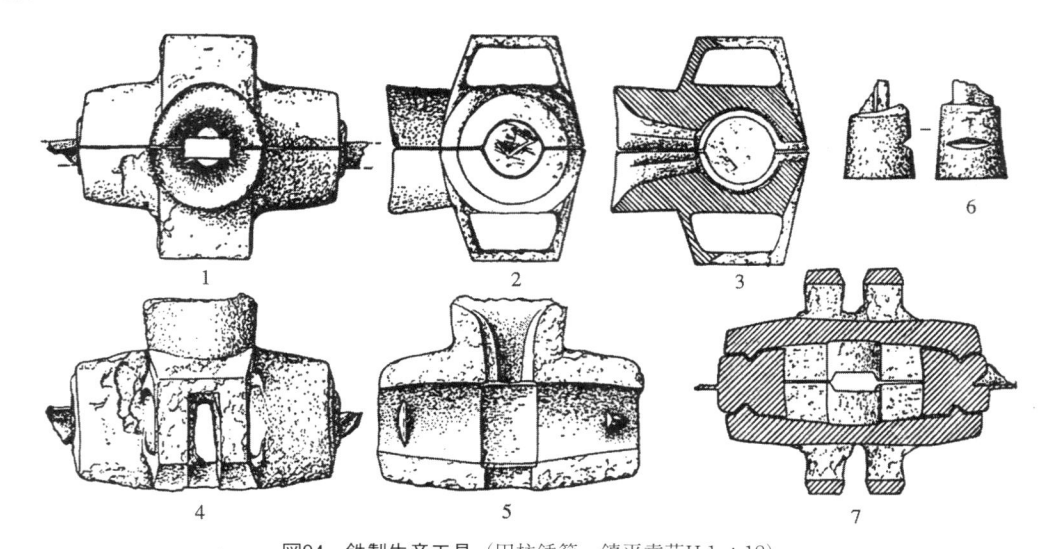

図94　鉄製生産工具（円柱錘範、鎮平堯荘H1：18）
1．合範頂面　2．合範側面　3．合範横断面　4．合範正面　5．鋳範型面　6．範擋　7．合範縦断面

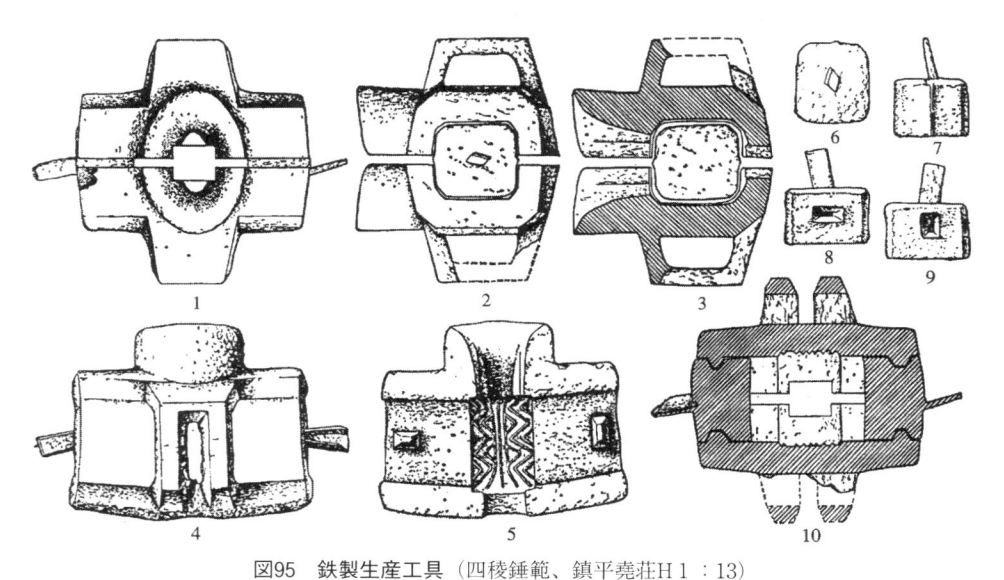

図95　鉄製生産工具（四稜錘範、鎮平堯荘H1：13）
1．合範頂面　2．合範側面　3．合範横断面　4．合範正面　5．鋳範型面　6〜9．範擋　10．合範縦断面

円柱錘範　4点一組である。外径は、両端が細めで中間が太く、左右両側にそれぞれ方形中の取っ手がある。注口内外はラッパ状を呈し、注口内面に相対するように範芯を嵌める溝があり、これにより泥質範芯を設置して錘柄を通す孔を鋳造するようになっている。型腔面は半円錘状の型取りがあり、鋳痕が残っており製品の長さが知れる。型腔両端には範擋（訳者注　鋳型を合わせた際に両側の空隙を塞ぐ蓋のようなもの）を固定するための柄があり、その形状は長方形と長条形の二つがある。範擋は円柱形で、鋳造製品に接する面は平らであり、両側にそれぞれ柄と柄穴を鋳出し、外端には不定形の廃鉄塊が柄として鋳込まれており、範を合わせ、また範を開ける際に便がある。堯荘H1：18は、外範長12.5、寛5.3〜6.7、厚1.6cm（図94）、鋳造される製品は直径3.6cmである。堯荘H1：12は、型取りの一方に陽文で"呂"字銘が鋳込まれる。章丘東平陵故城で1点の円柱

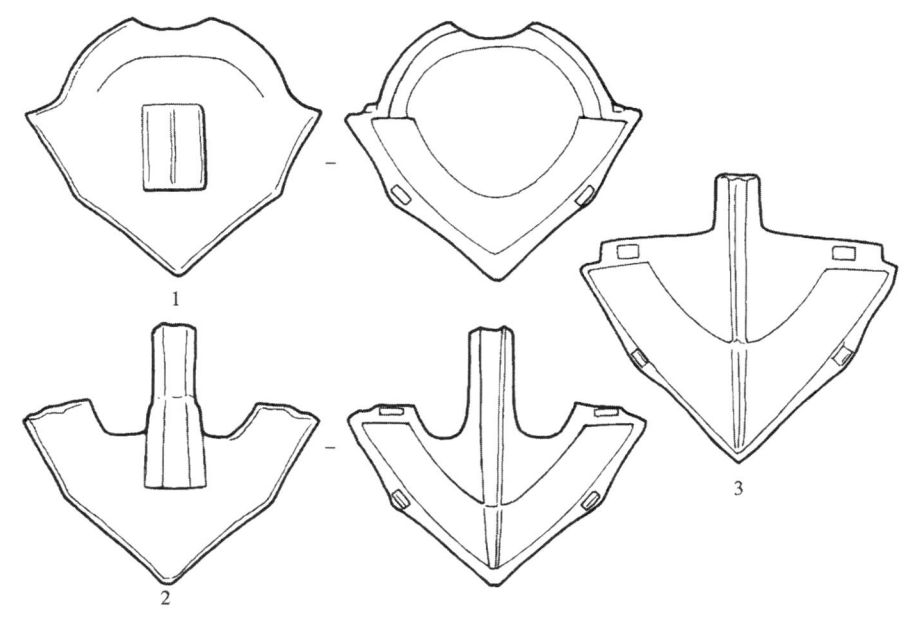

図96　鉄製生産工具（鏵冠範）
1．A型鏵冠範陰範（莱蕪亓省荘QSZC：01-B）　2．A型鏵冠範陽範（莱蕪亓省荘QSZC：01-A）　3．B型鏵冠範陽範（莱蕪亓省荘QSZC：05）

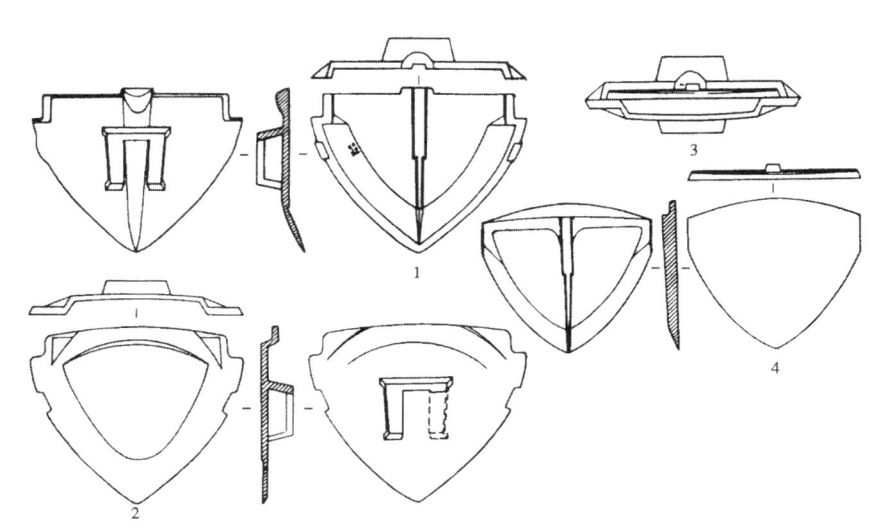

図97　鉄製生産工具（C型鏵冠範、新安上孤灯H1：10）
1．陽範　2．陰範　3．合範頂面　4．範芯

錘範の外範が出土しており、その構造は堯荘の錘範とほぼ同じであり、型取り内部には陽文で"大山二"の三字の銘が鋳込まれる。円柱錘範は澠池鉄器窖蔵などでも発見されている。

　四稜錘範　4点一組である。外形はやや彎曲した方形体で、その他の部位に関しては同出の円形錘範の構造と同じである。型取りは方形で、中央の幅広の帯部に連続する人字形図案が飾られる。範擋の製品に接する部分はやはり平らである。堯荘 H1：13は、外範長13.7、寛8.3～9、厚2cm

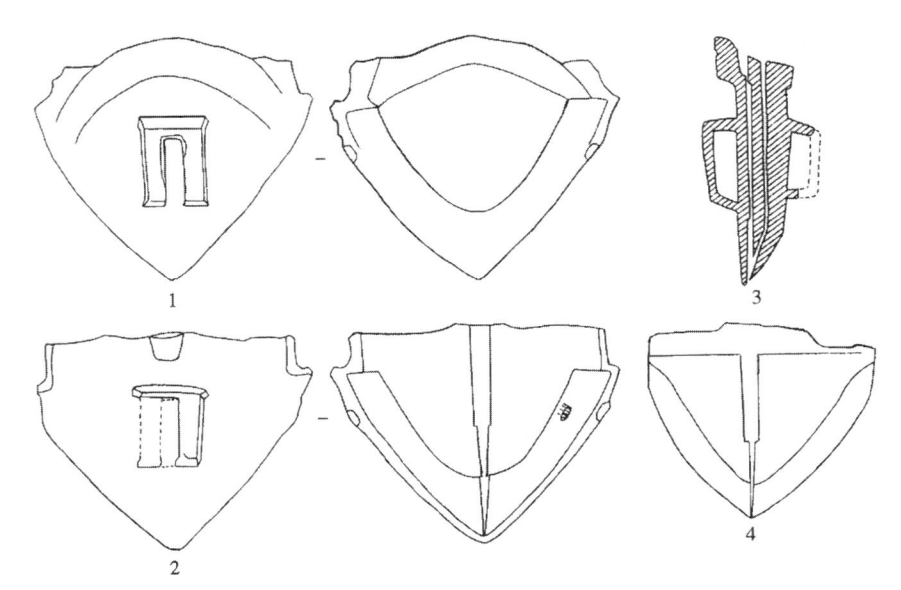

図98　鉄製生産工具（C型鏵冠範、章丘東平陵故城DPL：0204）
1．陰範　2．陽範　3．合範断面　4．範芯

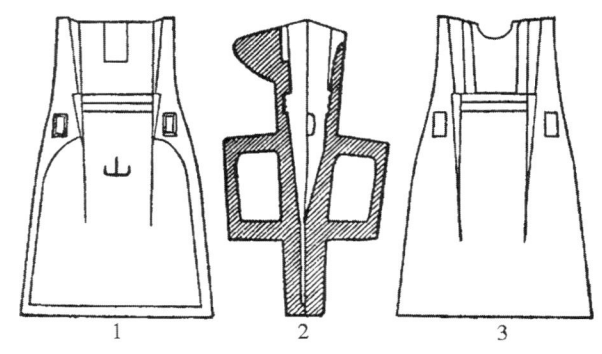

図99　鉄製生産工具（鏵範、莱蕪亓省荘QSZC：011）
1．陽範　2．合範縦断面　3．陰範

（図95）。

鏵冠範　その外形と型取りの構造の違いから、三型に分けられる。

A型：莱蕪亓省荘で4点出土し、2点一組の双合範である。いずれも同じ形態で、高25.5、寛28.2cm（図96-1・2）、正範（QSZC：01-A）は錨形を呈し、背面に長方形の取っ手が付く。型取り面下部が鏵冠の型腔となり、両側縁に凹凸の柄がある。中部から上に向かって注口となり、型腔一方に陰文で"山"字が見える。背範（QSZC：01-B）は不規則な菱形を呈し、背面に長方形の取っ手がある。型取り面下部がV字形の鏵冠の型腔となっており両側縁に凹凸の柄がある。上部は押し湯口（訳者注　熔鉄の乱流・滓の流入をふせぐ）となる。その製品はV形鏵冠で、かつ陽文の"山"字銘が鋳込まれる。年代は前漢時代である。

B型：莱蕪亓省荘で3点出土し、いずれも鏵冠範の正範で形態も同じである（図96-3）。全体は底辺中央が突起する三角形で、鏵冠型腔断面はやや膨らむ。一方に"氾"字が見られる（QSZC：05）。その製品は亓省荘A型鏵冠とほぼ同じであるが、両翼がやや幅広である。

C型：新安上孤灯で57点出土しており、正範・背範・範芯の3点が組み合って一組の鋳範になる。形態・大小はいずれも大体同じで、年代は新莽時期。そのうちH1：10は、正範と背範の外形が大体同じで、範体は三角形を呈し、頂部両端隅が四角く切れ込む。背面にアーチ状の取っ手が付く。正範では、両側部が内側に折れ曲がり、その背面中部に縦向きに楔型の凸脊が通る。背範頂部の縁は外に折れ、両側には凹形の切れ込みがあり、正範にある長方形の柄とかみ合う。通高26.5、最寛

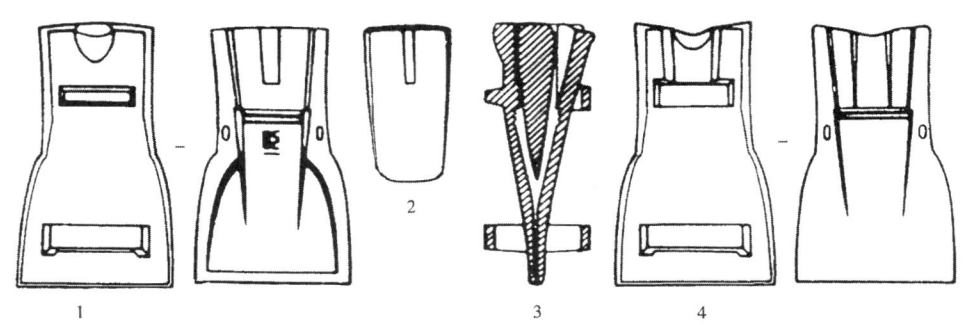

図100　鉄製生産工具（鏵範、新安上孤灯H1：1）
1．陽範　2．範芯　3．合範縦断面　4．陰範

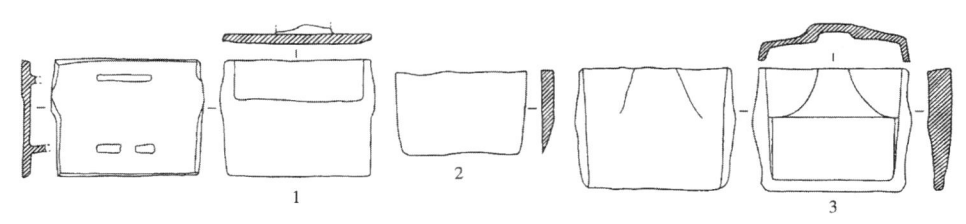

図101　鉄製生産工具（直口錛範、章丘東平陵故城DPL：0178）
1．陰範　2．範芯　3．陽範

部34cm。正範（H1：10-A）型取り面下部はV形の鏵冠型腔となり、一翼上部に陰文で"弘二"の二字銘が鋳込まれ、中央に縦向きに柄穴が通り、範芯を固定する。両側にはそれぞれ鋳型を組合せるための柄が設けられる。背範（H1：10-B）では、型取り面の頂部が"八"の字の湯道となり、下に伸びてV形鏵冠型腔両翼の端部に通じている。上部の両端にそれぞれ三角形の突起が一つあり、範芯を固定するようになっている。範芯（H1：10-C）は、三角形板状を呈し、頂部はやや弧状になる。正面中央に縦向きに溝が通り、正範とかみ合うようになり、背面は平らである。高24、最寛部27、厚1.1cm（図97）である。章丘東平陵故城でも漢代の鏵冠範一組3点（DPL：0204）が出土しており、その形態は上孤灯の鏵冠範と基本的に同じである（図98）。

鏵範　莱蕪亓省荘で10点出土しており、2点一組の双合範となっている。形態はいずれも同じであるが、大小に差がある。年代は前漢前期である。範体は梯形に近く、背面に縦向きに長方形の取っ手が付く（図99）。型取り面上部が注口かつ内範を固定するための溝となっており、下部が鏵の型腔となる。銎部の型腔に陰文で"山"字がある。両側縁にそれぞれ凹凸の柄・柄穴が一対ある（QSZC：011）。その製品は丸肩の梯形鏵で、銎口下に二条の突帯がめぐるものである。新安上孤灯で23点出土しており、正範・背範・範芯の3点で一組の鋳範になるもので、年代は新莽時期である。そのうちH1：1は、正範と背範の外形はほぼ同じで、範体上部が長方形を呈し、下部が梯形となる。背面には横向きの長方形取っ手が二つ付く。それぞれ長21.5、上寛9.2、下寛12.7cm。正範（H1：1-A）では、型取り面下部が鏵の型腔となり、銎口下に反転した"弘一"の二字銘が鋳込まれる。また上部には範芯を固定させるための楔形範芯座があり、中央に縦向きに条形の柄穴がある。型取り面左右にそれぞれ鋳型を組合せるための隅丸長方形の柄がある。背範（H1：1-B）では、型取り面下部が鏵の型腔となっており、そのうち銎部は凹み、鏵体部分は平らである。上部中央に縦向き長条形の湯道がある。型取り面左右には鋳型を合わせるための隅丸長方形の

柄穴がある。範芯（H1：1-C）は楔形を呈し、正面に縦向きの条状柄が伸び、正範の条形柄穴とかみ合う。長13、寛4.5～6.5、厚3cm（図100）。その製品は丸肩梯形鏵で、銎口下に二条凸帯がめぐり、"弘一"の二字の銘が鋳込まれる。章丘東平陵故城で漢代鏵範の正範が1点出土しており、その構造は亓省荘・上孤灯の鏵範とほぼ同じである。

　　直口鍤範　章丘東平陵故城で一組（DPL：0178）三点一組が出土しており、正範・背範・範芯からなる。正範と背範の外形は基本的に同じであり、平面は長方形を呈する。高13、寛16.4cm。正範の背面にはアーチ状の取っ手が一つあり、欠損している。型腔面上部に"八"字形の湯道があり、下部が凹み直口鍤の型取りとなっている。両側には鋳型を組合せるための柄・柄穴の痕跡が残る。背範型取り面は平らで、上部に注口があり、両側に柄・柄穴の痕跡がある。範芯平面はやや横に広い逆梯形で、断面は楔形をなす。高8.4、寛12～13.4cm（図101）。年代は漢代で、製品は直口鍤である。

　　六角鋤範　新安上孤灯で3点一組（H1：9）が出土しており、正範・背範・範芯からなる。正範と背範の外形は基本的に同じであり、平面は五角形を呈する。背面の上部に範芯を通す方孔があり、下部アーチ形の取っ手が付く。それぞれ高19、頂部寛5.5、下部寛22.8cm。正範（H1：9-A）は、頂部が欠け、型取り面下部は凹んで六角鋤の型腔となり、方孔の一方に反転した"弘一"字が見られる。方孔下方には六条の陰刻された巻雲紋がある。背範（H1：9-B）は完全で、型取り面は平ら、頂部が楔形の湯道になる。範芯（H1：9-C）は楔形で、断面はほぼ方形、長9.5、寛3～3.3cm、背範から挿入される（図102）。年代は新莽時期。その製品は六角鋤で、正面周縁は突出し、銎口周囲も突出して横銎となる。またその下に隆起した巻雲紋があしらわれ、一方には"弘一"銘が鋳込まれる。

　　多歯耙範　莱蕪亓省荘で1点（QSZC：022）出土、双合範の正範である。範体は舌形を呈し、背面には長方形の取手がある。型腔面上部中央が注口となり、下部が八歯耙の型取りとなる。両側縁と下縁に三つの柄がある。長19.5、寛13.5cm、重1.9kg（図103-2）、年代は前漢前期である。その製品は上部がアーチ状の八歯耙で、歯長12.7～13.4、直径0.9cmである。

　　鎌刀範　莱蕪亓省荘で2点（QSZC：08）出土し、2点一組の双合範で、年代は前漢前期である。範体はやや彎曲し、背面には長方形の取っ手がある。背範の取っ手一端に陽文で"李"字が見える。型取り面には二つの鎌刀の型腔が並列する。両側縁にはそれぞれ二つの柄がある。長22、寛10cm、重5.4kg。その製品は直体彎頭の細長い鋒刃鎌刀で、長25.5、寛1.8～2.6cm（図103-3）。

　　空首斧範　莱蕪亓省荘で2点（QSZC：010）出土し、2点で一組の双合範である。年代は前漢前期。範体はほぼ長方形で、長20、寛9.7～11.8cm、重5.2kg。背面に長方形の取っ手があり、型取り面上部が注口かつ範芯を固定する溝となり、下部が空首斧の型取りとなる。左右両側縁に柄が一対見られる。正範型腔銎部には陰文で"口"字がある（図103-1）。その製品は腰のくびれた長方形空首斧で、器体は扁平で、銎口下方に二条凸帯がめぐる。長12.5、刃部寛10.3cm、斧範は澠池鉄器窖蔵でも発見されている。

　　楕円形模具　章丘東平陵故城で1点（DPL：0220）出土しており、平面は楕円形を呈し、正面は弧形に膨らみ、背面は平ら、中部に半環形の鈕がある。長14.2、寛8.9、厚5.4cm（図103-4）、年代は漢代である。その形態構造と大きさからみて、耳杯を制作するための模具と思われる。

　　上述の鉄範・模具の他に、澠池鉄器窖蔵では鉄鋳型152点が出土しており、鉄板範・犂架範・犂

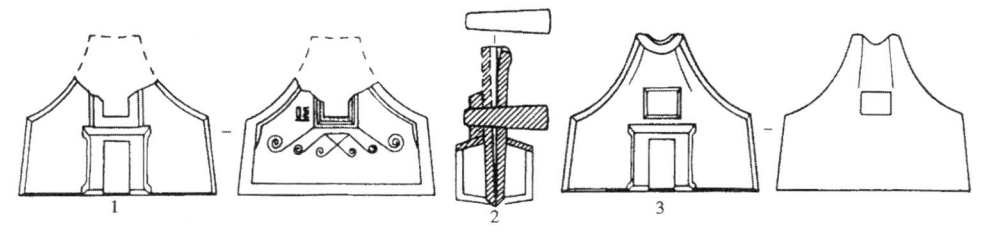

図102　鉄製生産工具（六角鋤範、新安上孤灯H1：9）
1．陽範　2．範芯と合範縦断面　3．陰範

鏵範・鏵冠範・凹口鍤範・空首斧範・鏃範などがあり、年代は後漢時代から北朝時代となっている。

2　武器武具

秦漢時代の鉄兵器・武具は、主に剣・戟・矛・長刀・短刀・鏃などの武器と、甲・冑などの防護装備がある。

剣　数量は比較的多く、剣体の構造は大概同じであるが、形態は多様である。その外装（付随する剣首・剣格・握柄）の多くは保存が完全でない。その長さから、長剣・中長剣・短剣の三種類に分けられる。全鉄製の剣の他に、辺境地域では少量の銅柄鉄剣も見られる。

長剣　通長は一般に70cm以上で、扁茎ないし四稜茎である。剣身の幅とその長さとの比率から四型に分かれる。ただし戦国時代のA型寛体剣とD型空茎剣は見られない。

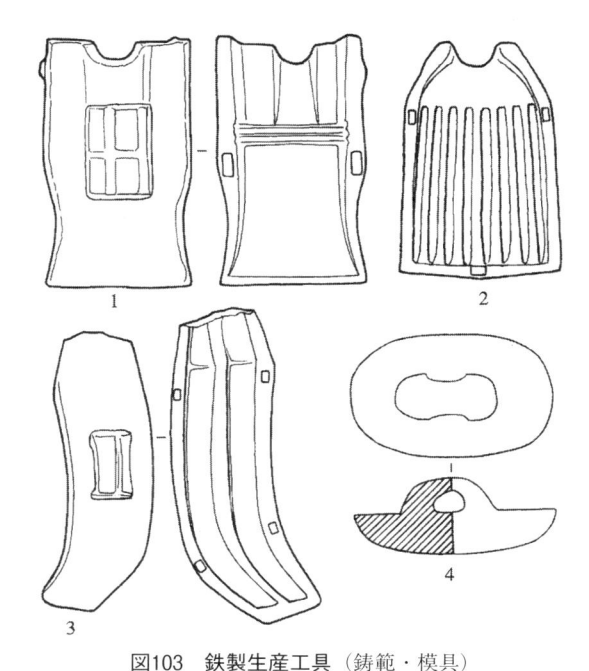

図103　鉄製生産工具（鋳範・模具）
1．空首斧範（莱蕪亓省荘QSZC：010）　2．多歯耙範（亓省荘QSZC：022）　3．鎌刀範（亓省荘QSZC：08）　4．楕円形模具（章丘東平陵故城DPL：0220）

B型：窄体剣。剣身寛は一般に4cm以下で、長寛の比は15：1より大きい。剣柄の構造と特徴により二式に分かれる。

Ⅰ式：扁茎方肩剣。広州漢墓M1069：34は、剣身は扁平で脊をもたず、通長93.6cm（図104-3）、年代は前漢前期である。広州南越王墓で4点出土し、D：89は、玉の剣首・角・璏・珌を具える玉装剣であり、剣身はやや幅広で、通長110.8、茎長13.2、剣身寛3.6～3.8cm（図104-12）、年代は前漢前期。洛陽焼溝M1017：1は、扁茎で、剣体はやや中脊が見える。銅剣格に銅剣首、通長94.3、寛3.3cm（図104-2）、出土時には木製剣鞘の痕跡があった。年代は新莽時期である。洛陽焼溝漢墓で出土した25点の保存の良好な鉄剣のうち、20点がこの型式に属し、通長72.5～117.8cmで、年代は前漢中期から後漢後期のものである。天長三角圩前漢墓で20点が出土し、みなこの型式で、茎端に円孔があり、剣格には銅格と玉格の二種類がある。剣鞘上に玉璏を装着するものもある。宜昌前坪前漢前期墓M9：19は、四稜錐状茎で、銅の剣格、通長85.5cm（図104-7）。資興後漢墓では11

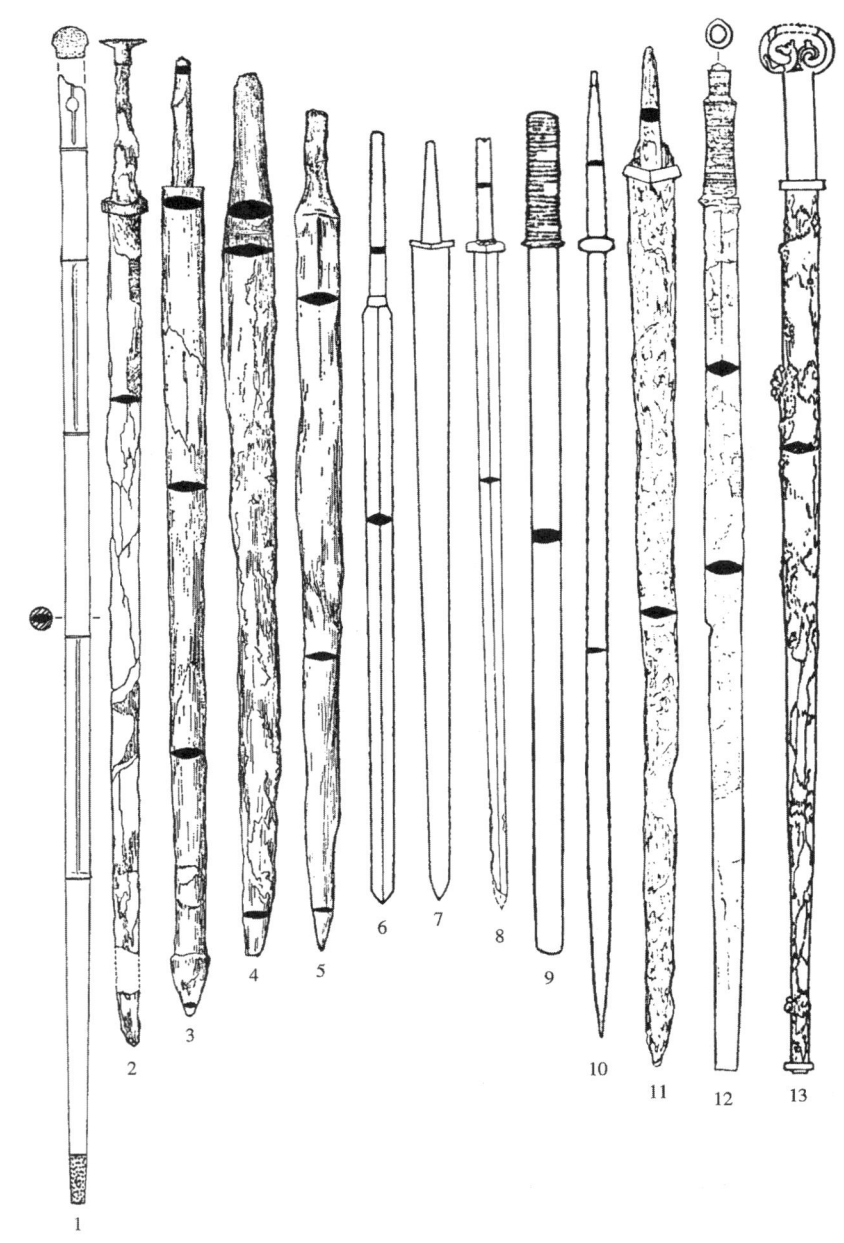

図104　鉄製兵器（長剣）
1．E型（満城漢墓M 1：5110）　2・3．B型Ⅰ式（洛陽焼溝M1017：1、広州漢墓M1069：34）　4～6．B型Ⅱ式（広州漢墓M1168：3、広州漢墓M1095：6、資興漢墓M64：1）　7・8．B型Ⅰ式（宜昌前坪M 9：19、資興漢墓M530：69）　9．F型（安陽梯家口村M45：1）　10．B型Ⅱ式（湘郷可心亭KXTM：4）　11・12．B型Ⅰ式（易県燕下都東沈村D 6 M26：11、広州南越王墓D：89）　13．F型（南陽楊官寺YGSM：41）

点出土し、剣身断面は菱形を呈し、長条形の扁茎で、茎端に小孔が一つある。多くは銅格を具え、M530：69は通長97.5cm（図104-8）、年代は後漢前期。この型式の剣は、易県燕下都東沈村前漢中期墓（図104-11）・臨潼地窯村前漢後期墓・江川李家山前漢中後期墓、西安の龍首原漢墓・北郊漢墓・南郊三兆村漢墓などでも発見されている。

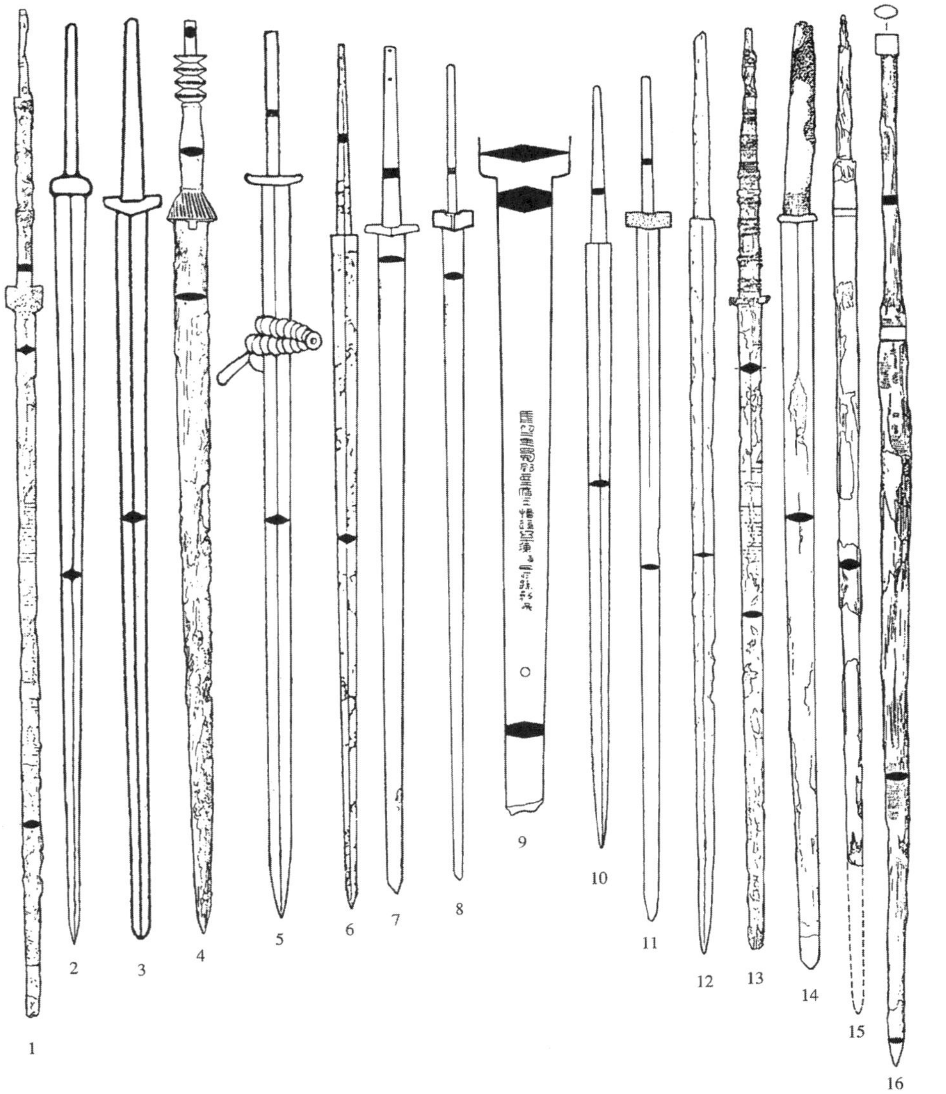

図105　鉄製兵器（C型長剣）
1．広州南越王墓D：143　2．孟津朝陽村M8：10　3．雲南大関M3：8　4．楡樹老河深M41：15　5．長沙金塘坡M20：4　6．涪陵点易M2：34　7．永城保安山M2K1：1669　8．永城保安山BM2K1：1671　9・12．徐州段山XZ78M：1　10．鳳翔高荘M21：1　11．満城漢墓M1：5042　13．南越王墓D：90　14．満城漢墓M1：5106　15．南越王墓D：91　16．広州漢墓M1095：10

　Ⅱ式：扁茎斜肩剣。広州前漢前期墓で2点出土し、茎は平らで幅広、剣身断面は菱形を呈し、中脊が比較的明瞭である。そのうち、M1168：3は、切っ先が欠け、残長86.5cm（図104-4）、M1095：6は、茎が欠け、出土時に剣の傍らに玉珌と玉璏があった。残長82cm（図104-5）。湘郷可心亭KXTM：4は、剣身は細長で、断面は楕円形に近く、中脊が見られ、方柱形の茎に、円形の剣格、長97、寛4cm（図104-10）、年代は前漢中期である。資興前漢墓で3点出土しており、茎の根元に幅の狭い格があり、剣身断面は菱形で稜脊がある。そのうちM64：1は、通長72cm（図104-6）、年代は前漢後期。この型式の剣は威寧中水前漢後期墓などでも発見されている。

C型：窄体長茎剣。一般に剣身寬は4cm以下、剣身長寬の比率は15：1より大きく、剣茎は細長で15cm以上、多くは四稜茎で、方肩である。鳳翔高荘秦墓で5点出土し、剣身は細長、剣身断面は楕円形を呈し、中脊が見える。切先は細長で、茎は扁平で細長、剣格・剣首は見られない。そのうちM21：1は、通長105、茎長21、剣身寬3.2cm（図105-10）、年代は秦代。涪陵点易M2：34は、剣身は細長で、脊があり、通長111.2、茎長24.4、剣身寬3.5cm（図105-6）、年代は前漢初期。保安山M2K1：1669は、剣身断面は菱形を呈し、茎は細く平らで、断面は長方形に近く、茎首端に小円孔が一つあり、剣首を固定する。玉質の剣格と剣首である。通長117、剣身長93、寬3.1cm（図105-7）。出土状況から見て、剣茎上には本来麻と金絲の紐が巻かれており、また剣鞘には白玉質の剣璲と剣珌が装着されており、玉装剣であった。その年代は前漢前期である。陪葬坑でも他に二振りの剣（図105-8）が出土している。広州漢墓M1095：10は、剣身は細長で扁平、脊はなく、剣首には銅冒が被さる。剣格部分には銅箍が嵌められる。通長124、茎長35cm（図105-16）、年代は前漢前期である。広州南越王墓では7点出土しており、通長110〜146、茎長34.5〜41.5cm（図105-1・13）となっている。そのうち4点は、玉の剣首・格・璲・珌を具えた玉装剣である。D：91は、剣身が細長で、茎と剣身の接点に楕円形の小銅箍を被せており、茎端にも菱形の銅箍が嵌められる。通長125.5、茎長37.5、剣身寬2.5cm（図105-15）、年代は前漢前期。孟津朝陽村M8：10は、柳葉形の剣身で、茎は扁平、末端に円孔がある。鉄の剣格で、剣格長1cm。通長117.5cm（図105-2）、年代は新莽時期。扶風官務新莽時期墓で1点（M1：68）出土しており、通長116cm、鑑定によると、炒鋼を原料として反復鍛打して製作された百錬鋼剣とされる。徐州段山後漢墓で1点（XZ78M：1）出土し、菱形の剣身に、扁平な六角形の茎である。通長109、茎長20.5、剣身寬3.1、脊厚0.3〜0.8cm（図105-12）。また剣茎の正面に"建初二年蜀郡西工官王愔造五十湅□□孫剣□"の一行二十一字の銘文が隷書で錯金されており（図105-9）、また銅剣格内側にも"直千五百"の隷書が陰刻されている。この銘文から、この剣は後漢建初二年（77年）に蜀郡工官で作られたものと分かり、鑑定によると、炭素量のやや高い炒鋼を素材として鍛造・製作したものとされる。雲南大関M3：8は、長126、寬2〜5、茎長23cm（図105-3）、年代は後漢時代。出土時には木鞘の痕跡があった。この種の長剣は、満城1号墓（図105-11・14）・江川李家山前漢後期墓・赫章可楽前漢後期墓・清鎮平壩後漢前期墓・楽昌対面山後漢前期墓・長沙金塘坡後漢中期墓（図105-5）などでも発見されている。この他、漢景帝稜南区叢葬坑の8基の坑より鉄剣140点が出土し、いずれも陶俑が佩帯する明器である。報告によると、鉄剣の形態は概して同じもので、剣身は平らで薄く、中脊はない。あるものは全長39.7、剣身長28.7、茎長11cm、またあるものは全長36、剣身長28.8、茎長7.2cm。剣首がだいたい立俑の胸と腰の間ぐらいにある点からすると（図106）、実際の長さは115cm前後、剣茎長さは23〜30cmと推定され、この型式の長鉄剣に属すると考えられる。

E型：杖式剣。満城1号漢墓で1点（M1：5110）出土し、剣身はかなり細長で、断面はややレンズ状を呈し、剣茎と剣身は境が明瞭でなく、茎上端は次第に扁平になり、断面長方形をなす。全体が木杖に納められており、木杖は節の六つある竹節状に彫刻され、第二・三節の間で分かれるようになっており、上二節が剣の柄で、下四節が剣鞘となっている。剣柄と茎は目釘で固定される。杖首・杖端は銅の飾りがあり鎏金・銀が施される。通長約114.7、剣身長93、寬2.3cm（図104-1）、年代は前漢前期である。

F型：異形剣。安陽梯家口村M45：1、剣身は楕円形で中脊があり、剣身と剣柄一体となって

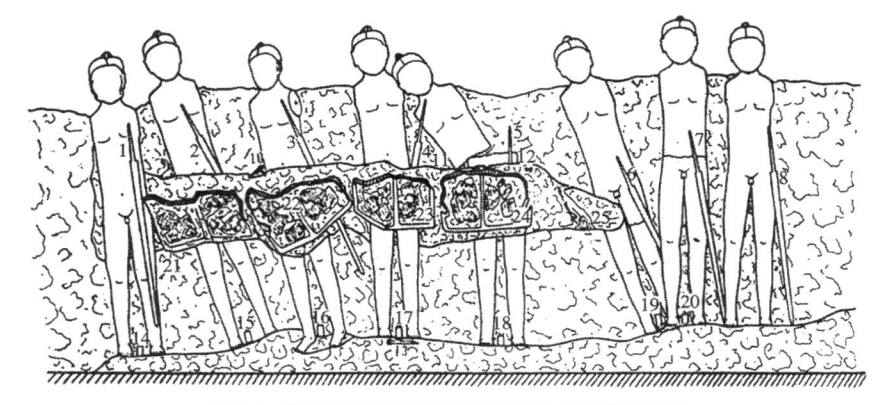

図106　漢陽陵第17号叢葬坑陶俑と兵器位置関係図

おり、剣柄の部分には皮絲の織物が巻かれる。剣格と剣首は発見されていない。発見時には剣身に木質の鞘の痕跡が残っていた。通長89.7、柄長14、寛2.6、厚0.7cm（図104-9）、年代は新莽時期である。南陽楊官寺後漢中期の画像石墓で1点（YGSM：41）出土して

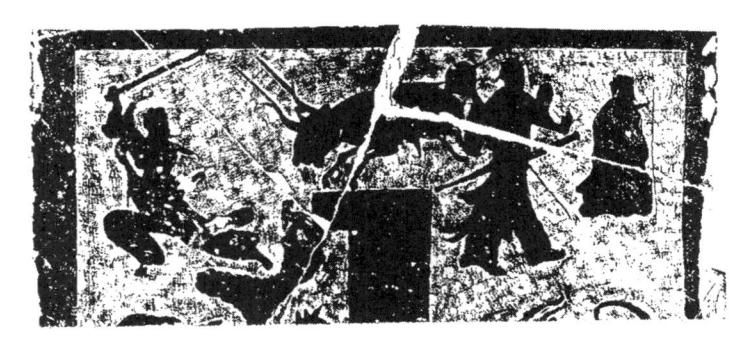

図107　後漢画像石舞剣図（離石馬茂荘出土）

おり、剣身は扁平な長条形で、断面は菱形を呈する。肩が角ばる。剣柄は青銅鋳造製で、柄首は環首になっており、獣状に巻き込む。通長110、剣身寛3.4cm（図104-13）。この剣の剣身形態はＢ型Ⅰ式長剣と同じであるが、剣柄が銅製で、同墓出土の銅刀の柄とおおよそ同じものである。長刀の環首と鉄長剣の一種の結合例であることは明らかであるが、辺境地域の銅柄鉄剣とはやや異なるものである。

　長剣の増加、特に窄体長茎剣の大量使用は、秦漢時代鉄剣の重要な発展と特徴である。秦・前漢時代では、戦争において最も実用的で常用された兵器の一種であり、剣術も盛行した。よって考古発見の鉄剣は主に格闘における実用剣であるが、ただ剣術に用いられる舞剣も含むであろう。後漢画像石では剣舞の図像をよく見る。山西離石馬茂荘出土の後漢時代画像石には、剣舞闘牛と佩剣武士の図像が見られる（図107）。この他、楡樹老河深前漢末後漢初期鮮卑墓地出土の鉄剣のうち、7点が銅剣柄・銅剣格に鉄剣身という構造で、かつ剣柄の末端には上下対に組み合う円盤形の扁珠が配され、揺れ動いてからから音を立てるようになっている。通長68～80cmで長剣に属し、濃厚な地域色を具えている（図105-4）。

　中長剣　通長は一般に70cm以下で、扁茎ないし四稜茎。剣身の幅、剣身幅・長の比率、剣首の構造から二型に分けられる。戦国時代のＡ型寛体剣は見られない。

　Ｂ型：窄体剣。剣身寛は一般に4cm以下で、剣身長・寛の比は一般に12：1より大きい。剣柄の構造と特徴により二式に分けられる。

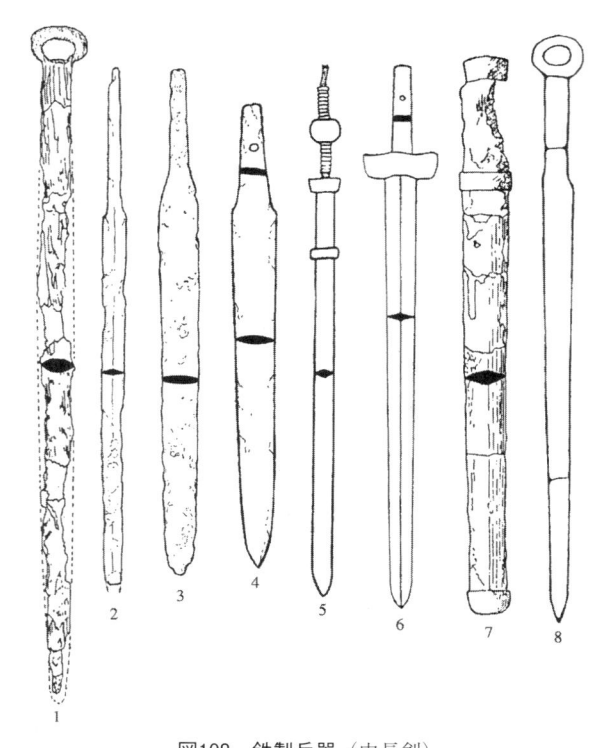

Ⅰ式：扁茎方肩剣。洛陽焼溝 M71：1は、剣体にやや中脊が見られ、銅剣格と銅剣首があり、通長51.5、寛3.5cm（図108-7）、出土時には木鞘の痕跡があった。年代は前漢後期。淮南劉家古堆後漢墓で１点出土し、通長66.5cm。資興後漢墓で１点（M154：1）出土し、剣身断面は菱形を呈し、長条形の扁茎には小孔がある。鉄剣格は大きめである。通長55.5cm（図108-6）、年代は後漢中期。察右後旗三道湾 M102：31は、中長剣に属し、剣身は細長で脊をもち、剣格を具え、楕円形の茎、木質の腐朽痕が見える。剣首後端には皮紐を通して18個の銅環とその間に銅球形飾を連ねている。通長56.5、剣身長36、茎長９cm（図108-5）、年代は後漢後期である。

Ⅱ式 扁茎斜肩剣。大邑五龍郷秦代墓で１点（M19：4）出土し、通長50cm（図108-3）。満城１号墓で２点出土しており、剣身はやや細身で茎がやや長く、中脊は比較的明瞭である。そのうちＭ１：4246は、残長46.2、寛2.2cm（図108-2）、年代は前漢中期である。資興後漢墓で２点出土しており、剣身は扁平で脊は見られない。茎は扁平で穿孔が一つある。うちM94：9は、通長41.5cm（図108-4）、年代は後漢前期である。この型式の剣は、赫章可楽前漢前期墓・楡樹老河深前漢末後漢初鮮卑墓などでも発見されている。

Ｃ型：環首剣。剣首と剣茎が一体で、剣首は円環形ないし楕円環形を呈する。西安方新村で１点（M２：4）出土し、剣柄はやや幅が狭く、剣身は脊がある。通長67cm（図108-8）、年代は前漢後期。東勝補洞溝匈奴墓で１点（M３：1）出土し、剣柄と剣身の幅が同じで、木質の剣鞘の痕跡を残す。通長63cm（図108-1）、年代は前漢末後漢初である。[206]

短剣 通長は一般に30cm前後で、剣身長は20cmに満たない。発見はやや少なく、主に剣柄の差から三型に分けられるが、戦国時代のＡ型角形首剣とＤ型球形首剣は見られない。[206]

Ｂ型：環首剣。武夷山城村漢城で１点（T17：26）出土し、柄がやや細く、切先はやや欠ける。残通長17.8cm（図109-4）、年代は前漢前期。

Ｃ型：Ｔ形首剣。楡樹老河深で１点（M15：6）出土し、扁茎で、柄首は扁平でＴ形に近い。斜肩で、剣身断面は菱形を呈し、中脊が通る。通長38.3cm（図109-1）、年代は前漢末後漢初である。

Ｅ型：無首剣。剣首は別にあつらえたもので、一般に遺存していない。満城１号漢墓で４点出土し、茎は細身で、剣身はやや幅広。Ｍ１：5111は、出土時に木鞘の痕跡が残り、通長34.4、剣身寛

2.8cm（図109-3）、年代は前漢中期。資興前漢後期墓で1点（M56：5）出土し、扁茎・方肩、剣身は稜脊が通る。通長34cm（図109-7）。天長三角圩前漢中後期墓M1：158は、茎が短く、"一"字形の剣格で、剣身には中脊が通り、断面は菱形を呈する。茎末端に穿孔が一つあり、剣首を固定するようになっている。通長27.5cm（図109-5）。漢杜陵VT2：18は、剣身は扁平で、中脊は不明瞭、格・首は残っていない。通長30.2、寛1.2cm（図109-6）、年代は前漢後期である。この型の鉄短剣は威寧中水前漢後期墓などでも発見されている。

銅柄鉄剣　剣柄と剣格が銅製で、剣身が鉄製である。発見はそれほど多くないが、剣柄・格の形態は多様である。多くは中長剣に属し、短剣・長剣が少量見られる。剣柄の形態構造と剣格の区別から五型に分けられるが、戦国時代のA型環首扁茎剣は見られない。

B型：キノコ状の剣首で、楕円形の茎、剣格前部は舌状に前に伸び、四弁に分かれて鉄製剣身を包み固定し、"三叉格"を形成する。一式のみ見られ、戦国時代の剣茎を螺旋状縄文で飾ったB型I式剣はない。

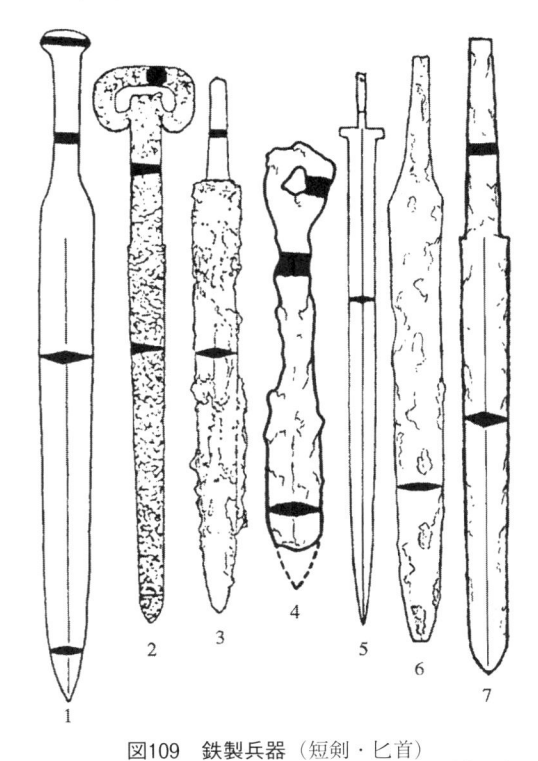

図109　鉄製兵器（短剣・匕首）
1．C型短剣（楡樹老河深M15：6）　2．匕首（咸陽斉家坡M3：38）　3．E型短剣（満城漢墓M1：5111）　4．B型短剣（武夷山城村漢城T17：26）　5～7．E型短剣（天長三角圩M1：158、漢杜陵VT2：18、資興漢墓M56：5）

II式：茎表面に小突点紋が密集する。江川李家山M26：14は、空心の楕円形茎で、格は長めでくびれ、両側部に凸歯があり、銅格稜面には円点と円圏紋が鋳込まれる。通長68.5cm（図110-2）。中長剣に属し、出土時に銅鞘頭も残っていた。年代は前漢後期である。李家山M57：29-1は、形態・構造は上の例とほぼ同じで、剣首が錯金・銀の紋飾で飾られる。通長50.7cm（図110-7）、中長剣に属し、年代は前漢中後期である。

C型：ラッパ形の首で、楕円形の茎、三叉の剣格が鉄製剣身を包んでいる。呈貢石碑村で9点出土し、空心の楕円形茎である。そのうちM1：3は、茎状に突起する円点紋が鋳出され、格にも円圏紋と点紋で構成された図案が施される。茎首は盤状で、剣身は細長で脊が通る。通長58cm（図110-3）、中長剣に属し、年代は前漢中後期である。

D型：ラッパ形の首で、楕円形の茎に、"一"字形の剣格をもつ。赫章可楽前漢前期墓で1点（M104：2）出土し、剣茎は鏤空三角紋で飾られ、柄首は鏤空条形紋で飾られる。剣身は欠ける。残通長24.8、剣身寛2.6cm（図110-5）。江川李家山M3：19は、剣茎が突点紋で飾られ、通長33.7cm（図110-6）、年代は前漢後期である。呈貢石碑村M20：7は、空心の楕円形茎で、茎上には蔓の類を巻きつけていた痕跡が残る。剣格と茎首は欠ける。剣身は扁平でやや幅広、残通長31.5cm（図110-4）、年代は前漢中後期である。

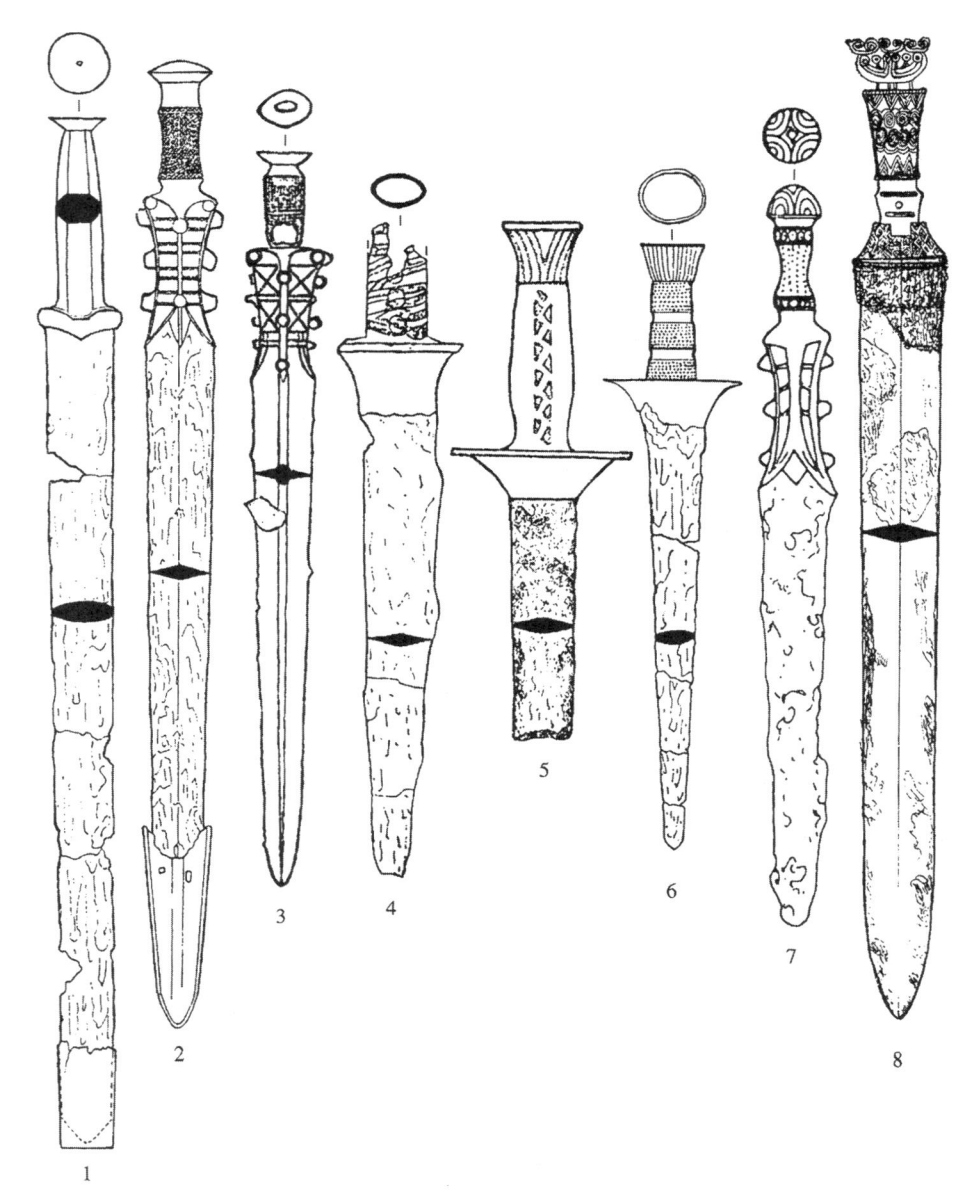

図110　鉄製兵器（銅柄鉄剣）
1．E型（江川李家山M3：20）　2．B型Ⅱ式（江川李家山M26：14）　3．C型（呈貢石碑村M1：3）　4
〜6．D型（呈貢石碑村M20：7、赫章可楽M104：2、江川李家山M3：19）　7．B型Ⅱ式（李家山M57：
29-1）　8．F型（赫章可楽M67：2）

　E型：円形首で、菱形の剣格。江川李家山で1点（M3：20）出土し、六稜柱形の茎で、剣身は細長、両刃は平行したのち切っ先ですぼまる。通長74.6cm（図110-1）、長剣に属し、年代は前漢後期である。

　F型：巻雲扁首剣。剣首は扁平で、巻雲紋を飾る。赫章可楽で10数点出土し、形態構造は同じで、大小と紋飾に差がある。赫章可楽M67：2は、剣身は扁平で中脊が通る。円柱状の茎で、突帯が二条見られる。楕円形の剣首で、鏤空巻雲紋・渦紋・弧線紋で飾られる。通長59.1cm（図110-8）、年代はおおよそ前漢前期に当たる。

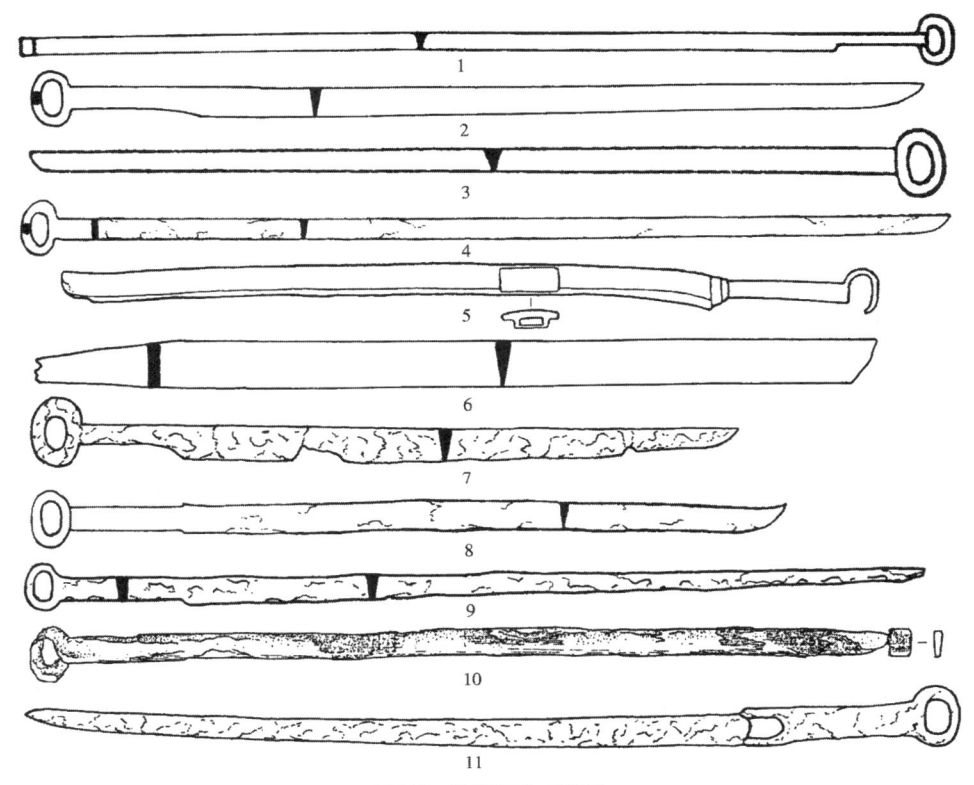

図111　鉄製兵器（長刀）
1・2．A型Ⅱ式（新郷火電廠M35：3、資興漢墓M209：24）　3〜5．A型Ⅰ式（雲南大関M3：9、資興漢墓M335：9、盱眙東陽M7：59）　6．B型（資興漢墓M185：1）　7〜9．A型Ⅱ式（渭南市棉M1：7、新郷火電廠M11：11、章丘東平陵故城DPL：0229）　10．A型Ⅰ式（洛陽焼溝M47：8B）　11．A型Ⅲ式（棗荘方荘FZM：5）

上述の諸例の他、銅柄鉄剣の発見は少なくない。安寧太極山で2点発見され、そのうちM1：16は、銅柄状に円点紋と交叉線紋が鋳込まれ、通長60cm、M1：15は、銅柄状に弦紋などの装飾が施され、残通長23cm、年代は前漢前期である。晋寧石寨山では48点出土しており、年代は前漢中期である。

　匕首　咸陽斉家坡漢墓で3点出土し、片刃であるが、切先は丸く尖り剣先に似る。柄はやや幅が狭く、身と柄の境は双斜肩を形成する。柄首に楕円形環を嵌装する。うちM3：38は、通長24.1cm（図109-2）、年代は新莽時期である。

　長刀　秦漢時代に新しく出現した兵器の類型であり、一般に直体で、刀身は細長、通長は一般に70cm以上。柄部の構造により二型に分けられる。

　A型：環首長刀。一般に直体で、環首をもつ。三式に分かれる。

　Ⅰ式：刀柄と刀身は大体同じ幅で、最もよく見られる型式である。洛陽焼溝M47：8Bは、楕円形の環首で、弧状の切先、通長86.5、刀体寛3.4cm（図111-10）。出土時には木鞘に納められ、すでに腐朽していたが、鞘末の銅泌は残っている。年代は前漢後期である。盱眙東陽M7：59は、背部はまっすぐで、刃部はやや内に反る。楕円形の鈎状環首があり、出土時には木胎漆鞘があり、鞘中部の一方に瑪瑙の璲があった。通長82、刀鞘寛3cm（図111-5）、年代は新莽時期である。雲南大関M3：9は、刀身が細長で、断面は三角形で、切先は斜めに切れ込む。楕円形の環首をも

つ。通長91、寛2～3cm、環首径4～7cm（図111-3）、年代は後漢時代である。蒼山紙坊村で1点（CS74：01）出土し、楕円形の環首で、通長111.5、寛3、背厚1cm。刀身には火焔紋と隷書の銘文が錯金され、銘文は"永初六年五月丙午造卅湅大刀吉羊"とあり、この刀が後漢永初六年（112年）に鋳造されたものと知れる。これはこれまでに知られる国内唯一の紀年銘を有する鉄長刀[212]である。寿県馬家古堆後漢後期墓で出土した長刀1点は、全長123、寛2.6cm、出土時には木鞘残痕があり、この型式の刀の中では最長のものである。洛陽焼溝漢墓では直体環首刀が計18点出土しており、通長は46～110cmと不揃いであるが、そのうちこの型式の長刀は、年代が前漢中期から後漢[213]後期である。資興後漢墓では35点出土し、そのうちM335：9は、通長97.7、寛2.7cm（図111-4）、年代は後漢中期。この種の長刀は赫章可楽前漢後期墓・秦咸陽宮新莽時期墓・楽昌対面山後漢墓などでも発見されている。

　Ⅱ式：刀柄は刀身より幅が狭い。発見はそれほど多くない。新郷火電廠M35：3は、刀身が細長で、楕円形の環首、切先は四角い。通長110、寛2.8、背厚0.8cm（図111-1）、年代は前漢中後期。[214]資興前漢後期墓で1点（M209：24）出土し、通長88cm（図111-2）。新郷火電廠M11：11は、刀背中部がやや膨らみ、切先が上へ反り上がる。通長79、寛3、刀背厚1cm（図111-8）、年代は後漢前期である。渭南市棉M1：7は、楕円形の環首で、通長71、刀身寛3～4.5cm（図111-7）、[215]年代は後漢中期である。章丘東平陵故城で3点出土し、刀背は真直ぐで比較的厚みがあり、そのうちDPL：0229は、通長96.4cm（図111-9）、年代は漢代。この型式の刀は赫章楽前漢後期墓でも発見されている。

　Ⅲ式：刀柄と刀身はだいたい同じ幅で、刀体はやや彎曲する。棗荘方荘後漢墓で1点（FZM：5）出土し、刀背はやや内反る。刀柄末端に幅4.3cmの銅箍が嵌められる。通長105cm（図111-11）、年代は後漢後期である。[217]

　B型：装柄長刀。直体で、扁平な錐状柄で、木柄を装着して使用するものである。資興前漢墓で少なからず発見されており、直刃で、切先は斜めに切れる。そのうちM185：1は、平らな錐形の柄で、刀身はやや幅広、通長76cm（図111-6）、年代は前漢中期である。

　短刀　格闘兵器の一種であり、直体でやや細長、形態構造は長刀とほぼ同じであるが、比較的短めで、一般に70cm以下である。[218]山東臨沂白荘出土の画像石上に、肩に戟をかけ、腰に短刀を佩び、手に長刀を握る武卒の図像が描かれる。[219]三型に分けられる。

　A型：環首短刀。直体で、環首がある。二式に分かれる。

　Ⅰ式：刀柄と刀身が大体同じ幅である。資興前漢中期墓M463：1は、環首がやや大きく、楕円形を呈する。通長52cm（図112-7）。江川李家山M26：15は、楕円形の環首で、通長66.2cm（図112-9）、年代は前漢後期。右玉善家堡M9：10は、切っ先が斜めで、通長68、寛3.8cm（図112-11）、年代は後漢末期である。この種の短刀は洛陽焼溝漢墓・楡樹老河深前漢末後漢初期鮮卑墓などでも発見されている。

　Ⅱ式：刀柄は刀身より幅が狭い。蘄春草林山前漢中期M11：11は、直体で、刀身が刀柄より幅広、楕円形の環首で、環首上には巻き付けた金箔が残存する。残長37.5、刀身寛2.1cm。[220]新郷火電廠M37：2は、環首は円形に近く、刀体はやや幅広、丸く尖る切先。通長68、寛3cm（図112-10）。新郷火電廠MM23：1は、楕円形の環首で、切先は斜めに切れ込む。通長54.3、寛2.5cm（図112-8）、年代は前漢中後期である。宜昌前坪後漢前期墓で2点出土しており、刀身は刀柄よりやや幅

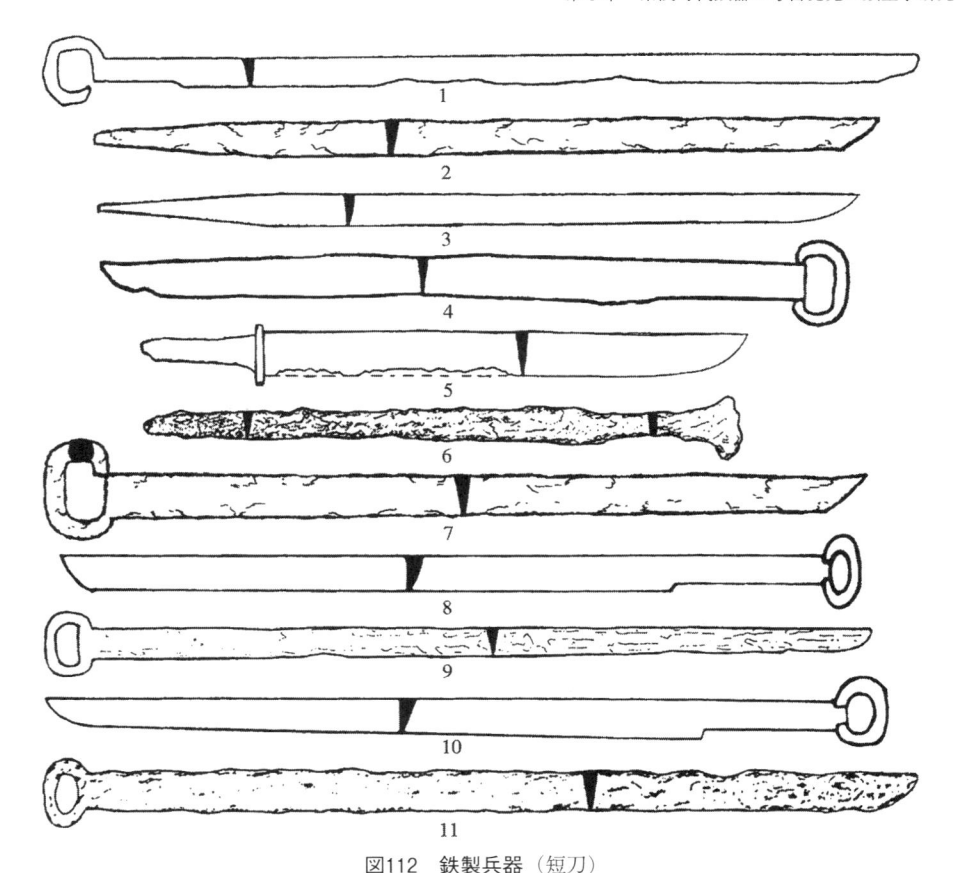

図112 鉄製兵器（短刀）
1．A型Ⅱ式（宜昌前坪M34：21） 2・3．B型（資興漢墓M29：19、資興漢墓M497：1） 4．A型Ⅱ式（宜昌前坪M32：17） 5．B型（資興漢墓M94：6） 6．C型（右玉善家堡M1：21） 7．A型Ⅰ式（資興漢墓M463：1） 8．A型Ⅱ式（新郷火電廠M23：1） 9．A型Ⅰ式（江川李家山M26：15） 10．A型Ⅱ式（新郷火電廠M37：2） 11．A型Ⅰ式（右玉善家堡M9：10）

広、そのうちM32：17は、通長52.5cm（図112-4）、M34：21は、通長67cm（図112-1）。この型式の刀は江川李家山前漢中後期墓・威寧中水前漢後期墓・楡樹老河深前漢末後漢初期鮮卑墓などでも発見されている。

B型：装柄短刀。直体で扁平錐状の柄をなし、木柄に装着して使用する。資興漢墓で発見が多く、そのうちM29：19は平らな錐形の柄で、刀身はやや幅が狭い。通長56cm（図112-2）、年代は前漢中期。M94：6は、切先は斜め弧状に尖り、柄の根元に"一"字形格がある。出土時に木鞘の痕跡があった。通長36.5cm（図112-3）、年代は後漢後期である。

C型：異形首短刀。右玉善家堡で1点（M1：21）出土し、刀身断面は楔形を呈し、刀柄は刀身よりやや幅が狭い。柄首はT字形に近い形で、通長40cm（図112-6）、年代は後漢末期である。

矛 断面円形の骹で、小量の方形骹のものがある。矛身と茎の構造から五型に分けられる。

A型：長三角形の矛身で、円形の長骹。三式に分けられる。

Ⅰ式：矛身は扁平で、やや短く幅広。資興漢墓で10点出土し、矛身は三角形を呈し、切先は鋭く、鍛骹である。そのうちM18：5は、通長13cm（図113-5）、年代は前漢後期。M294：2は、通長15.8、寛4cm（図113-3）、年代は後漢中期。四川新都五龍村M1：33は、全体に短く幅広で、矛

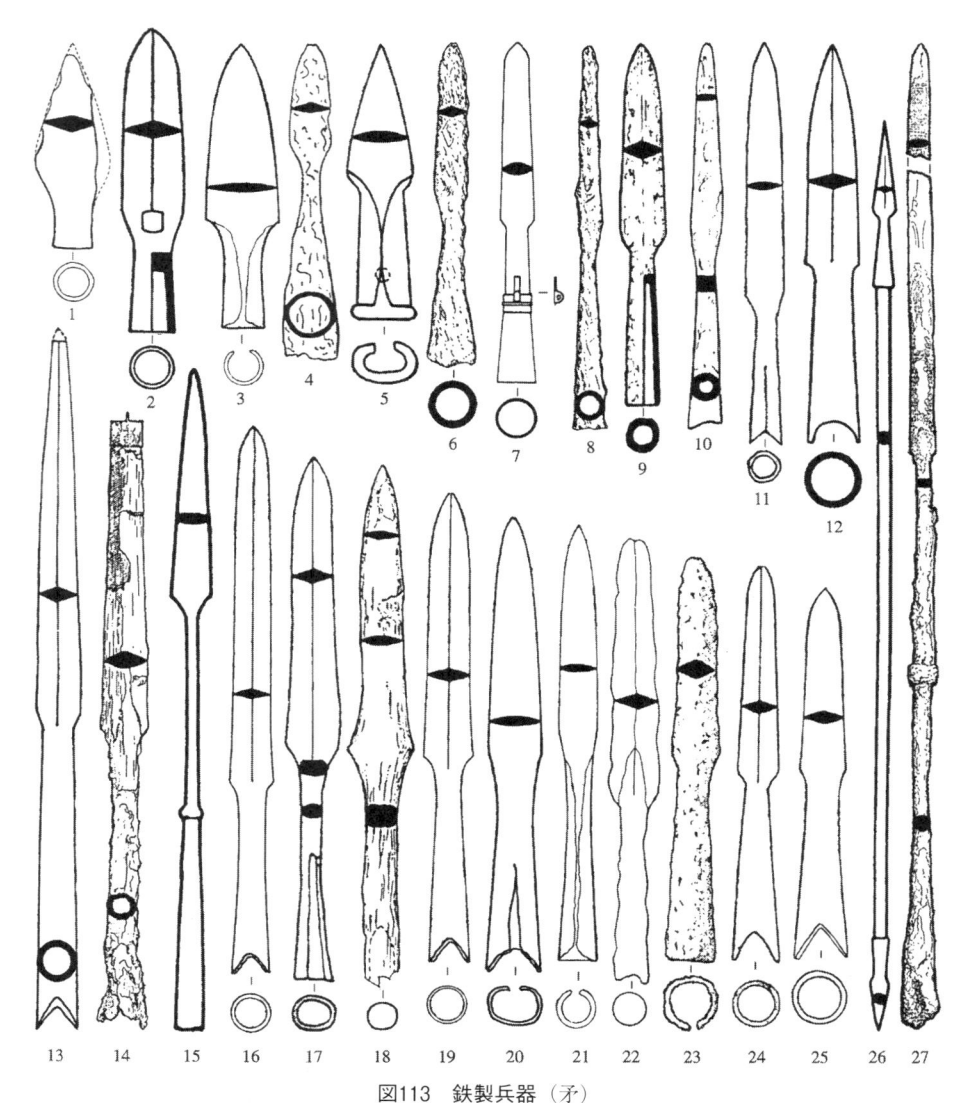

図113 鉄製兵器（矛）
 1．A型Ⅰ式（四川新都五龍村M1：33） 2．B型Ⅰ式（資興漢墓M36：4） 3．A型Ⅰ式（資興漢墓M294：2） 4．B型Ⅰ式（呈貢石碑村M18：9） 5．A型Ⅰ式（資興漢墓M18：5） 6～12．B型Ⅰ式（右玉善家堡M17：8、永城保安山M2K1：1697、善家堡M1：6、漢陽陵YL91K：212、易県燕下都東沈村D6M12：21、資興漢墓M251：32、資興漢墓M58：5） 13．A型Ⅱ式（資興漢墓M163：21） 14．B型Ⅱ式（洛陽焼溝M1023：3） 15．A型Ⅲ式（天長三角圩M1：147） 16～19．B型Ⅰ式（資興漢墓M204：60、湘郷可心亭漢墓XXM：5、広州漢墓M1117：6、資興漢墓M335：8） 20．A型Ⅱ式（資興漢墓M218：23） 21～25．B型Ⅰ式（資興漢墓M313：15、江山庵前AQM：8、鶴壁鹿楼TD60：07、随県塔児湾TEW：B1、資興漢墓M97：2） 26．A型Ⅱ式（察右後旗三道湾M102：28） 27．B型Ⅱ式（満城漢墓M1：5012）

　身も短く、断面は菱形を呈し、骹は欠ける。通長8.1cm（図113-1）、年代は新莽時期である[221]。
　Ⅱ式：矛身は扁平、あるいは断面は菱形を呈し中脊を有する。比較的細長である。資興前漢墓で13点出土し、骹口は馬鞍形を呈し、そのうち M218：23 は、矛身は扁平で、鍛骹、通長28cm（図113-20）、M163：21 は、矛身断面が菱形を呈し、細長で中脊をもつ。骹は細長である。通長50cm（図113-13）、年代は前漢後期である。察右後旗三道湾で1点（M102：28）出土し、矛身は扁平で中脊をもち、骹内には木柲が装着される。柲末端には鉄鐏が装着され、鐏は細長でその末端は錐状

に尖る。全長171.5、矛頭長31.5、骹口直径2、鐏長18cm（図113-26）、年代は後漢後期である[222]。この型式の矛は興安秦城遺跡七里圩王城などでも発見されている。

Ⅲ式：矛身は扁平で、長茎。天長三角圩漢墓で2点出土し、形態は同様のもので、矛身は細長、茎・骹の境に突帯がめぐる。M1：147は、通長45.3、矛身寛3cm（図113-15）、年代は前漢中後期である。

B型：矛身は扁平細長で、双葉は真直ぐかやや内反る。先端がすぼまり切っ先となる。二式に分かれる。

Ⅰ式：長骹短茎で、骹はだいたい矛身と同じ長さかやや短い。河南保安山M2K1：1697は、断面がレンズ状を呈し、骹の中部に銅鼻が付き、紐が掛けられる。通長21.1cm（図113-7）、年代は前漢前期である。広州漢墓M1117：6は、双葉は内反り、骹は細長く、骹口が欠ける。残通長29.8cm（図113-18）、年代は前漢前期である。湘郷可心亭漢墓XXM：5は、断面が菱形で、葉はやや幅広、双刃はやや内反る。通長36、寛3.6cm（図113-17）、年代は前漢中期である。資興前漢墓で25点出土しており、そのうちM251：32は、全体が細長で、鍛骹、骹口は馬鞍形を呈し通長20.8cm（図113-11）、年代は前漢中期、M58：5は、矛身断面が菱形で、中脊を有し、骹口が馬鞍形を呈し、通長22.4cm（図113-12）、年代は前漢後期、M36：4は、矛身が短く幅広、断面菱形で中脊を有し、骹は短い。通長17.4cm（図113-2）、年代は前漢後期。呈貢石碑村前漢中後期M18：9は、ラッパ形の円骹で、通長15.5cm（図113-4）。資興後漢墓では26点出土しており、骹口は多くが馬鞍形を呈し、そのうちM97：2は、やや太く短めで、通長18.4cm（図113-25）、年代は後漢前期、M204：60は、矛身が細長で、通長48.5cm（図113-16）、年代は後漢中期、M335：8は、通長42.5cm（図113-19）、年代は後漢中期、M313：15は、鍛骹が閉じ切らず、骹口は平ら、通長20.9cm（図113-21）、年代は後漢中期。鶴壁鹿楼TD60：07は、鍛鉄製で、通長約30cm（図113-23）、年代は漢代である。随県塔児圩TEW：B1は、矛身断面が菱形を呈し、双葉は斜めに真っすぐで、骹口は馬鞍形、通長29.9cm（図113-24）、年代は後漢時代である[224]。右玉善家堡で2点出土し、鍛骹である。そのうちM1：6は、通長31cm（図113-8）、M17：8は、通長26cm（図113-6）、年代は後漢末期である。この種の矛は、易県燕下都東沈村前漢中期墓（図113-10）・満城1号漢墓・江川庵前後漢中期墓（図113-22）[225]などでも発見されている。この他、漢景帝陽陵南区叢葬坑で73点出土し、矛身は扁平でやや脊が通り、双葉はまっすぐ、通長6.05〜17.2cm（図113-9）、いずれも陶俑の佩びる明器である。

Ⅱ式：長茎矛で、骹が長くまた茎が長いもの。満城1号墓で2点出土し、矛身は細長で、長茎中部に環状の突起が箍状に付く。断面円形の骹である。M1：5012は、通長65.3、寛1.7、骹径2.4cm（図113-27）、年代は前漢中期である。洛陽焼溝M1023：3は、矛身断面が菱形を呈し、脊は不明瞭で、双葉は真直ぐである。通長47、矛身寛3.2cm、出土時には木鞘が残っており、鞘端には銅珌があった（図113-14）。年代は後漢前期である。

C型：矛身は桂葉形で、断面は菱形を呈する。広州前漢前期墓で2点出土し、骹口は馬鞍形を呈し、そのうちM1156：1は、通長17.8cm（図114-5）、M1135：2は、通長24cm（図114-12）。包頭召湾前漢中期墓M51：A209は、鍛骹で、合わせ目は閉じ切っていない。通長21.2cm（図114-6）[226]。扎賚諾爾ZLNM：72は、鍛鉄製で、矛身は扁平で脊はなく、骹は鍛打し巻き込んで成形される。通長16、矛身寛2.5cm（図114-4）、年代は後漢末期である。この型の矛は威寧中水前

漢後期墓などでも発見されている。

D型：異形矛。矛身と骸部の形態が特異であり、数量は少なくあまり見られない。以下の三式に分けられるが、戦国時代の長茎節子矛は見られない。

Ⅰ式：四稜矛。咸陽漢景帝陽陵南区叢葬坑第20号坑で20点出土しており、矛身は四稜形を呈し、尖った切先で、円形の長骸である。通長3.6～4.4cmで、いずれも陶武士俑とともに同じ木箱の中から出土しており、模型明器である。

Ⅱ式：三稜矛。章丘東平陵故城で1点（DPL：0231）出土し、矛身は太く短く、断面は三稜形を呈し、円形骸はやや太めである。通長10.1cm（図114-1）、年代は漢代である。

Ⅲ式：方骸矛。骸口は方形を呈し、矛身の形態に差が見られる。広州漢墓 M1041：37は、矛身がやや短く、一方に逆刺がある。通長16cm（図114-7）、年代は前漢前期である。漢杜陵ⅤT16：6は、矛身は扁平で、鍛造製、骸部の合わせ目はぼんやりと見える。通長18.5cm（図114-2）、年代は前漢後期である。章丘東平陵故城で1点（DPL：0232）、矛身は桂葉形で、やや短小、骸は長い。通長

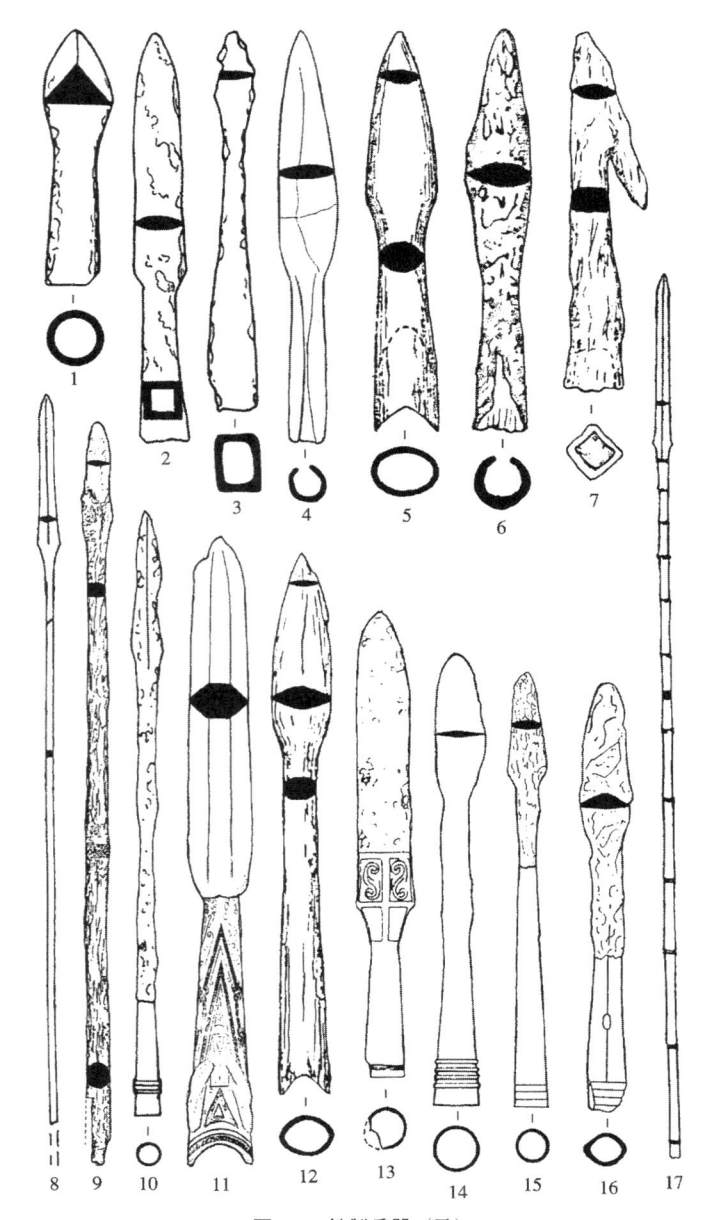

図114　鉄製兵器（矛）
1．D型Ⅱ式（章丘東平陵故城DPL：0231）　2・3．D型Ⅲ式（漢杜陵ⅤT16：6、章丘東平陵故城DPL：0232）　4～6．C型（扎賚諾爾ZLNM：72、広州漢墓M1156：1、包頭召湾M51：A209）　7．D型Ⅲ式（広州漢墓M1041：37）　8・9．E型（資興漢墓M287：31、広州漢墓M1095：11）　10・11．銅骸鉄葉矛（江川李家山M51：318-2、広州南越王墓D：170）　12．C型（広州漢墓M1135：2）　13～16．銅骸鉄葉矛（李家山M47：247-13、安寧太極山M1：18、李家山M26：16、呈貢石碑村M27：8）　17．E型（資興漢墓M257：7）

15cm（図114-3）、年代は漢代である。

E型：長柄矛。矛頭と長柄が一体に連なっており、全鉄製で、文献に記される"鈹"である。広州漢墓M1095：11は、矛身がやや短く、柄端は欠ける。残通長72、矛身長12cm（図114-9）、年代は前漢前期である。資興後漢中期墓で2点出土し、矛身は細長で、両刃はやや内に反る。細長の鉄

柄である。そのうち M287：31 は、真直ぐの柄で、柄端は欠ける。残通長130、矛頭長27、柄径 1.4cm（図114-8）、M257：7 は、鉄柄が十一節の竹節形に鍛打成形され、通長157、矛頭長29.5cm （図114-17）である。淮南劉家古堆後漢墓で１点出土し、矛頭は扁平で、通長161、矛頭長33cm である。

銅骹鉄葉矛 主に辺境地域で発見され、数量はやや少ない。広州南越王墓で２点出土し、そのうち D：170 は、鉄製の矛身にで、断面は扁平な六稜形を呈し、切っ先が尖る。銅骹で、上が細く下が太くなっており、骹口は馬鞍形である。その中部に一方に半円形の鼻鈕があり、鈕内には絲帯の痕跡が残る。骹の表面は鎏金され、金・銀で三角形紋様と流雲紋錯を錯出する。通長27.3cm（図114-11）、年代は前漢中期である。安寧太極山で２点発見されており、矛身は鉄製で扁平、切先は鋭い。長茎で、骹は銅製で、目釘孔が複数あり、骹口近くに突帯が数条めぐる。うち M１：18 は、通長28.6、矛身長18、寛2.2cm（図114-14）、年代は前漢前期。江川李家山 M51：318-2 は、矛身が細長で、曲刃、長茎、骹口は突帯で飾られる。通長48.2cm（図114-10）、年代は前漢中後期である。李家山 M47：247-13 は、矛身は扁平で、直刃、丸く尖った切先で、銅骹基部は S 形紋で飾られる。通長31.7cm（図114-13）、年代は前漢中後期。李家山 M26：16 は、扁平三角形の矛身で、茎は細長く、断面円形の骹部、骹口は突帯で飾られる。通長35.5cm（図114-15）、年代は前漢後期。晋寧石寨山では17点出土しており、年代は前漢中期である。呈貢石碑村で８点出土し、柳葉形の鉄矛身で、鋳造製の細長円骹、骹上には目釘孔があり、骹口には突帯がめぐる。そのうち M27：8 は、通長22cm（図114-16）で、年代は前漢中後期である。

戟 その形態構造により四型に分けられる。

A型：三叉戟。全体が三叉形で、刺・胡・援がみな細長で、刺は斜めに伸び、援は胡と直角に横へ伸びる。永城保安山 M２K１：1672 は、戟首が矛状で扁平、断面菱形を呈する。長条形の援で、断面菱形、援の基部に穿孔があり、その横に銅籥があり、秘首に被せるようになっている。胡は長く、穿孔が四つあり、断面は二等辺三角形になる。通長51.8、援長19cm（図115-2）、年代は前漢前期である。広州南越王墓で１点（D：127-2）出土し、刺はやや平らで幅広、上方斜めに伸び、援は真直ぐ、胡は長く穿孔はなく、末端が凹形にえぐれる。通長39、刺長19、援長18.5cm（図115-6）、年代は前漢前期。三叉戟は、晋寧石寨山前漢中期墓・長沙五里牌後漢墓・臨淄金嶺１号後漢前期墓などでも発見されている。

B型：卜形戟。全体が"卜"字形をなし、刺・胡・援がいずれも細長で、刺と胡がほぼ一直線上にあり、援が横に伸びて刺・胡と直角になる。涪陵点易 M２：12 は、刺が扁平で中脊があり、切先は鋭く、その長19cm。援はやや厚めで中脊があり、長17cm。胡に穿孔はなく、援の基部に青銅秘帽があり、その断面は円形を呈し、表面に何かを巻き付けた痕跡が残る。その長8.5cm。通長37.7、寛19cm（図115-4）、年代は前漢前期。広州南越王墓で１点（D：127-1）出土し、刺・援は細長く、援は刺・胡と直角に交わる。胡は細長で、上が広く下が狭くなっており、一側に木秘を取り付けるが、秘端には骨製秘帽が被せられる。通長39.5、援長16cm（図115-3）、年代は前漢前期である。盱眙東陽 M７：83 は、刺・援が扁平で細長、麻布を器胎とする黄褐色の漆鞘の痕跡が残っていた。胡はやや短く、援末と援・刺の境にそれぞれ楕円形の穿孔がある。援末に銅秘帽があり、秘帽中に木秘が装着され、秘は保存が完全である。秘を含めた全長が249cm（図115-5）、年代は新莽時期。資興後漢中期墓で１点（M107：6）出土し、刺・援は扁平で、援末端に長方形の穿孔が

218

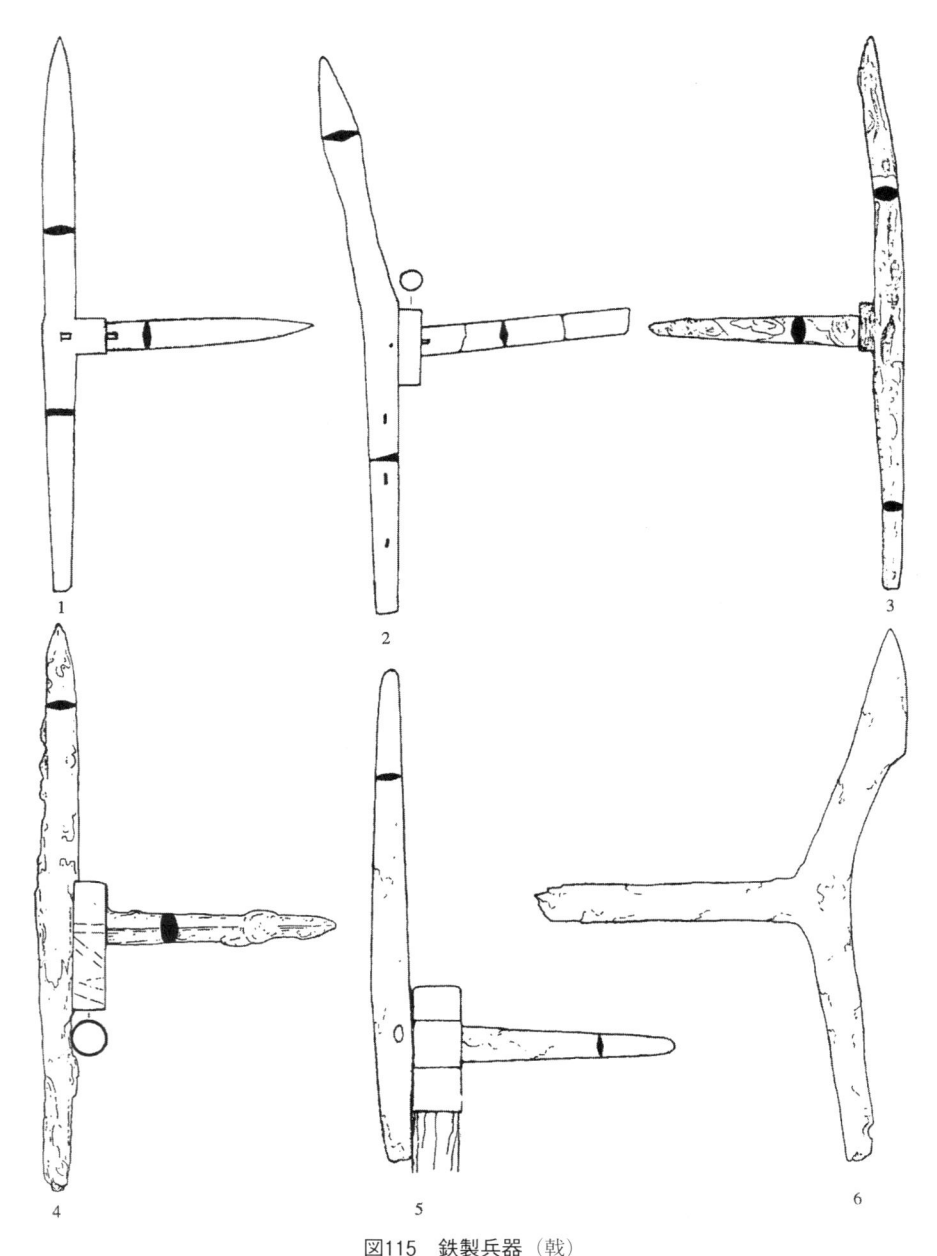

図115　鉄製兵器（戟）
1・3～5．B型（資興漢墓M107：6、広州南越王墓D：127-1、涪陵点易M2：12、盱眙東陽M7：83）
2・6．A型（永城保安山M2K1：1672、広州南越王墓D：127-2）

二つある。通長42.5cm（図115-1）。この型式の戟は臨淄斉王墓器物坑・満城1号漢墓・鶴壁鹿楼前漢製鉄遺跡・江川李家山前漢中後期墓・塩城三羊墩後漢前期墓・長武丁家新莽時期窖蔵・章丘漢代東平陵故城などでも発見されている。この他、咸陽漢景帝陽陵南区叢葬坑の8基の土坑で鉄戟135点が出土し、刺・援は断面楕円形で脊はなく、切先は鋭く、胡に穿孔が四つあり、援末に銅柲帽がある。通長15cmで、いずれも陶俑のもつ明器である。

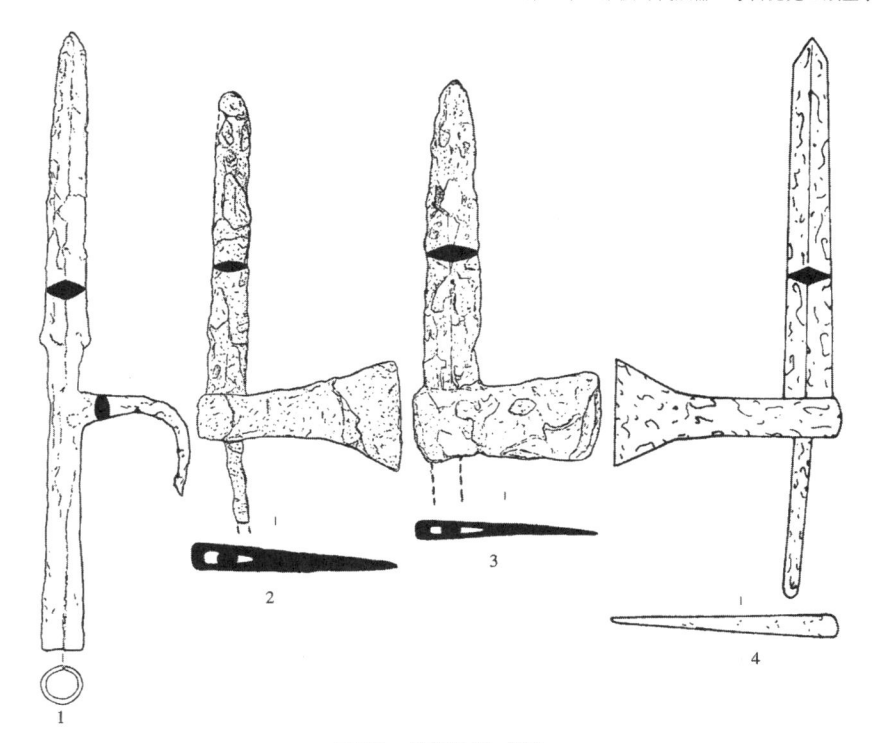

図116　鉄製兵器（戟）
1．C型（漢長安城武庫遺跡W7：3：1）　2～4．D型（鄭州碧沙崗公園M13：2、鄭州古滎鎮GXZC：01、新郷玉門村M1：22）

図117　鉄製兵器（鈎鑲とその使用方法）
1・2．鈎鑲（鶴壁HBM：3、洛陽小川村XCCM：B1）　3・4．画像石上の持鈎鑲比武図（銅山小李荘苗山1号墓後室画像石、綏徳黄家塔9号墓門框画像石）

C型：鉤戟。漢長安城武庫遺跡で1点（W7：3：1）出土し、刺が扁平で中脊があり、刺末端が細長の円形骹に連なり、そこから下に湾曲する鉤が横へ伸びる。通長46、鉤長8.5cm（図116-1）[236][237]。
　D型：鈹戟。短剣形の刺で鈹形の援である。新郷玉門村M1：22は、刺断面が菱形を呈し、中脊が見られ、援は扁平で、胡は扁平で細長、通長47、援長18.5cm（図116-4）、年代は後漢中後期である[238]。鄭州碧沙崗公園M13：2は、前端が刺となり、扁平長条形を呈し、双面刃で、中脊があり、形態は短剣に似る。その長は24.4、寛3、厚0.9cm。長方形の刺鋋が鈹の銎内に挿入される。鋋残長6.5、寛1.2、厚0.4cm。鈹体は扁平で、腰のくびれた梯形をなし、刃部は幅広で薄く、銎部は狭まり厚め、鈹長16、刃寛8.8cm（図116-2）、年代は後漢後期である[239]。この墓は単人磚室墓で、規模は大きくなく、珍貴な副葬品も見られず、被葬者の身分がそれほど高くないことを示している。鄭州古滎鎮漢代城址内で出土した一例は、刺部に木鞘と布の痕跡を残している（図116-3）。
　鐏　戟柲末端に装着して柲を強化するもの。一型のみで、戦国時代のB型は見られない。
　A型：全体は底部の閉じる円筒形で、断面は卵円形。永城保安山M2K1：1705は、長5.95、銎長径3.4cm、保安山M1：1113は、長2、銎長径1.25cm、年代は前漢前期である[240]。
　鉤鑲　河南鶴壁漢墓で1点（HBM：3）出土し、両端は鍛造により梃状で前面に湾曲する鉤に成形され、上鉤先端は欠け、下鉤先端は球状を呈する。中部に鑲があり、鑲背面の梃は断面楕円形で長方形に曲げられた鑲鼻になっており、正面は長18.5、寛14cmの薄い鉄板を作った鑲となっており、リベットで鉤架上に固定されている。上鉤長26、下鉤長15.7、通長61.5cm（図117-1）、年代は前漢後期である[241]。洛陽小川村後漢墓で2点出土し、形態は同様のものである。そのうちXCCM：B1は、鉤先端が円錐状を呈し、内に湾曲する鉤となる。鑲部は隅丸長方形で、中ほどは正面に向かって盛り上がる。上鉤長34、下鉤長26、全長81cm（図117-2）[242]。河北定県43号墓で出土した一例は、鉤鑲に花紋が錯金で飾られ、年代は後漢後期である[243]。この他、章丘東平陵故城・洛陽七里河後漢墓[244]・四川などで発見されている。
　鉤鑲は前漢後期に出現した新型兵器の一種で、鉤と斥力を用いた補助性兵器であり、その中部に設けられた小盾牌で、敵の兵刃を防ぎ、鉤で相手の兵器を引っ掛け攻撃に転じるものであり、そのため鉤鑲は往々にして長刀とともに使用される。銅山小李荘苗山1号墓後室の画像石に見られる"比武"図中では、中間の一人が鉤鑲を持って相手の長兵を引っ掛け、右手で刀を振るい相手に切りつけている（図117-3）[245]。これに類する鉤鑲と長刀をもって格闘する図像は、陝西綏遠四十里鋪画像石墓[246]・綏徳黄家塔9号墓（図117-4）[247]・山東臨沂白荘画像石墓[248]などで出土した後漢画像石上に見ることができる。
　槍頭　細長円錐状で、骹をもつ。右玉善家堡で2点出土し、そのうちM1：22は、通長39.6cm（図118-13）、年代は後漢末期である。
　鈹　格闘兵器の一種で、形は剣に似るが、装柄と使用法は矛に近い[249]。臨淄斉王器物坑で20点出土し、出土時は束になって積み重ねられていた。鈹体断面は菱形を呈し、平らな錐形の茎で、茎の根元には尖歯形の銅箍が被せられる。箍の表面には雲紋と尖歯紋が彫刻される。K5：48-1は、長72cm（図118-8）、年代は前漢前期である[250]。永城柿園前漢前期墓で38点出土し、茎根元に二つの歯形銅箍が被せられ、銅箍上にはそれぞれ鼻鈕がある。SM1：939は、通長約28cm（図118-9）。章丘東平陵故城で1点（DPL：0198）出土し、器体はやや狭く、茎は扁平で細長、茎中部に目釘孔が一つある。通長50、寛3.2cm（図118-12）、年代は漢代。広州南越王墓の主棺室で4点出土し、長

46.4～61.6cmで、報告では"短身型剣"と称される。その形態・構造と山字形の銅籠からみて、鈹であろう。鉄鈹は漢長安城武庫遺跡（図118-15）でも発見されている。

鍛 長兵の一つで、鈹の中でも下端に鐔（つば）を装着するものである。西安龍首村漢墓で1点（M2：68）出土し、鍛体は細長で、断面は楕円形、末端に銀白色の金属鐔を装着し、その下は鉄柲に連なる。柲は木質で包まれる。長27、寛2.6cm（図118-14）、年代は前漢前期である。

杖 臨淄斉王器物坑で2点出土し、細長で棍に似る。一端は太く一端はやや細め、断面は円形を呈する。K5：44は、長270、直径1.8～2.7cm（図118-1）、年代は前漢前期。

柲 直体の鉄棍で、外側が木質に包まれる。長兵の柄に使われる。西安龍首村漢墓で1点（M2：92）出土し、直径1.9、残長31cm、末端に銅鐏を装着し、鐏長15cm（図118-10）、年代は前漢前期。秦漢時代では鉄柲はまれであり、龍首村出土の鉄柲は、同出した鉄鍛の柲に違いない。

杆形器 細長の円棍である。臨淄斉王墓Ⅲ号器物坑で180点出土し、漆箱の中にみな納められていた。K3：53-1は、長39cm（図118-11）で、年代は前漢前期である。この種の杆形器の用途はいまだ不明であるが、武器武具と関連のものと思われる。

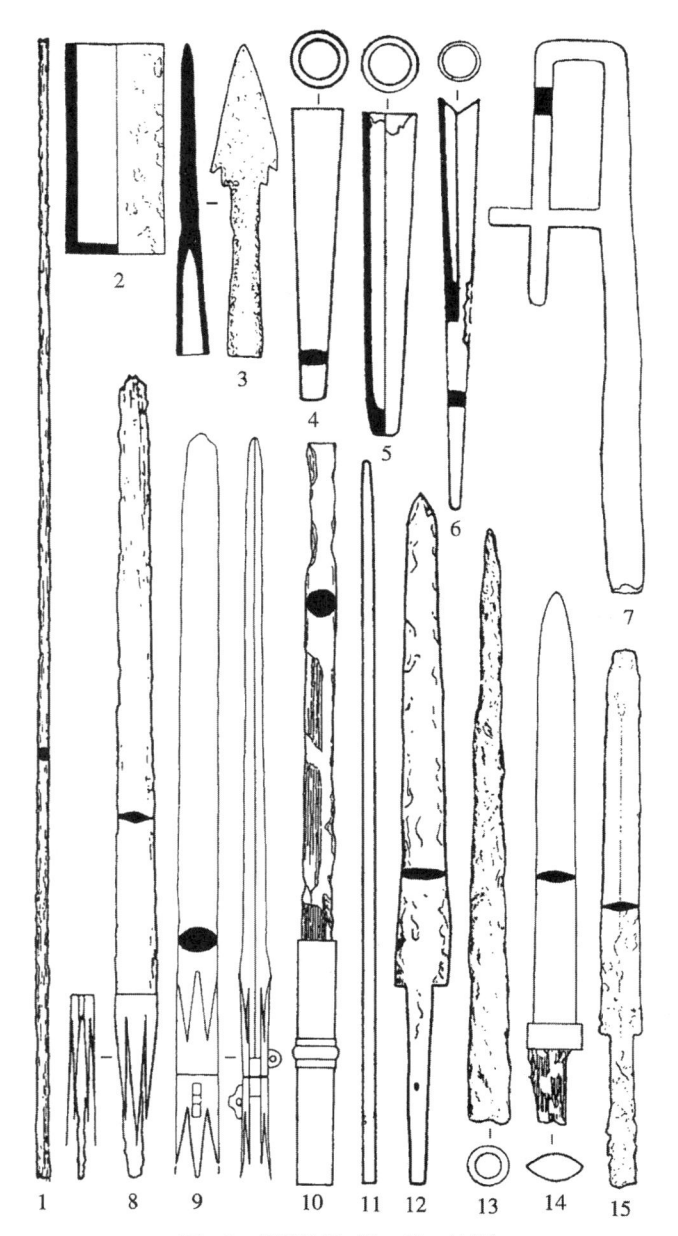

図118 鉄製兵器（鈹・鍛・杖等）
1．杖（臨淄斉王墓器物坑K5：44） 2．A型鐏（漢杜陵Ⅵ号遺跡ⅥT1：2） 3．鏢（双鴨山市滾兔嶺F6：7） 4～6．B型鐏（資興漢墓M580：2、資興漢墓M489：4、資興漢墓M302：5） 7．曲尺器（貴県羅泊湾M1：140） 8・9．鈹（臨淄斉王墓器物坑K5：48-1、永城柿園漢墓SM1：939） 10．柲（西安龍首M2：92） 11．杆形器（臨淄斉王墓器物坑K3：53-1） 12．鈹（章丘東平陵故城DPL：0198） 13．槍頭（右玉善家堡M1：22） 14．鍛（西安龍首村M2：68） 15．鈹（漢長安城武庫遺跡W7：3：8）

鐏 一端が閉じ、一端が開く円筒形で、矛柲の末端に装着する。二型に分けられる。

A型：両端の太さがだいたいおなじである。漢杜陵Ⅵ号遺跡で1点（ⅥT1：2）出土し、平底で、高8、直径3.6、壁厚0.5cm（図118-2）、年代は前漢後期である。

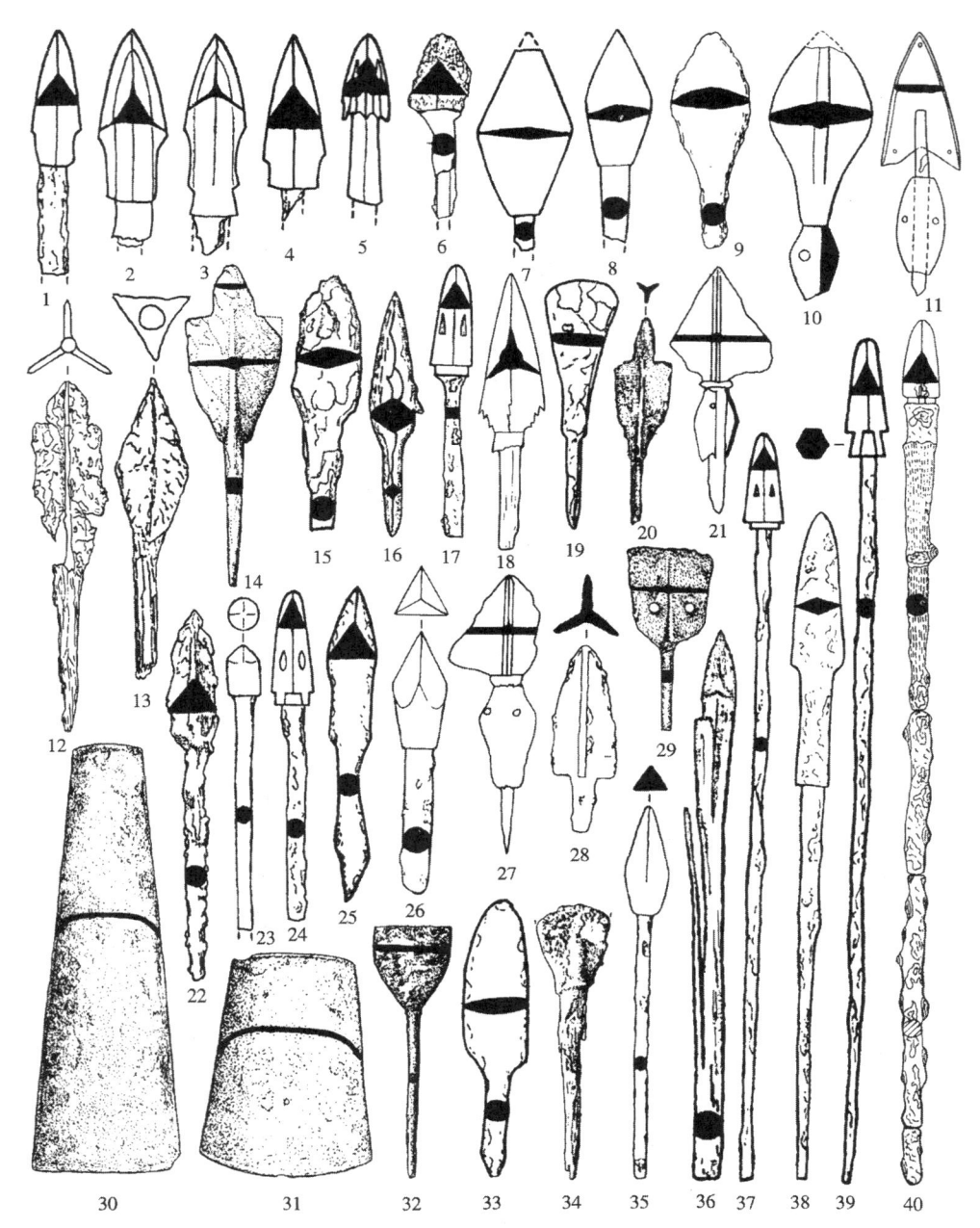

図119 鉄製兵器（鏃・箭嚢）

1〜5．鉄鋌銅鏃（鄭州西岔河CHM：6、西岔河CHM：3、西岔河CHM：4、西岔河CHM：2、西岔河CHM：1） 6．A型（包頭召湾M51：A201） 7〜11．C型I式（察右後旗三道湾M21：5、扎賚諾爾ZLNM：81、錦西小荒地古城址T5⑤：2、扎賚諾爾ZLNM：82、額爾古納右旗拉布達林LBDLM：4） 12．B型（東勝補洞溝M4：4） 13．A型（補洞溝M3：6） 14．C型Ⅲ式（楡樹老河深M2：44） 15・16．C型I式（准格爾旗西溝畔XGP：42、西溝畔XGP：41） 17．鉄鋌銅鏃（漢杜陵ⅤT①T2：24） 18．B型（拉布達林LBDLM：3） 19．C型Ⅱ式（西溝畔XGP：43） 20．B型（老河深M67：51） 21．C型I式（額爾古納右旗七卡QKM：4） 22．A型（小荒地古城址XHD：065） 23．D型（漢長安城武庫遺跡W7：2：45） 24．鉄鋌銅鏃（漢杜陵ⅤT13：1） 25．A型（章丘東陵故城DPL：0299） 26．鉄鋌銅鏃（武庫遺跡W7：2：10） 27．C型I式（七卡QKM：3） 28．B型（武庫遺跡W7：1：23） 29．C型Ⅱ式（老河深M67：52） 30．A型箭嚢（老河深M56：69-1） 31．C型I式（東平陵故城DPL：0267） 32．C型Ⅱ式（老河深M5：24-2） 33．C型Ⅱ式（東平陵故城DPL：0267） 34．C型Ⅱ式（巴林左旗南楊家営子M16：16） 35・36．A型（武庫遺跡W7：1：30、洛普山普拉SPLⅡM6：352） 37．鉄鋌銅鏃（漢杜陵ⅤT6：2） 38．C型I式（漢杜陵IT8：1） 39・40．鉄鋌銅鏃（漢杜陵ⅤT2：20、漢長安城桂宮3号建築遺跡T1③：18）

B型：上が太く下端が錐状を呈する。資興漢墓で3点出土し、そのうち M580：2は、長10.8cm（図118-4）、年代は前漢前期。M302：5は、やや細長で、口部が馬鞍形を呈し、底端が尖る。長29、直径2.8cm（図118-6）、年代は後漢中期。M489：4は、長12cm（図118-5）、年代は後漢後期である。錐状鐏は洛陽西郊漢墓などでも発見されている。

矩形器　貴県羅泊湾で1点（M1：140）出土し、長い杆で、杆体断面は六稜形、一端は尖り、もう一端は杆体が薄くなり、折り曲げられて曲尺形になり、また別に横棒が設けられる。通長73.5cm（図118-7）、年代は前漢前期である。[254] 広州南越王墓で1点出土しており、年代は前漢前期。この種の鉄器は用途が不明であるが、おそらく兵器の一種であろう。

鏢　形は矛に似るが、やや小さい。双鴨山市滾兎嶺遺跡で1点（F6：7）出土し、器体は扁平で尖る切先、二段の翼で、細長い円骹である。通長7.2、寛1.6、骹径0.6cm（図118-3）、年代は漢代である。[255]

鏃　鉄鏃と鉄鋌銅鏃の二類がある。

鉄鏃　鏃身の形態の特徴により四型に分けられる。

A型：三稜鏃。包頭召湾前漢中期墓 M51：A201は、鏃身が太く短く、稜面が平らで、後関はない。鉄鋌で、木箭杆残痕がある。通長5.3cm（図119-6）。漢杜陵V号遺跡で1点出土し、鏃身長2.1cm、年代は前漢後期である。錦西小荒地古城址 XHD：065は、稜面は平らで、関はなく、断面円形の鋌、通長7.5cm（図119-22）、年代は前漢時代。漢長安城武庫遺跡 W7：1：30は、鏃身先端が三稜形を呈し、骹部は円柱形をなし、鉄鋌である。通長9.5cm（図119-35）。東勝補洞溝匈奴墓 M3：6は、鏃身が桂葉形を呈し、稜面はやや内反り、関はない。下部は木鋌に接続する。通長4.8cm（図119-13）、年代は前漢末後漢初。洛普山普拉 SPLⅡM6：352は、稜面がやや内反り、後関はなく、鏃身は鉄鋌に連なり、鉄鋌は木箭杆に挿入される。鏃長5.5、箭杆長17.6cm（図119-36）、年代は後漢時代である。[256] 三稜鏃は章丘東平陵故城（図119-25）でも発見されている。

B型：三翼鏃。漢長安城武庫遺跡で1点（W7：1：23）出土し、鏃身は短く幅広、鉄鋌で、残通長5cm（図119-28）。東勝補洞溝匈奴墓で1点（M4：4）出土し、鏃翼は大きめで、下部が木鋌に連なる。通長14.2cm（図119-12）。楡樹老河深鮮卑墓地出土の5点は、鏃鋒部に方肩を作り出し、先端は凸字に突出する。M67：51は、通長8.7cm（図119-20）、年代は前漢末後漢初。額爾古納右旗拉布達林 LBDLM：3は、尾翼が鋸歯形を呈し、通長11cm（図119-18）、年代は後漢時代である。[257]

C型：双刃鏃で、三式に分かれる。

Ⅰ式：尖円頭双刃鏃。器体は扁平で、三角形の尖鋒ないし尖円鋒。錦西小荒地古城址 T5⑤：2は、尖円峰で、円鋌は欠ける。通長5.6cm（図119-9）、年代は前漢時代。漢杜陵 IT8：1は、鏃身断面が菱形を呈し、後関はやや長く、鉄鋌である。鏃身長3.5、関長2.6、鋌長8.3cm（図119-38）、年代は前漢後期である。准格爾旗西溝畔漢代住居址 XGP：41は、鏃身が細長で、断面は菱形を呈し、通長4.8cm（図119-16）、XGP：42は、鏃身は扁平でやや幅広、通長5cm（図119-15）。扎賚諾爾墓地では34点出土し、みなこの型式で、年代は後漢末期である。そのうち ZLNM：81は、鏃身が扁平で中脊はなく、円錐状の鉄鋌で。通長6.5cm（図119-8）。ZLNM：82は、鏃身は扁平、中脊をもち、九基部は鳴鏑になっており、木質の箭鋌に挿入される。通長6.5、鏃身寛2cm（図119-10）。[258] この種の鏃は東勝補洞溝匈奴墓・察右後旗三道湾鮮卑墓（図119-7）・額爾古納右旗

七卡鮮卑墓（図119-21・27）・拉布達林墓地（図119-11）・章丘東平陵故城（図119-33）などでも発見されている。

Ⅱ式：鏟頭双刃鏃。器体は平らで幅広、円弧形ないし真直ぐな鋒である。巴林左旗南楊家営子M16：16は、鋒刃が円弧形を呈し、鉄鋌で、鉄鋌上に木質箭杆の痕跡を留める。通長8.5、鋒刃寛2.5cm（図119-34）、年代は後漢時代である。准格爾旗西溝畔漢代住居址 XGP：43は、通長4.9cm（図119-19）。楡樹老河深前漢末後漢初鮮卑墓では13点出土し、そのうちM5：24-2は、鏃身は扁平で脊はなく、細長の鋌、通長10.5、刃部寛3.3cm（図119-32）、M67：52は、鏃身中部が突起して脊となり、両側にそれぞれ小孔をもつ。鋌は欠ける。残通長7.6cm（図119-29）。この型式の鏃は額爾古納右旗拉布達林鮮卑墓でも発見されている。

Ⅲ式：尖頭双肩鏃。楡樹老河深鮮卑墓地で5点出土し、鏃身は扁平、中部が凸脊となり、鏃鋒は双肩を作り出す。また突出した三角形尖鋒である。M2：44は、四稜錐状鋌で、通長13.4cm（図119-14）、年代は前漢末後漢初。

D型：円錐鏃。漢長安城武庫遺跡で多く出土しており、先端は四稜錐状を呈し、下部が円柱体となる。鉄鋌をもつ。W7：2：45は、残通長10cm（図119-23）。円錐形鏃は貴県羅泊湾1号前漢墓でも発見されている。

鉄鋌銅鏃 秦始皇陵陪葬坑で多く発見されている。永城保安山漢梁王陪葬坑では16点出土し、鏃身は三稜形を呈し、刃部は鋭利で、関部断面は六角形を呈し、鉄鋌は藁中に挿入されている。M2K1：1678は、長3.05、鉄鋌長2.7cm、年代は前漢前期である。漢長安城桂宮3号建築遺跡で出土した鉄鋌銅鏃は、鏃身が三稜形を呈し、尖円鋒で、そのうちT1③：18は、鏃身長2.5、鉄鋌残長25cm（図119-40）、年代は前漢中後期である。漢杜陵Ⅴ号遺跡では9点出土し、いずれも三稜鏃で、後関があり、関断面は六稜形ないし円形を呈する。鉄鋌断面は円形か方形。鏃身長2.1〜2.9cm（図119-17・24・37・39）、年代は前漢後期。漢長安城武庫遺跡W7：2：10は、先端が三稜尖錐状で、下部が円柱体を呈し、鉄鋌に連なる。残通長6.5cm（図119-26）。鄭州岔河前漢墓で39点出土しており、その多くが三稜鏃で、小量の三翼鏃がある。残長2.5〜4cm（図119-1〜5）。このほか、鉄鋌銅鏃は臨淄斉王器物坑などの墓葬において多く発見されている。

弩機 長武丁家鉄器窖蔵で1点出し、年代は新莽時期。漢長安城未央宮遺跡では鉄弩機7点と弩機部品44点が出土している。

箭嚢 楡樹老河深前漢末後漢初鮮卑墓地で19点出土しており、全体は上が狭く下が広い梯形を呈し、両側縁は内に折れる。薄い鉄板を鍛造したもので、二型に分かれる。

A型：全体は縦長で、M56：69-1は、長41、寛6.8〜14、厚0.4cm（図119-30）。

B型：全体は短く幅広、M56：69-2は、上部に小孔が二つあり、下部に一つ小孔がある。長13.3、寛7.8〜10.1、厚0.4cm（図119-31）。

弓敝 弓本体の握り部分に装着する部品。満城1号漢墓で20点出土している。細く長い梭形を呈し、器体は平らで薄く、両先端はやや上にはねあがる。王断面はやや弧を描き、弓本体の外側にぴったりと合うようになっている。ぞれを二股の紐で弓本体に緊縛する。そのうちM1：5199は、残長18.4、寛2.5、厚約0.4cm、年代は前漢中期である。

蒺藜 防御に用いる武具で、要衝地などに撒き散らして、馬・兵卒に刺傷を与えるものである。漢長安城未央宮角楼遺跡で1点（T1③：57）出土し、四つ三角錐状の刺をもち、それぞれの刺は

130°の角度をもつ。刺長3cm、重24.2g。

鎧甲 臨淄斉王墓器物坑で2点（K5：5）出土し、出土時は錆で凝固し一体化していた。楕円形と長方形の二種の甲片があり、甲片上には六つないし八つの穿孔が設けられる。そのうちK5：5-1は修復処理がなされ、葉形と長方形二種類の甲片を麻縄で組み合わせた、右襟で手甲と裾垂をもつ鎧甲とされ、甲身下段と手甲の甲片は金銀片・絲帯で飾られる。全部で甲片2244片が使われている（図120）。年代は紀元前179年前後の前漢初期である。西安北郊龍首村前漢前期墓で1点（M2：38-2）出土し、出土時にはすでに散乱していたが、甲片の形態は多様で（図121）、金銀箔で飾られた片もある。復元を経て、2625片の甲片から成る右襟で手甲・甲裙のある魚鱗甲とされた。広州南越王墓で一領（C：233）出土し、出土時には円筒形に巻かれていた。通長49cmで、重9.7kg。甲片はいずれも隅丸の長方形で、形状・大きさは大体同じである。甲片正面はやや膨らみ、周縁はやすりが掛けられ稜が立つ。基本的に統一された規格に基づいて鍛造されている。復元により、右襟で、右側が開き結び付けられる、襟なし・袖なし・裾垂なしの、チョッキに似た軽装型鉄甲である。709点の甲片を絲帯で結び合わせている。復元通長58、胸囲102cm、年代は紀元前122年前後の前漢前期である。満城中山王墓で1点（M1：5117）出土し、出土時には一束に巻かれており、甲片は錬鉄を鍛打したものであった。復元により、前胸で合わせる開襟で、小型葉状の甲片からなる甲身、筒形袖と裾垂のある鎧甲とされる。甲片2859片が使用され、表面に装飾はなく、通長約80、胸囲約115、袖長約34cm、年代は紀元前113年前後の前漢中期である。漢代の鉄鎧甲や甲片は、漢杜陵陵園便殿遺跡・洛陽西郊3032号墓・徐州獅子山楚王陵・呼和浩特二十家子漢代古城・准格爾旗西溝畔漢代住居址・呼和浩特陶卜斉古城址・楡樹老河深鮮卑墓・武夷山城村漢城などでも発見されている。

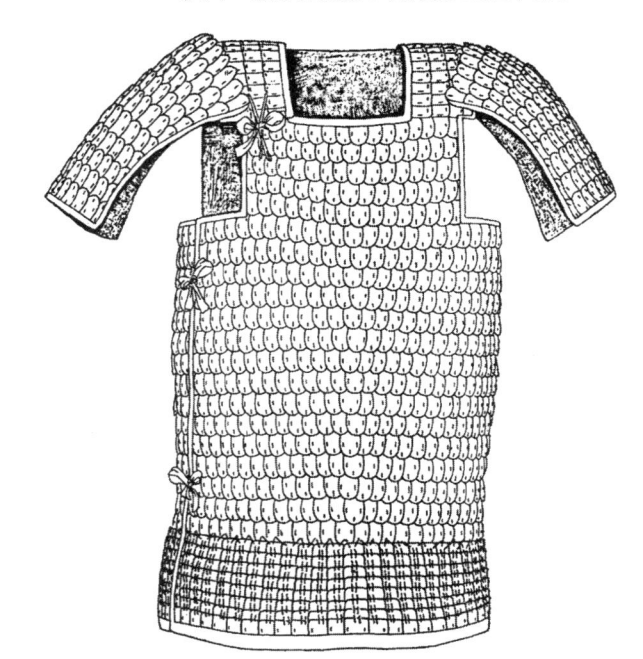

図120 鉄製武具（臨淄斉王墓器物坑出土鉄甲復元、K5：5-1）

冑 臨淄斉王墓器物坑で1点（K5：5-3）出土し、出土時は鉄甲と錆びついて一体になっていた。修復を経て、80片の蹄形・三角形の冑片からなる、全体が筒形で、上下が開き、左右に耳当てのある鉄冑（図122）とされた。年代は前漢前期。西安北郊龍首村前漢前期墓出土の一例（M2：38-1）は、352片の冑片で構成される、頂部が閉じ、耳当て・頸当てのある鉄冑である。この他、阜陽双古堆1号前漢墓で鉄冑片が出土しており、復元はされていないが、被葬者は漢文帝十五年（紀元前165年）に死去した汝陰侯夏侯灶とされる。

秦漢時代の墓葬で出土した鉄兵器の中には、形態が実用のものと同じで、大きさが小さくなった模型明器をよく見ることができる。中には形態構造が同じで、かつ製作の精良なものもある。漢陽

陵南区叢葬坑で出土した大量の鉄兵器は、その製作が非常に精細であるが、形体は小さい。鉄矛長 6.05～17.2cm（図123-3）、鉄戟通長15cm（図123-1・5）、鉄長剣通長39cm前後といった具合である。こういった製作の精良な模型明器は、漢杜陵陪葬坑でも発見されている。永城柿園前漢前期墓墓道の車輿の内外でも、小型戟15点・長剣28点などが出土しており、同じく製作の精緻な模型明器である。ただし、さらに多く見るのは形態構造と製作が簡略なものであり、器形は甚だ小さい。洛陽焼溝の2基の前漢後期墓（M632・M82）で小型剣8点と小型矛が出土しており、その形態は同墓地出土の鉄剣・鉄矛と同じであるが、サイズのみ小さく、鉄剣通長20～30cm、鉄矛長8、骹径0.5cmとなっている。そのうち82号墓の小鉄剣は車馬器とともに木盒内に納められており、632号墓の5点の小鉄剣と小鉄矛も車馬器と一緒になって出土した。発掘者は、この種の小鉄剣・小鉄矛は馬車明器上の木俑の帯びたもの

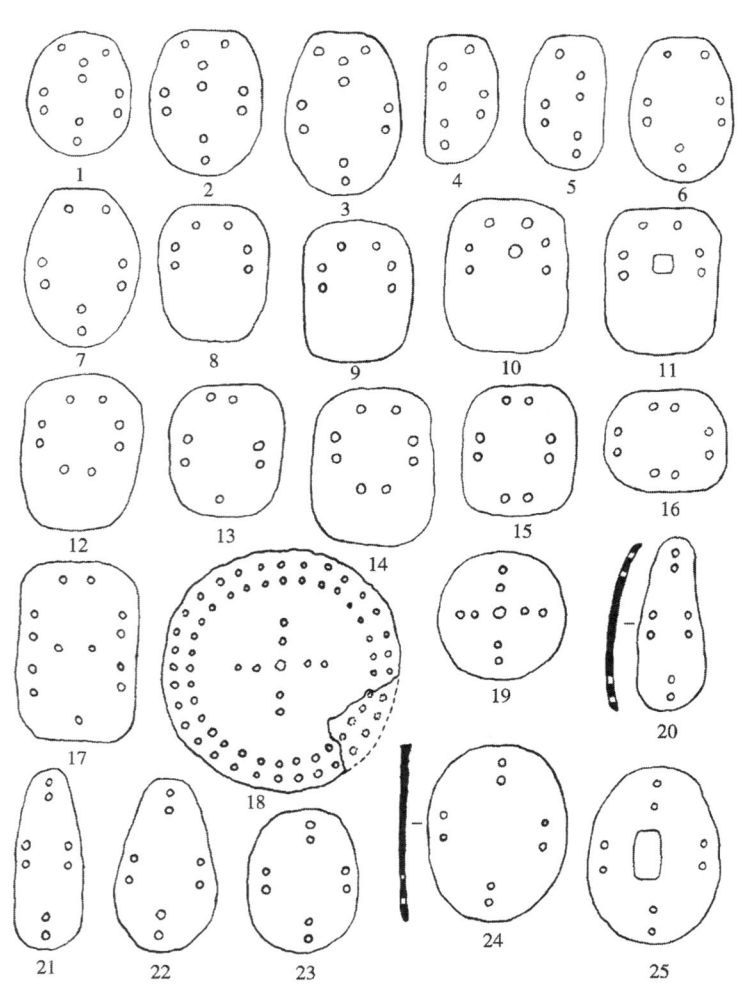

図121　鉄製武具（西安龍首村漢墓出土鉄鎧甲片）

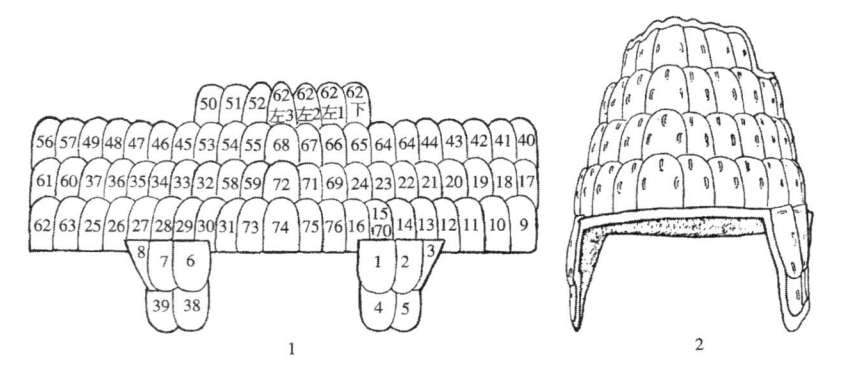

図122　鉄製武具（臨淄斉王墓器物坑出土鉄冑復元、K5：5-3）

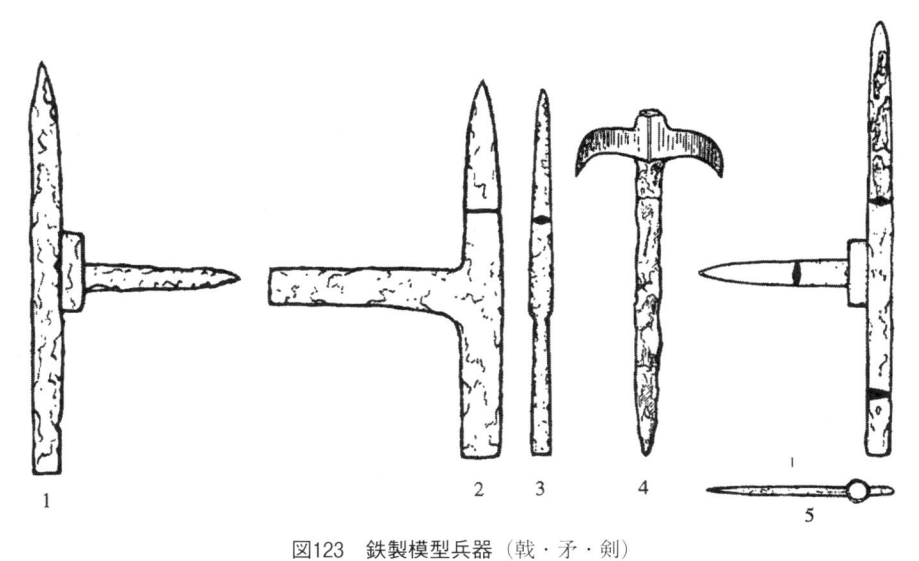

図123　鉄製模型兵器（戟・矛・剣）
1・2．戟（漢陽陵K20：85、塩城三羊墩M１：54）　3．矛（漢陽陵K22：38）　4．剣（洛陽焼溝M632：26）　5．戟（漢陽陵YL91K：221）

とする。洛陽焼溝漢墓出土のもう一例の鉄剣（M632：26）は、剣首が欠け、銅剣格はほぼ牛首形をなし、一面は膨らみ一面は平ら、寛5.6、残通長13.7cm（図123-4）、年代は前漢後期である。この剣は他の４点の小型短剣と車馬器とともに出土し、やはり明器である。塩城三羊墩で出土した１点の小型戟（M１：54）は、その形態はＢ型戟と同じであるが、製作は簡単で形体は小さい。全長10.8、刺長5.2、援残長5.2cm（図123-2）、年代は後漢前期である。これらの製作が簡略で小型の模型明器は、類型学的に典型的属性をもつとは見なせない。しかし、鉄金属が副葬品専用である模型明器の製作に導入されたことは、一面では鉄器の更なる広範な利用状況を反映している。

3　車馬機具

秦漢時代の車馬機具には、主に車船の部品、馬具・馬飾、また古典機械の部品などがある。
　車釭　木製の車轂に装着し、車轂を固定する鉄製部品である。三型に分かれる。
　Ａ型：円筒形で、外側に柄をもつ。二式に分かれる。
　Ⅰ式：外側の一端に二つの相対する柄を持つ。臨淄斉王墓４号器物坑で８点出土し、それぞれ四輛の車に属する。形態は同じで、一端がやや大きく一端がやや小さい。小さい方の端部外側に二つの柄がある。そのうちK４：18は、長4.2、内径8.4〜8.8cm（図124-14）、年代は前漢前期である。
　Ⅱ式：外側に四つの縦に伸びる柄がある。鎮平堯荘で３点出土し、外径の最大値によると12.5cmと8.0cmの二種類がある。鑑定によると共晶白口鋳鉄製品とされる。堯荘H１：35は、外側に四つの相対する柄があり、長5.5、外径12.5、内径9.7cm（図124-9）、年代は後漢中後期。この型式の釭は鶴壁鹿楼・章丘東平陵故城などでも発見されており、年代は前漢時代から後漢後期である。
　Ｂ型：内径は円形で、外径は六角形を呈し、そのためしばしば"六角承"と称する。西安龍首村漢墓で２点出土し、そのうちM２：79は、辺長4.2、内径5.6cm（図124-11）、釭内には木質の痕跡

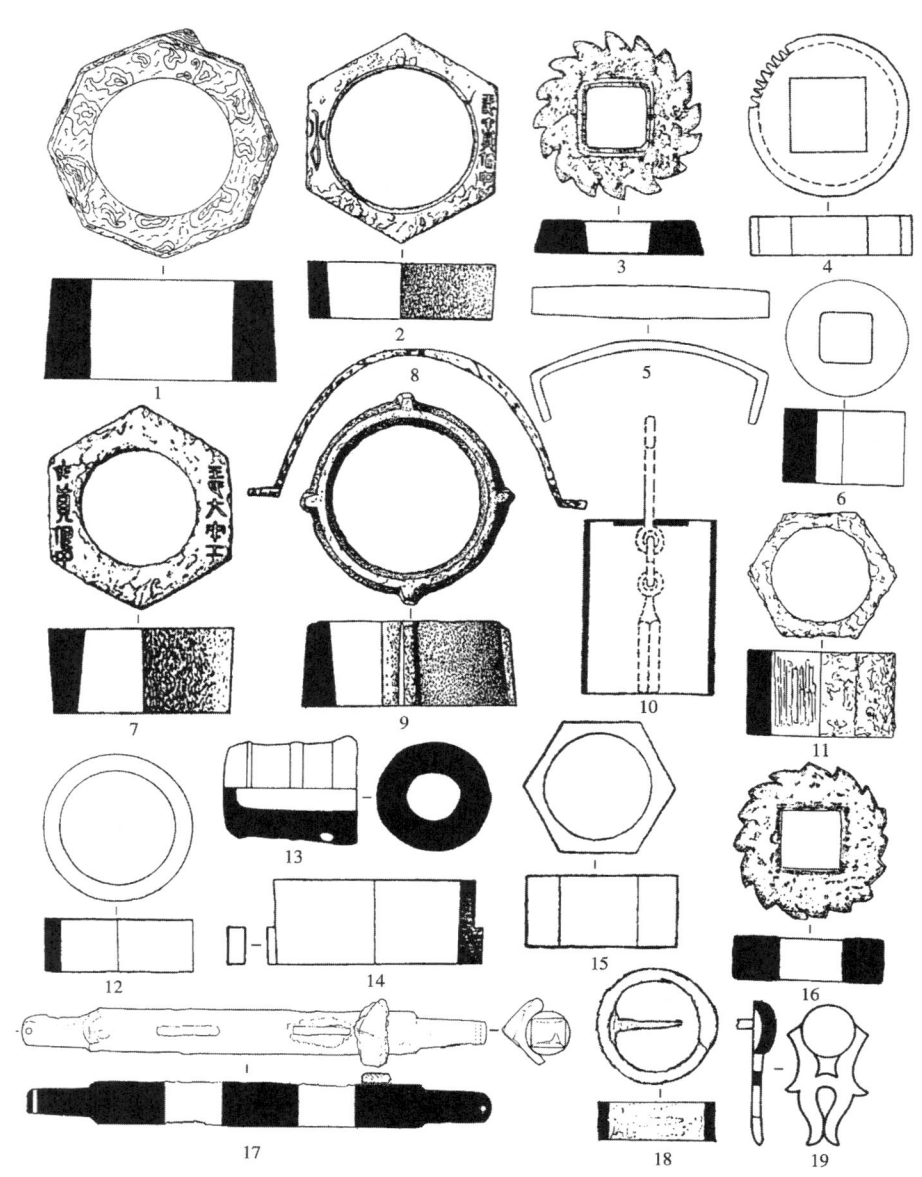

図124　鉄製車馬機具（車釭・車䡅・車㪍・歯輪等）

1．C型車釭（漢長安城桂宮3号建築遺跡T1③：23）　2．B型車釭（鎮平尭荘H1：28）　3．棘輪（尭荘H1：37）　4．正歯輪（長武丁家DJ：10）　5．車騎飾（永城柿園SM1：1983）　6．B型車䡅（柿園SM1：20-2）　7．B型車釭（尭荘H1：30）　8．拱形支架（鹿泉高荘M1：8825）　9．A型Ⅱ式車釭（尭荘H1：35）　10．車鈴（長武丁家DJ：2）　11．B型車䡅（西安龍首村M2：79）　12．A型車䡅（柿園M1：2758）　13．車㪍（章丘東平陵故城DPL：0233）　14．A型Ⅰ式車釭（臨淄斉王墓K4：18）　15．B型車釭（漢杜陵VT2：4）　16．棘輪（鶴壁鹿楼TD60：04）　17．軸（満城漢墓M1：4209）　18．車䡅（満城漢墓M1：2161）　19．車飾（臨淄斉王墓K4：37-5）

がある。年代は前漢前期。漢杜陵VT2：4は、鋳鉄製で、長4.9、辺長5、内径7.2cm（図124-15）、年代は前漢後期。鎮平尭荘で9点出土し、外径の最大値により15.0・12.0・8.0・7.0・6.5cmの五種類がある。鑑定により共晶白口鉄と共晶白口鋳鉄の製品がある。尭荘H1：28は、器体がやや短く、一端の両側に銘文と符号が鋳込まれており、右側は陰文の隷書で"王氏牢真倨中"、左側は陰文の符号である。長3.5、外形12.1、内径9.6cm（図124-2）。尭荘H1：30は、右側の銘が

"王氏大牢工（釭）"、左側の銘文が"作真倱中"である。外径7.9、内径7.7、長3.7cm（図124-7）。年代は後漢中後期である。この型式の釭は鶴壁鹿楼・磁県下潘汪・華陰油巷漢墓・修水横山窖蔵などでも発見されており、年代は秦代から後漢後期に当たる。

C型：内径は円形で、外径は八角形を呈する。やや少ない。漢長安城桂宮3号建築遺跡で1点（T1③：23）出土し、形態はやや大きく、外径19、孔径13cm（図124-1）、年代は前漢中後期である。この型式の釭は形態がやや大きく、"賢"とも称される。

車鐧 満城1号墓で10点出土し、円筒形で、器壁はやや薄い。そのうちM1：2161は、鐧内に鉄釘が残っている。直径9.7〜10、長3.7、壁厚0.5cm（図124-18）、年代は前漢中期。鹿泉高荘1号墓で12点出土し、みな実用器で、大小の二種に分かれる。中間に鉄の止め釘が二つある。M1：8822は、内径9、外形10.9、寬3.8cm、年代は前漢中期。

車軎 柿園漢墓で7点出土し、錆がひどい。銅車軎35点も出土し、年代は前漢前期。長武丁家窖蔵で2点出土し、年代は新莽時期。章丘東平陵故城で1点（DPL：0233）出土し、やや側面がくびれ、二条突帯で飾られる。一端がやや太く、長方形の轄孔がある。長7.2、内端径5.8cm（図124-13）、年代は漢代。楡樹老河深で3点出土し、年代は前漢末後漢初。

車轄 満城1号墓で出土した2号車の銅車軎に鉄轄が装着されており、年代は前漢中期。長武丁家窖蔵で3点出土し、年代は新莽時期。

車軑 円柱状で、円孔ないし方孔がある。車轂両側の軸上に装着される。二型に分かれる。

A型：円筒形。臨淄斉王墓4号器物坑で8点出土し、四輛車のもので、出土時は車軎に付着していた。全体は円筒状を呈し、直径5.8、長3.3cm、年代は前漢前期。永城柿園前漢前期墓では38点出土し、各車に2点である。円筒形で、外表面は朱で彩絵が施される。柿園M1：2758は、直径3.5、長1.3、壁厚0.4cm（図124-12）。こういった鉄筒形器は出土時に車輪内側に位置しており、内側の軸上に被せて、車輪が内側にずれないように固定するものと知れる。この型式の軑は満城1号墓で11点出土し、そのうち5点は明器である。

B型：円体方孔である。永城柿園前漢前期墓で完形のもの6点が出土し、孔は方形で、器体は円形であり、孔内には腐朽した木が残る。SM1：20-2は、直径2.1、長1.3cm（図124-6）。こういった方孔円形器はいずれも車軎の内側に装着され、かつ車軎と一緒に錆びついており、そのため"車鐧"ではなく車軑であると分かる。

車騎飾 永城柿園漢墓で11点出土し、全体がU字形を呈する。そのうちSM1：1983は、器体が長条形で、中部がやや外に反り、両端が内に折れる。断面は長方形である。通長7.5cm（図124-5）、SM1：320は、器体が棱形を呈し、両端が外にはねる。通長4.9cm、年代は前漢前期。

車飾 補強と装飾の効果を具える馬車部品で、形態は多様である。臨淄斉王墓4号坑で19点出土し、魚形・当盧形・半球形などの形態がある。K4：37-5は、全体は魚形を呈し、上端に弧形の円泡があり、正面には金花紋が貼られ、背面には長条形の釘がある。中部と下部に二つの透かしがある。長7.5、釘長1.4cm（図124-19）、年代は前漢前期。

車鈴 長武丁家窖蔵で1点（DJ：2）出土し、挂環・連接環・鈴舌・鈴殻からなる。鈴殻は楕円筒形で、上部が閉じ、下が開く。高11、寬8、厚3.2〜4cm。鈴殻頂部中央に挂環が通り、挂環上端が鈴鈕となり、下部は連接環に連なる。連接環は8字形を呈し、下端に鈴舌を垂らす（図124-10）。年代は新莽時期である。

アーチ形支架　鹿泉高荘１号墓で11点出土し、２点の実用器以外は明器で、形態は同じである。全体が半円形を呈し、両端が外に折れ、断面長方形をなす。外折する両端以外は、表面に木片が被せられ、漆で花紋が描かれる。Ｍ１：8825は実用器で、出土時は車轅前部にあり、両折脚部は車轅に押さえられていた。長85、高39cm（図124-8）、年代は前漢中期。満城１号漢墓で１点（Ｍ１：2007）出土し、長81.2、高45.3cm、年代は前漢中期である。

　秦漢時代の車器は、なお銅製品が主であり、鉄製品は相対的に少なかった。出土の秦漢鉄車器類型は多様であるが、その多くが、機能や馬車上の部位など不明なままである。上述の一般的な車器の他、漢代大型墓葬に副葬された馬車には、往々にして鉄製の車器がある。臨淄斉王器物坑では他に鉄銷・鉄環・車墊などの鉄車器が出土している。満城１号墓で出土した鉄車器は10種44点があり、上述のもの以外に、板状器・鈎形器・長方形活軸器・Ｔ形器・環等が見られる。鹿泉高荘１号墓では、車軎・凸形板状軸飾・銷釘等がある。武威雷台漢墓出土の車蓋の蓋弓は鉄製である。指摘すべきは、秦漢墓葬出土の鉄車馬器には、実用器の他に多くの模型明器があることである。満城１号漢墓・永城柿園漢墓で出土した鉄車器には明器が含まれる。漢杜陵１号陪葬坑では、車轅・帯扣・方策・弓形支架・馬銜・馬鑣などが出土しており、いずれもＡ模型の馬車に付随する模型明器であり、年代は前漢後期である。

　馬鑣　二型に分けられる。

　Ａ型：彎体鑣。二式に分けられる。

　Ⅰ式：彎体で、両端に装飾はない。広州南越王墓出土の４組は、形態が大きく、ほぼＳ形をなす。装着する銜両端の楕円形環の両側にそれぞれ楕円形の孔があり、孔内に皮革を止め具にして、縄を通して鑣を銜環に固定するようになっている。そのうちＣ：241は、鑣長29cm（図125-3）、年代は前漢前期である。この型式の鑣は、漢長安城未央宮中央官署遺跡・永城柿園前漢前期墓・楡樹老河深鮮卑墓（図125-1）などでも発見されている。

　Ⅱ式：彎体で、両端に鶏冠形装飾がある。楡樹老河深で一組２点（M11：2）が出土しており、両端が扁平なプロペラ状で、それぞれに鶏冠状装飾があしらわれる。長18、中段寛1.2、厚0.5cm（図125-6）、年代は前漢末後漢初である。

　Ｂ型：直体鑣。漢杜陵Ｖ号遺跡で１点出土し、棒状で、年代は前漢後期。楡樹老河深で６点出土し、直体長条形で、中段へ扁平で二つの孔がある。そのうちＭ１：2-3は、長16、寛1.3cm（図125-5）、年代は前漢末後漢初である。

　馬銜　単節ないし多節で鎖状につなげたもので、その構造により四型に分けられる。

　Ａ型：両節直棍銜。一つの棒状節が二つ鎖状につながっている。連結部の環はやや小さく、両端の環がやや大きい。広州南越王墓で出土した４組の鉄銜鑣はみなこの型式であり、両端が楕円形環で、環内に鉄鑣が入る。そのうちＣ：241は、銜長25cm（図125-3）、年代は前漢前期である。この型式の銜は東勝補洞溝匈奴墓・額爾古納右旗七卡鮮卑墓・楡樹老河深鮮卑墓などでも発見されている。

　Ｂ型：両節ねじり形銜。一つの節が二条の鉄棒を捻じって作られたもので、それを鎖状に二つつなげたものである。臨淄斉王墓４号器物坑で２点出土しており、形態・大きさは同じもの、連結部は小円環になっており、両端の鑣を通す楕円環はやや大きい。通長20cm（図125-9）、年代は前漢前期。六安県松墩前漢車馬坑で２点出土しており、鉄環一つを用いて両節を連結する。通長23.4cm。

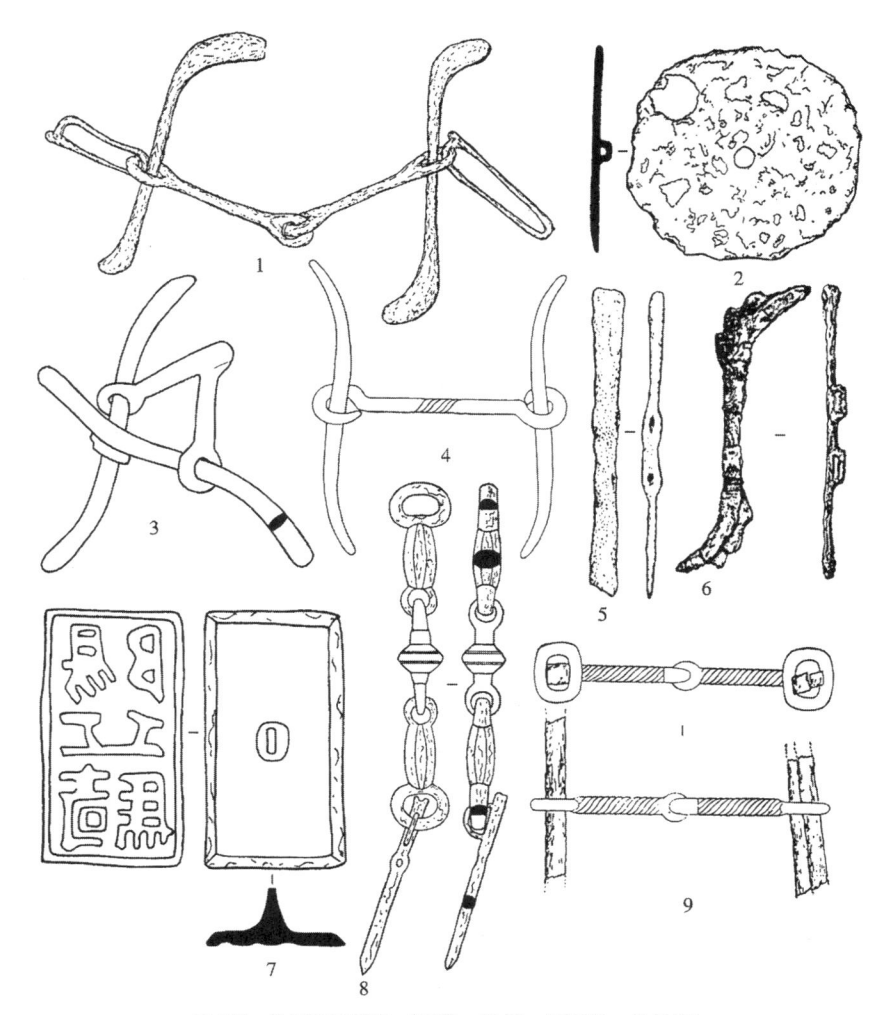

第 5 章　秦漢時代鉄器の考古発見と類型学研究　*231*

図125　鉄製車馬機具（馬銜・馬鑣・馬面飾・烙馬印）
1．A型馬銜とA型Ⅰ式馬鑣（楡樹老河深M56：93）　2．馬面飾（東勝補洞溝M4：5）　3．A型馬銜とA型Ⅰ式馬鑣（広州南越王墓C：241）　4．C型馬銜とA型Ⅰ式馬鑣（永城柿園SM1：1532）　5．B型馬鑣（老河深M1：2-3）　6．A型Ⅱ式馬鑣（老河深M11：2）　7．烙馬印（章丘東平陵故城DPL：0227）　8．D型馬銜（江川李家山M26：10）　9．B型馬銜（臨淄斉王墓K4：21-13）

　この型式の鑣は満城1号墓でも発見されている。
　C型：単節直棍銜。永城柿園前漢前期墓で31点出土し、みなこの型式である。SM1：1532は、銜体断面が円形で、中部は縄状を呈し、両端が環状に曲げられて鑣を通す。通長9cm（図125-4）。SM1：502は、銜体断面が方形で、両端が鈎状に曲げられれ鑣が通る。通長9cm。
　D型：三節鎖状銜。江川李家山で1点（M26：10）出土し、中段が銅製で、扁球形をなす。両端の二節は鉄製で、六稜形である。全長23.5cm。馬銜一端には鉄鑣が残っており、鑣は直体双孔のもので、長12.4cm（図125-8）、年代は前漢後期である。
　当盧　馬面上に被せる装飾で、先秦時代には"錫"と称した。[277]楡樹老河深で2点出土し、全体は扁平な板状舌形で、一端は円弧形、もう一端が尖円形で、両側はややくびれる。平面には半環形の鼻鈕が二つある。年代は前漢末後漢初。

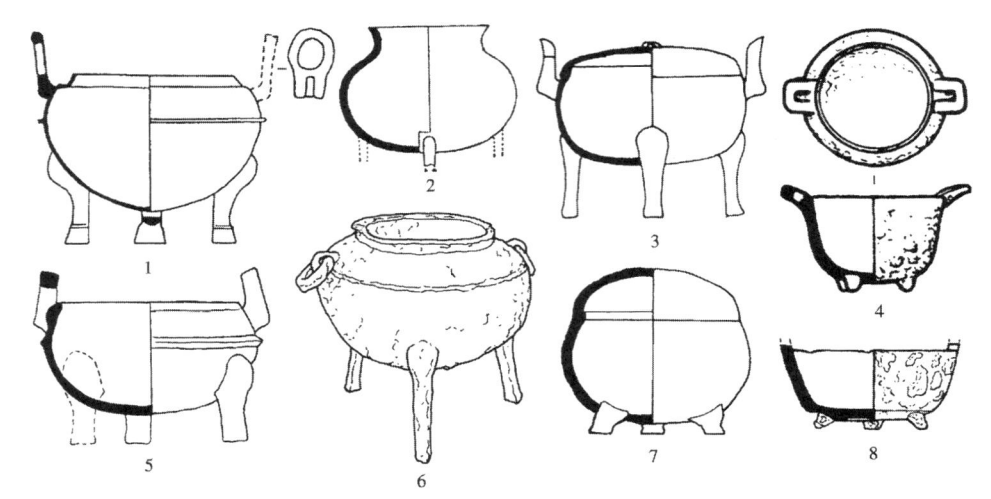

図126　鉄製日用器具（鼎）
1．D型Ⅰ式（東勝補洞溝M２：１）　2．A型（湘郷紅侖上M89：３）　3．D型Ⅱ式（襄樊鄭家山M66：３）　4．B型（漢陽陵K20：328）　5．D型Ⅱ式（鹿泉高荘M１：480）　6．E型（広州南越王墓G：２）　7．A型（鳳翔八旗屯M10：10）　8．B型（漢杜陵K１：156）

馬面飾　東勝補洞溝匈奴墓で１点（M４：５）出土し、円形で、正面がやや膨らみ、背面中央には鈕が一つある。直径６cm（図125-２）、年代は前漢末後漢初。

烙馬印　章丘東平陵故城で１点（DPL：0227）全体は長方形板状、正面四周は突起して囲みを形作り、中間はややへこんで、隷書反文で"陽丘騎"の三字が鋳込まれる。背面の真ん中に扁方形の釘が突起しており、柄に装着するようになっている。長12.6、寛6.6、厚0.5cm（図125-７）、年代は漢代である。

軸　満城１号墓で２点出土し、円棍状を呈し、中部に長条形の穿孔が二つあり、穿孔内には皮紐の腐朽した痕跡が残る。また両孔外側の軸上には明らかな摩滅の痕跡がある。両端は断面隅丸の方柱体で、両方に一つずつ小孔がある。うちM１：4209は、通長22.2、軸体長15.8、直径２cm（図124-17）、年代は前漢前期である。使用方法はなお不明であるが、何らかの器具の軸であろう。

歯輪　歯形と用途の違いにより、斜歯の棘輪と正歯輪の二種に分けられる。

棘輪　円形で、斜歯、方孔である。鶴壁鹿楼TD60：04は、鋳鉄製で、直径6.2、孔径2.5、厚1.5cm、周縁に斜歯16個がある（図124-16）。年代は前漢時代である。鎮平堯荘で３点出土し、形態は同様のもので、鑑定により共晶白口鋳鉄製品とされた[278]。堯荘H１：37は、全体がやや円錐体で、斜歯が16個、方孔の一面四周がやや突起する。外径７、内径2.7、厚1.2cm（図124-３）、年代は後漢中後期である。鉄棘輪は保定東壁陽城・武安午汲故城[279]・礼泉王相村[280]・渭南田市鎮・磁県下潘汪・章丘東平陵故城・長武丁家新莽時期窖蔵・武夷山城村漢城などでも発見されている。

正歯輪　円形で、方孔、歯は竪直である。長武丁家で１点（DJ：10）出土し、鍛鉄製で機械加工を経ている。歯牙は咬み合って磨滅した痕跡が残る。歯形部分の輪郭は曲線をなし、一つ一つの歯の幅は歯間距離とおなじであり、本体の厚さと歯の厚さも同じである。型は一つで、歯数は48、歯厚1.2cm、歯の頂部での本体直径５、歯の根元での本体直径4.56、歯輪本体厚1.2、軸孔2.4×2.4cm（図124-４）、年代は新莽時期である[281]。鉄製正歯輪は陝西永寿[282]などでも発見されている。

考古発見の先秦両漢時代の鉄歯輪では、棘輪が多く、正歯輪はやや少ない。両者は構造が似てい

るものの、歯形構造の違いにより用途が異なる。棘輪は斜向歯牙で、歯牙が同一方向に向かって傾斜し、機械的な旋転運動における回転方向の抑制、または間歇運動機械の制動に用いられる部品と考えられる。棘輪の出現はやや早く、戦国後期に遡ることができ、秦漢時代には広く応用されるところとなった。正歯輪は正向歯牙で、その歯牙の輪郭線は直線ないし曲線で、転動歯輪として機械的運動における進行力の伝動のなかで、機械運動の方向・速度を変えるのに用いられた。正歯輪の出現はやや晩く、おおよそ新莽時期である。[283]

4　日用器具

秦漢時代の鉄製日用器具には、主に家用器具・縫織器具・装身具の三類がある。

(1)　家用器具

主に炊煮具、盛器、照明用具、その他の家用器具がある。

鼎　発見はやや少ない。四型に分けられ、戦国時代のＣ型柱足附耳鼎は見られない。

Ａ型：矮足無耳鼎。鳳翔八旗屯前漢中期墓で１点（M10：10）出土し、子母口は内にすぼみ、円鼓腹で、蹄形の足、蓋がある。口径7.2、通高9.6cm（図126-7）[284]。湘郷紅侖上で１点（M89：3）出土し、広がる口に、頸はくびれ、円い腹、丸底、足は欠ける。口径12、残高13cm（図126-2）、年代は前漢後期である。[285]

Ｂ型：矮足立耳鼎。漢陽陵南区叢葬坑で２点出土し、深い腹部に丸底、二つの立耳は外に広がる。乳突状の小足である。K20：328は、通高2.4、口径３cm（図126-4）で、模型明器であり、年代は前漢前期である。広州前漢前期墓で２点出土し、いずれも錆びて破損しているが、口径は30cm以上のものである。漢杜陵Ｋ１：156は、広い口で、立耳は欠けており、平底、底外面の高台に柱状矮足が三つ付く。残通高2.8、口径5.3cm（図126-8）で、模型明器であり、年代は前漢後期である。

Ｄ型：蹄形足附耳鼎で、二式に分かれる。

Ⅰ式：環形附耳鼎。東勝補洞溝匈奴墓で１点（Ｍ２：１）出土し、子母口で、丸い腹、丸底、環状の附耳、通高37.2、口径27.5cm（図126-1）、年代は前漢末後漢初。[286]

Ⅱ式：方形方穿附耳鼎。襄樊鄭家山で７点出土し、子母口で、丸底はやや平らに近く、長方形の附耳、蓋付きである。そのうちＭ66：3は、通高19.6、口径17.2cm（図126-3）、年代は秦末漢初である。鹿泉高荘１号墓で５点出土し、形態はどれも同じで、大小に差がある。子母口は内にすぼまり、鼓腹で、腹中部に突帯が一周する。丸底で、長方形の附耳である。そのうちＭ１：480は、通高22.4、口径27.6cm（図126-5）、年代は前漢中期である。この型式の鼎は洛陽西南郊後漢墓でも発見されている。[287]

Ｅ型：蹄足環耳鼎。広州南越王墓で１点（Ｇ：２）出土し、小口で口唇が直立し、丸い腹に丸底、細長の蹄足、腹上部に突帯が一周し、半環形の耳がつき、耳内に銜円環が通る。耳下には鋳型の合わせ目が見られる。口径30.7、通高48cm（図126-6）、年代は前漢前期である。[288]これは今のところ嶺南地域で見られる最大の鋳鉄鼎である。

上述の各種形態の鼎の他に、泰州新荘後漢後期墓で２点出土し、いずれも破損しているが、鉄鼎が地域によっては後漢後期まで続くことを物語る。

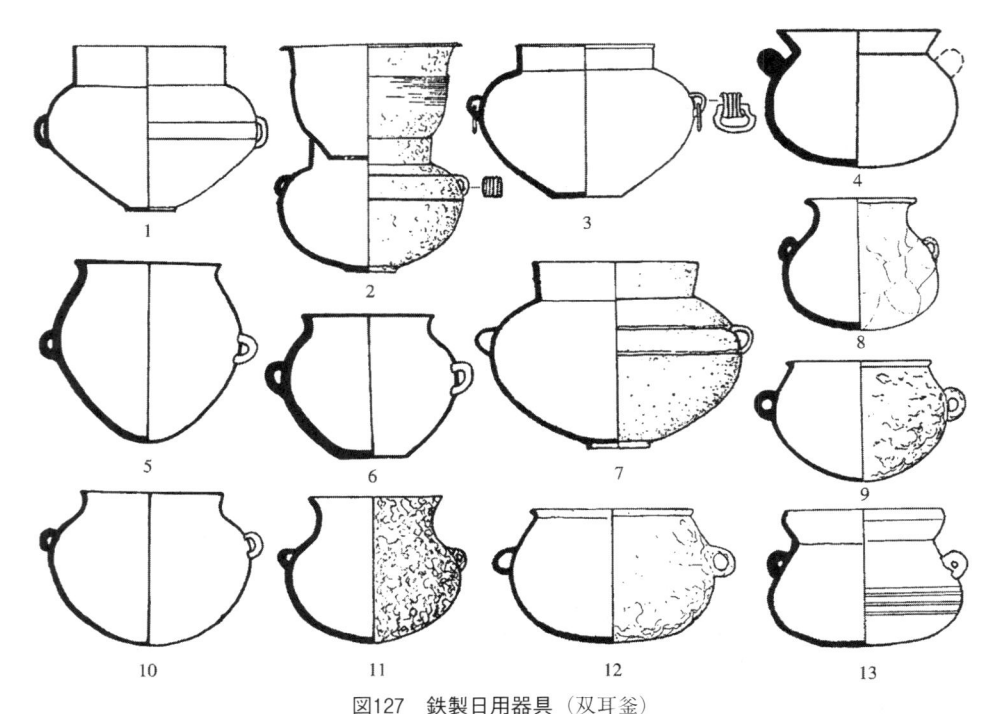

図127　鉄製日用器具（双耳釜）
1〜3．C型（平壩天龍M66：B16、遂寧船山坡M1：6、成都鳳凰山M1：59）　4．D型（赫章可楽M178：18）　5．A型（三門峡三里橋M47：4）　6．B型（三里橋M71：3）　7．C型（安順寧谷M6：B28）　8〜12．A型（西安北郊絲綢庫M8：5、隴県店子M225：4、襄樊鄭家山M66：1、渭南西電M26：8、店子M236：2）　13．D型（清鎮QZM：B3）

釜　小口または大口で、頸はくびれ、鼓腹をなし、丸底ないし小平底である。双耳釜と無耳釜、帯鋬釜の三種がある。

双耳釜　肩部ないし腹部に双耳があり、耳の多くは半環形である。四型に分かれる。

A型：すぼまる口で、口縁が外反する。無頸ないしくびれる頸で、丸底または尖丸底。隴県店子M236：2は、口径15.5、深12.5cm（図127-12）、店子M225：4は、丸底で、口径14.2、深12.5cm（図127-9）、年代は秦代である。襄樊鄭家山秦末漢初墓で2点出土し、丸底で、双耳は肩部にある。そのうちM66：1は、口径18.4、高20.4cm（図127-10）である。三門峡三里橋M47：4は、尖丸底で、双耳は腹部に付き、全体がやや痩せる。口径15.5、高19.3cm（図127-5）、年代は前漢前期である。この型式の釜は清潤李家崖套場坪秦代墓・西安北郊絲綢庫前漢前期墓（図127-8）[289]・眉県常興前漢中期墓[290]・渭南西電前漢中後期墓（図127-11）[291]などでも発見されている。

B型：すぼまる口で、口縁は外反する。無頸ないしくびれる頸で、小平底。三門峡三里橋M71：3は、口径13.8、高15.5cm（図127-6）、年代は前漢前期。

C型：直立する口縁、長めの頸で、鼓腹、小平底ないし丸底、双耳は肩と腹の間につく。成都鳳凰山前漢墓で1点（M1：59）出土し、丸みのある口縁で、頸はやや短く、両耳に銜環がある。口径24.8、高28.8cm（図127-3）。出土時には上に陶甑がおかれ、また鉄三足架の上に置かれていた。[292]安順寧谷前漢墓M6：B28は、若干広がる口縁で、双耳は平たく幅広、底部に高台がつく。肩と腹の間に二条の突帯がめぐる。口径32、通高39cm（図127-7）。平壩天龍後漢墓M66：B16は、肩と腹の間に二条の突帯がめぐり、口径29、高36cm（図127-1）[293]。遂寧船山坡後漢中期崖墓で1点出土[294]

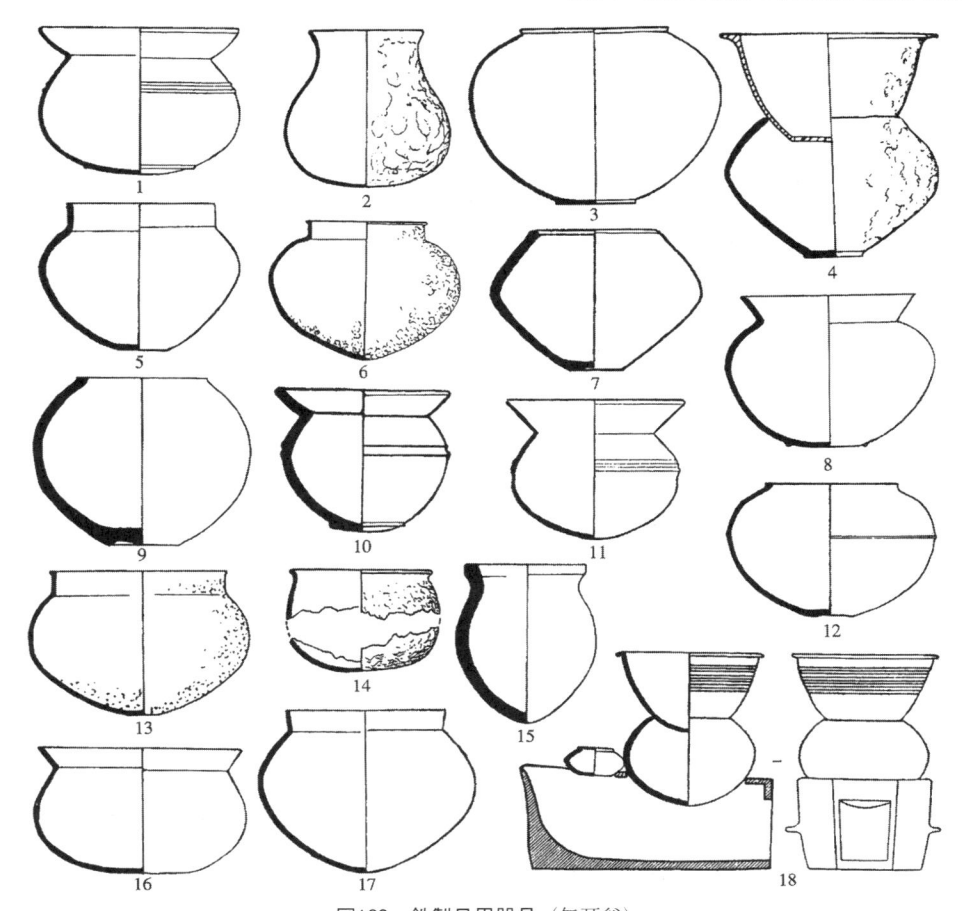

図128　鉄製日用器具（無耳釜）
1．D型（資興漢墓M338：21）　2．A型Ⅰ式（隴県店子M237：3）　3・4．B型Ⅰ式（長沙金塘坡M13：26、秦咸陽宮漢墓XYP3 M10：9）　5・6．C型（鳳翔高荘M32：2、咸陽飼料廠M38：5）　7・9・12．B型Ⅰ式（揚州七里甸MB：1、天長三角圩M1：197、三角圩M10：57）　8．D型（始興漢墓M2：7）　10・11．D型（資興漢墓M108：11、貴州清鎮QZM：B7）　14．A型Ⅱ式（店子M279：13）　13．C型（咸陽陵照村M10：4）　15．A型Ⅰ式（礎口沙金套海M26：10）　16．D型（安康饒家壩T4③：31）　17．C型（鳳翔八旗屯M19：7）　18．B型Ⅱ式（塩城三羊墩M2：8）

し、出土時には陶甑が置かれていた（図127-2）[295]。

　D型：口は斜めで、くびれる頸、口縁が外反し大口になり、丸底か、または底部に突帯がある。赫章可楽 M178：18は、垂れる腹部で、丸底はやや平ら、双耳は肩部にある。腹径24.5、高19cm（図127-4）、年代は前漢後期。この型式の釜は清鎮後漢前期墓（図127-13）[296]などでも発見されており、西南地域で漢代に流行した鉄釜形態と言える。

　無耳釜　四型に分かれる。

　A型：口はやや斜めで、口縁は外に傾く。無頸ないしくびれる頸。丸底か尖円底である。二式に分かれる。

　Ⅰ式：口はやや広がり、頸がくびれ、器体は縦に長い。隴県店子秦代墓 M237：3 は、口径12、高17.5cm（図128-2）。礎口県沙金套海前漢中期26号墓で4点出土し、口縁は角ばり、尖円底、そのうち M26：10は、高12、口径8cm（図128-15）[297]。

　Ⅱ式：口はやや斜めで、無頸、器体はやや幅広。隴県店子 M279：13は、口径15.2、高11.2cm

（図128-14）、年代は秦代である。

　B型：すぼまる口で、鼓腹、無頸ないしくびれる頸。二式に分けられる。

　Ⅰ式：小平底。天長三角圩M1：197は、口縁は平らで、低い高台がつく。口径10、高16.2cm（図128-9）。三角圩M10：57は、口縁が若干外に折れ、やや上げ底、腹部に突帯が一周する。口径10、高11cm（図128-12）、年代は前漢中後期である。揚州七里甸MB：1は、底がやや上げ底で、高13.5、口径12.6、腹径21cm（図128-7）、器外表面に厚く煤が残留しており、実用の器で、年代は後漢前期である。長沙金塘坡M13：26は、口縁がやや外反し、器体はやや大きい。高36、口径30、腹径50cm（図128-3）、年代は後漢中期。この型の釜は、秦咸陽宮後漢明帝永平十三年（70年）紀年墓（図128-4）・眉県常興前漢後期墓・同心県李家套匈奴墓・隴県店子後漢中期墓・鄭州劉胡垌鉄器窖蔵などでも発見されている。

　Ⅱ式：丸底。盱眙東陽漢墓で1点（M6：11）出土し、高13、口径11.8、年代は前漢後期。塩城三羊墩漢墓で1点（M2：8）出土し、丸底で、高22.5、口径17.5、腹径30cm、出土時には陶灶（M2：10）前部の火口上に置かれ、また鉄釜上には陶甑1点が置かれていた（図128-18）。年代は前漢末後漢初で、当時の鉄釜の実際の使用状況を映し出している。修水横山BB：5は、口径29、高33.5cm、新莽時期である。この型式の釜は西安北郊方新村前漢墓でも発見されている。

　C型：直立する口で、長頸、鼓腹、丸底ないし小平底である。鳳翔八旗屯M19：7は、尖円底で、高29.8、口径29.8cm（図128-17）、年代は秦代である。鳳翔高荘秦代墓M32：2は、丸底はやや平ら、最大直径は腹上部にあり、高20、口径20cm（図128-5）。この型式の釜は咸陽陵照村前漢前期墓（図128-13）・咸陽飼料廠前漢中期墓（図128-6）・隴県店子前漢後期墓・榮陽河王村1号後漢中期墓などでも発見されている。

　D型：頸がくびれ、口縁は大きく外折し、丸底か、底部に突帯がめぐる高台になる。資興漢墓で33点出土し、形態は大体同じで、丸底、肩部に突帯が二条めぐる。資興M108：11は扁平な高台で、高12.8、口径16cm（図128-10）、年代は前漢中期。資興M338：21は、底部に突帯が一周し、高14.6、口径19.5cm（図128-1）、年代は後漢中期。この型式の釜は安康饒家壩遺跡後漢文化層（図128-16）・湖南醴陵後漢中期墓・貴州清鎮後漢前期墓（図128-11）・広東始興後漢墓（図128-8）などでも発見されている。

　帯鍪釜　腹部に把手またはつばがあり、支えるようになっている。漢陽陵南区叢葬坑で5点出土し、丸肩、平底で、腹部に突帯が一周し、一対の穿孔のある小鈕がある。そのうちK20：327は、高10、口径9cm（図129-3）、模型明器であり、年代は前漢前期。西安呉家墳M1：22は、口はまっすぐ立ちあがり、腹部に突帯状につばがある。高台状の平底で、口径7.2、高7.8cm（図129-2）、年代は前漢後期である。洛陽焼溝M147：4は、口縁部が角ばり、深い腹で、屈折する肩、肩と腹の間は凸稜を呈し、小平底である。高16.2、口径16.8cm（図129-1）、年代は後漢後期。西安北郊烟材廠漢墓で1点（M5：26B）出土し、すぼまる口、鼓腹、小平底で、腹部両側に把手があり、灶上に支えられるようになっている。高21.6、口径20cm、出土時には陶甑が置かれ、また灶の上に設置されていた（図129-4）。年代は後漢後期である。この種の帯鍪釜は、宜城雷家坡秦墓などでも発見されている。

　釜は炊具の一種で、他にも鍪・鍑・鍋などがある。『急就篇』巻三顔氏注に、"鍪は、釜に似て反唇なり。あるいは曰く、鍪は、小釜の類なり。"と、また『広雅』巻七下釈器に、"鍑・鬴は、釜な

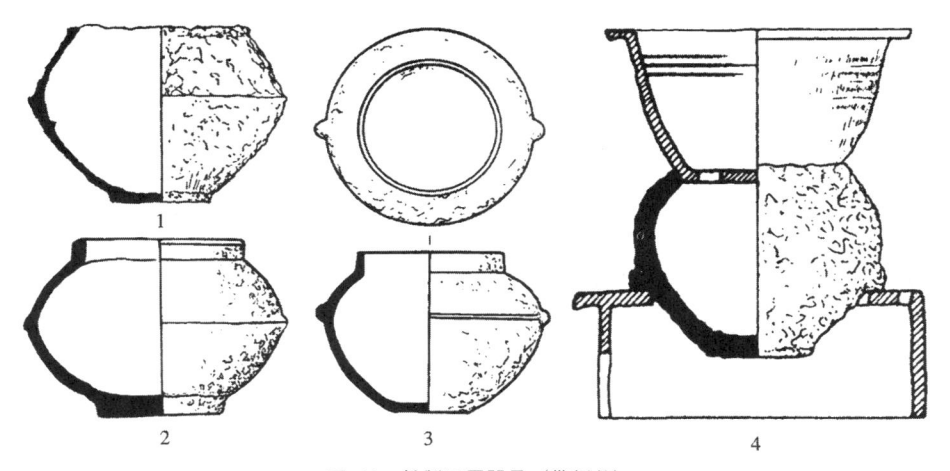

図129 鉄製日用器具（帯鍪釜）
1～3．帯鍪釜（洛陽焼溝M147：4、西安呉家墳M1：22、漢陽陵南区叢葬坑K20：327） 4．帯鍪釜と陶
灶・陶甑（西安北郊烟材廠漢墓M5：26B）

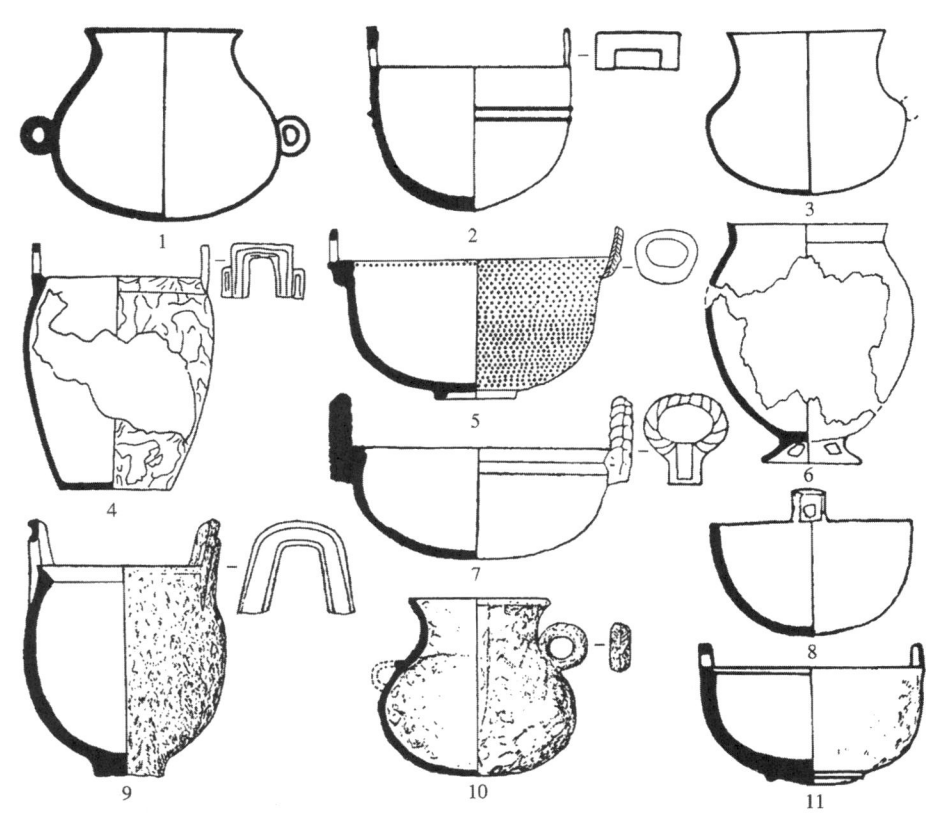

図130 鉄製日用器具（鍪・鍋・鍑）
1．A型双耳鍪（三門峡三里橋M46：6） 2．双耳鍋（始興漢墓M7：27） 3．単耳鍪（襄樊鄭家山M32：
2） 4．A型鍑（東勝補洞溝M4：1） 5．双耳鍋（江山庵前AQM：7） 6．C型鍑（東勝補洞溝M7：
1） 7・8．双耳鍋（商県舒楊SYM：B1、揚州七里甸MB：2） 9．B型鍑（右玉善家堡M16：5） 10．
B型双耳鍪（侯馬虒祁M2184：3） 11．双耳鍋（蘄春付家山M6：9）

り。"とある。いずれも機能の上では大差なく、形態的にも似ている。そのため同一の器物に異なる名称が与えられてしまうわけであるが、研究の便宜のため、ここでは釜・鍪・鍑・鍋に対し次のように定義しておく。小口ないし大口でくびれる頸をなし、鼓腹、無耳または双耳（環耳でない）のものを、"釜"、小口で、くびれる頸、単環耳ないし対称・非対称の双環耳のものを、"鍪"、大口で、立耳または無耳、平底ないし高台付きのものを、"鍑"、大口で、平底ないし丸底、無耳または立耳のものを、"鍋"とする。

　鍪　小口でくびれる頸。単環耳か双環耳かにより、単耳鍪と双耳鍪の二種類に分けられる。

　単耳鍪　肩部一方に環耳が一つ付く。襄樊鄭家山前漢前期墓で2点出土し、口は斜め、頸はくびれ、丸底は平ら、耳は欠ける。M32：2は、口径14.8、高15.8cm（図130-3）[311]。

　双耳鍪　肩部の両側に環耳がつく。二型に分かれる。

　A型：両環耳の大きさは同じである。三門峡三里橋秦人墓13点出土し、口縁はやや尖り、丸い鼓腹、双環耳は腹部に近く、丸底である。M46：6は、口径14、高17.5cm（図130-1）、年代は前漢前期である[312]。この型式の鍪は、巫山麦沱前漢後期墓でも発見されている。

　B型：両環耳は一つが大きく一つが小さく非対称である。侯馬虒祁秦末漢初墓で1点（M2184：3）出土し、斜めの口、くびれる頸、鼓腹、丸底で、耳の一つは頸部に、もう一つは肩部につき、欠けている。口径10.5、高14.4cm、その形態は同時期の墓で出土した銅鍪と同じである（図130-10）[313]。

　鍑　大口で、立耳ないし無耳、高台付きまたは平底である。三型に分かれる。

　A型：立耳、平底。東勝補洞溝M4：1は、立耳が穴のある方形で、通高約20cm（図130-4）、年代は前漢末後漢初。

　B型：立耳、高台付き。右玉善家堡M16：5は、斜めの口で、口縁が内に折れる。深い腹はやや丸みを帯び、立耳は大きく幅広、高台は欠ける。鋳型の合わせ目が明瞭に残る。口径14、残通高14cm（図130-9）、年代は後漢末期である[314]。右玉善家堡墓地では、鉄鍑と銅鍑がともに出土している。

　C型：無耳、高台付き。東勝補洞溝匈奴墓で1点（M7：1）出土し、口は斜めで、頸はくびれる。高台は透かしが入る。高36、口径24cm（図130-6）、年代は前漢末後漢初。

　鍑は北方長城地帯特有の炊器の一種であり、最初は銅製で、春秋前期頃に出現した[315]。鮮明な北方遊牧民族文化の特徴を具えるものとして、先秦時代に北方長城地帯と以北の地域で流行していった[316]。前漢時代に鉄鍑が出現し、銅鍑とともに普及していくこととなる[317]。

　鍋　大口で、丸底ないし小平底。双耳鍋の一種類のみ発見されている。

　双耳鍋　口縁上に対称の双耳が付く。蘄春付家山前漢後期墓で1点（M6：9）出土し、形態はやや小さく、器壁は厚い。真直ぐ立ちあがる口で、平らな口縁は若干内に傾斜する。口縁上に対称の方形立耳が付く。深腹、丸底である。高8.8、口径14cm（図130-11）。揚州七里甸MB：2は、全体が半球形で、平口、丸底で、口縁上に方耳が二つあり、方耳は孔が通る。口径14、高8.5cm（図130-8）、年代は後漢前期。始興後漢墓M7：27は、直立する口に、深腹、丸底、腹部に突帯が二条めぐり、立耳は方孔をなす。口径14、高13cm（図130-2）。江山庵前後漢中期墓で1点（AQM：7）出土し、口は真直ぐで、丸底、小さめの高台で、立耳は楕円形を呈する。器表面全体に乳釘紋があしらわれる。高24.5cm（図130-5）[318]。商県舒楊後漢後期墓で1点（SYM：B1）出土し、双耳[319]

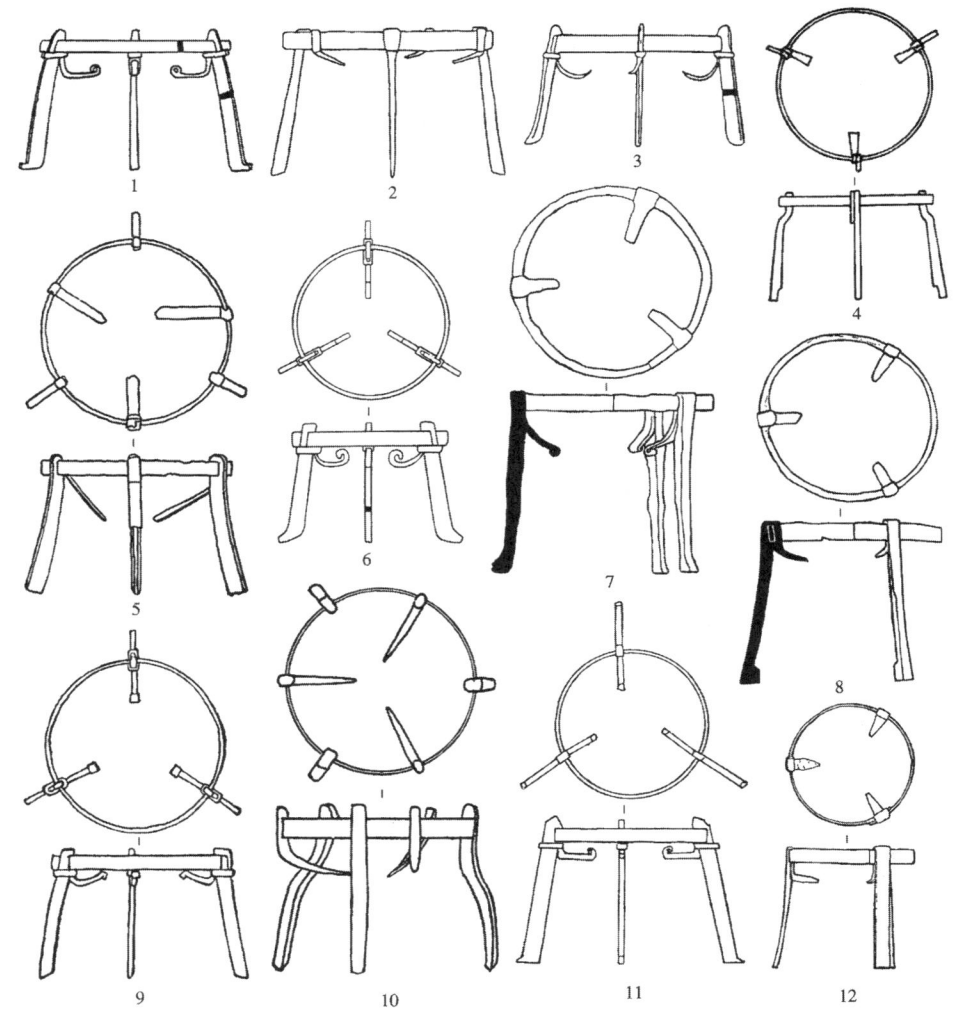

図131　鉄製日用器具（三足架）
1．A型（資興漢墓M204：45）　2．B型（成都躍進村M1：3）　3・4．A型（始興漢墓M2：8、資興漢墓M82：1）　5．B型（成都鳳凰山M1：65）　6～9．A型（江山庵前AQM：6、広州南越王墓G：59-1、南越王墓G：59-2、長沙金塘坡M13：35）　10．B型（赫章可楽M10：39）　11・12．A型（資興漢墓M142：29、南越王墓G：59-3）

は縄索状をなす。口縁下に突帯が一周する。口径34、高29.4cm（図130-7[320]）。双耳鍋は修水横山・大庸城区落鳳坪27号前漢墓[321]・慈渓担山後漢後期墓[322]などでも発見されている。

　三足架　釜・鍪・鍋等の炊具を支えるのに用いる。形態は概して同じであり、平らな鉄で作った円形の架圏と、そこに鉄条を鍛打成形した支脚を装着する。また一般に架圏内面に中心に向かって三つの炊器を受ける釜撐が設けられる。ただしその大きさや細部の構造には多くの差があり、三型に分けられる。

　A型：三つの釜撐と三つの支脚の位置が対応するもの。広州南越王墓で9点出土し、全体はやや縦長で、釜撐は架圏内に斜めに伸びる。支脚の下段は柱状蹄足をなすか、平らで外にはねる。架圏径14.8～29、高14.3～27.6cm（図131-7・8・12）、年代は前漢前期である。資興漢墓で45点出土

図132　後漢画像磚庖厨図中の三足架と釜（四川出土）

し、そのうち M142：29 は、三つの支脚が架圏の外側から架圏に接合され、架圏下方に支脚から内に向かって釜撑が伸びる。架圏径26.4、高23.6cm（図131-11）、年代は前漢中期。M82：1 は、支脚が架圏内側で接合し、架圏径26、高18cm（図131-4）、年代は前漢後期。M204：45 は、その構造は M142：29 と同じで、架圏径21.2、高17.8cm（図131-1）、年代は後漢中期である。長沙金塘沙の8基の墓葬で6点出土し、出土時には一般に鉄釜が置かれていた。器体はやや低めで、釜撑が架圏内で反り上がる。支脚と架圏の接合部下方を鉄環で固定している。M13：35 は、架圏径30、高22cm（図131-9）、年代は後漢中期。この型式の三足架は江山庵前後漢中期墓（図131-6）・始興後漢墓（図131-3）などでも発見されている。

　B型：三つの釜撑が三つの支脚の間にあるもの。赫章可楽 M10：39 は、釜撑と支脚が交互に架圏上に固定される。通高24cm（図131-10）、年代は前漢後期。この型式の三足架は西安南郊潘家荘秦墓・成都鳳凰山前漢墓（図131-5）・成都躍進村前漢後期墓（図131-2）などでも発見されている。

　C型：架圏内に釜撑のないもの。武夷山城村漢城で1点（BT22③：2）出土し、架圏は条形のリベットで接合され、支脚は架圏上にかぶるように接合する。架圏径31.2、高19cm、年代は前漢前期。

　鉄三足架は戦国後期の陶三足架から発展したものと考えられ[323]、その出現年代はおおよそ秦代前後である。三門峡三里橋秦人墓で秦末から前漢中期の鉄釜8点と鉄鍪13点が出土し、出土時には釜と鍪の下にはいずれも三足の鉄架が発見されたが、ほとんどは錆びて破損していた[324]。西安南郊潘家荘秦墓で2点出土しており、年代は秦代と漢初のものである[325]。その後、三足架は主に南方地域で流行したが、決して蜀地居民の発明になるものではない[326]。四川で出土した後漢時代の庖厨画像磚には、三足架の上に釜を置いて煮炊する図像が模印されている[327]（図132）。

　鏊子　炊具の一つ。鎮平堯荘で1点（H1：45）出土し、正円形で、稜面が平滑、一面の周縁が突起する。周縁断面は三角形を呈する。出土時は鉄器が詰め込まれた陶甕の蓋になっていた。直径51、高2.4、周縁厚0.9cm、年代は後漢中後期。

　罐　盛器の一種で、数量はそれほど多くない。二型に分かれる。

　A型：長頸で鼓腹、平底である。隴県店子 M279：4 は、直立する口で、丸い口縁に広肩、口径10、高25cm（図133-7）、年代は秦代。鹿泉高荘1号墓で2点出土し、斜口で、頸は直立する。M1：486 は、高27.6、口径12cm（図133-8）、年代は前漢中期。長沙金塘坡 M20：18 は、尖る口縁で、球形の腹部、小平底、肩部に円圏状冠耳が鋳込まれる。高36、口径20cm（図133-5）、年代は後漢中期。鉄罐は臨潼地窯村前漢墓でも発見されている。

　B型：提梁罐。邗江姚荘102号墓で1点（M102：55）出土し、すぼまる口に、鼓腹、腹部に突帯がめぐり、丸底で方形の台座がつく。肩部両側に環状耳があり、耳内に璜形の把手の付く鎖が通り、

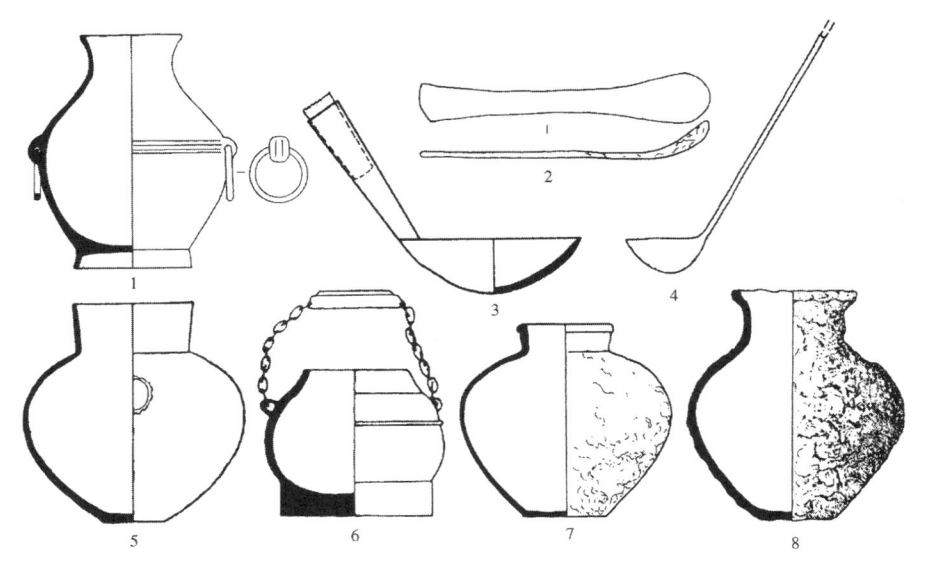

図133　鉄製日用器具（罐・壺・勺）
1．壺（鹿泉高荘M１：485）　2～4．勺（章丘東平陵故城DPL：0236、徐州東甸子M１N：36、三門峡三里橋M57：8）　5．罐（長沙金塘坡M20：18）　6．提梁罐（邗江姚荘M102：55）　7・8．罐（隴県店子M279：4、高荘M１：486）

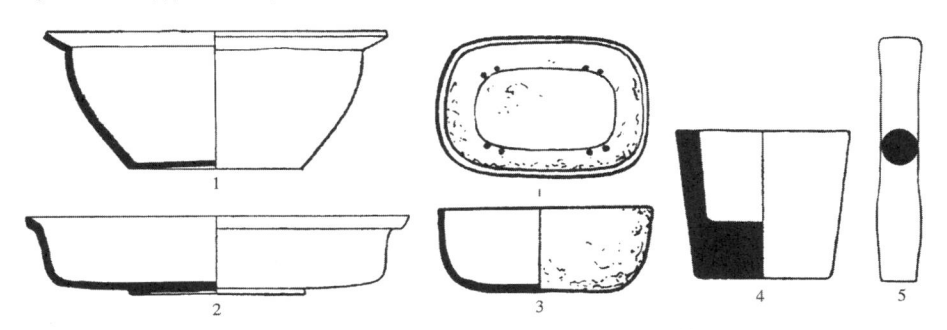

図134　鉄製日用器具（盆・盤・舟形器・杵臼等）
1．盆（資興漢墓M204：46）　2．盤（資興漢墓M258：24）　3．舟形器（咸陽陵叢葬坑K20：297）　4．臼（咸陽二道原M34：15）　5．杵（咸陽二道原M34：33）

　把手両端は龍首状になる。口径12、通高18cm（図133-6）、年代は前漢末期である。提梁罐は、陽高古城堡漢墓・広州南越国宮城遺跡などでも発見されている[328]。

　壺　盛器の一種で、やや少ない。鹿泉高荘１号墓で９点出土し、斜めの口、短い頸、なで肩で、肩部に三条の突帯がめぐり、銜環耳が両側につく。鼓腹で高台がつく。そのうちＭ１：485は、高43.6、口径16cm（図133-1）、年代は前漢中期である。

　勺　発見はあまりない。三門峡三里橋秦人墓で１点（M57：8）出土し、楕円形の勺体で、丸底、長条形の柄で、柄首は欠ける。残長23cm（図133-4）、年代は前漢前期。徐州東甸子前漢前期墓で１点（Ｍ１Ｎ：36）出土し、半球形の勺体で、柄は斜めに真直ぐ伸びる中空で、中に腐朽した木柄が残る。勺体口径11.6、通高14cm（図133-3）。章丘東平陵故城で１点（DPL：0236）出土し、瓢形の勺体に、平らで幅広の条形柄、通長12.3cm（図133-2）、年代は漢代。鉄勺は侯馬喬村前漢墓・襄樊鄭家山秦末漢初墓でも発見されている。

　盆　資興後漢中期墓で１点（M204：46）出土し、広口で口縁は折れ、斜めに上がる腹部、大き

い平底は若干上げ底である。口径31、高13.5cm（図134-1）。

盤 資興後漢中期墓で1点（M258：24）出土し、広口で口縁は折れ、浅い腹部に、大平底、低い高台がつく。口径23、高5cm（図134-2）。大通上孫家後漢末期墓で1点（SSJ乙M3：29）出土し、広口、壁は斜めに立ち上がり、平底である。口径9.4、高2cm。[329]

舟形器 漢陽陵南区第20号叢葬坑で1点（K20：297）出土し、口部平面は隅丸長方形を呈し、壁は真直ぐ立ち上がり、平底で、底部四隅にそれぞれ二つずつ小孔がある。高3.5、口長9、口寛6.4cm（図134-3）、模型明器であり、年代は前漢前期である。

杵臼 一般に臼と杵は共伴する。鉄杵形態は大同小異で、臼の形態は概して差がある。保存は概してよくない。咸陽二道原前漢後期墓で1点（M34：15）出土し、円形の臼である。広口で、口が広く底が狭い。直立する壁で、平底、臼底は分厚い。鉄杵と共出する。口径9、高8、壁厚1.2、底

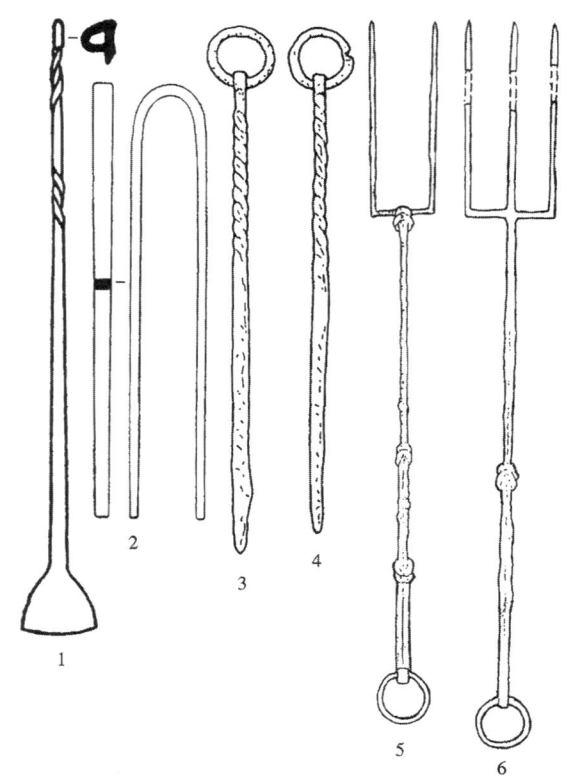

図135　鉄製日用器具（火鏟・叉・夾子・筷子）
1. 火鏟（臨潼秦始皇陵北2号建築基址QLB2：1）　2. 夾子（満城漢墓M1：5092-2）　3・4. 筷子（湘郷紅俞上M92：1）
5・6. 叉（広州南越王墓G：59-10、南越王墓G：50-11）

厚3cm（図134-4）。共伴の鉄杵1点（M34：33）は、中部がやや細く、両端がやや球形を呈する。長12.5、直径3.1〜4cm（図134-5）。南昌老福山漢墓で2点出土し、円体方座の臼である。器体はやや厚く、上部は円桶形、下部は方形を呈する。錆がひどい。高約20cm、年代は前漢中期。[330] 西安北郊龍首原一帯漢墓で6組出土し、臼はいずれも円体方座で、年代は前漢初期から新莽時期である。儀征石碑村漢墓で1点（M1：9）出土し、方形臼である。外形は方形を呈し、平底、蜂の巣状の鋳痕が見られる。底部は重厚で四壁はやや薄い。臼内面は卵円形を呈し、上から下へと収斂して丸底をなす。辺長9.1、残高6.2cm、年代は後漢中期。同出の鉄杵1点は一端が細く一端が太い長条形で、長42.5cm。[331]

　出土の漢代の臼は石臼が一般的で、江蘇泰州新荘後漢後期墓出土例は、下部が方形の台座で、上部が円形の臼体となり、花崗岩を削り出して作っている。高12.5、直径13.1cm。[332] 秦漢墓葬では多く鉄臼・杵が共伴するが、両者の材質が同じとは限らない。例えば広州南越王墓西耳室では臼杵二組が出土しているが、うち一組は銅製の臼杵根で、もう一組は銅臼・鉄杵である。漢代の鉄臼は一般に器体が小さく、明らかに一般的な穀物等の加工に用いられたのではなく、製薬など何らかの特殊な用途を具えたものであろう。江蘇儀征石碑村1号墓では、鉄臼杵とともに銅尺・量器・濾過器・碟形器など、煉丹に関わる器具が見られ、そのうち鉄臼杵は"薬物を粉砕する薬研と考えられる"。咸陽二道原前漢後期34号墓では鉄臼杵一組が出土すると同時に、銅量器1点が出土しており、両者[333]

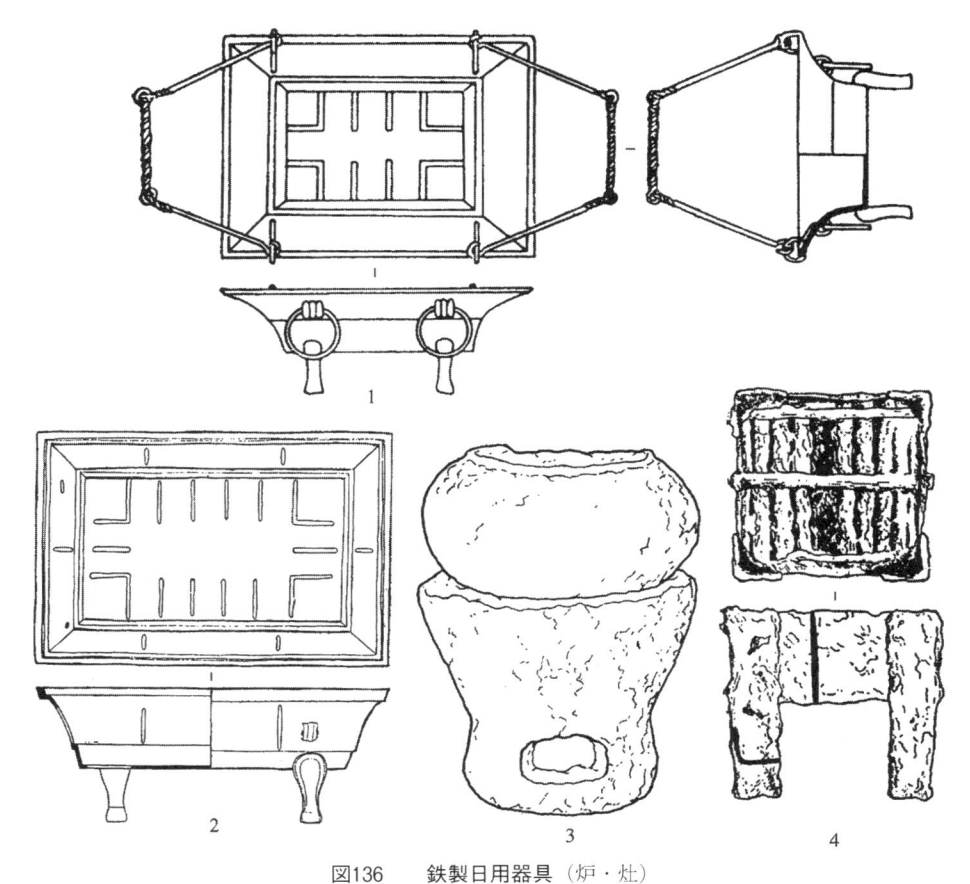

図136　鉄製日用器具（炉・灶）
1・2．A型方炉（臨淄斉王墓K1：55、満城漢墓M1：3027）　3．灶（三門峡立交橋M5：19）　4．B型方炉（洛陽焼溝M632：219）

の使用には関連があると思われる。老福山出土の鉄臼にいたっては、用途はおそらく家用器具であろう。

　筷子　湘郷紅侖上で一組2点（M92：1）出土し、頂端に径2.8cmの円環が付く。上半分は素状で、下半分は断面が0.8×0.3cmの長方形、残通長20cmと23cm（図135-3・4）、年代は新莽時期。

　叉　広州南越王墓で2点出土し、前端が叉頭になり、中間が結び目状に連結する多節の鉄条からなる叉杆で、各節が二条の鉄条からなる。末端に円環を嵌める。G：59-10は、二叉で、杆が三節、通長83、叉頭長23cm（図135-5）、G：50-11は、三叉で、杆が二節、叉頭は折れている。杆長62、叉頭残長13cm（図135-6）。これらは墓葬の庖厨を象徴する後蔵室より大量の炊器と共伴し、炊具の一つであろう。年代は前漢前期である。

　火鑯　臨潼秦始皇陵北2号建築基址で1点（QLB2：1）出土し、鍛鉄製で、鑯頭はほぼ三角形を呈し、柄は細長で扁条形、末端がねじられ螺旋状になり、柄首は折り曲げられて円環になる。通長78、鑯頭寛9.7cm（図135-1）。この例は陶灶とともに出土し、灶で使用する火鑯と知れる。年代は秦代である。火鑯は武夷山城村漢城などでも発見されている。

　夾子　満城漢墓で1点（M1：5092-2）出土し、全体がU字形の両股式で、断面長方形の鉄条を折り曲げて作ったものである。長24.2、寛4.1cm（図135-2）、年代は前漢中期である。出土時は

図137 鉄製日用器具（炉・火盆）
1．C型Ⅰ式円炉（洛陽金谷園M1：60） 2・3．A型円炉（鄭州劉胡垌LHT：2、邗江姚荘M102：50） 4・5．方形火盆（石家荘東崗頭MB：1、徐州東甸子M3：6） 6．C型Ⅱ式円炉（禹県朱坡村ZPC：1）

三足提梁鉄炉に伴っており、炭火の取り出しに用いられたものと知れる。

　灶　三門峡立交橋漢墓で1点（M5：19）出土し、灶体は円斗形をなし、下部は円形座になり、座壁一面に方形の灶門が設けられる。灶体と座の間はすのこになっている。灶壁内外は泥が塗られ厚みを増す。壁厚3〜4cm、灶口直径30、座径23、通高26cm（図136-3）。出土時に、灶口上に斂口無耳鉄釜が置かれ、釜口径20、高18cm。年代は前漢後期である。[335]

　炉　その形態により、方炉と円炉の二種類がある。この種の炉はおそらく暖を取るためのもので、場合によっては煮炊も兼ねていたと思われる。

　円炉　炉身は円形を呈し、下部に足が三つ付く。盛灰盤の有無と構造の差異により三型に分けられる。

　A型：盛灰盤のないもの。全体は盆形をなし、外底に三足がある。炉壁または炉底に透かし孔があり通風に用いられる。邗江姚荘102号墓で1点（M102：50）出土し、大きく開いた口に、斜めの腹部、平底、蹄足で、腹部に二つの半環形の耳がつく。炉壁縦向きの条状気孔が四つあり、炉底には十字形の気孔がある。口径24、通高12.5cm（図137-3）、年代は前漢末期である。鄭州劉胡垌窖

蔵で 1 点（LHT：2）出土し、平口に口縁は折れ、口縁上に三つの短い支撑がつく。斜腹で、腹壁に条形・孤形の透かし孔があり、底部にも四つの菱角形の透かし孔がある。外底に三つの蹄足がある。通高13.8、口径23.2cm（図137-2）、年代は後漢時代。[336]

B型：盛灰盤のあるもの。盛灰盤は炉底の下の三足の間に設けられる。炉体は円盒形で、三足、提梁を持ち、鍛造により作られたものである。満城 1 号漢墓で 3 点出土し、炉身は口が大きく、真直ぐ立ち上がる壁、平底は大きく、真直ぐな条形の高い足が三つ付く。炉底下方に盛灰盤を設け、盤縁に一つ欠口がある。鉢形の蓋があり、蓋頂中央に環鈕が一つある。炉蓋・炉壁・炉底にはそれぞれ異なる形状の透かし孔がある。炉壁には四つの鈕があり、提梁を通す。炉身・盛灰盤・三足はそれぞれ別に鍛造され、それらをリベットで固定している。うち、M 1：5092-1 は、通高25.3、口径16.2cm（図138）、年代は前漢中期である。

C型：炉身と盛灰盤の二つの部分から構成される。盛灰盤の差から二式に分けられる。

Ⅰ式：三足の炉身で、平底の盛灰盤。洛陽金谷園 M 1：60 は、炉身は大口で、口縁が折れ、丸底、腹壁に六条の縦向きの透かし孔がある。炉底は四組の各三条の透かし孔からなるすのこである。腹部に一対の鋪首があり、外底には蹄足三つが付く。盛灰盤は大口で、縁が折れ、大平底である。通高16、炉身口径20.2、深9.5、盛灰盤口径23.6cm（図137-1）、年代は前漢後期である。

Ⅱ式：三足の炉身に三足の盛灰盤である。塩城三羊墩で 1 点（M 1：40）出土し、炉身は円形、大口で、斜腹、腹両側に環耳がある。平底で、下に蹄足三つが付く。腹壁に四つの長条形透かし孔があり、通風の用をなす。炉底にはすのこがあり、すのこは長条形の透かし孔が縦と横に四つずつ設けられる。すのこの上に木炭が置かれていた。盛灰盤は円形で、平底、外に短

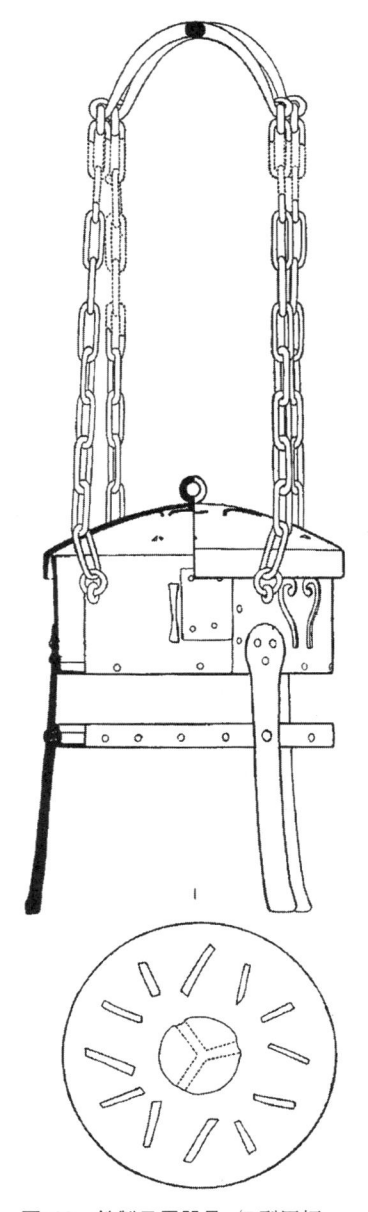

図138　鉄製日用器具（B型円炉、満城漢墓M 1：5092-1）

い足が三つ付く。通高18.5、口径27.5、炉深10.5、盛灰盤底径22cm、出土時には炉上に鐎斗が 1 点置かれていた。年代は後漢前期である。赫章可楽で 1 点（KL58：01）出土し、鋳鉄製。炉身は円筒形で、真直ぐ立ち上がる口部・壁をなし、腹上部に二条突帯がめぐり、両側に大きい衡環耳がつき、下部周壁には十二個の竪長方形の透かし孔がある。口縁上には三つの鍋撑がつく。底部にはくの字の透かし孔が四つある。外底に三つの足が付き、盛灰盤の中に立つ。盛灰盤は広口で、丸底、外底に三足がある。通高22.2、炉身口径22cm（図139）。炉身内壁の口縁近くに銘文一行があり、隷書・陽文の反字で"武陽伝舎比二"とある。年代は後漢後期。[338] 禹県朱坡村 ZPC：1 は、炉身は直

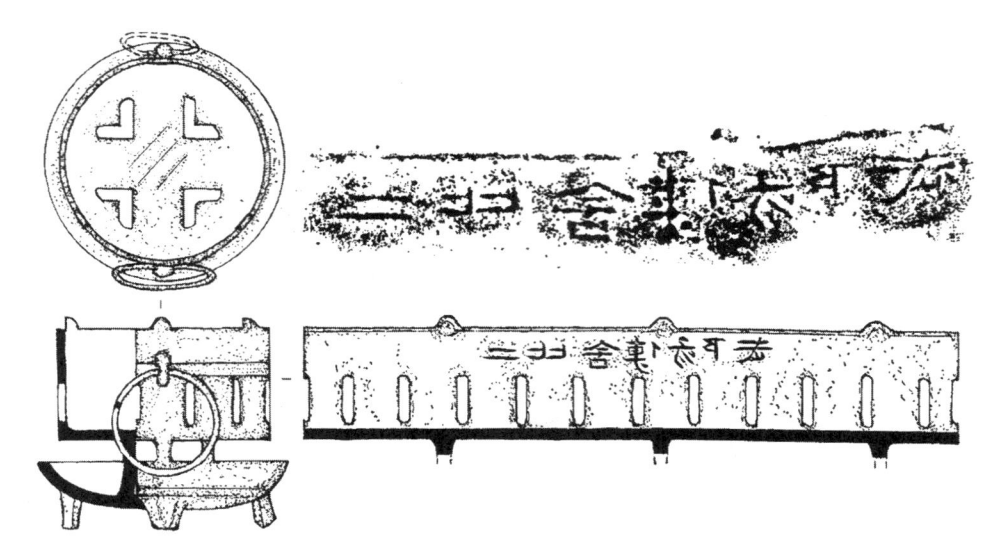

図139　鉄製日用器具（C型Ⅱ式円炉、赫章可楽KL58：01）

壁をなし、丸底で、口縁上に三つの支釘が鋳出され、やや内に向き、銅釜が置かれる。口縁下に二つの環状耳が対称につき、耳上には鉄環の痕跡が残る。腹下部と炉底に三段にわたり長方形の透かし孔が設けられ、通風と灰落としを兼ねる。外底には半円柱状の蹄足が三つあり、足底と盛灰盤はつながる。炉身高13、口径23cm。盛灰盤は広口で、浅い腹、平底、外底は突帯で飾られ三つの蹄足が付く。高10、口径27cm（図137-6）。年代は後漢後期である。この例が出土した際、炉上に銅釜1点が置かれており、そこからこの種の炉が煮炊にも暖炉にも使えるものとわかる。咸陽程家漢墓で1点出土しており、提梁を持つもので、年代は前漢時代である。[340]

火盆　全体が盆形で、外底に足があり、炉と違うのは器壁・底部に風孔のないことである。その形態から方形火盆と円形火盆の二種に分かれる。

方形火盆　方形ないし長方形で、外底に足が四つある。徐州東甸子前漢前期墓で1点（M3：6）出土し、盆は長方形で大口、斜めにまっすぐ立ちあがる壁、平底である。口縁下に四つの銜環があり、環上に鎖の痕跡が残る。柱状の短い足である。盆口長60、寛44、通高17cm（図137-5）。出土時に火盆の横に長60・寛45cmの鉄板があり、火盆の蓋であろう。石家荘東崗頭MB：1は、盆が長方形をなし、大口で、平らな口縁、腹部が屈曲し、平底である。口縁上に三つの支釘があり、外底には四つの蹄足がある。長42、寛21.3、通高15cm（図137-4）、年代は後漢時代である。[341][342]

円形火盆　盆は円形をなし、外底に三つの足がある。禹県朱坡村ZPC：2は、広口で、平らな口縁、腹はやや丸みを帯び、平底、外壁には突帯が飾られる。二つの対になる鼻鈕があり、鉄環の痕跡が見える。外底に鋳型の合わせ目が見える。三つの蹄足があり、獣面紋で飾られる。通高15.5、口径39、底径28cm、年代は後漢後期である。器壁の鼻鈕に見られる鉄環痕跡から、もともと鉄環があり運搬に便があったことが分かる。淮南劉家堆後漢墓で1点出土し、口径30、通高14.4cm。この型式の火盆は南昌市南郊後漢後期墓などでも発見されている。[343][344]

博山炉　長沙柳家大山前漢墓で1点出土している。[345]

灯　形態と構造は多様であり、主に豆形灯・行灯・提灯・多枝灯などの類型がある。

豆形灯　器形は豆に似て、盤状灯盤に竪柄とラッパ状の灯座から成り、灯盤中心に尖状の灯芯が

第 5 章　秦漢時代鉄器の考古発見と類型学研究　*247*

ある。その柄部と底座の特徴から三型に分けられる。

A型：細直柄。渭南西電M26：9は、灯盤が大きく浅い。竪柄は若干膨らみをもつ。通高16.8、盤口径13.8cm（図140-3）、年代は前漢中後期。この型式の灯は臨潼周家溝前漢前期墓（図140-2）・眉県常興前漢墓などでも発見されている。

B型：竹節状の柄ないし中部がこぶ状の突帯になる柄のもので、ラッパ状の柄のものもある。三門峡三里橋M65：7は、灯盤口径11.5、通高12cm（図140-4）、年代は前漢前期。雲夢大墳頭M1B：26は、柄が細長で、中部に凸稜がある。通高15.7、盤口径11.6cm（図140-9）、年代は前漢前期。西安龍首村漢墓で1点（M2：46）出土しており、灯盤はやや大き

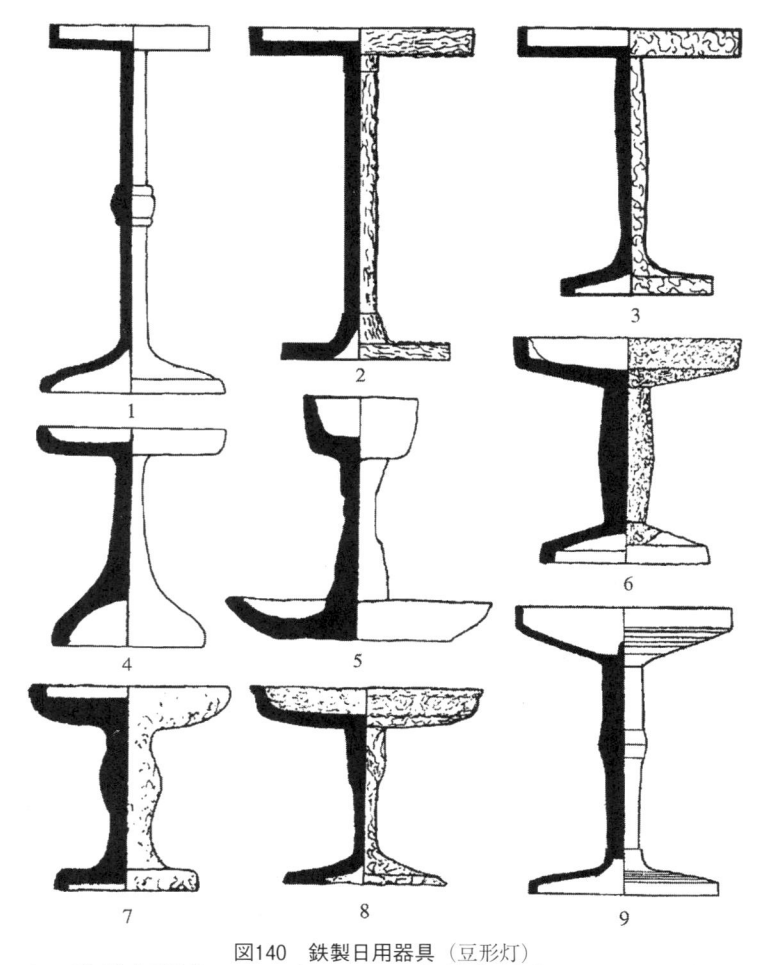

図140　鉄製日用器具（豆形灯）
1．B型（淳化固賢村GXCH：03）　2・3．A型（臨潼周家溝M4：1-12、渭南西電M26：9）　4．B型（三門峡三里橋M65：7）　5．C型（醴陵企石村QSCM：1）　6～9．B型（臨潼上焦村M7：18、臨潼秦始皇陵2号馬廐坑QL73DOU3：4、西安龍首村M2：46、雲夢大墳頭M1B：26）

く、竪柄の上部がやや太い。通高10、盤口径11.2cm（図140-8）、年代は前漢前期。永城保安山M2K1：1713は、通高19.1、盤口径14.6cm、年代は前漢前期。この型式の灯は臨潼秦始皇陵2号馬廐坑（図140-7）・臨潼上焦村秦墓（図140-6）・西安南郊潘家荘漢初期墓・西安北郊絲綢庫前漢前期墓・漢長安城南郊礼制建築遺跡・淳化固賢村前漢後期窖蔵（図140-1）などでも発見されている。

C型：底座が盛灰盤になっているもの。醴陵企石村後漢墓で1点（QSCM：1）出土し、灯盤は杯状で、口径はやや小さいが深めである。柄中部はくびれ、底座は斜壁の平底盤になっている。通高19cm（図140-5）。墓磚に見られる"永元十六年六月"（104年）の紀年から後漢中期のものと知れる。

　行灯　灯盤が三足盤形で、片方から柄が伸びる。鳳翔八旗屯M19：2は、盤心中央の錐状突起は欠け、柄はやや幅広。口径9.5、通高3.5、柄長4.5cm（図141-6）、年代は秦代である。西安北郊尤家荘18号墓で1点（M18：58）出土し、灯盤は広口で、斜壁、浅い腹部、平底である。内底中央

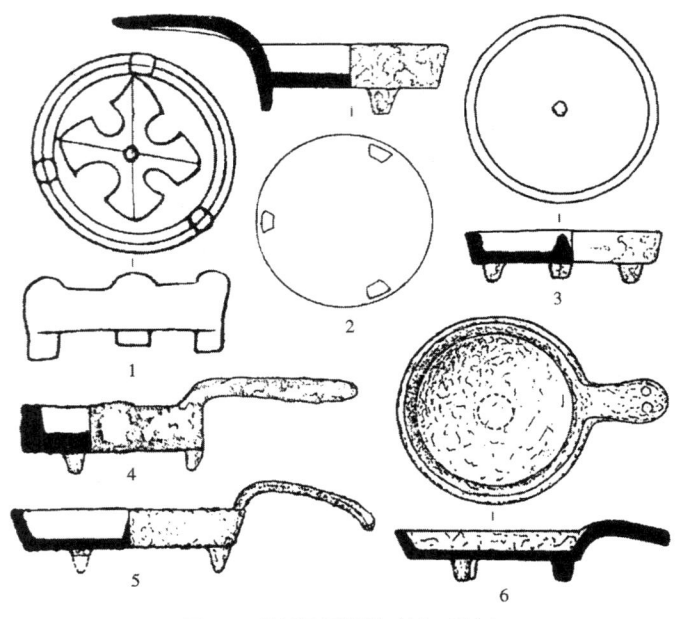

図141　鉄製日用器具（灯・燭台）
1・3．燭台（渭南田市鎮TSC：06、赫章可楽M10：55）　2・4～6．行灯（洛陽西郊M3241：19、西安北郊西飛M1：19、西安北郊尤家荘M18：58、鳳翔八旗屯M19：2）

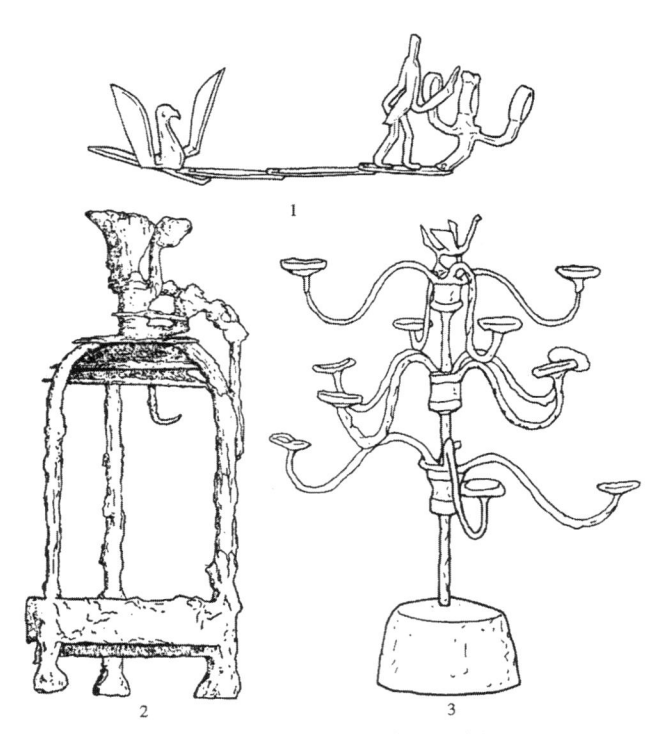

図142　鉄製日用器具（灯・灯架）
1．灯架（三門峡華余M16：30）　2．提灯（洛陽焼溝M1035：61）　3．多枝灯（焼溝M1035：113）

に錐状の灯芯があり、三足は乳突状、柄は下方に湾曲する。口径10、通高3.9、柄長6.2cm（図141-5）、年代は前漢中後期。[353] 西安北郊西飛漢墓で1点（M1：19）出土し、灯盤は壁がまっすぐ立ち、刀柄はまっすぐ、側部に円形の装飾がある。口径9.6、通高3.6、柄長8cm（図141-4）、年代は後漢中期である。この種の灯は西安阿房区[354]・西安安骹潘家荘漢初期墓・津市肖家湖17号前漢後期墓[355]・章丘東平陵故城・洛陽西郊後漢中期墓（図141-2）[356] などでも発見されている。

提灯　洛陽焼溝漢墓で1点（M1035：61）出土しており、灯盤・支架・灯頂からなる。灯盤は直壁円盤形で、直径約12cm、下部に蹄足がつく。灯盤口縁上に三本の鉄柱がつき支架となる。柱高13cm。その上に下から上へ次第に小さくなるような五層の円形鉄板で灯頂が作られる。最下層の円鉄板中央下に鉤が垂れる。灯頂頂部中央には尾が扇形の鳥があしらわれ、鳥の背で提梁が接合する。提梁は欠け、その残長15.5cm。通高29cm（図142-2）、年代は後漢後期である。この種の提灯は西安北郊石碑寨村後漢墓でも発見されている。[357]

多枝灯　洛陽焼溝漢墓で1点（M1035：113）出土し、灯座・灯幹・灯枝・灯盞からなる。灯座は円形で、灯座中央に灯幹が

設けられ、灯幹から四周へ灯枝が伸びる。灯枝は三層に分かれており、各層に四本の枝があり、計十二本の枝となる。各灯枝の先端に円盤形灯盞が添え付けられる。灯幹頂部に鳥があしらわれ、羽を広げて飛翔する形象で、頭部が欠ける。通高73cm（図142-3）、年代は後漢後期である。

灯架　三門峡華余16号墓で１点（M16：30）出土している。五節の扁平鉄条をリベットでつないでおり、鉄条交互に重ねた部分で止めており、左右に動くようになっている。前部の第一節鉄条は、"山"字形に立つ円環になる。第二節の鉄条上には同じく鉄条で形作った人像が立ち、両手には棒状のものをもっている。臀部が上にあがっているので、手に火種を持って身を前に出して前面の灯火に火をともそうとしている動作を表しているようである。最後の一節の鉄条の上には鳳凰が臥しており、首を挙げて前方を見、羽を広げて飛ばんとする状況である。鳥の尾部は次第に幅が狭くなる鉄条で、壁か何らかの器具に差し込んで灯架を固定するようになっている（図142-1）。年代は前漢後期である。

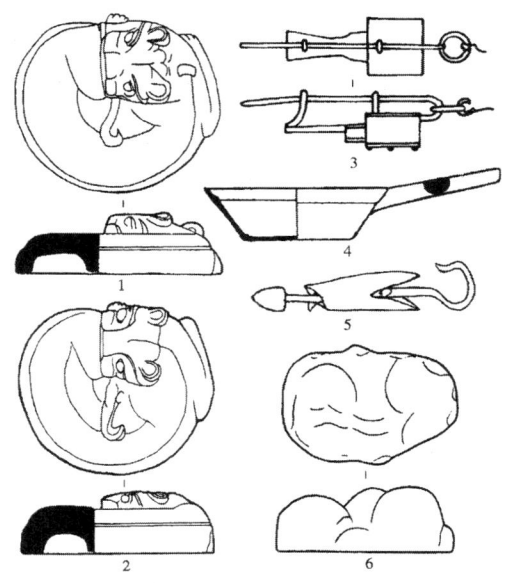

図143　鉄製日用器具（鎮・熨斗・鎮）
1・2．鎮（永城保安山BM２K１：1720、保安山BM２K１：1718）　3・5．鎮（臨潼洪慶堡HQP：01、渭南田市鎮TSC：011）　4．熨斗（済南青龍山QLM１：41）　6．鎮（章丘東平陵故城DPL：0234）

燭台　円形の浅い盤で、盤底中央に尖状の燭挿があり、外底に三足がある。赫章可楽前漢後期墓で１点（M10：55）出土し、足は円柱形で、盤径9.2、通高2.3cm（図141-3）。渭南田市鎮で２点出土し、形態は大体同じで鋳鉄製である。直口、直壁、口縁は角ばり、平底、柱状の短い足である。周縁壁に突帯が二条めぐり、その中に浮き彫り状に四葉紋の図案があしらわれる。そのうちTSC：06は、口縁上の足部と対応する位置に三つの穿孔のある短耳がある。直径10.8、通高4.3cm（図141-1）、年代は漢代である。この他、定県北荘後漢中期墓・漢長安城未央宮西南角楼遺跡・西安北郊烟材廠後漢後期墓などでも発見がある。

熨斗　済南青龍山１号墓で１点（QLM１：41）出土しており、広口、斜壁、平底、長柄で、口径17.5、高５、柄長13cm（図143-4）、年代は後漢後期である。

鎮　一般に虎・豹・熊・亀・蛇等の動物の形象をなす。永城保安山２号墓陪葬坑で４点出土し、虎の臥した形をなし、二つずつが同形である。虎は頸を曲げ尾を丸めて臥した状態で、全体は円形をなし、中空である。BM２K１：1718は、虎の後頭部に縦鈕があり縄を締めるようになっている。高５、直径14.8cm（図143-2）。BM２K１：1720は、縄を結ぶ鈕が虎のうずくまるのを利用して形作られた円孔となっており、高4.5、直径13.8cm（図143-1）。年代は前漢前期である。河北万安北沙城漢墓でも一組４点が出土し、虎形鎮で、直径は８cmである。章丘東平陵故城で１点（DPL：0234）出土しており、臥してうずくまる虎を形作り、底面はほぼ楕円形で、底面には陽文で"日利"の二字銘が鋳込まれる。長8.5、寛5.5、高3.3cm（図143-6）、年代は漢代である。漢長安城未央宮少府遺跡で臥虎形器が１点（WY４：T１④：15）出土しており、やはり鎮であろう。虎形鎮は包頭市召潭前漢後期墓などでも発見されている。陽高古城堡17号漢墓で一組４点が出土し、全体

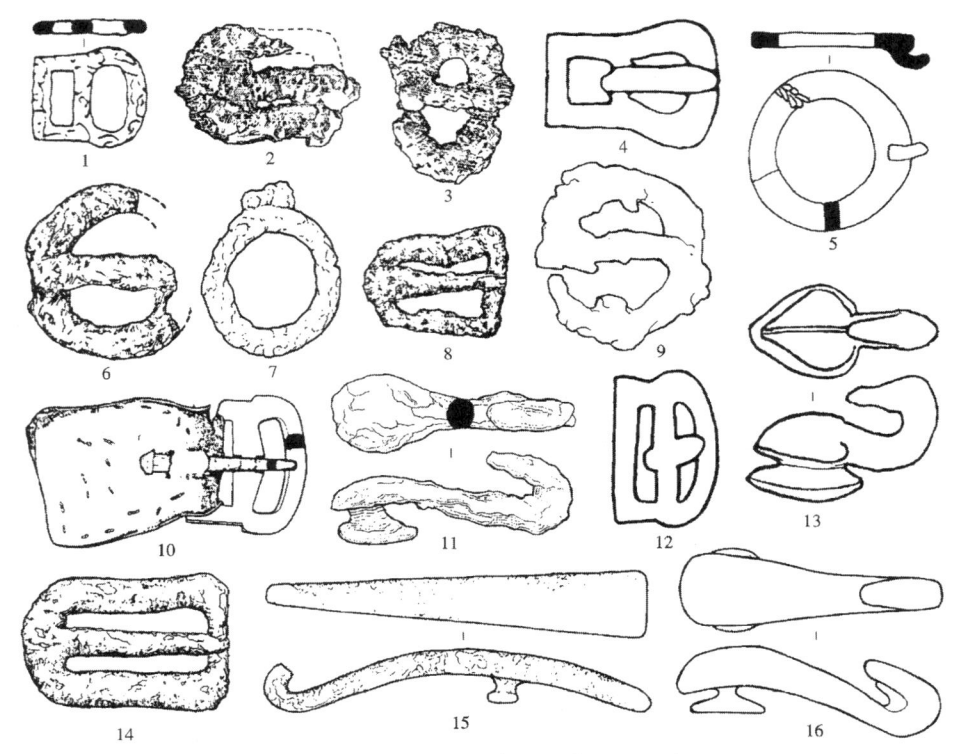

図144 鉄製日用器具（帯扣・帯鉤・耳環）
1．C型帯扣（鹿泉高荘1：5018）　2．B型帯扣（巴林左旗南楊家営子M16：2）　3．A型帯扣（南楊家営子M19：1）　4．C型帯扣（包頭召湾M51：A229）　5．G型帯鉤（吐魯番交河溝北M16②北：47）　6．A型帯扣（陳巴爾虎旗完工M2：25-1）　7．耳環（同心倒墩子M21：1）　8．B型帯扣（完工M2：27-1）　9．A型帯扣（同心倒墩子M7：8）　10．C型帯扣（民豊尼雅NY95MN1M8：13）　11．D型帯扣（輝県琉璃閣M133：2）　12．C型帯扣（渭南田市鎮TSC：020）　13．F型帯鉤（洛陽焼溝M82：24）　14．B型帯扣（東勝補洞溝M1：2）　15．B型帯鉤（包頭辺墻壕M1：14）　16．D型帯鉤（濰坊後埠下M43：2）

は円形に近く、頂部は長い角を持つ羊頭形をなし、年代は前漢中後期である。鎮は多くは墓葬で出土し、しばしば四点一組で出土する。実際の生活では、一般に敷物の四隅を抑えるのに用いたものである。

　鎖　臨潼洪慶堡で1点（HQP：01）出土し、鎖体は方形で中空、長・寛6cm、厚3.5cm、背面に九つの乳釘が飾られる。一端が伸びて鎖架となり、鎖杆は鎖体と鎖架の中に挿入される。鋪首銜環が残る（図143-3）。年代は前漢時代。渭南田市鎮で1点（TSC：011）出土し、鉤状の鎖杆で筒状にかぶさる鎖体、通長15cm（図143-5）、年代は漢代である。

(2) 装身具

　秦漢時代の装身具には、主に服飾品・装飾品・美容器具などがある。

　帯鉤　出土量はやや少なく、類型も多くない。五型に分けられる。戦国時代のC型長牌形帯鉤とE型鏟頭形帯鉤は見られない。

　A型：曲棒形。洛陽焼溝漢墓で2点出土し、錆がひどい。そのうちM406：76は、長約10.5cm、M416：10は、長約9.6cm、年代は前漢後期。この他侯馬喬村秦代墓で3点出土し、侯馬虎祁秦末漢初墓で1点、赫章可楽前漢前期墓で6点出土している。

B型：檾葉形。包頭辺墻壕前漢後期墓で1点（M1：14）出土し、器体は扁平で、鈎首がやや細く、鈎尾はやや幅広、長15、寛2.7cm（図144-15）。

D型：琵琶形。濰坊後埠下前漢中期墓で1点（M43：2）出土し、鈎尾はやや幅広で、鈎首は長め、背鈕はやや大きい。通長5.2cm（図144-16）。輝県琉璃閣 M133：2 は、腹部が丸みを帯び、鈎首は長め、通長4.8、寛1.6、鈕径1.7cm（図144-11）、年代は前漢後期である。この型式の帯鈎は侯馬喬村秦代墓と漢初墓、清澗李家崖套場坪秦代墓などでも発見されている。

F型：水禽形。洛陽焼溝漢墓で1点（M82：24）出土し、錆がひどく、形態は短小である。長4、寛2.3cm、年代は前漢後期。資興後漢中期墓で1点（M106：22）出土し、形態は首をまわす水鳥を呈し、長2.7cm（図144-13）。

G型：異形のもので、形態が特殊なものである。吐魯番交河溝北 M16②北：47は、全体が円環状で、片側に小鈎が伸びる。直径6.6cm（図144-5）、年代は漢代である。

考古発見の秦漢時代の鉄帯鈎はやや少なく、また錆のひどいことが多い。広州の182基の前漢前期墓のうち、1007号墓のみ1点出土している。これは秦漢時代に鉄帯鈎が消失する傾向にあったことの直接的反映であろう。

帯扣 円形ないし方形の扣身で、舌鈎を一つもつ。三型に分かれる。

A型：円形ないし楕円形の扣身で、同心倒墩子 M7：8 は、扣身がやや楕円形を呈し、中間に舌鈎がある。直径5.4～5.8cm（図144-9）、年代は前漢中後期。陳巴爾虎旗完工 M2：25-1 は、扣身が円形で、一部欠ける。直径4.8cm（図144-6）、年代は後漢時代である。巴林左旗南楊家営子 M19：1 は、楕円形の扣身で、長軸径3cm（図144-3）、後漢時代のものである。

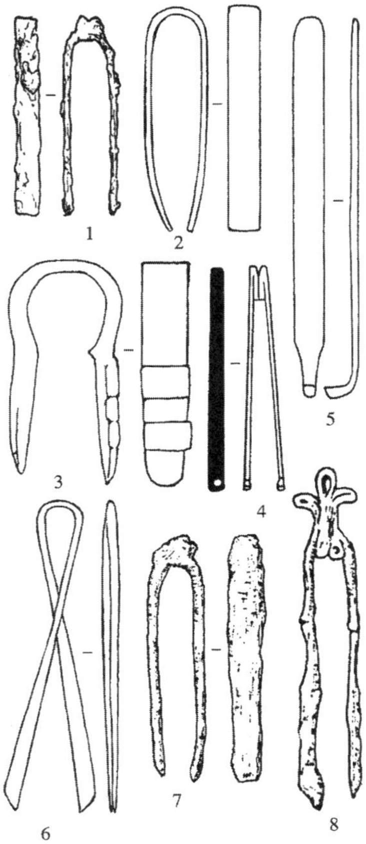

B型：方形ないし梯形の扣身で、一端が真直ぐで一端が弧をなす。陳巴爾虎旗完工 M2：27-1 は扣身が梯形を呈し、長3.6、寛約3cm（図144-8）、年代は後漢時代。巴林左旗南楊家営子 M16：2 は扣身が円頭梯形を呈し、やや欠ける。長5cm（図144-2）、年代は後漢時代。東勝補洞溝 M1：2 は、長7、寛5cm（図144-14）、年代は前漢末後漢初。

C型：半方半円形で、中心の横棒から一半が半円形、もう一半が扁方形をなす。包頭召湾51号前漢中期墓で1点（M51：A229）出土し、通長1.6cm（図144-4）。渭南田市鎮で1点（TSC：020）出土し、横棒上の舌鈎は左右に可動し、通長4、横寛6.1cm（図144-12）、年代は漢代。民豊尼雅 NY95MN1M8：13は、舌鈎が木製で、出土時の光沢は本来のままであり、革帯の一部も残存していた。長4.6、寛3.8cm（図144-10）、年代は漢晋時代である。この型式の帯扣は鹿泉高荘1号前

図145　鉄製日用器具（鑷子・耳勺・髪剪）
1・7．B型鑷子（洛陽焼溝M1009A：34、広州漢墓M2061：60）　2・3．A型鑷子（陽高古城堡M12：T6-1、広州南越王墓D：25）　4・8．C型鑷子（章丘東平陵故城DPL：0235、広州漢墓M1078：2）　5．耳勺（陽高古城堡M12：T7）　6．髪剪（陽高古城堡M15：T6-2）

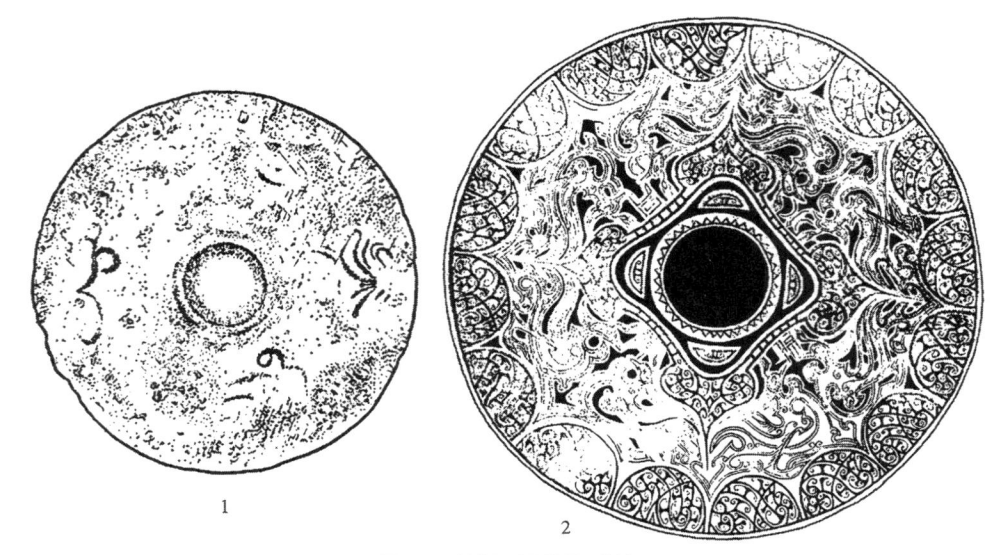

図146　鉄製日用器具（鏡）
1．洛陽焼溝M1037：28　2．武威雷台LTM 1：150

漢中期墓（図144-1）・漢長安城未央宮遺跡などでも発見されている。

　帯扣は革帯の留め具として、一般に人の腰帯に用いられた。また馬の革帯に用いた場合もある。ただし出土状況が不明な場合、形態からのみでは明確な区分は難しく、とりあえずその形態からの分類に留まる。東勝補洞溝1号墓・同心倒墩子1号墓・同7号墓で出土した帯扣はみな人骨の腰の側から出土し、尼雅8号墓の帯扣は棺内から出土しており、それらはおのずと腰帯の帯金具と知れる。鹿泉高荘1号墓出土の鉄帯扣1点は、同形態の銅帯扣が墓葬回廊内の車馬付近から出土しているので、あるいは車馬の革帯の帯金具かもしれない。

　帯飾　主に北方長城地帯で発見される。東勝補洞溝匈奴墓で一組5点が出土しており、年代は前漢末後漢初期である。右玉善家堡墓地で一組16点が出土し、年代は後漢末期である。

　耳環　同心倒墩子漢代匈奴墓で1点（M21：1）出土し、直径3.5mmの鉄糸を折り曲げて作る。一端が小環で、もう一端が尖る。直径2.3cm（図144-7）、年代は前漢時代である。

　鑷子　条形鉄片を折り曲げ作る。三型に分かれる。

　A型：U字形で、条形鉄片を直接曲げて作られる。広州南越王墓で3点出土し、やや短く幅広。そのうちD：25は、通長14.1cm（図145-3）、年代は前漢前期。陽高古城堡M12：T6-1は、頭部が向き合うように斜めに傾く。全体はやや幅広。通長11cm（図145-2）、年代は前漢時代である。

　B型：柄端が結び目状になるもの。広州漢墓M1168：2は、通長11.5cm、年代は前漢前期。広州漢墓M2061：60は、通長11cm（図145-7）、年代は前漢中期。洛陽焼溝漢墓M1009A：34は、柄端が円頭状で、通長8.8cm（図145-1）、年代は後漢前期。

　C型：柄端が折りたたまれた状態のもの。広州漢墓M1078：2は、柄端が十字形の花弁状で、通長14cm（図145-8）、年代は前漢前期。章丘東平陵故城で1点（DPL：0235）出土し、両股の先端部分にそれぞれ小孔がある。通長11.2cm（図145-4）、年代は漢代。この型式の鑷子は、咸陽斉家坡前漢墓・濰坊後埠下前漢後期墓などでも発見されている。

秦漢時代の鑷子の多くは墓葬から出土しており、かつ銅鏡などの化粧・美容用具と共に出土する。広州前漢前期墓では鉄鑷子５点が出土しており、そのうち１点は漆盒内に納められており、その他の４点はみな同奩の上に置かれていた。陽高古城堡12号前漢墓で出土した１点は、出土時剪刀・耳掻きとともに漆奩に納められていた。濰坊後埠下前漢後期54号墓の一例は、銅鏡・銅刷毛柄とともに被葬者の頭端付近より出土した。こういった点から、秦漢墓葬の鉄鑷子は、主に美容器具として副葬されたものと考えられる。

髪剪 陽高古城堡漢墓で２点出土し、いずれも刃の交差する剪刀で、全体は細長く、刀体は扁平、直刃で、先端は斜めに切れこむ。

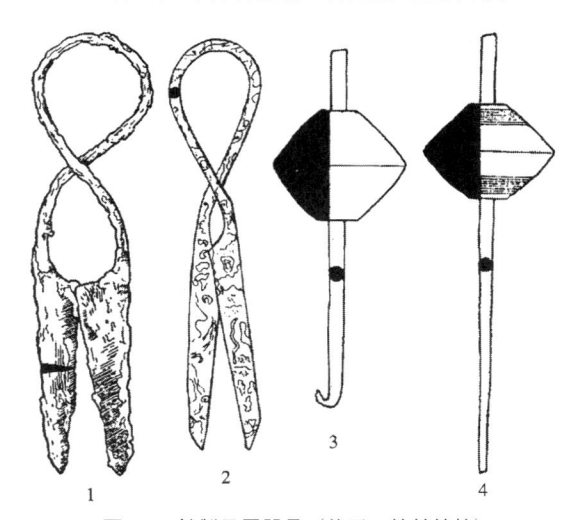

図147 鉄製日用器具（剪刀・鉄軸紡輪）
1・2. 剪刀（洛陽焼溝M160：038、鞏義新華M1：26） 3・4. 鉄軸紡輪（資興漢墓M274：36、資興漢墓M499：1）

形態はやや小さい。M15：T6-2 は、長10.6cm（図145-6）、年代は前漢中後期。この種の髪剪は、出土時鑷子・耳掻き等と漆奩に納められており、構造上は裁縫用の剪刀と同じであるが、実際は美容器具であったことが分かる。

耳勺 陽高古城堡で１点（M12：T7）出土し、全体は扁平長条形で、先端が細く彎曲した匙状になっている。通長6.5cm（図145-5）、年代は前漢中後期である。出土時鑷子・剪刀とともに漆奩に納められていた。[372]

鏡 鏡背紋様は多様である。洛陽焼溝漢墓の４基で計８点が出土し、平らな円紐はやや大きく、鏡縁は隆起しない。直径11～21cmで、年代はみな後漢後期である。M1037：28は変形四葉紋鏡の類に属し、直径16cm（図146-1）。武威雷台漢墓で１点（LTM1：150）出土し、中央に半球形の鈕があり、X線の透視によると、鏡背は錯金・銀の紋様で飾られる。鏡鈕四周は四弁の蔓枝になり、篆書で"長宜子孫"の四字が錯される。主紋区には二羽の相対する鸞鳳が四組錯飾される。鏡縁には連弧状の蔓枝花十六組が錯されており、"変形四葉鸞鳳鏡"に属する。直径21cm（図146-2）、年代は後漢後期。[373] 泰州新荘M3：4は、扁円形紐で、内区は八つの円枚となり、外区は八つの内に向く連弧紋となる。素紋の平縁はやや幅広で、直径16cm、年代は後漢後期。[374] 四川塩亭黄甸崖墓で１点出土し、素面で直径16.5cm、年代は後漢後期。[375] 定県北陵頭村43号墓では19点出土し、そのうち１点は錯金紋様で飾られ、被葬者は中山穆王劉暢であり、葬送年代は紀元179年である。この他、鉄鏡は棗荘方荘後漢後期墓・禹県東十里村画像石墓・咸陽程家漢墓などでも発見されている。[376]

出土の秦漢鏡のうち、銅鏡は千を以って数えるのに対し、鉄鏡ははなはだ少量であり、これまでに60数点が発見されているのみである。[377] 洛陽焼溝漢墓出土の８点の鉄鏡は、棺内に納められたものもあれば、棺外の奩盒内に納められたものもあり、鉄鏡が実用器であることがわかる。漢代の鉄鏡の年代はいずれも後漢時代であり、紀年墓より出土したものもある。洛陽焼溝1037号墓では鉄鏡２点が出土しており、その年代は建寧三年（紀元170年）である。洛陽李屯１号墓で１点（M1：37）出土しており、墓葬年代は元嘉二年（152年）。[378] 鞏義新華漢墓では２点出土しており、その年代はお

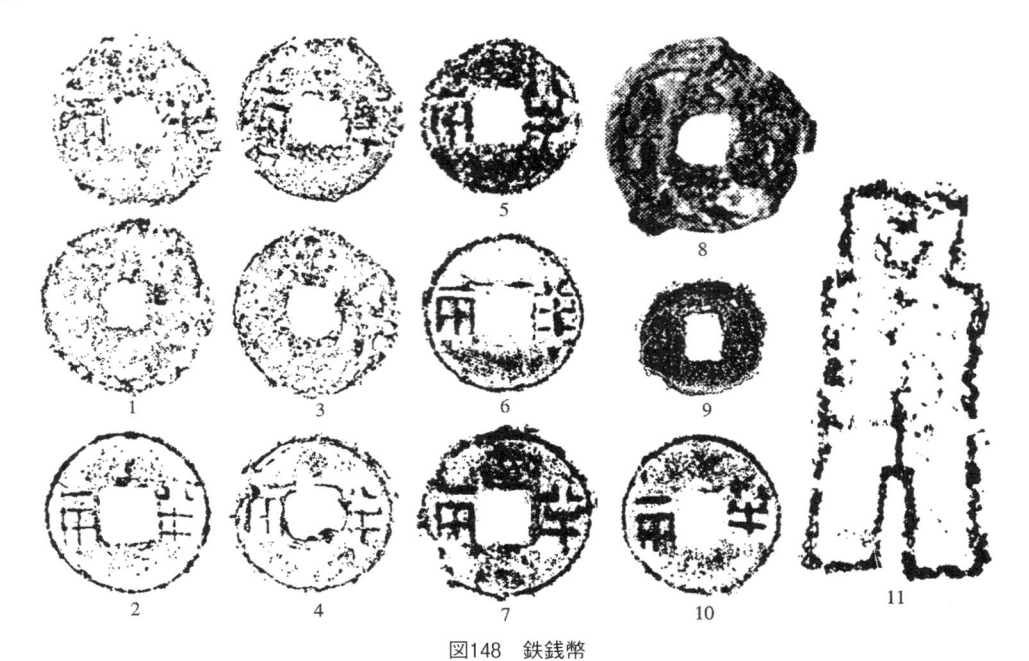

図148　鉄銭幣
1・3・5．A型半両銭（長沙砂子塘M5：T4、砂子塘M5：T5、衡陽鳳凰山FHSM：T1）　2・7・10．C型半両銭（鳳凰山FHSM：T6S、鳳凰山FHSM：T3、鳳凰山FHSM：T4）　4・6．B型半両銭（鳳凰山FHSM：T6X、鳳凰山FHSM：T2）　8．大泉五十（洛陽西郊M7030：Q1）　9．無紋銭（禹県十里村DSLM：T6）　11．大布黄千（資興漢墓M264：Q1）

およそ紀元100～120年である。定県北荘後漢墓では5点出土し、被葬者は漢中山簡王劉焉であり、年代は漢和帝永元二年（90年）である[379]。邗江甘泉2号墓で1点出土し、被葬者は後漢広陵王劉荊であり、墓葬年代はおおよそ漢明帝永平十年（67年）である[380]。こういった年代の明確な墓葬から、鉄鏡の出現は紀元1世紀中葉の後漢前期より晩くはないことが分かる。

(3)　縫織器具

　剪刀　いずれも両股の交差する剪刀である。扁平な鉄条を折り曲げて成形しており、両端が刀体となり、中部が湾曲して柄となり、両股が交差する。両刃が向き合い、把柄の弾性を利用して開閉する。鞏義新華漢墓で1点（M1：26）出土し、全体は細長で、刀体は背がまっすぐ、直刃で、切先は斜めに切れる。長17.7cm（図147-2）、年代は後漢中期である。洛陽焼溝 M160：038は、刀体がやや幅広で、柄は若干細め、八字形に交差する。通長26.2、刃部長11.5cm（図147-1）、年代は後漢後期である。

　剪刀は日用器具として広く日常生活の中で使用された。美容に用いるものは、ここでは"髪剪"と称するが、一般に形態は小さい。裁縫に用いられるものは、一般に形態が大きく、ここでは"剪刀"として区別しておく。洛陽焼溝漢墓で出土した鉄剪刀は、その位置は動いておらず原位置を保っており、人頭骨の左右で発見されている。

　針　広州南越王墓で約500点出土しており、長さは5.5～7cmで、太いものと細いものの二種類がある。ただしみな針穴は見られない。そのうち太い針が300点あり、針体は太く断面円形、先端近くで収斂して鋭くなる。細い針は約200点あり、針体は細長く、太さは一定である。年代は前漢前期である。

第5章　秦漢時代鉄器の考古発見と類型学研究　255

　頂針　西安北郊交校漢墓で1点（M179：15）出土し、円筒形の指抜きで、直径2.4、壁厚0.4、長1.4cm、年代は新莽時期である。[381]

　鉄軸紡輪　鉄製の紡錘車はいまだ見られないが、鉄軸が通る陶製紡輪がある。資興後漢墓出土の陶製紡輪は、ほとんどが算盤珠形で、鉄軸が通されている。軸径0.3〜0.6、長12〜15cm、その末端が小さい鈎状になっている（図147-3・4）。[382]

5　銭幣と度量衡器

　鉄製銭幣と度量衡器の出現と応用は、秦漢鉄器発展における顕著な変化の一つである。これまでに発見されたものには、鉄銭幣・鉄尺・鉄権などがある。他に算籌を計算用具として、ここで説明を加えておく。

(1)　銭　幣

　出土数量・発見地ともに少なく、種類は半両・五銖・大布黄千・大泉五十・無紋銭がある
　半両銭　湖南衡陽鳳凰山出土の半両銭が典型的な例である。[383]この墓地では鉄半両銭計600枚余りが出土し、直径2.4〜2.5cm、重2〜2.7g、三型に分けられる。
　Ａ型：周郭のないもの。直径2.4、厚0.1cm、重2.4g。篆文で"半両"とあり、筆画はやや太く、字体は大きめである（図148-5）。
　Ｂ型：周郭のあるもの。直径2.4、郭厚0.15、肉厚0.1cm、重2.7g。篆文の"半両"が明瞭で、整っている。筆画はやや細く、"半"字の上二画が近寄っている。銭面は平らで、鋳造は出来が良い（図148-4・6）。
　Ｃ型：周郭のあるもの。直径2.4〜2.5、郭厚0.15、肉厚0.1cm、重2g。銭文は明瞭で、"半両"の二字がやや小さく、"半"字の上二画の間隔がやや広い（図148-2・7・10）。
　衡陽鳳凰山出土の鉄半両銭は、その大きさ・重さが秦銅半両銭・呂后銅半両銭と差異が大きく、文帝時期の銅四銖半両銭とほぼ同じである。ただ"両"字の写法は文帝後期の特徴を具え、またＢ・Ｃ両型は周郭を持つので、鳳凰山で出土した有周郭の鉄四銖半両銭は、漢武帝建元五年から元狩五年の間（紀元前136〜前118年）に鋳造されたものと思われる。[384]無周郭の鉄四銖半両銭は、1960年に長沙砂子塘5号墓で33枚（図148-1・3）出土し、鳳凰山Ａ型半両銭に近いものである。[385]1971年湖北宜昌前坪21号墓で2枚、35号墓で12枚出土している。[386]1978年には湖南資興旧市70号墓で8枚出土している。[387]それらの年代はいずれも漢文帝から武帝が五銖銭を鋳行する以前になる。ここから鉄半両銭が鋳行されたのは、漢文帝五年に四銖半両を始鋳した後から武帝元狩五年に五銖を始鋳した前、すなわち紀元前175年から前118年の間であると分かり、そのうち周郭のないものはやや早く、あるものはやや晩いと考えられる。
　五銖銭　陝西乾県で3枚発見されており、直径2.5、穿寛1、厚0.25cm、重さは3.4・3.5・3.6gに分かれる。同じく出土した銅五銖銭から判断して、その年代は漢宣帝時期である。井陘南良都銭幣窖蔵で1枚（JXJ2：Ｂ1）出土し、周郭と方郭があり、銭文は"五銖"とある。直径2.7cm、重4.4g。形態は共出の後漢五銖と同じであるので、後漢五銖と考えられる。[388]鉄五銖銭は湖南零陵柳子廟6号後漢墓で2枚出土し、年代は後漢中期である。
　大泉五十銭　河南洛陽西郊7030号墓で1点出土し、直径2.9、厚0.3cm、穿径は錆のため小さく

なっているが、0.6×0.7cmである（図148-8）。墓葬年代は新莽時期。[389]鉄大泉五十銭は1988年河南禹州新莽時期墓葬で14枚出土し、湖南長沙新莽墓でも出土がある。[390]

大布黄千銭 湖南資興264号墓で2点出土し、出土時はくっつき、表面に細絹と縄の痕跡が残っていたので、埋納時は縄を通して絹で包んでいたことが分かる。表面は褐色を呈し、逆梯形の首で、首上には直径0.4cmの円形穿がある。銭の周縁と円穿周縁には周郭がある。通高5.9、足枝高1.6、首高1.5、首寛1.9、肩寛2.4cm、郭厚0.43、寛0.2、肉厚0.35cm、重22.5g（図148-11）。その形態は同墓地出土の銅大布黄千銭と同じであるが、鉄銭の方は肉厚で、重量が大きい。年代は新莽時期である。[391]

無文銭 1992年に井陘南良都2号銭幣窖蔵で鉄銭幣40枚余りが出土し、1枚の五銖を除いて、その他は無周郭・方郭で、銭文が銹のため識別できなかった。直径1.8〜2.2cmで、窖蔵の年代は後漢時代である。甘粛武威雷台漢墓で3枚出土し、円郭、方穿、銭文はない。直径2.1cm。この墓葬の年代は漢霊帝中平三年から漢献帝年間の間（186〜219年）の後漢末期である。[392]洛陽焼溝1035号墓で1枚出土し、方穿で、無周郭・方郭、両面ともに銭文はない。直径2.4、穿径0.6、厚0.3cm、重2.5g、墓葬年代は焼溝漢墓第六期すなわち後漢後期である。[393]河南禹県東十里村画像石墓で3枚出土し、方穿、無周郭で、直径1.9、穿径0.7cm、形態は剪輪五銖と同じであるが、銭文は見られない（図148-9）。年代は後漢後期で、共に出土したものに貨泉1枚と五銖銭49枚がある。[394]重慶万州区大周渓9号墓で5枚出土し、直径3、穿径0.7cm。この墓葬は小型の単室磚墓で、銅銭50枚余りが共伴する。年代は後漢末期ないし蜀漢初期である。[395]

以上の他に、いくつかの墓葬で鉄銭幣が出土しているが、銹がひどく銭文が判別できない。洛陽西郊の新莽墓5基、後漢前期墓4基、7209・7034・7043号などの後漢中期墓で、鉄銭計45枚が出土しており、3152号墓で23枚、7052号墓で5枚、3168号墓で4枚、その他では1枚ないし2枚が出土しているが、銭文が判別できるものは1枚だけである。[396]陝県劉家渠後漢墓では11枚が出土しているが、銹のため銭文は識別できず、円形方穿で、形態は五銖と同じである。直径2.6〜2.8cm。[397]長沙砂子塘1号墓で1枚出土しており、後漢中期のものである。[398]西安漢杜陵寝園遺跡で1枚（S5T16：4）出土し、直径2.9、穿径0.6cm、年代は前漢後期。[399]この他陝西西安・宝鶏・咸陽などでも王莽時期の鉄貨泉が出土している。

(2) 度量衡器

権 分銅であり、鋳鉄製、比較的よく見られる。[400]三型に分かれる。

A型：半球形。権体が半球形をなし、底は平ら、頂部に鈕がある。二式に分かれる。

Ⅰ式：橋形鈕でやや大きめ。圍場小錐子山で2点出土し、形態・銘文とも同じであり、重量が若干異なる。WC77：01は、底部中央に径12cmの円形鋳鉄錠が底面より2.2cm突出して設けられ、固く嵌められている。通高20.2、腹囲74cm、重32.85kg（図149-8）。権体表面に秦始皇二十六年に発布した統一度量衡の詔書が刻され、"二十六年、皇帝尽く天下の諸侯を併せ、黔首は大安たりて、号を立て皇帝となす。すなわち丞相状・綰に詔し、度量を法める。すなわち壹ならず、歉疑あるもの、みな明らかにしこれを壹にす"とある。[401]1976年赤峰三眼井出土の秦代鉄権は、形態・銘文内容が圍場秦鉄権と同じで、重31.431kgである。[402]易県燕下都東沈村前漢前期墓で1点（D6 M15：8）出土しており、鈕は扁平でやや大きめ、直径5.6、通高3.5cm（図149-3）。この型式の鉄権は礼泉

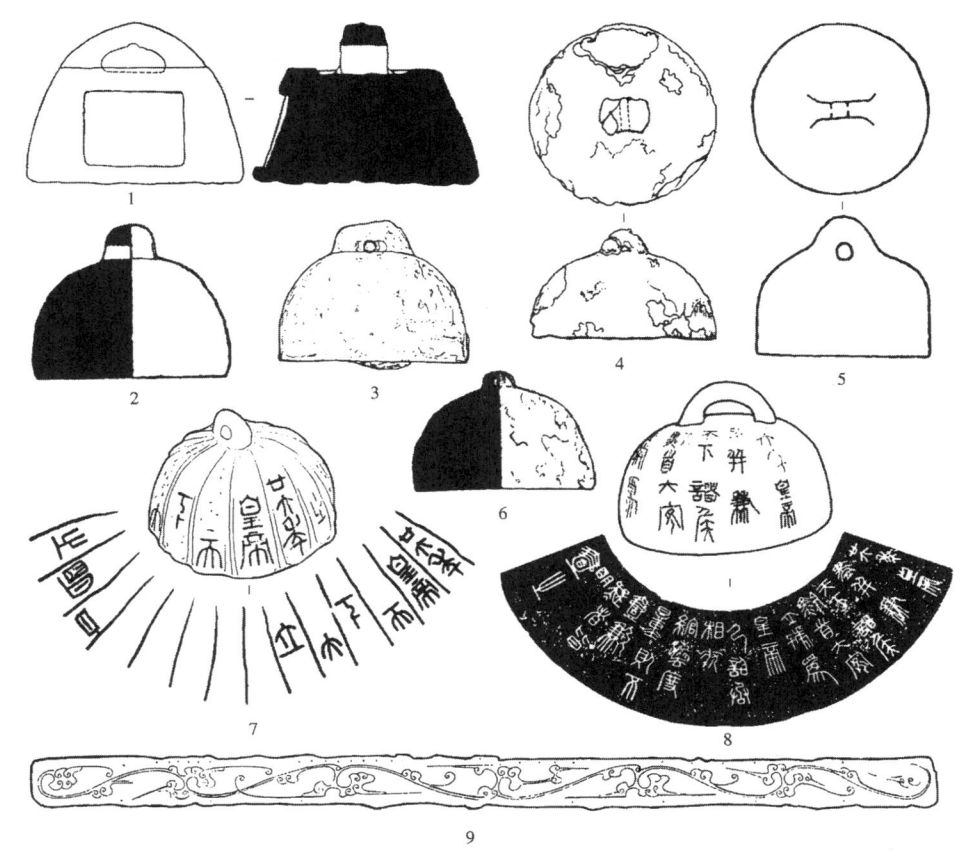

図149　鉄度量衡器（権・尺）
1．B型権（敖漢旗老虎山AH75：01）　2．A型Ⅱ式権（資興漢墓M274：24）　3．A型Ⅰ式権（易県燕下都東沈村D6M15：8）　4～6．A型Ⅱ式権（錦西小荒地T5⑤：8、長武丁家DJ：3、洛陽西郊M9007：16）　7．C型権（咸陽博物館所蔵品XBC：01）　8．A型Ⅰ式権（囲場小錐子山WC77：01）　9．尺（満城漢墓M2：3065）

県石坡扶村で7点発見されており、形態は大同小異で、"上右禾石" "正里禾石"等の銘文を持つものもある。重さは30.9～32kgと不揃いである。年代は前漢時代である。[403]

Ⅱ式：半円形の鈕はやや小さめ。文登簡山で1点の秦代鉄権（WD73：01）が発見されており、底は平ら、通高19.4、底径25、腹囲80cm、重32.257kgで、秦制の約百二十斤に合致する。権体の一面に11.1×8.5cmの長方形銅詔版が嵌めこまれており、詔版上には秦始皇二十六年の詔書が陰刻され、計九行四十字があり、"二十［六年］、皇［帝尽］併天下諸侯、黔首大［安］、立号為皇帝。乃詔丞相状・綰、法度量、則不壹、歉疑者、皆明壹之。"とある。錦西小荒地T5：8は、底径4.7、通高2.9cm、重225g（図149-4）、年代は前漢時代。[404]洛陽西郊 M9007：16は、通高3、底径5cm（図149-6）、年代は後漢中期。長武丁家では6点出土し、鋳鉄製で、形態はみな同様で、大小・軽重に差がある。丁家DJ：3は、丸肩で、円柱形の器体、通高4.6、直径5.6cm、重500g、漢制の二斤四両に合致する（図149-5）。年代は新莽時期である。鎮平堯荘で1点（H1：38）出土し、底面は平らで、通高5.7、底径6cm、重650g、年代は後漢中後期。資興後漢墓では8点出土しており、そのうちM274：24は、鈕がやや高く、通高5.2、直径6.7cm（図149-2）、年代は後漢中期。この型式の鉄権は章丘東平陵故城でも発見されており、漢代の鉄権でよく見られる形態である。

B型：円台形。権体は上が小さく下が大きい先を切った円錐台形で、底は平ら、頂部に橋形の鈕がある。敖漢旗老虎山で秦代の鉄権1点（AH75：01）発見されており、頂端は平らな台面で、くびれる橋形鈕、鈕両端は権体両側に弧形に接合しており、権体周りは鋳痕が明瞭である。権体正面に長10.8、高8.6、深2cmの長方形凹みがあり、詔版をはめ込むためのものであろうが、詔版はない。頂端直径17.5、底径25、通高18.5cm、鈕寛4〜5.5、厚2.4cm、重30.7kgで、秦制の百二十斤に合致する（図149-1）[406]。興安七里圩王城城址で1点（QLW91T3：5）は、高20、底径25cm、重32.75kg[407]。この種の形態・重量の秦代鉄権は山西左雲東辛村でも発見されている。

C型：瓜稜形。咸陽博物館で1点（XBC：01）収蔵されており、権体は半球形で、表面に十四条の縦向き凸稜が通り、稜間に陰刻で篆書銘文が刻まれる。ただしそのうち五行の稜間表面が錆のため剥落がひどく、銘文は判読できない。他の9行の稜間には銘文が刻まれ、字数は不揃いで、篆書で十二字見られる。右から左へ順に"二十六年／皇帝／天／下／大／立……／日［皆］／明／之"とある。この銘文は一般的な秦始皇二十六年の詔版と比べると、文字の順序などは基本的に同じであるが、器物そのものの大小・造形の制約を受けているのであろう、多くの文字が省略され、詔書を刻する際に行文に省略がなされ、重要な文字のみが彫り込まれた。頂部は鼻鈕になっており、平底はやや上げ底である。通高3.4、底径4.8cm、重215g（図149-7）。この権の重量は、一般に秦の一斤とされる250gよりも軽く、錆びて剥落したために重量が減ってしまったのであろう。本来は秦一斤の標準器であったと考えられる[408]。

鉄度量衡器の出現は、秦始皇による六国統一後に遡る。これまで各地で出土した秦始皇二十六年詔書鉄権は10数点に達する。しかし考古発見と各地収蔵の秦漢鉄権が示すように、秦代銅権はなお鉄権よりも多い。前漢時代は両者が併存する時期であり、鉄権が急速に増加するものの、銅権も流行し続けた。漢陽陵南区叢葬坑第17号坑では銅量器5組22点が出土し、第21〜23号では銅量器3組25点と、円形銅権6点・方形銅権20点などが出土している。後漢時代には鉄権が基本的に銅権に取って代わったが、ただ小量の値の秤にはなお銅権を使用し続けた[409]。出土の秦漢鉄権からみると、その形態の差が大きいことは地域色を反映しているようである。囲場小錐子山・文登簡山・赤峰老虎山などで発見された秦始皇二十六年詔書鉄権は、重量は均しく秦制の百二十斤に合致し、嵌められた銅詔版の内容・寸法なども基本的に同一である。しかし鉄権の形態には明らかな差があり、当時の鉄権は各地で鋳造され、銅詔版はおそらく中央政府から統一的に頒布されたのであろう。長武丁家で発見された新莽時期の鉄権6点は、その形態は同じであるが、大小と重量に差がある。

尺　発見はやや少ない。満城2号墓で1点（M2：3065）出土し、全体は流雲紋が錯金され、両端にそれぞれ小孔がある。目盛りは両側に刻まれており、錯金の小点で表示されている。一尺を寸ごとに十に分けており、実際の計測では、長23.2、寛1.2、厚0.25cm（図149-9）、年代は前漢中期である。益陽赫山廟漢墓で1点（M28：14）出土しており、扁平条形で、全体が錆びている。残長15、寛2.4cm、年代は後漢中期である[410]。

算籌　徐州東甸子1号墓で一組（M1S：10）出土し、断面円形の棒状で、直径0.2cm、年代は前漢前期である。

6　雑用器具

雑用器具は、これまでに述べた各種鉄製品を除いたものを指し、刑具・釘・鈎類などの小型雑器

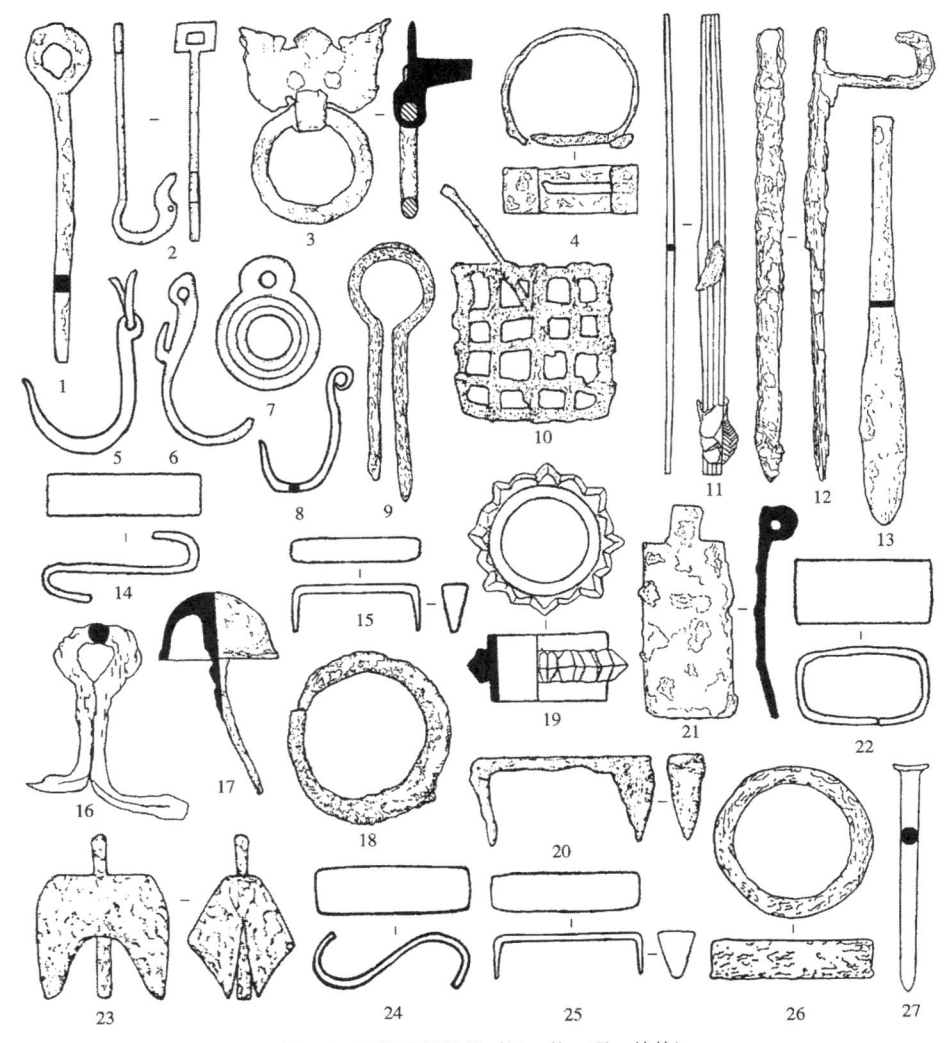

図150 鉄製雑用器具（扦・鈎・環・鈴等）
1．環首扦（漢杜陵ＶＴ２：６） 2．鈎（渭南田市鎮ＴＳＣ：010） 3．鋪首銜環（西安龍首村Ｍ２：35） 4．門枢箍（漢杜陵ＶＴ２：11） 5・6・8．鈎（田市鎮ＴＳＣ：08、田市鎮ＴＳＣ：015、安陽梯家口村Ｍ41：41） 7．吊（田市鎮ＴＳＣ：017） 9・16．銷釘環（臨潼鄭荘石料場ＳＨＢ：4、鹿泉高荘Ｍ１：8000） 10．帯柄網架（興仁交楽Ｍ７：Ｂ８） 11．扦（広州南越王墓Ｃ：43） 12．支架（満城漢墓Ｍ２：3082） 13．匕形器（満城漢墓Ｍ２：3074） 14・24．Ｓ形鈎（資興漢墓Ｍ154：3、田市鎮ＴＳＣ：05） 15・20・25．鈀釘（資興漢墓Ｍ424：3、広州漢墓Ｍ2032：48、資興漢墓Ｍ549：2） 17．泡釘（洛陽焼溝Ｍ1009Ｂ：60Ａ） 18・22・26．環（陳巴爾虎旗完工Ｍ３：13-1、資興漢墓Ｍ281：34、臨潼趙背戸ＺＨ79Ｃ：12） 19．器物箍（漢杜陵ＶＴ１：１） 21．折頁（漢杜陵ＶＴ２：13） 23．鈴（洛陽西郊Ｍ6002：20） 27．棺釘（咸陽二道原Ｍ36：１）

から、建築部材・器具部品や、用途の不明な鉄製品にいたるまで、種類は雑多で、形態も多様である。以下に例を挙げて見ていきたい。

帯柄網架 興仁交楽後漢中期墓で１点（Ｍ７：Ｂ８）出土し、網架は方形を呈し、鉄条で十六の方眼を構成し、中央に二節の鎖環からなる把手が設けられる。長21、寬20cm（図150-10）。

Ｕ字形支架 渭南田市鎮で３点出土し、形態は同じで大小に差がある。鍛造製で全体がＵ字形を呈し、前部が扁平でＶ字形を呈し、両側の鉄条部分は平行に伸びるが、左右で若干長さが異なる。彎折部分は30°の角度をもつ。そのうちＴＳＣ：01は、長42〜45、寬20cm（図151-８）、年代は漢代。

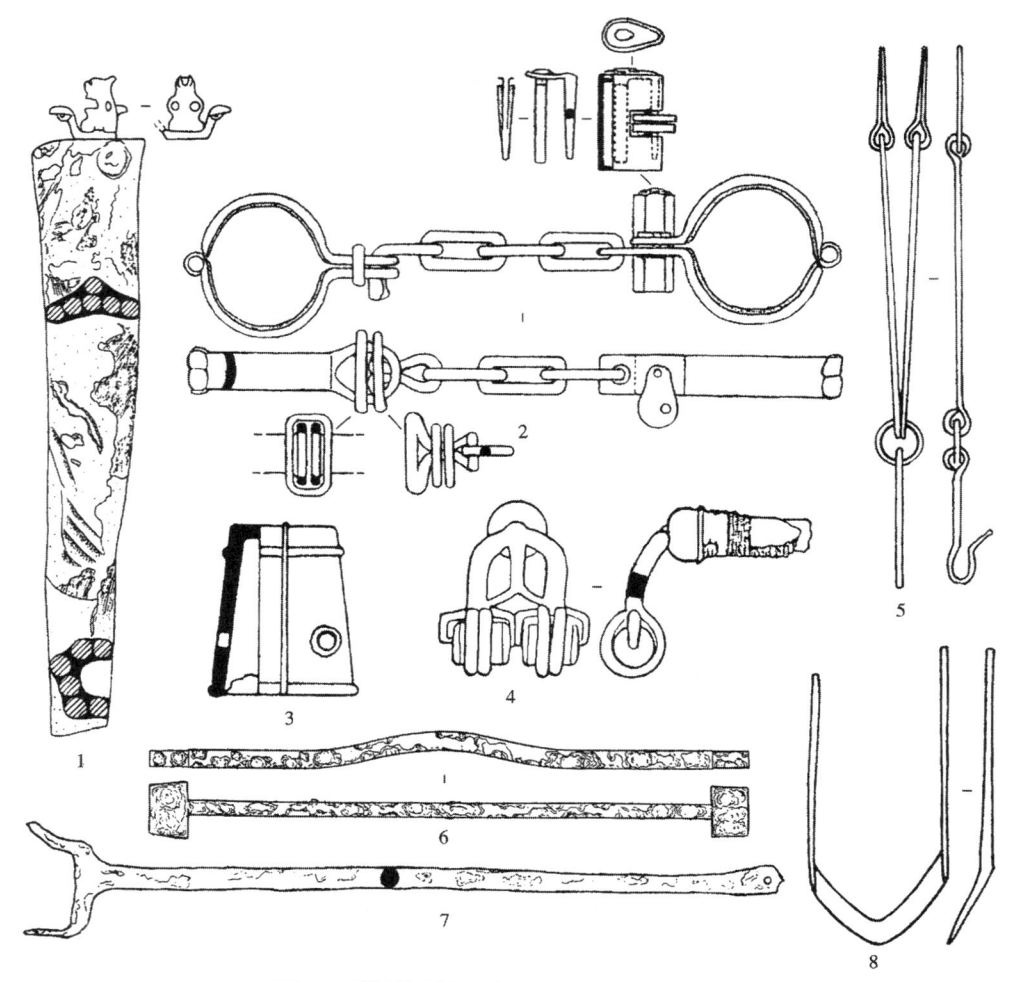

図151　鉄製雑用器具（鞭・脚鐐・抬鈎・栓杠等）
　1．鞭（羣義新華Ｍ１：76）　2．脚鐐（臨潼鄭荘石料場SHB：1）　3．筒形器（華陰油巷Ｍ１：200）　4．双環部品（広州南越王墓Ｃ：127-2）　5．抬鈎（臨潼慶堡HQP：05）　6．栓杠（臨潼秦始皇陵西側建築基址T10：9）　7．叉形門栓（漢杜陵ⅤT11：1）　8．Ｕ形支架（渭南田市鎮TSC：01）

　この種の鉄器の用途に関しては、三角形の犁鏵とＶ字形鏵冠の支架とされることもあるが[411]、根拠に乏しく、馬車・耕犁などと関係があるものかと思われる。

　環　形態は大同小異で、多くは円形、また楕円形のものもある。臨潼趙背戸 ZH79C：12は、環体断面が長方形を呈し、直径4.3、高1.1、厚0.5cm（図150-26）、年代は秦代である。陳巴爾虎旗完工Ｍ３：13-1は、径約0.5cmの鉄条を湾曲させて作っており、直径約６cm（図150-18）、年代は後漢時代。資興後漢中期墓 M281：34は、隅丸方形を呈し、扁平な鉄板を折り曲げて作ったものである。長3.5、体寛1.7cm（図150-22）。

　銷釘環　建築部材ないし器具の付属品。臨潼鄭荘石料加工場遺跡で１点（SHB：4）出土し、平らな鉄条を曲げて作られている。一端が円環になり、一端が鉄条の両端が合わさった長茎である。長茎を対象物を貫いた後さらに両側に開いて、環部分を固定させる。通長10、環径3.5（図150-9）。鹿泉高荘１号墓で２点出土し、１号馬車の車輿部分から出土しており、馬車部品に違いない。

M1：8000は、通長12.8cm（図150-16）、年代は前漢中期。

吊環 渭南田市鎮で1点（TSC：017）出土し、鍛造製、上下両環が8字形に組み合う。上環が小さく下が大きく、下環両面が二条突帯で飾られる。小環内径1、大環内径2.5、通長7、寛5.2cm（図150-7）、年代は漢代。この種の環は車馬機具と関係するものであろう。

鈴 洛陽西郊漢墓で1点（M6002：20）出土し、円柱形の鈕で、鈴身は鉄片を彎曲させて作られる。長い舌が掛かる。通高4、寛3cm（図150-23）、年代は新莽時期。

鈎 形態は多様である。安陽梯家口村M41：41は、全体が釣針状を呈し、鈎基部が円環になる。長5.6cm（図150-8）、年代は新莽時期。渭南田市鎮で漢代の鉄鈎9点が出土し、そのうちTSC：08は掛け金をもつもので、細い平らな鉄条を鍛造して作られる。一端が大きく彎曲する鈎で、一端が小環となり、さらに環内に尖った掛け金が通り、固定のために用いられる。鈎長11.4、寛9、掛け金長4.8cm（図150-5）。TSC：015は、双鈎のもので、鉄条を折り曲げて作っている。一方が大きい鈎で、大鈎背面の上部に小鈎が一つつく。鈎基部には穿孔がある。長10cm（図150-6）。TSC：010は、鈎首が鳥首形をなり、穿孔がある。鈎基部は方形の孔をもつ方形となっており、長14.8cm（図150-2）。

S形鈎 全体がS字形を呈する。資興後漢中期墓で1点（M154：3）出土し、出土時には朱砂が塗られていた。長8cm（図150-14）。渭南田市鎮で1点（TSC：05）出土し、扁平な鉄片を鍛造したもので、長10.2、寛3cm（図150-24）、年代は漢代である。

抬鈎 臨潼洪慶堡で1点（HQP：05）出土する。二つの把手に一つの鈎である。把手の一端には銷釘環が付けられ固定に用いられる。もう一端は環に連接し、環内に鈎が通る。全長41cm（図151-5）、年代はおおよそ前漢時代である。

環首扞 長条形、環首である。漢杜陵VT2：6は、扞身が四稜形で、長11.2cm（図150-1）、年代は前漢後期。この種の環首扞は、赫章可楽前漢後期墓などでも発見されている。

叉形門栓 漢杜陵V号遺跡で1点（VT11：1）出土しており、器身が長条円柱体で、一端に小孔一つがあり、もう一端がU字形の二股になる。通長44cm（図151-7）、年代は前漢後期である。

栓杠 臨潼秦始皇陵西側建築基址で1点（T10：9）出土し、全体は長条形を呈し、中間がやや彎曲し、両端がT字形を呈する。長65cm（図151-6）、年代は秦代である。

棺釘 出土は多い。咸陽二道原36号墓で15点出土し、頂部は平らで、円錐状である。長12.7～15.5cm（図150-27）、年代は新莽時期。

鈀釘 全体はU字形を呈し、両端が同一方向へ直角に折れ、両端は尖る。広州漢墓M2032：48は、通長9cm（図150-20）、年代は前漢中期。洛陽焼溝漢墓M632：41は、長4.3cm、年代は前漢後期。資興後漢墓では30点出土しており、長4～12、寛0.6～2.1cm（図150-15・25）。鈀釘の多くは棺木の固定に用いられる。

泡釘 釘頭が半円形の泡状で、その背面中央に釘体が伸びる。洛陽焼溝M1009B：60Aは、釘頭直径8、通長12cm（図150-17）、年代は後漢中期。

筒形器 華陰油巷後漢後期墓で1点（M1：200）一方の口がやや大きく開いており、もう一方は閉じていて小さめ。釘穴が対称に設けられる。長2.4、口径2.1cm（図151-3）[412]。何らかの柄の柄首と考えられる。

笠形器 泰州新荘漢墓で1点（M3：6）出土し、全体は笠状を呈し、高14cm、年代は後漢後期。

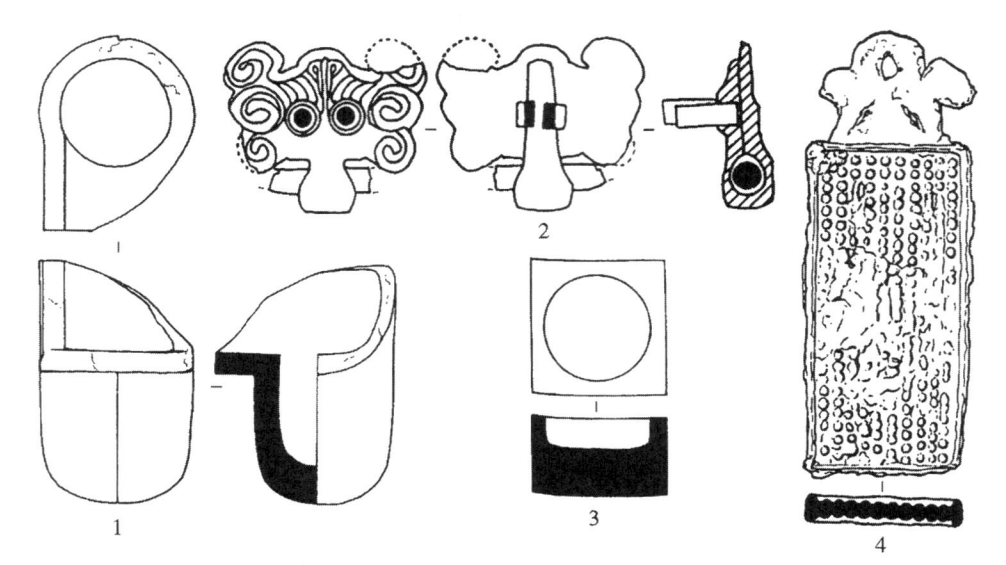

図152　鉄製雑用器具（護枢・鋪首銜環・門臼座・壓勝牌）
1．護枢（武夷山城村漢城BGC：1）　2．鋪首銜環（城村漢城DT23③：68）　3．門臼座（城村漢城DT24④：31）　4．壓勝牌（陝県劉家渠M3：36）

器物箍　形態は多様である。漢杜陵VT1：1は、全体は円環形で、中間に突帯が一周し、突帯上には交互に高さの変わる十六の乳釘状突起がめぐる。高2.4、最大外径5.65、内径3.15、凸稜寛1.25cm（図150-19）、年代は前漢後期。

門臼座　武夷山城村漢城で5点出土し、形態はみな同じで、大小が異なる。全体は方形台状を呈し、頂面中央に円形の平底ないし丸底の臼穴が入る。T129③：15は、形態はやや小さく、臼穴は丸底で、臼体辺長5.2、高2cm。DT24④：31は、形態はやや大きく、臼穴底部は平底に近く、臼体辺長14、高8.4、臼穴直径11.2cm（図152-3）。年代は前漢前期。

護枢　武夷山城村漢城で3点出土し、二種類ある。一つはBGC：1を例とし、全体が饅頭形を呈し、中空で、一側が外に折れる。やや欠ける。残高18.5、直径11.8、壁厚1.9cm（図152-1）。もう一種はNHP98C：2を例とし、尖円底の筒形で、高5.2、口径4cm。

門枢箍　漢杜陵V号遺跡で3点出土し、形態は同様のもので、鉄片を円環形に折り曲げて作り、両端の孔で鉄釘を用いて接合・固定する。VT2：11は、直径4.65、高1.7cm（図150-4）、年代は前漢後期である。

鋪首銜環　西安龍首村漢墓で2点出土し、形態は同じで、鋪首は獣面をなす。M2：35は、長20、鋪首寛15、環径12.5cm（図150-3）、年代は前漢前期。武夷山城村漢城で3点出土し、鋪首はみな獣面で、獣鼻は突出して銜環の鈕になる。DT23③：68はやや欠けており、高7、寛8.6cm（図152-2）。BGC：3は、形態が大きく重厚で、復元高55、寛58cm。

折頁　漢杜陵V号遺跡で1点（VT2：13）出土し、半分が残存している。長方形の薄板状で、一端が折り曲げられて円孔になり、鉄軸が挿入され、もう一半と連接する。長7.6、寛3.5cm（図150-21）、年代は前漢後期である。

鞭　葦義新華漢墓で1点（M1：76）出土している。器体断面が三稜形を呈するように六本の鉄条を鍛接しており、下部の鉄条は捻れている。頂端に銅製の円形花座を嵌めており、花座は葉が三

枚伸び、一つは欠け、中央に銅虎が配される。全長39.4cm（図151-1）、年代は後漢中期である。出土時には、女性人骨の腹部に置かれており、木鞘の残痕も見られた。[414]

圧勝牌 陝県劉家渠後漢墓で1点（M3：36）出土し、長方形で、四周が突出して縁となる。両面に粟粒紋が列をなし、頂部に鏤空の懸鈕がある。通高11.5、寛4、厚0.4cm（図152-4）。[415] この形態と同じ銅製品は後漢墓でよく出土しており、古銭学者が"圧勝銭"と称するものであるが、ただし鉄製のものは少ない。一種の副葬用品であろう。

買地券 陝県劉家渠後漢墓で2点出土し、長方形の薄板状で、表面が錆びついており字跡は見られない。M107：1は、長27.6、寛6、厚0.35cm、前室の墓門に近い位置から出土した。買地券は後漢時代に墓葬中で見られるようになった副葬用品の一つであり、後漢時代では多くが鉛製であり、鉄買地券は非常に少ない。[416]

頸鉗 臨潼鄭荘石料加工場遺跡で9点出土し、形態構造は大体同じである。鉗環は鉄条を折り曲げU字形にし、両端を折り曲げ円孔とし、孔内に棒状の鉗銷を通す。鉗環長16〜22cm、年代は秦代。[417] 漢陽陵刑徒墓出土の前漢前期の頸鉗はみな円形で、鉗体と垂直になる鉄杆をもつものもある。[418] 頸鉗は鄭州桐樹村窖蔵でも発見されており、年代は後漢末期である。[419]

脚鐐 臨潼鄭荘石料加工場遺跡で1点（SHB：1）出土しており、桎環と鎖から構成される。桎環は二つの半円形環を組合せており、環の両端が平たくなって接合し、リベットで留められる。一方の桎環には鉄製錠前が付けられる。鎖は三節の楕円形長環から成る。総長38、桎環径8cm（図151-2）、年代は秦代である。漢陽陵刑徒墓出土の前漢前期のものは、円形とU字形の両種があるが、鎖は今のところ発見されていない。この他、六安松墩前漢車馬坑・武夷山城村漢城遺跡・鄭州桐樹村後漢末期鉄器窖蔵などでも発見されている。

　以上の鉄製雑用器具は、秦漢時代例の中でも一部分にすぎず、他にも多くの発見がある。秦始皇陵西側の建築基址では算形器が出土しており、直径約24cm。漢長安城未央宮遺跡では山形器・瓦形器・刷毛柄・角釘などが出土、永城保安山2号墓陪葬坑では前漢前期の鏃形器・U形器・小鈎・環・釘などが出土、満城2号墓では把手・折頁・方形器・馬鞍形器・U形器・支架（図150-12）・利刃匕形器（図150-13）などが出土、また広州南越王墓では前漢中期の双輪の鉄部材（図151-4）や、炊具をかけるのに用いる鼎鈎、煮炊きに用いる鉄扞（図150-11）などが出土、焼溝漢墓では扣形器・環などが出土している。

第3節　秦漢時代鉄器類型と構成の変遷

　以上の秦漢鉄器考古発見に関する概要説明と類型学研究を通じて見ると、数量の膨大さ、類型の多様性、構造の継続的改良などが、秦漢鉄器の突出した特徴であり、この時期に古代鉄器が全面的発展を達成し成熟へ向かって進んでいることの重要な指標であると知れる。

　鉄製生産工具をみると、木工加工器具では空首斧が秦・前漢時代に継続して存在するが、前漢前期に鍛銎技法が広汎に応用され、鍛銎鉄斧・鍛銎鉄錛・鍛銎鉄鑿などが流行し始め、各種鍛銎鉄工具の使用が急速に推進された。前漢後期には横銎鉄斧が出現し、次第に空首斧に取って代わり、急速に流行し、かつ条形・梯形・扇形・靴形など様々な形態へと発展していった。前漢前期には条形と長方形の二種の刨刀が出現する。鋸は戦国時代に生まれ、当時は手鋸一種のみであったが、前漢

後期に架鋸や特殊な効能をもつ孤形鋸条が現れる。四稜錘・円柱錘などが継続して流行すると同時に、秦・前漢中期には相次いで楕円形錘・錐状錘が出現し、錘の形態は多様化する。鉄鉆頭は戦国後期に出現し簡単な形態・構造であったが、前漢後期に多歯構造の鉆頭が出現した。鉄鑢は前漢前期に新しく現れた器種で、条形・刀形・半円形など多種である。秦代には石材掻き出し専用の鏨具が出現した。彎体削刀は次第に減少し消滅へと向かう。直体削刀が流行し、特に刀身と刀柄が同幅の削刀は最もよく見る形態である。この削刀形態変遷の特徴から、鉄削刀がすでに完全に彎体青銅削刀の制約から脱していることが知れる。同時に前漢前期に、形態がやや大きく用途の広汎な砍刀が出現し次第に増加していく。挟具である鉄鉗は、双股畳畳圧式と貫穿式の二種の構造である。土木農工具では、竪銎钁が依然存在するものの数量は大きく減少し、これに取って代わったのが、戦国後期に出現し秦漢時代に発展した各種形態の横銎钁である。横銎钁の製作技術が鋳造から鍛造に変わることでその形態はさらに多様化し、構造はより合理的なものとなった。鋳造の長銎鏟・短銎鏟・長体鏟は引き続き使用されるが、前漢後期には斜肩鏟も出現する。特に鍛銎技法が鏟の製作に応用され、鍛造製の板状鏟（D型）が秦代に出現してのち次第に流行していき、形態も急速に多様化していった。直口鍤も続いて存在するが減少傾向にあり、かえって凹口鍤が更なる普及を遂げ、その形態・大小はより多様になり、錨・鋤・耒・耡のみならず、畜力で牽引する耘鋤など、用途の多様化を反映している。鋳造の六角鋤は急速に減少し、代わりに各種形態の鍛造製鋤板が増加、かつ構造のより簡略で合理的な耩鋤が出現し、直柄鋤が次第に曲柄鋤へと向かう傾向が始まった。犁耕技術のさらなる普及に従い、犁鏵は急速に増加し、形態・大小は多様化していき、長さ20cmに満たない小型の鏵もあれば、40cm以上に達する大鏵もある。例えば、前漢時代に鞍形と菱形の各形態の鏵土が現れたことは、犁鏵の構造がさらに改良されその応用がより広範になったことを反映している。また前漢後期に鉄鏵は播耧に応用され、それにより耬鏵が出現した。穀物収穫と草刈の工具としては、背部に凸稜のある鋳造製鉄鋒刃鎌刀と銍刀が消滅へ向かい、大小・形態の多様な各種鍛造製扁平条形鎌刀が急速に流行し、前漢前期には帯骹鉄鎌が現れ、特に曲尺形鎌刀の出現は、鎌刀形態構造の一大進歩であった。この他、前漢前期の抹泥板・魚叉・魚鏢・二歯叉などの生産用具の出現は、生産領域における鉄製工具のさらなる専門化を映し出している。鉱冶器具では鉄製模具がより広く応用され、鉄製鋳範の数量や類型も大きく増加した。

　鉄製武器武具では、剣類のうち空首剣が消失し、短剣も減少し、銅柄鉄剣は辺境地域に限られるようになる。秦・前漢時代は通長70cm以下の中長剣は大幅に減少し、流行したのは通長70cm以上の長剣で、中でも剣茎長15cm以上の長茎長剣が当時最も常用された戦闘兵器となる。後漢時代には、各種剣が新出の各種長刀・短刀に急速に取って代わられた。刀類の格闘兵器が出現し発展することは、秦漢兵器の類型と形態構造の変遷において突出した特徴である。例えば、通長70cm以上の窄体長刀は前漢中期に出現し、A型環首長刀を主要な型式とし、中でも刀柄と刀身が同幅のA型Ⅰ式刀が最も流行し、刀柄が刀身よりせまいA型Ⅱ式刀はやや少なく、他に少量のB型装柄長刀がある。通長70cm以下の兵器である直体短刀も前漢中期に出現し、刀柄と刀身が同幅のA型Ⅰ式環首短刀が流行型式で、刀柄が刀身より狭いA型Ⅱ式環首短刀とB型装柄短刀は比較的少ない。長柄兵器では、矛の類型と形態構造は戦国時代に比べ概して変化は少ないが、鍛骹鉄矛が急速に流行し、矛の製作が鋳造技術の制約から脱していたことを示し、それにより形態が多様化し、かつ前漢前期には新たに矛頭と長柄が一体となった長柄矛が出現した。また前漢初期に鉄製の鈹・鍛など新型兵器が現れ、

さらに形態の特異な三稜矛・四稜矛・方骹矛などの矛類もある。銅鋬鉄矛は前漢時代には依然辺境地域に見られるが、後漢時代には完全に消滅する。鉄戟は戦国中期に出現し、秦漢時代に継続して三叉戟・卜形戟が存在するのと同時に、前漢時代に剣形の刺と鈎形の援が結合した鈎戟も現れ、また後漢時代には剣形の刺と鉞形の援が結合した鉞戟が出現した。新しい兵器類型としては、鈎部と取手部が結合して一体化した補助的兵器の鈎鑲が、後漢中期前後に現れた。鏃の変化は主に二方面に現れ、一つは鉄鋌銅鏃が次第に減少していき後漢時代に消滅し、相反して全鉄製の鏃が流行していくこと、今一つは北方長城地帯と東北地域で前漢後期に各種扁平双刃鏃が出現し流行することである。戦国後期に弩機の製作に鉄が用いられ始めるが、ただし弩機の郭部に限られ、そして前漢時代に全鉄製の弩機が現れる。防護装備では、鉄冑・鎧甲が多く発見され、またその構造・形態もさらに多用になる。

　鉄製車馬機具では、車器が秦漢時代において発展変化が顕著である。車器のうち戦国時代にすでに見られる鉄車釭・車䡄などの器類は引き続き存在し、前漢初期には新たに車軎・車轄・車軥・車鈴・拱形支架などの車具が出現した。車釭のうち円筒形釭は減少し、六角形釭が流行する型式となり、前漢後期には八角形釭も現れた。歯輪ではもともとあった斜歯棘輪が引き続き見られ、新莽時期には正歯輪が現れた。馬銜・馬鑣は主に先秦時代の器形が続くが、戦国時代のB型ねじり棒状馬銜の数量は減少し、また楡樹老河深では前漢末後漢初期の両端に鶏冠状扉稜のあるA型Ⅱ式馬鑣が出土したほか、章丘東平陵故城発見の漢代鉄烙馬印など、新しい器物類型も見られるようになる。

　鉄製日用器具は秦漢時代に最初の発展ピークを迎える。炊具では鼎が依然先秦時代の各種形態を継承するが、広州前漢南越王墓のみ蹄形足腹耳鼎1例が出土している。無耳釜と双耳釜は戦国時代に出現し、数は少なく形態も単一であったが、秦漢時代に相次いで多くの様式へと変遷する。秦代にはA型・B型の双耳釜とA型無耳釜が出現し、前漢前期にはD型双耳釜および帯鋬釜が出現、前漢中期にはD型無耳釜が出現した。戦国後期に現れた双耳鍪は前漢時代にも見られ、前漢初期には単耳鍪も現れるが、後漢時代には各種鍪は消失していく。双耳鍋は新出器類で、前漢後期ごろに発生した。北方草原の特色を具える鉄鍑は、前漢後期に同類青銅器から鉄器化したもので、主に北方長城地帯で見られる。釜類の炊具を支える三足架はおおよそ秦末漢初に現れ、のち南方各地で広く流行し、三種の異なる区域類型を形成した。鏊子は一種の新型炊具として後漢後期に現れた。鉄製盛器の出現は、秦漢時代の日用器具発展の重要な一面である。秦代に長頸無耳罐が出現し、前漢前期に提梁罐、前漢中期に壺、後漢中期に盆・盤などが出現した。火器具では、戦国後期に出現した方形火盆が引き続き見られ、おおよそ後漢時代に円形火盆が出現、また灶は前漢後期に出現する。炉は前漢初期ごろに出現しており、円形炉と方形炉の二種があり、円形炉は多種多様の形態で、最もよく見られるものは盛灰盤付きの三足円形炉である。家用器具では、豆形灯と行灯の出現が戦国後期に溯り、秦漢時代も継続して見られかつ流行し、中でも豆形灯柄部の構造が多様化し、後漢後期には提灯・多枝灯・灯架が現れた。鎮墓に用いる鉄鎮は前漢初期に現れ、一般に虎・羊などの動物形象を象る。燭台と博山炉は前漢後期に現れ、熨斗は後漢後期に現れる。鉄臼は前漢初期に生じた。鉄製家用器具には他に火鐮・夾子・叉・筷子・鎖類などがある。鉄製縫織器具の変遷は、主に前漢時代に剪刀が出現し次第に流行していくことに示される。鉄製装身具の変化は、鉄帯鈎が急速に衰滅し、数量が大幅に減少し、類型も大きく簡略化することに表出される。鑷子はよく見られる美容器具で、多種多様な型式に変遷している。新しい器類は絶えず生じており、前漢時代には耳掻

き、後漢前期には鉄鏡などが現れた。

　鉄銭幣と度量衡器はいずれも秦漢時代に発生した。今までに見られる鉄銭幣の種類は、漢初の半両銭、前・後漢の五銖銭、新莽時期の大布黄千・大泉五十、また数量の比較的多い無紋銭である。鉄度量衡器は鉄権と鉄尺のみで、鉄権は秦代に出現し、主に半球形・截尖円錐形（円錐の先端を切った形）・瓜稜形（半球形で全体に筋が通る形）などの形態がある。満城2号墓出土の前漢中期の鉄尺は、今までに見られる最も年代の早い鉄尺の実例である。この他、前漢初期には計算に用いる鉄算籌が出現している。

　鉄製雑用器具はさらに多種多様をきわめ、主に建築部材、器具部品、日常生活中の雑用器具、鉄刑具の頸鉗と脚鐐などがある。

　秦漢時代鉄器の類型と形態構造の変遷を概観すると、中原地域・辺境地域の両地域で、大きな変化のあったことが見て取れる。まず辺境地域では、一方では大量の中原系統の鉄器が伝来し、また一方では当地伝統鉄器の類型がさらに豊富になり、構造も改良された。これについては次章で地域を区分して考察を進めていく。中原地域については主に以下の六つの変化がある。第一に、新しい鉄器類型が現れたことで、鉄銭幣と度量衡器はこれまでなかったものである。第二に、もとからあった鉄器の類型がさらに豊富になったこと、第三に、各種鉄器の同類器物の形態がより多様化したこと、第四に異なる類型・形態の器具に増減のあることである。また第五は、鍛銎技術の応用によりもたらされた器具形態・構造の変化である。例えば、秦咸陽宮遺跡の鏟（XYP2：012）、天長三角圩の鏟（M1：192-2）など板状鏟の形態が多様になり、また鍛銎技術は斧・鑿の製作にも応用され、それにより開放された断面"C"形の銎の出現をもたらし、鞏県鉄生溝のC形銎空首斧（T6：9）、天長三角圩の鑿（M1：192-10）などがある。第六に、器具構造の改良によりもたらされた形態構造の進歩である。指摘すべきは、秦漢時代は中国古代生産工具発展過程における成熟時期として、その器物構造の変遷がその後に深い影響を与えたことである。例えば、鉄器の横銎構造は、燕下都などで出土した鉄横銎钁と六角鋤や、涼城飲牛溝出土の横銎鶴嘴斧などのように戦国後期に出現した。秦漢時代になると横銎钁が流行し始め、同時に横銎構造は広く斧類の鉄工具の製作に広まり、多様な形態の横銎斧が現れた。これは、斧・钁類の工具が竪銎構造から横銎構造に変化し、それにより装柄が曲柄から直柄に変遷したことを表示しており、かつ中国古代生産工具発展史における一大変革の完成を示している。さらに、曲尺形帯骹鎌刀の出現があり、その形態構造は、襄陽山湾出土の曲尺形帯骹歯刃鎌にまで遡るが、帯骹鉄鎌が現れたことは、鎌刀構造が無骹のものから有骹のものへ、またその形態が条形から曲尺形へ、そして装柄方法が緊縛式・嵌入式から骹装式へと転換したことを示している。秦漢時代に形成され、また流行した各種鉄器類型と形態構造は、ほぼ後代に踏襲されることとなった。

　また秦漢鉄器の発見と類型学研究から次のことが明確になる。戦国時代の鉄器類型と形態構造を基礎として、鉄器工業の全面的発展、社会生活各領域における鉄器応用の絶え間ない拡大と浸透、鉄器化過程の漸進的実現などに従い、また各種社会活動における広範な需要に答えるため、秦漢時代鉄器の類型はさらに豊富になり、形態は多様化し、構造も完成へと向かっていく。これは中国古代の鉄器類型と形態構造がすでに基本的に成熟していたことを反映する。同時にその変遷は、地域性と統一性という二つの相交わる特質を明らかにする。

　秦漢時代鉄器の地域性に関しては、辺境地域での状況が顕著で、これについては次章で具体的に

分析する。一方中原地域でも同様に明確な地域的差異が存在する。生産工具では、鉄刮刀の主な流行地域は依然として長江流域とそれ以南である。刀身が刀柄より幅広の直体削刀は北方地域にも見られるが、南方地域で主に見られる。Ａ型帯柄砍刀は各地で発見されるが、Ｂ型装柄砍刀は南方がより多い。横銎钁と各種形態の多歯钁、鏟板、各種犂鏵などは、主に北方地域で流行した[423]。直口鍤の流行地域は北方地域で、凹口鍤は南方の特色を具えた土木工具であり、北方地域の凹口鍤形器物はその使用方法が南方のものとは異なるであろう。歯刃鎌と開放式Ｃ形銎の竪銎钁（Ａ型Ⅱ式とＤ型Ⅱ式）、鏟刀、鑿形器などは南方のみに見られる。兵器では、通長70㎝以下の中長剣、扁茎斜肩長剣、各種型式の短刀などは、主に南方地域で発見される。各種型式の矛は各地で見られるが、三角形矛身のＡ型矛の多くは南方で発見され、北方で多いのは矛身が双葉平直のＢ型矛である。鈎戟・鉞戟・鈎鑲・鈹・鍛などの兵器は目下のところ主に北方地域のみで発見されている。それに対し長柄矛・曲尺形器などは南方地域のみで発見されている。これまでに発見された鉄鏃は、種類・数量ともに南方は北方よりはるかに少なく、注目すべき現象である。各種車馬器も北方地域で多く、南方では少ない。日用器具のうち釜類は、北方地域では収斂する口、短頸、外反する口縁などを特徴とし、南方では大きく広がる口に、すぼまる頸部、大きく折れる口縁などを特徴とし、特に双耳釜のＡ型とＤ型の区別は、明らかに北方と南方の特徴によるもので、Ａ型とＣ型の無耳釜は主に北方地域で発見され、Ｄ型無耳釜は長江流域とその南の地域でのみ発見される。灶具のうち三足架は秦代前後の中原地域に発生したと思われるが[424]、ただし両漢時代の流行地域は長江流域とその以南の地域で、明らかな南方の特色をもち、かつＢ型三足架は目下のところ長江上流域とより南の地域でのみ発見されている。秦漢時代鉄器の地域性の形成は、各地の鉄器工業の発展水準、中でも鉄器製造技術と緊密に関係し、さらには各地の文化伝統・自然環境に制約される生産・生活方式の差異などと密接な内在的関係をもつのである。

一方の秦漢時代鉄器類型と形態構造の統一性は、時間の経過と共に強まる傾向にある。例えば、生産工具のうち各種形態の斧・錛・鑿・鋸・錘などの加工工具は広く各地に流行した。また各地で出土する刀身と刀柄が同幅の直体削刀は、形態上では差異がほとんど見出せない。兵器のうち前漢時代に流行した扁茎方肩剣・長茎長剣、また特に後漢時代に流行した刀柄と刀身が同幅の環首長刀は、全国各地でほぼ一致し、辺境地域でも例外でない。こういった統一性は、中原系統の鉄器と製作技術が辺境地域へ急速に拡大し、また各地域間のつながりと交流が次第に強まっていた結果であり、そして中央集権統治下における政治・経済の統一の産物であり、同時に多民族統一国家のあり方が物質文化上に直接反映したものでもあろう。

註

1　鉄生溝遺跡で検出された遺構と遺物の種類・数量に関しては、1962年出版の『鞏県鉄生溝』と1985年発表の『鞏県鉄生溝漢代冶鋳遺址再探討』とでは異なる部分が多く、ここでは後者の記述に因ることとする。

2　A. 中国冶金史編写組等「関于“河三”遺址的鉄器分析」『河南文博通訊』1980年第４期33頁。B. 趙青雲等「鞏県鉄生溝漢代冶鋳遺址再探討」『考古学報』1985年第２期174頁。

3　河南省文化局文物工作隊『鞏県鉄生溝』文物出版社、1962年。

4　趙青雲等「鞏県鉄生溝漢代冶鋳遺址再探討」『考古学報』1985年第２期157～182頁。

5　鄭州市博物館「鄭州古滎鎮漢代冶鉄遺址発掘簡報」『文物』1978年第２期28頁。

6　『中国冶金史』編写組「従古滎遺址看漢代生鉄冶錬技術」『文物』1978年第２期44頁。

7　A. 河南省文化局文物工作隊「南陽漢代鉄工廠発掘簡報」『文物』1960年第１期58頁。B. 河南省文物研究

所「南陽北関瓦房荘漢代冶鉄遺址発掘報告」『華夏考古』1991年第1期1頁。
8　河南省博物館等『漢代叠鋳―温県烘範窯敞発掘与研究』文物出版社、1978年。
9　張家境市文物工作隊「湖南桑植朱家台漢代鉄器鋳造作坊遺址発掘報告」『考古学報』2003年第3期401頁。
10　中国科学院考古研究所考古研究所山東工作隊「山東鄒県滕県古城址調査」『考古』1965年第12期631頁。
11　李歩青「山東滕県発現鉄範」『考古』1960年第7期72頁。
12　陝西省考古研究所華倉考古隊「韓城芝川鎮漢代冶鉄遺址調査簡報」『考古与文物』1983年第4期27～29頁。
13　河南省文物研究所等「河南省五県古代鉄鉱冶遺址調査」『華夏考古』1992年第1期57頁。
14　河南省文物考古研究所等「河南魯山望城崗漢代冶鉄遺址一号炉発掘簡報」『華夏考古』2002年第1期1頁。
15　A．河南省文化局文物工作隊「河南鶴壁市漢代冶鉄遺址」『考古』1963年第10期550頁。B．鶴壁市文物工作隊『鶴壁鹿楼冶鉄遺址』第44～48頁、中州古籍出版社、1994年。
16　山西省考古研究所「山西夏県禹王城漢代鋳鉄遺址試掘簡報」『考古』1994年第8期685頁。
17　南京博物院「利国駅古代錬鉄炉敞調査与清理」『文物』1960年第4期46～47頁。
18　中国社会科学院考古研究所漢城工作隊「漢長安城武庫遺址発掘的初歩収穫」『考古』1978年第4期261頁。
19　中国社会科学院考古研究所『漢長安城未央宮―1980～1989年考古発掘報告』中国大百科全書出版社、1996年。
20　中国社会科学院考古研究所・日本奈良国立文化財研究所中日聯合考古隊「漢長安城桂宮二号建築遺址発掘簡報」『考古』1999年第1期1頁、同「漢長安城桂宮二号建築遺址B区発掘簡報」『考古』2000年第1期1頁、同「漢長安城桂宮三号建築遺址発掘簡報」『考古』2001年第1期74頁、同「漢長安城桂宮四号建築遺址発掘簡報」『考古』2002年第1期3頁。
21　中国社会科学院考古研究所漢城工作隊「1992年漢長安城冶鋳遺址発掘簡報」『考古』1995年第9期792頁。
22　黄展岳「近年出土的戦国両漢鉄器」『考古学報』1957年第3期98頁。
23　東北博物館「遼陽三道壕西漢村落遺址」『考古学報』1957年第1期119頁。
24　福建省文物管理委員会「福建崇安城村漢城遺址試掘」『考古』1960年第10期1頁。
25　福建省博物館「崇安城村漢城探掘簡報」『文物』1985年第11期37頁。
26　福建省博物館等「崇安漢城北崗一号建築遺址」『考古学報』1990年第3期389頁。
27　福建省博物館等「崇安漢城北崗二号建築遺址」『文物』1992年第8期33頁。
28　福建博物院等『武夷山城村漢城遺址発掘報告』第301～340頁、福建人民出版社、2004年。
29　楊琮『閩越国文化』第287～303頁、福建人民出版社、2000年。
30　甘粛省文物考古研究所「甘粛敦煌漢代懸泉置遺址発掘簡報」『文物』2000年第5期16頁。
31　広西壮族自治区文物工作隊等「広西興安県秦城遺址七里圩王城城址的勘探与発掘」『考古』1998年第11期45頁。
32　河南省文物研究所「河南鎮平出土的漢代窖蔵鉄範和鉄器」『考古』1982年第3期243頁。
33　澠池県文化館等「澠池県発現的古代窖蔵鉄器」『文物』1976年第8期45頁。
34　北京鋼鉄学院金属材料系中心化験室「河南澠池窖蔵鉄器検験報告」『文物』1976年第8期52頁。
35　李衆「従澠池鉄器看我国古代冶金技術的成就」『文物』1976年第8期59頁。
36　山東省博物館「山東省莱蕪県西漢農具鉄範」『文物』1977年第7期68頁。
37　江西省文物管理委員会「江西修水出土戦国青銅楽器和漢代鉄器」『考古』1965年第6期265頁。
38　孫伝賢「河南禹県出土一批漢代文物」『考古』1965年第12期654頁。
39　劉慶柱「陝西長武出土漢代鉄器」『考古与文物』1982年第1期32頁。
40　郭徳発「渭南市田市鎮出土漢代鉄器」『考古与文物』1986年第3期111頁。
41　鄭州市文物工作隊「鄭州市郊区劉胡垌発現窖蔵銅鉄器」『中原文物』1986年第4期39頁。
42　秦俑坑考古隊「臨潼鄭荘秦石料加工場遺址調査簡報」『考古与文物』1981年第1期39頁。
43　趙康民「秦始皇陵東側発現五座馬厩坑」『考古与文物』1983年第5期25頁。
44　秦俑考古隊「秦代陶窯遺址調査清理簡報」『考古与文物』1985年第5期37頁。
45　秦俑坑考古隊「秦始皇陵東側第三号兵馬俑坑清理簡報」『文物』1979年第12期10頁。
46　秦俑考古隊「秦始皇陵東側馬厩坑鉆探清理簡報」『考古与文物』1980年第4期39頁。
47　秦俑考古隊「臨潼上焦村秦墓清理簡報」『考古与文物』1980年第2期47頁。
48　臨潼県博物館「秦始皇陵北二・三・四号建築遺跡」『文物』1979年第12期15頁。
49　秦始皇陵考古隊「秦始皇陵西側"驪山飤官"建築遺址清理簡報」『文博』1987年第6期19頁。
50　始皇陵秦俑坑考古発掘隊「秦始皇陵西側趙背戸村秦刑徒墓」『文物』1982年第3期3頁。

51　陝西省考古研究所等『秦始皇陵兵馬俑坑一号坑発掘報告』第243～249頁、文物出版社、1988年。
52　始皇陵考古隊「秦始皇陵園 K9901試掘簡報」『考古』2001年第1期59頁。
53　陝西省考古研究所『隴県店子秦墓』第109頁、三秦出版社、1998年。
54　咸陽市文物考古研究所『塔児坡秦墓』第164～167頁、三秦出版社、1998年。
55　洛陽区考古発掘隊『洛陽焼溝漢墓』第188～199頁、科学出版社、1959年。
56　西安市文物保護考古所『西安龍首原漢墓』西北大学出版社、1999年。
57　西安市文物保護考古所等『長安漢墓』陝西人民出版社、2004年。
58　吉林省文物考古研究所『楡樹老河深』文物出版社、1987年。
59　湖南省博物館等「湖南資興西漢墓」『考古学報』1995年第4期453頁。
60　湖南省博物館「湖南資興東漢墓」『考古学報』1984年第1期53頁。
61　広州市文物管理委員会等『広州漢墓』文物出版社、1981年。
62　広西壮族自治区文物工作隊「平楽銀山嶺戦国墓」『考古学報』1978年第2期211頁。
63　広西壮族自治区文物工作隊「平楽銀山嶺漢墓」『考古学報』1978年第4期467頁。
64　黄展岳「論両広出土的先秦青銅器」『考古学報』1986年第4期427頁。
65　雲南省博物館「江川李家山古墓群発掘報告」『考古学報』1975年第2期140頁。
66　雲南省文物考古研究所等「雲南江川李家山古墓群第二次発掘」『考古』2001年第12期25頁。
67　貴州省博物館考古組等「赫章可楽発掘報告」『考古学報』1986年第2期199頁。
68　陝西省考古研究所『漢陽陵・前言』、重慶出版社、2001年。
69　秦中行「漢陽陵附近鉗徒墓の発現」『文物』1972年第7期51頁。
70　陝西省考古研究所漢陵考古隊「漢景帝陽陵南区叢葬坑発掘第一号簡報」『文物』1992年第4期1頁。
71　陝西省考古研究所漢陵考古隊「漢景帝陽陵南区叢葬坑発掘第二号簡報」『文物』1994年第6期1頁。
72　中国社会科学院考古研究所『漢杜陵陵園遺址』科学出版社、1993年。
73　河南省文物考古研究所『永城西漢梁国王陵与寝園』第74・199頁、中州古籍出版社、1996年。
74　河南省商丘市文物管理委員会『芒碭山西漢梁王墓地』第58～205頁、文物出版社、2001年。
75　中国社会科学院考古研究所等『満城漢墓発掘報告』文物出版社、1980年。
76　山東省淄博市博物館「西漢斉王墓随葬器物坑」『考古学報』1985年第2期223頁。
77　山東省博物館等「西漢斉王鉄甲冑的復原」『考古』1987年第11期1032頁。
78　広州市文物管理委員会等『西漢南越王墓』文物出版社、1991年。
79　前漢南越国は当時の地方政権であり、漢朝により分封された諸侯国とは性質が異なる。研究の便宜のため、ここでは暫く南越王墓を諸侯王墓に含めておく。
80　内蒙古自治区文物考古研究所『万家寨水利枢紐工程考古報告集・准格爾旗洪水溝遺址発掘報告』第45頁、遠方出版社、2001年。
81　劉玲「江西南昌市郊清理一座漢墓」『考古』1964年第2期89頁。
82　南京市博物館「南京大廠陸営漢墓清理簡報」『考古与文物』1987年第6期35頁。
83　福建省博物館「崇安城村漢城探掘簡報」『文物』1985年第11期42頁。
84　成都市文物考古研究所『成都考古発現・四川新都県三河鎮五龍村漢代木槨墓発掘簡報』第164頁、科学出版社、2002年。
85　江西壮族自治区文物工作隊等「広西興安県秦城遺址七里圩王城城址的勘探与発掘」『考古』1998年第11期45頁。
86　張家境市文物工作隊「湖南桑植朱家台漢代鉄器鋳造作坊遺址発掘報告」『考古学報』2003年第3期408頁。
87　雲南省博物館文物工作隊「雲南呈貢龍街石碑村古墓群発掘簡報」『文物資料叢刊』第4集90頁、文物出版社、1981年。
88　秦俑考古隊「臨潼上焦村秦墓清理簡報」『考古与文物』1980年第2期47頁。
89　陝西省考古研究所漢水考古隊「陝西南鄭龍崗寺漢墓清理簡報」『考古与文物』1987年第6期32頁。
90　陝西省考古研究所「西安南郊三爻村漢唐墓葬清理発掘簡報」『考古与文物』2001年第3期20頁。
91　こういった工具はあまり見られず、原報告では"錛"と称しているが、その形態構造から見るに、木柄に装着して削るのに用いる鏟刀の類と思われる。
92　湖南省博物館「長沙金塘坡東漢墓発掘簡報」『考古』1979年第5期432頁。
93　蘇秉琦『闘鶏台溝東区墓葬』第228頁、国立北平研究院史学研究所、1948年。
94　重慶市文化局等「重慶市巫山麦沱漢墓群発掘報告」『考古学報』1999年第2期172頁。

95 四川省文物管理委員会等「四川涪陵西漢土坑墓発掘簡報」『考古』1984年第4期343頁。
96 中国社会科学院考古研究所等『満城漢墓発掘報告』279頁、文物出版社、1980年。
97 劉慶柱「陝西長武出土漢代鉄器」『考古与文物』1982年第1期30頁。
98 河南省文物研究所「河南長葛漢墓出土的鉄器」『考古』1982年第3期322頁。
99 李仲達「長葛漢墓出土東漢鉄器金相分析」『考古』1982年第3期323頁。
100 山東省文物考古研究所「山東章丘市漢東平陵故城遺址調査」『考古学集刊』第11集171頁、中国大百科全書出版社、1997年。
101 河南省文化局文物工作隊「河南鶴壁市漢代冶鉄遺址」『考古』1963年第10期551頁。
102 呉鎮烽等「陝西鳳翔高荘秦墓地発掘簡報」『考古与文物』1981年第1期32頁。
103 陝西省考古研究所『西漢京師倉』第54頁、文物出版社、1990年。
104 咸陽市文管会等「咸陽市空心磚漢墓清理簡報」『考古』1982年第3期227頁。
105 河北省文物考古研究所等「河北高荘漢墓発掘簡報」『河北省考古文集』（二）第161頁、北京燕山出版社、2001年。
106 河北省文物考古研究所「燕下都遺址内的両漢墓葬」『河北省考古文集』（二）第85頁、北京燕山出版社、2001年。
107 河北省文化局文物工作隊「1964～1965年燕下都墓葬発掘報告」『考古』1965年第11期558頁。
108 内蒙古文物考古研究所「呼和浩特市楡林鎮陶卜斉古城発掘簡報」『内蒙古文物考古文集』第二輯439頁、中国大百科全書出版社、1997年。
109 錾は、古代には"鐫"とも称し、一種の多用途な工具である。『説文』巻二十七第十四上金部に"鐫は、木錾を穿つなり"とあるように、大型木材の切り割りにも用いれば、"あるいは曰く石を琢くなり"というように、石材の採掘・加工にも常用された。
110 湖北省博物館「宜昌前坪戦国両漢墓」『考古学報』1976年第2期133頁。
111 成都市文物考古工作隊等「成都市青白江区躍進村漢墓発掘簡報」『文物』1999年第8期35頁。
112 安徽省文物考古研究所等「安徽天長県三角圩戦国西漢墓出土文物」『文物』1993年第9期13頁。
113 孫徳潤等「龔家湾一号墓清理簡報」『考古与文物』1987年第1期7頁。
114 福建省博物館等「崇安漢城北崗二号建築遺址」『文物』1992年第8期33頁。
115 成都市文物考古研究所『成都考古発現・四川新都県三河鎮五龍村漢代木槨墓発掘簡報』第164頁、科学出版社、2002年。
116 陝西省考古研究所「西安北郊西飛東漢墓発掘簡報」『考古与文物』2002年増刊第17頁。
117 湘郷県博物館「湖南湘郷可心亭漢墓」『考古』1966年第5期243頁。
118 中国社会科学院考古研究所・日本奈良国立文化財研究所中日聯合考古隊「漢長安城桂宮二号建築遺址B区発掘簡報」『考古』2000年第1期10頁図一二。
119 魏堅『内蒙古中南部漢代墓葬・鳳凰山墓葬』第160頁、中国大百科全書出版社、1998年。
120 伊克昭盟文物工作站等「西溝畔漢代匈奴墓地」『鄂爾多斯式青銅器』第375頁、文物出版社、1986年。
121 邯鄲地区文物保管所「河北省永年県何荘遺址発掘報告」『華夏考古』1992年第4期30頁。
122 広東省文物管理委員会「広東曲江馬壩的一座西漢墓」『考古』1964年第6期318頁。
123 新疆文物考古研究所「洛普県山普拉Ⅱ号墓地発掘簡報」『新疆文物』2000年第1/2期22頁。
124 新疆文物考古研究所「95年民豊尼雅遺址Ⅰ号墓地船棺墓発掘簡報」『新疆文物』1998年第2期26頁。
125 吉林省文物考古研究所「吉林長白県干溝子墓地発掘簡報」『考古』2003年第8期60頁。
126 新疆文物考古研究所「尼雅遺址95NMⅠ号墓地8号墓発掘簡報」『新疆文物』1999年第1期34頁。
127 鶴壁市文物工作隊『鶴壁鹿楼冶鉄遺址』第48頁、中州古籍出版社、1994年。
128 寧夏文物考古研究所「寧夏固原楊郎青銅文化墓地」『考古学報』1993年第1期44頁。
129 長江水利委員会『宜昌路家河』第99頁、科学出版社、2002年。
130 長家境市文物工作隊「湖南桑植朱家台漢代鉄器鋳造作坊遺址発掘報告」『考古学報』2003年第3期420頁。
131 河南省文化局文物工作隊『鞏県鉄生溝』第30頁、文物出版社、1962年。
132 劉培桂等「鄒城出土東漢画像石」『文物』1994年第6期33頁。
133 鄭州市博物館「鄭州古滎鎮漢代冶鉄遺址発掘簡報」『文物』1978年第2期36頁。
134 吉林大学考古学系等「遼寧錦西市邰集屯小荒地秦漢古城址試掘簡報」『考古学集刊』第11集145頁、中国大百科全書出版社、1997年。
135 陝西省博物館等「陝西省発現的漢代鉄鐸和鏵土」『文物』1966年第1期19頁。

136　湖南省博物館「長沙柳家大山古墓葬清理簡報」『文物』1960年第3期52頁。
137　江西省文物管理委員会「江西修水出土戦国青銅楽器和漢代鉄器」『考古』1965年第6期266頁。
138　広西壮族自治区文物工作隊「広西合浦県堂排漢墓発掘簡報」『文物資料叢刊』第4集51頁、文物出版社、1981年。
139　広東省文物考古研究所等「広東楽昌市対面山東周秦漢墓」『考古』2000年第6期46頁。
140　河南省文物研究所「南陽北関瓦房荘漢代冶鉄遺址発掘報告」『華夏考古』1991年第1期78頁。当遺跡で出土したこの種の凹口鏵形器は86点を数え、2点ないし3点が固着したものもある。いずれも鋳造製であり、通高10cm前後で、発掘者は"糠鏵"と称する。
141　開封市文物管理處「河南杞県許村崗一号漢墓発掘簡報」『考古』2001年第1期40頁。
142　微山県文物管理所「山東微山県漢画像石墓的清理」『考古』1998年第3期13頁。
143　劉世旭等「四川西昌市東坪村漢代錬銅遺址的調査」『考古』1990年第12期1074頁。
144　陝西省博物館等「陝西省発現的漢代鉄鏵和鏵土」『文物』1966年第1期23頁。
145　耕鋤は、家畜によって牽引する大型の鋤を指し、その構造は犁に近い。
146　宋世坤「貴州早期鉄器研究」『考古』1992年第3期245頁。この器の製作技法については、詳しい記述が欠けているが、その形態から見て、鋳造製と思われる。
147　河北省文物管理處「磁県下潘汪遺址発掘報告」『考古学報』1975年第1期112頁。
148　鄭州市文物工作隊「鄭州岔河商代遺址調査簡報」『考古』1988年第5期412頁。
149　秦始皇陵考古隊「秦始皇陵西側"驪山飲官"建築遺址清理簡報」『文博』1987年第6期20頁。
150　江西省文物管理委員会「江西修水出土戦国青銅楽器和漢代鉄器」『考古』1965年第6期266頁。
151　秦都咸陽考古工作站「秦咸陽宮第二号建築遺址発掘簡報」『考古与文物』1986年第4期18頁。
152　河南省文化局文物工作隊「河南鞏県石家荘古墓葬発掘簡報」『考古』1963年第2期77頁。
153　王克林「山西省右玉県善家堡墓地」『文物季刊』1992年第4期11頁。
154　中国社会科学院考古研究所『西漢礼制建築遺址』第150頁、文物出版社、2003年。
155　江蘇省文物管理委員会等「江蘇徐州銅山五座漢墓清理簡報」『考古』1964年第10期512頁。
156　江蘇文物局「江蘇太湖港古遺址与墓葬調査清理簡報」『江漢考古』1988年第2期18頁。
157　福建省文管会「福建崇安城村漢城遺址試掘」『考古』1960年第10期6頁。
158　荘冬明「滕県長城村発現漢代鉄農具十余件」『文物参考資料』1958年第3期82頁。
159　雒金文「鳳翔出土一批漢代鉄鏵」『文博』1988年第6期88頁。
160　東北博物館「遼陽三道壕西漢村落遺址」『考古学報』1957年第1期119頁。
161　張伝璽「西漢大鉄犁研究」『北京大学学報』(哲学社会科学版)1985年第1期76頁。
162　鏵土は、"犁壁"・"犁鏡"とも称し、その作用は土壌に犁を引く際に土を一方に寄せることにある(彭壮猷「戦国以来中国歩犁発展問題試探」『考古』1964年第7期355頁参照)。
163　澠池県文化館等「澠池県発現的古代窖蔵鉄器」『文物』1976年第8期47頁。当遺跡で出土した小鏵の図面は『農業考古』1982年第2期の表紙に見られる。
164　孫機『漢代物質文化資料図説』第7頁、文物出版社、1991年。
165　山西省文物管理委員会「山西平陸棗園村壁画漢墓」『考古』1959年第9期463頁。
166　始皇陵秦俑坑考古発掘隊「秦始皇陵西側趙背戸村秦刑徒墓」『考古与文物』1982年第3期4頁。
167　成都市文物考古研究所等「成都龍泉駅区北幹道木槨墓群発掘簡報」『文物』2000年第8期31頁。
168　四川省文管会等「四川大邑県五龍郷土坑墓清理簡報」『考古』1987年第7期609頁。
169　高文『四川漢代画像磚』図四、上海人民美術出版社、1987年。
170　李文信「古代的鉄農具」『文物参考資料』1954年第9期84頁。
171　殷滌非「安徽省寿県安豊塘発現漢代閘壩工程遺址」『文物』1960年第1期62頁。
172　広州市文物管理委員会等『広州漢墓』第162頁、文物出版社、1981年。
173　新疆文物考古研究所「洛浦県山普拉Ⅱ号墓地発掘簡報」『新疆文物』2000年第1/2期22頁。
174　新疆文物考古研究所「尼雅95墓地4号墓発掘簡報」『新疆文物』1999年第2期31頁。
175　張鉄男等「民豊尼雅遺址93A27房址発掘簡報」『新疆文物』1998年第2期18頁。
176　孟池「従新疆歴史文物看漢代在西域的政治措施和経済建設」『文物』1975年第7期31頁。
177　新疆維吾爾自治区博物館考古隊「新疆民豊大沙漠中的古代遺址」『考古』1961年第3期121頁。
178　昆明市文物管理委員会「昆明呈貢石碑村古墓群第二次清理簡報」『考古』1984年第3期238頁。
179　山東省文物考古研究所『山東省高速公路考古報告集・山東長清小範荘墓地発掘簡報』(1997)第294頁、科

学出版社、2000年。
180　殷滌非「安徽省寿県安豊塘発現漢代閘壩工程遺址」『文物』1960年第1期62頁。
181　楊琮『閩越国文化』図版23、福建人民出版社、1998年。
182　洛陽市文物工作隊「洛陽発掘的四座東漢玉衣墓」『考古与文物』1999年第1期10頁。
183　山東省博物館「山東莱蕪県西漢農具鉄範」『文物』1977年第7期68頁。
184　山東省文物考古研究所「山東章丘市漢東平陵故城遺址調査」『考古学集刊』第11集175頁、中国大百科全書出版社、1997年。
185　河南省文物研究所「河南新安県上孤灯漢代鋳鉄遺址調査簡報」『華夏考古』1988年第2期42頁。
186　河南省文物研究所等「河南鎮平出土的漢代窖蔵鉄範和鉄器」『考古』1982年第3期243頁。
187　河南省文物研究所「南陽瓦房荘漢代冶鉄遺址発掘報告」『華夏考古』1991年第1期37頁。
188　張家境市文物工作隊「湖南桑植朱家台漢代鉄器鋳造作坊遺址発掘報告」『考古学報』2003年第3期404頁。
189　澠池県文化館等「澠池県発現的古代窖蔵鉄器」『文物』1976年第8期45頁。
190　鍾少異「漢式鉄剣綜論」『考古学報』1998年第1期38頁。本論では鉄剣の型式分類は、この分類を基準とする。
191　程学華等「西臨高速公路漢墓清理簡報」『考古与文物』1991年第6期7頁。
192　呉鎮烽等「陝西鳳翔高荘秦墓地発掘簡報」『考古与文物』1981年第1期32頁。
193　310国道孟津考古隊「洛陽孟津漢墓発掘簡報」『華夏考古』1994年第2期37頁。
194　周原博物館「陝西扶風県官務漢墓清理発掘簡報」『考古与文物』2001年第5期17頁。
195　路迪民「扶風漢代鋼剣的科技分析」『考古与文物』1999年第3期89頁。
196　徐州博物館「徐州発現東漢建初二年五十湅鋼剣」『文物』1979年第7期51頁。
197　雲南省文物工作隊「雲南大関・昭通東漢崖墓清理報告」『考古』1965年第3期121頁。
198　陝西省考古研究所漢陵考古隊「漢景帝陽陵南区叢葬坑発掘第一号簡報」『文物』1992年第4期8頁。
199　中国社会科学院考古研究所『満城漢墓発掘報告』第105頁、文物出版社、1980年。
200　安陽市文物工作隊「安陽梯家口村漢墓的発掘」『華夏考古』1993年第1期26頁。
201　河南省文化局文物工作隊「河南南陽楊官寺漢画像石墓発掘報告」『考古学報』1963年第1期137頁。
202　『史記』巻七項羽本紀に記載される鴻門の会の宴で、"項荘剣を舞い、意は沛公にあり"というように、当時剣術が流行していたことがわかる。
203　楊紹舜「山西離石馬茂荘漢画像石又有新発現」『文物』1984年第10期94頁。
204　吉林省文物考古研究所『楡樹老河深』第74頁、文物出版社、1987年。
205　程林泉「西安市未央区房地産開発公司漢墓発掘簡報」『考古与文物』1992年第5期31頁。
206　伊克昭盟文物工作站「補洞溝匈奴墓葬」『鄂爾多斯式青銅器』第398頁、文物出版社、1986年。
207　雲南省博物館「江川李家山古墓群発掘報告」『考古学報』1975年第2期140頁。
208　雲南省文物考古研究所等「雲南江川李家山古墓群第二次発掘」『考古』2001年第12期35頁。
209　梁太鶴「貴州夜郎考古観察」、2004年8月六盤水市"夜郎文化論壇"中の論文。
210　貴州省博物館等「赫章可楽発掘報告」『考古学報』1986年第2期237頁。
211　孫徳潤等「咸陽織布廠漢墓清理簡報」『考古与文物』1995年第4期26頁。
212　劉心鍵等「山東蒼山発現東漢永初紀年鉄刀」『文物』1974年第12期61頁。
213　安徽省文化局文物工作隊等「安徽寿県茶庵馬家古堆東漢墓」『考古』1966年第3期144頁。
214　新郷市文物管理委員会「1995年新郷火電廠漢墓発掘簡報」『華夏考古』1997年第4期25頁。
215　新郷市文物工作隊「1997年春新郷火電廠漢墓発掘簡報」『華夏考古』1998年第3期43頁。
216　崔景賢等「渭南市区戦国・漢墓清理簡報」『考古与文物』1998年第2期24頁。
217　石敬東「山東棗荘方荘漢画像石墓」『考古与文物』1994年第3期41頁。
218　ここでいう短刀は通長が30cmから70cmの間にあるもので、実際は中長剣に属する。記述を簡明にし、また長刀と対照させるため、"短刀"としておく。その用途は主に護身と格闘に用いるので、兵器として扱う。中には刀術や、動物の屠殺、その他の伐採・切割などの作業に用いたものもあろうが、形態上から区分するのは難しい。
219　山東省博物館等『山東漢画像石選集』図363、斉魯書社、1982年。
220　黄岡市博物館等『羅州城与漢墓』第272頁、科学出版社、2000年。
221　成都市文物考古研究所『成都考古発現・四川新都県三河鎮五龍村漢代木槨墓発掘簡報』第164頁、科学出版社、2002年。

222　烏蘭察布博物館「察右後旗三道湾墓地」『内蒙古文物考古文集』第一集417頁、中国大百科全書出版社、1994年。
223　湘郷県博物館「湖南湘郷可心亭漢墓」『考古』1966年第5期247頁。
224　湖北省文物管理委員会「湖北随県塔児埻古城崗発現漢墓」『考古』1966年第3期170頁。
225　浙江省江山市博物館「浙江江山市庵前漢墓清理」『考古学集刊』第11集299頁、中国大百科全書出版社、1997年。
226　魏堅『内蒙古中南部漢代墓葬・召湾51号漢墓』第213頁、中国大百科全書出版社、1998年。
227　このようなかえしのある矛は、一般的な矛の形態とは異なり、使用方法も銛などのように異なるものが考えられる。あまり多くないので、とりあえずは矛に含めておく。
228　『史記』巻一百十匈奴列伝に、"匈奴は、……その長兵はすなわち弓矢、短兵はすなわち刀鋋なり"とある。『集解』に引く韋昭注に"鋋は、形は矛に似て、鉄柄なり"とある。また『漢書』巻五十七司馬相如伝顔氏注に"鋋は、鉄把短矛なり"とある。
229　湖南省博物館「湖南資興東漢墓」『考古学報』1984年第1期105頁。
230　淮南市文化局「安徽省淮南市劉家古堆漢墓発掘簡報」『文物資料叢刊』第4集107頁、文物出版社、1981年。
231　雲南省文物工作隊「雲南安寧太極山古墓葬清理簡報」『考古』1965年第9期454頁。
232　雲南省博物館『雲南晋寧石寨山古墓群発掘報告』第108頁、文物出版社、1959年。
233　湖南省博物館「長沙五里牌古墓葬清理簡報」『文物』1960年第3期46頁。
234　山東省文物考古研究所「山東臨淄金嶺鎮一号東漢墓」『考古学報』1999年第1期113頁。
235　南京博物院「江蘇盱眙東陽漢墓」『考古』1979年第5期423頁。
236　『史記』巻六秦始皇本紀に、"鉏・櫌の棘矜は、句戟長鍛より銛なることあらざるなり"とあり、『集解』に"鉤戟は矛に似て、刃下に鉄あり、横方に上がる鉤曲なり"とある。
237　中国社会科学院考古研究所漢城工作隊「漢長安城武庫遺址発掘的初歩収穫」『考古』1978年第4期268頁。
238　趙争鳴等「河南新郷市玉門村漢墓」『考古』2003年第4期90頁。
239　鄭州市博物館「河南鄭州市碧沙崗公園東漢墓」『考古』1966年第5期249頁。
240　王良田「河南商丘地区出土的漢代梁国兵器」『考古学集刊』第14集424頁、文物出版社、2004年。
241　李京華「漢代的鉄鉤鑲与鉄鈹戟」『文物』1965年第2期47頁。
242　徐昭峰「鉄鉤鑲浅議」『考古与文物』2002年増刊第216頁。
243　定県博物館「河北定県43号漢墓発掘簡報」『文物』1973年第11期11頁。
244　洛陽博物館「洛陽澗西七里河漢墓発掘簡報」『考古』1975年第2期119頁。鉄鉤鑲が出土した際、鉄長剣1点と鉄戟1点と一緒に置かれていた。
245　王徳慶「江蘇銅山東漢墓清理簡報」『考古通訊』1957年第4期37頁、図版拾肆。
246　呉蘭「綏徳出土的両塊画像石」『文物天地』1987年第6期36頁。
247　戴応新等「陝西綏徳黄家塔東漢画像石墓群発掘簡報」『考古与文物』1985年第5/6期255頁。
248　山東省博物館等『山東漢画像石選集』図363、斉魯書社、1982年。
249　『漢書』巻十六高恵高后文功臣表顔氏注に、"長鈹は、長刃兵なり、刀にして剣形なり。『史記』に"長鈹"となし、鈹また刀たるのみ"とある。
250　山東省淄博市博物館「西漢斉王墓随葬器物坑」『考古学報』1985年第2期253頁。
251　広州市文物管理委員会等『西漢南越王墓』(上)第173頁、文物出版社、1991年。
252　『説文』金部に、"鐔は、鈹の鐔あるものなり"とある。
253　中国社会科学院考古研究所西安唐城工作隊「西安北郊龍首村漢墓発掘簡報」『考古』2002年第5期42頁。
254　広西壮族自治区博物館『広西貴県羅泊湾漢墓』第52頁、文物出版社、1988年。
255　黒龍江省文物考古研究所「黒龍江省双鴨山市滾兎嶺遺址発掘報告」『北方文物』1997年第2期12頁。
256　新疆文物考古研究所「洛普県山普拉Ⅱ号墓地発掘簡報」『新疆文物』2000年第1/2期22頁。
257　内蒙古文物考古研究所「額爾古納右旗拉布達林鮮卑墓群発掘簡報」『内蒙古文物考古文集』第一輯393頁、中国大百科全書出版社、1994年。
258　内蒙古文物工作隊「内蒙古扎賚諾爾古墓群発掘簡報」『考古』1961年第12期677頁。
259　中国科学院考古研究所考古研究所内蒙古工作隊「内蒙古巴林左旗南楊家営子的遺址和墓葬」『考古』1964年第1期42頁。
260　中国社会科学院考古研究所『漢長安城未央宮』(上)第45頁、中国大百科全書出版社、1996年。
261　山東省淄博市博物館「西漢斉王墓随葬器物坑」『考古学報』1985年第2期253頁。

262　山東省淄博市博物館等「西漢斉王鉄甲冑的復原」『考古』1987年第11期1032頁。
263　中国社会科学院考古研究所西安唐城工作隊「西安北郊龍首村漢墓発掘簡報」『考古』2002年第5期31頁。
264　白栄金「西安北郊漢墓出土鉄甲冑的復原」『考古』1998年第3期79頁。
265　中国社会科学院考古研究所技術室等「西漢南越王墓出土鉄鎧甲的復原」『西漢南越王墓』第380頁、文物出版社、1991年。
266　中国社会科学院考古研究所技術室「鉄鎧甲的復原」『満城漢墓発掘報告』第357頁、文物出版社、1980年。
267　中国科学院考古研究所考古研究所洛陽発掘隊「洛陽西郊漢墓発掘報告」『考古学報』1963年第2期35頁。
268　A．内蒙古自治区文物工作隊「呼和浩特二十家子古城出土的西漢鉄甲」『考古』1975年第4期249頁。B．白栄金「呼和浩特出土漢代鉄甲研究」『文物』1999年第2期71頁。
269　安徽省文物工作隊等「阜陽双古堆西漢汝陰侯墓発掘簡報」『文物』1978年第8期19頁。
270　洛陽区考古発掘隊『洛陽焼溝漢墓』第193頁、科学出版社、1959年。
271　江蘇省文物管理委員会等「江蘇塩城三羊墩漢墓清理報告」『考古』1964年第8期400頁。
272　中国社会科学院考古研究所・日本奈良国立文化財研究所中日聯合考古隊「漢長安城桂宮三号建築遺址発掘簡報」『考古』2001年第1期82頁。
273　『釈名』巻七釈車に、"釭は、空なり、それ中空なり"とあり、王氏注に"釭は、空中なり、故にまたこれを穿という。……賢は、大穿なり"とある。
274　発掘者は、この種の円筒形轄を"賢"と称するが（河南省商丘市文物管理委員会『芒碭山西漢梁王墓地』第191頁、文物出版社、2001年参照）、『釈名疏証補』に"賢"は"大釭"であるとするのをみると、柿園漢墓出土品の形態・大小はいずれも釭の条件にそぐわず、車轄とするのが妥当であろう。
275　吉林省文物考古研究所『楡樹老河深』第71頁、文物出版社、1987年。
276　六安県文物管理所「安徽六安発現西漢車馬坑」『考古』1991年第1期83頁。
277　『詩経』巻十八韓奕に、"鉤膺鏤錫"とあり、鄭箋に"眉上なるを錫と曰い、刻金してこれを飾る、今の当盧なり"とある。
278　鄭州工学院機械系「河南鎮平出土的漢代鉄器金相分析」『考古』1982年第3期320頁。
279　唐雲明「保定東壁陽城調査」『文物』1959年第9期82頁。
280　孟浩等「河北武安午汲古城発掘記」『考古通訊』1957年第4期47頁。この棘輪は前漢の灰坑から出土している。
281　劉慶柱「陝西長武出土的漢代鉄器」『考古与文物』1982年第1期30頁（訳者注　原報告では二つの正歯輪の図があり、本文の説明は図5-60-4とは別のもう一つの歯輪についてのものと思われる）。
282　劉慶柱「陝西永寿出土的漢代鉄農具」『農業考古』1982年第1期87頁。
283　呉正倫「関于我国古代的伝動歯輪」『文物』1986年第2期94頁。この論文では、長武丁家等で出土した歯輪が、同型のものが少なく、歯牙が細く、またほとんどが単体で出土しているので、"それらは伝動式の歯車ではなく、一種の歯車状の工具である"としている。この問題については更なる検討を待ちたい。
284　陝西省雍城考古隊「一九八一年鳳翔八旗屯墓地発掘簡報」『考古与文物』1986年第5期33頁。
285　韶山灌区文物工作隊「湖南湘郷漢墓」『文物資料叢刊』第2集95頁、文物出版社、1978年。
286　伊克昭盟文物工作站「補洞溝匈奴墓葬」『鄂爾多斯式青銅器』第397頁、文物出版社、1986年。
287　洛陽市第二文物工作隊「洛陽市西南郊東漢墓発掘簡報」『中原文物』1995年第4期6頁。
288　広州市文物管理委員会等『西漢南越王墓』第292頁、文物出版社、1991年。
289　陝西省考古研究所陝北考古工作隊「陝西清澗李家崖東周・秦墓発掘簡報」『考古与文物』1987年第3期7頁。
290　張蘊「西安北郊六座漢墓清理記」『考古与文物』1992年第3期63頁。
291　陝西省考古研究所宝鶏工作站等「陝西眉県常興漢墓発掘報告」『文博』1989年第1期23頁。
292　徐鵬章「成都鳳凰山西漢木槨墓」『考古』1991年第5期423頁。
293　厳平「貴州安順寧谷漢墓」『文物資料叢刊』第4集133頁、文物出版社、1981年。
294　貴州省博物館考古組「貴州平壩天龍漢墓」『文物資料叢刊』第4集129頁、文物出版社、1981年。
295　四川省文物管理委員会「四川遂寧船山坡崖墓発掘簡報」『考古与文物』1983年第3期33頁。
296　貴州省博物館「貴州清鎮平壩漢至宋墓発掘簡報」『考古』1961年第4期208頁。
297　魏堅『内蒙古中南部漢代墓葬・沙金套海墓葬』第107頁、中国大百科全書出版社、1998年。
298　南京博物院等「江蘇揚州七里甸漢代木槨墓」『考古』1962年第8期402頁。
299　咸陽秦都考古工作站「秦都咸陽漢墓清理簡報」『考古与文物』1986年第6期37頁。
300　寧夏文物考古研究所等「寧夏同心県李家套子匈奴墓清理簡報」『考古与文物』1988年第3期18頁。

301　陝西省考古研究所宝中鉄路考古隊「陝西隴県店子村漢唐墓葬」『考古与文物』1999年第4期15頁。
302　鄭州市文物工作隊「鄭州市郊区劉胡垌発現窖蔵銅鉄器」『中原文物』1986年第4期39頁。
303　江蘇省文物委員会等「江蘇塩城三羊墩漢墓清理報告」『考古』1964年第8期393頁。
304　馬志軍等「咸陽機場陵照導航台基建工地秦漢墓葬清理簡報」『考古与文物』1992年第2期24頁。
305　陳国英「陝西省飼料加工廠周・漢墓葬発掘簡報」『考古与文物』1989年第5期20頁。
306　河南省文化局文物工作隊「河南滎陽河王水庫漢墓」『文物』1960年第5期66頁。
307　陝西省安康水電站庫区考古隊「饒家壩遺址発掘簡報」『考古与文物』1989年第4期34頁。
308　柟楓「陝西南郊呉家墳漢墓清理簡記」『考古与文物』1989年第2期51頁。
309　陝西省考古研究所「山西巻烟材料廠漢墓発掘簡報」『考古与文物』1997年第1期10頁。
310　武漢大学歴史系考古専業「宜城雷家坡秦墓発掘簡報」『江漢考古』1986年第4期3頁。
311　湖北省文物考古研究所等「湖北襄樊鄭家山戦国秦漢墓」『考古学報』1999年第3期384頁。
312　三門峡市文物工作隊「三門峡市三里橋秦人墓発掘簡報」『華夏考古』1993年第4期47頁。
313　山西省考古研究所侯馬工作站「山西侯馬虒祁墓地的発掘」『考古』2002年第4期45頁。
314　王克林等「山西省右玉県善家堡墓地」『文物季刊』1992年第4期16頁。
315　卜揚武等「内蒙古地区銅（鉄）鍑的発現及初歩研究」『内蒙古文物考古』1995年第1/2期14頁。
316　劉莉「銅鍑考」『考古与文物』1987年第3期60頁。
317　鉄鍑の出現年代に関しては、ここでは東勝補洞溝における発見に基づいて前漢時代と定める。補洞溝匈奴墓の年代について、原報告は前漢末・後漢初期とするが、後漢後期と認識されることもある（張海斌「試論中国境内東漢時期匈奴墓葬及相関問題」『内蒙古文物考古』2001年第1期15頁）。しかし、補洞溝墓葬出土の鉄鼎などの遺物から見ると、その年代は確実に前漢時代に溯ることができるので、ここでは原報告の観点を採用する。
318　廖晋雄「広東始興刨花板廠漢墓」『考古』2000年第5期92頁。
319　浙江省江山市博物館「浙江江山市庵前漢墓清理」『考古学集刊』第11集298頁、中国大百科全書出版社、1997年。
320　商洛地区文管会「陝西商県西澗発現西漢墓」『考古』1988年第6期575頁。
321　湖南省考古研究所等「1986〜1987年大庸城区西漢墓発掘報告」『湖南考古輯刊』第5輯114頁、求索雑誌社、1989年。
322　浙江省文物管理委員会「浙江慈渓発現東漢墓」『考古』1962年第12期651頁。
323　岳洪彬等「中国古代的鉄三足架」『南方文物』1996年第4期45頁。
324　三門峡市文物工作隊「三門峡市三里橋秦人墓発掘簡報」『華夏考古』1993年第4期47頁。
325　西安市文物保護考古所『西安南郊秦墓』第587・633頁、陝西人民出版社、2004年。
326　佐佐木正治「三足架与撥鎌」『四川文物』2003年第6期35頁。
327　高文『四川漢代画像磚』図一七、上海人民美術出版社、1987年。
328　揚州博物館「江蘇邗江県姚荘102号漢墓」『考古』2000年第4期56頁。
329　青海省文物考古研究所『上孫家寨漢晋墓』第156頁、文物出版社、1993年。
330　江西省文物管理委員会「江西南昌老福山西漢木槨墓」『考古』1965年第6期268頁。
331　南京博物院「江蘇儀征石碑村漢代木槨墓」『考古』1966年第1期14頁。
332　江蘇省博物館等「江蘇泰州新荘漢墓」『考古』1962年第10期542頁。
333　咸陽市文管会等「咸陽市空心磚漢墓清理簡報」『考古』1982年第3期227頁。
334　趙康民「秦始皇陵北二・三・四号建築遺跡」『文物』1979年第12期16頁。
335　三門峡市文物工作隊「三門峡市立交橋西漢墓発掘簡報」『華夏考古』1994年第1期20頁。
336　鄭州市文物工作隊「鄭州市郊区劉胡垌発現窖蔵銅鉄器」『中原文物』1986年第4期40頁。
337　江蘇省文物管理委員会等「江蘇塩城三羊墩漢墓清理簡報」『考古』1964年第8期400頁。
338　李衍垣「漢代武陽伝舎鉄炉」『文物』1979年第4期77頁。
339　河南省文化局文物工作隊「河南禹県出土一批漢代文物」『考古』1965年第12期654頁。
340　張徳臣「咸陽程家磚場漢墓出土的幾件鉄器」『文博』1987年第6期61頁。
341　徐州博物館「徐州東甸子西漢墓」『文物』1999年第12期16頁。
342　王海航「石家荘市東崗頭村発現漢墓」『考古』1965年第12期655年。
343　淮南市文化局「安徽省淮南市劉家古堆漢墓発掘簡報」『文物資料叢刊』第4集107頁、文物出版社、1981年。
344　江西省博物館「江西南昌市南郊漢六朝墓清理簡報」『考古』1966年第3期151頁。

345　湖南省博物館「長沙柳家大山古墓葬清理簡報」『文物』1960年第3期52頁。
346　崔景賢等「渭南市区戦国・漢墓清理簡報」『考古与文物』1998年第2期24頁。
347　陝西省考古研究所配合基建考古隊「陝西臨潼驪山床単廠基建工地古墓葬清理簡報」『考古与文物』1989年第5期36頁。
348　湖北省博物館「雲夢大墳頭一号漢墓」『文物資料叢刊』第4集15頁、文物出版社、1981年。
349　趙康民「秦始皇陵東側発現五座馬厩坑」『考古与文物』1983年第5期24頁。
350　姚生民「淳化県固賢村出土谷口宮銅鼎」『考古与文物』1983年第2期22頁。
351　湖南省博物館「醴陵・株洲発現漢晋墓葬」『湖南考古輯刊』第3輯第128頁、岳麓書社、1986年。
352　尚志儒等「陝西鳳翔八旗屯西溝道秦墓発掘簡報」『文博』1986年第3期25頁。
353　陝西省考古研究所「西安北郊漢代積沙墓発掘簡報」『考古与文物』2003年第5期32頁。
354　陝西省博物館等「陝西省発現的漢代鉄鏵和鏵土」『文物』1966年第1期21頁。
355　常徳市文物工作隊等「津市肖家湖十七号漢墓」『湖南考古輯刊』第6輯118頁、求索雑誌社、1994年。
356　中国科学院考古研究所洛陽発掘隊「洛陽西郊漢墓発掘報告」『考古学報』1963年第2期32頁。
357　陝西考古所漢墓工作組「西安北郊清理一座東漢墓」『文物』1960年第5期70頁。
358　三門峡市文物工作隊「三門峡市華余包装公司16号漢墓発掘簡報」『華夏考古』1993年第4期71頁。
359　済南市文化局文物処「山東済南青龍山漢画像石壁画墓」『考古』1989年第11期992頁。
360　水野清一等『萬安北沙城』第45頁、東亜考古学会、1946年。
361　小野勝年等『陽高古城堡―中国山西省陽高県古城堡漢墓』第202頁、六興出版、1990年。
362　趙康民「西安洪慶堡出土漢愍儒郷遺物」『考古与文物』1984年第6期25頁。
363　包頭市文物管理処「召湾和辺墻壕清理的四座漢墓」『内蒙古文物考古』2000年第1期101頁。
364　山東省文物考古研究所『山東省高速公路考古報告集・山東濰坊後埠下墓地発掘報告（1997）』第271頁、科学出版社、2000年。
365　中国科学院考古研究所『輝県発掘報告』第6頁、科学出版社、1956年。
366　山西省考古研究所『侯馬喬村墓地（1959～1996）』第401頁、科学出版社、2004年。
367　新疆文物考古研究所「吐魯番交河故城溝北1号台地墓葬発掘簡報」『文物』1999年、第6期23頁。
368　寧夏文物考古研究所等「寧夏同心倒墩子匈奴墓」『考古学報』1988年第3期349頁。
369　内蒙古自治区文物工作隊「内蒙古陳巴爾虎旗完工古墓清理簡報」『考古』1965年第6期280頁。
370　新疆文物考古研究所「新疆民豊尼雅石95MN1号墓地M8発掘簡報」『文物』2000年第1期18頁。
371　寧夏文物考古研究所等「寧夏同心倒墩子匈奴墓」『考古学報』1988年第3期349頁。
372　小野勝年等『陽高古城堡―中国山西省陽高県古城堡漢墓』第82頁、六興出版、1990年。
373　甘粛省博物館「武威雷台漢墓」『考古学報』1974年第2期103頁。
374　江蘇省博物館等「江蘇泰州新荘漢墓」『考古』1962年第10期542頁。
375　四川省博物館等「四川塩亭東漢崖墓出土文物記」『文物』1974年第5期92頁。
376　河南省文物研究所「禹県東十里村東漢画像石墓発掘簡報」『中原文物』1985年第3期54頁。
377　全洪「試論東漢魏晋南北朝時期的鉄鏡」『考古』1994年第12期1118頁。
378　洛陽市文物工作隊「洛陽李屯東漢元嘉二年墓発掘簡報」『考古与文物』1997年第2期2頁。
379　河北省文化局文物工作隊「河北定県北荘漢墓発掘報告」『考古学報』1964年第2期141頁。
380　南京博物院「江蘇邗江甘泉二号墓」『文物』1981年第11期6頁。
381　西安市文物保護考古所等『長安漢墓』第511頁、陝西人民出版社、2004年。
382　湖南省博物館「湖南資興東漢墓」『考古学報』1984年第1期85頁。
383　1956年湖南衡陽鳳凰山前漢墓で出土した鉄半両銭の状況に関する説明は複数ある。一つは、7座の墓葬で出土したとするもの（高至喜「長沙・衡陽西漢墓中発現的鉄半両銭」『文物』1963年第11期48頁参照）、二つ目は9座の墓葬からとするもの（傳挙有「両漢鉄銭考」『湖南考古輯刊』第二集183頁、岳麓書社、1984年参照）、或いは11座とするものもある。傳挙有氏の述べるところでは、9座の墓葬から計600数枚の鉄半両銭が出土している。
384　『漢書』巻六武帝紀に、建元"五年春、三銖銭を罷め、半両銭を行なう"とある。また元狩五年に"半両銭を罷め、五銖銭を行なう"とある。
385　高至喜「長沙・衡陽西漢墓中発現的鉄半両銭」『文物』1963年第11期48頁。
386　湖北省博物館「宜昌前坪戦国両漢墓」『考古学報』1976年第2期135頁。当報告の墓葬登記表に、21号墓で鉄銭幣87枚が副葬されていたとあるのは誤りである。また、当墓地の35号墓で鉄銭幣12枚が出土しているが、

字跡は銹のため不明で、発掘者は鉄半両銭であろうとする。なお、当墓地出土の銅半両銭は計1072枚である。
387　湖南省博物館等「湖南資興西漢墓」『考古学報』1995年第4期495頁。当墓地の前漢墓葬は256基あり、出土した各種前漢銅銭幣は計2469枚である。
388　河北省文物研究所石太考古隊「井陘南良都戦国・漢代遺址及元明墓葬発掘報告」『河北省考古文集』第212頁、東方出版社、1998年。
389　中国科学院考古研究所考古研究所洛陽発掘隊「洛陽西郊漢墓発掘報告」『考古学報』1963年第2期43頁。
390　高至喜「長沙・衡陽西漢墓中発現的鉄半両銭」『文物』1963年第11期49頁。
391　傅挙有「湖南資興新莽墓中発現大布黄千鉄銭」『文物』1983年第10期92頁。
392　甘粛省博物館「武威雷台漢墓」『考古学報』1974年第2期105頁。
393　洛陽区考古発掘隊『洛陽焼溝漢墓』第226頁、科学出版社、1959年。1035号墓は大型多室墓で、盗掘にあっているが、銅半両銭699枚、五銖銭430枚、新莽銭7枚の、計1146枚が出土している。
394　河南省文物研究所「禹県東十里村漢画像石墓」『中原文物』1985年第3期54頁。
395　山東大学考古系等「重慶万州区大周渓東漢六朝墓発掘簡報」『考古与文物』2002年増刊28頁。
396　中国科学院考古研究所考古研究所洛陽発掘隊「洛陽西郊漢墓発掘報告」『考古学報』1963年第2期43頁。
397　黄河水庫考古工作隊「河南陝県劉家渠漢墓」『考古学報』1965年第1期156頁。
398　湖南省博物館「長沙南郊砂子塘漢墓」『考古』1965年第3期118頁。
399　中国社会科学院考古研究所『漢杜陵陵園遺址』第53頁、科学出版社、1993年。
400　ここでいうところの権は、竿秤のおもりも含め、また天秤の分銅も含む。
401　石枢硯「河北省圍場県又発現両件秦代鉄権」『文物』1979年第12期92頁。
402　項春松「赤峰県三眼井出土秦鉄権」『考古』1983年第1期75頁。
403　李浪濤等「陝西省礼泉県出土漢代鉄権」『文物』1998年第6期23頁。
404　蔣英炬等「山東文登発現秦代鉄権」『文物』1974年第7期94頁。
405　吉林大学考古学系等「遼寧錦西市邰集屯小荒地秦漢古城址試掘簡報」『考古学集刊』第11集145頁、中国大百科全書出版社、1997年。
406　敖漢旗文化館「敖漢旗老虎山遺址出土秦代鉄権和戦国鉄器」『考古』1976年第5期335頁。
407　広西壮族自治区文物工作隊等「広西興安県秦城遺址七里圩王城城址的勘探与発掘」『考古』1998年第11期45頁。
408　張延峰「咸陽博物館収蔵的一件秦鉄権」『文物』2002年第1期87頁。
409　丘光明「我国古代権衡器簡論」『文物』1984年第10期77頁。
410　湖南省博物館等「湖南益陽戦国両漢墓」『考古学報』1981年第4期547頁。
411　郭徳法「渭南市田市鎮出土漢代鉄器」『考古与文物』1986年第3期11頁。
412　杜葆仁等「東漢司徒劉崎及其家族墓的清理」『考古与文物』1986年第5期54頁。
413　福建博物院等『武夷山城村漢城遺址発掘報告（1980～1996）』第330頁、福建人民出版社、2004年。
414　鄭州市文物考古研究所等「河南鞏義市新華小区漢墓発掘簡報」『華夏考古』2001年第4期50頁。
415　黄河水庫考古工作隊「河南陝県劉家渠漢墓」『考古学報』1965年第1期158頁。
416　呉天穎「漢代買地券考」『考古学報』1982年第1期15頁。
417　秦俑坑考古隊「臨潼鄭荘秦石料加工場遺址調査簡報」『考古与文物』1981年第1期40頁。
418　秦中行「漢陽陵附近鉗徒墓的発現」『文物』1972年第7期52頁。
419　謝遂蓮「鄭州市郊発現漢代鉄刑具」『中原文物』1981年第1期16頁。
420　洛陽焼溝漢墓出土の鉄削刀は98点を数え、そのうちA型彎体のものは9点、B型直体のものは89点である。
421　洛陽焼溝の225基の両漢墓葬では、銅帯鉤21点が出土し、年代は前漢中期から後漢後期であるのに対し、鉄帯鉤の出土はわずかに3例で、年代はいずれも前漢後期である。
422　雲翔「歯刃銅鎌初論」『考古』1985年第3期258頁。
423　武夷山城村出土の鉄器では、北方の特色を具えた五歯钁・鏵冠・などが発見されているが、中原地域から伝来した鉄器であろう。
424　これまでに見られる秦漢時代の鉄三足架では、三門峡三里橋秦末漢初の秦人墓（三門峡市文物工作隊「三門峡市三里橋秦人墓発掘簡報」『華夏考古』1993年第4期47頁）と、西安南郊秦末漢初墓（西安市文物保護考古所『西安南郊秦墓』第587頁、陝西人民出版社、2004年）の出土例が最も年代が早いが、これ以外では、北方地域で両漢時代の鉄三足架が発見された報告はない。

第6章　秦漢鉄器の応用と古代鉄器工業の全面的発展

　秦漢時代の400余年間、中央集権多民族統一国家の形成と発展にしたがい、中国古代鉄器・鉄器工業は、戦国後期における鉄器の初歩的普及と鉄器工業の初歩形成の基礎上に全面的発展を遂げ、中国古代社会は本格的に鉄器時代へと入っていった。この鉄器時代の到来は、単に鉄器類型の増加や形態・構造の完全化だけではなく、応用地域がさらに拡大したこと、社会生活の各領域に普及したこと、そして中国古代の鉄器化過程が基本的に実現したことなどをより一層表出している。鋼鉄技術は絶えず進歩・刷新し、鉄器生産の質量は急速に向上し、またその規模も急速に拡大し、中国古代鉄器工業は成熟へと向かっていくのである。

第1節　中原地域の鉄器化過程

　秦漢帝国の中心統治区である中原地域では、戦国後期の鉄器初歩普及を元に、鋼鉄技術の進歩と鉄器工業の全面発展、鉄器の社会生活各領域上の更なる普及、鉄器化過程の急速な推進などにより、全国に先駆けて鉄器化を実現した。その過程は四つの発展段階を経過する。

第一段階

　秦代と前漢前期、秦王朝の建立から漢武帝初年までの紀元前221年〜前119年前後である。戦国後期にすでに出現していた鉄器類型が引き続き流行し、同時に鉄鉵が現れ、その単面・双面・半円形などの多種多様な形態は、鉄工具が金属などの硬質材料の細工加工に一層広く応用されたことを反映している。同様に鉄鋸が青銅器の切割加工に用いられ始めた。土掘り専用の鐏具、削り作業に用いる木工工具の刨刀、彫刻専用の刻刀などの加工工具の出現は、鉄工具の専門化傾向がさらに進んだことを反映している。鍛銎技法が広く斧・錛・鑿・鏟など竪銎鉄工具の製作に応用され、各種鍛銎鉄器が大量に現れ、これにより、製鉄業の興っていない、あるいは発展の遅い地域に帯銎鉄器の製作と使用を大いに促すこととなった。彎体削刀は消失の傾向にあり、代わって直体削刀が急速に流行し、形態と用途の多様な砍刀が出現し次第に増加していった。これは、日常の生産・生活の中で鉄刀具の応用程度が向上していったことを反映している。この他、大形の犁鏵が農田耕作に用いられるようになる。ここに至って、まず生産工具が基本的に鉄器化を実現したことになる。また、長剣が急速に発展し戦闘の常用兵器となり、鉄甲冑などの防護装備が大量に増加、長柄矛・鈹・鍛などの新型兵器も生まれ、鉄製武器武具が次第に青銅兵器の古い制約から脱していったことを物語る。車軎・車轄・車輨及び支架などの車器の出現は、車馬機具類の鉄製品が急速に展開していったことを示す。日用器具では、釜類の炊器の形態に多様化が見られ、応用地域も急速に拡大し、杵臼・三足架・方炉・円炉・鎮なども現れ、鉄器が日常生活の領域にさらに普及していったことが見て取れる。鉄銭幣と度量衡器の出現は、商業流通領域における鉄製品応用の開始であった。社会生活各領域で鉄器の応用が始まった段階といえよう。

第二段階

前漢中後期、漢武帝元狩四年の塩鉄官営実施から莽新滅亡までの紀元前119年～紀元後24年前後である。塩鉄官営の実行により、鉄器工業は政府の専売経営の時代に入った。鉄器のうち各種加工工具は引き続き専門化の方向に発展し、架鋸や特殊な作業に用いる孤形鋸、多歯鉆頭などが出現した。横銎斧の出現と流行は、それらがすでに同類青銅器の構造・形態の制約から脱したことを示している。凹口鍤の数量は増加し、流行地域も拡大、形態もさらに多様化し、凹口鍤形器の機能が鍤・耒・耜・鋤の鉄刃だけに限らず、耘鋤など畜力農耕具の鉄刃にまで及んだことを表す。犁鏵は戦国時代に出現し、前漢後期に急速に発展し、形態・大きさの異なる各種鏵が大量に現れ、また様々な状況に応じた各種形態の鏵土も現れ、播種の耬車も鉄製耬鏵を使用し始めた。抹泥板の出現は、土木施工領域における鉄器応用がさらに普及した直接的反映である。武器武具では、鉄鋌銅鏃は消滅に向かい、長刀・短刀など新型兵器が生まれた。戦争・格闘形態の変化の要請に応じるものである以上、鉄兵器が基本的に青銅兵器の制約から脱して独自の発展経路をたどり始めたことを示し、それゆえ鉄器化が実現したといえる。鉄器の日常生活での応用程度はさらに向上し、双耳鍋・提梁罐・灶・燭台・鎖具・筷子・剪刀・耳勺など新しい日用器具が出現し、鉄器が民衆の日常生活の中により多く普及していったことを示し、日用器具の鉄器化も初歩的実現に達していた。中原地域を代表とする中国古代の鉄器化過程は、前漢末期には基本的に実現していた。

第三段階

後漢前期、後漢王朝の建立から漢章帝末年の紀元25年～87年前後である。この時期の鉄器発展はなお塩鉄官営を背景に進んでいくが、主に鉄器化が基本的に実現した後の継続発展として捉えられる。鉄長刀が主戦格闘兵器へと発展するように、前漢時代に見られた鉄器類型が一層充実し、同時に、鉄鉗が多種多様な形態・構造に発展したり、日用器具中に盆・盤などの盛器や鉄軸紡錘車が出現するなど、新たな器形・器類が出現する。また装身具である鉄鏡の出現は[3]、鉄器が日常生活領域にさらに普及したことの表れであろう。社会生活各領域での鉄器使用量が絶えず増加していることは特に重要である。

第四段階

後漢中後期、漢和帝即位から後漢滅亡の紀元88年～220年前後である。漢和帝が即位して塩鉄官営の廃止を宣言し、鉄器工業に自由な発展が生まれた歴史条件の下、もともとあった鉄器類型が一層豊富かつ完全なものとなっていく。また、鈹戟・鉤鑲などの新型兵器が出現し、日用器具に鏨子・提灯・多枝灯・熨斗などが加わり、こういった新しく見られる器具は、あるものは同類青銅製品（熨斗など）を模しているが、またあるものは鉄製品として新しく作られた器類・器形である（鏨子など）。雑用器具では、死者を埋葬する際に専用とする圧勝牌・買地券などの葬送用品が出現した。これは鉄器化が基本的に実現し、鉄器工業の自由発展後に鉄器が継続して発展することで出現した必然的現象であろう。

秦漢時代鉄器の発展過程は、生産工具の全面鉄器化・武器武具の基本的鉄器化・日用器具の初歩的鉄器化などを指標として見た場合、中原地域が前漢末期には基本的に鉄器化が実現し、後漢時代にはその実現を踏まえて鉄器が継続して発展していくことを示している。指摘すべきは、鉄器化過程は一つの逐次的に推進される歴史発展過程であり、かつそれぞれの社会生活領域の鉄器化過程には差異がある、ということである。また鉄器化の基本的実現は、必ずしも一切の銅製工具・兵器・

各種器具が鉄に転換したことを意味するわけではない。

　これに関しては、大量の考古発見から説明が可能である。秦始皇陵園とその陪葬坑の発掘では、大量の各種鉄製生産工具が出土したが、兵器は依然青銅製が主であった。例えば、1974～1984年の1号兵馬俑坑の発掘で、鉄直口錘・鏟・錘・斧・鏨・削刀など鉄工具16点、鉄釜3点などの鉄製品が出土したが、出土兵器中、鉄矛1点・鉄鏃1点・鉄鋌銅鏃1点を除いて、他は、銅剣17点・矛5点・戈1点・戟4点・鈹16点、束になった銅鏃280束と分散したもの1万余点といった青銅製の兵器であった。ここから秦代においては、鉄製生産工具が広範に使用されると同時に、兵器ではなお青銅兵器が主要な地位にあったことが見て取れる。前漢初期の臨淄斉王墓陪葬器物坑（紀元前179年前後の埋葬）の出土遺物では、生産工具に環首削刀3点と竪銎钁・六角鋤・凹口錛各1点があり、いずれも鉄製品である。武器武具には鉄製品で戟141点・矛6点・鈹20点・殳2点・鎧甲など計170余点があり、銅兵器は剣2点・矛14点・戈2点・戟4点・弩機72点の計94点に銅鏃1810点がある。車馬器では銅製品が鉄製品よりも多い。日用器具では1点の方炉が鉄製品であるのを除いて、他はみな銅器・陶器・銀製品である。満城漢墓は前漢中山靖王劉勝とその夫人竇綰の墓葬であり、埋葬年代は漢武帝元鼎四年（紀元前113年）及びそのやや後である。満城1号墓の出土遺物では、生産工具のうち鉄器が削刀29点（あるものは兵器の短刀に含めるべきである）・竪銎钁15点・鑿16点と斧・錛・鐮・鋸条・錘など計67点があり、銅器が削刀8点である。武器武具では、鉄製品が剣9点・匕首1点・戟2点・矛1点・長柄矛2点・杖1点・長刀1点、そして鎧甲など計18点に鉄鏃371点があり、銅製品では剣3点・匕首1点・戈2点・弩機37点の計43点がある。車馬器では銅製品が鉄製品よりも多い。日用器具では5点の円炉と方炉を除き、みな銅器・陶器・金銀製品などである。2号墓の出土遺物では、生産工具がみな鉄製品で、削刀49点・鏟7点・钁2点・鋸条3点・鉄鋳範36点、鏨・錘・犂鏵・二歯钁・三歯钁などと併せて計102点である。兵器では銅剣2点・弩機2点・鉄鋌銅鏃18点がある。車馬器と日用器具の状況は1号墓と似ており、ほかに鉄尺・権・灯・炉などの鉄器がある。漢長安城未央宮は、前漢末期に戦火により破壊されている。1980～1989年の未央宮遺跡発掘中に鉄器868点が出土し、鉄斧・錛・鑿・削刀・刀・鏨・鐮・砧・鈷・鐸冠・錘・鏟・鎌刀・夯頭などの生産工具が計45点、鉄剣・矛・戟が計10点、弩機7点とその部品45点、大量の鉄族と甲片などの武器武具、そして日用器具がある。ただし共伴する銅器には、鉄鋌銅鏃68点、弩機4点、弩機部品20点、そして車馬器・日用器具などで、銅製生産工具はいまだ見られない。以上は、秦・前漢時代の鉄器種類は絶えず増加すると同時に、鉄器数量が次第に増加し青銅器数量が次第に減少する消長の傾向を経過することを示している。また、生産工具において鉄製品が青銅製品に取って代わるのはおおよそ秦代で、武器武具において鉄製品が青銅製品に変わるのが大体前漢末期と考えられる。

　鉄器化の実現は、必ずしも鉄器がその他の材質の器具全てに取って代わるものではない。器具の機能によって異なる材質を要求・選択して製作するのであり、そのため経済的条件の下に器具はその機能を発揮することができる。さらには、自然界の異なる材質・異なる性能を有効に利用するのであり、いわゆる"因材致用"・"因器取材"の協調的発展といえる。言うまでもなく秦漢時代の日用器皿は一般に陶器・漆器・銅器であるが、他の器具でも"因器取材"に基づいている。1978年発掘の湖南資興107基の後漢墓中、93基で鉄器20数種428点が出土した。生産工具・兵器・日用器具などがあり、それと共存する銅器中、鉄器器種と同じものは、銅矛5点・環首長刀6点・弩機2点・

釜 8 点・盆 3 点・豆形灯 2 点などがある。明らかに銅兵器は完全に消滅したわけではなく、銅製日用器具はさらに多く、生産工具が全て鉄製品になっただけである。鉄削刀は秦漢時代に広く使用されたが、銅削刀も数量は大幅に減少するものの消滅せず、後漢時代でも依然見られる。例えば1989～2001年に西漢市東郊白鹿原西北坡で両漢墓葬94基が発掘され、鉄削刀計26点が出土したが、同時に 9 基の墓葬で銅削刀11点が出土している。その形態はいずれもＢ型Ⅱ式の鉄削刀と同じであり、年代は後漢中期と後期である。遠射兵器の鏃は、秦漢時代に鉄鏃が次第に増加し軍隊の主要装備となるが、銅鏃もすぐにはなくならず、前漢中期の満城 1 号墓や漢長安武庫遺跡などでいずれも発見され、作りも精良で、後漢時代まで継続する。弩機は重要な遠射兵器の一種で、起源は先史時代にまで遡る。青銅弩機は春秋時代に出現し、戦国時代には大量に軍隊に装備され、武器武具の重要な組成部分となる。戦国後期に鉄で作り始め、易県燕下都では戦国後期の弩機鉄郭が発見されている。漢長安城未央宮遺跡では、鉄弩機 7 点と部品45点が出土し、その数量は同類青銅製品をしのぐ。ただし秦漢時代全体では、銅弩機は終始主要な地位にあり、後漢時代の銅弩機もたびたび発見され、さらに魏晋時代にも依然見られる。鉄長刀は前漢後期に出現し後漢時代に流行した主戦格闘兵器で、各地で大量に出土するが、少数ながら銅長刀も存在する。蘄春楓樹林陳家大池 9 号墓で銅環首長刀 1 点が出土し、切先は欠けるが通長71.2cmで、Ａ型Ⅰ式の鉄長刀と同じ形態であり、年代は後漢前期である。常徳東江 1 号後漢前期墓でＡ型Ⅰ式鉄長刀 1 点（Ｍ 1 ：2）が出土し、長122cm、また同時に出土した銅長刀 1 点は（Ｍ 1 ：63）長70cmで、形態はＡ型Ⅰ式鉄長刀と同じである。河南正陽李家 5 号漢墓は、平面"中"字形の前室・後室・左右耳室からなる磚室墓で、年代は後漢中期、 2 点の鉄環首長刀が出土したのと同時に、銅環首長刀 2 点も出土している。Ｍ 5 ： 5 は、完形で細長く、楕円形の環首、直背で直刃、切先はやや欠ける。残長70、寛2.7cmで、その形態・構造は同時期の鉄環首長刀（Ａ型Ⅱ式）と全く同じである。短刀も同様であり、宜昌前坪後漢墓で鉄環首短刀 2 点が出土すると同時に、銅環首短刀 1 点（Ｍ 2 ：13）も出土し、長64cm、Ａ型Ⅱ式鉄短刀と同じ形態であり、年代は後漢前期である。日用器具中、後漢時代に広く流行した各種鉄灯・釜などは、同類銅製品も同じように流行する。装身具でよく見られる帯鉤は、戦国初期に鉄製品が出現し、戦国時代に一時期流行するものの、秦漢時代に至ると、鉄帯鉤は急速に減少し消失へと向かう。かえって流行したのは銅帯鉤・玉帯鉤・金銀帯鉤であり、これは魏晋以降まで続く。鉄鏡は後漢前期に出現するが、終始流行の兆しは見せず、銅鏡と同列に論じることはできない。装身具で鉄製品が流行しにくいのは、鉄金属が錆びやすく、外見も銅・玉・金・銀などの優美な特性に劣るからであろう。

　秦漢時代の鉄器化過程における一つの注目すべき現象は、鉄製模型明器の出現と流行である。随葬専門の、死者のために制作した明器の出現は、はるか先史時代に遡る。先秦時代の模型明器は、ほとんどが陶製か木製であるが、前漢初期に鉄製品が現れた。漢景帝陽陵南区叢葬坑出土の420点以上に上る鉄剣・矛・戟・鏃等は、みな陶俑の佩帯する明器であり、出土の鉄錛・鑿・鋸・直口鍤など生産工具366点の大多数も明器であり、"造形は精良で、各部品の完備していることは本物同様である"。これは目下知られる最も早い鉄製明器である。他に、永城柿園前漢墓でも造形の精緻な鉄製模型明器が出土している。前漢中期以後には、鉄製模型明器は次第に普遍的な随葬品となっていく。洛陽焼溝漢墓632号墓と82号墓で小型鉄剣 8 点が出土し、当該墓地でよく見られる鉄剣と同じ形態で、"大きさが、長20～30cmとごく小さいのみで、……おそらく馬車明器上の小木人が帯び

ていたものである[20]"。この他、満城漢墓出土の前漢中期の車馬器模型明器や、西安漢杜陵陪葬坑出土の前漢後期の兵器・生産工具模型明器、塩城三羊墩後漢初期墓出土の鉄戟模型明器[21]などがある。模型明器は死者にとって必需・重要なものであろうが、ただし現実社会生活の中では実用価値はない。その出現は、鉄がすでに稀少・珍貴なものではなくなり、鉄器は常見・常用されるものゆえ、実用価値のないものの製作にまで使われるようになったこと示し、これは鉄器の使用が葬送活動にまで拡大したことを直接反映し、また鉄器が広く応用されたことを暗示し、鉄器化過程が基本的に実現したことの重要な指標の一つであるといえる。

　いま一つ注目すべき現象は、鋼鉄が建築材料に使用されたことである。鋼鉄で建築部材を制作することは戦国時代にはすでに始まり、秦漢時代にさらに応用され、大量の鉄部材の発見がそれを明らかにする。また秦漢時代の重要な発展の一つは、鋼鉄を直接建築施工に用いたことである。満城2号墓の墓門は、磚と溶解させた銑鉄で構築した"磚墻鉄壁"である。その構造と施工方法は次の如くである。墓道に中から外に向かい順に二つの磚墻を積み築き、磚墻の間に黄土を充填する。次いで、二番目の磚墻の表面に厚さ5cmほどスサ混じりの泥を一層塗り、その後、幅14cmの空間を残して、再び封門用の墻を一番外に築く。そしてその頂部に草泥土で鋳口を設けておき、しかる後溶鉄を一杯になるまで流し込む。こうして、両側が磚墻で中間が鉄壁の"磚墻鉄壁"となる[22]。満城1号墓の封門も同じ方式を採用している。両墓の年代は紀元前113年とやや後の前漢中期で、これは目下見られる磚墻鉄壁で最も早い実例である[23]。ここから、遅くとも前漢中期に鋼鉄が建築材料として直接建築・施工に用い始めていたことが分かり、鉄金属が広範に応用された重要な指標の一つである。

　秦漢時代の鉄器化問題を深く認識するため、ここで鉄銭幣の出現と使用の問題について分析する必要がある。関連の文献記述によると、古代ビザンティンの民は鉄銭幣を使用し、銅銭幣は用いなかったとされ、世界で最古の鉄銭幣は古代ギリシャの鉄器時代に生まれたことになる。中国では、殷代銅貝貨の出現から数えると、金属鋳幣の出現は3000年以上前に遡るが[24]、ただし先秦時代に鉄銭幣が出現していたか否かは信頼できる証拠がない[25]。文献記載によれば後漢初期、すなわち漢建武六年（30年）に公孫述が蜀に拠って"銅銭を廃し、鉄官銭を置く。"といい[26]、"鉄を以って銭を為るは、公孫述の蜀に拠るに始まるなり[27]"とされる。ただし考古発見によると、その出現は後漢初期よりもさらに早まる。前述のように、湖南衡陽鳳凰山・長沙砂子塘・資興旧市・湖北宜昌前坪などで、漢文帝から武帝元狩五年の前漢前期墓で一定量の鉄四銖半両銭が出土し、よって中国鉄銭幣の出現も少なくとも前漢初期の文帝時期と考えられる。その出現の社会的要因に関しては、一つは鉄銭幣の鋳造が利潤を得ることができたからで、漢文帝時期に貨幣鋳造を行うものが故意に銅貨幣中に鉄を混ぜて高額の利潤を得る現象が出現した[28]。これは鉄銭幣出現の前段階といえる。今一つは当時の諸侯国が銭幣鋳造権を持っていたことと直接関係し、当時の漢朝廷は鉄銭幣鋳造を禁ずる法令を発していたが、勢力が大きく地方に割拠していた諸侯国にとってはほとんど空文化し、鉄銭幣鋳造は可能であった。それゆえ漢文帝時期に鉄半両銭が出現したわけである。

　指摘すべきは、以上の状況や、前漢前期に鉄銭幣がある地方で鋳造されたという文献記載があるにもかかわらず[29]、前漢前期には発見地点と数量が非常に限られることである。前漢前期の半両銭では、銅半両銭は全国各地で発見されているが、鉄半両銭は湖南と湖北の少数地点でのみ発見されている。銅半両銭の発見は万を以って数えられるが、鉄半両銭は千枚に満たない[30]。両種が共伴する場

合でも、両者の数量は天地の開きがある。湖北宜昌前坪30基の前漢墓では、銅半両銭1072枚に銅五銖銭23枚が出土したが、鉄銭幣は２基の墓葬で鉄半両銭が14枚出土したのみである。湖南資興旧市・木銀橋の両地で発掘された256基の前漢墓で、前漢前期の各種銅銭幣計2469枚が出土したが、鉄銭幣は70号墓で８枚の鉄半両銭が出土したのみである。以上から、前漢前期における鉄銭幣使用の一端が分かるであろう。

　両漢時代全体からいうと、考古発見では鉄五銖銭・大泉五十銭・大布黄千銭・無紋銭などの鉄銭幣の出土があるが、その出土地点・数量ともに、銅銭幣と比べると微々たるものである。考古発見をもとに関連の文献記載と併せて見ると、両漢時代鉄銭幣の鋳造と使用に関して、以下のような認識を提示できる。

　第一に、漢文帝時期より後漢時代末期に至るまで、鉄銭幣の鋳造と使用はずっと存在していた。しかし終始漢王朝の法定流通貨幣となることはなく、個別地区と何らかの特定状況下でのみ鋳造・使用された。漢王朝の法令では、一貫して銅銭を鋳造する際に鉄・鉛を混入することを厳禁しており、当然鉄銭幣を鋳造することも禁止された。よって、漢代の鉄銭幣は公孫述が蜀に割拠した際に官鋳した以外は、一般的に全て私鋳銭であった。鉄銭幣が法定貨幣とならなかった所以は、鉄金属が錆びやすく流通の性格に見合わなかったこと、当時は銅が高価で鉄は廉価であったため貯蓄には向かなかったことなどと関係があろう。

　第二に、鉄銭幣の出現と鋳造は、当時の国家による鋳幣政策やその管理、また政治・経済の情勢と密接な関係にあった。漢初は諸侯国が強大で、貨幣鋳造権も擁しており、また漢文帝時期に鋳幣改革を行い、文帝五年（紀元前175年）に、"更に四銖銭を鋳し、その文"半両"と為し、民をして縦いままに自ら鋳銭することを得せしむる"とし、鉄銭幣出現が可能な状況があった。武帝以後、両漢の中央政府は一貫して民間の銭幣私鋳を厳禁し、地方政府の鋳銭に対しては、時に締付け時に緩めていた。漢代の中央鋳銭工場址と郡国の鋳銭工場址はいずれも発見されている。武帝時期には鋳幣政策の改革が施行され、元鼎二年（紀元前115年）に、"悉く郡国に禁じて鋳銭することなからしめ、専ら上林三官に鋳せしむ"こととなり、鋳幣権を中央に収め、この後しばらく鉄銭幣はほとんど見られなくなる。前漢末期、王莽が漢を簒奪し新王朝を建てると、居摂二年から天鳳元年までの間（7〜14年）に、前後四次にわたる貨幣改正を行い、併せて郡国の鋳銭を緩和し、複雑な貨幣価値と種類名目の混乱、また私鋳銭・盗鋳銭の風潮の盛行を引き起こした。そのため鉄銭幣の鋳造と使用が再度現れ、今の陝西・河南・湖南などの大泉五十・大布黄千など新莽時期鉄銭幣と、後漢初期鉄銭幣が発見される歴史背景となったのである。前・後漢の境には公孫述が蜀に割拠し、一時期鉄銭幣を鋳造した。後漢後期には、社会政治の腐敗、経済の衰退、情勢の不穏などのため、貨幣鋳造は混乱に向かい、"剪輪五銖"など劣悪な貨幣が横行し、再び鉄銭幣の増加をもたらした。これが、後漢後期墓葬で鉄銭の埋葬が増加した歴史的要因であった。

　第三に、両漢時代の鉄銭幣の使用には多種多様な状況があったことである。一つは、ある地域のある時期に、補助的貨幣として銅銭幣と同じように流通したということである。衡陽鳳凰山71号墓では320枚もの鉄半両銭が出土し、資興旧市70号墓では、８枚の鉄半両銭と４枚の銅半両銭が混ざって出土し、長沙砂子塘５号墓被葬者の頭部付近から鉄半両銭33枚が出土、宜昌前坪35号墓では12枚の鉄銭幣と10枚の銅半両銭が共伴するなど、上記の状況を反映しているものかもしれない。今一つは、ある特定地域の特定時期に法定貨幣として流通使用されたもので、公孫述蜀割拠時期の鉄

第 6 章　秦漢鉄器の応用と古代鉄器工業の全面的発展　285

銭幣鋳造がそうである。さらに、偽造貨幣として銅銭幣に混ぜて使用した場合である。資興264号墓の2枚の鉄大布黄千は15枚の大泉五十と20枚の銅五銖銭と共伴し、陝西乾県発見の3枚の鉄五銖銭は20数枚の銅五銖銭と一緒に麻縄に通されていた。また井径南良都2号銭幣窖蔵罐から40余枚の鉄銭幣と70kgの銅銭幣が一緒に出土するなど、当時鉄銭幣が銅銭幣に混ぜて使用されていたことを示すと思われる。この他、冥銭として銅銭幣の代わりに埋葬に用いられたものがある。概して両漢時代は、鉄金属が銭幣の鋳造に用いられたが、その出現は社会経済の発展に積極的な作用はもたらさず、ただ当時の銅貨幣制度実施過程で生まれた"変異体"であった。漢代鉄銭幣は数量が少ないだけでなく、その性質も、のちの南朝梁武帝が法定本位貨幣として鋳造したものや、北宋王朝が鉄銭監を設置して鉄銭幣を鋳造したのとは、本質的に差異がある。

　秦漢時代中原地域の鉄器化過程を概観すると、鉄器化はまず生産工具から実現し始め、次いで武器武具が鉄器化し、その後日用器具が鉄器化していくことがわかる。また車馬機具の鉄器化は初歩的実現に留まり、度量衡器に関しては全体的にはなお逐次的進展の過程上にあったことが見て取れる。鉄銭幣の出現は、中国古代伝統の青銅貨幣発展体系の中の横道であり、貨幣発展の本道ではなかった。

第2節　辺境地域の鉄器化過程

　秦漢時代鉄器発展の重要な指標の一つは、応用地域の拡大化であり、特に中原系統鉄器と鋼鉄技術が辺境地域へ急速に拡がる様は顕著で、辺境地域の鉄器化過程は一層加速する。

　西北地域の秦漢時代鉄器の発展は、その地域により状況に差がある。新疆地域では確実に秦・前漢時代と年代づけられる鉄器の発見はやや少なく、後漢ないし漢晋時期とされるものが多い。崑崙山北麓では、民豊尼雅遺跡の数次の調査と発掘で、常に鉄器が出土し、主に木柄鉄小刀・木柄鎌刀、また三翼鏃・帯扣・勺・鈎・環など小型鉄製品と、鉄空首斧・鑱などが見られる。その年代は主に後漢中後期で、漢晋時期に下るものもある。洛普県山普拉Ⅱ号墓地では、小刀5点・鎌刀・帯扣・三翼鏃などの鉄器9点が出土している。共伴の"見日之光"銅鏡と紀元前135年の炭素測定データから、年代前漢後期に当たる。塔里木盆地東南辺の且末県加瓦艾日克6号墓では木杆鉄鏃が出土し、年代は後漢時代である。羅布泊地区では、楼蘭古城址の調査と付近の古墓葬の発掘清理で、三翼鏃・鑱形双刃鏃・耳飾・釘などの鉄器が出土しており、年代は前漢後期から漢晋時期の間である。天山中段南麓の和静県察吾乎Ⅲ号墓地で墓葬20基が発掘され、短剣・三翼鏃・鏡形器・釘・器柄などの鉄器21点が出土し、年代は後漢時代である。北疆に位置する伊犂地区昭蘇県の古代烏孫の墓葬から、小鉄刀、鉄舌形犁鑱などの鉄器が出土している。東疆地区では、吐魯番交河故城溝西墓地で鉄小刀・鏃・円形牌飾・長方形牌飾・環などの鉄器が出土し、共伴の銅五銖銭から年代は前漢時代に相当すると分かる。交河故城溝北1号台地の55基の古墓では、鶴嘴斧・小刀・鏃・馬銜・馬鑣・帯鈎等の鉄器が出土し、年代は漢代。新疆各地で発見された秦漢時代鉄器を総合して見ると（図153）、その類型は短剣・鏃を代表とする兵器と、鎌刀・各種小刀・錐などの工具、帯扣・耳飾などの装身具、馬具などの小型鉄器が主である。大型工具では鶴嘴斧・空首斧・鑱・犁鑱などがあるが、ただし大型の兵器と容器は今のところ未見である。鉄器の類型と形態構造から観察すると、出土の各種小型鉄器は、濃厚な地域文化の特徴を具えており、明らかに当地の先秦鉄器の伝統が継続し発

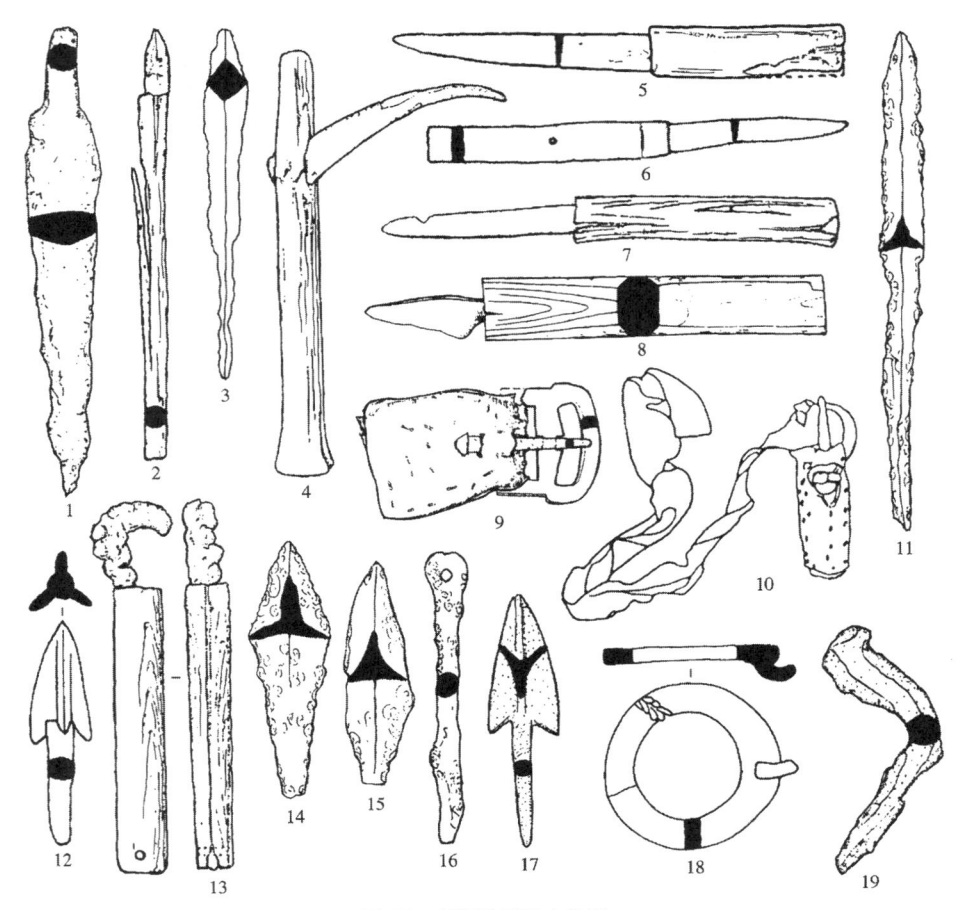

図153 新疆地域出土鉄器
1．短剣（察吾乎Ⅲ号墓地ⅢM10：1）　2・3．鏃（山普拉Ⅱ号墓地SPLⅡM6：352、楼蘭C：156-1）　4．木柄鉄鎌（民豊尼雅NY93A27F1：10）　5～8．木柄小刀（山普拉Ⅱ号墓地SPLⅡM6：221、山普拉Ⅱ号墓地SPLⅡM5：56、尼雅NY95ⅠVM4：27、尼雅NY95MN1M8：10）　9・10．帯扣（尼雅NY95MN1M8：3、尼雅NY95ⅠM1：13）　11・12．鏃（楼蘭C：158、吐魯番交河故城溝北M16②北：101）　13．木柄鉄錐（尼雅NY95MN1M8：19）　14・15．鏃（楼蘭C：154-1、楼蘭C：155-1）　16．錐（楼蘭C：169）　17．鏃（察吾乎Ⅲ号墓地ⅢM9：5）　18．帯鉤（吐魯番交河故城溝北M16②北：47）　19．釘（察吾乎Ⅲ号墓地ⅢM7：1）

展したものである。大型鉄工具のうち、空首斧と鑱はみな中原地域で常に見られるもので、"舌形犂鏵"はさらに関中地区の同類器と同じであり、おそらくは前漢後期にこの地域で屯田を行った漢朝の士卒がもたらしたのであろう。[52] 注目すべきは、1992年洛普県山普拉Ⅱ号墓地出土の木箭杆を装着した鉄鏃（SPLⅡM6：352）で、鉄鏃は三稜形を呈し、稜面は内彎する。鉄鋌は木箭杆内に挿入されている。鏃長5.5cm、年代は後漢時代である。[53] この鏃の形態は、当地伝統の鉄鏃とは明らかに異なり、却って中原地域の同類鏃（A型）と類似し、また当該墓葬では、"見日之光"銘の連弧紋鏡残片（SPLⅡM6：203）も出土しており、中原地域からの伝来品であろう。この他、漢代精絶国の故地である民豊尼雅遺跡では、1959年に漢代の錬鉄遺跡が発見され、また漢代于闐の故地に当たる洛浦県阿其克山麓や、天山南麓に位置する漢代亀茲の故地である庫車県阿艾山麓などでも、[54] 漢代の錬鉄遺跡が発見されている。[55] 当地域と中原地域の直接のつながりは前漢時代に始まる。漢武帝期に張騫が西域と通じたのを始まりに、漢王朝は西域と直接の関係を築き、交流は日増しに増加していった。後漢明帝の時（58～75年）、班超らが再び西域に使いし、その多くの王国が相次いで

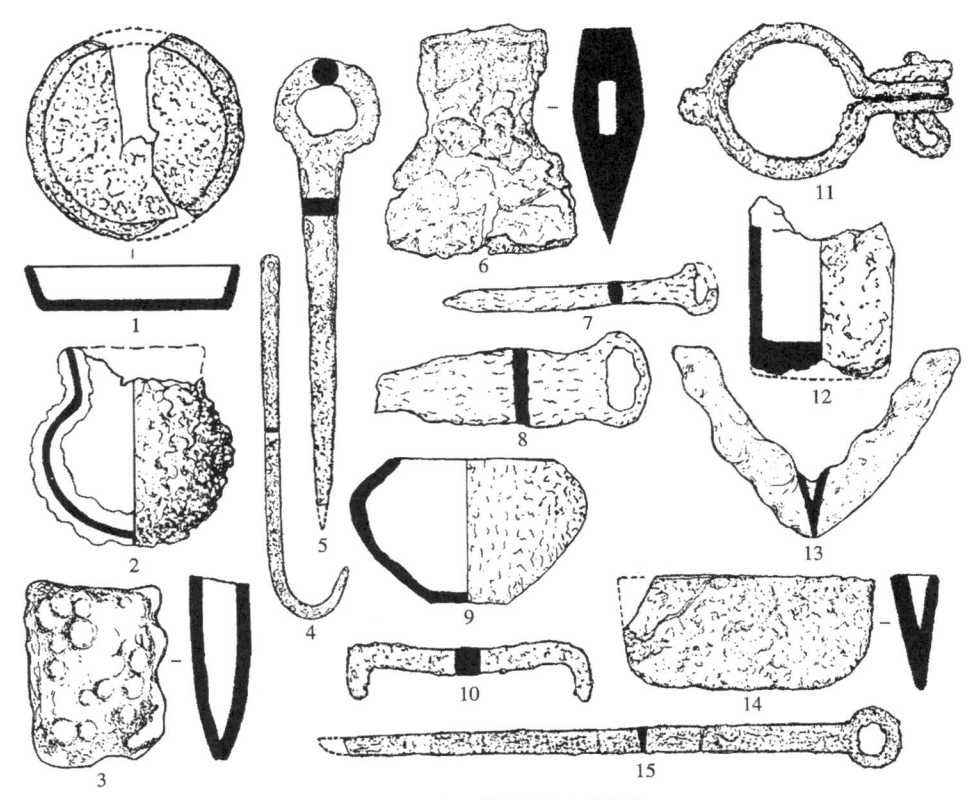

第 6 章 秦漢鉄器の応用と古代鉄器工業の全面的発展　287

図154　青海・隴山地域出土鉄器
1．盤（大通上孫家SSJ乙M 3：29）　2．釜（上孫家M 9：11）　3．空首斧（上孫家M 3：9）　4．鈎（上孫家SSJ乙M 1：01）　5．環首錐（上孫家M105：5）　6．横銎斧（上孫家M46：4）　7・8．小刀（固原北塬M 1：62、北塬M 2：379）　9．釜（北塬M 3：67）　10．耙釘（上孫家M115：01）　11．器物箍（上孫家M 8：10）　12．夯錘（上孫家M88：7）　13．鐏冠（上孫家SSJ乙M 3：28）　14．直口鐺（上孫家M122：04）　15．削刀（上孫家M115：15）

漢王朝に従属し、両者の関係はこれまでにない緊密さとなった。こういった背景の下、中原の文物は続々と西域に伝来し、その中には絹織物・銅鏡・銭幣・漆器などだけでなく、中原地域で製造された鉄器も含まれていたのである。同時に、中原地域で発達した科学技術と文化が急速に西伝し、その中にやはり先進的な製鉄技術もあったのであり、"漢使・亡卒の降るに及び、その兵器を鋳作するを教える"といわれる。[56]両漢時代は新疆地域の鉄器化過程の中でも一大転換期と考えられ、もともとの鉄器伝統が継続すると同時に、中原地域の鉄器を輸入し、中でも中原地域の鉄器冶鋳技術を急速に吸収し、それにより"鉄器を鋳するを知らず[57]"とい状況から"鋳冶をよくする[58]"という状況への転換を達成したのである。これは、この地域が漢代より正式に中国の版図に入り、その居民も中華民族に加わったことと同じであり、その製鉄技術も本格的に中国古代鋼鉄技術発展の歴史の潮流に入っていったのである。

　新疆以東・関中以西の広い地域における秦漢時代の鉄器発展は、中原系統鉄器の急速な拡大に示される。隴西山地では、1983年寧夏固原北郊の北塬で3基の新莽時期から後漢初期の墓葬が発掘され、鉄釜1点・剣1点・刀4点が出土し（図154-7～9）、そのうち鉄釜は完全に中原系統の鉄器に属する。[59]1999年固原城西で前漢中期から後漢前期の漢墓5基が発掘され、鉄円柱錘・環首削刀・環首錐・鎮・環などの鉄器が出土した。そのうち鉄錘・削刀・鎮などは明らかに中原系統鉄器に

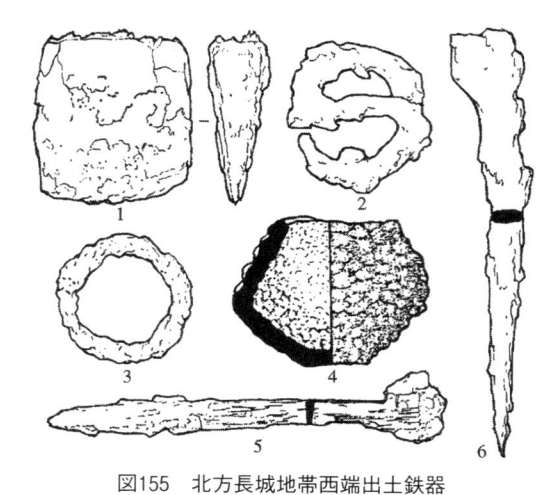

図155　北方長城地帯西端出土鉄器
1．空首斧（同心倒墩子M18：14）　2．帯扣（同心倒墩子M7：8）　3．環（同心李家套子TLM1：8）　4．釜（李家套子TLM2：1）　5．削刀（倒墩子M18：15）　6．錐（倒墩子M18：22）

属する。これら中原系統鉄器の存在は、明らかに現在の固原一帯が秦の統一後北地郡に属し、また漢武帝元鼎三年（紀元前114年）に安定郡郡治となった事情と直接の関係がある。1973～1981年に、青海大通県上孫家で182基の漢晋時代墓葬が発掘され、年代は前漢中期から漢末魏初に至る。発掘者は、当該墓群の族属は複雑で、羌人・月氏胡もいれば、漢人もいるであろうとした。この墓地では各時期の墓葬47基から計48点の鉄器が出土しており、削刀17点・直口鍤 6 点、ほか鏵冠・鑱・鎌刀・横銎斧・錛・釜・盤・板材など（図154）が見られる。また器形不明のもの21点に鉄棺釘96点があった。そのうち生産工具・日用器具のいずれも明らかに中原系統の鉄器に属する。これは漢武帝期にまず漢将が河湟地区に進入して軍事拠点の西平亭を修築し、後に臨羌県を置き、また後漢末の建安年間にも西都県を置き、漢文化の伝来を生んだ、そういった事情と直接結びつくであろう。武威雷台漢墓被葬者は張姓の漢将で、鉄変形四葉鸞鳳鏡など中原系統鉄器が出土しているのは不自然でない。1990～1992年に敦煌漢代懸泉置遺跡が発掘され、鉄錛・犁鏵・鏵冠・鍤・鑱・削刀などの鉄器230余点が出土し、ほぼ完全に中原系統の鉄器で、その年代は前漢中期から後漢後期である。明らかに、漢武帝時期における河西四郡の設置と両漢王朝の西北地域経営に従い、また中原系統鉄器の吸収を主要な手段として、後漢時代に基本的に鉄器化過程を完成させたのである。

　北方長城地帯における秦漢時代の考古発見は、この広大な地域が複雑な文化の様相と鉄器の継続的発展をもつことをまず提示する。墓葬を主とする考古発見についてみると、その文化遺存は二種類に分けられる。一つは漢文化であり、もう一つは少数民族の文化である。また異なる区域の異なる文化遺存中の鉄器には、一定の共通性もあれば、明らかな差異も見られる。そして少数民族の墓葬の鉄器でも二つの系統に分けられる。

　北方長城地帯西端では、1983年に同心県李家套子で後漢初期の匈奴墓 5 基が発掘され、鉄釜等明らかな中原系統鉄器が出土した（図155-4）。1985年には同心県倒墩子で墓葬27基が発掘され、年代は前漢中後期に当たる。前漢時代の三水属国都尉管轄下の漢に降った匈奴人の墓葬と考えられる。ここでは鉄空首斧・削刀・錐・鑿・帯扣・耳環等の鉄器計39点が出土しており、そのうち帯扣・耳環などは地方文化の特徴を持ち、その他の鉄器はいずれも中原系統に属する（図155）。1984年に塩池張家場で 8 基の墓葬が発掘され、年代は前漢から後漢初期で、漢代北地郡昫衍県境内の漢人墓葬とされる。ここで出土した鉄豆形灯などの鉄器は、中原地域の同類と完全に同じものである。ここから当区域の漢文化遺跡における鉄器は、もっぱら中原系統に属し、少数民族文化遺跡の鉄器は、民族特有の鉄器も少なくないが、ただし大部分はやはり中原系統に属する。

　北方長城地帯の中部、陰山南麓河套平原と鄂爾多斯高原では、秦漢時代の文化遺存はやはり漢文化遺存と少数民族遺存の両種が見られる。少数民族文化遺存をみると、1980年に准格爾旗西溝畔漢

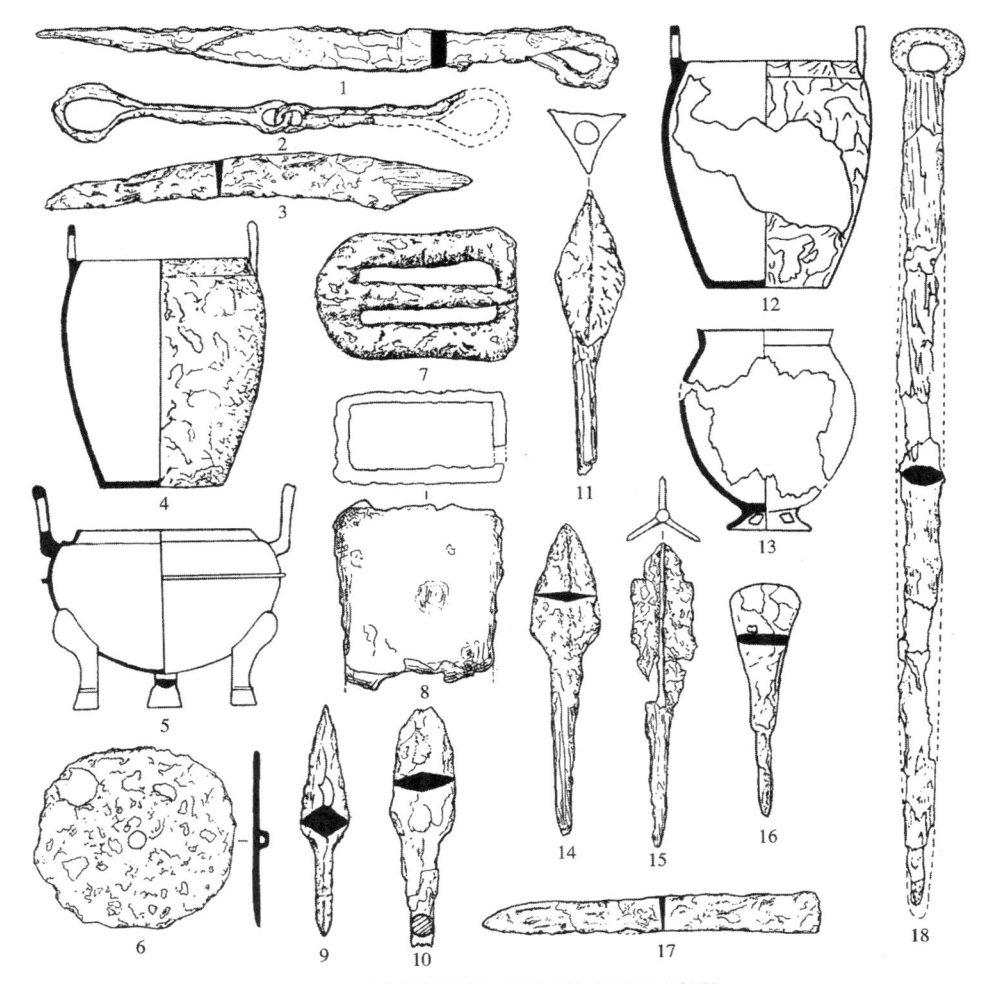

図156　北方長城地帯中部地域匈奴墓出土鉄器
1．小刀（准格爾旗西溝畔XGP：34）　2．馬銜（東勝補洞溝M6：3）　3．小刀（補洞溝M1：4）　4．鍑（補洞溝M5：2）　5．鼎（補洞溝M2：1）　6．馬面飾（補洞溝M4：5）　7．帯扣（補洞溝M1：2）　8．空首斧（西溝畔XGP：31）　9～11．鏃（西溝畔XGP：41、西溝畔XGP：12、補洞溝M3：6）　12・13．鍑（補洞溝M4：1、補洞溝M7：1）　14～16．鏃（補洞溝M3：5、補洞溝M4：4、西溝畔XGP：43）　17．小刀（補洞溝M4：2）　18．環首中長剣（補洞溝M3：1）

代匈奴墓の清理と付近の住居址の調査で、鉄小刀4点・鏃3点・空首斧・鋤板・鎧甲片など鉄器15点が発見され、その年代は前漢前期にまで遡る可能性がある。1980年に、東勝県補洞溝で漢代匈奴墓9基が発掘・清理され、各墓葬から鉄器が出土した。35点の鉄器は、鉄小刀4点・鍑3点・鏃7点のほか環首長剣・鼎・帯飾などがあり、年代は前漢末後漢初期である。上述の両地出土の鉄器（図156）のうち、西溝畔の空首斧・鋤板や補洞溝の鼎は、明らかに中原系統の鉄器であり、中原地域から伝来したものであろう。また西溝畔の鏟形双刃鏃（XGP：43）や補洞溝の二種類の鍑や環首中長剣・三翼鏃・帯飾・馬面飾などは鮮明な地域色を具える。これらは当地の先秦時代鉄器と明らかな継承関係にあり、その来源は当地にあるといえる。漢文化遺存はこの地区では相当豊富であり、古城址も多いが、さらに多くの墓葬が見られる。その秦漢城址はすでに十数か所発見されており、かつ大量の鉄器が出土している（図157）。呼和浩特市郊美岱（二十家子）古城では、前漢時代の鉄刀・短剣・馬鑣・鏃・甲片などが出土している。呼和浩特陶卜斉古城では、前漢時代の鉄直口

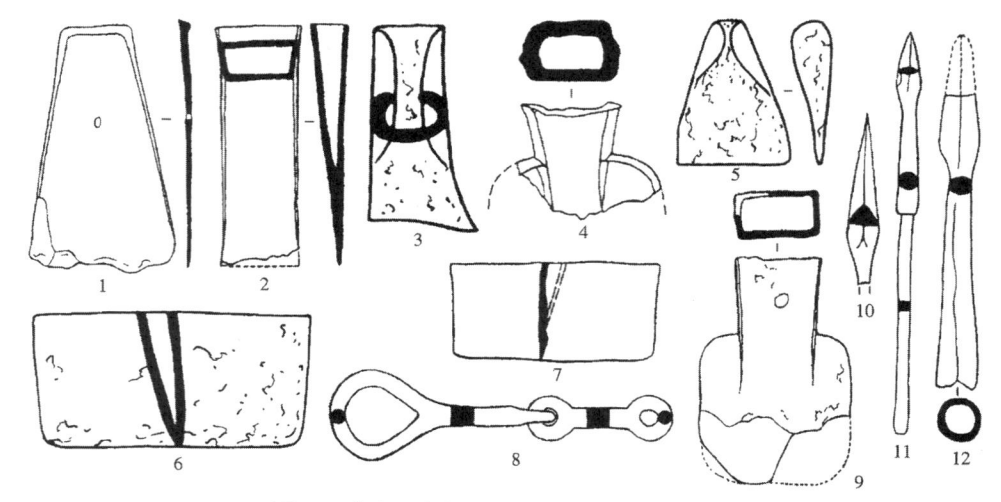

図157　北方長城地帯中部地域漢代城址出土鉄器
1．鋤板（和林格爾土城子古城T5：2：1）　2．竪銎钁（土城子古城C：03）　3．竪銎钁（呼和浩特陶卜斉古城T1870①：2）　4・9．鏟（土城子古城T2：3：5、土城子古城T2：3：2）　5．鏟（陶卜斉古城T1870③：1）　6・7．直口锸（陶卜斉古城C：06、土城子古城T3：2：5）　8．馬銜鑣（呼和浩特美岱古城T②：B9）　10・11．鏃（土城子古城T23：3：3、土城子古城T17：3：13）　12．矛（土城子古城T20：2：4）

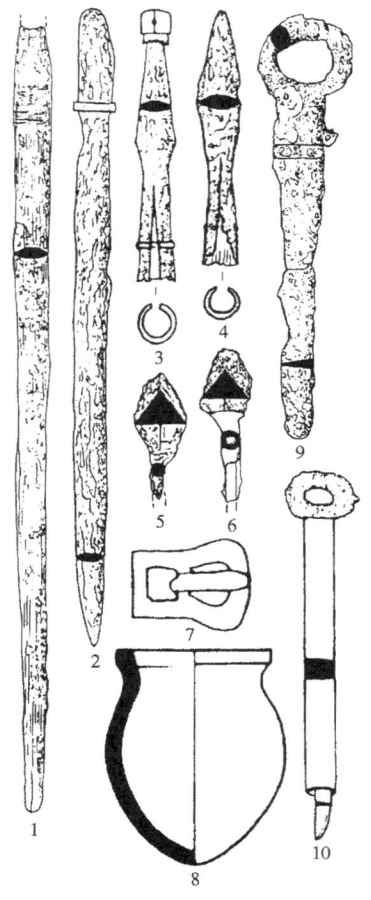

錛・截具などが出土している。和林格爾県土城子古城では、鉄竪銎钁・直口锸・鏟・矛・鏃・削刀などが出土している。この地区の漢代墓葬は百を以って数え、1988年から1995年の間だけでも、内蒙古中南部の鄂爾多斯高原と河套平原で245基の漢墓が発掘され、少数の前漢中期墓を除き、ほとんどが前漢後期から後漢初期、前漢元帝初元元年（紀元前48年）から後漢光武帝建武十六年（40年）の間である。墓葬出土鉄器（図158）のうち、磴口県沙金套海前漢中後期墓出土の鉄釜（M26：10）・直体削刀（M32：19）・直口锸（M33：15）や、鄂托克前旗三段地前漢後期墓出土の鉄釜（M1：4など）、烏海市新地前漢中期墓出土の鉄長剣（M10：5など）、包頭市召湾51号前漢中期墓出土の鉄直体削刀・長剣・鍛骹矛・三稜鏃など、いずれも中原系に属し、その漢式墓葬構造・副葬品と大きな一致性を見せ、また当地区の多くの漢代城址や中原系統鉄器の発見とも相応する。明らかに、秦漢時代北方長城地帯中部の鉄器の発展は、一つには当地の鉄器の伝統が継承され、また中原系統鉄器の伝来がさらに顕著であり、秦

図158　北方長城地帯中部地域漢墓出土鉄器
1．長剣（包頭召湾M51A：）　2．長剣（烏海新地M10：5）　3．矛（包頭召湾M51A：208）　4．矛（包頭召湾M51A：209）　5．鏃（包頭召湾M51A：200）　6．鏃（包頭召湾M51A：201）　7．帯扣（包頭召湾M51A：229）　8．釜（磴口沙金套海M26：10）　9．削刀（包頭召湾M51A：212）　10．削刀（包頭召湾M51A：211）

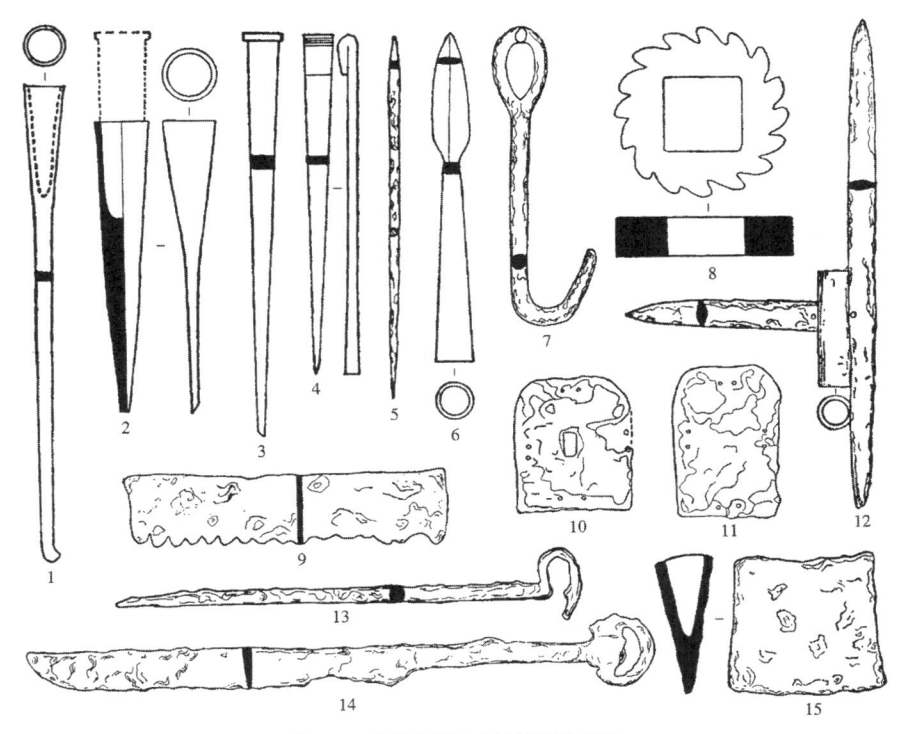

第 6 章　秦漢鉄器の応用と古代鉄器工業の全面的発展　*291*

図159　凌源安杖子古城址出土鉄器

1～4. 鑿（H 4：19、AZZ中T 7②：94、F 2：50、F 2：16）　5. 鉆頭（AZZ中T 1②：1）　6. 矛（H 4：107）　7. 鈎（H 4：50）　8. 棘輪（AZZ東T 4②：11）　9. 鋸条（H 4：109）　10・11. 甲片（AZZ西T 2②：3、AZZ西T 2②：4）　12. 戟（AZZ東T 6②：17）　13. 環首錐（H 3：4）　14. 削刀（H 4：108）　15. 空首斧（AZZ東T 1②：2）

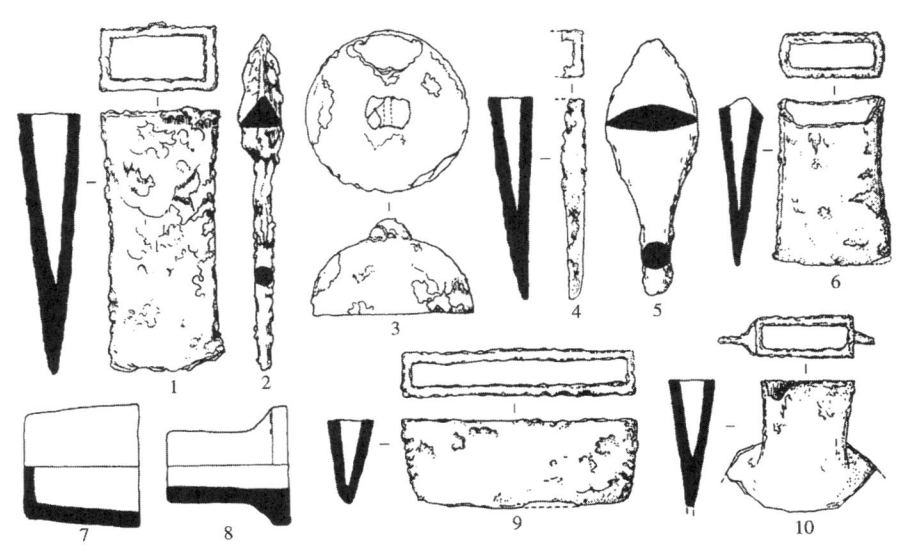

図160　錦西小荒地古城址出土鉄器

1. 竪銎鑱（T 9⑤：8）　2. 鏃（XHD：065）　3. 権（T 5⑤：8）　4. 鑿（T 9⑤：11）　5. 鏃（T 5⑤：2）　6. 空首斧（XHD：052）　7・8. 車䡇（XHD：53、T 5：13）　9. 直口錘（T 8③：1）　10. 鏟（T 8④：5）

292

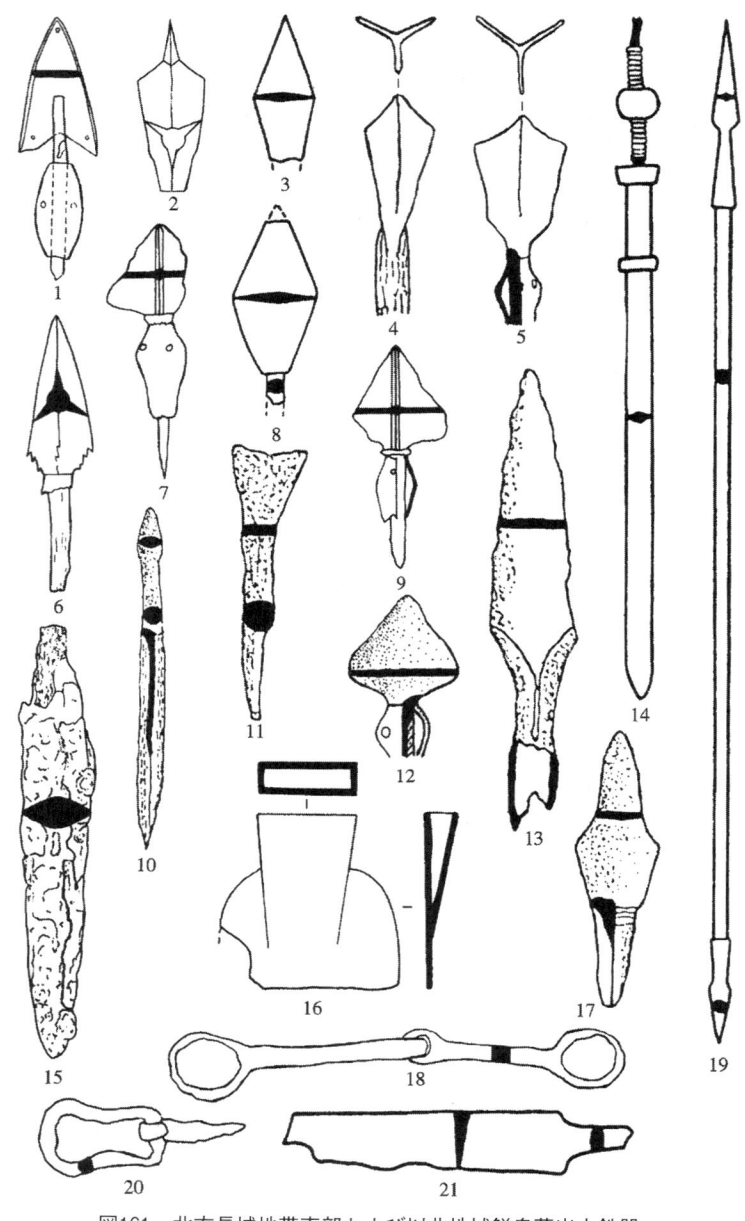

図161　北方長城地帯東部および以北地域鮮卑墓出土鉄器
1～5.鏃(額爾古納右旗拉布達林LBDLM：4、拉布達林LBDLM：5、察右後旗三道湾M102：35、伊敏車站YMM：08、伊敏車站YMM：03)　6～12.鏃(拉布達林LBDLM：3、額爾古納右旗七卡QKM：1、三道湾M21：5、七卡QKM：4、伊敏車站YMM：014、伊敏YMM：02、伊敏車站YMM：05)　13.矛(海拉爾市孟根楚魯M1：4)　14.中長剣(三道湾M102：31)　15.短剣(満洲里市扎賁諾爾M3002：4)　16.鏟(三道湾M102：3)　17.鏃(伊敏車站YMM：013)　18.馬銜(七卡QKM：1)　19.矛(三道湾M102：28)　20.帯扣(七卡QKM：5)　21.刀(三道湾M115：11)

漢帝国が絶えずこの地区を経営していたことを直接反映している。

北方長城地帯東端の燕山山地と北側の近隣地区では、早くは戦国時代後期に燕国の勢力が郡県を設置することで、中原系統の鉄器が製作・使用され始めた。秦漢時代のさらなる発展状況は帝国の中心地域とほとんど差がなかった。1979年に発掘された凌源安杖子古城址では、前漢時代の鉄戟・矛・剣・棘輪・鋸条・鈷頭・鏟・斧・鑿・刀・錐・鉤など鉄器38点が出土した(図159)。同時に鏵鋋陶鋳範・坩堝・鼓風管・炉壁残塊と鉄器冶鋳関連の遺物が発見されている[74]。1993～1994年に錦西小荒地秦漢古城址の発掘で、竪銎钁・空首斧・鏟・直口鍤・六角鋤・鑿・錐などの生産工具と剣・鏃等の兵器、車馬器・鉄権など、前漢時代の鉄器30数点が発見された(図160)[75]。この他、赤峰蜘蛛山で戦国後期～秦・漢初の鉄器が出土し[76]、敖漢旗老虎山[77]や赤峰三眼井[78]で秦代鉄権と大量の鉄器が発見されており、以上によりこの地区の秦漢時代鉄器発展が中原地

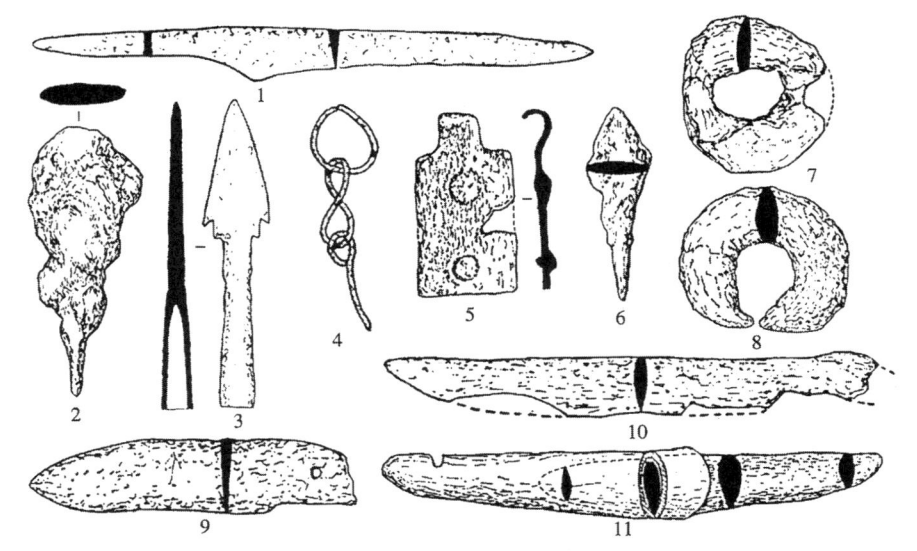

図162　東北地域北部出土鉄器
1．小刀（双鴨山市滾兎嶺F1：1）　2・6．鏃（大安漁場墓地M209：11、大安漁場墓地M209：10）　3．鏢（滾兎嶺F6：7）　4．索鏈（海林市東興T7③：1）　5．挂鈎（漁場墓地M207：28）　7・8．環（漁場墓地M207：17、漁場墓地M207：18）　9～11．小刀（東興T9②：1、漁場墓地M202：2、漁場墓地M207：16）

域とほぼ同様のものであったことが分かる。

　注目すべきこととして、北方長城地帯東部と以北の大興安嶺に至る広大な区域の秦漢時代文化遺存では、ほかに墓葬を主とする初期鮮卑文化遺存が大量に発見されていることがある。その年代はおおよそ前漢後期から後漢時代である。山西省西北端の長城付近に位置する右玉県善家堡墓地では、1990年に後漢末期の墓葬23基が発掘され、発掘者は漢代の鮮卑族文化遺存に属するとする。[79] 副葬品には、銅五銖銭・長宜子孫鏡残片など中原地域の文物もあるが、さらに多くの北方草原文化の特徴を有する遺物があり、夾砂灰褐色陶罐を代表とする陶器や、銅鍑・指輪・釧・金牌飾などが見られる。出土鉄器では、梯形竪銎斧・鋤板・環首長刀・矛など明らかに中原系統鉄器の特徴を具えるが、同時に、鉄鍑・T形首長刀・尖錐状槍頭・長方形帯飾などは、濃厚な北方草原の特徴を有するものである。同様にその他発見された鮮卑墓葬出土の鉄器でも、察右後旗三道湾墓地出土の鉄鏟（M102：3）[80]ように、明らかに中原系統の鉄器に属するものもあるが、常に見られるのは、三道湾墓地出土の異形首中長剣（M102：31）・双刃尖鋒鏃（M21：5、M102：35）・各種小刀や、満洲里市扎賚諾爾墓地出土の鉄短剣（M3002：4）[81]・双刃尖鋒鏃[82]、また額爾古納右旗拉布達林墓地出土の三翼鏃・双刃鏃・鏃形器、額爾古納右旗七卡墓地出土の双刃鏃、海拉爾伊敏と孟根楚魯の鮮卑墓出土の双刃鏃・三翼鏃[83]などように、独自の地域・文化的特徴をもつ鉄器である（図161-1～15、17～21）[84]。ここから、北方長城地帯東部と以北の草原地帯の鮮卑人は、当地区の文化特色を具える鉄器[85]を製作・使用すると同時に、中原地域との接触・交流の増加に従い、次第に中原漢文化の影響を受け[86]、中原系統鉄器もこれに応じて継続して伝来した。こういった状況が、東北地域北部の鮮卑墓から見て取れる。

　東北地域では、鉄器の出現は戦国後期に始まり、秦漢時代にさらに発展を遂げるが、その北部と南部では異なる発展状況が見られる。

　中国東北辺境の黒龍江中流域地区では、鉄器は綏濱四十連遺跡を代表とする鉄器時代初期段階に

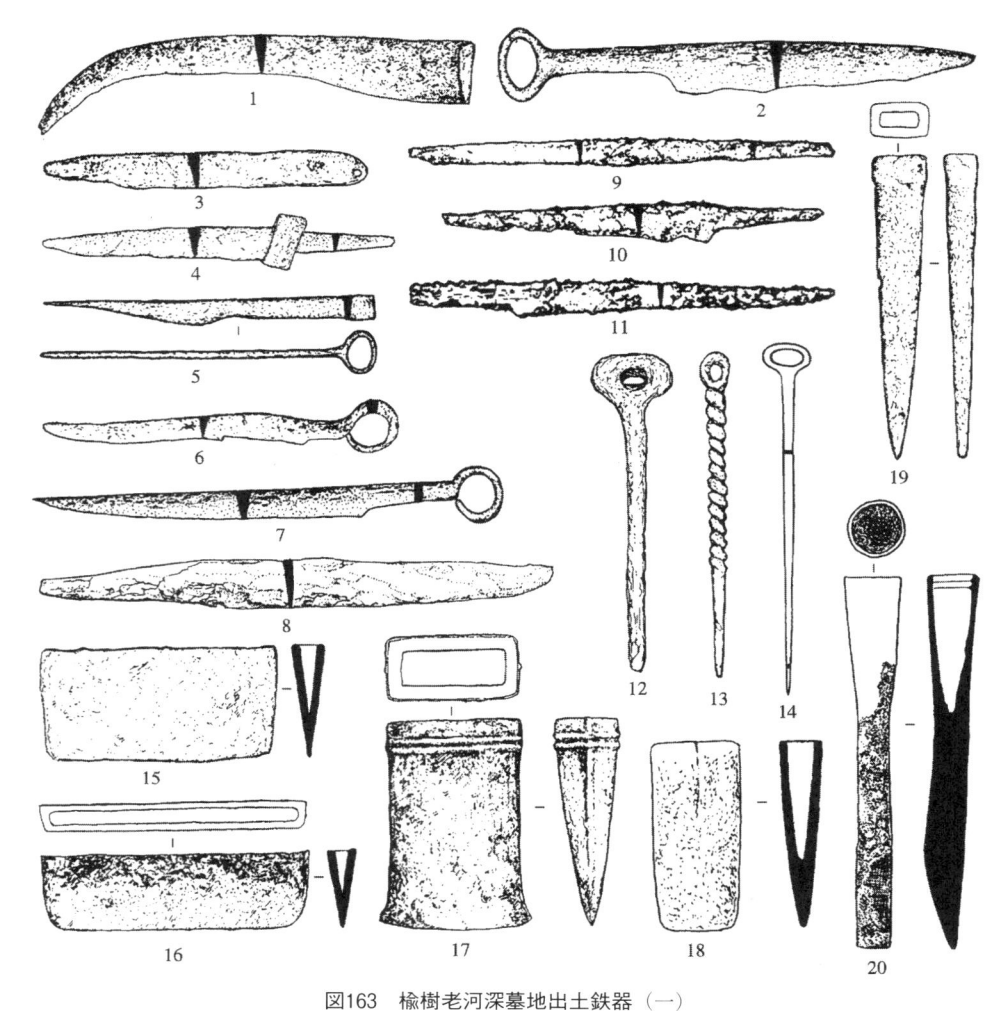

図163　楡樹老河深墓地出土鉄器（一）
1．鎌刀（M56：16）　2．削刀（M54：19）　3～5．小刀（M71：4、M 2：5、M41：26）　6・7．削刀（M57：5、M67：6）　8～11．砍刀（M102：3、M14：18、M19：4、M41：34）　12～14．錐（M35：2、M57：2、M67：26）　15・16．直口鋸（M106：16、M97：47）　17．空首斧（M41：6）　18．堅銎鍬（M74：1）　19・20．鑿（M14：45、M41：8）

出現し、その年代の上限は紀元前140年前後である。同仁一期と団結遺跡を代表とする初期段階後段に至ると、鉄器の種類と数量は増加し、鉄刀・矛・鏃・馬具・鎧甲などが見られるようになる。[87] あるいは黒龍江中流域地区における鉄器の出現と使用は、紀元前後になるかもしれない。三江平原一帯では、双鴨山市滾兎嶺遺跡で地方色のある鉄小刀・鏢・甲片・環・帯扣などが出土しており（図162-1・3）、炭素測定データは紀元前190～前5年のおおよそ前漢時代に当たる。[88] 黒竜江省南部の牡丹江流域では、東寧県団結遺跡で鉄鎌刀が出土し、5号住居址と1号住居址の炭素測定データは年輪年代の構成を経て紀元前420～前65年とされ、だいたい戦国後期から前漢後期に当たる。[89] 五銖銭の出土から、出土の鉄器は前漢時代のものと考えられる。1993年発掘の海林市東興遺跡後期遺存で出土した鉄小刀・鑿・鏈条などの鉄器のうち、あるものは明らかに当地の特色を持ち（図162-4・9）、またあるものは中原系統鉄器の特徴を具える。その年代は紀元前56年から後118年の間で、両漢時代に当たる。[90] 広大な松嫩平原では、鉄器の出現は少なくとも戦国後期にまで遡り、[91]秦

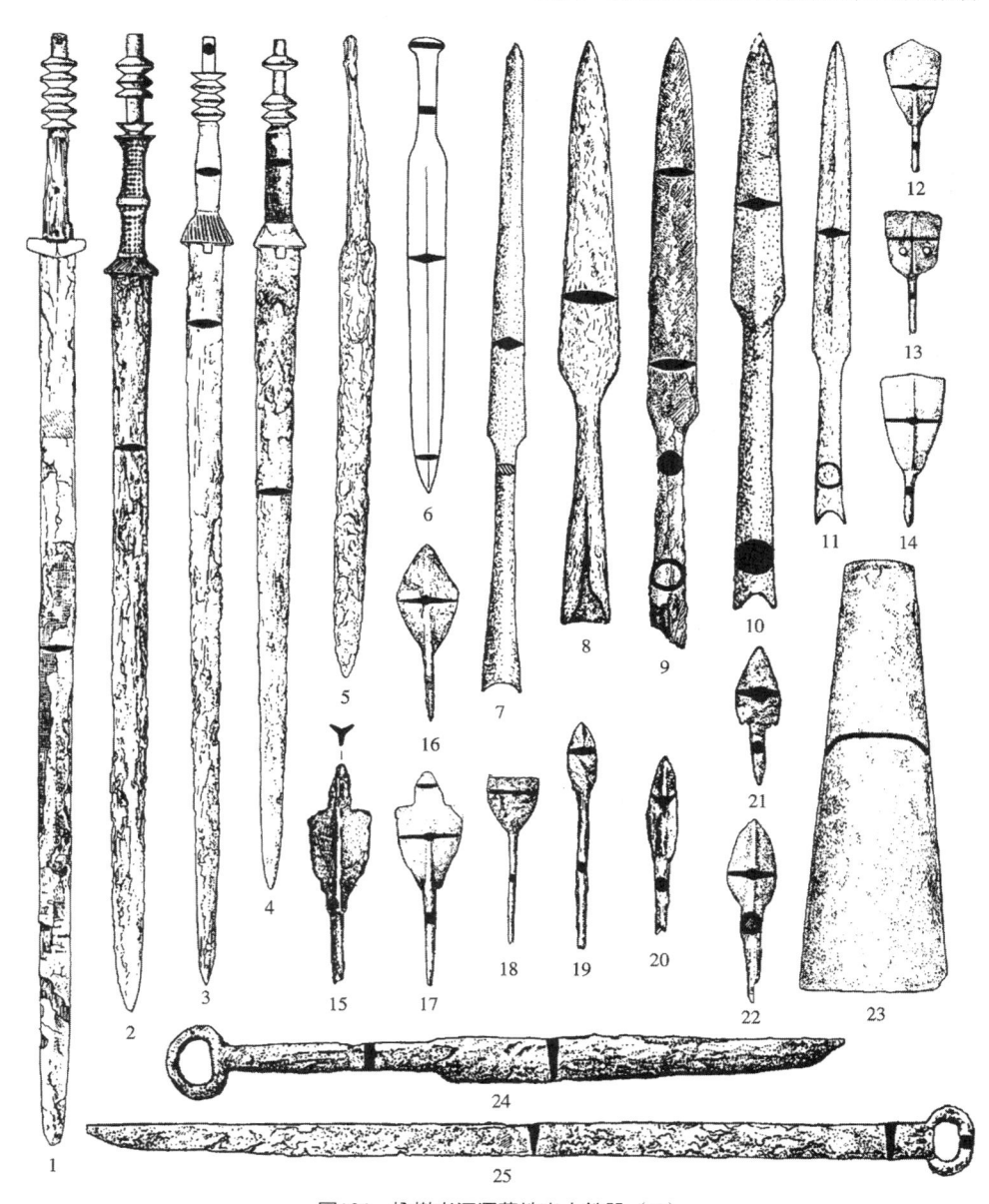

図164　楡樹老河深墓地出土鉄器（二）
1．長剣（M56：49）　2〜4．銅柄鉄剣（M115：9、M41：15、M103：16）　5．中長剣（M112：7）　6．短剣（M15：6）　7〜11．矛（M97：54、M 2：6、M115：8、M14：6、M77：2）　12〜22．鏃（M105：24-6、M67：52、M56：59、M67：51、M119：17-1、M 2：44、M 5：24-2、M105：24-5、M97：6、M56：64、M67：56-1）　23．箭嚢（M56：69-1）　24・25．短刀（M107：8、M45：17）

漢時代にさらに発展する。1974年発掘の吉林西北部の大安県漢書遺跡漢書二期文化遺存は、戦国後期から漢代に当たり、年代の上限は紀元前3世紀前後である[92]。出土の鉄空首斧・刀などの鉄器は明らかに中原系統に属し、"ほとんどが中原より輸入した製品、もしくはその仿製品である"[93]。1974年発掘の大安漁場後期墓地では、鉄小刀・鏃・環・鈎など鉄器計43点が出土した（図162-2、5〜8、10・11）。濃厚な地方文化の特色をもち、一般にその年代は漢書二期文化よりやや晩く、後漢前後の鮮卑遺存に属すると考えられている[94]。この他、肇源健小拉哈第三期墓葬出土の鉄小刀や[95]、斉斉哈

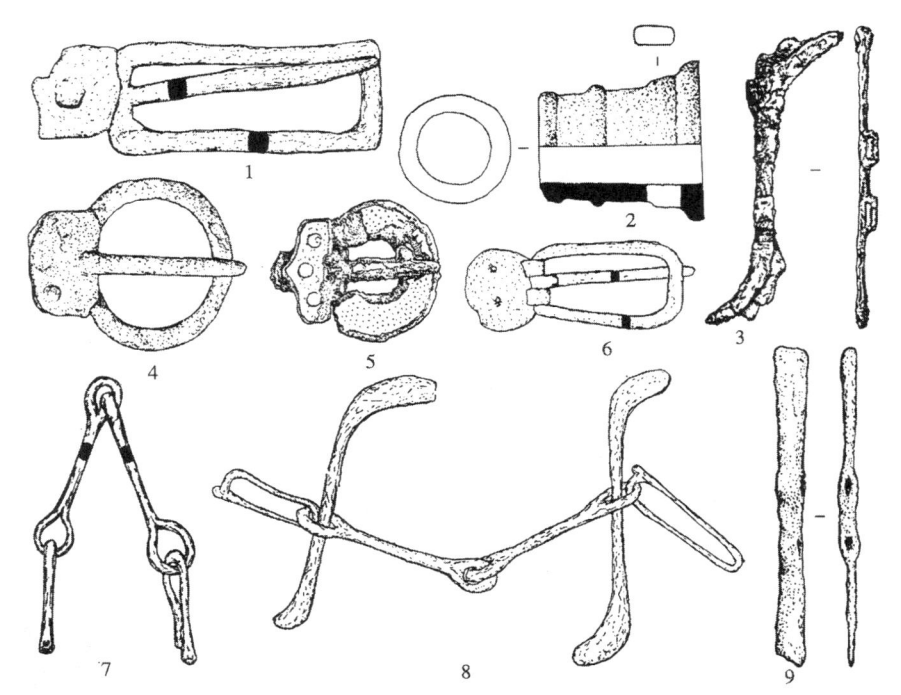

図165　楡樹老河深墓地出土鉄器（三）
1．帯扣（M2:10）　2．車軎（M56:11）　3．馬鑣（M11:2）　4．帯扣（M14:8）　5．包金鉄帯扣（M11:25）　6．帯扣（M66:2）　7・8．馬銜と馬鑣（M97:40、M56:93）　9．馬鑣（M1:2-3）

爾大道三家子墓地出土の鉄小刀・短剣・泡形飾など、また賓県慶華遺跡発見の鉄小刀・鏃・錨など[96]の鉄器には、前漢時代に相当する鉄器も含まれると考えられる。吉林中北部地域では、1980～1981年に楡樹県老河深で鮮卑墓葬129基[1]が発掘され、540点に及ぶ鉄器が出土（図163、164、165）、その年代は前漢末後漢初に相当する[98]。出土鉄器のうち、鋳造の竪銎钁・空首斧・直口錨・車軎・長茎長剣（M56:49）、環首短刀（M45:17）など、大量にもたらされた中原系統鉄器もあるが、地方色を持った鍛造鉄製品がさらに多く、鍛銎鉄鑿・銅柄鉄剣・T形首短剣・鏟形双刃鏃・三翼鏃・箭囊・小刀・帯扣・馬銜・馬鑣・当盧などが見られ、中原地域から輸入した鉄素材から当地で加工・製作したものであろう。1989～1997年に発掘した吉林市帽児山墓地は、年代上限が前漢中後期で、鉄竪銎钁・錨・犁鏵・馬銜等の鉄器が出土している[99]。明らかに中原系統の鉄器に属し、共伴の漆耳杯・漆勺等の漆器と絲織品など漢式文物は、鉄器が中原からもたらされたことの証である。以上から、東北地域北部における秦漢時代鉄器の発展は、一面では大量に中原系統の鉄器ないし鉄素材を輸入し、一方ではもともとある鉄器の伝統を基礎として、中原地域の鍛鉄技術を吸収し当地で鉄器を製造・加工するようになったといえる。おおよそ前漢時代に、中原系統の鉄器は松花江・牡丹江流域に広がっていた。

東北地域南部では、早くは戦国後期に中原系統の鉄器が伝来しており、樺甸西荒山屯石棺墓と梨樹県二龍湖古城址で出土した戦国後期の鉄器からみて（北緯43°前後）、その北境はすでに東遼河一帯に達していた。秦漢時代においては、東北地域南部全体における鉄器の発展は主に中原系統の鉄器の製作と使用として捉えられる。吉林南部においては、1986～1987年発掘の東豊県大架山遺跡上層と宝山遺跡上層の年代が戦国後期から前漢時代で、鉄竪銎钁・鎌刀・錨・刀・鑿・鏃などの鉄

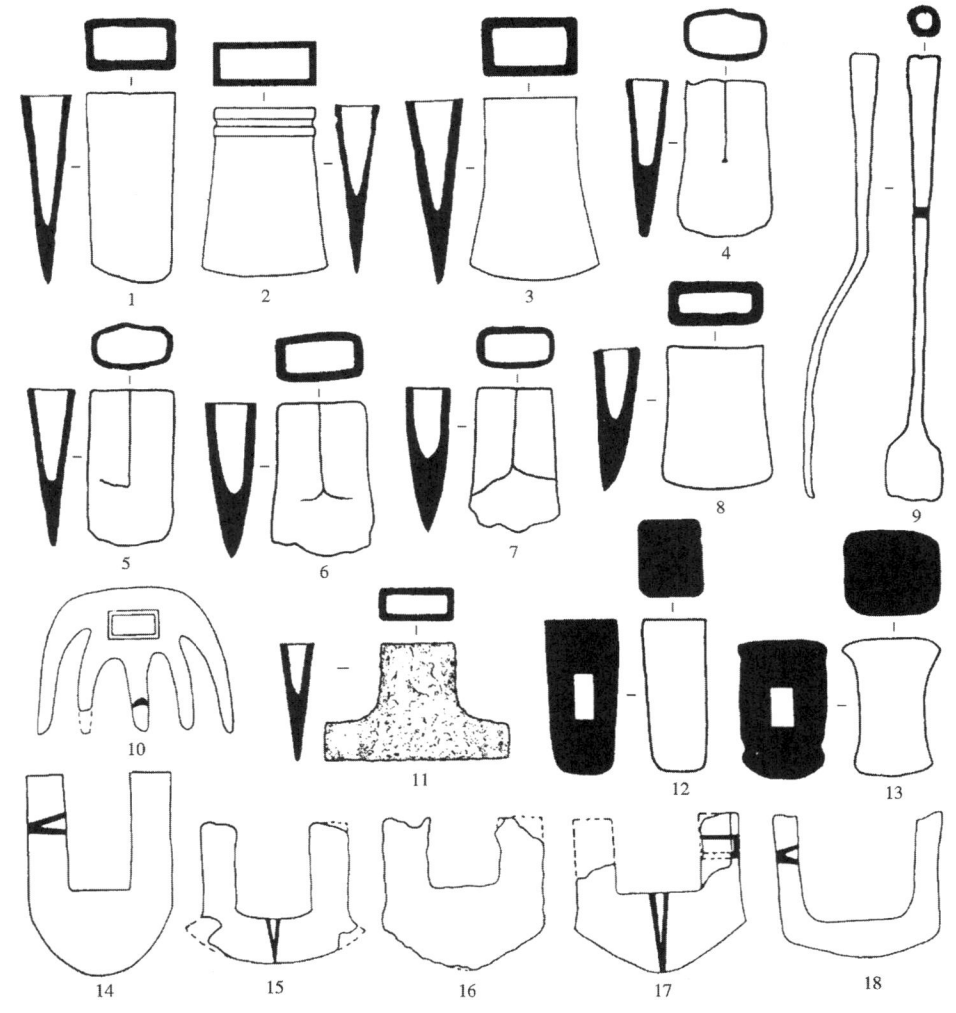

第6章　秦漢鉄器の応用と古代鉄器工業の全面的発展　*297*

図166　武夷山城村漢城出土鉄器（一）
1．竪銎钁（T267：12）　2～7．空首斧（T234：27、T287：36、T311：8、T311：1、T311：4、T171：4）　8．鋳（T135：5）　9．火鏟（T175：B11）　10．五歯鏟（T312：B11）　11．空首斧（T129：30）　12・13．四稜錘（T255：12、T217：9）　14～18．凹口鋤（T314：B4、T239：B10、T29：3、T170：19、T210：B1）

器が出土しており、いずれも中原系統の鉄器に属する。吉林南部辺境の長白県干溝子積石墓地出土の鉄竪銎钁は、明らかに中原系統に属し、共伴の青銅半両銭等の銭幣も当然中原からのもので、年代は主に前漢時代に相当し、漢王朝の勢力の及んだ範囲を示している。遼寧境内で発見された数十の秦漢時代城址・村落址と大量の漢代墓葬から、鉄器がよく出土している。1955年に発掘された遼陽三道壕前漢集落遺跡では、鉄器の出土は265点に達し、木工加工器具・土木農耕器具・車馬機具・日用生活器具などを含み、ほかに鉄釘・鉄器残片など400点以上が見られる。この地域における大量の典型的な中原系統鉄器の出土は、当地が戦国後期に燕人が郡県を設置して以降、秦漢時代に完全に秦漢帝国の版図に組み入れられた必然的結果である。

　東海沿海の福建地域で先秦時代に鉄器が出現していたか否か、なお未解決である。ただし、秦漢時代以後は確実に鉄器が出現し、かつその発展速度は非常に急速である。武夷山区に位置する武夷

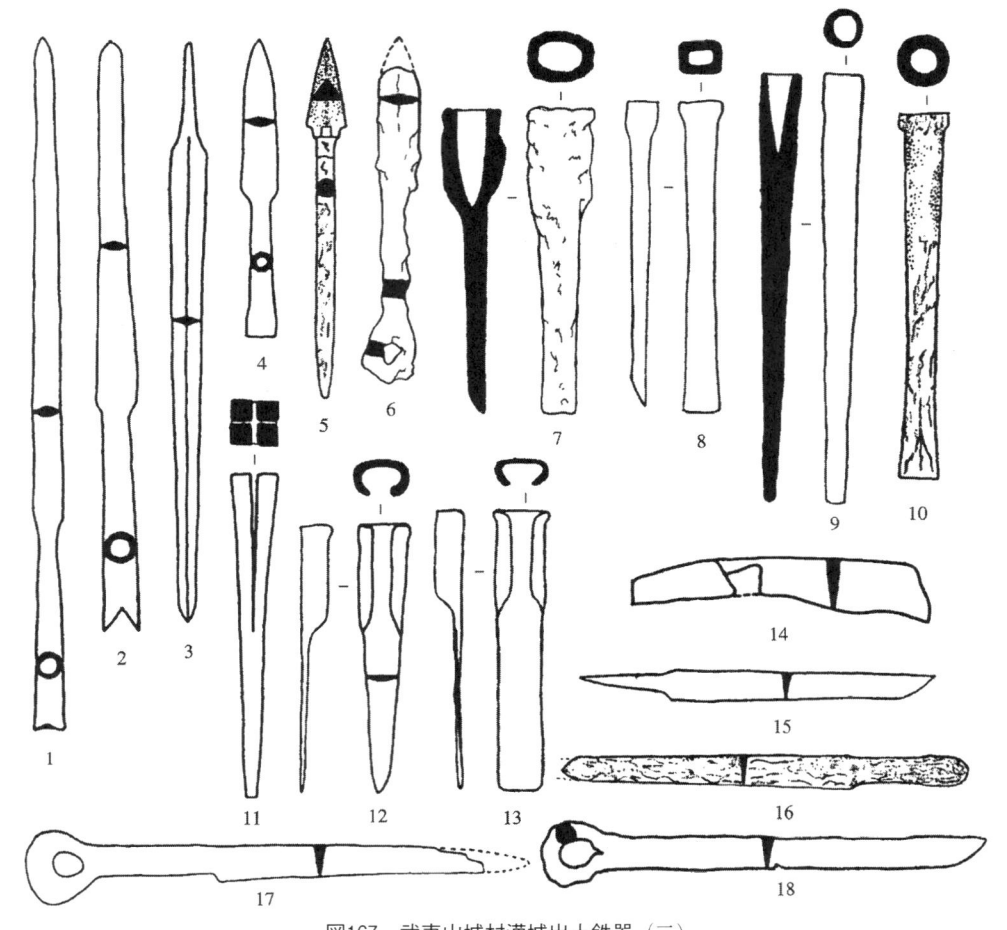

図167　武夷山城村漢城出土鉄器（二）
1・2. 矛（T311：7、T194：13）　3. 長剣（T287：32）　4. 矛（T194：12）　5. 鉄鋌銅鏃（T171：B1）　6. 短剣（T17：26）　7・8. 鑿（T24：1、T315：15）　9. 錐（T171：15）　10. 鑿（T287：B9）　11. 鑿（T277：2）　12・13. 鑿形器（T312：2、T287：35）　14. 鎌刀（T313：10）　15・16. 砍刀（T193：16、T174：B11）　17・18. 削刀（T14：5、T16：16）

山（もと崇安県）城村漢城遺跡では、1958年の発見以来城内・外で多次にわたる考古探査と発掘が行われ、300点以上の鉄器が出土した。器形の判別するものは210点ほどで、凹口鍤・竪銎鍬・犂鏵・鎌刀など土木農耕器具、空首斧・錛・鑿・鑿形器・錘・鋸・削刀・鏨など木工加工器具、剣・矛・短刀・鏃・甲片など武器武具、三足架・釜・尖状器など日用器具、それに歯輪・建築部材・各種雑用器具などが見られる（図166、167）。この他漢代の鉄器は、建陽平山遺跡[103]・長汀和田竹子山[104]などで鉄鼎・刀・剪刀などが発見されている[105]。城村漢城出土の鉄器は数量が多く、また共伴遺物に青銅や各種非金属の生産工具・大形銅兵器が非常に少なく、鉄器が基本的に青銅・非金属の製品に取って代わったことを示している。種類も多く、鉄器の応用が社会生活の各領域に広がっていたことを反映する。その類型・形態的特徴では、当遺跡の鉄器は全体的に中原系統に属するが、ただし明らかな独自の特徴も有する。出土鉄器中、空首斧・錛・竪銎鍬・五歯鏃・凹口鍤・犂鏵・削刀は鋳鉄製品であり、かつ同時期の中原地域の同類器物と同じ形態構造で、中原地域より輸入したもの

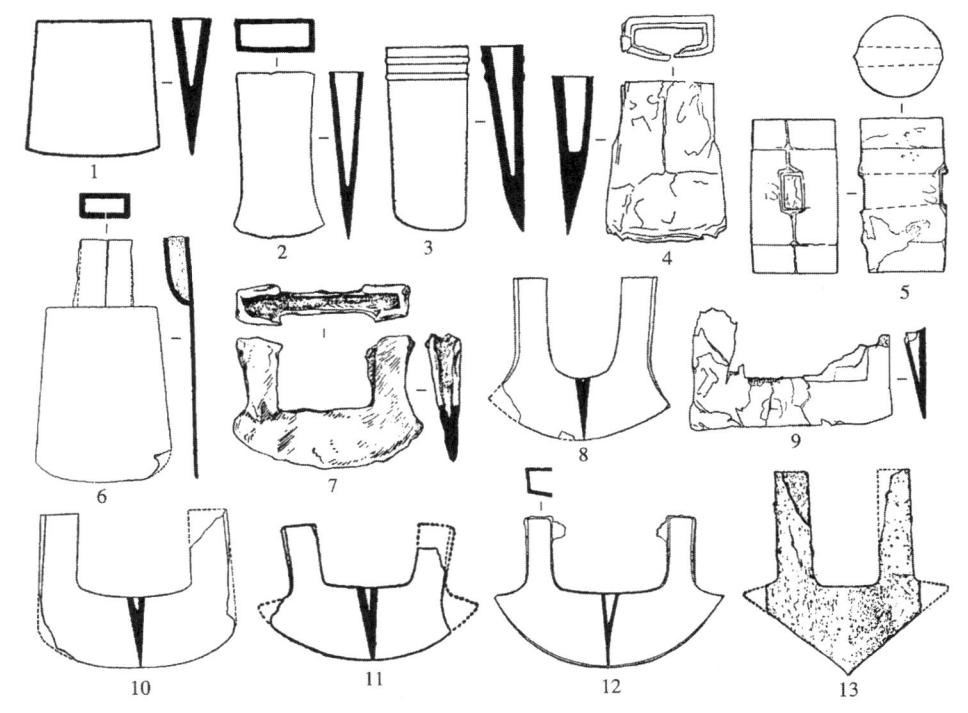

第 6 章　秦漢鉄器の応用と古代鉄器工業の全面的発展　*299*

図168　嶺南地域出土鉄器（一）
1・2．空首斧（平楽銀山嶺M27：8、平楽銀山嶺M160：10）　3・4．錛（平楽銀山嶺M 8：4、南越王墓C：145-4）　5．円柱錘（南越王墓C：145-1）　6．鏟（南越王墓C：145-14）　7〜13．凹口銛（広州漢墓M1005：18、平楽銀山嶺M55：29、南越王墓B：40-1、平楽銀山嶺M61：1、平楽銀山嶺M 2：17、貴県羅泊湾M 1：283、平楽銀山嶺M27：9）

に違いない。一方各種鍛銎鉄器は、閉合型銎の鍛銎鉄斧・錛・鑿、またＣ形銎の鍛銎鉄鑿形器などのように、その製作技法も形態も、鮮明な地域の特色を持っており、中原地域の鍛銎技法を採用して当地で制作したものとすべきである。城村漢城内外では、鉄工場址は今のところ発見されていないが、城内の下寺崗と城外の福林崗等の地点で鉄器製造と関連すると思われる遺跡が発見されており、鉄器の出土と関連付けて分析するならば、城村漢城とその付近において当時鉄器の加工・製作が行われていたと考えられる。しかし当時の福建一帯では、鉄金属の製錬は発生していなかったと思われ、おそらく他の地から鉄素材を輸入して、当地で鉄器の加工・製作を行っていたのであろう。また同時に中原地域からも鉄器製品を輸入していた。ただいずれにしても、秦始皇帝の中国統一の後に閩越の故地に閩中郡を設置し、また漢高祖劉邦が無諸を立てて閩越王に復して閩中の故地を統治させるに従い、中原地域で発達した鉄器文化の影響の下、この地は急速に鉄器時代に進入していった。

　嶺南地域における秦漢時代鉄器の発展は、福建一帯と類似する。中原系統鉄器が嶺南に伝来したのは、最も早くて戦国後期に遡るが、その地域は嶺南北部縁辺の楚国に隣する地区と南北通道付近に限られ、嶺南地域全体ではいまだ鉄器の製作と使用は限られていた。しかし、秦始皇が六国を統一した後に大軍を発して嶺南を平定し、郡県を設置してから俄かに変化が生じた。1974年広州秦漢造船工場址の発掘において、鉄錛・鑿・削刀などの鉄器14点が出土し、その年代は秦の嶺南統一から漢初文景の際とされる。1976年と1979年に発掘された広西貴県羅泊湾の前漢初め南越国時期の墓

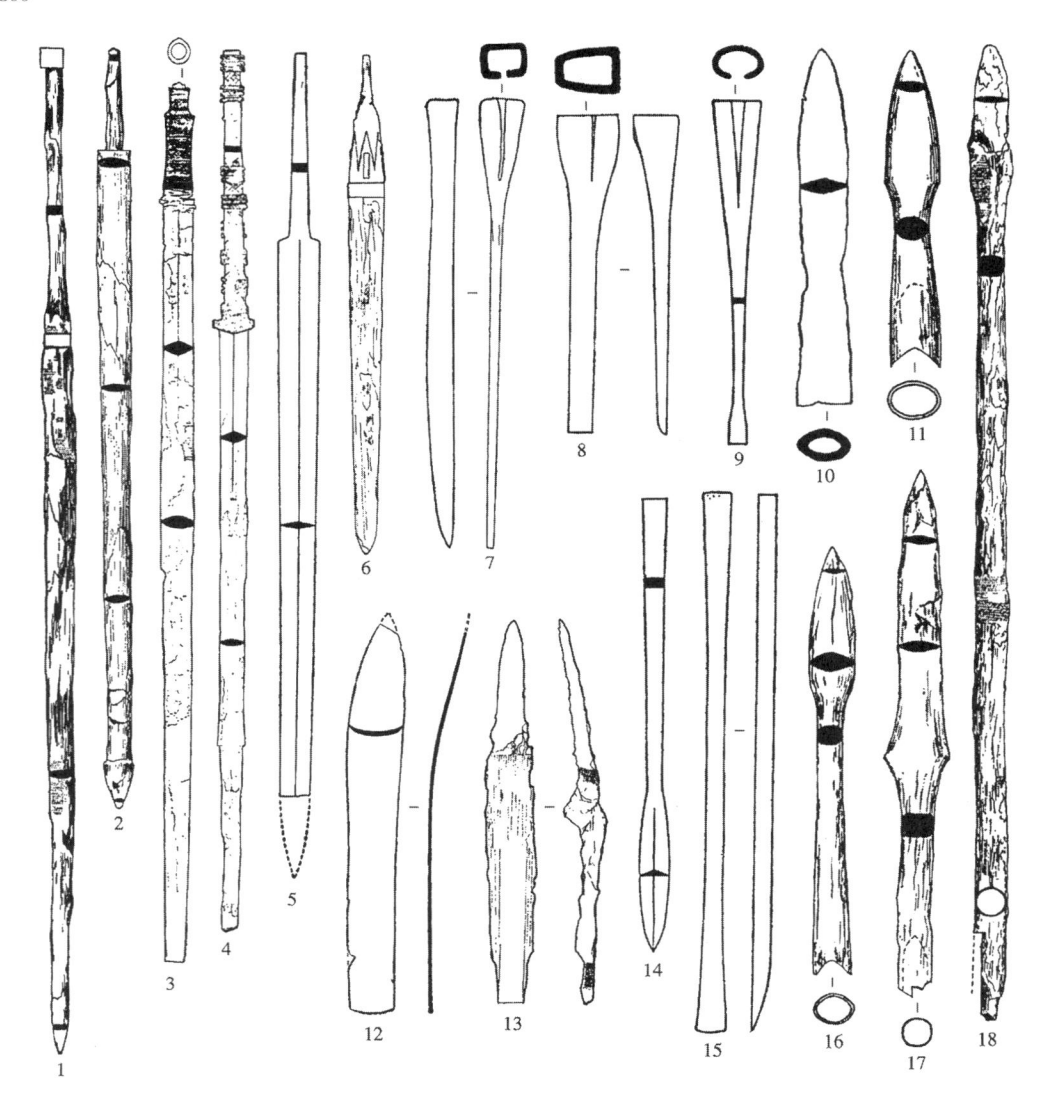

図169　嶺南地域出土鉄器（二）
1～5．長剣（広州漢墓M1095：10、広州漢墓M1069：34、南越王墓D：89、南越王墓D：141、平楽銀山嶺M27：4）
6．鈹（南越王墓D：171）　7～9．鑿（南越王墓C：145-41、南越王墓C：145-36、平楽銀山嶺M53：37）　10・11．矛（平楽銀山嶺M73：1、広州漢墓M1156：1）　12・13．刮刀（平楽銀山嶺M155：9、南越王墓C：145-16）　14・15．刻刀（南越王墓C：121-7、C：121-6）　16～18．矛（広州漢墓M1135：2、広州漢墓M1117：6、広州漢墓M1095：11）

葬2基では、鉄斧・鍤・削刀・剣・釜・三足架など鉄器計28点が出土した。1983年には、広州象崗山前漢南越王墓で鉄器40余種計246点が出土し、その埋葬年代は紀元前122年前後に当たる。1953～1960年に、広州市区およびその近郊で両漢時代の墓葬409基が発掘・清理され、鉄器226点が出土した。年代は前漢初期から後漢後期に及ぶ。1974年、広西平楽銀山嶺で漢墓155基が発掘され、そのうち120基で17種249点の鉄器と、鉄足銅鼎2点・銅環首鉄削刀1点・鉄鋌銅鏃8点など銅鉄複合製品が出土し、年代は戦国初期から後漢前期である。この他の秦漢時代墓葬と城址でも鉄器はたびたび発見されている。嶺南各地発見の秦漢時代鉄器の類型とその形態構造を総合して見ると（図168、169、170）、おおよそ二種類に分けられる。一種類は形態構造と製作技法が中原地域の鉄器と

図170 嶺南地域出土鉄器（三）
1．砍刀（南越王墓C：116） 2．銍刀（南越王墓C：125-1） 3．鎌刀（南越王墓C：72） 4～11．削刀（南越王墓C：121-16、貴県羅泊湾M1：149、平楽銀山嶺M55：9、南越王墓C：124、南越王墓C：123、広州漢墓M1175：5、南越王墓C：145-6、名熱応募C：145-22） 12．釜（平楽銀山嶺M116：26） 13．三足架（平楽銀山嶺M2：10） 14．曲尺形器（貴県羅泊湾M1：40） 15．叉（南越王墓G：59-11） 16．削刀（南越王墓C：145-26）

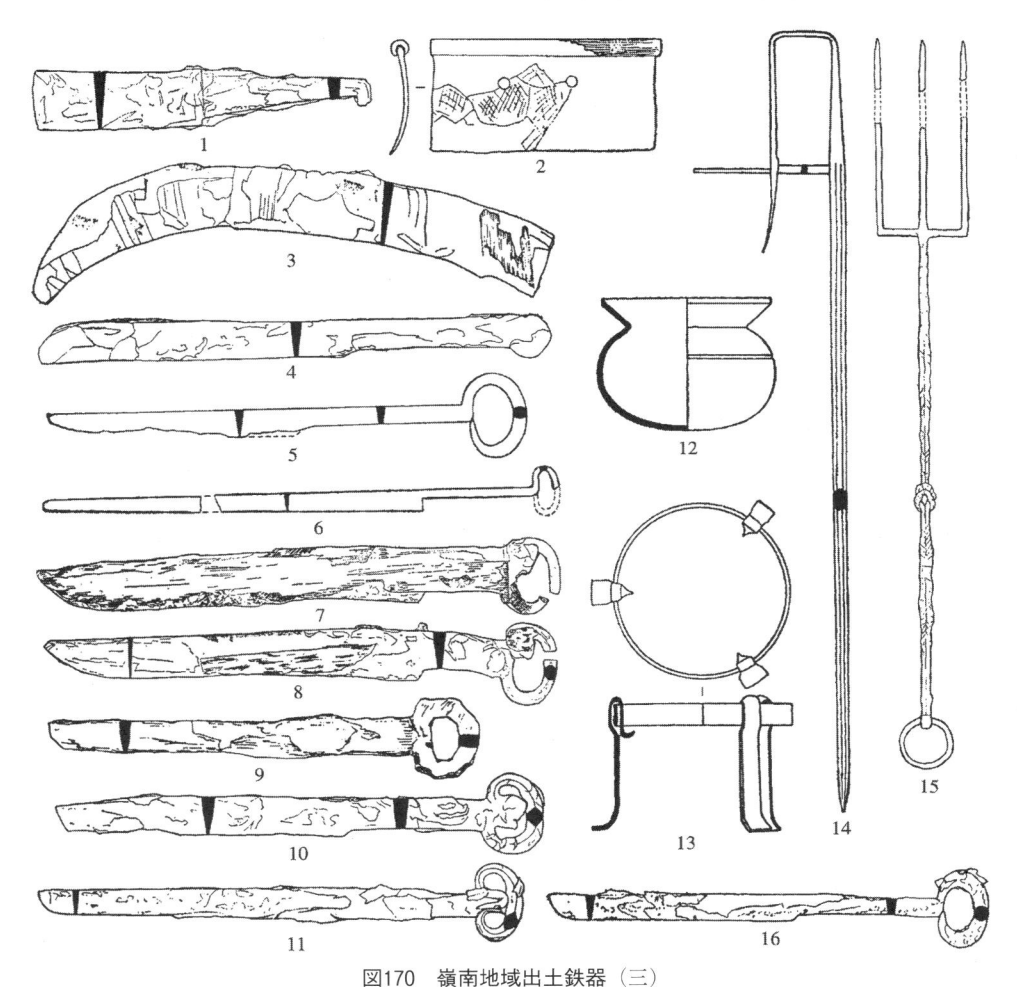

同じものである。銀山嶺漢墓の凹口鍤・条形鍤・釜・中長剣、羅泊湾1号墓の鉄凹口鍤、広州南越王墓の鉄凹口鍤・錘・環首削刀・長剣・戟・鈹・鼎などがそうである。これらは明らかに直接中原地域、特に江南地域から伝来したものである。もう一種類は、中原地域の鉄器と形態は似るものの、構造上異なっており、地方的特徴をもつ鉄器である。広州南越王墓出土の鍛銎鉄錛・鑿・鏟刀・板状鏟や、広州秦漢造船工場址の鍛銎双肩斧など各種鍛銎鉄器を代表とし、他にも銀山嶺の鍛銎鉄斧・鑿などがある。こういった鉄器は、中原地域の同類鉄器を模倣し、中原地域で発生した鍛銎技法を採用して当地で制作したものであろう。発見と研究が示すように、戦国時代に比べて、秦・前漢前期の嶺南地域における鉄器の使用はすでに普遍的になっていた。南越王国ではすでに加熱鍛打と焼き入れ処理を掌握し、鉄器鋳造も可能であった。あるものは鋳鉄脱炭鋼を素材とし、加熱鍛打と表面滲炭を経て作られた可能性もある。ただし、南越国はなお自らの製鉄業を持っていなかった。[114]こういった状況であったため、南越国と漢王朝の関係が悪化した際に、漢政府は南越国に対し鉄器

輸出禁止の制裁措置をとった。[115]　"嶺南地域が自己の製鉄業を始めたのは鉄犂牛耕の推進と歩を合わせたものに違いなく、漢が南越を平定して後のことであり、特に後漢初期に嶺南に対する統治を強化した際に次第に推し進められた"のである。[116] よって、嶺南地域秦漢時代鉄器の発展は主に二つの段階を経過するといえる。秦・前漢前期の南越国時期は、一方では中原地域より鉄器の製品を輸入し、もう一方では鉄素材と鍛造技術を導入して当地で鉄器の加工製造を行った。次の漢武帝元鼎六年（紀元前111年）に漢が南越を平定してからの前漢後期・後漢時代は、引き続き中原系統鉄器を輸入すると同時に、さらに重要なのは、もともとあった鉄器加工業を基礎として次第に当地の製鉄業と鉄器工業全体が発展していったことであり、これにより鉄器化過程を実現することとなる。もちろん嶺南各地での鉄器の発展は必ずしも平均的ではなく、中には漢の南越平定後に短い停滞期間が現れた場所もある。[117]が、嶺南地域全体からみると、その鉄器化過程は絶えず前進しており、さらに後漢時代に基本的に鉄器化を実現するが、その程度は中原地域よりは劣っていた。[118]

　中国西南地域雲貴一帯における秦漢時代鉄器発展は、戦国後期の鉄器出現の基礎上に、ある漸進的変化から突然的変化への発展過程を経過する。滇池を中心とする雲南地区の鉄器発展過程は、関連の墓地に具体的に反映される。滇池以南に位置する江川李家山墓地では、1972年に墓葬27基が発掘され、鉄器48点が出土、銅鉄複合製品34点を含む。墓葬は三類に分けられる。第一類墓葬の年代は戦国後期から前漢前期で計22基、そのうち13号墓と21号墓でのみ、銅鋬鉄鑿2点・銅柄鉄剣1点・残鉄器1点の鉄器計4点が出土した。また13・21号墓では同時に63点にも及ぶ銅製の兵器と生産工具が出土している。第二類と第三類の墓葬の年代は前漢中期から後漢初期で計5基である。各墓葬で等しく鉄器が出土しており、計44点で、銅鋬鉄鑿・銅柄鉄剣・銅骹鉄矛・銅環首鉄削刀・銅鋬鉄鎌・銅鋬鉄斧・銅柄鉄錐・銜鑣などの銅鉄複合製品31点と、鉄長剣・短刀・戟・環首削刀・空首斧・四稜錘など鉄製品13点が見られる。またこの5基の墓葬からは銅製の兵器と生産工具33点が出土している。[119] 李家山墓地では1991年から1997年の間に再度墓葬60基が発掘され、鉄器300点余りが出土し、ほとんどが銅鉄複合製品であった。これらの墓葬では副葬品がなく年代が不明な3基を除いて、57基が四期に分けられている。第一期墓葬は11基で、年代は前漢中期の漢武帝以前、鉄器の出土はなく、銅空首斧・錛・斧・剣・鏃など銅兵器と生産工具が出土。第二期墓葬は27基で、年代は前漢中期から後期で、そのうち6基の墓葬から鉄製・銅鉄複合製の兵器と生産工具計219点が出土し、また同時に銅製兵器・生産工具548点が出土している。第三期墓葬は16基で、年代は前漢後期から後漢初期、そのうち12基の墓葬から鉄製・銅鉄複合製の兵器と生産工具計96点出土し、そのほか銅製の兵器・生産工具126点が出土している。第四期墓葬は3基で、年代は後漢前期、うち2基から鉄製・銅鉄複合製の兵器と生産工具計11点が出土し、ほかに銅製兵器・生産工具11点が出土している。[120]こういった統計から、当墓地の副葬品においては、鉄製と銅鉄複合製の兵器・生産工具が絶えず増加し、銅兵器・生産工具が次第に減少していく傾向を容易に見て取れる。中でも前漢中期より、鉄製品と銅鉄複合製品がにわかに増加する状況を呈する。また滇池南岸の晋寧石寨山墓地では、1956年に墓葬20座が発掘されている。統計によると、[121]前漢初期墓が4基で、鉄器の出土はまだない。前漢中期墓は14基で、うち10基から鉄斧1点・削刀4点・剣20点・矛17点・戟2点・銅鋬鉄斧2点・銅柄鉄剣48点・銅骹鉄矛14点など鉄器108点が出土している。前漢後期墓は2基で、うち1基から鉄錛1点と鉄削刀1点が出土している。滇池東岸の呈貢石碑村墓地では、1974年に墓葬117基が発掘され、そのうち年代決定できる墓葬47基は三期に分けられる。第一期は16基で、年

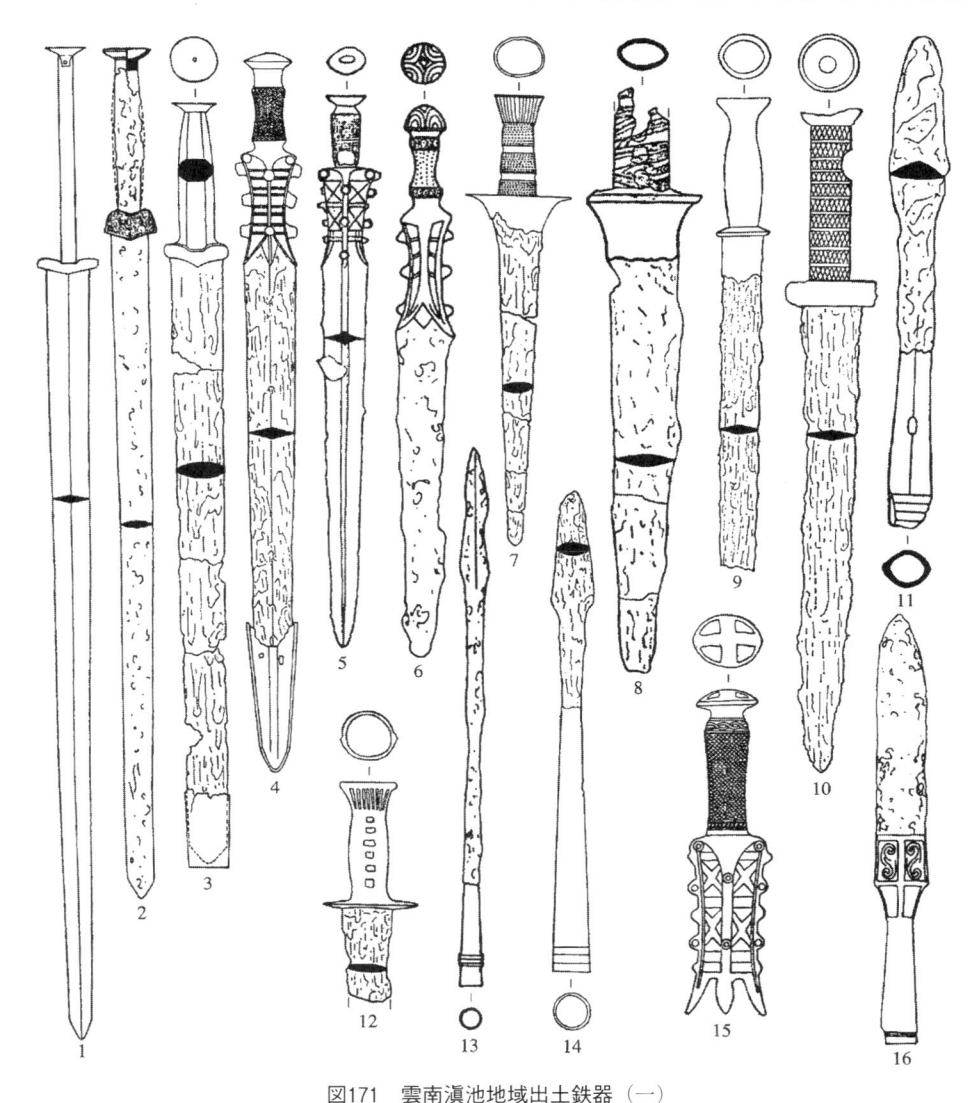

図171 雲南滇池地域出土鉄器（一）
1・2．長剣（江川李家山M27：18、李家山M51：229） 3．銅柄鉄剣（李家山M3：20） 4〜10．銅柄鉄剣（李家山M26：14、呈貢石碑村M1：3、李家山M57：29-1、李家山M3：19、石碑村M20：7、石碑村M18：4、石碑村M33：4） 11．銅骹鉄矛（石碑村M27：8） 12．銅柄鉄剣（李家山M26：23） 13・14．銅骹鉄矛（李家山M51：318-2、李家山M26：16） 15．銅柄鉄剣（石碑村SBC：034） 16．銅骹鉄矛（李家山M47：247-13）

代は春秋後期から戦国中期で、鉄器の出土はない。第二期は19基で、戦国末期から前漢初期、これも鉄器の発見はない。第三期は12基で、年代は前漢中後期、鉄器34点が出土している。そのうち銅柄鉄剣・銅鋻鉄斧・銅骹鉄矛など銅鉄複合製品が19点、その他15点が鉄矛・削刀・扦・錐・環などの全鉄製品である。また同時に出土した銅兵器には銅斧・短剣・矛・戈・鏃など25点が見られる。[122]
石碑村墓地では1979年に再度墓葬65基が発掘され、前漢中期ないしやや早い時期に当たる11基の第一期墓葬からは鉄器は発見されず、前漢後期から後漢初期に当たる39基の墓葬のうち19基から、銅柄鉄剣・銅骹鉄矛・銅鋻巻刃器および鉄環首削刀・空首斧・銍刀など計26点が出土した。[123] こういった変遷の傾向は、晋寧石寨山[124]・安寧太極山[125]などの墓地でも反映されている。明らかに、滇池地区に

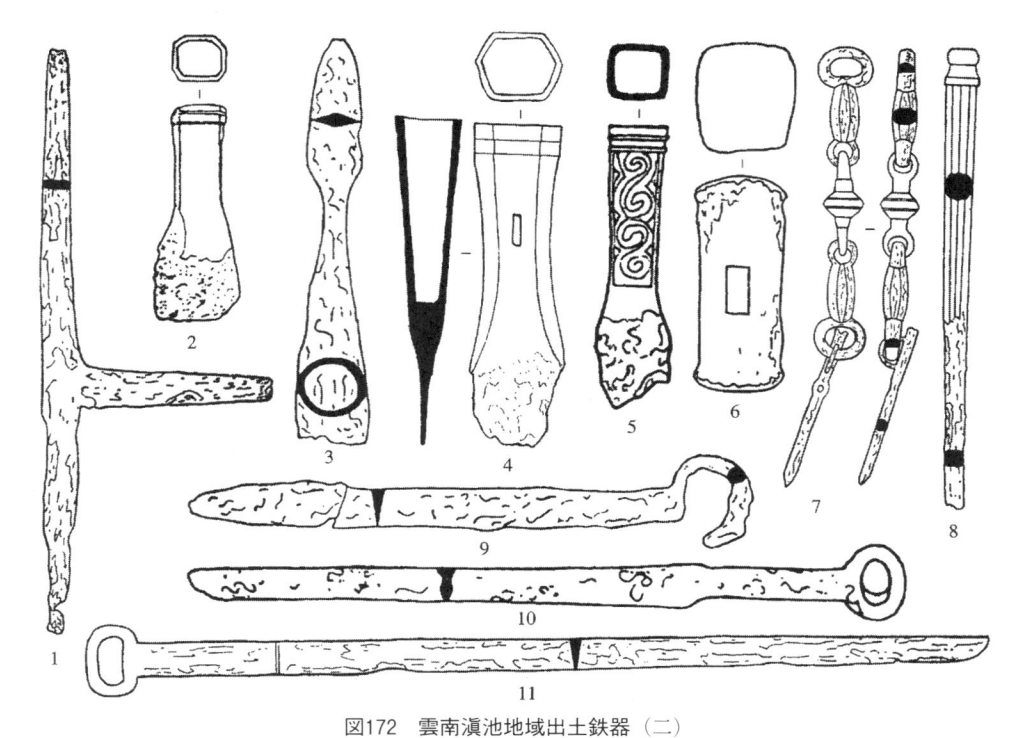

図172　雲南滇池地域出土鉄器（二）
1．鉄戟（江川李家山M3：26）　2．銅銎鉄斧（呈貢石碑村M1：4）　3．矛（石碑村M18：9）　4・5．銅銎鉄斧（李家山M26：29、李家山M51：19）　6．四稜錘（李家山M26：27）　7．馬銜鑣（李家山M26：10）　8．銅柄鉄剣（李家山M3：16）　9．削刀（石碑村M20：5）　10・11．短刀（李家山M51：246、李家山M26：15）

おける鉄器の出現は戦国後期に遡りうるものの、本格的に使用されるのは前漢中期からのことで、その直接的歴史要因は、漢武帝時期に雲南地域に郡県を設置したことであろう。[126] 鉄器の類型と形態的特徴から見ると、当地の鉄器伝統の継続と中原系統鉄器伝来の歴史的特質のあることがよく分かる（図171、172）。例えば、江川李家山で出土した一字格銅柄鉄剣（M3：19、M26：23など）は、同じく出土の同類銅剣（M24：83、M3：47など）とそっくりで、剣身が鉄製でやや長くなったにすぎない。[127] 三叉格銅柄鉄剣も、その風格は同じく出土の同類銅剣と同じである。こういった銅鉄複合製品は、当地で制作したものに違いない。しかし、江川李家山で出土した全鉄製の長剣（M27：18、M51：229など）や、環首短刀（M26：15、M51：264など）、戟（M3：26）、環首削刀などの形態構造は、同時期の中原地域の同類鉄器と同じであり、明らかに中原地域から伝来したものである。江川李家山出土のM3：20の銅柄鉄剣に至っては、その鉄剣身は扁平で細長く、両刃は並行で、切っ先は鋭くなり、中原地域の鉄剣剣身とほぼ同じで、明らかに当地の銅剣に見られる細長三角形の剣身とは異なる。その剣格・剣首・剣柄は青銅鋳造製であり、当地と中原の両種の異なる風格を内包している。通長は74.6cmに達する。各種の要素を総合して分析すると、この剣は中原地域の長剣を模倣して当地で制作したものであろう。注目すべきは、雲南大関などの後漢中後期の墓葬[128]では、すでに当地伝統の特色をもつ銅鉄複合製品が少なくなっており、しかも全鉄製品がこれに代わっている。特に長茎長剣・環首長刀・釜・三足架など中原系統の鉄器が主流となる。こういった点から、次のように認識できる。前漢王朝が西南地域に郡県を設置するに従い、前漢中期以後、滇池を中心とする雲南地域で鉄器の製作と使用が急速に発展する。一方では、当地の青銅器の伝統に

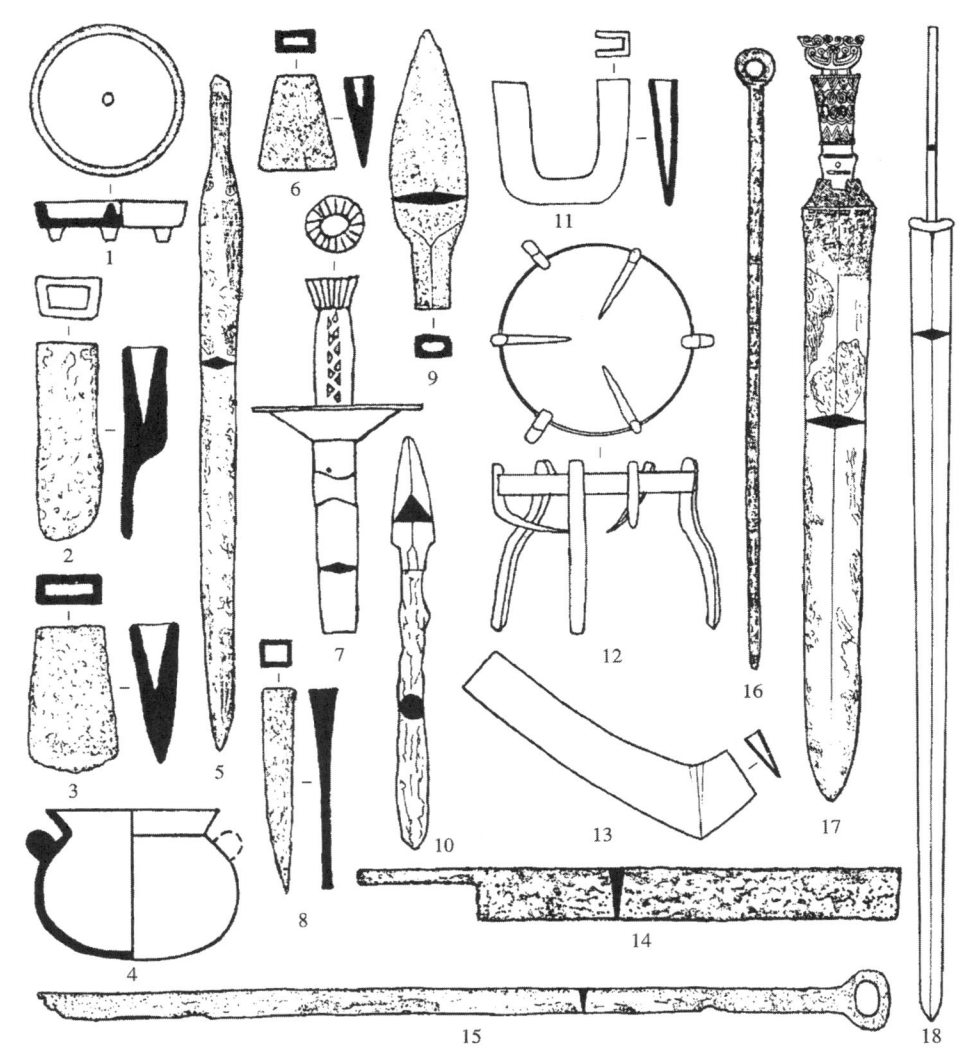

図173　貴州地域出土鉄器（一）
1．燭台（M10：55）　2．竪銎钁（M156：1）　3．空首斧（M16：12）　4．釜（M178：18）　5．中長剣（M146：1）　6．空首斧（M176：23）　7．銅柄鉄剣（M104：2）　8．鑿（M13：6）　9．矛（M 8：63）　10．鉄鋌銅钁（M126：8）　11．凹口鍤（M153：2）　12．三足架（M10：39）　13．鐏冠（M153：2）　14．砍刀（M 8：86）　15．長刀（M 8：35）　16．環首扦（M46：5）　17．銅柄鉄剣（M67：2）　18．長剣（M46：1）（すべて赫章可楽墓葬出土）

　基づいて、鉄を素材として当地の風格を持つ銅鉄複合製品や全鉄製品（呈貢石碑村 M18：9 の鉄矛、M20：3 の銍刀など）、または中原系統の鉄器を模倣した銅鉄複合製品などを制作した。また一方では、大量に中原系統の鉄器を輸入していた。後漢時代に入ると、上述の状況に根本的な変化が現れる。当地独特の銅鉄複合製品が日増しに消失していき、全鉄製品がこれに代わり、特に中原系統の鉄器が次第に流行し、基本的に鉄器化過程を実現することとなった。

　貴州地域の秦漢時代鉄器の発展については、貴州西部の古夜郎地区の考古発見からその一端を見ることができる。ここでは赫章可楽などの戦国両漢墓葬の分析を通じて、当地域両漢時代の鉄器類型と使用状況について検討し、その鉄器化発展過程を見ていく。1976～1978年に赫章可楽一帯で戦

国両漢墓207基が発掘され、甲類墓と乙類墓の両類に分けられた。そのうち甲類墓39基は、大部分が前漢後期墓で、鉄器127点が出土している。乙類墓168基は、73基の年代不明なものを除き、その他95基は戦国後期・前漢前期・前漢後期の三段階に分けられ、鉄器117点が出土している（図173）。統計分析結果から次のように分かる。戦国後期墓13基のうち11基から鉄器計17点が出土し、平均して各墓に1.55点（鉄器出土の墓葬を指す、以下同じ。）となる。鉄剣5点・鉄削刀5点・銅柄鉄剣2点や鉄刀・扦・帯鈎などがある。前漢前期墓70基のうち54基で鉄器計87点が出土しており、平均して各墓に1.61点となる。鉄削刀36点・刀10点・剣9点・釜9点・凹口锸7点に銅柄鉄剣・扦・帯鈎・竪銎鏃等があり、器類は明らかに増加し、特に新しく見られる土木農耕具の凹口锸と竪銎鏃、また炊具の釜などは鉄器の使用が一定程度に達していたことを示している。前漢後期墓は計49基で、37基の甲類墓と12基の乙類墓があり、そのうち38基から鉄器138点が出土している。平均すると各墓に3.63点となる。鉄削刀52点・剣16点・刀15点・釜8点・斧7点など器類は20種にも達し、新しく見られるものに、鉄斧・鑿・鏟・鐸冠・錘・鉆頭・などの生産工具や、鉄矛・長刀・短刀・鏃等の兵器、鉄燭台・三足架・夾子・錐・剪刀などの生活器具がある。銅鉄複合製品は見られなくなり、鉄器の使用が長足の発展を遂げたことが分かる。後漢初期墓は2基のみで、鉄剣と鉄削刀が出土している。1978年、赫章西南隣の威寧県中水では3地点で墓葬36基が発掘され、鉄器38点が出土、一部の墓葬が戦国後期に遡りうる以外は、ほとんどが両漢時代に属し、おおよそ二時期に分けられる。前期墓が23基で、年代は前漢前期ないし若干早い時期で、6座の墓葬から鉄器が出土している。後期墓は13基で、うち8基で鉄器が出土し、鉄刀33点と鉄剣・鉄矛等がある。1956〜1958年に、貴州中部の清鎮と平壩の両県で漢墓28基が発掘された。年代は前漢末期から後漢時代で、鉄刀10点・釜6点・剣3点・凹口锸2点・空首斧などの鉄器22点が出土した。鉄器類型とその形態的特徴についてみると（図174）、前漢前期には、濃厚な地方文化的特色を具えた銅柄鉄剣等の鉄器と中原系統の鉄器の特徴をもつ全鉄製品が共存している。前漢中期以後、銅鉄複合製品は消失へと向かい、全鉄製品がこれに代

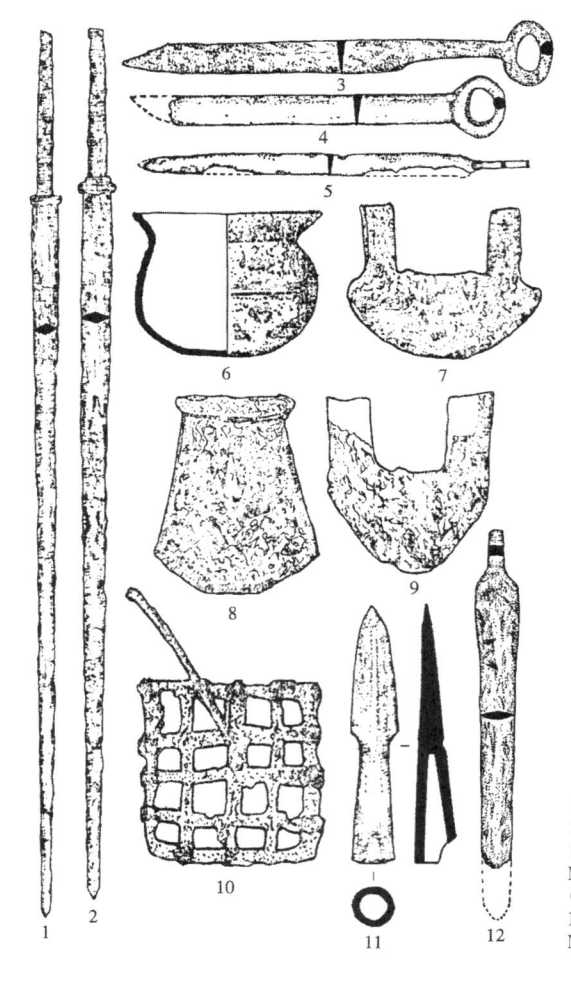

図174　貴州地域出土鉄器（二）
1・2．長剣（清鎮漢墓M15：B3、清鎮漢墓M12：B2）　3・4．削刀（威寧中水梨園M18：2、威寧中水梨園M12：2）　5．砍刀（威寧中水梨園M18：1）　6．釜（清鎮漢墓M4：B7）　7．凹口锸（清鎮漢墓M10：2）　8．空首斧（清鎮漢墓M1：B1）　9．凹口锸（清鎮漢墓M10：B1）　10．帯柄網架（興仁交楽M7：B8）　11．矛（威寧中水梨園M17：4）　12．中長剣（威寧中水梨園M27：24）

わっていく。前漢末期以後は、ある程度の地方色はあるものの、完全に中原系統化し、赫章可楽前漢後期墓出土の鉄長刀（M8：35）や長茎長剣（M46：2）、鐏冠（M153：2）などのように、中原地域の同類鉄器と完全に同じ状況であった。また清鎮後漢初期墓出土の二種類の凹口鍤（M10：2、M10：B1）などは南方地域全体で流行した形態である。関連の考古発見と先人の研究から考えると、貴州地域では戦国後期に鉄器が出現した後、秦・前漢時代の発展を経て、鉄器化過程は両漢の境に至って基本的に実現した。指摘すべきは、秦漢時代の貴州地域には鉄器の製作と加工は存在したものの、鉄を産出せず、したがって製鉄業もなかった。鉄器の大部分と鉄素材はすべて外地から輸入していたのであり、これが貴州地域で大量に中原系統の鉄器が流行した主要な歴史的原因になった。

　辺境地域全体からみると、中央政府がその辺境地域に対して絶えず開発・経営し、特に前後して郡県を設置するという歴史背景の下、人々の移動と文化交流により、中原系統鉄器が急速に辺境地域に伝播し、中原の鋼鉄技術、中でも鉄器鍛造技術が辺境へと拡大し、秦・前漢時代の発展を経て、後漢時代に至って各地で相次いで鉄器化が基本的に実現していった。

第3節　鋼鉄技術の進歩と刷新

　秦漢時代鉄器化過程の基本的完成において、その技術・物質的基礎となったのは鋼鉄技術の絶え間ない進歩と刷新である。中国古代鋼鉄技術の発展は、戦国後期にすでに相当の高水準に達していた。秦漢時代の更なる発展は、主に先秦時代の鋼鉄技術を継承して完備したものとし、絶えず刷新し、さらに生産規模の拡大と効率の向上によるものである。

　秦漢時代の鉄鉱採掘遺跡も発見されており、製鉄工場址の調査・発掘はさらに多く、文献記載と結び合わせると、当時の鉄鉱採掘状況をほぼ理解することができる。鞏県鉄生溝製鉄工場付近で、漢代の採掘場遺跡が多数発見され、そのうち鉄生溝鉄製錬場東北約4kmの青龍山南麓に2か所ある。一つは羅泉村付近で、1958年に発見された鉱石採掘の坑道は広さ3m前後、坑道内には砕石散屑と粘土が堆積し、鉄竪銎钁1点が出土した。もう一方は北荘村付近にあり、円形と方形の採鉱竪井と採掘者が居住する窰洞が発見された。方形の鉱井は長1、寛0.9m、井戸口より下10mほどで鉱床に沿って平行に掘り進んでいた。円形の鉱井は直径1.03m、現存深度2.8m、井壁には開削時の钁痕が残存している。井内には乱石が充満する。同時に付近で古代に採鉱をした寛約3mのスロープ状の坑道も発見されている。鉱井付近の窰洞内では円柱形鉄錘・鉄交股剪などの遺物が出土し、鉄生溝製錬場出土の同類器具と同じ形態である。鉄生溝製錬場の西南約3kmにある嵩山山麓の羅漢寺村では、スロープ状の古代採鉱坑道が発見されており、坑道下に沿って掘ると鉄鉱床に進んでいく。坑道内では漢代の鉄錘・竪銎钁・長剣・五銖銭等の遺物が出土し、漢代の採鉱遺跡であることを証明する。製錬場と採鉱区の鉄鉱石の成分に関する分析から、鉄生溝製錬場遺跡の赤鉄鉱石と褐鉄鉱石は、嵩山北麓の採鉱場と青龍山南麓の採鉱場から別々にもたらされたものと判明した。1954年徐州利国駅鉄工場址の調査において、後漢の錬鉄炉の南約400mにある桐山山頂で採鉱場遺跡2か所が発見された。一か所は山頂にあり、円形の竪井で、直径約1.5m、深さ約10m、井壁が鉄鉱石となっている。もう一か所は、その竪井以北の山麓にあり、岩石層に挟まれて存在する鉄鉱石を採掘する露天の採鉱場である。長期の採掘により一条の深く長い峡谷を形成している。鉄生溝付近と利

国駅漢代採鉱遺跡の発見は、当時の採鉱が鉱床の違いにより異なる方法を採用していたことを示す。すなわち、竪井技術をとれば鉱床の中央とその付近を掘り進むことができ、高い質量の鉱石を得られる。斜井技術ならば緩い傾斜の鉱床を採掘することができ、山の地勢に基づいて内へ井を穿ち採掘することができる。地表の浅い層の岩石層中に入り込む鉄鉱の場合は、露天採掘の方法を採用することとなる。1975年発掘の鄭州古滎鎮鉄工場址の鉄鉱石には、その成分が現在の鄭州滎陽・上街・新密一帯に見られるアルミニウム量のやや高い褐鉄鉱と基本的に符合するものがあるため、発掘者は古滎鎮鉄工場で製錬に用いた鉄鉱石はおそらく現在の滎陽・上街一帯のものであろうとする。[136] 山西翼城冶南村前漢中後期の製鉄遺跡は、その規模は100万平米以上に達し、遺跡で発見された褐鉄鉱石は、付近の二峰山の鉄鉱より採掘されたといわれる。[137] 2004年に発見・調査された河南泌陽下河湾製鉄遺跡は、面積が23万平米に達し、その年代は戦国後期から両漢時代とされる。この鉄工場製錬所が用いた鉱石は、付近の坡頭山・条山・蝎子山以南の山脈から採掘されたもので、かつて調査中に遺跡の南で"漢代の採鉱区"が発見され、"当時の鉄鉱採掘は横巷と露天の二種の形態があり、坡頭山北部のある山峰では、山頂の広い面積で採掘されたために一つの巨大な凹坑を形成している"といわれる。[138] これら製錬鉄工場遺跡の鉱石の由来状況を根拠とすると、他の秦漢時代鉄工場で製錬に用いた鉄鉱石も、付近の鉱山から採掘したものと推測できる。『漢書』巻二十八地理志などには、漢武帝が塩鉄官営を実施した際、産鉄地には鉄官を置き、また"郡の鉄を出さざるは、小鉄官を置"いて、[139] 全部で四十の郡県に鉄官計四十九か所が設置されていたことが記載されており、現在の十二の省区に分布する。[140] ただ実際には、当時の鉄工場の数は文献記載の鉄官数よりはるかに多く、ある場合は一か所の鉄官が多数の鉄工場を管轄し、またある場合は鉄官所在地ですでに多数の鉄工場遺跡が発見されており、さらに文献記載では鉄官が設置されていない地域でも鉄工場址の発見がある。[141] もし上述のように製錬に用いた鉱石がいずれも鉄工場の付近から採掘したとする認識が誤りでないならば、次のように考えられる。現代の行政区画に基づくと、北は内蒙古から南は湖南、東は山東から西は甘粛さらには新疆という、広大な地域で鉄鉱石の採掘と製錬が行われており、鉄鉱石の採掘場は少なくとも50か所以上になり、漢代における鉄鉱石採掘の範囲の広さと規模の大きさをうかがい知ることができよう。

　鉄鉱石の採掘から製錬に至る重要な工程の一つが、鉱石の粉砕と篩分けである。鉱石の粒度が大きすぎるとその還元と熔解に影響し、細かすぎる粉末だと錬炉内の料層と炉腔を塞いでしまうので、必ず鉱石は適切に粉砕・選別して、粒度を均一にしなければならない。鞏県鉄生溝鉄工場の北半部には鉱石加工を専門に行う場所があり、鉱石粉末を流して廃棄した窖坑と、鉱石を加工する鉄錘・石砧などが発見されている。また7号錬炉のそばにある鉱石堆積ではその粒度が一般に3cm前後で、竪炉錬鉄の条件に非常に適っており、さらに粉末を含まない点から、篩分けされていることは間違いない。鄭州古滎鎮鉄工場址2号錬炉北側では約60立方mの鉱石堆積が発見されており、併せて鉱石を粉砕する鉄錘・石砧・石夯などの工具が出土している。鉱石の粒度は一般に2～5cmで、竪炉冶錬に比較的合っている。付近では篩分けして出た粉末状の廃棄物も発見されている。以上から、鉱石の粉砕と篩分けは、前漢時代からすでに製鉄工場における一つの独立した工程になっていたと分かる。[142]

　燃料は金属製錬のエネルギーかつ還元剤であり、秦漢時代製鉄の燃料は依然木炭が主要なものであるが、一部の鉄工場址では石炭と煤餅が発見されている。鞏県鉄生溝鉄工場址では大量の木炭と

同時に、各錬炉付近で原石炭と煤餅が発見されており、また16号錬炉周囲には大量の煤餅があった。この煤餅は石炭粉末を利用し、粘土と石英ないし石灰石を混ぜて水を加えて練り上げ、不規則な餅状にしたもので、直径0.5〜1cmである。原石炭塊は長6〜13cm、ほとんどは火にかけられているが一部は燃焼し切っていない。発掘者は、異なる燃料は異なる形態の錬炉に用いられ、木炭と煤餅は主に円形・長方形の錬炉と排炉・反射炉に用いられ、原石炭は主に塊錬鉄炉に用いられたとする。鄭州古滎鎮鉄工場址では、木炭を燃料とした鉄塊が発見されたほか、65号陶窯5号火池内で、多くの餅形燃料塊が発見されている。それは粘土と黒色の石炭らしい物質を含み、直径17〜18cm、厚7〜8cm、風道上に掛けられており、発見者は燃料として用いた煤餅であろうとした。1979年に、洛陽吉利の前漢中後期墓葬（C9 M19）から製鉄用の坩堝11点が出土した。坩堝の内・外壁はともに焼け溶け、また精錬後に残った鉄塊・鉄滓や石炭塊とその滓などが付着していた。発見者は、坩堝上に残留した石炭塊と石炭滓は、"当時直接石炭を用いて鉄冶鋳の過熱燃料にしていたことを説明する"とする。、文献記載で初見の石炭を錬鉄の燃料に用いる例は、北魏時代西域の亀茲である。上述の石炭塊と煤餅の発見は、前漢時代すでに中原地域で石炭を燃料としていたことを表す。ただ実際には、各地の漢代鉄工場址で普遍的に見られるのは木炭であり、鉄塊には木炭が夾雑する。よって、当時の錬鉄の燃料は依然木炭であり、石炭は何らかの補助的燃料、または小型の熔鉄炉の燃料であったと思われる。

　鉄製錬過程で少量の石灰石を加えて助熔剤とするのは、漢代製鉄技術発展の指標の一つである。古代製錬の要の一つは、炉滓の熔解と流動性であり、これにより鉄滓と銑鉄が効果的に分離しよどみなく炉外に流出するのを保証する。鄭州古滎鎮鉄滓のサンプリング分析の結果によると、鉄滓は、熔融温度が低く流動性の良好な低アルカリの酸性滓であり、そのアルカリ度数（鉄滓成分中の酸化カルシウムと二酸化珪素の割合）は0.5前後であり、配合された原料の中に適量の石灰が加えられアルカリ性の助熔剤としていたことを示し、客観的にも脱硫作用の発生が分かる。鉄生溝鉄工場址では多くの石灰と石灰石が発見されており、徐州利国駅鉄工場址で出土した鉄滓の成分分析も、当時石灰石を加えて助熔剤にしていたことを証明している。製錬過程で石灰石を加えて助熔剤とし、鉄滓の熔解温度を下げて銑鉄の流動性を上げる方法は、漢代にはすでに錬鉄生産に広く応用されていた。

　耐火材料の応用も、漢代に大きく進展している。一般の粘土質の耐火泥を用いて炉壁を構築し、成型した耐火レンガも広く応用され、同時に耐火材料の中に石英砂粒を加えて耐火性を強めるようになった。鉄生溝鉄工場で使用した耐火材料は、錬炉内壁に用いた耐火草拌泥や、炉底に用いた耐火土、そして耐火粘土に石英や緑色岩石の砂粒を混ぜて作った各種耐火レンガがある。その耐火温度は1240℃から1330℃の間である。利国駅で発見された炉壁残塊は、粘土と石英砂粒を混合して作った耐火材料で夯築したものである。南陽瓦房荘漢代鉄工場址の熔鉄炉も耐火レンガを大量に耐火材料として使用しており、大きめの石英粒と粉末状の石英砂粒に粘土を結合剤として作ったもので、使用前に焼成されている。成分のサンプル分析で二酸化珪素（SiO_2）含量が69.43〜77.88％、耐火温度は1460℃以上と知れ、中国古代酸性炉滓の条件によく適合している。耐火材料の改良は、錬炉と溶炉の構築のため、特に炉温の高上に必要条件を提供した。

　銑鉄を製錬する錬鉄炉は、鉄生溝・古滎鎮・鶴壁鹿楼・利国駅・翼城冶南村などの漢代鉄工場遺跡で発見されている。一般に竪炉構造で、炉基・残跡が30基以上発見されており、ほとんどが円形

（あるいは楕円形）と方形（あるいは長方形）の二種類で、前者が多い。長方形炉は鉄生溝で2基発見されており、その築造方法は、まず地下に煤と石英砂粒を混ぜた黒色耐火材料で夯築し、周囲に再び赤色粘土で方形ないし長方形の炉基を夯築して造る。うち1号炉は保存がよく、炉基東西長1.33m、南北寬0.62～0.8m、周囲は白色の耐火土で夯築しており、炉体の壁は周囲の地面より0.48m高く出ている。鉄生溝では円形錬炉6基が発見され、その築造方法は長方形錬鉄炉と同じである。うち4号炉は保存がよく、炉体は甕状で、炉体内部表面は青灰色のガラス状に焼成されており、残深1.1m、内径2m前後、残存の炉壁厚0.3mである。熔鉄流出溝が南に延び、長3.4m、寬0.9m、炉底よりも約0.5m低くなっている（図175）。この種の円形錬鉄炉は鶴壁鹿楼製鉄遺跡でも13基発見されており、炉体内径長2.4～3m、寬2.2～2.4mで、当時の中型錬炉に属する。翼城冶南村で3基発見されており、直径は1.5m前後である。古滎鎮では錬炉炉基2基が発見され、14.5mの間隔で東西に並んでいる。炉基下部と炉前の工作面はつながり、平面凸字形を呈する。炉体は楕円形で、炉底と炉壁は耐火土を夯築して造ったものである。そのうち1号炉の炉体は、長軸4m、短軸2.7m、実測面積8.48平方mとなり、炉高約6m、有効容積約50立方m、一日の産鉄量約1000kg前後と復元され、これまでに発掘された容積最大の古代錬鉄炉であり、世界でも最古かつ最大の高炉である。構造からみて、この種の高炉炉体平面は楕円形を呈し、短軸両側から鼓風することで、風力が直径の大きい炉体中心に届かない難点を克服することができる。炉体下部の炉壁は外へ傾斜し、62°の傾斜角の炉腹を形成しており、周りの燃料とガスが充分に接触し、また充分かつ効率的に燃料のエネルギーを発揮させることができ、漢代高炉と製鉄技術の革新的水準を体現した。こういった大型高炉の生産操業の様子は、古滎鎮1号炉で12人が同時に操作することが必要と推算され、また漢代高炉の事故に関する文献記載からもその一端が窺い知れる。

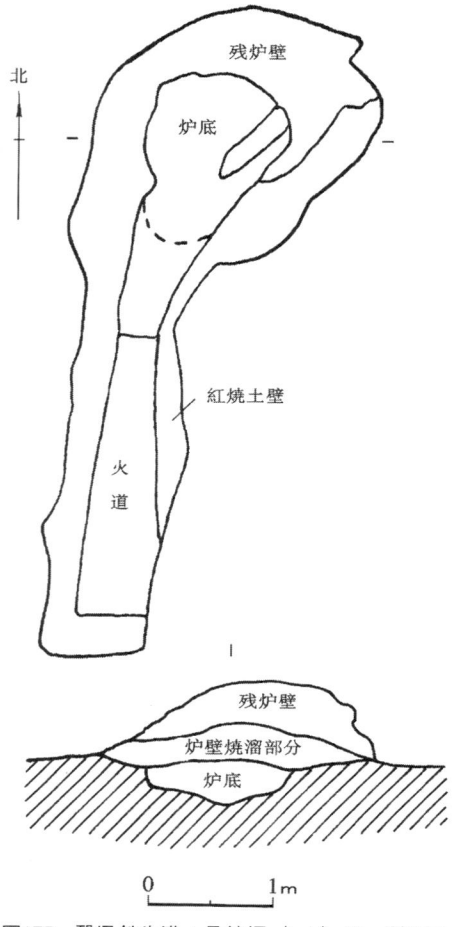

図175　鞏県鉄生溝4号錬炉（L4）平・断面図

　鉄器鋳造過程で銑鉄ないし廃品鉄材を熔融する熔鉄炉は、鞏県鉄生溝・漢長安城西市・南陽瓦房荘等の鋳鉄遺跡で発見されている。鉄生溝の熔鉄炉は地面上の竪炉で、耐火磚を積み上げて造られており、復元内径は平均で1m、外径1.3mである。南陽瓦房荘では両漢時代の熔鉄炉炉基9基が発見され、そのうち前漢の炉基4基はいずれも円形である。例えばL32号炉の構造は、まず地面を平らにならし、再度厚さ約5cmの草拌泥を一層舗装し、その上に耐火磚で炉座と炉体を構築する。後漢の炉基は5基あり、滓屑で舗装した硬地面上に3～13mの間隔で建造され、方形・長方形のも

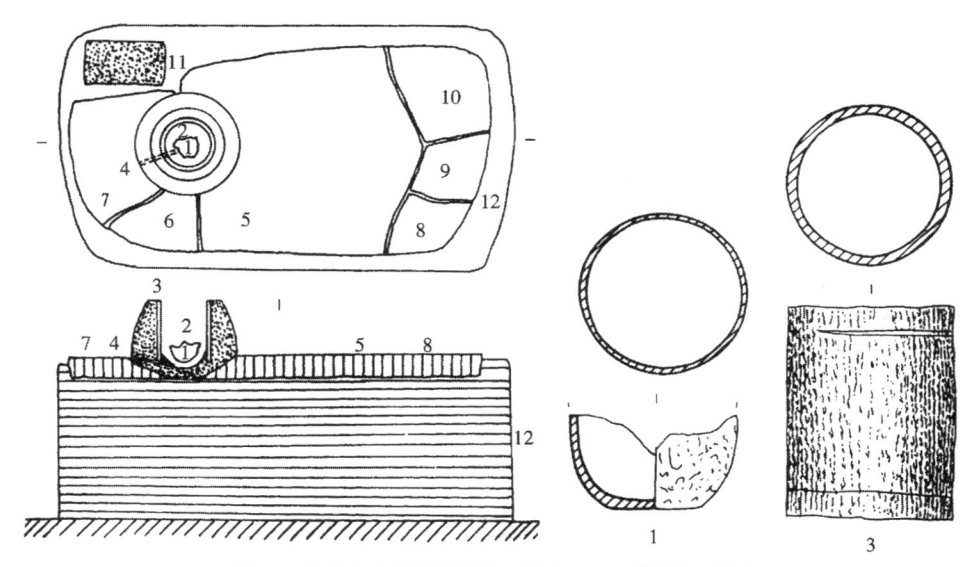

図176 桑植朱家台熔鉄炉平・断面図および坩堝・炉壁
1. 坩堝　2. 炉腔　3. 炉壁　4. 鼓風道　5～10. 石板　11. 沙坑　12. 炉基墩台

のが3基、円形1基・不規則形1基となっている。例えばL4号炉は、円形で直径約2m、構築の際はまず地面を平らにならし、そののち紅焼土塊で長3.5・寛2.7・厚0.2mの長方形の炉基面を構築し、基面中央にスサ混じりの粘土で厚1.5cmの円形面を貼り、灰色になるまで焼成し、その上に耐火磚で炉座と炉体を構築する。[155]こういった熔鉄炉は、漢代一般の構造と形態を代表するものである。

　注目されるのは、桑植朱家台鋳鉄遺跡発見の熔鉄炉で、漢代熔鉄炉のもう一つの類型である。朱家台の熔鉄炉は、炉基墩台・炉体・鼓風管道から成る（図176）。炉基墩台平面は長方形を呈し、黄土で夯築されており、長1.8、寛0.92、高0.76m、上面には青石板6塊を平らに敷き詰め作業台としている。台面一端に円筒形の熔鉄炉を設ける。その構築方法は、まず墩台台面上に穴を穿ち、その底部と四周に黄泥・白膏泥・河砂を混合した泥砂を塗布して堅固に密封した炉底を構築する。次いで穴の口西側に鼓風管道を斜めに設け、管道の下口は炉底を通り、上口は石板上方へ延びる。角度は約30°で、長22cm、口径12cm。穴口上方には円筒形の炉壁を嵌め込む。炉壁は陶製で灰褐色を呈し、外面は粗い縄文が施される。高22.5、口径14、壁厚1.5cm、内壁には厚約0.4cmの黄泥拌草木灰を一層塗っている。炉壁外側は、黄泥・白膏泥・河砂を混合した三合土を盛って炉壁外層を造っている。頂部厚5cm、基部厚12cm。炉内では鉄坩堝1点が発見されている。墩台一角には長方形の沙坑があり、ここに鋳型を設置する。熔鉄炉とともに陶範・鉄範が出土している。[156]この種の熔鉄炉の形態は比較的小さく、構造も簡略で、製鉄業の発達していない地域の小型製鉄工場における熔鉄炉の構造と鋳鉄工芸を提示している。

　秦漢時代鉄器の鋳造は、主に陶範と鉄範の工芸技術を採用していた。これは戦国時代の鋳造技術を継承し発展したもので、石範鋳造は基本的に淘汰されていた。陶鋳範と鋳模は、各製鉄・鋳鉄工場址で普遍的に見られる。[157]1990年、山西夏県禹王城の前漢中後期鋳鉄遺跡の試掘で、犁鏵・鏟・釘・車軎・釜・盆などの陶鋳範が発見され、陶範は1／3の細砂と2／3の粘土で造られ、さらに植物・籾殻の粉末を混ぜたものもある。焼成を経て橙黄色を呈し、型腔表面には白色の滑石粉の塗

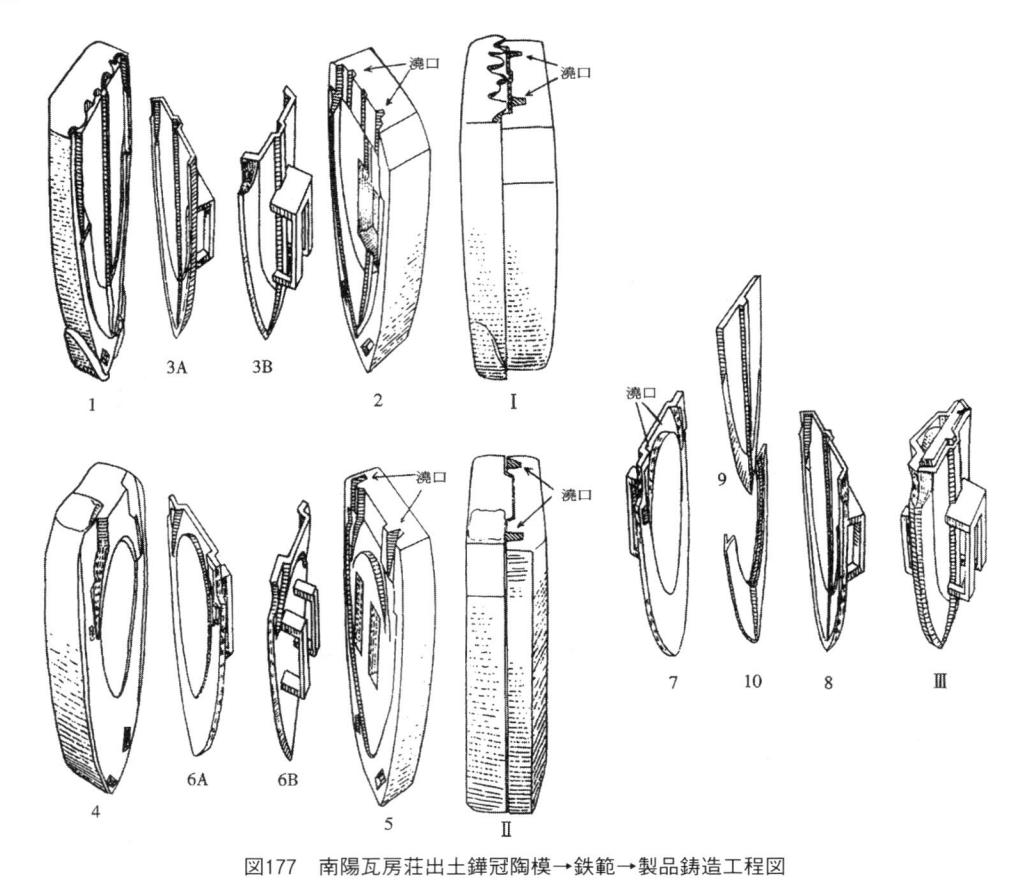

図177　南陽瓦房荘出土鏵冠陶模→鉄範→製品鋳造工程図
1．上内模　2．上外模　3A．上範（陽範）内面　3B．上範（陽範）外面　I．上内模と上外模の合模　4．下内模　5．下外模　6A．下範（陰範）内面　6B．下範（陰範）外面　II．下内模と下外模の合模　7．下範（陰範）　8．上範（陽範）　9．範芯　III．上範（陽範）と下範（陰範）および範芯の合模　10．鏵冠製品鋳造

料を塗り、また藍灰色の鋳痕を留めており、背面は全体が草拌泥で固められている。南陽瓦房荘では後漢時代の陶模と陶範計602点が出土し、鏵冠・凹口鍤・竪銎鏃・鋅・六角釭・臼・印章などの陶鋳模、六角釭・錘・車軎・権・釜・鋪首・夯頭・円形釭・筒形器・盆形器・環形器・灯盤・熨斗・砝碼・梯形板などの陶鋳範があり、そのうち車軎範は、畳鋳範である。これらの陶模と陶範は、現地で掘り出した粘土に35％前後の細砂をまぜて製作している。模芯と範芯が良好な散熱性・退譲性・通気性をもつように、その材料中には穀物ほか草葉など有機物の砕粉も混ぜられる。また焼成を経て橙紅色ないし橙黄色を呈し、わずかに藍灰色を呈するものもある。研究から、出土した鏵冠・凹口鍤・竪銎鏃・鋅などの器具の陶鋳模に関して、上模・下模・芯模の6点の陶鋳模で3点の鉄範を鋳造し、その3点の鉄範すなわち上範・下範・範芯で1点の鉄器を鋳造することが判明し（図177、178）、また陶範は直接鉄器の鋳造に用いることも分かった。

　陶範鋳造技術の秦漢時代における大きな進歩は、陶範畳鋳技術の成熟と応用の普及である。いわゆる陶範畳鋳は、陶範を多層に重ね合わせ、一つの注口で一度に多数の製品を鋳造する技術である。中国では、多腔鋳範の基礎上に立式陶範畳鋳技術が戦国時代に発生し、それが成熟して漢代に広く鉄器の鋳造に用いられるようになった。漢代の畳鋳陶範も多数発見されており、鞏県鉄生溝では六角釭などの畳鋳範、漢長安城西市鋳鉄遺跡では前漢時代の六角釭・軸套（車釧）・帯扣・円環・棘

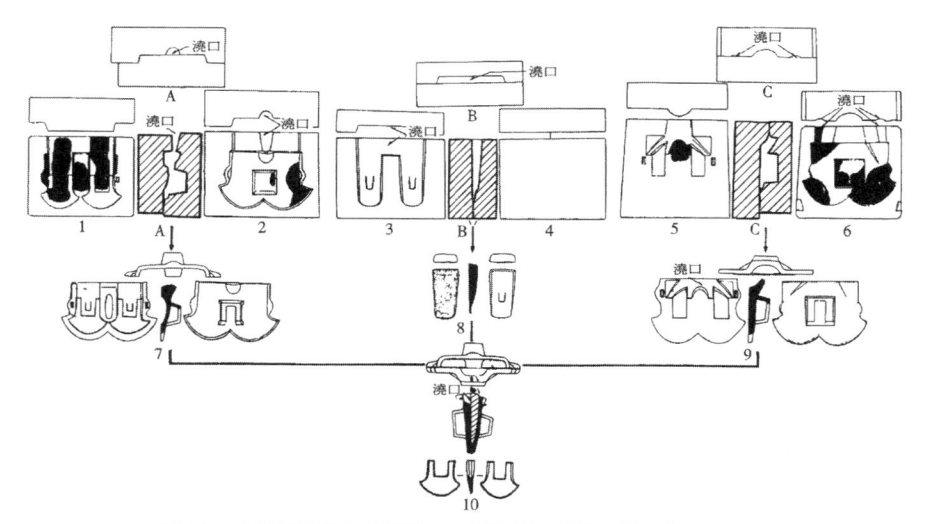

図178 南陽瓦房荘出土両腔凹口錛陶模→鉄範→製品鋳造工程図
1．上内模　2．上外模　A．上内模と上外模の合模　3．芯上模　4．芯下模　B．芯上模と芯下模の合模　5．下内模　6．下外模　C．下内模と下外模の合模　7．上範（陽範）　8．範芯　9．下範（陰範）　10．合範および凹口錛製品

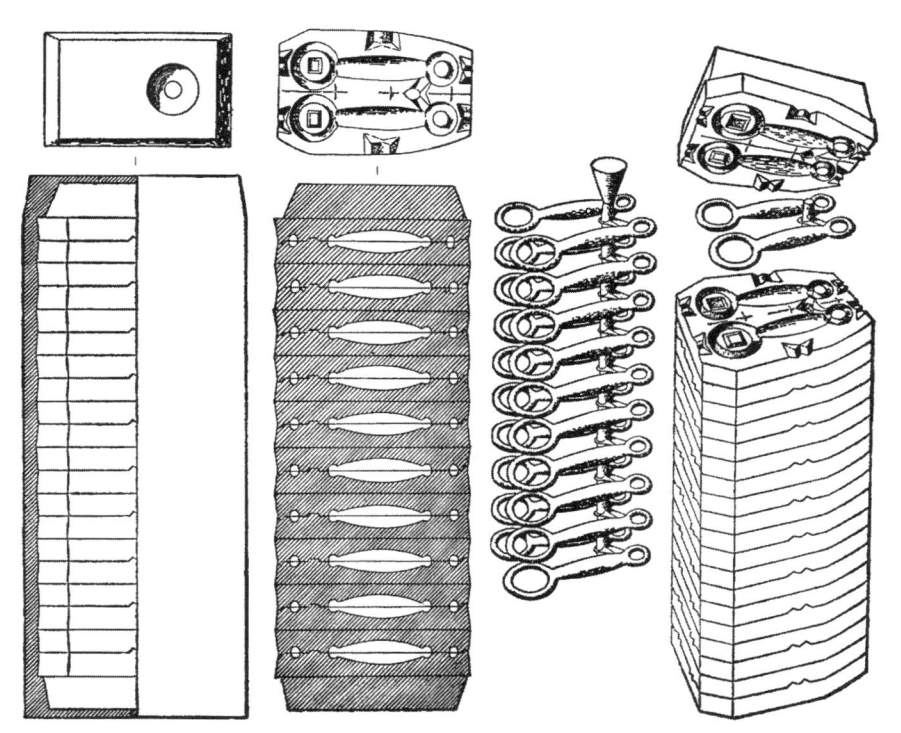

図179 温県出土馬銜畳鋳範（W168）構造と製品鋳造

輪など車馬機具と燭台・権・鎮などの鋳範、夏県禹王城前漢鋳鉄遺跡では円形釘範、南陽瓦房荘では車害畳鋳範、温県烘範窯では畳鋳陶範500組あまり、16類36種の器形で、六角釘・軸套（車鐗）・車害・馬銜・馬鑣・帯扣等の車馬器と権などの鋳範が、それぞれ出土している。温県烘範窯出土の畳鋳範に対する実験研究から、その工芸工程が復元されている。すなわち、範と範芯の製作→畳鋳

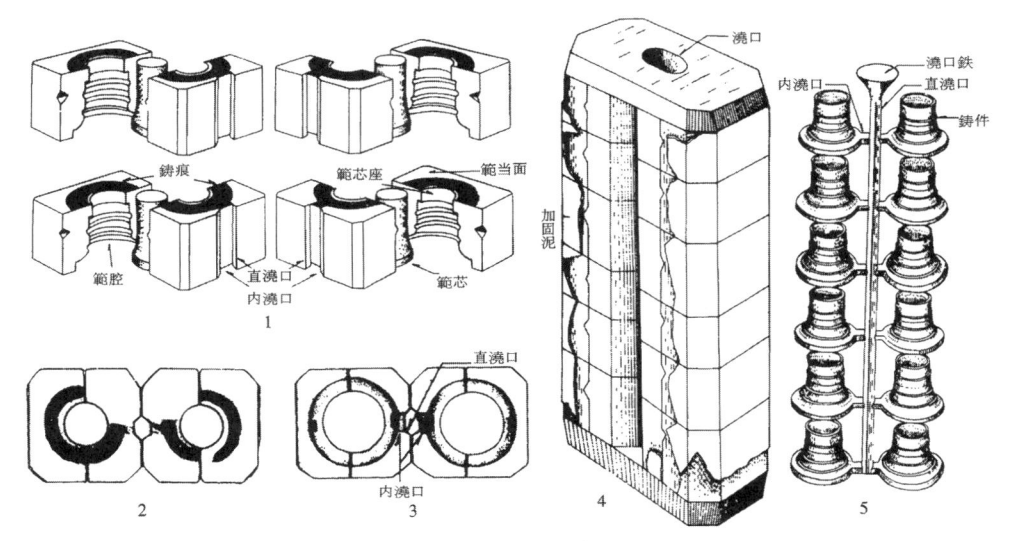

図180　南陽瓦房荘出土多堆式車軎叠鋳範構造と製品鋳造
1．車軎範の套合関係　2．車軎範合範後の頂面および鋳痕　3．車軎範合範後の下端面　4．車軎範合範後の外観
5．注口鉄着脱前の車軎製品

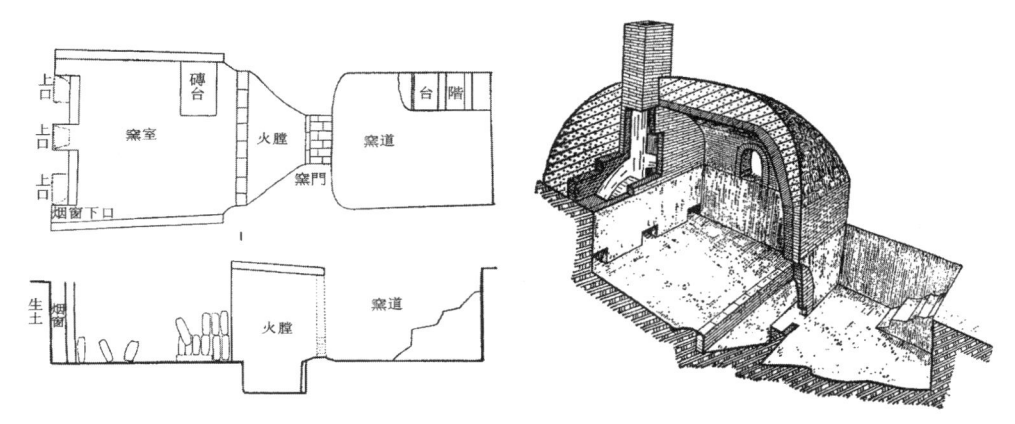

図181　温県烘範窯平・断面図および復元透視図

範の合体・組み立て→叠鋳範の乾燥・焼成→湯流し、となる。馬銜範を例にみると、10層1セットの叠鋳範一組で、一度に鉄馬銜20点を鋳造することができる（図179）。南陽瓦房荘出土の後漢時代に属する6層一セットの車軎叠鋳範は多堆式構造で、二組の範が一つの真直ぐな注道を共用しており、その工芸技術は温県叠鋳範に比べ進歩している（図180）[162]。陶範叠鋳技術は一度に多数の、中には数十点の鉄器を鋳造することができ、かつ製範材料と熔鉄を節約してコストダウンできる。その広い応用は大幅に鉄器鋳造の労働生産効率を引き上げることとなり、鉄器の大量生産が可能となったのである[163]。

　秦漢時代陶範鋳造技術の発展は、烘範技術の進歩と広い応用としても見られる。鉄器鋳造における烘範技術は戦国後期に出現した。その作用は、陶範の全体的強度を増し、通気性を高め、揮発量を下げることにあり、これにより熔鉄を滞らず型取りに充満させることができる。漢代の烘範窯も[164]

第 6 章　秦漢鉄器の応用と古代鉄器工業の全面的発展　*315*

多く発見されており、漢長安城西市鋳鉄遺跡の一組３基、鞏県鉄生溝の11基、南陽瓦房荘の４基、鄭州古滎鎮のY66-１号窯、夏県禹王城鋳鉄遺跡の烘範窯、温県烘範窯などがあり、その構造は大体同じである。そのうち温県の烘範窯の保存が比較的よく、構造も最もよく分かる。それは長方形の土坑内に構築され、東西方向に向き、方形の窯道（坑状作業場）に、合掌形の窯門、梯形の火膛、方形の窯室、そして方形の煙道から構成される。通長7.4、寛３ｍである（図181）。窯道西南角に上り下りのための階段があり、窯室床面は磚で舗装され、四壁は干乾レンガを積み上げており、天井はおそらくアーチ形であったろう。この窯は木炭ないし木柴を燃料とし、発掘時には窯室内に未焼成の畳鋳範500組以上が放置されており、その生産規模の大きさが窺える。こういった構造の烘範窯は、充分に燃料を利用し、窯内の熱循環効率を向上させることができたと考えられる。

　鉄範鋳造技術の秦漢時代における発展は、その応用領域と地域が拡大したこと、鉄範材質の改良などに見ることができる。考古発見では、漢代鉄範の発見地点と数量・種類は、戦国時代とは比べ物にならず、山東莱蕪兗省荘、章丘東平陵故城、河南新安上孤灯、澠池鉄器窖蔵、鎮平尭荘、南陽瓦房荘、鞏県鉄生溝、桑植朱家台、河北満城２号漢墓などで発見され、円柱形・四稜形錘範や、空首斧範・犁鏵範・鏵冠範・竪銎鐝範・鏟範・直口錛範・凹口錛範・六角鋤範・耙範・鎌刀範・鏃範・板材範などの種類がある。鉄範の種類の増加と応用地域の拡大は、鉄範鋳造工芸が後漢時代に至って各地で普遍的に取り入れられた技術であったことを物語る。構造からみると、戦国時代の鉄範は主に単範と双合範であったが、秦漢時代に多合範が現れ、構造も簡潔で合理的なものになる。例えば鎮平尭荘出土の４点一組の錘範は、外範と外範の間には柄と柄穴を設けず、外範と範擋の間に異なる形の柄・柄穴を設けており、その構造は隙間なく堅牢に範を組合せ、かつ範をばらして鋳造製品を取り出すのに便利な効果を持ち、鉄範鋳造工芸の進歩の表れである。漢代鋳範材質の改良は、灰口鉄の応用に見られる。満城漢墓の鋤内範（Ｍ２：3118）と鐝内範（Ｍ２：4073）、鞏県鉄生溝T18：15号直口錛範芯、南陽瓦房荘の範芯（T48①Ａ：１）等は、金相鑑定から灰口鋳鉄製品とされ、また鎮平尭荘出土錘範のあるものは灰口鋳鉄製品とされ、澠池鉄器窖蔵出土の鉄範のうち鑑定を経たMJC：365号鏃範、MJC：420号鏵冠、MJC：540号錛範がいずれも灰口鋳鉄製品であり、これらは前漢時代に灰口鉄が出現した後、すぐに鉄範の鋳造に用いられ、鉄範鋳造技術の重要な発展であったことを示している。またそれは、灰口鋳鉄は熱変動が少なく安定しており、収縮率が低いため白口鋳鉄よりも鋳範の性能条件に適っているからでもある。ここで指摘しておきたいのは、鄭州古滎鎮では犁鏵・鏵冠・凹口錛・直口錛・六角釭などの鉄範を制作する陶模が大量に出土しているにもかかわらず、遺跡ではいまだ鉄範製品が発見されていないことである。このため発掘者は、古滎鎮遺跡は当時の鉄範鋳造を主要な産品とする鉄工場であったと推測するが、妥当であろう。ここから、漢代には鉄範を専門的に鋳造する基地が設けられ、他の鋳鉄工場に鉄範を供給していたと考えられる。これは、漢代鉄範鋳造技術がさらに推し進められた原因の一つであろう。

　注目しておくべきは、秦漢時代に陶範・鉄範技術によって鉄器を鋳造したと同時に、地面に構築して固定された“地面範”が出現したことであり、大型鉄釜や“牢盆”の類など大型製品を鋳造するものである。この地面範は南陽瓦房荘で８基発見され、保存の比較的良好なＤ４号範は、その構築方法は、まず地面をならし、スサ混じりの粘土で直径約2.8ｍ・厚２㎝の円形台面を舗装し、橙紅色になるまで焼成して、その後台面上に直径1.52ｍの円い区画を設け、区画内に特製の小レンガで壁厚10㎝の中空の内範を築き上げ、表面に細かく砕いた籾殻や植物の灰などを混ぜた細泥を塗

り、これにより滑らかさと良好な通気性を保つ。外範も同様の材料・方法で築かれている。残存する型腔面は滑らかで藍灰色の鋳痕が見られる（図182）。その鋳造製品は内径1.51m、外径1.68m[176]。陝県耀県後河村で発見された漢魏時代の大型鉄釜7点は口径49.5〜58、高42〜52cm[177]で、おそらく地面範により鋳造したものである。"地面範"の鋳造工芸は、3000年以上前の殷代後期にすでに出現しており、安陽殷墟苗圃北地鋳銅遺跡と孝民屯鋳銅遺跡で青銅器鋳造の地面範が発見されている[178]。これを鉄器鋳造に応用したのは、おそらく前漢時代からで、それにより構造が簡単で巨大な鉄器の鋳造生産を促進することとなった。

秦漢時代鉄器工業の発展は、鋼鉄技術と製品の絶え間ない進歩・刷新の上に顕著に表れている。一面では、塊錬鉄・塊錬滲炭鋼・共晶白口鋳鉄・脱炭鋳鉄・靭性鋳鉄・鋳鉄脱炭鋼・錬鉄など[179]、戦国時代にすでに形成されていた鋼鉄精錬技術がさらに発展し推進され、もう一面では、新しい製鋼技術が生じた。戦国時代に出現した白口鋳鉄を脱炭加熱処理して塊状石墨を含む靭性鋳鉄を作る技術は、秦漢時代にも継続して発展する。鑑定から、満城漢墓出土の鉄鏃（M2：003）と鐝（M1：4397）は、フェライト―パーライト靭性鋳鉄に属するとされる[180]。南陽瓦房荘の鑑定を経た鉄器では、9点の靭性鋳鉄があり、白心靭性鋳鉄と黒心靭性鋳鉄の両種がある。渑池窖蔵鉄器中にも靭性鋳鉄製品とされるものが多く、かつ白心靭性鋳鉄と黒心靭性鋳鉄の両種がある。両漢時代には新たに灰口鋳鉄と麻口鋳鉄が出現した。金相分析から、満城漢墓出土の鋤内範（M2：3118）・鐝内範（(M2：4073)）・車䥫（M1：2046）は、みな灰口鋳鉄とされ、紀元前2世紀にすでに灰口鋳鉄を生産していたことを示す[181]。灰口鋳鉄製品は、鞏県鉄生溝・南陽瓦房荘・鎮平尭荘・渑池窖蔵でも発見されている。その出現は錬鉄生産の一大飛躍である。その成分に片状石墨を含有し、また断面灰白色を呈する灰口鋳鉄は流動性に富み、構造の複雑な鋳造製品を鋳造するのに適している。同時に熱安定性能が良好で、収縮率の低い特徴を持つので、鉄範を鋳造するのに適する。それゆえ、"低シリコン灰口鉄の生産は鋳鉄史上の奇跡"[182]なのである。この他、満城漢墓出土の鉄犂鏵（M2：01）は金相鑑定を経て、そのある部分の微細組織は灰口鉄と白口鉄の混在した組織、すなわち麻口鉄とされた[183]。鞏県鉄生溝出土の鉄塊（T5：42）もサンプル検査で麻口鉄とされ[184]、渑池窖蔵鉄器のうち鋳（MJC：458）と六角釭（MJC：32）も麻口鋳鉄とされる。これら麻口鉄の発見は、前漢中期に麻口鉄もすでに出現していたことを表明する。

製鋼技術の方面では、戦国時代に脱炭工芸の高度発展に伴って出現した"鋳鉄固体脱炭成鋼法"が、秦漢時代にさらに発展し推し進められた。これは、固体銑鉄を一定程度まで加熱し、ほぼ完全に気化脱炭して、高炭鋼・中炭鋼・低炭鋼を得る製鋼技術である[185]。考古発見の漢代鉄器では、鋳鉄

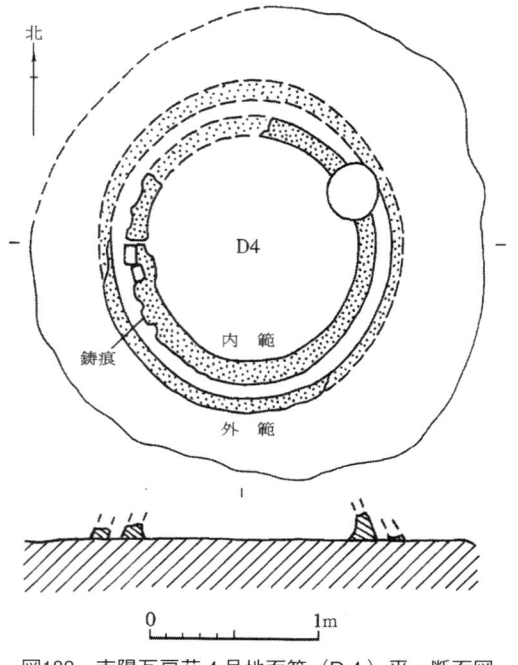

図182　南陽瓦房荘4号地面範（D4）平・断面図

脱炭鋼の製品がよく見られ、北京大葆台前漢墓の環首刀[186]、鄭州東史馬村出土の後漢剪刀6点[187]などは、検査により全て鋳鉄脱炭成鋼ののち鍛造して製作されたものと証明された。鞏県鉄生溝の鑑定を経た鉄器のうち、14点が鋳鉄脱炭鋼製品であった[188]。澠池窖蔵鉄器の斧（MJC：257・277・279・299・453・471）・鎌刀（MJC：528）などは、みな白口鉄鋳造製品を脱炭したものである[189]。そのうち、MJC：528号鎌刀やMJC：471号斧は、脱炭の後に刃部に滲炭硬化処理を施している。またさらに、MJC：257号斧は脱炭後の滲炭硬化処理の前に、刃部に鍛打加工を加えている。同時に澠池窖蔵の鉄器上の銘文が示すように、それらは異なる鉄工場で生産されたものであり、にもかかわらずその規格と材質はほとんど同じであり、当時の固体鋳鉄脱炭成鋼技術がすでに一定の範囲内で広範に応用され、かつ比較的統一された技術条件であったことを物語る。注意すべきは、澠池MJC：257号斧の銎部に、現代の球墨鋳鉄中のものに相当する球状石墨があること[190]や、鞏県鉄生溝でも石墨すべてが球化した鉄鏟（T4：1）があることである[191]。現代の球墨鋳鉄は、1948年前後に研究開発されたものである。そのため、こういった球墨を含む鋳造製品の生成過程は、冶金史学家の高い注目を引き起こすこととなった[192]。退火脱炭に用いる窯炉は漢代の鉄工場遺跡で多く発見があり、そのうち鞏県鉄生溝のL11号退火脱炭炉の構造が最も残りがよく科学的である。全体は長方形で、長方形の炉胴・火池・炉門・烟道などの部分からなり（図183）、炉胴長147、寛83cm、炉壁は長方形の青レンガで構築される。その構造は当時の磚瓦窯や陶窯の倒焔窯を採用したもので、充分に炉熱効率を利用することができる。炉壁表面は紅色に焼成しており、酸化焔であったことを物語り、炉内温度は900℃以下で、脱炭退火の温度条件に適っていたと考えられる。現存する高度から推算すると、炉胴容積は約1立方mで、一度に鉄鏟2000点前後を装入することができる。このような炉により退化脱炭するならば、靭性鋳鉄・鋳鉄脱炭鋼などを得ることができる。脱炭炉の発見は、当時の脱炭炉の構造とその生産工芸について示唆を与えることとなった。

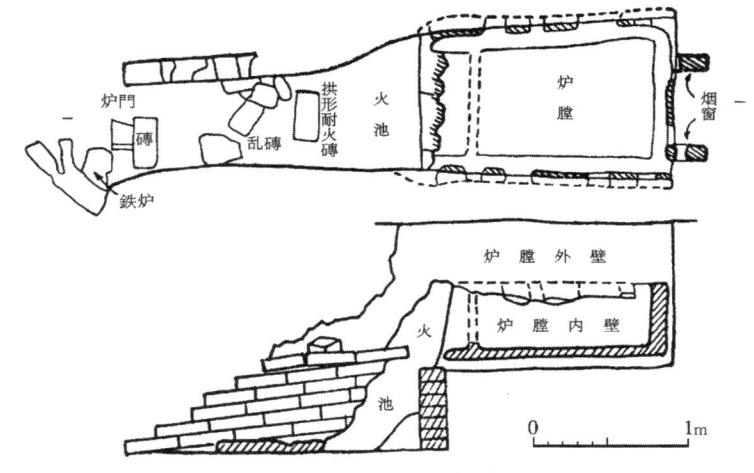

図183　鞏県鉄生溝11号脱炭炉（L11）平・断面図

　百錬鋼と炒鋼の工芸は、秦漢時代製鋼技術の二大刷新である。百錬鋼技術の萌芽は戦国後期に遡り、塊錬鉄を反復鍛打滲炭して鋼とする技術である。これは前漢時代にも依然採用されていくが、技術水準は急速に高まった。満城1号墓出土の劉勝佩剣（M1：5105）や、鋼剣（M1：4249）・錯金書刀（M1：5197）などは、鑑定からそういった工芸の産物とされるが、共晶夾雑物が減少し、高炭層と低炭層の間の含炭量の差が少なくなり、組織は比較的均一で、高炭層と低炭層の重なりは増え、層間の厚みも薄くなるなど、その製作技術が相当進歩してすでに百錬鋼の雛型となっていたことを示している[193]。この後、炒鋼技術の発明により、ついに百錬鋼が現れることとなった。炒鋼と

図184　南陽瓦房荘19号炒鋼炉（L19）平・断面図および生産過程復元図
1．L19平・断面図　2．生産過程復元図

は銑鉄を炒製して錬鉄ないし鋼にする製鋼工芸である。その原料たる銑鉄の生産率が高く、大量生産できること、炒製過程でその含炭量をコントロールでき、炒鋼を鍛打して器具を制作する際の滲炭工程を短縮できること、その製品の組織構造が均一で、夾雑物が大幅に減少し、性能が大いに向上することなどに炒鋼の特質がある。よって炒鋼技術の発明は、錬鋼史上最初の重要な技術革新であり[194]、その出現はおおよそ後漢初期である。『太平経』に"急あるの後工師をして石を撃治せしめ、その中に鉄を求め、これを焼冶して水と成らしめ、その後良工をして万たびこれを鍛えしめ、すなわち莫邪を成す"とある。この記事は、鉱石の製錬から銑鉄を得て、再度銑鉄を熔解して炒錬・鍛打を行い鋼質兵器を制作する、その工芸過程を簡略に叙述するものである。鞏県鉄生溝で、後漢初期前後の炒鋼炉1基（L9）が発見されている。この炉は紅色の硬質地山層の上に構築されており、炉体は小さく、長37、寛28、深15cmである。地下に缶形の炉体を掘りだし、内壁に耐火泥を一層塗って造られる。炉壁は黒色に焼成され、発見時は炉内に鉄塊が一点残っていた。南陽瓦房荘発見の同種の炒鋼炉（L19）は、炉体と炉底が残るのみであるが、平面は楕円形で、東西長27、南北寛22～28、残深16、炉壁厚4cmである。火池は炉門外にあり半円形を呈する。また炉壁と炉底は細砂を混ぜた耐火泥を炉袖としている。炉底中央には長15、寛12cmの鉄塊が残っていた（図184）[195]。類似の低温炒鋼炉は河南方城県漢代製鉄遺跡で6基発見されており[196]、おおよそ同様の構造である。鉄生溝出土の前漢後期から後漢前期の鉄器では、鑑定を経たもので14点が炒鋼鍛打製品とされ、刀・鋤・直口鍤などがあり、その炭素量は一般に0.1%以下、最も高くて0.4%に達する[197]。南陽瓦房荘発見の後漢時代の鑿（T41①A：6）は、鑑定から炒鋼を鍛打整形したものとされた[198]。こういった炒製の鋼材を原料に、反復して加熱し折り重ね鍛打することで、百錬鋼製品が製作される。1974年、蒼山紙坊村で1点の後漢中期の鉄長刀が出土し、通長111.5、刀身寛3cmで、刀身に火焔紋と"永初六年五月丙午造卅湅大刀吉羊"の隷書銘文が錯金されていた（永初六年は紀元112年）[199]。金相鑑定から、その組織は均一で、結晶粒の小さなパーライトと少量のフェライトからなること、各部分の炭素含有が均一であること、その炭素量は0.6～0.7%と推定されること、炭素量のやや高い炒鋼を原料とし反復して加熱鍛打整形し、刃部分はさらに局部的に焼き入れ処理を施したことなどが分かった[200]。1978年、徐州段山後漢初期墓出土の1点の長剣は、剣茎正面に"建初二年蜀郡西工官王愔造五十湅□□□孫剣□"の隷書銘文が錯金されていた（建初二年は77年）[201]。徐州段山長剣の剣身刃部と剣茎部分のサンプル鑑定から、金相組織はパーライトとフェライトからなり、分層は明瞭で、各層の炭素量は異なり、最も高くて0.7%、最も低くて0.4%、炭素量の比較的高い炒鋼を素材として鍛造したものとされた。1998年、扶風官務村漢墓で鋼剣ひと振りが出土し、鑑定から炒鋼を反復

図185　漢画像石鍛冶図（滕県宏道院出土）

加熱鍛打して製作されたものとされ、その年代は新莽時期から後漢前期である。漢代の"涷"・"練"・"煉"はみな同義で、古代の金属兵器の銘文によく見られるものである。"卅涷"や"五十涷"は一種の工芸標準であり、鍛打の回数を指している。上述の蒼山長刀や段山長刀は百錬鋼製品に属する。それらの出土は、後漢前期の百錬鋼技術が既に成熟していることを証明し、同時に中国の当時の錬鋼技術が世境的にも最も先進的な水準に達していたことを表している。それゆえに、紀元1世紀のローマの学者プリニウスは、当時ヨーロッパの市場で"鋼鉄の種類は多いが、中国からもたらされた鋼刀に匹敵するものはない"と述べているのである。

　鋼鉄熱処理技術は戦国後期に出現し、秦漢時代に急速に相当の高水準にに発展した。焼き入れ技術は前漢時代すでに普遍的に応用されていた。『史記』巻二十七天官書に"水と火の合うを淬となす"といい、『漢書』巻六十四王褒伝に"巧みに干将の樸を冶鋳し、清水もてその鋒を淬ぐ"という。考古発見の漢代鉄器のうち、金相鑑定を経た遼陽三道壕の鋼剣（SDHJD：15）や、満城漢墓出土の鋼剣（M1：4249）・劉勝佩剣（M1：5105）・錯金書刀（M1：5197）などは、その刃部はみな焼き入れ処理により形成されたマルテンサイト組織が確認され、それらが局部焼き入れ工芸を採用していたことを示している。それにより、刃部の硬度が増し、また刀背と剣脊は高い靱性を保持することができ、硬軟併せ持つこととなった。表面の滲炭処理は、前漢時代に現れた熱処理の新しい技術である。満城漢墓出土の劉勝佩剣と錯金書刀は、その本体は炭素量0.1～0.2％の低炭鋼で、表面は炭素量が0.6～0.8％まで達する高炭鋼であり、明らかに表面滲炭の結果である。こういった滲炭処理をすることで、その本体の靱性を保持しながら、表面の硬度を高めることができ、これも同様に硬軟併せ持ち、互いに利点を引き出すこととなる。

　鉄の製錬と鉄器の製造加工は、どちらも鼓風と切り離せない。秦漢時代製鉄技術の進歩、中でも竪炉炉型の巨大化、構造の改良、生産規模の拡大は、いずれも鼓風設備の改良と密接な関連がある。鞏県鉄生溝出土の鼓風管は、大きいもので内径8、外径20cm、残長16cmである。漢長安城西市鋳鉄遺跡ではベンド（訳者注　湾曲した管）形の鼓風管が出土している。鄭州古滎鎮出土の鼓風管にはベンド形のものと筒形の二種類があり、どれも一端が太くもう一端が細く、連結して使用することができる。太い方の直径は一般に26cm、壁厚1.3cm、残りの最も長いもので1m以上ある。これら鼓風管の大小から当時の送風量が相当のものであったことが推測できる。南陽瓦房荘でも大量の鼓風管が出土しており、いずれもベンド形・陶製で、外壁は厚い夾砂草泥で包まれる。端部直径は15～34.5cmと不揃いである。発掘者は鼓風管の形態・構造と焼成状況から、瓦房荘では熱鼓風熔鉄炉を使用していたと推測している。当時の鼓風設備については、1930年滕県宏道院出土の後漢画像石の鍛冶図上に、人力で鼓風皮嚢を押し引きする様子が描かれている（図185）。複元研究によると、この種の皮ふいごは二人共同で操作するようである。この推測からすると、最初の錬鉄炉と熔鉄炉

の用いた鼓風設備はこういった皮ふいごであったが、鍛冶炉の鼓風皮囊に比べてより大きいものが求められ、使用人力も多く、さらにはいくつかのふいごを併用したであろう。その後、畜力を利用して送風する"馬排""牛排"等が発展した。[208]後漢初期、杜詩は南陽太守に任ぜられ、その地で水力を利用する"水排"を発明し、[209]労働力をできるだけ省力化し、送風能力を向上させることとなり、これはヨーロッパで水排が出現するのよりも1200年以上も早いことであった。

総じて見ると、秦漢時代の400年余りの間に、鋼鉄技術は戦国時代の基礎上にさらなる刷新をし、全面的な発展を獲得した。採鉱・製錬から、鋳造・加工などに至るまで、一貫して完備した工芸技術が形成され、かつ相当の高水準に達し、中国古代鋼鉄技術の成熟を標示している。そして鋼鉄技術の成熟は、秦漢時代鉄器工業の大規模な発展に技術条件を提供し、同時に当時の鉄器工業の大規模発展の結果でもあった。

第4節　鉄器生産の組織管理と鉄器の流通

秦漢時代鋼鉄技術の進歩、中でも鉄器工業の大発展は、国家の鉄器工業に関連する政策と鉄器生産の組織管理と緊密に関連していた。秦漢時代400余年の間に、鉄器生産の組織管理は国家財政・経済政策の調整に従って比較的大きな変化をたどった。それを概観すると、塩鉄官営政策の設立と廃止を境として、おおよそ秦・前漢前期、前漢中期・後漢前期、後漢中後期の三つの発展段階を経過していった。

1　塩鉄官営以前、秦・前漢前期の鉄器生産

漢武帝の塩鉄官営実施以前、秦代と前漢前期（紀元前221年～前119年）である。秦始皇帝が六国を統一して以後、経済的には商鞅変法以来秦国が一貫して実行してきた"重農抑商"の基本国策を継続して進めており、農業と手工業生産を奨励し、商業などの非生産活動を抑制し打撃を与えていた。同時に"山澤の税を収め"ており、[210]塩鉄市官を設置して塩業と鉄業の税を取り、併せて鉄官を設立して官営鉄器工業を掌握していた。[211]前漢初期、漢王朝は"民に休息を与える"政策を採り、経済上では"徭を軽くし賦を薄く"して、農耕を奨励した。製塩業と製鉄業に対しては、"山澤の禁を弛め"、[212]郡国と個人経営に任せ、[213]国家は官を設置して管理と収税を行った。こういった経済的背景の下、鉄器工業は戦国後期以来の官営と私営が併存する方向に沿って発展し、郡国と私営の鉄器工業はさらに繁栄することとなった。鉄器工業の分布は、依然戦国後期と同様のものである。まず製鉄工場は、鶴壁鹿楼鉄工場・莱蕪亓省荘鉄工場・桐柏毛集鉄工場などのように、鉄鉱付近に開設される。さらに多くの鉄器冶鋳工場や加工製造場は、城市の郊区ないし城内に多く分布する。章丘東平陵故城・曲阜魯国古城などでは城内に鉄工場が分布し、南陽瓦房荘鉄工場址は南陽郡宛県故城の東北隅に位置し、登封陽城鉄工場は陽城南郊にある。そのうち、戦国時代の鉄工場がそのまま継続している場合が少なくない。注目すべきは、私営鉄器工業の発展にしたがい、その工場が産品標識を使用し始めたことである。莱蕪亓省荘で出土した前漢時代の鉄鋳範のうち、鐴冠範の型取りの一翼に陰文で"山"字ないし"氾"字があり、両腔鎌刀範の背面取っ手に陽文の"李"字、[214]鏟範型取りの鉴部に陰文の"山"字がある。こういった鉄鋳範上の文字標識、特に型取り内の陰文は、塩鉄官営後の鋳範と鉄器上に鉄官の簡称や鉄工場の編号を産品標識として鋳出すのとは異なり、おそ

らくは鉄工場主の姓氏であろう。そういった標識の出現は、前漢初期の私営鉄器工業が発展した一種の産物である。

　秦・前漢前期の鉄器工業は、官営と私営が併存するとはいえ、鉄器の生産と販売はほとんどが少数の富商豪強の手中に握られ、その規模は巨大であった。当時の私営鉄器工業の発展状況は、文献記載からその一端を見ることができる。『塩鉄論』巻一復古篇に見られる桑弘羊の言に、"往は、豪強大家、山海の利を管するを得、鉄石を採り鼓鋳し、海を煮て塩となす。一家の聚衆すること或いは千余人に至り、大抵は尽く放流の人民を収むるなり。遠く郷里を去り、墳墓を棄て、大家に依倚す。深山窮澤の中に聚まり、奸偽の業を成し、朋党の権を遂げ、それ軽んじて非となすもまた大かな"とある。ここから前漢初期の私営鉄工場は、流民を大量に吸収して生産を行い、規模の大きいものは千人に達していた。私営製鉄家の中には、製鉄業により暴利を得たものも多く、蜀の卓氏は、"鉄山に即きて鼓鋳し、籌策を運らし、滇蜀の民を傾ける。富は僮千人に至り、田池射猟の楽、人君に擬す"といい、臨邛の程鄭も"また冶鋳し、椎髻の民に賈し、富は卓氏に埒す"という。宛の孔氏は、"大いに鼓鋳し、……家は富数千金に到り、故に南陽の行賈は尽く孔氏の雍容に法る"といい、魯の曹氏と邴氏は、"鉄冶を以って起こり、富巨万に至る"という。こういった製鉄業で富を築いた工商大賈の出現は、当時の私営鉄器工業が高度に発展していたことを如実に物語るものである。

2　塩鉄官営と前漢中期から後漢前期の鉄器生産

　郡国と私人の製鉄業経営を放任する前漢初期の政策は、鉄器工業の一時的な高度発展をもたらしたが、同時に中央財政の収入に直接影響し、かつ地方勢力の割拠する社会的・物質的基礎ともなった。その中央の財政状況を改善し、同時に割拠勢力の経済基礎を弱めるため、漢武帝時期に塩鉄政策に対して大幅な改革を行い、専売を実施した。元狩四年（紀元前119年）、大塩鉄商人出身の大農丞である東郭咸陽と孔僅が"塩鉄の事を領"し、同じく商賈出身の桑弘羊が共同して塩鉄生産の管理を計画し、また元狩五年（前118年）に大司農顔異が漢武帝に塩鉄官営の計画を提出した。そのうち製鉄業に関する内容は主に次に挙げるものである。煮塩と塩鉄のことは政府の管理に帰し、全国の重要な産鉄地域に大鉄官を設置して鼓鋳を行う。私人の鋳鉄・煮塩を厳禁し、"敢えて私かに鉄器を鋳し、塩を鬻ぐものは、釱左趾にして、その器物を没入する"とした。"郡の鉄を出さざるは小鉄官を置き、在所の県に属せしむ"こととし[217]、廃品を熔かして新しい器物を鋳造することとした、などである。前漢後期には全国で四十の郡国に鉄官四十九か所が設置され、鉄器生産と専売などの職務を管理した[218]。これより後漢前期章帝の時期まで、漢昭帝始元六年（前81年）に塩鉄会議があり、鉄官の制度は時に廃止され時に回復され、製鉄の国家専売と禁止は時に厳しく時に弛く、ただし官営の基本政策は断続的ながらおよそ二百年にわたり続いた[219]。漢代の鉄工場遺跡と銘のある鉄器・鋳範・鋳模などの発見と研究は、塩鉄官営下にある鉄器生産の組織管理と鉄器工業分布を示した。これまでに発見された鉄工場遺跡（附表1）と鉄器・鋳範・鋳模の銘文に、先学の研究を踏まえると[220]、前漢鉄官のうち二十余りについて確認することができる。

　1．左馮翊　鉄官は夏陽（現陝西韓城県南）に設置。韓城県西南約9kmの芝川鎮の前漢鋳鉄遺跡が夏陽鉄官所属の鉄工場と考えられる。

　2．右扶風　鉄官は雍（現陝西省鳳翔県県南）と漆（現陝西彬県）に設置。扶風県城の南約3km

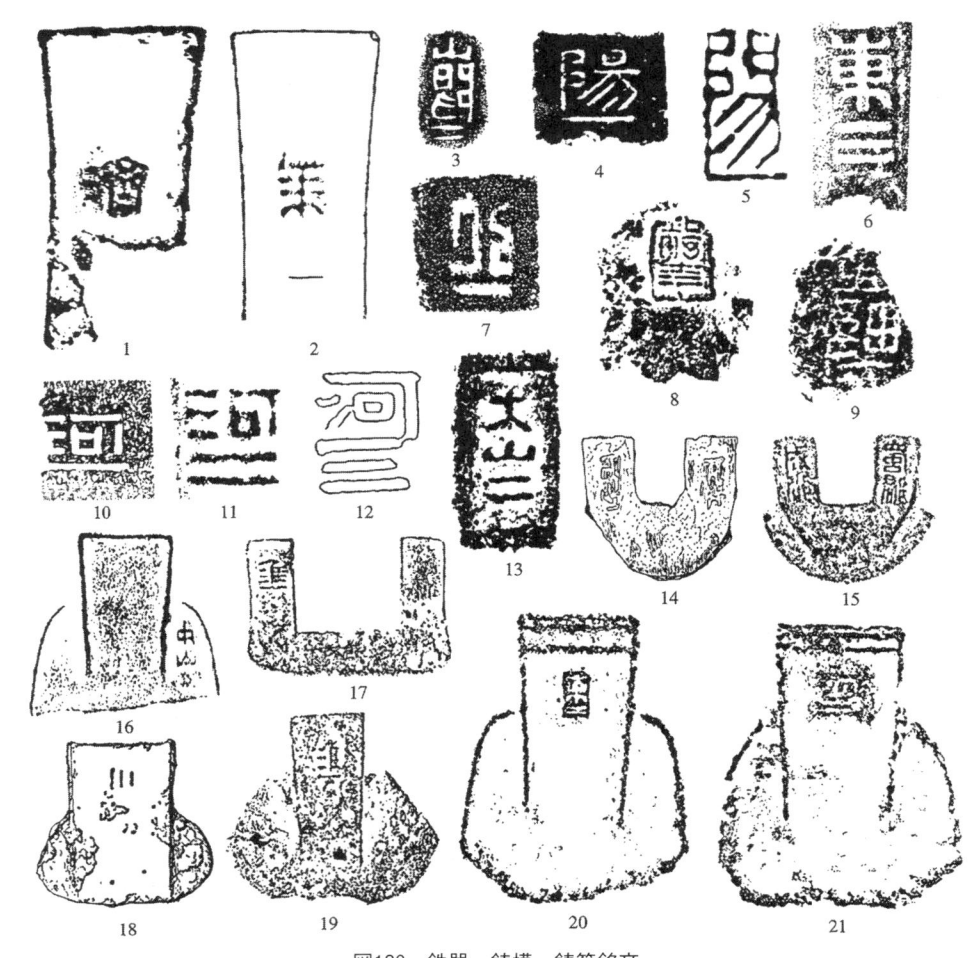

図186 鉄器・鋳模・鋳範銘文
1．"済"字銘鉄竪銎钁（沂水南張荘出土） 2．"莱一"銘鉄竪銎钁（威海橋頭鎮出土） 3．鏵陶範"山陽二"銘（滕県薛城皇殿崗製鉄遺跡出土） 4．車釭陶模"陽一"銘（南陽瓦房荘T21A：1） 5．鏵冠陶模"陽一"銘（魯山望城崗製鉄遺跡出土） 6．鏵陶範"東三"銘（夏県禹王城鋳鉄遺跡出土） 7．鏵陶範"弘一"銘（新安上孤灯H1：1-1） 8・9．陶範"鉅野二"銘（滕県薛城皇殿崗製鉄遺跡出土） 10．陶模"河一"銘（鄭州古滎鎮製鉄遺跡出土） 11．鉄鏵冠"河二"銘（隴県高楼村出土） 12．鉄器"河三"銘（鞏県鉄生溝製鉄遺跡出土） 13．錘鉄範"大山二"銘（章丘東平陵故城出土） 14．"蜀郡"銘鉄凹口鍤（西昌東坪村錬銅遺跡出土） 15．"蜀郡成都"銘鉄凹口鍤（魯甸漢墓出土） 16．"中山"銘鉄鏵（『漢金文録』収録） 17．"淮一"銘鉄凹口鍤（修水横山出土） 18．"川"字銘鉄鏵（長葛石固漢墓出土） 19．"淮一"銘鉄鏵（修水横山出土） 20．"東二"銘鉄鏵（隴県高楼村出土） 21．"河二"銘鉄鏵（隴県高楼村出土）

にある南古城村漢代製鉄遺跡が、おそらく雍の鉄官所属の鉄工場である。

　3．弘農郡　鉄官は宜陽（現河南宜陽県西）と澠池（現河南澠池県西）に設置。澠池鉄器窖蔵と窖蔵南側で発見された漢代製鉄遺跡が、澠池鉄官所属の鉄工場であろう。新安県上孤灯村の前漢後期鋳鉄遺跡と出土した"弘一"・"弘二"の銘のある鏵・六角鋤・鏵冠の鉄鋳範（図186-7）は、弘農郡宜陽鉄官あるいは澠池鉄官所属の土木農耕具を主に鋳造する鉄工場遺跡と考えられる。霊宝函谷関製鉄遺跡は、河南郡鉄官所属の鉄工場であろう。現宜陽県宜陽故城の漢代製鉄遺跡の発見により、宜陽鉄官を確認することとなった。漢代の弘農郡鉄官多くの鉄工場を設置していた。

　4．河東郡　鉄官は安邑（現山西夏県西北）、皮氏・平陽・絳（現山西翼城県）に設置。夏県禹王城小城前漢後期鋳鉄遺跡は、明らかに河東郡安邑鉄官の所属である。翼城県冶南村前漢中後期製

鉄遺跡は、河東郡絳県の鉄管所属であろう。夏県禹王城出土の鏟範上には陰文で"東三"銘が見られる（図186-6）。この他に、陝西隴県高楼村で"東二"の銘文を持つ鉄鏟（図186-20）が発見されている。ここから河東郡の鉄官は少なくとも三か所の鉄工場を設置していたことが分かるが、具体的な所在地は確定していない。

　5．河内郡　鉄官は隆慮（現河南林県）に設置。林県正陽集漢代製鉄遺跡は、漢代隆慮鉄官所属のものであろう。この他、漢代の河内郡の範囲内では、安陽製鉄遺跡・鶴壁鹿楼製鉄遺跡・温県西招賢村鋳鉄遺跡などが発見されており、河内郡にも多くの鉄工場が設置されたことを示している。

　6．河南郡　鉄官は洛陽（現河南洛陽市区）に設置。漢代河南郡の範囲内では、鉄工場址が多く発見されている。鄭州古滎鎮製鉄遺跡では、"河一"銘のある陶鋳模と鉄鏟（図186-10）が発見されており、河南郡所属第一号鉄工場であろう。葦県鉄生溝製鉄遺跡では、出土鉄器上に"河三"銘（図186-12）が見られ、河南郡第三号鉄工場である。臨汝夏店錬鉄遺跡と臨汝範県故城製鉄遺跡も、漢代河南郡所属であろう。"河二"銘文をもつ鉄鏟と鏵冠が、陝西隴県高楼村で多数出土しているが（図186-11・21）[221]、その工場の所在地はなお確定していない。黄石銅緑山鉱冶遺跡でも"河三"銘の鉄鋤が出土している。

　7．潁川郡　鉄官は陽城（現河南登封県東南）に設置。登封告城鎮陽城南郊鋳鉄遺跡は、漢代潁川郡鉄官所属の鉄工場と考えられる。河南長葛（漢代は潁川郡長社県に属する）石固の新莽時期墓葬で出土した直口鍤と鏟には、陰文で"川"の銘文が鋳出されており（図186-18）[222]、潁川郡鉄官所属の鉄工場で造られたものである。

　8．汝南郡　鉄官は西平（現河南西平県西）に設置。現在の西平県内では、すでに酒店楊荘・酒店趙荘・酒店鉄炉後村など多数の製鉄遺跡が発見されている。現在の舞鋼区でも、尹集郷許溝・武功郷溝頭趙・楊荘郷翟荘・楊荘郷西範荘・尚店郷圪垱趙などの製鉄遺跡が発見され、また確山県朗陵故城製鉄遺跡も発見されている。これらの製鉄遺跡は漢代汝南郡所属の鉄工場である。おそらく汝南郡は漢代の重要な製鉄基地の一つであった。

　9．南陽郡　鉄官は宛（現河南南陽市）に設置。漢代宛県故城東北隅に位置する南陽瓦房荘鋳鉄遺跡では、鏵冠・車釭などの陶鋳模上に"陽一"銘が見られ（図186-4）、南陽郡鉄官所属の第一号鉄工場である。魯山県望城崗製鉄遺跡では、"陽一""河□"銘をもつ鏵冠などの陶鋳模が発見されており（図186-5）、同じく南陽郡鉄官所属の鉄工場である。泌陽下河湾製鉄遺跡も南陽郡鉄官所属である。桐柏県内では、毛集西鉄山・毛集鉄楼村・固県郷張畈などで製鉄遺跡が発見されている。南召県草店一帯では多くの製鉄遺跡が発見されている。他にも、鎮平県堯荘・方城県趙河村・魯山県西馬楼などの製鉄遺跡が発見されている。ここから、南陽郡は漢代の重要な製鉄基地として多くの鉄工場を設置したことが分かる。

　10．山陽郡　鉄官は昌邑（現山東金郷県西北）に設置。関連の鉄工場址は発見されていないが、滕県薛城皇殿崗製鉄遺跡で出土した鏟などの陶鋳範に陰文で"山陽二"の銘があり（図186-3）[223]、山陽郡が鉄官を設置し、少なくとも二か所の鉄工場があったと分かる。ただしその所在地については今後の調査が待たれる。注目すべきは、滕県薛城皇殿崗製鉄遺跡出土の陶鋳範には、ほかに"鉅野二"の銘をもつものもある（図186-8・9）。『漢書』地理志によれば、山陽郡には"鉄官あり"、また"莽鉅野と曰う"とあるので、"山陽"は新莽以後に"鉅野"と改称したことが知れ、鉅野郡にも鉄官が設置されたと考えられる。滕県薛城は前漢時代には魯国の属県であり、魯国は鉄官を設

置していたので、薛城皇殿崗製鉄遺跡は魯国鉄官所属の鉄工場と考えられる。薛城は、山陽郡鉄官の所在地である昌邑（現山東金郷）から西へ100km以上離れており、魯国所属の鉄工場が何ゆえ山陽郡（鉅野郡）鉄工場の標識をもつ鋳範を使用していたか、今後検討する価値がある。

　11．済南郡　鉄官は東平陵（現山東章丘市）と歴城（現山東済南市東郊）に設置。現在の章丘市東平陵故城内では多くの漢代製鉄遺跡が発見されている。この他、山東沂水県南張荘で前漢時代の鉄竪銎钁が発見されており、その銎部に"済"の銘文が鋳出されており（図186-1）[224]、済南郡鉄官所属の鉄工場が"済"字をその製品標識としていたことが分かる。

　12．臨淮郡　鉄官は塩瀆（現江蘇塩城県）と堂村（現江蘇六合県西北）に設置。現在の塩城県西の洪澤湖西岸にある泗洪峰山鎮趙荘製鉄遺跡が、臨淮郡鉄官所属の鉄工場であろう。実際に塩瀆鉄官と堂邑鉄官のどちらに属するかは、さらなる証明を待たねばならない。江西修水横山の新莽時期窖蔵で出土した鉄器のうち、鏵と凹口鍤に"淮一"の二字の銘文が鋳出されており（図186-17・19）[225]、臨淮郡鉄官所属第一号鉄工場の製品であろう。安徽天長県三角圩１号漢墓出土の鉄空首斧上に、隷書の"淮二"の二字銘が鋳出されており、年代は前漢中後期で、臨淮郡鉄官第二鉄工場の製品と考えられる。[226]

　13．泰山郡　鉄官は嬴（現山東莱蕪県西北）に設置。現在の莱蕪県内では、前漢後期の製鉄遺跡は発見されていないが、莱蕪県西南約25kmの亓省荘における前漢前期鉄鋳範の発見は、泰山郡鉄工場の存在を暗示している。この他、章丘東平陵故城内で、型取り内に陽文で"大山二"の銘文がある錘の鉄鋳範（図186-13）が出土しており、"大山"はすなわち"太山"で、"大山二"は泰山郡鉄官所属の第二号鉄工場の標識であり[227]、泰山郡には少なくとも二つの鉄工場が設置していたと推測される。

　14．斉郡　鉄官は臨淄（現山東臨淄斉都鎮）に設置。現在の臨淄斉国故城内では多くの製鉄遺跡が発見されている。斉国故城の大城南部の劉家寨一帯では、かつて"斉采鉄印"・"斉鉄官丞"などの封泥が出土しており、鉄官の存在を証明している。[228]

　15．東莱郡　鉄官は東牟（現山東牟平県）に設置。牟平県内ではかつて漢代の製鉄遺跡が発見されたといわれる。漢代東莱郡に属する現在の山東威海橋頭鎮では、漢代の鉄竪銎钁が発見されており、銎部に"莱一"の銘文が鋳出されており[229]、東莱郡鉄官所属の第一号鉄工場の製品であろう。

　16．蜀郡　鉄官は臨邛（現四川邛崍市）に設置。関連の鉄工場はまだ発見されていないが、四川東坪村漢代錬銅遺跡で"蜀郡"銘の鉄凹口鍤（図186-14）が出土し[230]、また雲南魯甸漢墓では"蜀郡成都"銘の鉄凹口鍤（図186-15）が出土しており[231]、蜀郡鉄官所属の鉄工場の製品であろう。

　17．漁陽郡　鉄官は漁陽（現北京密雲県西南）に設置。関連の製鉄遺跡は発見されていないが、北京豊台大葆台１号前漢墓出土の鉄空首斧上に"漁"の銘文が鋳出されており[232]、漁陽鉄官の鉄工場の存在を示している。

　18．中山国　鉄官は北平（現満城県北）に設置。『漢金文録』に"中山"銘の鉄鏟の拓本（図186-16）が収録されており[233]、中山国に鉄官を設置していたことが分かる。

　19．魯国　鉄官は魯県（現山東曲阜市区）に設置。曲阜魯国故城内では多くの製鉄遺跡が発見されており、その年代は戦国から前漢である。滕県薛故城遺跡は前漢魯国の属県であり、その城址内では前漢時代から後漢時代の製鉄遺跡が発見されているが、ただし出土の陶鋳範上に刻されていたのは"山陽二"・"鉅野二"の銘である。

20. 楚国　鉄官は彭城（現江蘇徐州市）に設置。徐州市北郊で発見された利国駅採鉱製鉄遺跡は、彭城鉄官所属の鉄工場であろう。

　漢代鉄工場遺跡と関連遺物の発見により、前漢の二十に及ぶ郡国の鉄官を確認するに至ったが、なお二十以上の郡国の鉄官については考古発見による証明を待たねばならない。考古発見を総合し文献記載と結び合わせるなら、塩鉄官営時期の漢代鉄器生産の組織管理と鉄器工業体系について、次のような認識を得ることができる。

　第一に、前漢の重要産鉄地区である四十の郡国に四十九か所の大鉄官が設置されたが、各鉄官の規模・大小は同じでなく、規模により三類に分類する案がある。まず河東郡・河南郡・南陽郡などの特大鉄官の郡で、一般に三か所以上の鉄工場がある。次いで弘農郡・河内郡・山陽郡・臨淮郡・東莱郡・済南郡など大鉄官の郡で、一般に二つの鉄工場を擁する。そして漁陽郡・蜀郡・中山国など準大鉄官の郡で、一般に一つの鉄工場があるのみである。[234]

　第二に、各地の鉄官は一般に自身の産品標識を持つことである。複数の鉄工場を擁する鉄官は、各工場に編号を当てはめ、その所属の郡国名の簡称と編号を標識とする。例えば弘農郡鉄官は二つ以上の鉄工場を擁しており、所属の第一・第二号鉄工場は"弘一"・"弘二"と分けてその産品の標識としている。河東郡の鉄官は少なくとも三か所の鉄工場をもち、"東一"・"東二"・"東三"と分けて標識とする。河南郡鉄官も少なくとも三か所の鉄工場をもち、"河一"・"河二"・"河三"と分けて標識とする。南陽郡鉄官も複数の鉄工場があり、その第一号工場は"陽一"をもって標識とする。臨淮郡鉄官は少なくとも二か所の鉄工場を持ち、"淮一"・"淮二"と分けて第一号・第二号の産品標識としている。山陽郡鉄官第二号鉄工場の標識は"山陽二"、泰山郡鉄官第二号鉄工場は"大山二"を標識とし、東莱郡鉄官第一号鉄工場は"莱一"を産品標識としている。またあるものはその郡国名の簡称のみをその産品標識とする。潁川郡鉄官は"川"字を産品標識とし、済南郡鉄官は"済"字を標識とし、漁陽郡鉄官は"漁"字を、蜀郡鉄官は"蜀郡"または"蜀郡成都"を、中山国鉄官は"中山"をそれぞれ産品標識としている。

　ここで指摘すべきは、当時鉄工場によっては、他郡鉄官標識の鋳範や他鉄官標識を鋳出した製品を使用する現象が存在することである。山東滕県薛城は、前漢時代は魯国の属県であったが、その鋳鉄遺跡で出土した鏟などの陶鋳模・鋳範には"山陽二"または"鉅野二"の銘があり、むろんその製品もその標識を持つことになる。章丘東平陵城内の鉄工場は、済南郡鉄官の所属であるが、"大山二"銘をもつ錘の鉄鋳範が発見されており、"大山二"は泰山郡鉄官所属の第二号鉄工場の標識である。西安漢長安城西市鋳鉄工場遺跡出土の陶鋳範のうち、六角釭範・棘輪範のいくつかの型取りには陽文で"東三"銘があり、[235]"東三"は河東郡鉄官第三鉄工場の標識である。こういった現象は必ずしも普遍的ではないが、当時の鉄器生産に存在する何らかの問題を反映していると思われ、今後の検討価値があろう。

　第三は、当時の鉄工場は大きく総合性と専門性の二種類に大きく分けられることである。鞏県鉄生溝は、河南郡第三号鉄工場として、採鉱・製錬・熔鉄鋳造・鋳鉄脱炭・製鋼・鉄器鍛造などを一体化した、漢代の総合性鉄工場の代表である。鄭州古滎鎮も、河南郡第一号鉄工場として、同様に総合性の鉄工場である。鉱石堆積・錬鉄炉や、大量の"河一"銘陶鋳模、烘範窯や"河一"銘鉄鏟などの発見は、この地が製錬から製模・鋳範鋳造・鉄器鋳造など鉄器生産まで一系列に行っていたことを証明する。もう一方は、一種類の製品を生産する専門性鉄工場である。新安上孤灯村鉄工場

は、土木農耕具の鋳造を主とする鉄器鋳造場であり、その鉄鋳範は弘農郡第一号・第二号鉄工場で制作したものを提供されている。南陽瓦房荘は南陽郡第一号鉄工場であり、熔鉄炉・陶鋳模・陶鋳範・鉄鋳範・鍛鉄炉・炒鋼炉、そして大量の鋳造鉄器と鍛造鉄器などの発見が示すように、主鉄生産工具・車馬機具・日用器具などの鋳造・鍛造を主に行う加工場であった。鄭州古滎鎮は製錬から鋳造まで行う総合性鉄工場ではあるが、その産品は主に生産工具・梯形板材・鉄鋳範であり、遺跡から鉄鋳範が発見されていない。これは、鉄鋳範を他の鉄器鋳造場の使用に提供したことを暗示し、この地は当時の鉄範生産基地であろう。指摘すべきは、鉄工場によっては鉄器を生産すると同時に、他の材質の器具も製作していたらしいことである。1985年に江蘇儀征烟袋山1号漢墓で1点の銅空首斧が出土し、銎部に陽文の隷書で"淮二"の銘文が鋳出されていた。その年代は前漢中期で、銅斧は臨淮郡鉄官第二号鉄工場の製品に違いなく、その鉄工場では鉄器を生産すると同時に銅斧を鋳造していたようである。南陽瓦房荘遺跡の鋳鉄区と鍛鉄区では、断片的ながら熔銅炉の残塊や残銅器・銅滓などが発見されており、この鉄工場では主に鉄器を生産すると同時に、多かれ少なかれ銅器の鋳造も行っていたことを示している。

　第四は、当時の全国における鉄工場の実質的な数は、史書に記載される鉄官数よりも数倍ないし十数倍になることである。一つには、文献記載で一か所の鉄官を設置している郡県でも、これまでに発見されている鉄工場は一つにとどまらない。例えば河内郡設置の鉄官は隆慮にあるが、目下河内郡範囲内ではすでに安陽・鶴壁鹿楼・林県正陽集・温県西招賢村・淇県西壇村・淇県付荘など6か所の鉄工場址が発見されている。文献記載では南陽郡は鉄官を宛に設置しているが、南陽瓦房荘の"陽一"銘陶鋳模の出土は、所属の鉄工場が一か所ではないことを暗示しており、実際南陽郡の範囲内では、これまで発見された製鉄遺跡は桐柏毛集・桐柏張畈・泌陽下河湾・南陽瓦房荘などすでに13か所にのぼる。考古発見のいくつかの製鉄遺跡は一つの鉄工場に相当するであろうが、南陽郡鉄官所属の鉄工場は一・二か所などではない。もう一つには、文献に鉄官の設置が記載されていない郡県でも、製鉄遺跡の発見があることである。定襄郡は鉄官の記載はないが、現在の内蒙古呼和浩特美岱古城で錬鉄遺跡が発見されている。文献記載では右北平郡は鉄官を夕陽（現河北省遷西県）に設置しているが、ただし右北平郡の石城県城（現凌源県安杖子古城址）で鋳鉄遺跡が発見されている。湖南桑植朱家台では前漢後期から後漢前期の鋳鉄遺跡が発見され、この地は漢代の武陵郡充県に属するが、史書には武陵郡に鉄官を設置した記載は見られない。さらには、漢代製鉄遺跡の考古発見は今後も増加傾向にあり、よって、当時の鉄工場は全国各地に遍く分布していたといえるであろう。『漢書』巻七十二貢禹伝に、漢元帝即位（前48年）の初めに、貢禹が上書して"今漢家の鋳銭するや、諸鉄官みな吏卒徒を置き、山を攻め銅鉄を取るに及び、一歳にして功十万人已上なり"と述べたことが記される。ここから前漢後期には常に7万人の"鋼鉄大軍"を擁し、約4万トンの年生産量のあったことが推算されている。

　塩鉄官営下において鉄器生産に従事する労働者は、主に卒徒であり、また少数の吏と雇用労働者であった。"卒"は服役中の士卒を指し、"徒"は犯罪により工役に従事する罰を受けた刑徒である。各地の鉄官が用いた卒徒の数は、鉄工場の規模にもよるが、一般に百人から数百人に及んだ。文献記載によると、前漢末期に幾度となく製鉄卒徒の蜂起があった。漢成帝陽朔三年（前22年）に、頴川郡陽城の鉄官徒申屠聖が蜂起し百八十余人が参加した。また漢成帝永始三年（前14年）にも、山陽郡の鉄官徒蘇令が武装蜂起を起こし、参加者は二百二十八人に及んだ。これら漢代の鉄官徒が暴

動を起こし蜂起する記載は、一面では当時の官営鉄工場における生産労働者の状況を反映している。

指摘すべきは、官営政策の下、政府が厳禁したにもかかわらず、私営鼓鋳が実際には行われていたことで、場合によっては一定の規模に達していた。『後漢書』巻七十六衛颯伝に、後漢初期"耒陽県鉄石を出だすに、その郡の民庶常にこれによりて聚会し、私かに冶鋳を為し、遂に亡命のものを招来し、多くは奸盗を致す。颯すなわち上して鉄官を起こし、私鋳を罷斥し、歳に増入するところ五百余万なり"とある。耒陽で"私かに冶鋳を為し"たのは長くに及び、後漢初期には相当の規模に発展し、衛颯はそれを政府の官営に帰したわけである。ここから推測するならば、当時全国各地の私営鉄工場も決して少数ではなかったであろう。

3 塩鉄官営の廃止と後漢中後期の鉄器生産

漢武帝時期に始まる塩鉄官営の実施は、国家権力・財力・物力・人力・技術を鉄器工業に集約したものであり、鋼鉄技術の進歩・刷新・普及、また鉄器生産規模の拡大を最大限に推し進め、これにより鉄器工業全体は急速に発展していった。しかし、官僚政治と地主経済の基本制度の下では、塩鉄官営のもつ克服しがたい弊害が徐々に顕在化し悪化していった。鉄器の質量は向上せず、"作るも呈するに中らず"と、規格が需要に合わない、鉄器は"善悪擇ぶところなく、吏数在らず、器は得難し"[243][244]という状況であった。こういった背景の下、漢昭帝始元六年（前81年）に塩鉄の議が行われ、漢元帝には鉄官を廃し、また復するなど、こののち冶鋳の官営と私鋳の禁止はしだいに緩んでいく。漢和帝の即位（紀元88年）後、遂に塩鉄官営の廃止を宣告し、塩鉄の禁を解くこととなった[245]。これより後、鉄器生産は自由経営の段階へと進み、鉄器工業は自由発展の時期へと進んでいく。

官営廃止後の後漢後期の鉄器生産状況を具体的に説明するには、現在までの考古発見はやや不足しているが、その発見と研究から、当時の鉄器生産についていくつかの側面を理解することができる。

第一に、前漢時代の多くの主要な鉄工場は、後漢後期にも継続して生産が行われている。章丘東平陵故城内の製鉄遺跡と遺物には、大量の後漢後期のものが含まれている。桐柏張畈製鉄遺跡と同鉄楼村製鉄遺跡などは、その生産は漢代から北朝時代にまで続いている。南陽瓦房荘鋳鉄遺跡は、その生産時期は前漢初期から一貫して後漢後期まで続いている。

第二に、鋼鉄製品の逐次的規格化と系列化である。一つは、異なる地域・鉄工場で生産された器物が共通の器形と規格を有することである。例えば澠池窖蔵鉄器の後漢後期の空首斧は、その銘文に"新安"・"澠□□"・"澠池軍□"・"隴右"などあり、その来歴は異なる産地であるが、形態は同じで、さらに化学成分までもが近似しており、当時鋼鉄製品に対してすでに何らかの統一された技術と規格条件のあったことを反映している[246]。もう一つは、同類の製品がセットとしての規格系列を持っていたことで、典型的なのが六角形釭である。澠池の鉄器窖蔵では445点の六角形釭が出土し、釭径（相対する両辺の垂直距離）は十七種の規格に分けられる。最大が15.5cm、最小が6.5cmで、となり合った二つの規格の釭径差は等しく0.5cmである[247]。鎮平尭荘の後漢中後期鉄器窖蔵では9点の六角形釭が出土しており、15.0、12.0、8.0、7.0、6.5cmといった五種の規格に分けられる[248]。ここから、当時一揃いに統一された六角形釭の規格系列があったと知れる。応用範囲が広く、摩耗・破損した後に交換する必要のあるこういった車馬機具などにとっては、統一された規格のあること

で、効率的な生産と販売が可能であった。鉄器生産が私営を主とする条件の下では、鉄器の規格化と系列化は、鉄器生産の健全な発展を保証する必要条件であるとともに、古代鉄器工業の高度発展の必然的結果でもあった。

　第三に、鉄器生産の商品化傾向である。塩鉄官営廃止の後、鉄器の生産と売買は私営経済の重要組成部分になり、鉄器は急速に重要かつ普遍的な商品となっていく。そのためこれに従い、鉄器工場主の姓氏や製品の優良さを宣伝する銘文が表れてきた。鎮平垚荘後漢中後期の鉄器窖蔵で出土した鉄釭では、形態・大小の同じ２点の釭に"王氏牢真倛中"の銘が鋳出され、他の形態・大小の同じ２点の釭には"王氏大牢工作真倛中"の銘が鋳出され、銘文の意味は大体同じである。銘文中の王氏は姓氏に属し、釭が王氏の鉄工場で生産されたものであることを説明している。姓氏を私営工場産品の標識とすることは、後漢後期の銅器によく見られる。[249]釭銘の"牢"・"大牢"は、製品が堅固で耐久性のあることを述べており、漢代の漆器と鉄器の銘文によく見られるものである。[250]釭銘の"工"字は"釭"の略字である。また"倛中"は、規格に合った優れたものであることを示す。[251]こういった銘文は、後漢後期の漆器・銅器によく見られる類似の銘文と同様のもので、私営工場の産品の宣伝文句である。その出現は、製鉄私営の状況下で鉄器生産の商品化傾向が急速に進んだことを直接反映しており、同時に私営鉄器工業が新たに発展していったことを表明している。

4　鉄器の流通

　秦漢時代の鉄器の流通に関しては、史書に具体的な記載がないが、考古発見がこの問題の理解に手がかりを与えてくれる。

　秦・前漢前期は、一般に鉄器に銘文はないが、各地の鉄器発見とその類型学研究は一面から当時の鉄器流通状況を提示する。辺境地域では、赤峰蜘蛛山・凌源安杖子古城址・錦西小荒地古城址などで出土した前漢前期の鉄器のうち、空首斧・竪銎钁・直口錛・鏟などの生産工具と棘輪・卜形戟などの形態的特徴は長城以南地域の同類鉄器と類似しており、明らかにそこから伝来したものである。武夷山城村漢城で大量の鉄器が出土し、その年代は漢武帝元封元年（紀元前110年）に閩越国を滅ぼす前の前漢前期に確定される。そして鉄器のうち犁铧・五歯钁・凹口錛・棘輪や鋳造の空首斧・鏟など、明らかに当地で生産したものではなく、中原地域から伝来したものである。嶺南地域出土の前漢南越国時期の鉄器でも、中原地域伝来のものが多い。平楽銀山嶺出土の凹口錛（M55：29、M42：4）・鏟（M8：4）・中長剣（M27：4）や、広州前漢南越王墓出土の円柱錘・双腹耳鼎などは、その生産地はみな嶺北地域にある。中原内の地域間における鉄器の大量流通が想起できる。

　前漢中期に塩鉄官営を実施した後は、鉄器の流通は生産と同様に政府により統制された。中央九卿の一つである大司農の下、平準官を設けて鉄器などの物資に対して物価の均一化と調節を行い、均輸官を設けて鉄器ほかの物資の徴税・売買・補給・調達を行い、鉄市の長・丞を設けて市場の設置と鉄器の売買を管轄した。こういった制度管理下で、鉄器の流通が政府統制で進められた。辺境地域における大量の中原系統鉄器の出土は、それらが中原各地からもたらされたものであることは、論を待たない。一方中原地域についてみると、鉄器流通の考古学的証拠はよく見られる。当時の鉄器流通には大きく三つの状況があった。第一は、産鉄郡国内部での流通である。例えば現在の安徽天長県は前漢時代臨淮郡に属する地であるが、天長三角圩１号漢墓出土の"淮二"銘鉄空首斧は、

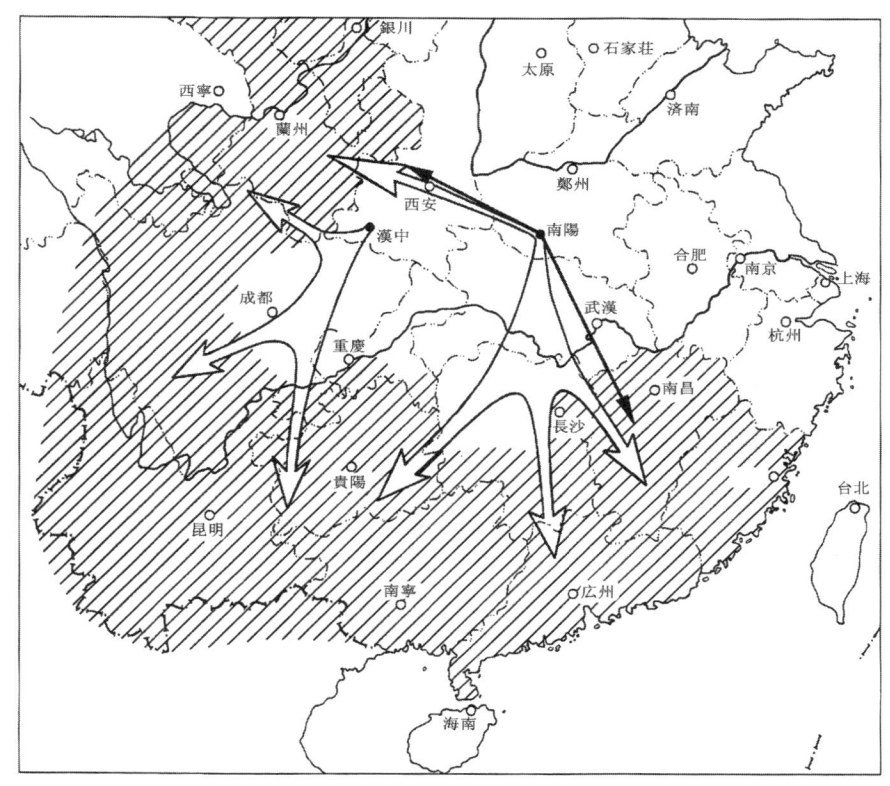

図187　南陽郡鉄器指示図（『南陽漢代冶鉄』図五五より一部改変）

明らかに堂邑（江蘇省六合県）または塩漬（江蘇省塩城県）に設けられた当郡鉄官第二号鉄工場の製品である。現在の河南長葛県は漢代潁川郡所轄の長社県であるが、長葛石固新莽時期墓葬出土の"川"銘鉄鏟と直口锸は、当郡が陽城（河南登封県）に設置の鉄官所属の鉄工場で製造したものである。第二は、産鉄郡国が鉄を産出しない郡県に鉄器を供給するものである。現在の江西修水は前漢時代豫章郡に属し、新莽時期に九江郡と名を復したが、鉄官は設置されていない。しかし修水横山の新莽時期窖蔵鉄器の中で"淮一"銘の鉄鏟と凹口锸が発見されており、臨淮郡（新莽時期の淮平郡）鉄官第一号鉄工場の製品であり、近隣の淮平郡から購入したものと考えられる。1936年に雲南昭通鉄門坎で出土した3点の"蜀郡千万"銘鉄凹口锸や、1954年雲南魯甸漢墓封土中出土の"蜀郡成都"銘鉄凹口锸など、みな蜀郡から伝来したものである。前漢中期以後の非産鉄地区の鉄器は、ほとんどが産鉄郡国から鉄器製品を輸入したか、鉄素材を輸入して当地で加工製作したものであろう。第三は、産鉄郡国間での流通である。1965年隴県高楼村で鉄器のセットが出土し、そのうち8点の銎冠に陽文で"河二"の銘文が鋳出されており、1点の鉄鏟銎部に陰文で"東二"の銘文が鋳出されており、漢河南郡鉄官第二号鉄工場と河東郡第二号鉄工場の製品であろう。この他、陝西永寿で"陽二"銘をもつ鉄锸が出土し、南陽郡鉄官第二号鉄工場の製品である。現在の隴県と永寿県は前漢時代いずれも右扶風の属県であり、『漢書』巻二十八地理志によれば、右扶風の雍（現陝西鳳翔県）と漆（現陝西彬県）に鉄官が設置されていた。上記の"河二"・"東二"・"陽二"銘の鉄器が出土したことは、産鉄郡国間でも鉄器の流通があったことを反映しており、輸入地における鉄器

生産の不足を補充していたと考えられる。指摘すべきは、上述の三つの状況は、往々にして交差して存在する。研究によれば、当時南陽郡で生産された鉄器は、中原地域で流通している上、さらに多くが南方と西南などの非産鉄地域へもたらされている（図187）。[255]

　後漢和帝時期に塩鉄官営を廃止してから以後の後漢中後期では、鉄器の流通はその生産と同じように、自由流通の時期へと進んでいった。中原地域の間であろうと中原地域と辺境地域の間であろうと、鉄器の流通はさらに自由に順調になっていった。たとえば澠池の漢魏時期鉄器窖蔵で出土した4200点の鉄器のうち、400余点に銘文が鋳出され、"澠"・"津"・"陽成"・"津左"・"津右"・"周左"・"絳邑"・"新安"・"夏陽"・"成右"などあり、これらの鉄器が当時の澠池・新安・陽城（現河南登封）・夏陽（現陝西韓城）・絳邑（現山西曲沃）などの鉄工場からもたらされたものであることを説明している。澠池窖蔵鉄器が廃棄された鉄器を集めて再度熔解して新しい製品を鋳造していたにしても、却って当時の鉄製品の流通範囲の広さと流通程度の高さが窺い知れるのである。

　秦漢時代における鉄器流通の性質と方式に至っては、なお説明するには必要な考古資料が欠けているが、分析するならば、だいたい主に三つある。一つは鉄器の商業的交易、二つ目は政府の行う鉄器の振り分けと分配、三つ目は人々が移動する際に持って来られたものである。そのうち、私人の間での売買と政府と個人の間での売買を含む鉄器の商業的交易が、当時最も主要かつ常に見られる流通形態であったと考えられる。

　以上の分析と考察を総合するならば、次のことが見て取れる。秦漢時代の鉄器と鉄器工業は、先秦時代に獲得した初期段階の発展を基礎として、新しい歴史条件の下に全面的発展を遂げ、古代鉄器工業は成熟へと向かい、全国各地で相前後して鉄器化が実現した。

　そしてそれは、多民族統一国家であり中央集権統治による社会歴史を背景として発生したものであり、相前後して、秦・前漢前期における製鉄の官営・私営の併存、前漢中期～後漢前期における塩鉄官営、後漢中後期における製鉄の私営という三つの大きな発展段階を経過した。特に塩鉄の官営は、秦漢時代の鉄器工業発展におけるもっとも突出した時代的特徴であった。秦漢帝国政府の鉄器工業政策に関する調整と改変は、一面ではその基本的な経済政策・国家財政状況・政治当地の需要などに基づき、また一面では鉄器工業そのものの発展と鉄器の社会生活における位置づけと役割に基づいている。戦国後期に生産工具が基本的に鉄器化を実現し、古代鉄器工業が初歩形成を遂げた後、秦・前漢前期に鉄は急速に最も重要な生産物資かつ戦略物資となり、鉄器工業の発展は国家経済と人民生活に関わる基幹産業となっていった。よって、鉄器の生産と経営を掌握し統制することは、政治的にも財政経済的にも、中央集権的統治にとっては何より必須のことであった。まさにこういった歴史条件の下で、塩鉄経営は政府の官営に帰し、それが二百年の長きにわたって続いたのである。塩鉄官営政策の提出と実施は、表向きの目的は決して鉄器工業の発展を推進するものではないが、実際には鉄器工業の前進と鉄器化過程を加速することとなり、特に前漢中後期には顕著である。前漢中期以後における鋼鉄技術の進歩や、鉄器工業規模の拡大、中原地域鉄器化の実現、辺境地域鉄器化過程の急速な推進など、いずれも塩鉄官営という歴史条件の下で起こったことである。

　塩鉄官営は一定の歴史条件下における産物であるが、歴史条件の変化に従って必然的に廃止されることとなる。後漢和帝の即位（紀元88年）後に塩鉄官営が廃止されたことは、当時の基本的な経

済政策と政治統治の需要に基づくと同時に、なにより古代鉄器工業が成熟に向かい、鉄器化過程が基本的に実現した必然的な結果なのである。これより後、古代鉄器と鉄器工業は、永い時間をかけて着実な発展の道を進んでいく。

註
1 ここでいう"鉄器化"とは、鋼鉄を用いて製作すべき、または製作することができる器具が、基本的に実際鋼鉄を用いて製作することが実現することを指す。
2 雲翔「試論中国古代的鋸」『考古与文物』1986年第4期90頁。
3 今までに見られる漢代の鉄鏡のうち、邗江甘泉2号墓出土の鉄鏡がもっとも古く、被葬者は漢明帝永平十年（紀元67年）に卒した後漢広陵王劉荊である（南京博物院「江蘇邗江甘泉二号漢墓」『文物』1981年第11期6頁）。
4 陝西省考古研究所等『秦始皇陵兵馬俑坑1号坑発掘報告（1974〜1984）』第243〜303頁、文物出版社、1988年。
5 山東省淄博市博物館「西漢斉王墓随葬器物坑」『考古学報』1985年第2期223頁。
6 中国社会科学院考古研究所等『満城漢墓』文物出版社、1980年。
7 中国社会科学院考古研究所『漢長安城未央宮――1980〜1989年考古発掘報告』中国大百科全書出版社、1996年。
8 湖南省博物館「湖南資興東漢墓」『考古学報』1984年第1期95頁。
9 陝西省考古研究所『白鹿原漢墓』第161〜169頁、三秦出版社、2003年。
10 河北省文物管理處「河北易県燕下都44号墓発掘報告」『考古』1975年第4期229頁。
11 中国社会科学院考古研究所『漢長安城未央宮――1980〜1989年考古発掘報告』中国大百科全書出版社、1996年。
12 後漢時代の銅弩機はしばしば発見されており、浙江長興や（夏星南「浙江長興県出土一件有刻度的銅弩機」『考古』1983年第1期76頁）、河南霊宝張湾4号墓の漢和帝永元六年（94年）のもの（河南省博物館「霊宝張湾漢墓」『文物』1975年第11期75頁）などが出土している。
13 楊泓『中国古兵器論叢』（増訂本）第228頁、文物出版社、1985年。
14 湖北省京九鉄路考古隊等「湖北蘄春楓樹林東漢墓」『考古学報』1999年第2期199頁。
15 湖南省博物館「湖南常徳東漢墓」『考古学集刊』第1集166頁、中国社会科学出版社、1981年。
16 駐馬店市文物工作隊「河南正陽李家漢墓発掘簡報」『中原文物』2002年第5期6頁。
17 湖北省博物館「宜昌前坪戦国両漢墓」『考古学報』1976年第2期142頁。
18 全洪「試論東漢魏晋南北朝時期的鉄鏡」『考古』1994年第12期1118頁。
19 陝西省考古研究所漢陵考古隊「漢景帝陽陵南区叢葬坑発掘第一号簡報」『文物』1992年第4期8頁、同「漢景帝陽陵南区叢葬坑発掘第二号簡報」『文物』1994年第6期20頁。
20 洛陽区考古発掘隊『洛陽焼溝漢墓』第193頁、科学出版社、1959年。
21 江蘇省文物管理委員会等「江蘇塩城三羊墩漢墓清理報告」『考古』1964年第8期393頁。
22 中国社会科学院考古研究所等『満城漢墓発掘報告』第218頁、文物出版社、1980年。
23 漢代の文献に、戦国時代に溶解した銑鉄で墓葬を造営する記事が見える。『西京雑記』巻五に、漢広川王劉去が"国内の冢蔵一皆に発掘"し、そのうち"哀王の冢、鉄を以ってその上に灌ぎ、穿鑿すること三日にしてすなわち開く"とある。
24 千家駒等『中国貨幣発展簡史和表解』第10頁、人民出版社、1982年。安陽殷墟では殷代後期の銅貝が出土している（中国社会科学院考古研究所『殷墟的発現与研究』第322頁、科学出版社、1994年）。
25 劉森『中国鉄銭』第6頁、中華書局、1996年。
26 『後漢書』巻十三公孫述伝。
27 宋・高承『事物紀原』巻十布帛雑事部鉄銭条に、"公孫述銅銭を廃し、鉄官を置き鉄銭を鋳す。すなわち鉄を以って銭を為るは、公孫述の蜀に拠るに始まるなり"とある。
28 『漢書』巻四文帝紀に、漢文帝五年（紀元前175年）に、"夏四月、盗鋳銭令を除き、更に四銖銭を造る"とある。『史記』巻三十平準書には"更に四銖銭を鋳し、その文"半両"と為し、民に縦しいままに自ら鋳銭するを得せしむ"とある。これに対し賈誼らが反対し、"法は、天下をして公に顧租を得るに、銅錫を鋳して銭

を為らしむ。敢えて雑ぜるに鉛鉄を以ってし它を為すこと巧なるものは、その罪黥なり。然るに鋳銭の情、穀雑にして巧を為すに非ざれば、すなわち贏まりを得べからず。而して穀の甚だ微なれば、利を為すこと甚だ厚し"とした(『漢書』巻二十四食貨志)。当時の社会には銅素材に鉄などの金属を混ぜて銅貨幣を鋳造し利益を得る現象が存在したが、鉄銭幣の鋳造ではない。この他、湖南衡陽鳳凰山前漢前期墓で銅鉄合金の半両銭が出土している。

29 (晋) 常璩『華陽国志』巻三蜀志蜀郡臨邛県条に、"漢文帝の時、鉄銅を以って侍郎鄧通に賜うに、通、民の卓王孫に假し、歳に千匹を取る。故に王孫の貨巨万を累し、鄧通銭また天下を尽くす"とある。鄧通が銭幣を鋳造していたことが知れるものの、ただし鄧通が鉄銭幣を鋳造していたかどうかは、異なる解釈も可能なため、実証を待ちたい。

30 傅挙有「両漢鉄銭考」『湖南考古輯刊』第二集183頁、岳麓書社、1984年。

31 湖北省博物館「宜昌前坪戦国両漢墓」『考古学報』1976年第2期135頁。報告の墓葬登記表の21号墓では鉄銭幣87枚が副葬されるが、間違いである。35号墓で鉄銭幣12枚が出土するが、字は銹のため不明瞭で、発掘者は鉄半両銭であろうとする。

32 湖南省博物館等「湖南資興西漢墓」『考古学報』1995年第4期495頁。

33 『漢書』食貨志に、孝文五年に、"法は、天下をして公に顧租を得るに、銅錫を鋳して銭を為らしむ。敢えて雑ぜるに鉛鉄を以ってし它を為すこと巧なるものは、その罪黥なり"とある。

34 『漢書』食貨志に、"郡国鋳銭し、民の多くが奸鋳す"とある。統計によると、漢武帝前期、全国で金銭を盗鋳して死罪となったものは数十万人に達する。当時銭の盗鋳は、銅銭だけでなく、鉄銭幣もあった。『漢書』食貨志に、始建国元年(紀元九年)王莽が詔を下し、"鉄布銅冶、通行有無、民用に備えるなり"とした。この記載を根拠に王莽時期に鉄銭幣が鋳行したと認識する学者もいるが、ただし考古学上の証明は得られていない。考古発見による新莽時期の鉄銭幣は、私鋳によるものであろう。

35 『史記』巻三十平準書。また『漢書』文帝紀に、文帝五年"夏四月、盗鋳銭令を除き、更に四銖銭を造る"とある。

36 『漢書』食貨志に"郡国鋳銭し、民の多くが奸鋳す"とある。民の鋳する銭幣とは銅銭であったろうが、鉄銭の鋳造もやりやすくなったであろう。

37 『漢書』食貨志・『史記』平準書に見える。

38 『漢書』巻九十九中王莽伝中に、始建国元年(紀元9年)"また諫大夫五十人をして分けて郡国に鋳銭せしむ"とある。

39 『漢書』王莽伝中に、始建国元年"五月、更に造貨し、……五銖銭と并わせて行す。民の盗鋳するもの多し"とある。

40 『後漢書』公孫述伝に、建武六年(30年)"述、銅銭を廃し、鉄官銭を置く。百姓に貨幣行かず。蜀中の童謡に曰く"黄牛白腹、五銖まさに復せんとす""とある。同様の記載は『華陽国志』巻三蜀志にも見られる。公孫述が鋳した鉄銭幣の種類は、五銖銭ともいい、新莽貨幣ともいわれる。いずれにせよ考古学的証明は得られていない。

41 考古発見の新莽時期の鉄芯銅銭幣(劉森『中国鉄銭』第23頁、中華書局、1996年参照)は、明らかに偽造貨幣で、当時の貨幣流通の中にも様々な形式の偽造貨幣が存在したことを説明する。

42 『新疆文物』発表の関連発掘簡報と本章引用の関連文献を参照されたい。

43 史樹青「談新疆民豊尼雅遺址」『文物』1962年第7／8期25頁。

44 新疆維吾爾自治区博物館等『中国新疆山普拉』第13〜18頁、新疆人民出版社、2001年。山普拉墓地出土の鉄器に関して、発掘者は鋳鉄製品と認識したが(新疆文物考古研究所「洛普県山普拉Ⅱ号墓地発掘簡報」『新疆文物』2000年第1／2期11頁参照)、詳しい説明はなく、疑問が残る。

45 中国社会科学院考古研究所新疆隊等「新疆且末県加瓦艾日克墓地の発掘」『考古』1997年第9期31頁。

46 新疆楼蘭考古隊「楼蘭古城址調査与試掘簡報」『文物』1988年第7期15頁、同「楼蘭城郊古墓群発掘簡報」『文物』1988年第7期26頁。

47 新疆文物考古研究所『新疆察吾乎』第269頁、東方出版社、1999年。

48 中国社会科学院新疆分院民族研究所考古組「昭蘇県古代墓葬試掘簡報」『文物』1962年第7／8期102頁。

49 王炳華『絲綢之路考古研究・新疆犂耕的起源和発展』第290頁、新疆人民出版社、1933年。

50 新疆文物考古研究所「1996年新疆吐魯番交河故城溝西墓地漢晋墓葬発掘簡報」『考古』1997年代9基53頁。

51 新疆文物考古研究所「吐魯番交河故城溝北1号台地墓葬発掘簡報」『文物』1999年第6期23頁。

52 『漢書』巻九十六西域伝下に、"烏孫国は、大昆莫が赤谷城に治し、……漢また長羅校(常)恵を遣りて三

校を将い赤谷に屯せしむ"とある。
53 新疆文物考古研究所「洛普県山普拉Ⅱ号墓地発掘簡報」『新疆文物』2000年第1／2期22頁。
54 史樹青「新疆文物調査随筆」『文物』1960年第6期27頁、同「談新疆民豊尼雅遺址」『文物』1962年第7／8期24頁。
55 史樹青「新疆文物調査随筆」『文物』1960年第6期27頁。
56 『漢書』西域伝上に、"宛より以西にして安息国に至るに、……その地みな絲漆なく、鉄器を鋳するを知らず。漢使・亡卒の降るに及び、その兵器を鋳作するを教える"とある。
57 『史記』巻一百二十三大宛列伝に"大宛より以西にして安息国に至るに、……その地みな絲漆なく、鉄器を鋳するを知らず"とある。
58 『漢書』西域伝下に、"亀茲国、……鋳冶をよくする、鉛あり"とある。
59 寧夏固原博物館「寧夏固原漢墓発掘簡報」『華夏考古』1995年第2期37頁。
60 固原博物館「寧夏固原城西漢墓」『考古学報』2004年第2期183頁。
61 青海省文物考古研究所『上孫家寨漢晋墓』、文物出版社、1993年。
62 甘粛省博物館「武威雷台漢墓」『考古学報』1974年第2期107頁。
63 甘粛省文物考古研究所「甘粛敦煌漢代懸泉置遺址発掘簡報」『文物』2000年第5期16頁。
64 寧夏文物考古研究所等「寧夏同心李家套子匈奴墓清理簡報」『考古与文物』1988年第3期18頁。
65 寧夏文物考古研究等「寧夏同心倒墩子匈奴墓」『考古学報』1988年第3期353頁。この墓地では前漢五銖銭が大量に副葬されており、発掘者は"漆器と鉄器も明らかに中原地区から伝来した"と認識する。
66 寧夏文物考古研究所等「寧夏塩池張家場漢墓」『文物』1988年第9期25頁。この墓地の墓葬構造と副葬品はいずれも漢式であり、その西南約1kmのところに今でも漢代北地郡昫衍県（後漢初年に廃止）故城址が残っている。
67 伊克昭盟文物工作站等「西溝畔漢代匈奴墓」『鄂爾多斯式青銅器』第375頁、文物出版社、1986年。
68 伊克昭盟文物工作站等「補洞溝匈奴墓葬」『鄂爾多斯式青銅器』第394頁、文物出版社、1986年。
69 鍑は北方長城地帯に特有の文化遺物であり、まず最初に銅鍑が生まれ、前漢時代に鉄鍑が出現するが、銅鍑も依然流行する。扎賚諾爾3014号墓で1点の立耳小圏足銅鍑が出土したが、年代はおおよそ前漢後期に当たる（内蒙古文物考古研究所「扎賚諾爾古墓群1986年清理発掘報告」『内蒙古文物考古文集』第一輯376頁図九：1、中国大百科全書出版社、1994年）。察右前旗下黒溝1号墓でも1点の立耳平底銅鍑が出土し、年代は後漢後期である（郭治中等「察右前旗下黒溝鮮卑墓及其文化性質」『内蒙古文物考古文集』第一輯435頁図二：2、中国大百科全書出版社、1994年。）。
70 内蒙古自治区文物工作隊「1959年呼和浩特郊区美岱古城発掘簡報」『文物』1961年第9期23頁。この城址では"安陶丞印"・"定襄丞印"の封泥が多数出土しており、定襄郡の一県城であったと思われる。
71 内蒙古文物考古研究所「呼和浩特榆林鎮陶卜斉古城発掘簡報」『内蒙古文物考古文集』第二輯440頁、中国大百科全書出版社、1997年。陶卜斉古城は漢代定襄郡の安陶県城と考えられる。
72 A．内蒙古自治区文物工作隊「和林格爾県土城子試掘紀要」『文物』1961年第9期29頁。発掘者は土城子古城を漢代定襄郡治の成楽県城と考える。B．内蒙古文物考古研究所「内蒙古和林格爾県土城子古城発掘報告」『考古学集刊』第6集175頁、中国社会科学出版社、1989年。
73 魏堅『内蒙古中南部漢代墓葬』、中国大百科全書出版社、1998年。
74 遼寧省文物考古研究所「遼寧凌源安杖子古城址発掘報告」『考古学報』1996年第2期228頁。
75 吉林大学考古学系等「遼寧錦西市邰集屯小荒地秦漢古城址試掘簡報」『考古学集刊』第11集144頁、中国大百科全書出版社、1997年。
76 中国社会科学院考古研究所内蒙古工作隊「赤峰蜘蛛山遺址的発掘」『考古学報』1979年第2期238頁。
77 敖漢旗文化館「敖漢旗老虎山遺址出土秦代鉄権和戦国鉄器」『考古』1976年第5期335頁。
78 昭烏達盟文物工作站「赤峰県三眼井出土秦鉄権」『考古』1983年第1期75頁。
79 王克林等「山西省右玉見善家堡墓地」『文物季刊』1992年第4期1頁。
80 烏蘭察布博物館「察右後旗三道湾墓地」『内蒙古文物考古文集』第一輯417頁、中国大百科全書出版社、1994年。
81 内蒙古文物考古研究所「扎賚諾爾古墓群1986年清理発掘簡報」『内蒙古文物考古文集』第一輯379頁、中国大百科全書出版社、1994年。
82 陳鳳山等「内蒙古扎賚諾爾鮮卑墓」『内蒙古文物考古』1994年第2期29頁。
83 内蒙古文物考古研究所「額爾古納右旗拉布達林鮮卑墓発掘簡報」『内蒙古文物考古文集』第一輯393頁、中

84 程道宏「伊敏河地区的鮮卑墓」『内蒙古文物考古』総第 2 期（1982年）21頁。
85 こういった地域色をもつ鉄器は、シベリア南部地区の卡通河流域の匈奴文化遺存の鉄器と多くの類似が見られ、三翼鏃や短剣がある（王素清訳「評介『1988年奥羅科多河谷和艾基干河谷考古調査』」『内蒙古文物考古』1994年第 1 期123頁参照）。
86 喬梁「内蒙古中部的早期鮮卑遺存」『青果集』第304頁、知識出版社、1998年。
87 譚英傑等「黒龍江中游鉄器時代文化分期浅論」『考古与文物』1993年第 4 期80頁。
88 黒龍江省文物考古研究所「黒龍江省双鴨山市滾兎嶺遺址発掘報告」『北方文物』1997年第 2 期14頁。
89 林澐「論団結文化」『北方文物』1985年第 1 期21頁。
90 黒龍江省文物考古研究所「黒龍江海林市東興遺址発掘簡報」『考古』1996年第10期15頁。
91 張偉「松嫩平原早期鉄器的発現与研究」『北方文物』1997年第 1 期13頁。この論文では、"春秋後期より、平洋墓地の先住民たちは鉄器を利用することを知っていた"とし、そのため松嫩平原では"鉄器出現の最も早い年代はおおよそ中原の春秋後期に当たる"とした。ただし前述のように、松嫩平原の鉄器出現は戦国後期より晩くないものの、春秋後期まで遡ることはできず、さらなる発見と検討が待たれる。
92 漢書二期文化遺存に属する 5 号住居址出土の木炭の炭素測定データ（年輪年代の校正を経る）は紀元前481～前213年である（中国社会科学院考古研究所『中国考古学中碳十四年代数据集（1965～1991）』第86頁、文物出版社、1991年）。
93 吉林大学歴史系考古専業等「大安漢書遺址発掘的主要収穫」『東北考古与歴史』第一輯140頁、文物出版社、1982年。
94 吉林省博物館文物隊「吉林大安漁場古代墓地」『考古』1975年第 6 期356頁。
95 黒龍江省文物考古研究所「黒龍江肇源健小拉哈遺址発掘報告」『考古学報』1998年第 1 期93頁。小拉哈第三期遺存に属する F0001の炭素測定データは、年輪年代校正を経て、紀元前331年～後30年とされる。発掘者は、この遺存は漢書二期文化の範疇に属し、当地の白金宝文化が漢書二期文化に移行する過渡的段階を代表するものとし、その年代は中原地域の戦国から前漢時代に当たるとした。ここから、小拉哈第三期出土のM0001：6 の小鉄刀は前漢時代の遺物ととりあえず考えられる。
96 黒龍江省博物館等「斉斉哈爾市大道三家子墓葬清理」『考古』1988年第12期1096頁。この墓地の年代は、発掘者は戦国初期から前漢後期までと推測する。
97 黒龍江省文物考古研究所「黒龍江賓県慶華遺址発掘簡報」『考古』1988年第 7 期599頁。この報告では、慶華遺跡では鉄小刀・錛・鏃など鉄器 4 点が出土し、"製法はみな双範合鋳で、刀背には合わせ目が見て取れる"とし、注目される。この他、この遺跡出土の鉄器には、戦国後期と漢代の異なる時期の遺物が含まれていると考えられる。
98 吉林省文物考古研究所『楡樹老河深』文物出版社、1987年。
99 吉林省文物考古研究所「吉林省文物考古五十年」『新中国考古五十年』第115頁、文物出版社、1999年。
100 吉林省文物考古研究所「吉林省文物考古五十年」『新中国考古五十年』第115頁、文物出版社、1999年。この報告では、両遺跡の年代を戦国後期から前漢時代とすると同時に、炭素測定データから今から1976年前、おおよそ両漢の境としている。
101 吉林省文物考古研究所「吉林長塩白県干溝子墓地発掘簡報」『考古』2003年第 8 期62頁。
102 A．東北博物館「遼陽三道壕西漢村落遺址」『考古学報』1957年第 1 期119頁。B．黄展岳「近年出土的戦国両漢鉄器」『考古学報』1957年第 3 期98頁。
103 A．福建博院等『武夷山城村漢城遺址発掘報告』第301～340頁、福建人民出版社、2004年。B．楊琮『閩越国文化』第287～303頁、福建人民出版社、2000年。
104 楊琮「福建建陽平山漢代遺址調査」『考古』1990年第 2 期109頁。
105 厦門大学人類博物館「厦門大学人類博物館在長汀県発現新石器時代遺址及漢代鉄器」『文物参考資料』1956年第 3 期85頁。
106 福建省博物館「崇安城村漢城探掘簡報」『文物』1985年第11期37頁。
107 広州市文物管理処等「広州秦漢造船工場遺址試掘」『文物』1977年第 4 期 9 頁。広州秦漢造船工場址の性質については議論があるもののその鉄器の年代には影響はない。
108 広西壮族自治区博物館『広西貴県羅泊湾漢墓』文物出版社、1988年。
109 広州市文物管理委員会等『西漢南越王墓』文物出版社、1991年。
110 広州市文物管理委員会等『広州漢墓』文物出版社、1981年。

111　広西壮族自治区文物工作隊「平楽銀山嶺戦国墓」『考古学報』1978年第2期211頁。
112　黄展岳「論両広出土的先秦青銅器」『考古学報』1986年第4期427頁。
113　南越王墓出土の鉄鼎（G：2）については、発掘者は越式鼎に属するとするが、これに対しては疑義が出されており、この鼎は"嶺北から零南へ伝来した器物"とする（李龍章「西漢南越王墓"越式大鉄鼎"考辨」『考古』2000年第1期76頁）。
114　黄展岳「南越国出土鉄器的初歩考察」『考古』1996年第3期60頁。
115　『漢書』巻九十五南粤王伝に、"高后自ら用事に臨み、細士を近づけ、讒臣を信じ、別けて蛮夷を異にす。令を出して曰く、"蛮夷の外粤に金鉄田器を与えるなかれ。馬牛羊はすなわち与えよ。牡を与え、牝を與うるなかれ。""とある。
116　広州市文物管理委員会等『西漢南越王墓』第334頁。文物出版社、1991年。
117　1953～1960年に広州市区とその近郊で発掘清理された両漢時代墓葬409基から発見された鉄器の出土状況からみると、"前漢前期墓では鉄器の出土がやや多く、中期以後の墓では鉄器の数量は大きく減少する。"例えば前漢前期墓出土の鉄兵器と工具は計39点で、同時期墓出土の銅兵器・工具37点よりも多い。前漢中期～後漢後期墓出土の鉄兵器と工具は計12点で、同期墓出土の銅兵器・工具計46点よりかなり少ない（広州市文物管理委員会等『広州漢墓』文物出版社、1981年）。こういった現象は、漢の南越平定後、広州地区の鉄器の発展に短い停滞があったことを反映していると思われる。
118　統計からみると、広州漢墓後漢後期墓では銅剣7点・長刀1点・矛7点・戟3点など銅兵器18点が出土し、鉄兵器は鉄剣2点・長刀5点の計7点にすぎない。鉄兵器がいまだ銅兵器を駆逐しておらず、銅兵器が依然流行していたことを示している。
119　雲南省博物館「雲南江川李家山古墓群発掘報告」『考古学報』1975年第2期97頁。
120　雲南省文物考古研究所「雲南江川李家山古墓群第二次発掘」『考古』2001年第12期25頁。
121　雲南省博物館『雲南晋寧石寨山古墓群発掘報告』第138～142頁、文物出版社、1959年。石寨山墓地出土鉄器の種類と数量に関しては、報告本文と墓葬登記表とで齟齬が多い。ここでは表二五～二八に基づいて統計しておく。
122　雲南省博物館文物工作隊「雲南呈貢龍街石碑村古墓群発掘簡報」『文物資料叢刊』第3集86頁、文物出版社、1981年。
123　昆明市文物管理委員会「昆明呈貢石碑村古墓群第二次清理簡報」『考古』1984年第3期238頁。
124　雲南省文物考古研究所等「雲南晋寧石寨山第五次搶救性清理発掘簡報」『文物』1998年第6期4頁。
125　雲南省文物工作隊「雲南安寧太極山古墓葬清理報告」『考古』1965年第9期451頁。
126　『史記』巻一百一十六西南夷列伝に、漢武帝元封二年（前109年）に、"益州郡を置き、滇王印を賜う"とある。
127　雲南省博物館「雲南江川李家山古墓群発掘報告」『考古学報』1975年第2期97頁。江川李家山墓地発掘資料に対する統計によれば、1972年出土の85点の銅剣では、一般に通長40cm以下で、一部53.2cmに達するものもある。ただし、李家山二次の発掘で出土した銅柄鉄剣では、完形品で通長40cm以下のものを除くと、一般には通長50cm以上、M26：14などは通長68.5cmに達する。
128　雲南省文物工作隊「雲南大関・昭通東漢崖墓清理報告」『考古』1965年第3期119頁。
129　貴州省博物館考古組等「赫章可楽発掘報告」『考古学報』1986年第2期199頁。報告中の鉄器に関する記述が簡略であるので、ここでは主に発掘報告に附する"墓葬登記表"に依拠して分析を進める。
130　貴州省博物館考古組等「威寧中水漢墓」『考古学報』1981年第2期217頁。この報告とその墓葬登記表には、各墓出土鉄器の数量の記述が欠けており、数量からの分析ができない。
131　貴州省博物館「貴州清鎮平壩漢墓発掘報告」『考古学報』1959年第1期85頁。
132　宋世坤「貴州早期鉄器研究」『考古』1992年第3期245頁。
133　『山海経』五蔵山経に、"少室の山、……その下鉄多し。"とある。少室山はすなわち嵩山の西部、現在の登封県西北で、鉄生溝付近の嵩山山麓がこの地に当たる。よって、嵩山山麓における鉄鉱の開削は、戦国時代に始まると考えられる。
134　河南省文化局文物工作隊『鞏県鉄生溝』第6頁、文物出版社、1962年。
135　南京博物院「利国駅古代錬鉄炉的調査及清理」『文物』1960年第4期46頁。
136　鄭州市博物館「鄭州古榮鎮漢代冶鉄遺址発掘簡報」『文物』1978年第2期31頁。
137　山西省考古研究所等「翼城冶南遺址調査報告」『山西省考古学会論文集』（三）第100頁、山西古籍出版社、2000年。

138　宋国定「下河湾冶鉄遺址発現的価値与意義」『中国文物報』2005年1月21日第7版。
139　『漢書』巻二十四食貨志下に"大農、塩鉄丞孔僅・咸陽に上して言う、"郡の鉄を出さざるは、小鉄官を置き、在所の県に属せしむ。""とある。
140　夏湘蓉等『中国古代鉱業開発史』第45頁、地質出版社、1980年。
141　李京華『中国古代冶金技術研究』第161頁、中州古籍出版社、1994年。
142　北京鋼鉄学院『中国冶金簡史』第97頁、科学出版社、1978年。
143　河南省文化局文物工作隊『鞏県鉄生溝』第19頁、文物出版社、1962年。
144　鄭州市博物館「鄭州古滎鎮漢代冶鉄遺址発掘簡報」『文物』1978年第2期34頁。
145　洛陽市文物工作隊「洛陽吉利発現西漢冶鉄工匠墓葬」『考古与文物』1982年第3期23頁。
146　『水経注』巻二河水篇に、"屈茨（亀茲のこと、現新疆庫車県）の北二百里、山あり、夜すなわち火の光あり、昼日はただ烟あるのみ、人この山の石炭を取りて、この山の鉄を治す。恒く三十六国の用に充つる"とある。
147　『中国冶金史』編写組「従古滎遺址看漢代生鉄冶錬技術」『文物』1978年第2期45頁。
148　河南省文物考古研究所「南陽北関瓦房荘漢代冶鉄遺址発掘報告」『華夏考古』1991年第1期27頁。
149　趙青雲等「鞏県鉄生溝漢代冶鋳遺址再探討」『考古学報』1985年第2期160頁。
150　河南省文化局文物工作隊「河南鶴壁市漢代冶鉄遺址」『考古』1963年第10期550頁。
151　劉雲彩「中国古代高炉的起源和演変」『文物』1978年第2期20頁。
152　『漢書』巻二十七五行志に、"成帝河平二年（紀元前27年）正月、沛郡鉄官鉄を鋳するに、鉄下らず、隆隆たること雷声のごとし、また鼓音のごとし、工十三人驚き走る。音止み、還りて地を見るに、地陥ちること数尺、炉分かれて十になり、一炉中の銷鉄の散るや流星のごとく、みな上り去る。征和二年（前91年）と同じ象なり"とある。
153　中国社会科学院考古研究所漢城工作隊「1992年漢長安城冶鋳遺址発掘簡報」『考古』1995年第9期795頁。
154　趙青雲等「鞏県鉄生溝漢代冶鋳遺址再探討」『考古学報』1985年第2期161頁。
155　河南省文物研究所「南陽北関瓦房荘漢代冶鉄遺址発掘報告」『華夏考古』1991年第1期7・21頁。
156　張家境市文物工作隊「湖南桑植朱家台漢代鉄器鋳造作坊遺址発掘報告」『考古学報』2003年第3期404頁。
157　ある鉄工場址では少量の石鋳範が発見されている。南陽瓦房荘出土の石質平面範や、泌陽下河湾の石斧範等は、補助的なものとして使用されたと思われる。
158　山西省考古研究所「山西夏県禹王城漢代鋳鉄遺址試掘簡報」『考古』1994年第8期685頁。
159　瓦房荘出土の陶鋳模は、ほとんどが鉄範を鋳造する模具であり、鋳造本来からいえば、これも実際は陶鋳範ということになるが、その鋳造製品は鉄器を鋳造するのに用いる鋳型である。
160　河南省文物研究所「南陽北関瓦房荘漢代冶鉄遺址発掘報告」『華夏考古』1991年第1期36頁図三〇・49頁図四〇。
161　華覚明『中国古代金属技術』第390頁、大象出版社、1999年。
162　河南省博物館等『漢代畳鋳――温県烘範窯的発掘与研究』第8頁図10、文物出版社、1978年。
163　河南省文物研究所「南陽北関瓦房荘漢代冶鉄遺址発掘報告」『華夏考古』1991年第1期63頁。
164　華覚明「中国古代的畳鋳技術」『中国冶鋳史論集』第249頁、文物出版社、1986年。
165　河南省博物館等『漢代畳鋳――温県烘範窯的発掘与研究』第13頁、文物出版社、1978年。
166　山東省博物館「山東省莱蕪県西漢農具鉄範」『文物』1977年第7期68頁。
167　山東省文物考古研究所「山東章丘市漢東平陵故城遺址調査」『考古学集刊』第11集175頁、中国大百科全書出版社、1997年。
168　河南省文物研究所「河南新安県上孤灯漢代鋳鉄遺址調査簡報」『華夏考古』1988年第2期42頁。
169　澠池県文化館等「澠池県発現的古代窖蔵鉄器」『文物』1976年第8期45頁。
170　河南省文物研究所等「河南鎮平出土的漢代窖蔵鉄範和鉄器」『考古』1982年第3期243頁。
171　河南省文物研究所「南陽瓦房荘漢代冶鉄遺址発掘報告」『華夏考古』1991年第1期37頁。
172　趙青雲等「鞏県鉄生溝漢代冶鋳遺址再探討」『考古学報』1985年第2期177頁。
173　鄭州工学院機械系「河南鎮平出土漢代鉄器金相分析」『考古』1982年第3期320頁。
174　北京鋼鉄学院金属材料系中心化験室「河南澠池窖蔵鉄器検験報告」『文物』1976年第8期86頁。
175　鄭州市博物館「鄭州古滎鎮漢代冶鉄遺址発掘簡報」『文物』1978年第2期38頁。
176　河南省文物研究所「南陽瓦房荘漢代冶鉄遺址発掘報告」『華夏考古』1991年第1期10頁。
177　張世英「耀県発現漢代巨型鉄釜和鋳造遺址」『文博』1987年第2期36頁。

第 6 章　秦漢鉄器の応用と古代鉄器工業の全面的発展　*337*

178　中国社会科学院考古研究所『殷墟発掘報告』第21頁、文物出版社、1987年。
179　錬鉄は、基本的に夾雑物がやや多く、炭素量がかなり低い低炭鋼のことである。
180　靭性鋳鉄は二種類に分けられる。一つは白心靭性鋳鉄で、断面が明るい白色を呈し、基体はパーライトである。もう一つは黒心靭性鋳鉄であり、断面が深い灰色ないし黒灰色を呈し、基体はフェライトである。その微細組織では、パーライトが多いと、比較的高い強度を持ち、石墨が塊状・球状を呈することが多いと、良好な靭性を具える。
181　北京鋼鉄学院金相実験室「満城漢墓部分金属器的金相分析報告」『満城漢墓発掘報告』第371頁、文物出版社、1980年。
182　李衆「従澠池鉄器看我国古代冶金技術的成就」『文物』1976年第8期59頁。
183　麻口鉄の微細組織は、灰口鉄のもつ片状石墨や自由滲炭体、また細片状滲炭体とフェライトの混合したパーライトのほかに、大きめのレデブライト共晶組織が見られる。
184　趙青雲等「鞏県鉄生溝漢代冶鋳遺址再探討」『考古学報』1985年第2期175頁。
185　鋳鉄固体脱炭成鋼法の特質についていうと、まず一つ目は、制御的に脱炭し、鋳造製品を鋼の組織に変えることで、脱炭鋳鉄とは区別される。二つ目は、脱炭過程で基本的に石墨が析出されないか非常に少量のみ析出することで、靭性鋳鉄とは区別される。三つ目は、銑鉄の夾雑の少ない長所を保持することで、鋼中の夾雑物は少なく、塊錬鉄や錬鉄の夾雑物の多い欠点がない。また脱炭成鋼の器具や板材は、鍛造加工をすることもできる。
186　北京鋼鉄学院中国冶金史編写組「大葆台漢墓鉄器金相検査報告」『北京大堡台漢墓』第125頁、文物出版社、1989年。
187　韓汝玢「鄭州東史馬東漢剪刀与鋳鉄脱炭鋼」『中原文物』1983年特刊239頁。
188　趙青雲等「鞏県鉄生溝漢代冶鋳遺址再探討」『考古学報』1985年第2期176頁表九。
189　これらの鉄器は外見上は鋳造製品であるが、その化学成分と金相組織は鋼に相似する。ただ高倍率の顕微鏡下では結晶粒子の間に少量の微細な石墨の析出が観察でき、またこの石墨は白口銑鉄脱炭過程で形成されたものである。
190　北京鋼鉄学院金属材料系中心実験室「河南澠池窖蔵鉄器検験報告」『文物』1976年第8期86頁。
191　趙青雲等「鞏県鉄生溝漢代冶鋳遺址再探討」『考古学報』1985年第2期178頁。
192　華覚明「両千年前有球状石墨的鋳鉄」・「漢魏鋳鉄中球状石墨形貌及組織的研究」『中国冶金史論集』第59～70頁、文物出版社、1986年。
193　北京鋼鉄学院金相実験室「満城漢墓部分金属器的金相分析報告」『満城漢墓発掘報告』第375頁、文物出版社、1980年。
194　炒鋼を塊錬鉄と区別する重要な指標の一つは、その夾雑物が珪素をやや多く含み鉄分が少ない珪酸塩で、成分が比較的均一で、酸化亜鉄が非常に少ないことである。塊錬鉄の夾雑物は酸化亜鉄と鉄分の多い珪酸塩共晶を主とする。
195　河南省文物研究所「南陽瓦房荘漢代冶鉄遺址発掘報告」『華夏考古』1991年第1期82頁。
196　北京鋼鉄学院『中国冶金簡史』第108頁、科学出版社、1978年。
197　趙青雲等「鞏県鉄生溝漢代冶鋳遺址再探討」『考古学報』1985年第2期178頁。
198　華覚明「漢魏高強度鋳鉄的探討」『中国冶鋳史論集』第37頁、文物出版社、1986年。
199　劉心鍵等「山東蒼山発現東漢永初紀年鉄刀」『文物』1974年第12期61頁。
200　韓汝玢等「中国古代的百錬鋼」『自然科学史研究』第3巻第4期317頁、1984年。
201　徐州博物館「徐州発現東漢建初二年五十涑鋼剣」『文物』1979年第7期51頁。
202　路廸民「扶風漢代鋼剣的科技分析」『考古与文物』1999年第3期89頁。
203　『博物誌』より。『中国冶金簡史』第109頁、科学出版社、1978年より引用。
204　表面滲炭は、鋼製品の表層の炭素量を増し、表面の硬度を高める熱処理技術である。
205　河南省文物研究所「南陽瓦房荘漢代冶鉄遺址発掘報告」『華夏考古』1991年第1期32頁。
206　山東省博物館等『山東漢画像石選集』第38頁図341、斉魯書社、1982年。
207　王振鐸「漢代冶鉄鼓風機的復原」『文物』1959年第5期43頁。
208　『三国志』巻二十四魏書韓曁伝に、"旧時冶するに馬排を作し、一熟石ごとに馬百匹を用い、さらに人排を作すに、また功力を費やす。堅すなわち長流によりて水排をなし、その利益を計るに、前に三倍"とある。
209　『後漢書』巻三十一杜詩伝に、建武七年（31年）に杜詩が、"南陽太守に遷り、……水排を造作し、鋳して農器をなすに、力を用いること少なく、功の見えること多し。百姓これを便とす"とあり、李注に"冶鋳は

210 『塩鉄論』巻二非鞅篇。
211 西安北郊で"鉄市丞印"の秦封泥が出土している。周暁陸「西安出土秦封泥補読」『考古与文物』1998年第2期50頁。
212 『史記』巻一百二十九貨殖列伝に、"漢興り、海内一となり、関梁を開き、山澤の禁を弛め、これを以って富商大賈天下を周流す……"とある。
213 『塩鉄論』巻・・錯幣篇に、"文帝の時、民をして鋳銭・冶鉄・煮塩を得せしむる"とある。
214 山東省博物館「山東省莱蕪県西漢農具鉄範」『文物』1977年第7期68頁。
215 『史記』貨殖列伝。
216 『史記』貨殖列伝。
217 『漢書』食貨志。
218 『漢書』巻二十八地理志。
219 『漢書』巻九元帝紀に、漢元帝初元五年(前44年)に"角抵・上林宮館希御幸の者・斉三服官・北假田官・塩鉄官・常平倉を罷む"とあり、元帝永光三年(前41年)に"冬、塩鉄官・博士弟子員を復す"とある。また『漢書』王莽伝中に、始建国二年(10年)"初めて六筦の令を設ける。県官に命じ、酒に酤し、塩・鉄器を売り、鋳銭せしめ、諸の名山大澤の衆物を採取するは、之に税せしむ"とある。
220 李京華『中国古代冶金技術研究』第158〜165頁、中州古籍出版社、1994年。
221 陝西省博物館等「陝西省発現的漢代鉄鏵和鏵土」『文物』1966年第1期21頁。
222 河南省文物研究所「河南長葛漢墓出土的鉄器」『考古』1982年第3期322頁。
223 李歩青「山東滕県発現鉄範」『考古』1960年第7期72頁。
224 孔繁剛「沂水県発現古井和古墓」『考古与文物』1995年第5期94頁。
225 江西省文物管理委員会「江西修水出土戦国青銅楽器和漢代鉄器」『考古』1965年第6期265頁。
226 安徽省文物考古研究所等「安徽天長県三角圩戦国西漢墓出土文物」『文物』1993年第9期12頁。
227 山東省文物考古研究所「山東章丘市漢東平陵故城遺址調査」『考古学集刊』第11集182頁、中国大百科全書出版社、1997年。
228 王献唐『臨淄封泥文字叙目』第25頁、山東省立図書館編印、1936年。
229 劉暁燕「山東威海市発現一件漢代鉄钁」『考古』1997年第5期39頁。
230 劉世旭等「四川西昌市東坪村漢代錬銅遺址的調査」『考古』1990年第12期1074頁。
231 李家瑞「両漢時代雲南的鉄器」『文物』1962年第3期33頁。
232 大葆台漢墓発掘組『北京大葆台漢墓』第125頁、文物出版社、1989年。
233 李京華「漢代鉄農器銘文試釈」『考古』1974年第1期66頁。
234 李京華「新発現的三件漢鉄官銘器小考」『考古』1999年第10期79頁。
235 中国社会科学院考古研究所漢城工作隊「1992年漢長安城冶鋳遺址発掘簡報」『考古』1995年第9期797頁。
236 『中国冶金史』編写組「従古滎遺址看漢代生鉄冶錬技術」『文物』1978年第2期47頁。
237 南京博物院「江蘇儀征烟袋山漢墓」『考古学報』1987年第4期483頁。
238 内蒙古自治区文物工作隊「1957年以来内蒙古自治区古代文化遺址及墓葬的発現状況簡報」『文物』1961年第9期7頁。美岱古城は漢代定襄郡の県城の一つであるが、成楽県城と確定はできない。
239 彭曦「戦国秦漢鉄業数量的比較」『考古与文物』1993年第3期101頁。
240 『塩鉄論』巻一復古篇に、大夫の言として"卒徒県官に衣食し、作るに鉄器を鋳し、給用すること甚だ衆く、民に妨げることなし"とある。また『塩鉄論』巻六水旱篇にも、大夫が"卒徒工匠、県官を以て日に公事をなし、財用饒り、器用備わる"とし、それに対し賢良が"今県官の作す鉄器は、多く苦悪にして、用費は省かず、卒徒は煩にして力なして尽くさず。……卒徒なすに呈にあたらず、時に命じてこれを助けん"とする。
241 『漢書』巻十成帝紀に、陽朔三年"夏六月潁川鉄官徒申屠聖等百八十人が長吏を殺し、庫の兵を盗み、将軍を自称して、九郡を経歴す"とある。
242 『漢書』成帝紀に、永始三年"十二月、山陽鉄官徒蘇令等二百二十八人が攻め長吏を殺し、庫の兵を盗み、将軍を自称して、郡国十九を経歴し、東郡太守・汝南都尉を殺す"とある。
243 『塩鉄論』巻六水旱篇に、賢良の言として、"県官鉄器を鼓鋳するに、大抵多くが大器なりて、務めて員程に応ずるも、民用に給せず""県官鉄器を做るに、多く苦悪、費を用いるに省かず、卒徒煩にして力作すも尽くせず"などとある。また『史記』平準書にも"鉄器苦悪にして價は貴なり"とある。
244 『塩鉄論』水旱篇。

245 『後漢書』巻四和帝紀に、章和二年（紀元88年）四月に、"郡国に塩鉄の禁を罷むるを戒せしめ、民をして煮鋳せしむ、税を県官に入れること故事の如くす"とある。
246 北京鋼鉄学院金属材料系中心化験室「河南澠池窖蔵鉄器検験報告」『文物』1976年第8期52頁。
247 李衆「従澠池鉄器看我国古代冶金技術的成就」『文物』1976年第8期61頁。
248 河南省文物研究所等「河南鎮平出土的漢代窖蔵鉄範和鉄器」『考古』1982年第3期245頁。
249 孔祥星『中国古代銅鏡』第111頁、文物出版社、1984年。
250 陳直『両漢経済史論叢』第103頁、陝西人民出版社、1958年。
251 "佷"は"輑"に釈せる。『説文』巻二十七第十四上車部に、"輑は、轂の斉等な貌なり"とある。
252 于豪亮「漢代的生産工具——鍤」『考古』1959年第8期440頁。
253 陝西省博物館等「陝西省発現的漢代鉄鏵和鏵土」『文物』1966年第1期21頁。
254 劉慶柱等「陝西永寿出土的漢代鉄農具」『農業考古』1982年第1期87頁。
255 李京華等『南陽漢代冶鉄』第76頁図五五、中州古籍出版社、1995年。

第7章　鉄器と先秦両漢社会の歴史、文化

　中国古代の製鉄は、紀元前10世紀と前8世紀より、新疆地域と中原地域でそれぞれ起源をもった後、新疆地域の製鉄は長期に渉り遅滞し、緩慢な発展状態であったが、同時に中原地域の製鉄は却って急速な発展を遂げた。一方では、中原地域において紀元前3世紀の戦国後期に鉄器の社会生活における初歩的普及を実現し、古代鉄器工業は初歩的な形成がなされた。また紀元前後の前漢末期には基本的に鉄器化を実現し、古代鉄器工業は成熟へと向かっていった。また一方では、周辺の辺境地域において、中原地域の影響の下、おおよそ紀元前3世紀の戦国後期に鉄器が出現し始め（新疆地区と西北の一部の地域を除く）、そして紀元後2世紀後半の後漢後期に相次いで基本的に鉄器化を実現したのであった。ここでは、中原地域を中心に、辺境地域の鉄器の出現・使用と関連付けながら、鉄器と先秦社会の歴史・文化の関係および相互作用等の問題について検討を進めていくこととする。

第1節　鉄器と製鉄の発展歴程およびその動因

1　先秦両漢時代の鉄器と製鉄の発展歴程

　先秦両漢時代の鉄器と製鉄の発生から発展し成熟に向かう歴史を概観すると、その発展過程は主に六つの発展段階を経過する。

第一段階

　紀元前8世紀初頭の西周後期から前5世紀初めの春秋後期まで、人工製鉄の発生と初歩形成段階である。この段階の初めに、中国の人工製鉄が塊錬鉄より始まり、また塊錬滲炭鋼製鋼技術もほぼ同時に生まれた。また人工製鉄発生後百年足らずで、液体銑鉄製錬技術も続いて発生した。鉄は兵器と工具の刃部の製作に用いることから始まり、最初の鉄器は銅（玉石・金等）鉄複合製品であった。その百数十年の後、液体銑鉄冶鋳技術の発明にともない全鉄器製品が生み出され、鉄器は兵器・小型刀具から土木工具と容器に至るまで展開していく。液体銑鉄冶鋳技術の発明、全鉄製品と鋼製兵器の出現、土木工具と容器の生産、鉄器の農業耕作への導入など、人工製鉄の初歩段階が形成されたことを示している。

第二段階

　紀元前5世紀中葉の春秋戦国時代の境から前4世紀中葉の戦国前期（おおよそ周元王元年の紀元前475年から紀元前356年の商鞅変法前後に当たる）で、鉄器・製鉄の急速な発展と鉄器工業の発生した段階である。この段階では、鋼鉄技術の進歩は主に鋳鉄脱炭鋼銑鉄製鋼技術と鋳鉄脱炭を代表とする銑鉄の柔化技術の発明であり、それにより脱炭鋳鉄・靭性鋳鉄・鋳鉄脱炭鋼の生産、及び条材・板材の生産が始まり、鉄器鍛造技術は応用が推進され、鉄器性能も大きく向上した。生産工具の種類は急速に増加し、鉄器は本格的に農業生産に応用され、その他の生産領域にも拡大して応用

されていった。全鉄製中長剣・長剣等の格闘兵器や鏃などの遠射兵器、また冑などの防護装備が前後して出現し、鉄兵器は実際の戦術に用いられ始め、これにより鉄兵器が銅兵器に取って代わる歴史進展が始まった。装身具が出現し流行し始め、その他の日用器具の種類も増加し、車馬機具が生まれ、さらに刑具等の雑用器具が出現し、鉄器が社会生活の各領域へと拡大していく様子を反映している。鉄器生産の領域では、鉄金属精錬と鉄器製造を行う鉄工場が次第にその他の手工業工場の中から独立し、鉄器工業が一種の産業として発生し始めたことを表している。

第三段階

紀元前4世紀中葉から前3世紀中葉の戦国中後期（およそ紀元前356年前後から紀元前221年に当たる）までで、鉄器の初歩的普及と古代鉄器工業の初歩的形成段階である。この段階における鋼鉄技術の発展は、一つには元々あった工芸技術が次第に成熟し、応用が広がったことであり、もう一つは、多腔鋳範・鉄範鋳造技術・焼き入れ工芸などが出現し、また鍛銎技法が形成され、これにより鉄器の性能の改善や生産能力の向上、また錬鉄が発達していない地域での鉄器製作・使用に、技術条件を提供することとなった。鉄器の発展は、主に種類・形態のさらなる増加・多様化として表れ、中でも横銎鍬・六角鋤などの横銎構造として、同類青銅製品の形態構造の制約から脱した鉄器が出現し、鉄器の性能と使用が専門化に向かう趨勢を呈している。数量は大きく増加し、鉄器の社会生活における応用程度は明らかに向上している。生産領域中では、鉄製生産工具は基本的に青銅やその他の非金属工具に取って代わり、鉄器の初歩的普及が実現した。鉄器の生産と流通は、すでに私営と官営があり、各種の鉄工場が列国都城及び主要都市の内外に広く分布し、規模の巨大なものもあり、鉄器工業がすでに独立した産業となっていたことを表し、中国古代鉄器工業の初歩的形成を標示している。また中原系統の鉄器が四方へ伝播し、北方長城地帯から西南地域に至るまで、前後して鉄器が出現し使用され始めた。

第四段階

紀元前221年から前119年までの秦代と前漢前期で、鉄器のさらなる普及と古代鉄器工業のさらなる発展の段階である。鋼鉄技術の方面では、主に戦国後期に発明され出現した多腔鋳範・鉄範鋳造・焼き入れ等鋼鉄新技術がこの時期に成熟に向かい応用を推し広めていった。鍛銎技法は広く生産工具・兵器等の製作に応用され、迅速に伝播し、製鉄が発達していない地域の鉄器の製作と使用を加速し、重要な産鉄地域では規模の大きい鉄工場が形成された。鉄製生産工具の専門化の傾向はさらに強まり、専門作業に用いられる各種工具が生み出され、生産工具は真っ先に鉄器化を実現した。鈹・鍛・長柄矛など新型兵器が出現し、兵器の鉄器化過程は急速に推進されていった。鉄権・鉄銭等が出現し、鉄製模型明器が生まれるなど、日常生活の領域における鉄器の応用はさらに増していった。多民族統一国家の建立にしたがい、東南沿海・嶺南地域・西南地域で本格的に鉄器の製作と使用が始まった。

第五段階

紀元前119年から紀元87年までの前漢中後期と後漢前期で、鉄器化の進展が基本的に実現し、古代鉄器工業が急速に発展し成熟へと向かった時期である。紀元前119年の前漢政府が実行した塩鉄官営を指標とし、鉄器工業は国家が独占的に経営する新たな発展時期へと進んでいく。鋼鉄技術は絶え間なく進歩・刷新され、鉱石の粉砕・篩選は一つの独立した工程となり、製練過程では石灰石を用いて助熔剤とすることが始まる。耐火材料が改良されて、有効容積が50立方mに達する大型高

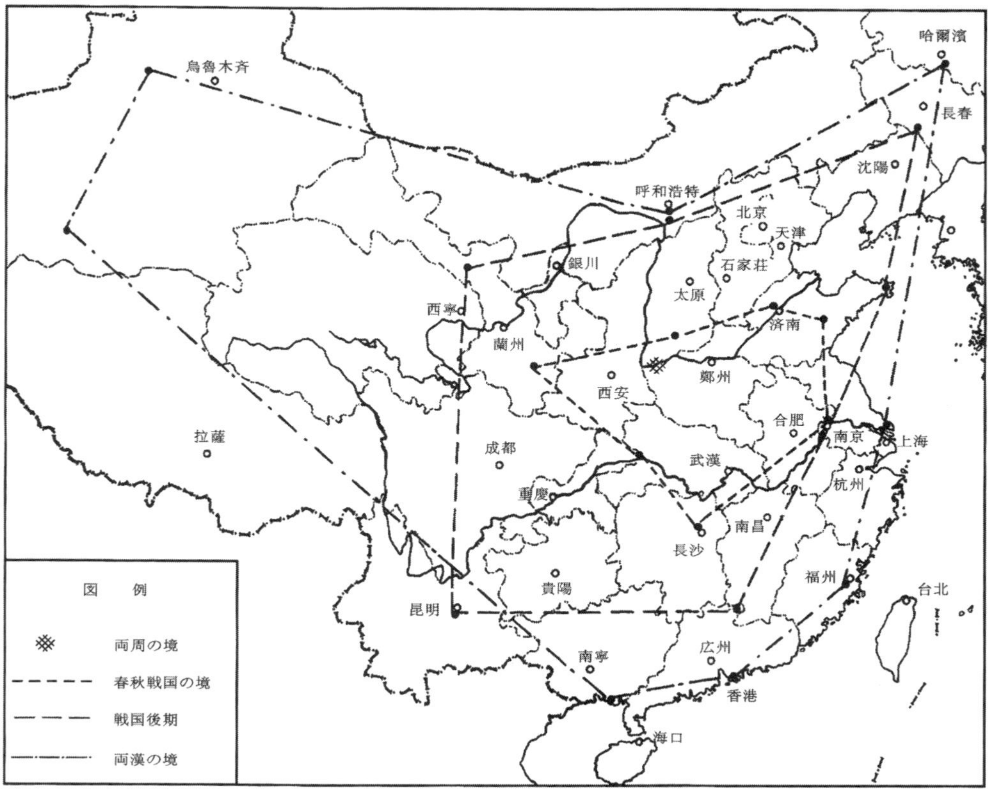

図188　中原系統鉄器普及状況指示図

炉が出現した。陶範畳鋳技術は成熟し推し広められ、新型の灰口鋳鉄が出現し鉄範の鋳造に用いられた。炒鋼工芸と百錬鋼工芸が前後して発明され、焼き入れ技術は普遍的に応用され、表面滲炭工芸が生み出される。鼓風設備・技術は常に改良され、さらに後漢初期には水力鼓風する"水排"が発明された。鋼鉄技術の進歩と鉄器工業の規模の拡大を基礎として、長刀を代表とする各種新型兵器や炉灶・鉄鏡を代表とする日用器具が大量に出現し、鉄器の社会生活の各領域における応用程度は大きく向上し、前漢末期に到って武器武具の基本的鉄器化と日用器具の初歩的鉄器化を指標として、中原地区は基本的に鉄器化を実現した。

第六段階

紀元88年から220年の後漢中後期で、鉄器化が基本的に実現し、鉄器工業成熟後の緩やかな発展時期である。和帝時期に塩鉄官営が廃止され、鉄器工業は私人経営の自由な発展を遂げた段階に入る。鉄器は普通商品となり、鉄器表面には工場主の姓氏と宣伝広告の銘文が現れる。鉄器には新たに鈹戟と鈎鑲等の新型兵器や、熨斗・提灯・鏨子等の日用器具、そして壓勝牌・買地券等の喪葬用品が出現し、社会生活各領域における応用程度がさらに一歩向上したことを反映している。辺境地域の鉄器化過程も前後して実現する。これ以後、鉄器は一般的な物品となり、古代鉄器工業は緩やかな発展の道程を進んでいく。

以上に述べた発展過程は、中国古代鉄器と鉄器工業の発生から成熟へ向けての発展道程とその特

質を示し、さらにそれは、考古学上においては先秦両漢時代の鉄器類型とその形態構造の変遷および中原系統鉄器の漸進的拡大の上に直接に反映している（図188）。

2 先秦両漢時代の鉄器および製鉄の発展動因初探

　先秦両漢鉄器と製鉄の発展過程は、中国古代鉄器・製鉄発展状況の迅速性・独自性・科学性が、世界で古代文明が発達した他国や他地域が比肩できないものであることを示す。その理由には、技術的原因だけでなく、かつ社会的原因、そして経済・文化的原因がある。

　先秦両漢時代の鉄器・製鉄が急速に発展した技術要因は、まず殷周時代の青銅冶鋳業の高度の発展およびその輝かしい成就を由来とする。製鉄の発生と初歩形成から見て、中国の人工製鉄は塊錬鉄から始まり、これは世界の他の古代文明国において製鉄の発生の初めに採用されたのが塊錬鉄技術であることと同様である。ただし、中国で塊錬鉄技術が生じたのとほぼ同時に、塊錬滲炭鋼製鋼技術が発明され、人工鉄器はその発生の初めから"最初の鉄は青銅よりもまだ軟かいことがしばしばあった"[1]という弱点を克服し、それにより鉄製品の生産と軍事領域における実用に可能性を広げたのである。さらに重要なのは、人工製鉄が発生した後100年足らずで、これに続いて液体銑鉄冶鋳技術が発明されたことで、鉄の大量生産・使用が可能となり、併せてこれにより中国古代の塊錬鉄と液体銑鉄冶鋳技術の平行発展の独特な道が形成されたのである。ヨーロッパでは、紀元前8世紀前後に塊錬鉄技術の応用により鉄器時代に進むが、ただし液体銑鉄冶鋳技術は14世紀にようやく生まれたのであり、前後二千年以上を経過している。中国が世界で最も早く銑鉄冶鋳技術を発明したのは、当時の高度に発達した青銅冶鋳業と直接の関係がある。塊錬鉄は鉄鉱石が比較的低温度の固体状態の下で木炭を用いて還元した産物であり、必要な温度は1000℃前後である。また純鉄の融点は1534℃であり、さらに精練過程で還元して生成された固体鉄は炭素吸着の増加に従い融点が次第に下がり、炉温が1100～1200℃以上に上昇したならば、液体銑鉄を得ることができる。中国で人工製鉄が生まれた際は、青銅冶鋳業がまさに発展の極まった時期にあり、その技術は相当に発達していた。黄石銅緑山錬銅遺跡の春秋時代の錬銅堅炉の発見[2]と復元研究[3]によれば、当時の鼓風の水準は比較的高く、かつすでに構造の合理性・熱効率の高さ・操作の便利さ等の長所を具えた錬銅堅炉が発達しており、その炉温は1100～1200℃前後に達していた[4]。青銅製錬堅炉とその技術を利用して鉄の製錬を行ったため、まもなく銑鉄製錬技術は人工製鉄発生後これに続いて生まれ得たのである。この後長い一定期間、銑鉄の製錬には一貫して堅炉技術が採用された。銑鉄製錬から鉄器製造に到るまで、当初は鋳造と切りはなせず、そして鉄器鋳造技術も同様に青銅鋳造技術に由来する。中でも鉄器陶範鋳造技術は、特に青銅器陶範鋳造技術をそのまま応用したものである。陶範鋳造における鋳模と鋳範の製作や、烘範工芸・方法なども、青銅器陶範鋳造工芸から一脈相い継承されたものである。鉄器の陶範畳鋳技術は、銅銭幣の畳鋳工芸から継承・発展したものであり[5]、鉄範の鋳造工芸も同様に銅銭幣の銅範鋳造から鉄範鋳造の変化の中で応用され発展したものである[6]。鉄器の形態構造から見ると、各種の鉄器で最初に製造された器類・器形は、鋳造の空首斧・錛・竪銎钁・鐮・鋸・刮刀・削刀等の生産工具にしろ、鍛造の剣・矛などの兵器にしろ、その形態構造は全て直接同類の青銅器から模倣しており、その材質が青銅から鉄へと代わったに過ぎない。明らかに、殷周の高度に発達した青銅冶鋳技術が、銑鉄冶鋳技術の誕生に技術的基礎を打ち立てたといえ[7]、先秦両漢鉄器・製鉄が急速に発展した技術動因の重要な面である。

先秦両漢鉄器と製鉄が急速に発展した技術動因のもう一つの重要な面は、鋼鉄技術そのものの絶え間ない進歩と刷新である。なぜなら、先秦両漢鉄器と鉄器工業の発展全体においては、高度に発達した青銅冶鋳技術がその外部動因であり、かつ主に製鉄の発生と初歩発展段階に影響を及ぼしたが、鋼鉄技術の進歩・刷新はさらに重要な内部動因として、特に鉄器工業の初歩形成とそれ以後の健全な発展を持続したことに影響したからである。前述の如く、塊錬滲炭鋼技術の出現は最大限に塊錬鉄の性能を高め、鉄器生産と戦争での実用を可能ならしめた。また銑鉄冶鋳技術の発明は、最大限に製鉄の生産能力を高め、鉄器の大量生産と使用に広い前途を開くこととなった。脱炭鋳鉄・靭性鋳鉄・鋳鉄脱炭鋼等の技術の発明は、最大限に冶鋳銑鉄の質量と性能を改善し、性能上急速に青銅を超えることとなり、これにより各種鉄器の製作に用いられるようになった。鉄器鍛造技術の進歩と伝播は、製鉄の未発達な地域でも鉄器の製造を可能ならしめ、鉄器使用地域の急速な拡大をもたらした。まさにこれらの鋼鉄技術の進歩と刷新により、古代鉄器工業は戦国時代後期に初歩的な形成を達成したのである。秦漢時代には、鉄鉱石の粉砕・選別が独立した工程となり、製錬の生産効率と安全性能を高めた。また石灰石を助熔剤として用いることで、炉渣の熔化温度を下げ熔融鉄の流動性を増加した。耐火材料の中に石英顆粒を混ぜて耐火性能を大いに高め、炉温の高上のための条件を作ることとなった。鼓風設備と技術は不断に改良され、さらに水利鼓風を利用した"水排"が発明された。炉缸平面の楕円形の設計は高炉の構造をさらに科学的なものとし、その結果、古滎鎮製錬炉のように有効容積が50立方mに達する大型高炉が出現し、一日当たりの生産高が1000kg前後にまで達した。多腔鋳範鋳造技術は改良されて陶範畳鋳技術となって普及し、鉄範鋳造技術が改良され広く使用されるようになった。灰口鋳鉄と麻口鋳鉄が前後して出現し、炒鋼と百錬鋼技術が相次いで発明され、古代製鋼技術は空前の高水準に達し、また焼き入れ技術の成熟と表面滲炭技術の応用が、最大限に製品の機械性能を高めた。鋳鉄板材と鋳鉄脱炭鋼板材の大量生産は、鉄を産出しない、または製鉄の発達していない地域での鉄器製造に優良な材料を提供した。まさにこれらの鋼鉄技術の新しい進歩と新しい発明が、秦漢時代に古代鉄器工業を成熟へと向かわせることとなったのである。概して、先秦両漢鉄器・鉄器工業が迅速に発展した技術的動因は、一つには青銅冶鋳技術を吸収・消化・利用したことであり、今一つには鋼鉄技術そのものが不断に進歩・刷新したことであった。もし塊錬鉄と銑鉄冶鋳の発明および両者が平行して発展する独特の道程の形成が主に青銅冶鋳技術の利用に基づくものとすれば、鉄器工業が迅速に形成され急速な発展を持続したことは、主に鋼鉄技術の絶え間ない進歩・刷新に由来するのである。[8]

農業と工・商業の発展は、春秋時代から前漢前期において鉄器・鉄器工業が急速に発展するための重要な社会経済動因である。エンゲルスは、"古代世界全体をつうじて決定的な生産部門であった農耕"[9]と指摘するが、これは、すべての古代社会経済の発展が農業生産の発展を基礎としているからである。春秋時代には、青銅農耕具が生産の実践の中で大量に使用され、それにより多くの荒地が継続して開墾されていった。[10]また井田制と宗族を主体とする共同体組織とが次第に瓦解し、公田は衰退し私田は日増しに発展し、かつ私田は次第に合法化していった。[11]二期作制などの農業技術が出現し、深耕技術と農田水利施設の建設が萌芽し、古代農業は精耕細作を主な特徴とする伝統農業の道に踏み出していった。[12]戦国時代には、春秋時代斉国の"相地而衰征"、晋国の"作爰田"、魯国の"初税畝"などの土地制度改革を受け継いだ後、各国では相次いで田畝租税制度の改革と一連の変法改革が進められ、土地私有を基礎とする新しい生産関係が次第に確立していった。鉄製農業

生産工具が次第に普及し、荒地の開墾はさらに一歩進み、牛耕技術が推し進められ、大規模な農田水利灌漑設備の建設が興り、生産技術は更に向上していった[13]。農業生産関係の変革と生産能力の向上を基礎として、春秋戦国時代の工商業は空前の発展と繁栄を現出した。春秋前期に、手工業は『国語』巻十晋語に"工商食官"というように、なお官営手工業を主としていたが、春秋後期に到ると、元来の"工商食官"の制は打ち破られ、私人の手工業者と私営の手工業工房が現れ、初歩発展を遂げた。同時に商業も発展・繁栄し始め、官営商業は解体し、私営商業が興り急速に力を増していく傾向にあった。各国の統治者は商業の発展を重視し、多くは商業に対して、奨励・促進の政策を取った。金属貨幣が次第に流通し、青銅の布幣・刀幣・円銭・貝幣を代表とする四大貨幣の体[14]系が初歩的形成をし、また大規模な築城運動が興起し、列国都城とその他の重要都市が、各種手工業工房を集中し、併せて専門の交換に用いる市場が出現した[15]。そして列国間の商業の往来は日増しに密接になっていく。人工製鉄が春秋末期に初歩形成を遂げ、春秋戦国の境に急速な発展段階に進んでいったのは、まさに上述の工商業生産関係の変革と絶え間ない発展の背景の下に生れたのである。戦国時代鉄器の漸進的普及と古代鉄器工業の初歩形成は、同様に当時の工商業のさらなる発展・繁栄と規を一にする。戦国後期に鉄器生産・販売を経営して富を築いた邯鄲の郭縦、趙国の卓氏、魏国の孔氏、山東の程鄭などの富商大賈が生れたのも、鉄器工業が工商業発展の流れの中で急速な発展を獲得したことの直接的反映なのである。秦王朝建立後は、商鞅以後一貫して実行された"重農抑商"政策が継続して推進され、商品生産と商業活動は抑制されるが、農業・手工業生産活動は奨励され、貨幣と度量衡の全国統一が加わって、鉄器工業は依然として発展の外部的好条件に恵まれたのである。前漢王朝建立当初は、国家が"民に休息を与える"統治政策を推し進め、経済上では賦役を軽くし、農耕を奨励し、同時に"関梁を開き、山澤の禁を弛め、ここに以って富商大賈天下を周流し、交易の物通ぜざるはなく、その欲するところを得[16]"こととなり、農業は回復と発展を遂げ、工商業は繁栄を見るようになる。こういった社会経済環境の下、鉄器工業は戦国後期以来の急速な発展趨勢を保持し続けた。農業と工商業の発展が鉄器工業の発展を促す状況は、漢武帝時期に至って塩鉄官営の実施に伴って変革を生じる。

　塩鉄官営は、社会経済が鉄器工業の発展に影響したもう一つの現れ、すなわち国家経済政策が鉄器工業の発展に影響を及ぼした具体的体現である。すでに論じたように、漢武帝時期に塩鉄官営が実施され、政府により鉄器の生産・経営が掌握されるようになった。その最終的な目的は中央集権統治の強化にあったが、根本的には社会経済の原因に基づくものであった。つまり鉄器は当時の最も重要な戦略物資であり[17]、鉄器工業は最も重要な基幹産業の一つであったため、政府の専売経営として接収することで、国家経済の重要部分を大部分掌握することとなった。また鉄器の生産と経営は、当時最も重要な税収源の一つであり、政府の専売により、大幅に財政収入を増加させることができた。いま一つ、前漢の初めにおける私人の鼓鋳煮塩を放任する政策は、"家に富致ること数千金""人君に擬す"といった富商大賈を生み出すこととなり、鉄器の生産と経営は割拠勢力の社会経済基盤となっていたので、それを政府の専売経営に収めることで、経済基盤の上で割拠勢力の膨張を抑制し弱めることとなったのである。よって、当時の社会経済条件の下においては、塩鉄官営の実施は歴史的必然性を持つものであった。鉄器工業が政府により専売経営された後、大量の財力・物力・人力が鉄器の生産と経営に注がれ、客観的に見ても、鋼鉄技術の進歩、生産規模の拡大、鉄器工業全体の更なる発展を促進し、さらに急速に成熟へと向かわしめたのであった。

社会的要因では、人々の移動・人員の往来・文化の交流などが、先秦両漢時代の鉄器と鉄器工業が急速に拡大する重要な要因であった。前述のように、人工製鉄は紀元前8世紀初めにまず現在の豫西・晋南・関中一帯で発生し、前5世紀初めの春秋時代後期に至るまでに、応用地域はすでに黄河中下流域と長江中下流域全域に広がっていた。戦国時代にはさらに拡大し、辺境地域に相前後して鉄器の使用が見られるようになる。後漢時代に至ると全国各地で鉄器化が実現している。こういった応用地域の急速な拡大は、当時の社会歴史と緊密に結びついている。春秋戦国時代には中原地域全体で列国が林立し、客観的には先進技術と文化の伝播に不利であるが、各国は覇を争い強大化を図り、列国間は緊密につながり、これまでにない人々の移動と人員の往来が出現し、むしろ鉄器と製鉄術の伝播を加速することとなった。一面では、列国の林立は春秋戦国時代の最も突出した特色であるが、その分布は入り組みその境域は常に変化し、列国間は絡み合うようにつながっていた。その表れの一つに、列国間の婚姻関係がある。例えば、鄭荘公は鄧国の女子鄧曼を娶り、太子忽を生んだ。また衛宣公は太子の妃を奪い、斉国の女子を娶って妻となし、宣姜とした。魯桓公夫人の文姜は斉皇室の女子である。また別の関係として列国間の商業の往来がある。春秋時代の周・鄭などの国は、"東は斉魯に賈し、南は梁楚に賈す"[18]といわれ、そういった商人の足跡は天下に充ちた。さらに多い関係として、各国人員が自由に往来していたことがある。例えば、儒家の創始者の孔子は、魯国に生まれ、斉国に至って発展を図り、のち衛・宋・陳・蔡などの国を十余年周遊した。縦横家の張儀は魏人であるが、まず秦相となり、後にまた魏・楚に相となり、最後は秦を去って魏に帰った。蘇秦は東周洛陽に生まれ、斉国に求学し、のち燕・趙・韓・魏・斉・楚を遊説し、六国を合縦せしめ、その長となり"併せて六国に相"となった。列国間の様々なつながりと人員の往来は、鉄器と製鉄の伝播を促進することとなった。

　もう一つの面として、列国が覇を競い兼併戦争が続いたことが、春秋時代のもう一つの際立った特色である。戦争が頻繁に起こったことは、直接人々の大規模な移動をもたらした。つまり兼併戦争の結果、小国は大国に兼併され、大国はまた強国に併呑され、強国はさらに外へ向かって拡張していく。春秋初期に、百四十以上あった大小の国は、兼併戦争を経て、春秋中葉に至るまでに数十になった。紀元前453年の"三家分晋"の後には、楚・越・趙・斉・秦・燕・魏・韓などの大国と宋・魯など十数の小国を残すのみとなった。戦国後期には、七雄が並び立つ局面となり、七国は"広く土地を辟き、税を著らかにし材を偽す"[19]という状況であった。戦国七雄の間の兼併戦争は激しさを増し、また外へと拡張し、そしてそれにより人々の移動と遷徙が引き起こされ、結果さらに鉄器と製鉄が周辺地域へ向かって広がることを促した。北方長城地帯・東北地域南部など辺境地域における中原系統の鉄器の伝来は、まさにこういった背景のもとに発生したといえる。西南地域における鉄器の出現と製鉄の発生と発展は、やはり戦国後期の秦国による蜀地の開発・経営と趙国の卓氏・山東の程鄭ら鉄器工商業者の遷徙に基づくのである。朝鮮半島北部など周辺地域における鉄器の出現については、その社会歴史背景も同様である。秦漢王朝が相次いで建立された後、辺境地域も相前後して正式に秦漢帝国の版図に組み入れられると、中原地域と辺境地域の間、また辺境地域間での人々の移動規模は拡大し、人員の往来はさらに頻繁になり、交易もさらに緊密になり、かくして中原系統鉄器と鉄器製造技術の辺境地域への伝播はさらに加速し、最終的に後漢時代に辺境地域は鉄器化過程を実現することとなった。

　ここで特に強調しておきたいのは、中原の王朝、特に秦漢帝国政府の辺境地域に対する開発・経

営が、その鉄器の出現・製作・使用および鉄器化の実現に対して、根本的な推進作用を持っていたことである。すでに論じたが、新疆地域の鉄器出現は紀元前10世紀前後まで遡るが、その製鉄技術は長期に渡り停滞し進展しなかった。漢武帝時期に西域に通じて以後、漢王朝が西域の開発を進めたことで、中原系統の鉄器と製鉄技術が次第に西伝し、この地域は"鉄器を鋳するを知らず"から"鋳冶をよくする"[20]といった歴史的飛躍を遂げた。北方長城地帯でも鉄器の出現は比較的早いが、その大量使用は秦漢王朝建立の後に始まった。秦始皇三十三年（紀元前214年）、秦将蒙恬が三十万の兵を率いて匈奴を撃ち、河南の地（現在の鄂爾多斯高原西北部）を奪取し、郡県の設置、長城の修築を行い、この地は秦の版図に組み入れられた。前漢時代には、漢王朝は数次にわたり匈奴と戦争を行い、漢武帝元朔二年（前127年）漢将衛青らが兵を率いて匈奴を撃破し、河南の地を奪回し、朔方郡・五原郡を設置した。併せて移民を行い辺境に駐屯させ、水路を穿って水を引き、当地域の開発・建設を強化した。こういった背景のもとにこの地域における鉄器の普及が実現したのである。北方長城地帯東端と東北地域における鉄器の出現と使用は、戦国後期に燕将秦開が東胡を破って後、燕国が郡県を設置した歴史背景の下に始まった。福建沿海地域では、先秦時代にはまだ鉄器は伝わっておらず、秦が天下を統一して閩中郡を設置し、また漢高祖の時に閩越国に封じたことに従い、鉄器は急速に出現し大量に使用されるようになった。嶺南地域では、戦国後期にはその北縁附近の山脈地帯で少量の鉄器が出土するに過ぎなかったが、秦始皇三十三年（紀元前214年）に嶺南を統一して郡県を設置し、翌年中原の人々を遷徙して越人と"雑處"[23]して嶺南の開発と屯守に従事させたことから、鉄器の製作と使用が本格的に始まった。西南の雲貴地域も同様である。滇池一帯は古の滇国の故地であり、貴州赫章・威寧一帯の黔西地区は、古の夜郎と"夜郎の傍の小邑"の故地であった。古滇国と古夜郎国を中心とする西南地域は、"西南夷""皆巴蜀西南外の蛮夷なり"と称された。早くは戦国時代に、西南地域は主に巴蜀地域を通じて中原とつながりを持っていた。史書には、秦恵文王後元九年（紀元前316年）に秦が巴蜀を滅ぼし郡県を設置して、その後秦国は西南地域に対する経営を始めたことが記される[24]。新王朝建設の前夜に、秦の統治勢力は今の雲南北部と貴州境内に達していたのである[25]。秦が六国を統一する前後、趙国の卓氏や山東の程鄭らが蜀地に遷徙させられ、その地で大規模な製鉄を行い、"滇・蜀の民を傾く""椎髻の民に賈す"[26]というように、西南地域に向けて鉄器を販売した。ここにおいて、蜀で生産された鉄器は絶えず西南夷の地へ流入することになる。秦王朝建立後、巴蜀を拠点として西南地域に対して経営を進め、郡県を設置し、その西南辺境は遠く今の貴州北部と雲南北部一帯にまで及ぶこととなった[27]。また、"常頞に五尺道を略通"[28]せしめ、僰道（宜賓）より南下し、石門を過ぎ朱提（昭通）を経て味県（曲靖）に達し、再び道を転じて滇池（晋寧）に至り[29]、より一層巴蜀と西南夷地域のつながりを強化していった。漢が興ると、巴蜀の商賈は継続して西南夷の地へ鉄器を販売していった[30]。さらに重要なのは、漢武帝時期に西南夷地域で大規模な辺境開拓活動を行なったことで[31]、前後して西南地域に広く郡県を設置した。漢武帝元光五年（前130年）には、唐蒙・司馬相如を派遣して夜郎などの西南夷と通じ、犍為郡を置いて、今の赫章・威寧一帯に都尉の治所である漢陽県を設置した。漢武帝元鼎六年（前111年）には南越を滅ぼしたのち、"遂に南夷を平らげ牂柯郡とな"し、その所轄の県はほとんどが現在の貴州境内にある。漢武帝元封二年（前109年）には、滇王が漢に降り、その地に益州郡を置いた[32]。郡県の設置は、国家の一体化の過程を強化し、より一層西南地域と内地、特に巴蜀地域の人員の交流と交易の往来を増強することとなった。塩鉄の官営を実施してからは、犍為郡の武陽、

蜀郡の臨邛に鉄官を設置し、西南地域全体の鉄器流通を促進した。雲南昭通鉄門坎の“蜀郡千万”銘鉄凹口鍤[33]と魯甸漢墓の“蜀郡成都”銘鉄凹口鍤[34]の出土、また貴州赫章の“武陽伝舎比二”銘後漢鉄三足円炉（KL58：01）の発見[35]、そして大量の中原系統鉄長剣・長刀の発見などがそれを証明する。まさにこういった歴史背景の下、雲貴地域では次第に鉄器化過程を完成させていったのである[36]。先秦両漢時代の辺境地域における鉄器の発生・発展から鉄器化の実現に至る過程を見ると、多民族統一国家の建立と中央政府の辺境地域に対する開発・経営が、辺境地域社会の政治・経済・文化の進歩と発展に、大きな推進作用をもたらしたことが分かる。

先秦両漢時代の鉄器と鉄器工業が急速に発展した要因は複雑であるが、主に上述のような技術的要因・経済的要因・社会的要因があるということは注目される。

第2節　鉄器の社会歴史と文化の発展における役割

先秦両漢時代の鉄器と鉄器工業は、当時の科学技術・社会経済・社会生活などの歴史的条件の下、発生・発展から鉄器工業の成熟と鉄器化の実現までの歴史を経て、それ自体の発展と同時に、当時の社会歴史と文化などに対し直接に有益な作用をもたらし、先秦両漢社会歴史発展の重要な役割を担った。

この時代の鉄器が社会生産に対し作用を発揮するのは、農工具の製作に応用され、それにより農業生産の発展を促進することで始まる。人工製鉄発生の初めは、鉄は兵器と木工工具の刃部の製作に用いられ、かつ当時の鉄器はなお少数の貴族の使用に限られていた。製鉄は一種の科学技術として発明されたものの、社会生活における実用が非常に希薄であったことを物語る。そして約百年の発展を経過して、紀元前6世紀の春秋中後期に至り、全鉄製の土木工具である鍤・钁などの出現を指標として、人工鉄器は技術発明から実際の生産への転化を初歩的に実現し、また当初は土木と農耕活動に応用され、ここから本格的に社会生産に力を発揮していく。鉄器使用の農業生産に対する促進作用は、主に二つの方面に現れている。

一つは鉄製農工具の使用であり、農業生産における金属農具の広汎な使用が実現し、古代農具発展史上の最も重要な変革となり、荒地を開墾する力は大きく引き上げられ、耕地が急速に増加していった。耕地に対する手入れ・整備の能力が増強したことは、深耕技術の出現と普及、精耕細作の伝統の出現と逐次的形成、農業の小家族・個別生産といったことを可能ならしめ、これにより農業生産の発展を最大限に促進することとなった。春秋後期における私田の絶え間ない拡大・増加は、鉄製土木農工具の使用と無関係ではない。戦国初期には、鉄竪銎钁の流行が、農田の開墾と耕地の増加を推し進めた。戦国中期には、鉄鏵冠・鉄鎌刀・鉄銍刀が生まれ、耕作水準と穀物収穫能力を最大限に向上させた。戦国後期には、多歯钁が出現し、鉄鋤の種類・数量が増加し、これも土地改良能力と田間管理水準がさらに高まったことを反映している。前漢時代には、横銎钁が流行し始め、大小異なる犂鏵が大量に製作・使用され、播種の耬車にまで応用され、農田耕作と生産能鏵の向上を加速させた。

もう一つは、鉄製土木工具の使用が、農田水利建設の高潮を出現させたことである。“水利は農業の命脈”であり、水利がなければ農業の発展もない。中国古代においては、四千年以上前の大禹の治水から水利建設の歴史が始まるが、しばらくは水の管理は主に洪水防止と排水によるもので、

堤防を築き、洪水を管理し、水路を浚渫することであった。戦国時代には鉄製土木工具の使用の広がりに伴い、農田灌漑が水利建設の重点となり、大規模な水利工事が現れてきた。戦国初期の魏国では、魏文侯前期の西門豹が鄴令であった期間に、人民を発して引水事業である漳水渠を建設し、百年以上後の魏襄王の時期（紀元前318〜前296年）に、鄴令の史起が再び漳水渠を修築し、元の塩碱の地は稲粟の収穫できる肥沃な土地に変わった。[37]楚国は今の安徽寿県で陂塘貯水事業である芍陂の建設を行い、楚国の重要な農業区は寿春一帯にまで広がった。蜀地では、戦国後期の秦昭王の時に、李冰が蜀郡太守に在任した期間（前277年に任官）に、世界的にも著名な灌漑分水工程である都江堰の建設を完成させ、灌漑区は広大で、水渠は密に張り巡らされ、これにより成都平原は"水旱人に従い、飢饉を知らず"[38]といった天府の国へと発展した。関中地域では、秦王政元年（前246年）に大型渠式灌漑工程の鄭国渠の建造が始まり、完成後は灌漑区内は広く高生産を達成した。秦王朝建国の後まもなく、秦始皇帝二十八年（前219年）には、南流する漓江と北流する湘江を連結しつなぐ霊渠の工事を開鑿して、附近の農田は灌漑の利を得ることとなった。前漢時代に、水利工程の建設はさらに盛んになる。関中地区では漢武帝時期に龍首渠・六輔渠・白渠などの農田水利工程を前後して開鑿し、戦国時代に建設した鄭国渠と農田水利網を形成し、さらに灌漑面積を拡大し、当地の農業の安定した高い生産に重要な作用を発揮した。[39]戦国秦漢時代に農田灌漑を重点とする水利建設の発展が起こった原因は多方面にあるが、鉄製土木農工具の使用がそれにとって重要な物質的基礎を提供したのは確かである。[40]

　鉄器の出現と利用の広まりは、各種の手工業生産、中でも鉱山の開鑿と加工業に有利な推進作用を直接もたらした。例えば、1974年から1985年の間に発掘された湖北黄石銅緑山古鉱冶遺跡は、その年代は殷代後期から西周・東周を経て、前漢時代にまで続くが、西周・春秋時代の採鉱と製錬遺跡では、大量の木製工具と青銅工具が発見されており、鉄工具は見られない。戦国時代の遺跡になると、斧形鑿・斧・錘・鏨・鋤・耙などの鉄工具が現れ始め、特に戦国後期に至ると、鉄工具は基本的に青銅工具に取って代わる。春秋時代とそれ以前の井巷の開鑿には主に青銅工具を使用し、そのため井巷は一般に軟弱な地盤を選んで開鑿され、その断面も40〜60cmとやや小さい。戦国以後になると鉄工具の使用に伴い、井巷は岩盤を貫いて鉱床に入ることが可能となり、岩石を開鑿する技術が増強され、井巷断面も110〜130cmと大きさを増し、深さも60mにまで達した。井巷の構造をみると、竪井の木造支架は、春秋時代に採用したのは"間隔支撐式"の枠組みで、戦国時代に採用したのが"密集搭口式"の枠組みである。横巷の枠組みは、春秋時代には柄接ぎの方法を利用した方形の枠組みを採用し、戦国時代には枠組みはより高く大きく変化した。井巷支架の改良は、その支える効果を大いに高めたが、ただし使用する木材の量もそれにしたがって倍増し、大量の伐採と加工のため、やはり鉄工具の使用が直接的に関わることとなる。[41]よって、銅緑山古鉱冶遺跡の発掘研究者は、"鉄製工具の使用は鉱業技術の進歩をもたらした。坑道は大きくなり、井巷断面は増大し、戦国前漢時代の竪井の断面は一般に110〜130cm、横巷高さは約160cmに達した。柄接ぎで結合する完全な支架は、支えの形態をより堅固なものとした。竪井の底から上へと採掘するようになり、開鑿深度は60m以上に達した。疑いなく、鉱石産出量は日増しに増加し、採鉱技術は長足の進歩を遂げたであろう"と認識る。[42]

　製作加工を行なう手工業の領域では、易県燕下都における数箇所の手工業工房遺跡の発掘が示すように、戦国後期には鉄製手工工具がすでに加工作業の各分野に浸透していた。斧・錛・鑿・扁

鏟・鏟刀・手鋸・錘・砧・鉆頭・沖牙・截具や多種多様の彫刻刀等が見られる。これらの鉄工具の応用は、明らかに生産加工効率を大幅に引き上げ、生産規模を拡大することとなったであろう。燕下都武陽台村22号製骨工房址は面積3万平米に達する。鉄製工具の出現の手工業発展に対する促進作用は直接的であり明確である。生産工具の鉄器化は、社会生産力の発展を最大限に推し進めることとなった。

ほかにも、鉄製土木工具の応用は大規模築城運動と大型土木工事建設の興起を直接推進した。中国の夯土築城技術は、紀元前3000年前後の先史時代後期に発生し、そこから夯土城垣の城が出現した。そして二千年以上の発展を経て、春秋時代にその技術は相当に発達していた。工商業発展の需要と列国間の兼併戦争の頻繁な発生を刺激とし、春秋後期には各地で急速に大規模な築城運動が起こり、戦国時代にピークを迎える。都市の数はにわかに増加し、"千丈の城、万家の邑、相い望む"ほどであった。[43]規模は空前の拡大をなし、戦国七雄の都城は、趙都邯鄲・斉都臨淄・楚都寿春・秦都咸陽・燕下都などのように、面積はみな20平方kmを超えるものとなる。それと同時に、高台建築も多く造られた。夯土土台建築は中国古代伝統建築の重要な特色であり、早くは夏代に出現し、堰師二里頭1号宮殿建築群などは、地面から高さ80cmの夯土土台上に建てられている。戦国時代には各国が競って高台式宮殿を建設し、また専門の台榭建築が出現し、その規模は特に広大であった。高台上の建築は早くに破壊されて存在しないが、夯土土台は列国都城遺跡中によく見られる。燕下都の宮殿区南端の武陽台1号建築基礎は、その土台が現存で高さ11m、南北長110m、東西寬140mある。燕下都北城垣の外に位置する老姆台4号建築基礎は、現存で南北朝110m、東西寬90m、残高12mで、その規模の一端が窺える。高台建築の流行と同時に、春秋戦国の境の頃から、各地で墓冢建造の風習が相次いで起こった。墓冢すなわち墓葬の封土は一般に夯土建築で、その形態・大きさは地域により差異がある。湖北江陵楚都紀南城附近の楚国墓冢は、一般に直径が10〜40m、高2〜6m、最大で直径100m以上、高さ10m以上であり、城址西北では、現存の大・中型土冢は700基以上もある。易県燕下都・臨淄斉都城内外でも、こういった墓冢は今なおそこかしこに見られる。[44]戦国時代の大型土木建築では、列国がそれぞれ建造した長城もある。例えば斉では、その南境に建造した長城が、東は琅邪から西は済水東岸の平陰まで続き、全長約400kmある。燕国長城の北段は、西は現在の張家口一帯から、延々と朝鮮半島の清川江口まで延び、全長は1300kmに達する。[45]当時の長城は、山地に建造する場合は石積みが多く、平地に建造する場合は夯土を多用し、一般に寬5〜10mである。秦始皇帝が中国を統一した後、さらに土木建設工事を興し、馳道を敷設し、長城を建設し、陵墓を造営し、宮室を建設した。大型土木工事が大々的に行なわれ空前の規模を呈した。秦始皇帝三十五年（紀元前212年）には七十万の刑徒を都城咸陽の渭河南岸に調して阿房宮を造営したが、その前殿の夯土基台遺跡はボーリングと試掘から、東西長1270m、南北寬426m、現存高度12m、その土量は500万立方m以上に達することが分かっている。前漢王朝の建立後、特に武帝時期に各種の大規模な土木工事・建設が再びピークを迎えた。総合すると、戦国秦漢時代に大規模な築城運動が起こり、高台建築・夯土墓冢・長城・道路・水利などの大型土木施設が建造されたことは、社会歴史的要因と深く結び付いている。ただしそれらは、施工過程において掘土から夯築に至るまで、また石材の採掘から木材の伐採・加工に至るまで、みな高い効率をもつ生産工具なしでは語れない。钁・鍤・斧・錛・鏨など各種の鉄種の土木工具の広範な応用が、様々な大型土木工程の大規模な建設に物質的必要条件を提供したのである。

鉄器の軍事領域における応用は逐次的に展開していく。兵器の鉄器化は鋼鉄技術の進歩に従って実現していく。中国では鉄兵器は鉄器の出現とともに発生し、人工製鉄発明の始め、さらには隕鉄利用の段階でその製作は始まった。ただし、鉄兵器の発展速度は明らかに生産工具などよりも緩慢で、戦国後期に鉄製生産工具が初歩的普及を遂げていた時、各種青銅兵器はなお大量に使用されていた。前漢前期に生産工具が基本的に鉄器化を実現した時に、鉄兵器は急速な発展を遂げるが、なお青銅兵器と交替する発展過程上にあった。その主な原因は、鋼鉄技術の発展水準の制約にある。兵器の効能は、堅く鋭利な性能の具備を必須条件とする。しかし、塊錬滲炭鋼は兵器の求める性能を実現しうるものの、生産能力に限界があり、鉄兵器の大量生産には困難があった。銑鉄の冶鋳は大量生産が可能であるが、ただし性能は固いものの脆性が高くその製品は刃を付けるのが容易ではない。各種土木農耕具の鋳造には適しているが、直接兵器を鋳造するのには向いていない[46]。そのため、鋳鉄の柔化技術と脱炭鋼製鋼技術が出現し発展を遂げ、鍛造技術が基本的形成を遂げて初めて、兵器の大量生産が可能となるのである。先秦両漢時代における武器武具の発展歴史を総じて見ると、戦国後期と前漢中後期の二つの急速な発展時期をもつことが分かる。この二つの発展ピークが出現したことは当時の鋼鉄技術の進歩と直接的に関連し、さらに重要なのは兵器の性能を最大限に引き出し、戦争形態の変化を引き起こしたことである[47]。戦国後期には、もともとあった種類の青銅兵器に鉄器化の傾向が出現する。短剣・中長剣・矛・戟・鏃などがより多く鉄金属を用いて製作されるとともに、突出した鋼鉄の性能をもつ新式兵器武具、すなわち鉄長剣・長茎長剣・杖等の格闘兵器と甲・冑などの防護装備が軍隊に装備され始めた。これにより兵器の殺傷能力と武具の防護能力を最大限に高め、さらに騎兵が戦国末期に独立の兵種として出現することとなった。前漢中後期に、兵器は基本的に鉄器化を実現し、同時にたたき切るのに優れ、騎兵戦により有利な新型格闘兵器である長刀が出現し、急速に長剣に取って代わっていった。そしてついには漢代の常用の主戦兵器となり、最大限に騎兵の戦闘力と戦闘規模を高め、漢武帝時期とその後の、匈奴に対する歴年の戦争において重要な役割を担うこととなった。先秦両漢時代に鉄兵器が出現し、絶えず改良されたことは、当時の軍隊作戦能力の向上や、戦争規模の拡大と戦争形態の変化などに、直接的な影響を与えたのである。

　先秦両漢時代における鉄器の出現と応用は、文化芸術の発展にもプラスの影響をもたらした。ここでは三つの例を挙げて説明しておきたい。一つ目は、"刻紋銅器"と"嵌紋銅器"の出現と流行である。周知の如く、中国殷周時代に高度に発達した青銅文明が創造され、青銅器は統治者により"重器"とみなされ、身分・地位・統治権力を象徴する礼器として、莫大な数量だけでなく、豊富な種類、複雑な造形、精美な紋飾をほこった。ただし注意すべきは、殷代・西周時代の青銅器は、その紋様も銘文もみな鋳造によることである。それが春秋時代に至ると、青銅器上に紋様を彫刻する工芸が出現した。山東滕州市薛国故城で出土した春秋初期の青銅器には、彫刻された紋様図案が見られる[48]。青銅器上の彫刻紋様の出現は、青銅器がより多く日常生活に応用されたことに関係するが、さらに重要なことは、鉄製工具とくに鋼製工具の出現と密接な関わりがある。鋼鉄工具があって初めて青銅器に紋様を刻することが可能だからである。春秋後期に、製鉄技術の進歩と製鉄業の発展に従って、器壁の極めて薄い銅器の表面に紋様を彫刻した刻紋銅器が一時大量に出現した。こういった刻紋銅器は、その器体の多くが鍛打して成形されており、器壁は薄く厚みが均一で、内外壁は光沢があり平滑である。その刻紋表現技法は二種類ある。一つは一定方向に配列した長短・深

浅の異なる楔形の点を連続させた条線であり、もう一つは深浅や止めが規律のある髪のように細い条線の組み合わせである。実物の観察と模擬実験から、こういった紋様は双刃斜口の小型刀具で彫刻され、かつその刀具は鋼鉄製品であろうと推測された。1983年の統計によると、こういった刻紋銅器は12地点の貴族墓で20点以上発見されており、その後も山東長島王溝2号墓、江蘇淮陰高荘などの東周墓で20点以上出土している。その年代は春秋後期から戦国中期で、出土地点は河北・山西・山東・河南・江蘇・湖南・陝西などに分布している。よく見られる器形は盤・鑒・盆・匜・算形器などで、また紋様の内容は幾何学形図案の他は、最もよく見られるのは、人物・車馬・動物・瑞祥・神獣、台榭楼閣などの建築、花草樹木など写実的な図案であり、千姿百態のその躍動感は生きてるかの如くである。こういった銅器紋様の彫刻の出現は、青銅器の装飾手法を大いに変えただけでなく、現実主義的手法を銅器の装飾に導入し、これにより銅器紋様は殷周以来の、荘厳で神秘的にモデル化された表現方式の束縛を突破することとなった。これは人々の社会・自然界に対する芸術的観察力と表現力が新たな進歩を見せ始めたことを反映しており、中国古代の青銅芸術が新しい水準に達し、かつ漢代銅器・鎏金銀銅器・文字彫刻工芸の先駆けとなったのである。

いま一つ、青銅器鑲嵌工芸は、早くは紀元前2000年前後の二里頭文化時期にすでに出現しており、殷代後期には錯金工芸も出現した。東周時代には、錯金鑲嵌工芸が急速に発達し、錯金（または錯銅）鑲嵌手法を用いて銅器表面に人物・動物・建築からなる宴飲・採桑・弋射・田猟・水陸攻戦などの活動場面や幾何学紋様を装飾することが現れた。形象の動きは真に迫り、実に生き生きとしている。こういった錯金銀銅器は、その金銀紋飾は髪のごとき細さで、その製作工芸は、まず器体を鋳造し、その後器体表面に鏨で溝を刻し、再び金・銀・銅絲を溝に嵌入し、しかる後打ち入れ研磨し、磨きをかける。汲県山彪鎮戦国墓出土の水陸攻戦図銅鑒、輝県固囲村1号墓出土の戦国後期錯金銀車馬器などは、いずれもこの方法を用いて製作されたものである。この種の工芸が興ったことは、同様に鋼鉄工具の使用と直接に関係がある。同じく、前漢中期から後漢後期に嶺南地域で流行した紋様を鏨刻した銅器の出現は、技術的にも鋼鉄工具の使用と直接関係がある。

二つ目の例は、漢代崖洞墓の出現と流行である。墓葬は人々の観念意識の産物であり、一種の文化現象である。中国では古代伝統の墓葬構造として、先史時代・殷周時代ともに竪穴土壙構造が流行した。秦始皇帝陵のような規模の巨大な帝王陵墓であっても同様である。前漢時代にも、竪穴土壙構造の墓葬が継続して流行すると同時に、前漢初期には一種の新型墓葬構造類型が現れた。すなわち崖洞墓で、山洞を開鑿し、墓葬全体を山腹の横穴式墓葬として造営したものである。前漢諸侯王墓では、これまですでに発掘された34基の前漢王・王后の墓葬のうち、19基がこの種の斜坡墓道の崖洞墓に属し、その年代は前漢初期の漢文帝時期から前漢末期までで、分布地域は主に江蘇徐州・河南永城・河北満城・山東曲阜等の地である。これらは一般に、墓道・甬道と多数の墓室から構成され、規模は巨大である。例えば、徐州北洞山の楚安王劉道の陵墓は、双闕・墓道・室内甬道と、四つの墓室、二つの廁間、廊道、そして13の切石積みの墓室から構成される。現存の総長は77.65mである。永城保安山2号前漢梁王墓は、二条の墓道、三条の甬道、前庭・前室・後室と、34の側室、回廊・トンネルなどの部分から構成され、東西全長210.5m、最寛部72.6m、墓内最高部4.4m、総面積1600平方m余りであり、空間総量は6500立方m以上になる。このような巨大な空間の開鑿と石材の加工は、大量の鋼鉄工具がなければ到底想定できないであろう。実際に、当時芒碭山梁国王陵区には、専門に精錬と鉄器の鋳造加工を行う鉄工場が設置されていた。

三つ目の例は、漢画像石の出現と流行である。画像石は漢代中期に出現し後漢末期とやや後の時代まで流行した、一種独特の石刻芸術である。山東・蘇北・皖北・河南・晋西・陝北・四川などを主要な分布区とする全国各地に広く見られる。画像石は、各種人物や、生産・生活場面、歴史故事・神話伝説・楽舞・神獣、また各種図案の紋様などを、石塊ないし石板に彫刻し、さらに彩色して絵画をなし、これをもって墓葬を構築するものである。その画像の彫刻技法には、陰線刻・凹面刻・減地平面陰刻・浅浮彫・高浮彫・透かし彫りなど多様である。漢画像石の出現と流行は、根本的には当時の葬送観念などの意識形態の産物であるが、ただし物質と技術の基礎においては、石工工具鉄器化の産物であるといえる。同時に、鉄器並びにその使用と製鉄といった活動が、漢画像石の重要な内容ともなっている。そこから、鉄器の出現と応用、中でも生産工具の鉄器化は、文化芸術の創作に必要技術条件を提供したといえ、文化芸術の体裁をさらに多様化の方向へ推し進めることとなったのである。

　ここで説明を加えたいのは、先秦両漢時代鉄器の生産と経営が、各時期の政治統治・経済政策の調整と密接に関係することである。早くは秦孝公六年（紀元前356年）の商鞅第一次変法の際に、"山澤を一にす"ることを主張し、国家が山澤の利を統一管理し、鉄器の生産と経営を政府の管理下に置くことが説かれた。後に鉄官を設置し、冶鋳事業を掌握することとなる。秦王朝建立後も、やはり鉄官を設置して鉄器の生産と経営を掌り、司馬遷の祖先である司馬昌が秦主鉄官に任ぜられた。前漢王朝建立の初めは"民に休息を与える"政策が実行されたが、"関梁を開き、山澤の禁を弛め"て、私人の鼓鋳製鉄を許したのもその内容の一つである。前漢初期の高后時期には、南越国と漢王朝は関係が悪化し、前漢中央政府は鉄器の輸出を禁止し、南越国に対する経済制裁の主要措置の一つとした。漢武帝時期には財政収入を増加し中央集権統治を強化する必要から、塩鉄官営を実行した。漢昭帝始元六年（紀元前81年）における塩鉄の議は、中央政府主導下における最初の、塩鉄官営が引き起こした国家政策に関する大弁論であった。この後、漢王朝統治者の経済政策の調整において、鉄器の生産・経営の政策は、しばしば重要な内容の一つとなる。前漢元帝時期の鉄官の廃止と回復や、王莽が五均六筦を実行し、鉄がそのうちの一つであったことなどがそうである。後漢和帝が即位し（88年）塩鉄官営の廃止を宣告した後、鉄器の生産経営と国家経済政策の関係は弛緩し始める。国家による鉄器と鉄器工業に対する政策は時に緊密で時に緩やかであるが、ただし鉄器が重要な生産手段・戦略資源であり、鉄器工業が重要な基幹産業である以上、その発展状況が国家の経済政策の制定と調整に影響するのは必然的なことであろう。

　総じて、鉄器の出現と応用、及び鉄器化過程の実現は、先秦両漢時代の社会経済・社会生活・社会文化などに、直接的にあるいは間接的にプラスの推進作用をもたらした。その必然的な結果として、社会生産関係の変革、国家経済政策の調整を誘発し、社会経済制度と政治制度変革の基礎的な推進力となったのである。

第3節　鉄器の伝播と東北アジア地域の文化交流

　中原地域の鉄器と製鉄が発展して、戦国時代とくに戦国後期に至ると、初期段階的な鉄器工業形成と鉄器普及に従って、中原系統鉄器と鋼鉄技術は次第に辺境地域へと広まっていき、同時に朝鮮半島と日本列島への伝播も始まった。これは当時の東北アジア地域の文化交流おける重要な点で

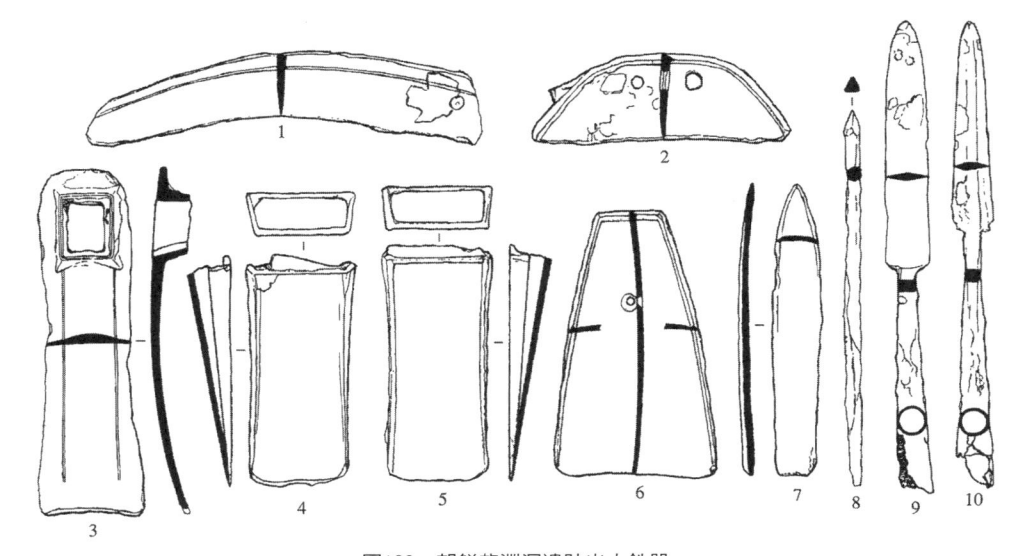

第 7 章　鉄器と先秦両漢社会の歴史、文化　355

図189　朝鮮龍淵洞遺跡出土鉄器
1. 鎌刀　2. 銍刀　3. 横銎钁　4・5. 空首斧　6. 鋤板　7. 刮刀　8. 三稜鏃　9・10. 矛

　ある。
　朝鮮半島では、紀元前3世紀末以前の初期鉄器が多く発見されているが、ただし北部の清川江流域とその以北の地域、また図們江と鴨緑江を含む地に集中しており、半島南部地域は今のところ見られない。
　清川江以北と鴨緑江流域では、初期鉄器の出土した遺跡に龍淵洞遺跡と細竹里遺跡などがある。龍淵洞遺跡は鴨緑江中流の渭原江支流である漢柏江沿い、すなわち慈江道渭原郡崇正面龍淵洞にある。1927年道路敷設中に明刀幣が発見され、

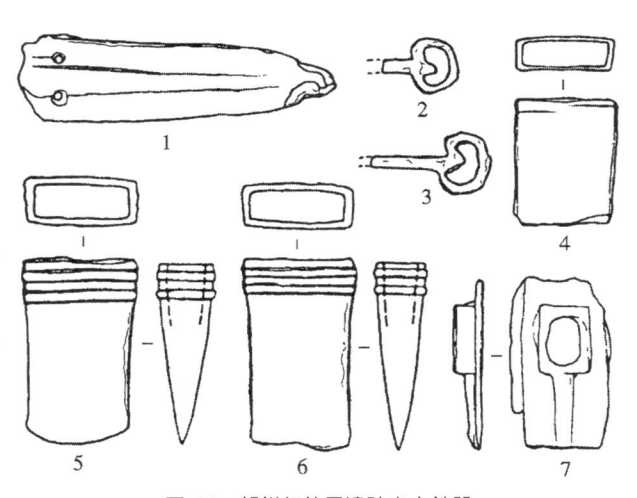

図190　朝鮮細竹里遺跡出土鉄器
1. 戈形器　2・3. 削刀環首　4〜6. 空首斧　7. 横銎钁

その後銅帯鉤や鉄器が出土したため、1928年日本の学者小泉顕夫がこの遺跡に対して調査を進めた。[68]
ここでは陶器と石器は発見されておらず、出土遺物には完形の刀幣51枚、残刀幣数百枚があり、刀幣背面には"行"・"化"・"左"・"右"等の銘文がる。同時に出土したもので、銅帯鉤1点、鉄鋌銅鏃1点と鉄器10点などがあり、鉄器には空首斧・横銎钁・鋤板・刮刀・鎌刀・銍刀・矛・三稜鏃などがある（図189）。これらの鉄器の類型と形態は、易県燕下都・唐山東歡坨などで出土した戦国後期の鉄器と完全に同じである。[69]また共存する大量の刀幣は燕国のものに属する。細竹里遺跡は、清川江中流北岸すなわち平安北道寧辺郡細竹里に位置する大型の集落址で、三時期の文化堆積があり、住居址5基が発掘されている。年代の最も晩い第三期文化層の住居址内外で、鉄器が多く散乱しており、鉄空首斧・鑿・横銎钁・削刀・戈形器などの鉄器（図190）が出土し、その他の共伴遺物には青銅兵器・燕国明刀幣2500枚あまり、布幣・石鋳範・石器・陶器などがある。[70]図們江流域では、

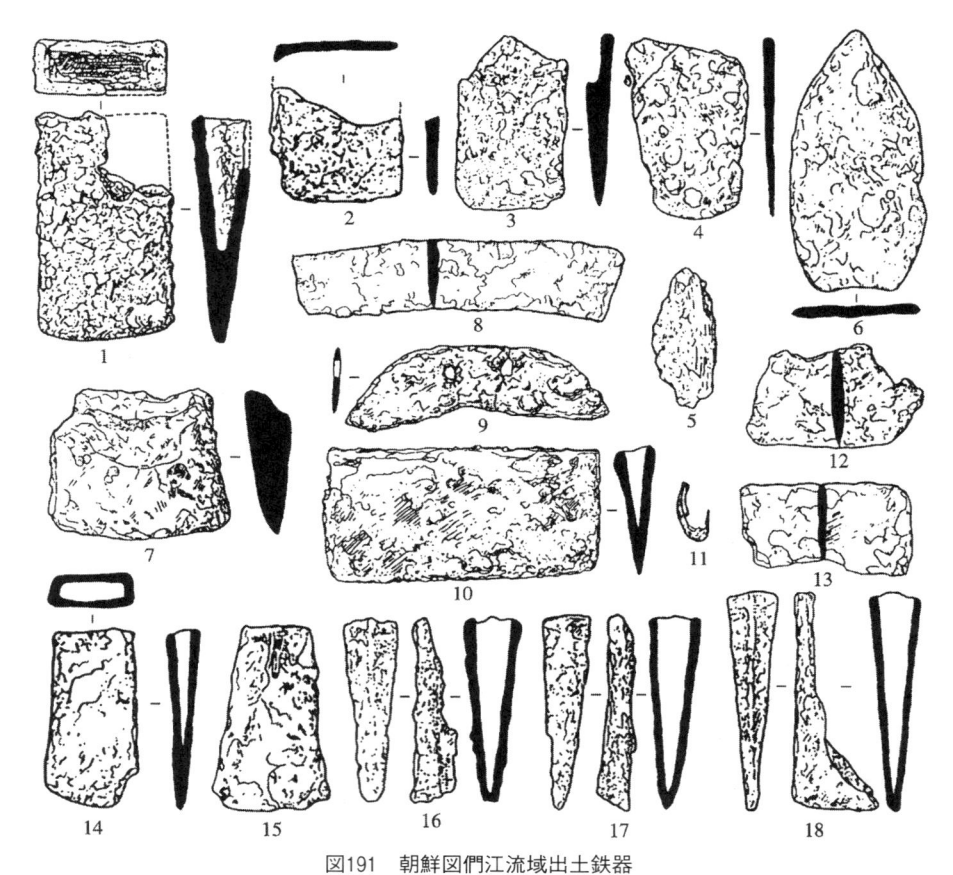

図191　朝鮮図們江流域出土鉄器
1．空首斧　2．鉄器残片　3．空首斧　4〜6．鉄器残片　7・14・18．空首斧　8・12・13．鎌刀　9．銍刀　10．直口鍤　11．魚鉤　15．斧　16・17．鑿（1・2．五洞遺跡出土、3〜6．虎谷洞遺跡第V期遺物、その他：虎谷洞遺跡第Ⅵ期遺物）

　初期鉄器を出土した遺跡として虎谷洞遺跡と五洞遺跡が知られる。虎谷洞遺跡は集落址であり、図們江南岸の咸鏡北道茂山郡虎谷洞に位置し、1959〜1961年に発掘が行われた。この遺跡の文化堆積は六期に分けられ、そのうち第V期住居址で鉄器残片が多量に出土し、器形の判別できるもので空首斧・竪銎钁（図191-3〜6）がある。第Ⅵ期住居址では、鉄空首斧・鑿・竪銎钁・直口鍤・鎌刀・銍刀・小刀・釣針など（図191-7〜18）が出土している。この他、この遺跡では鉄滓と焼土遺構が発見されており、発掘者は鍛鉄炉の基礎址ではないかと考える[71]。五洞遺跡は図們江支流の会寧河沿いの台地上、すなわち咸陽北道会寧郡五洞に位置し、1954〜1955年に発掘された。当遺跡の第6号住居址では鉄空首斧と鉄器残片各1点（図191-1・2）が出土しており、みな鋳造品である。共伴の陶器から判断して、その年代はおおよそ虎谷洞第V期に相当する[72]。

　上述の朝鮮半島北部出土の初期鉄器のうち、龍淵洞遺跡の各種鉄器は、みな戦国中後期の中原系統鉄器によく見られる器類・器形で、形態構造も一致している。横銎钁・銍刀などは唐山東歓坨出土の同類鉄器と同じであり、矛2点は易県燕下都出土のA型Ⅱ式矛とB型矛にそれぞれ共通し、また刮刀は、咸陽塔児坡や資興旧市・長沙楚墓などで出土したB型刮刀と同じである。空首斧・鋤板などは東北地域南部で出土した戦国後期の同類鉄器と同じものである。共伴した大量の明刀幣と併せて判断するならば[73]、龍淵洞鉄器の年代は戦国後期に相当し、かつ燕の地より伝来したものであろ

第 7 章　鉄器と先秦両漢社会の歴史、文化　*357*

う。細竹里遺跡出土の鉄器では、戈形器を除くと、突帯のある空首斧や、横銎钁など、赤峰老虎山・撫順蓮花堡・寛甸黎明村などの地でも発見されており、その年代はいずれも戦国後期である。また、細竹里遺跡の鉄器を出土した第三期文化層で発見された布幣には、襄平布・安陽布などがあり、いずれも戦国後期の三晋地域で流行した貨幣である[74]。これにより細竹里の鉄器は戦国後期より早くないことが確認できよう。朝鮮の学者はその年代を紀元前 3 世紀から前 2 世紀と捉えている。五洞遺跡出土の鉄空首斧は、中原系統鉄器でよく見るＡ型空首斧に属する。虎谷洞第Ⅴ期鉄器の器種と器形は中原系統鉄器によく見られるものであり、柄端が巻き込む鎌刀と双孔細長型の銍刀は、輝県固囲村戦国後期のＣ型鋒刃鎌刀や、撫順蓮花堡戦国後期のⅠ式銍刀とそれぞれ同類である。虎谷洞鉄器の年代に関しては、学術界の認識は多く異なる。発掘者は第Ⅴ期遺存の年代を紀元前 7 世紀〜前 5 世紀に早めるが、学者により"紀元前 4 世紀より早くはなく、戦国後期前半に相当するであろう"とする[75]。第Ⅵ期以前の年代については、"ほぼ前漢時代のものに類似しているのではないかと判断され、その年代決定に大きな問題はないと考えられる"[76]といい、また戦国末期から前漢初期ともいわれる。ただしいずれにせよ、虎谷洞出土鉄器には戦国後期の鉄器が含まれることは肯定してよい。総じて、朝鮮半島北部地域において鉄器が出現し使用され始めるのは、戦国後期の紀元前 3 世紀初め前後であろう。韓国の学者李南珪が"北韓地域で鉄器が導入されたのは戦国時代の晩期頃である可能性が充分あり、早くみてもその上限が戦国時代中期を遡らないと考えられる"[77]とするのがまさに妥当である。そして、朝鮮半島北部地域で最も早く出現した鉄器は、戦国時代の典型的な中原系統鉄器であり、具体的にいうならば燕国のものである。よって当地域の鉄器の出現は、戦国時代の鉄器文化の直接的な影響下に発生したものであり、最初に鉄製品が伝来し、しかる後に鉄器加工製作技術が伝わった。またこの地域で製鉄が行われるのは紀元前108年に漢が楽浪四郡を設置して以後のことである。戦国後期に中原系統鉄器が当地域に伝来した直接的な歴史背景は、戦国後期の燕将秦開が東胡を破った後に、燕人が中国東北地域の開発・経営に乗り出したことである[78]。一方では、燕国の勢力範囲が鴨緑江流域一帯にまで拡大し、燕国の生産した鉄器がその勢力範囲の及ぶ地域にまで自ずと伝播したであろう。その一方で、戦国後期の列国間における兼併戦争が頻発しまた激烈になり、燕・趙・斉など中原地域の住民は戦乱の苦に耐えられず、散り散りになって中国東北や朝鮮半島へと難を逃れたであろう。それに従い、中原系統の鉄器も彼らの逗留した地へともたらされたに違いない。戦国後期に中原系統の鉄器が朝鮮半島北部地域へと伝播したことは、その後当地域において製鉄が発生するための基礎を打ち立てることとなった。大同江流域とそれより南の朝鮮半島南部地域に至っては、鉄器の伝播はやや晩く、おおよそ紀元前 2 世紀の前漢初期のことである。

　中国先秦時代の中原系統鉄器が朝鮮半島に伝播する前後に、東へ海を越えて日本へも伝わっており、日本列島の古代鉄器・製鉄の起源となった。日本最初の鉄器は九州地区に集中して発見されており、主なものとして三例ある。一つは熊本県玉名郡斉藤山貝塚遺跡出土の空首斧の刃部残片 1 点で、刃部はやや弧状で、残長4.7cm、刃部寛5.6cm（図192-3）で、年代は弥生時代前期初頭である[79]。成分分析によると、炭素量0.3％の鍛造製品とされるが、脱炭鋳鉄製品と認識する学者もいる[80]。二つ目は福岡県系島郡石崎曲田遺跡16号住居址の居住面上で出土した鉄器残片 1 点で、器体は扁平で、一辺に刃がついている。寛 4 cm、厚0.4cm（図192-2）で、おそらく板斧の刃部残片である[81]。鑑定から塊錬鉄を鍛造して製作されたものとされる[82]。16号住居址の年代は、縄文時代晩期後半（夜臼

358

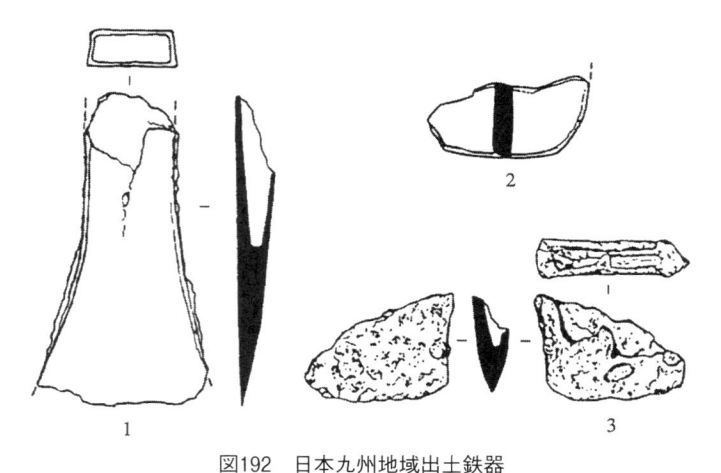

図192　日本九州地域出土鉄器
1．空首斧（北九州市長行遺跡）　2．残片（福岡県曲り田遺跡）　3．空首斧（熊本県斉藤山遺跡）

期）とされ、あるいは弥生先Ⅰ期ないし弥生早期とされる。三つ目は、北九州市長行遺跡出土の空首斧1点で、銎部と刃部が欠けているが、全体は胴部のすぼまる梯形を呈し、銎部断面も横長梯形を呈する。残長9cm、刃部寛4.5cmである（図192-1）[83]。学者により、その銎部に合わせ目のあることから鍛銎鉄斧と判断する[84]。その年代は、縄文時代晩期あるいは弥生時代前期ともいわれる。この他弥生時代前期の鉄器には、福岡県行橋市下稗田遺跡出土の二条突帯のある鉄空首斧や[85]、福岡県上原遺跡出土の凹口鍤や[86]、山口県豊裏郡山神遺跡出土の直口鍤などがある。これら日本発見の初期鉄器は、その製作技法に関して鋳造か鍛造かの論争があり[87]、またその年代に関しても縄文時代晩期後半から弥生時代前期までの異なる見方があるものの、いずれにせよ弥生時代早期、場合によっては縄文時代晩期後半に、鉄器は九州地区に伝来していた。これらの鉄器の生産地と日本に伝来した年代については、日本の学術界では一般に中国大陸ないし朝鮮半島から伝来したもので、その年代は弥生時代の初め、すなわち紀元前400年よりは早まらない、と認識されている。しかるに、日本学術界では近年弥生時代の年代観について新たな説が提出され、その伝来時期の問題はやや複雑になっている。

　以前の日本学術界では一般に稲作農耕と金属器の伝来を指標として、弥生時代開始の絶対年代は紀元前4世紀前後と認識されていた[88]。弥生時代の年代スパン（早期―前期―中期―後期）は前4世紀から後3世紀までである。2000年には、日本の年輪年代学者が、一連の弥生時代の年輪年代データを公布し、弥生時代中期の始まりの時期を前400年前後まで引き上げた[89]。2003年になると、一連の弥生時代早期と前期の高精度C14測定のデータが公表され、それは紀元前800年前後に集中していた[90]。これにより日本の学者は弥生時代の始まりを紀元前9世紀まで引き上げ、日本の考古学会に衝撃をもたらし、これには賛成者だけでなく、激しい反対者[91]もいた[92]。ここでその問題に対して議論を進めるつもりはないが、東アジア地域の農業生産工具や支石墓・鉄器などの交流・伝播の問題に対する考察を根拠とすれば、弥生時代の開始年代はやはり前5世紀前後であろうと考えられる[93]。この年代観を元に日本の鉄器出現問題を考えるならば、鉄器が最初に日本に伝来したのは、弥生時代の早期ないし前期、あるいは中期であろうと、その絶対年代は前5世紀以降であり、かつ中国先秦時代の中原系統鉄器の製品が直接伝来したのである[94]。日本の学者で同様の観点を持つ者も少なくない[95]。鉄器そのものでは、九州とその近隣地域の鉄空首斧・直口鍤・凹口鍤など、みな中原系統鉄器によく見られるものである。例えば北九州市長行遺跡出土の空首斧は、江陵紀南城西垣北門遺跡出土の戦国前・中期の斧形鑿（T9③：1）に形態的に近い（図23-6参照）。鉄器の東北アジア地域における伝播からみると、中原系統鉄器が中国東北地域南部と朝鮮半島北部に伝来するのは、

前3世紀の初め前後であり、朝鮮半島南部ではいまだ前3世紀末より早い鉄器の発見はない。ここから、日本九州地区弥生時代早期前後の鉄器は、中国大陸より直接に、そして稲作農耕技術に伴って伝来したのである。その具体的なルートに至っては、結局のところ長江下流域の南方ルートであるか、山東半島の北方ルートか、あるいは両者を兼ねるものか、さらに多くの考古発見と研究を待たねばならない。

総じて見ると、中国先秦両漢時代の中原系統鉄器は、戦国時代と戦国後期にそれぞれ日本の九州地区と朝鮮半島北部に伝わり、これにより各地の鉄器と製鉄の起源をもたらすこととなった。また、こういった鉄器の伝播過程と方式は、当時の東アジア地域全体の社会動向や人々の移動などを検討するのに重要な意義をもつであろう。

第4節 "定説"とされる二つの問題の再検討

中国の製鉄起源と先秦鉄器の研究において、長きにわたり二つの問題が、常に取り上げられ定説となっている。すなわち春秋時代に鉄を"悪金"とみなしていたことと、先秦鉄器は副葬に用いられない、ということであるが、しかし事実は異なる。この二つの問題に対しては、大きく扱わないものの論及されることが多いので、ここでとくに検討を加えておきたい。

1 春秋時代に鉄を"悪金"とみなしていたか否か

20世紀50年代に殷周の社会性質と、奴隷社会と封建社会の分期に関する論争の際に、中国の鉄器出現時期や春秋時代鉄器の応用状況など論及する過程において、この問題が提出され議論された。1952年郭沫若はその名著『奴隷制時代』の中で、『国語』巻六斉語に見られる管子が斉桓公に答える場面を引用する。すなわち、"桓公問いて曰く、"それ軍はすなわち諸を内政に寄す、斉国甲兵寡なく、これを若何となすか"と。管子対えて曰く"過を軽くして諸を甲兵に移さん……制するに重罪は贖するに犀甲一戟を以ってし、軽罪は贖するに鞼盾一戟を以ってし、小罪は讁するに金文を以ってす。……美金は以って剣戟を鋳し、諸を狗馬に試し、悪金は以って鉏・夷・斤・斸を鋳し、諸を壊土に試す"と。甲兵大いに足る。"[96]とある。続いて次のように解釈する。"いわゆる"美金"は青銅を指す。剣戟など上等な兵器は秦代までずっと青銅で鋳造していた。いわゆる"悪金"は鉄である。鉄は鍛練して鋼とすることができなかった以前は、上等な兵器の素材として使用することはできなかった。青銅は貴重であり、古代においては耕具を鋳造することはなかった"[97]。1956年には、さらに次のように解釈を加えている。"美金は青銅を指し、悪金が鉄を指すのは、全く疑いがない。鍛練して鋼とすることができなかった以前は、鉄の品質は青銅に及ばず、ゆえに美悪の区別があった"とする[98]。そして鉄器の出現と使用を、春秋戦国の境が奴隷制と封建性の境界であるとするための確たる証拠とした。これに対し学術界では、楊寛・李剣農など多くの史学大家が信をおき従うものが多く、すでに定説になった感がある[99]。1962年に呂振羽は、"美金が銅で、悪金が鉄であるのは、すでに定説となっている"[100]と述べている。その後考古学者がこれに対し疑義を提示したが[101]、学術界の注意を引くことはなかった[102]。斉桓公と管仲は主に春秋中葉に活動しており、『国語』斉語に記される管仲が斉相となっていたのもこの時期である。そのため春秋時代に鉄を悪金とする説が一般化したのである。

"美金"を青銅とし、"悪金"を鉄と解釈する立論の根拠は、主に以下の三つがある。一つは、先秦時代は、剣戟等の上等の兵器はみな青銅を鋳造して製作しており、鉄を用いなかったこと。二つ目は、青銅は貴重で、古代には農耕具を鋳造しなかったこと。三つ目は、鍛錬し鋼とする前の鉄は、品質は青銅に及ばずかつ錆びやすいこと。このため美悪の区別が生じたわけであるが、もし確かに事実ならば、"美金"・"悪金"の区別を青銅と鉄に解釈するのは可能である。しかしそうでなければ、この点は改めて論じなければならない。

考古発見と研究が示すように、中国古代青銅器の起源は、中原地域については少なくとも紀元前3000年前まで遡り、前2000年前後に至ると青銅器冶鋳は成熟へと向かい、それにより青銅器時代へ進んでいく。中国古代の人工製鉄に至っては、中原地域ではだいたい紀元前8世紀初めの西周後期に始まり、前8世紀から前5世紀の春秋時代は中国鉄器時代の初期段階であり、"銅鉄併用時代"ともいえる。

中国古代では青銅時代の到来に従い、兵器が青銅器化の過程を進み始める。青銅器時代を通じて、戈・矛・剣・戟・斧・鉞・箭鏃など各種兵器はみな主に青銅で制作された。鉄器時代の初期段階でも、各種兵器は依然青銅製品が主である。これは大量の考古発見がすでに証明することで、疑うべくもない。しかし、人工製鉄の出現と鉄器時代の到来により、兵器も鉄器化の道を歩み始めたことは無視できない。製鉄の出現前は、藁城台西村や平谷劉家河発見の殷代鉄刃銅鉞等のように、隕鉄が主に兵器の製作に用いられていた。これまで発見された中原地域で最も古い人工製鉄の製品も、主に兵器である。河南三門峡虢国墓地で出土した玉柄鉄葉剣・銅内鉄援戈・銅骹鉄葉矛など西周後期の人工鉄器3点も兵器である。春秋時代の鉄器全体からいうと、鉄兵器は相当量あるといってよい。

前述のように、これまでに発見された形態の判別できる50数点の春秋鉄器のうち、鉄剣や、銅柄・金柄・玉柄の鉄葉剣、また銅内鉄援戈・鉄鋌銅鏃などの鉄兵器20点は、総数の三分の一以上を占める。そのうち長沙楊家山65号墓出土の春秋後期の鉄剣は、鋼を鍛造加工して製作されたものであり、現在知られる最も古い全鉄製兵器で、春秋後期にそういったものがすでに出現していたことを物語る。戦国時代に至ると、兵器の鉄器化過程はさらに加速し、戦国後期には、鉄兵器はすでに高い水準にまで発展し、全鉄製の剣・戟・矛・殳などが大量に使用され、かつ冑など鉄製の防護装備が出現した。河北易県燕下都戦国後期の44号墓では、鉄冑・剣・矛・戟・短剣など鉄兵器51点が一括して出土した。まさに西周後期以来の鉄兵器の出現と逐次的発展は、中国古代兵器が漢代に基本的な鉄器化を実現するのに、堅実な基礎を打ち立てたといえる。殷・西周時代の兵器は確かに青銅製であったが、西周後期に人工製鉄が発生してからは、鉄製兵器が次第に歴史の表舞台に登り始め、春秋戦国時代には、兵器は鉄で作るだけでなく、鉄器工業の発展に従い、その種類と数量が日増しに増加していき、次第に青銅兵器に取って代わっていくのである。

中国古代の青銅農耕具については、考古発見と研究から、殷周時代に高度に発達した青銅文明が生まれ、青銅冶鋳業も高度の発展を遂げたものの、青銅農耕具の発展は却って緩慢であったと考えられる。中国青銅時代の開始は紀元前21世紀前後であるが、前16世紀に至っても中原地域では青銅農耕具はまだ見られない。殷・西周時代には、青銅礼器・兵器・車馬器が普遍的に使用されたのに比べ、青銅農耕具は種類も数量も限られ、当時の農耕活動では大量に使用されることはなかった。ただし、青銅工具は確かに存在し、主に伐採に用いる斧・錛、土木・田間管理に用いる鏟・锸・

鋤・鏟・鎬・犁鏵、そして収穫工具の鎌刀・銍刀などがある。特に春秋時代に至ると、種類に大きな変化はないものの、この時期における青銅農耕具の発見地点と出土量は明らかに増加し、類型も多様化の傾向を見せる。青銅鎌刀を例にとると、春秋時代にはすでに鋒刃鎌や歯刃鎌があり、歯刃鎌だけでも（1985年の統計）少なくとも20数地点で55点以上が発見され、三つの異なる型式を内包する。また江蘇六合県程橋2号春後期墓では、青銅錛・鏟・鑿・歯刃鎌各1点が出土している。安徽舒城県九里墩春秋後期墓では、銅斧・錛・鏟・歯刃鎌刀など青銅工具計15点が出土している。安徽渦陽聖方楼の東周時代の銅器窖蔵では、銅錛・鏃・鎌刀・銍刀などの農耕具80点以上とその他の青銅器が出土している。戦国時代に至ると、青銅農耕具は他の非金属農耕具と同様に、鉄製農耕具が次第に普及するのに従い消失していく。青銅は貴重であったとはいえ、殷周時代には農耕具の鋳造にも用いられていたのは明らかである。その種類・数量及び応用程度は青銅礼器・兵器・車馬器などには遠く及ばないものの、中でも春秋時代における青銅農耕具は比較的大きな発展を遂げ、農耕活動中の金属農具の主体であった。

　春秋時代に鉄と青銅のいずれもが農耕具の製作に用いられ、また兵器の製造にも用いられたことは明らかである。では、当時の人々には青銅と鉄に対して"美"・"悪"の認識はあったのであろうか。一般的に、鍛錬製鋼されていない鉄は、その性能は確かに青銅より劣り錆びやすい。しかし上述のように、鉄器出現後の春秋時代に、青銅と鉄は同様に兵器と工具の製作に用いられており、そこからみる限りでは美と悪の認識は見受けられず、そのため青銅が美金で鉄が悪金であるとする結論は導き出せない。ここでとくに指摘しておきたいのは、すでに述べたように、遅くとも西周後期に人々はすでに錬鋼技術を掌握しており、そのため春秋時代に鉄を鍛錬して鋼とする技術を掌握しておらず、鉄を"悪金"とする推論は、歴史的事実とも符合しないということである。反対に、考古発見の鉄器出土状況は、当時の人々の鉄に対する認識と鉄器の使用状況を理解するのに非常に重要な情報を提供してくれる。三門峡虢国墓地西周後期の2001号墓は七鼎をもつ墓であり、13輌の馬車と64頭の馬を埋葬した車馬坑を有しており、被葬者は虢季すなわち虢国の君主である。この墓葬では玉柄鉄葉剣1点が槨室西南隅から出土し、銅鏃などの銅兵器と一緒に置かれていた。また銅内鉄援戈1点も出土し、その他の銅戈と混在して槨室西北隅に埋納されていた。虢国墓地2009号墓では銅内鉄援戈・銅骹鉄葉矛・銅銎鉄錛・銅柄鉄削刀の各1点が出土しており、被葬者は虢国君主の虢仲である。霊台景家荘の春秋初期の1号墓は、葬具は一棺一槨で、銅柄鉄葉剣1点と、銅鼎・甗・戈などの銅礼器と兵器などが出土しており、被葬者は秦国貴族である。宝鶏益門村春秋後期の2号墓は、葬具は一棺一槨で、兵器・工具・装飾品・馬具などの副葬品計200点余りが出土したが、その中には金柄鉄剣3点、金環首鉄刀13点、金方首鉄刀2点、金環首料背鉄刃刀2点などの鉄器20点と、大量の黄金製品と玉器があり、被葬者は秦国貴族である。淅川下寺の春秋後期の10号墓は一槨二棺で、銅鼎4点、編鐘二組17点、石磬13点など170点余りの副葬品が埋納され、また一基の車馬坑を伴う。墓葬の南側棺室内から玉柄鉄匕首1点が出土しており、被葬者は楚国の貴族である。長清県仙人台の春秋初期の6号墓は、葬具は木製棺槨で、銅鼎15点、簋8点、編鐘二組20点、石磬10点など大量の礼楽器が副葬され、また槨室内で1点の鉄援銅戈が出土し、被葬者は邿国の君主である。これらの他、鉄器を出土した春秋時代の墓葬は、大体が貴族墓である。上述の各墓における鉄製品は、みな副葬品として他の青銅礼器・兵器・工具とともに埋納されたものであり、かつ被葬者はみな貴族であり、中には一国の君主ですらある。反対に、春秋時代の大量の小型墓葬では、

鉄製品を副葬に用いることは非常に少ない。春秋時代の人々にしてみれば、鉄は粗悪な"悪金"でないばかりか、逆に一種の貴金属であり、大小の貴族が嗜好するものであったと考えられる。戦国時代には、鉄器の普及に従って平民階層も鉄器を使用することが急速に増えるが、鉄製品は依然貴族の好むところであった。河南信陽長台関の戦国前期の１号墓では、墓葬主室木棺内の人骨近くで鉄帯鈎５点が出土し、形態・大小はそれぞれ異なり、あるものは鑲嵌に金板や玉片を用い、あるものは金粒や金銀絲を用いて夔龍・巻雲・蟬紋などの精美な図案を錯嵌している。被葬者は士大夫に相当する貴族である。[117] 湖北江陵望山の戦国中期の１号楚墓は、被葬者の身分は下大夫に相当し、墓葬の槨室から鉄質帯鈎２点が出土した。いずれも金片と金銀絲で精美な花紋を鑲嵌している。[118] 侯馬喬村の952基におよぶ戦国～秦代の墓葬では鉄帯鈎263点が出土しており、そのうち相当な部分が貴族墓より出土した錯金銀鉄帯鈎である。[119] 類似の錯金銀鉄帯鈎は、河南汲県山彪鎮・鄭州二里岡・輝県褚邱村・山東曲阜魯故城などの戦国墓葬からも発見されており、そのほとんどが大小の貴族墓に属する。墓葬で発見されるこれらの鉄帯鈎は、一般の副葬品とは異なり、被葬者の服飾として死者の身体に装着して埋納されたものであり、被葬者の生前の実用品であった。明らかに、当時の人々は、鉄を劣った金属とは見ておらず、却って"銅よりも珍貴なものと認識"[120] していたのである。でなければ、鉄製品上に美玉を鑲嵌したり金銀で精美な花紋を錯出することはないであろうし、統治者たちが日常で使用することもなかったであろう。

　総じて見ると、春秋時代には、戈・矛・剣・戟等の兵器は大量に青銅を用いて鋳造されただけでなく、同様に鉄を用いて製作された。鉄は農耕具の製作に用いられたが、青銅も同様に農耕具の鋳造に用いられた。特に当時の金属農工具は主に青銅製品であった。[121] 春秋初年に錬鋼技術が発明されてからは、人々は鉄を劣った金属とは見做さなかっただけでなく、逆に一定の状況下では貴重な金属と見做していたのであり、少なくとも青銅と等しく見ていたのである。よって、"美金"と"悪金"を青銅と鉄というように分けて解釈すること、特に"悪金"を鉄とすることは明らかに歴史的根拠に欠けているのである。実際には、三国時代の早くに、韋昭が、"悪は、粗なり"と注釈を加えている。上述の事実に基づくなら、『国語』斉語の"美金"と"悪金"が示すのはみな青銅であり、"美金"は優良な青銅であり、"悪金"は粗雑な銅であると分かる。[122] 春秋時代において、人々は決して鉄を悪金とは見ておらず、それは戦国時代においても同様である。

2　先秦時代鉄器は副葬に用いられていたか否か

　この問題は、同様に20世紀50年代に中国古代史時代区分問題の大論争の中で提出された。郭沫若は一貫して、社会経済形態が奴隷制から封建性へ転換する主要な鍵は生産力の向上であると捉え、生産力の画期的な向上は、"古代において、鉄の出現と使用は特に重視すべき鍵となる要素である"とした。1951年に輝県固囲村で175点の戦国後期鉄器が出土し、また1953年に興隆鉄範の発見が報道され、郭沫若はこれに高い関心を持ち、すぐに著作で評論を加え、"鉄器に関して、古代の貴族は殉葬にふさわしくないとし、平民は殉葬して手放すのを惜しんだことを知らねばならない。よって、古代墓葬で鉄器を見つけるのは相当困難なことである"と述べた。[123] 実際に多くの史学家が同様の見方をする。では、先秦時代の鉄器が副葬に用いられたか否か、まず先秦墓葬の鉄器出土状況について分析を加えていく必要がある。

　すでに言及しているが、考古発見の先秦鉄器は主に鉄工場址と城址・集落址、そして埋葬施設と

いう三類型の遺跡で出土する。そのうち鉄器の発見は、発見地点にしろ出土鉄器の種類・数量にしろ、埋葬施設が最も多い。埋葬施設における鉄器を総合的に考察すると、同じ埋葬施設とはいえ埋納の要因は異なり、主に三つの状況がある。

　第一は、墓葬に廃棄された墓葬建造時の鉄工具である。鄭州二里岡戦国墓で出土した鉄器のうち、２点の直口錛と３点の梯形鋤板はいずれも墓葬埋め土から出土しており、７点の竪銎鑺のうち５点も埋め土から出土している。河南鞏義倉西の48基の戦国～前漢初期墓葬で出土した10点の竪銎鑺と１点の直口錛は、いずれも墓道埋め土より出土した。山西長治分水嶺戦国墓出土の８点の竪銎鑺は、みな埋め土から出土している。咸陽塔児坡秦墓出土の８点の鉄錛では、７点が墓道の埋め土から出土している。湖南資興旧市の80基の戦国墓では、17基で鉄凹口錛17点と夯錘２点が出土し、いずれも墓葬埋め土から発見されている。こういった考古学的例証はまだ多い。これらは明らかに副葬品として埋納されたものではなく、墓葬建造過程で使用された労働工具である。使用後に捨てられたか、あるいは何らかの風俗習慣などの観念意識により墓中に埋納されたかはともかく、それらは主に鏟・錛・鑺・鋤等の土掘り具と夯築工具の夯錘などである。

　第二は、死者と一緒に埋葬した、死者の佩帯する、または身に携帯する鉄装身具である。鄭州二里岡212基の戦国墓では、墓葬52基から鉄帯鉤52点が出土し、明らかに死者の服飾用品である。西安半坡戦国墓では20座の墓葬で21点の鉄帯鉤が出土し、そのうち"出土時に人骨頭部の左右側に位置していたものが計10点、腰部右側が計３点、脚部左上が計２点、その他はかく乱のため部位が不明"とされ、やはり死者の身に帯びた装身具である。咸陽塔児坡秦墓出土の鉄帯鉤67点は、一般に屍骨の頭部・腹部・足部に位置し、これも同様である。信陽長台関１号墓と２号墓、江陵望山１号墓などの戦国時代貴族墓で出土した錯金銀鉄帯鉤や、侯馬喬村墓地出土の鉄帯鉤263点など、その性質はやはり同様のものである。鳳翔八旗屯戦国秦墓出土の板状束髪器は、人骨頭部ないし腰まわりで発見されており、これも死者の装身具である。江陵望山３号墓の漆鞘に納められた環首削刀２点は、死者が身に携帯した物品であろう。これらの小型鉄器もやはり副葬品としてではなく、死者が佩帯し身に携帯した装身具であり、死者と共に埋葬されたのである。それらは主に帯鉤・鑷子・髪飾や身に携帯する環首削刀などで、当時の鉄器の使用状況を直接的に反映している。

　第三は、副葬専用に墓中に埋納された鉄製品である。長沙楚墓では、５点の鉄鼎がそれぞれ５基の墓葬から出土したが、装身具でも掘削工具でもないことは明らかで、副葬品として埋納したものである。1113号墓の鉄剣は、他の副葬品の陶器とともに墓室西側側室の中に納められていた。705号墓の鉄刀・鑿・剣などの鉄器や、1063号墓の鉄剣・戟などは、みな他の副葬品と一緒に埋葬されていた。906号墓出土の鉄斧・刀・刮刀・錐各１点は、明らかに一組の工具として副葬されたものである。陝西鳳翔高荘33号秦墓の鉄釜１点と削刀５点の鉄器は、その他の副葬品と墓室内に混在しており、やはり副葬品として埋納されたものである。咸陽塔児坡秦墓地出土の鉄器125点のうち、鉄削刀40点と鉄剣５点が墓室ないし棺槨内から発見されており、副葬品として埋納されたことは疑いない。こういった現象は各地の春秋戦国墓で常に見られるもので、王侯の墓葬でも例外でない。河北平山戦国中山国王１号墓で出土した二点の方形四足鉄火盆は、他の副葬品とともに東庫と西庫に置かれていた。よって鉄器出現後の春秋戦国時代に、鉄器を副葬品の一種としてその他の材質の副葬品とともに埋葬することは決して偶然の現象ではなく、一種の普遍的な現象であった。さらにこういった現象は、鉄器の社会生活における応用が絶え間なく拡大していくに従ってさらに発展し、

漢代に至ると死者専用の鉄製模型明器までもが出現する。副葬品として墓葬に埋葬した鉄器には、主に兵器・車馬機具・日用器具、少量の生産工具などがある。

　総じて、鉄器が出現してから、副葬品の一種としてほかの材質の副葬品とともに死者の安葬に用いられ始め、そして鉄器応用の拡大に従い次第に普遍化していく傾向を見せるようになった。戦国時代には、鉄器は死者の身に帯びる装身具や墓葬造営の工具、または副葬品の一種として墓中に埋めており、すでに墓葬出土遺物の重要な組成部分となっている。よって、墓葬出土鉄器の集成と研究を重視することは、鉄器と製鉄の発展過程を検討するのに不可欠であるだけでなく、鉄器の社会生活における応用状況やその意義、また文化的意義を探求するために重要となってくる。

　戦国墓葬で鉄器を副葬することは普通の現象であり、すでに特殊または偶然の現象ではなかったといえるが、ただし全く普遍的ではなかったことは指摘すべきである。当時の鉄器の種類と数量は限られており、また社会の各階層や社会生活の各領域にはなお普及していなかった。また死者を安葬するための副葬品の種類と数量は、社会生産水準の制約を直接受けるだけでなく、当時の葬送観念の影響を直接受けるのであり、鮮明な地域的・文化的特色を有する。そのため、実際の生産活動で鉄製生産工具を使用しても、一般にはそれを副葬することはまれであり、地域によっては現実生活で鉄器を使用していても、鉄器を副葬には用いない、あるいは墓葬の建造過程で鉄工具を使用しても、それらを墓中に廃棄するとは限らない、といった現象が出現するのである。これにより、墓地における出土鉄器の種類と数量、また埋葬の性質などに多くの差異が生じる[135]。よって、埋葬施設で出土した鉄器は、当時の社会生活における鉄器の応用状況を直接反映しているが、完全に実状を示すとは限らない。もちろん、同一地域や同一墓地において、異なる時期の墓葬で鉄器の多寡に違いがあるとすれば、その地における鉄器の使用状況に時代的変化のあったことを反映しているであろう。

　以上の初歩的研究から次のようなことが分かる。中原地域で人工鉄器が西周後期に出現してから後、春秋時代の発展を経て、春秋後期に技術発明から実際の生産・使用への転換を完成させた。戦国後期には、鉄器の初歩的普及を遂げ、同時に古代鉄器工業は初歩的形成を遂げた。前漢後期には、中原地域の鉄器化は基本的に実現し、古代鉄器工業は成熟へと向かっていく。後漢後期になると、辺境地域を含めた全国各地で鉄器化が実現し、鉄器工業も安定した発展時期を迎えることとなる。この発展過程は、当時の科学技術・社会経済・社会生活といった歴史条件の下に形成されたものである。鉄器の出現と使用の普及、また鉄器化過程の実現は、当時の社会経済・軍事・文化などに対し大きな影響をもたらした。また東北アジア地域における文化交流の重要な面として、鉄器は朝鮮半島と日本九州地区に伝播し、その地の鉄器出現を引き起こし、製鉄起源の契機をもたらすこととなったのである。

註

1　エンゲルス『家族、私有財産および国家の起原』、大内兵衛・細川嘉六監訳『マルクス＝エンゲルス全集』第21巻第162頁、大月書店、1971年。
2　黄石市博物館「湖北銅緑山春秋時期錬銅遺址発掘簡報」『文物』1981年第8期30頁。
3　盧本珊等「銅緑山春秋錬銅竪炉的復原研究」『文物』1981年第8期40頁。
4　華覚明『中国古代金属技術——銅和鉄造就的文明』第69頁、大象出版社、1999年。
5　華覚明「中国古代的畳鋳技術」『中国冶鋳史論集』第248頁、文物出版社、1986年。

6　華覚明「金属型在我国的起始年代」『中国冶鋳史論集』第287頁、文物出版社、1986年。
7　杜石然『中国科学技術史・通史巻』第123頁、科学出版社、2003年。
8　板材の生産は戦国初期に始まり、登封陽城鋳鉄遺跡などでは戦国初期の板材・条形材が出土しているが、ただし板材の大量生産は前漢中期に塩鉄官営が行なわれた後のことである。鄭州古滎鎮では大量の梯形鉄板が出土しており、板長19、寛7〜10、厚0.4cmで、金相鑑定と化学分析から、鋳鉄製品であり、炭素量0.1%、珪素0.06%前後の低さと判明した。南陽瓦房荘では15点の形状不揃いな銑鉄板が出土し、そのうちの1点の梯形鉄板は鑑定から鋳鉄脱炭鋼とされた。鞏県鉄生溝でも類似の鋳鉄板が多く発見されているが、そのうち多くは白口鋳鉄である。澠池鉄器窖蔵では鉄板鋳範64点が出土している。こういった銑鉄鋳造による梯形鉄板は、鉄素材として生産されたもので、溶かして鉄器を鋳造することもできれば、退火脱炭を経たのち鉄器を鍛造する半加工品にもできた。
9　エンゲルス『家族、私有財産および国家の起原』、大内兵衛・細川嘉六監訳『マルクス＝エンゲルス全集』第21巻第149頁、大月書店、1971年。
10　白雲翔「我国青銅時代農業生産工具的考古発現及其考察」『農業考古』2002年第3期168頁。
11　顧徳融『春秋史』第222〜235頁、上海人民出版社、2001年。
12　陳文華『中国古代農業科技史図譜』第119頁、農業出版社、1991年。
13　韓連琪「春秋戦国時代社会生産力和農工商的発展」『先秦両漢史論叢』第141頁、斉魯書社、1986年。
14　千家駒等『中国貨幣発展簡史和表解』第14〜15頁、人民出版社、1982年。
15　許宏『先秦城市考古学研究』第130〜132頁、北京燕山出版社、2000年。
16　『史記』巻一百二十九貨殖列伝。
17　『塩鉄論』巻六水旱篇に、"賢良曰く、"農は、天下の大業なり。鉄は、民の大用なり"と"、また同巻一復古篇に、"大夫曰く、"鉄器兵刃は、天下の大用なり"と"とある。
18　『史記』貨殖列伝。
19　『墨子』巻十二公孟篇。
20　『史記』巻一百二十三大宛列伝。
21　『漢書』巻九十六西域伝下。
22　『史記』巻一百一十四東越列伝に、"秦すでに天下を併せ、皆君長を廃し、その地を以って閩中郡とす。……漢五年、復た無諸を立て閩越王となし、閩中の故地に王たらしめ、東冶に都せしむ"とある。
23　『史記』巻六秦始皇本紀に、秦始皇三十三年に"陸梁の地を略取し、桂林・象郡・南海となす"とある。
24　『華陽国志』巻三蜀志に、秦恵文王後元十四年（前311年）に"(張)儀と（張）若成都に城き、……広府舎を営み、塩・鉄・市官並びに長・丞を置く"とある。劉林注に、"長・丞は塩・鉄・市官の正・副長官で、漢制もまた同じ"という。
25　林剣鳴等『秦漢簡史』第10頁、福建人民出版社、1995年。
26　『史記』貨殖列伝に、"蜀卓氏の先は、趙人なり、冶鉄を用いて富す。秦趙を破り、卓氏を遷す。……至りて臨邛に之き、大いに喜ぶ。すなわち鉄山鼓鋳し、籌策を運らし、滇・蜀の民を傾け、富は僮千人に至る"、また"程鄭は、山東の遷虜なり。また冶鋳し、椎髻の民に賈し、富は卓氏に埒し、倶に臨邛に居る"とある。
27　尤中『中国西南辺疆変遷史』第31頁、雲南教育出版社、1987年。
28　『史記』巻一百一十六西南夷列伝。
29　胡小柳「秦漢時期四川対雲南的経済文化交流」『四川文物』2003年第5期40頁。
30　『史記』西南夷列伝に、"漢興り、……巴蜀の民のあるものは竊かに商賈に出でて、その笮馬・僰僮・髦牛を取り、これを以って巴蜀殷富たり"とある。
31　羅二虎『秦漢時代的中国西南』第38頁、天地出版社、2000年。
32　『史記』西南夷列伝に、"元封二年、天子巴蜀の兵を発し撃ちて勞浸・靡莫を滅し、以って兵を滇に臨む。滇王始首より善く、故を以って誅せず。滇王西南夷を離難し、国を挙げて降り、吏を置き入朝するを請う。ここにおいて以って益州郡となし、王印を賜い、復たその民に長たらしむ"とある。
33　于豪亮「漢代的生産工具——鍶」『考古』1959年第8期440頁。
34　李家瑞「両漢時代雲南的鉄器」『文物』1962年第3期33頁。
35　李衍垣「漢代武陽伝舎鉄炉」『文物』1979年第4期77頁。
36　秦漢時代の雲貴地域では鉄器工業がなお形成されていなかったため、加えて高く険しい山々のため交通が不便であったなどの自然条件の制約により、この地域では鉄器化の初歩的実現の後は更なる発展を持続しなかった。さらには一定期間の停滞が出現し、20世紀初めに至るまで、多くの山地居民が依然として木鋤など

非金属農耕器具を大量に使用していたのである（白雲翔「古夜郎地区鉄器化進程的考古学考察」"夜郎文化論壇"論文、2004年）。

37 『漢書』巻二十九溝洫志に、魏襄王の時"史起を以って鄴令となし、遂に漳水を引き鄴を灌し、以って魏の河内を富ます。民歌に曰く"鄴に賢令あるや史公たり、漳水を決するや鄴旁を灌し、終に古の舃鹵は稲粱を生ず"と"とある。

38 『華陽国志』巻三蜀志。

39 『漢書』溝洫志に、漢武帝太始二年（前95年）に、趙の中大夫白公が白渠の建設を主導し、民がその恩恵に与った時の民歌が記される。すなわち"何所に田するか、池陽・谷口なり。鄭国前にあり、白渠後に起る。鍤を挙げるや雲となり、渠を決するや雨となる。涇水の一石、その泥数斗。まさに灌しまさに糞し、我が禾黍を長ぜしむ。京師に衣食するは、億万の口"とある。

40 梁家勉主編『中国農業科学技術史稿』第105頁、農業出版社、1989年。

41 夏鼐等「湖北銅緑山古銅鉱」『考古学報』1982年第1期4頁。

42 黄石市博物館『銅緑山古鉱冶遺址』第187頁、文物出版社、1999年。

43 『戦国策』巻二十趙策三。

44 王世民「中国春秋戦国時代的冢墓」『考古』1981年第5期459～466頁。

45 劉叙傑主編『中国古代建築史』（第一巻）第285～290頁、中国建築工業出版社、2003年。

46 26点の戦国両漢鉄器に対する金相学分析の結果によると、"鉄器の加工成形には鋳造と鍛造があり、兵器はすべて鍛造製であり、工具は釘・錐・鑿の形態が簡単な3点が鍛造である以外、その他はほぼすべて鋳造で制作されている"（華覚明等「戦国両漢鉄器的金相学考査初歩報告」『考古学報』1960年第1期74頁）。また、易県燕下都の金相鑑定を経た42点の戦国後期鉄器では、1点の刃部加工成形状況の不明なもの以外、分析結果は次の如くである。竪銎钁・多歯钁・鋤・鏟・鎌刀等の土木農耕具計14点は、みな鋳造製品である。矛・剣・戟・鏃など四種の兵器11点では、鍛造製品が8点で、総数の73％、3点の矛のみが鋳造製品であった（李仲達「燕下都鉄器的金相考察初歩報告」『燕下都』第893頁表三、文物出版社、1996年）。

47 楊泓『中国古兵器論叢』（増訂本）第115頁、文物出版社、1986年。

48 万樹瀛等「山東滕県出土杞薛銅器」『文物』1978年第4期94頁。

49 張広立「東周青銅刻紋」『考古与文物』1983年第1期83頁。

50 葉小燕「東周刻紋銅器」『考古』1983年第2期158頁。

51 烟台市文物管理委員会「山東長島王溝東周墓群」『考古学報』1993年第1期57頁。

52 淮陰市博物館「淮陰高荘戦国墓」『考古学報』1988年第2期189頁。

53 A. 史樹青「我国古代的金錯工芸」『文物』1973年第6期66頁。B. 賈峨「関于東周錯金鑲嵌銅器的幾個問題的探討」『江漢考古』1986年第4期34頁。

54 郭宝鈞『山彪鎮与琉璃閣』第18～23頁、科学出版社、1956年。

55 中国科学院考古研究所『輝県発掘報告』図九十・九五・九七、科学出版社、1956年。

56 蒋廷瑜「漢代鏨刻花紋銅器研究」『考古学報』2002年第3期277頁。

57 黄展岳「漢代諸侯王墓論述」『考古学報』1998年第1期11頁。

58 徐州博物館等『徐州北洞山前漢楚王墓』第6～46頁、文物出版社、2003年。

59 河南省文物考古研究所『永城西漢梁国王陵及寝園』第97頁、中州古籍出版社、1996年。

60 信立祥『中国漢代画像石の研究』（日本）同成社、1996年。

61 呂品「漢画像石的起源・雕刻方法与冶鉄技術発展之関係」『河南文物考古論集』第401頁、中州古籍出版社、1996年。

62 李偉男等「従漢画看漢代冶鉄業」『漢代画像石研究』（『中原文物』1996年増刊）第334頁、1996年。

63 『秦会要』巻十四職官（上）に、"秦塩鉄市官を置き、塩鉄を主り、長丞あり"とある。

64 『史記』巻一百三十太史公自序。

65 『史記』貨殖列伝。

66 『漢書』巻九十五南粤王伝に、"高后自ら用事に臨み、細士を近づけ、讒臣を信じ、別けて蛮夷を異にす。令を出して曰く、"蛮夷の外粤に金鉄田器を与えるなかれ。馬牛羊はすなわち与えよ。牡を与え、牝を與うるなかれ"とある。

67 『漢書』巻六十九王莽伝始建国二年（10年）に、"初めて六筦の令を設ける。県官に命じ、酒に酤し、塩・鉄器を売り、鋳銭せしめ、諸の名山大澤の衆物を采取するは、之に税せしむ"とある。

68 （日）梅原末治『朝鮮古文化綜鑑』第一巻12～17頁、養徳社、1947年。

69　龍淵洞の鉄器製作技術について、報告者の観察によると、鉄矛が鍛鋳構造となっており、これは正しい。しかし鉄空首斧を鍛造品とする結果は、やや疑わしい。

70　A.（朝）金政文「細竹里遺跡発掘中間報告（Ⅰ）」『考古民俗』1964年第2期。（朝）金永祐「細竹里遺跡発掘中間報告（Ⅱ）」『考古民俗』1964年第4期。以上は（韓）李南珪「韓国初期鉄器文化の形成と発展過程—地域性を中心として—」より引用。B.　朝鮮社会科学院考古研究所（李雲鐸訳）『朝鮮考古学概要』第128頁、黒龍江省文物出版編輯室、1983年。

71　（朝）黄基徳「茂山虎谷遺跡発掘報告」『考古民俗論文集』第6集、1975年。（韓）李南珪「韓国初期鉄器文化の形成と発展過程—地域性を中心として—」より引用。

72　考古学及び民俗学研究所『会寧五洞原始遺跡発掘調査報告』遺跡発掘報告第7集、1959年。（韓）李南珪「韓国初期鉄器文化の形成と発展過程—地域性を中心として—」より引用。

73　龍淵洞出土の明刀幣には、折背明刀幣が含まれており、この種の刀幣は燕恵王元年（紀元前279年）以後に始鋳された（黄錫全『先秦貨幣通論』第244頁、紫禁城出版社、2001年参照）。よって、龍淵洞の明刀幣と共存の鉄器が埋蔵された年代は紀元前279年より早くはない。

74　朱華『三晋貨幣』第21～23頁、山西人民出版社、1994年。

75　王巍「中国古代鉄器及冶鉄術対朝鮮半島的伝播」『考古学報』1997年第3期294頁。

76　（韓）李南珪「朝鮮半島初期鉄器文化的形成和発展過程」『華夏考古』1996年第1期100頁。

77　（韓）李南珪「韓国初期鉄器文化の形成と発展過程—地域性を中心として—」『東アジアの古代鉄文化—その起源と伝播—』第66～93頁、たたら研究会、1993年。

78　『史記』巻一百十匈奴列伝に、"燕に賢将秦開あり、胡に質たり。帰りて襲破して東胡を走らせ、東胡却くこと千余里。荊軻と秦王を刺した秦舞陽は、開の孫なり。燕また長城を築き、造陽より、襄平に至る。上谷・漁陽・右北平・遼西・遼東の郡を置き以って胡を拒む"とある。燕将秦開が東胡を撃破したのは燕昭王在位の期間であり、紀元前311～前279年のことである。

79　乙益重隆「熊本県斉藤山遺跡」『日本農耕文化の生成』、日本考古学協会、1961年。

80　川越哲志「弥生時代の鋳造鉄斧をめぐって」『考古学雑誌』第65巻（1980年）第4号18頁。

81　橋口達也等『石崎曲り田遺跡・Ⅱ』福岡県教育委員会、1984年。この遺跡の11号甕棺墓から鉄条残片20数点が出土しており、その年代は弥生前期前半である（橋口達也等『石崎曲り田遺跡・Ⅰ』福岡県教育委員会、1983年）。

82　奥野正男『鉄の古代史・弥生時代』第397頁、（日）白水社、1991年。

83　宇野慎敏『長行遺跡』第165頁、北九州市教育文化事業団埋蔵文化財調査室、1983年。

84　王巍「弥生時代鉄器及其製作技術研究」『遠望集』（下）第653頁、陝西人民美術出版社、1999年。

85　長嶺正秀『下稗田遺跡』行橋市教育委員会、1986年。

86　川越哲志「日本初期鉄器時代の鉄器—中国・朝鮮半島からの舶載鉄器と国産鉄器」『東アジアの古代鉄文化—その起源と伝播—』第118～145頁、たたら研究会、1993年。

87　松井和幸『日本古代の鉄文化』第17頁、雄山閣、2001年。

88　佐原真編『古代を考える　稲・金属・戦争・弥生』吉川弘文館、2001年。

89　光谷拓実「年輪年代法の最新情報」『埋蔵文化財ニュース』第99号、奈良国立文化財研究所、2000年。

90　今村峯雄「AMS-14C法と弥生開始期の暦年代」『歴博』第120号、2003年。

91　町田章「従考古学看文明的交流」『考古』2004年第5期91頁。

92　片岡正人「古代史情報」『東アジアの古代文化』第116号（2003・夏）第137～148頁。

93　王仲殊「従東亜石棚（支石墓）的年代説到日本弥生時代開始于何時的問題」『考古』2004年第5期85頁。

94　学者によっては、東アジア地域の鉄器の起源と伝播年代を根拠に、弥生時代の開始年代を前9世紀に遡らせることに対して疑義を提示したが、これに対し春成秀爾は、熊本県斉藤山の鉄斧、福岡県曲り田の鉄片などの年代に対し分析を進め、"弥生早期～前期後半の鉄器は確実な例がなく、鉄器のほうから弥生時代の実年代を考えていこうとすれば、弥生前期末ないし中期初めに鋳造の鉄器が出現するとしかいえない"とし、弥生前期と中期の境をおおよそ紀元前300年前後とする（春成秀爾「炭素14年代と鉄器」『弥生時代の実年代』第159頁、学生社、2004年）。

95　松井和幸「東アジアの鉄文化からみた弥生時代の鉄器」『古代文化』第116号（2003年）128頁。

96　似たような記述は『管子』巻八小匡に見える。すなわち菅子が答えて曰く、"それ斉国甲兵寡なく、吾れ罪を軽重して之を甲兵に移さんと欲す。……美金は以って戈・剣・矛・戟を鋳し、諸を狗馬に試す。悪金は以って斤・斧・鉏・夷・鋸・欘を鋳し、諸を土木に試す"とある（『諸子集成』（五）第125頁、中華書局、

1954年)。『菅子』の語はおそらく『国語』から出ている。ここで記されるのは春秋中葉の斉桓公（前685～前643年）と管仲の問答の語である。
97 郭沫若『奴隷制時代』第33頁、人民出版社、1973年版。この文は1952年に最初に発表されている。
98 郭沫若「希望有更多的古代鉄器出土—関于古代分期問題的一個関鍵」『奴隷制時代』第203頁、人民出版社、1973年版。この文は1956年に最初に発表されている。
99 楊寛「試論中国古代冶鉄技術的発明和発展」『文史哲』1955年第2期26頁。
100 李剣農『先秦両漢経済史稿』第40頁、中華書局、1962年。
101 呂振羽『殷周時代的中国社会』第16頁、三聯書店、1962年。
102 黄展岳「関于中国開始冶鉄和使用鉄器的問題」『文物』1976年第8期64頁。黄展岳は、『国語』中の"美金は質の優れた銅を指し、悪金は質の劣る銅を指す"としている。
103 白雲翔「中国的早期銅器与青銅器的起源」『東南文化』2002年第7期25頁。
104 長沙鉄路車站建設工程文物発掘隊「長沙新発現春秋晩期的鋼剣和鉄器」『文物』1978年第10期44頁。
105 河北省文物管理處「河北易県燕下都44号墓発掘報告」『考古』1975年第4期229頁。
106 楊泓「漢代兵器綜論」『中国歴史博物館館刊』総第12期（1989年）55頁。
107 白雲翔「殷代西周是否大量使用青銅農具的考古学観察」『農業考古』1985年第1期70頁。
108 白雲翔「我国青銅時代農業生産工具的考古発見与其考察」『農業考古』2002年第3期167頁。
109 雲翔「歯刃銅鎌初論」『考古』1985年第3期257頁。
110 南京博物院「江蘇六合程橋二号東周墓」『考古』1974年第2期119頁。
111 安徽省文物工作隊「安徽舒城九里墩春秋墓」『考古学報』1982年第2期237頁。
112 安徽省阜陽市博物館館蔵資料による。
113 劉得禎等「甘粛霊台県景家荘春秋墓」『考古』1981年第4期298頁。
114 宝鶏市考古工作隊「宝鶏市益門村二号春秋墓発掘簡報」『文物』1993年第10期5頁。
115 河南省文物研究所『淅川下寺春秋楚墓』第292頁、文物出版社、1991年。
116 山東大学考古系「山東長清県仙人台周代墓地」『考古』1998年第9期19頁。
117 河南省文物研究所『信陽楚墓』第63頁、文物出版社、1986年。
118 湖北省文物考古研究所『江陵望山沙冢楚墓』第79頁、文物出版社、1996年。
119 山西省考古研究所『侯馬喬村墓地（1959～1996年）』科学出版社、2004年。
120 顧鉄符「有関信陽楚墓銅器的幾個問題」『文物参考資料』1958年第1期8頁。
121 童書業『中国手工業商業発展史』第12頁、斉魯書社、1981年。
122 白雲翔「"美金"与"悪金"的考古学闡釈」『文史哲』2004年第1期54頁。
123 郭沫若「希望有更多的鉄器出土—関于古代分期問題的一個関鍵」『奴隷制時代』第205頁、人民出版社、1973年第二版。この文は1956年に最初に発表された。
124 河南省文化局文物工作隊『鄭州二里岡』第44～94頁、科学出版社、1959年。
125 河南省文物考古研究所「河南鞏義市倉西戦国漢晋墓」『考古学報』1995年第3期382頁。
126 山西省文物管理委員会等「山西長治分水嶺戦国墓第二次発掘」『考古』1964年第3期132頁。
127 咸陽市文物考古研究所『塔児坡秦墓』第66頁、三秦出版社、1998年。
128 湖南省博物館「湖南資興旧市戦国墓」『考古学報』1983年第1期115頁。
129 金学山「西安半坡的戦国墓葬」『考古学報』1957年第3期85頁。
130 河南省文物研究所『信陽楚墓』第63・112頁、文物出版社、1996年。
131 湖北省文物考古研究所『江陵望山沙冢楚墓』第78頁、文物出版社、1996年。
132 陝西省雍城考古隊「陝西鳳翔八旗屯西溝道秦墓発掘簡報」『文博』1986年第3期25頁、同「一九八一鳳翔八旗屯墓地発掘簡報」『考古与文物』1986年第5期29頁。
133 呉鎮烽「陝西鳳翔高荘秦墓地発掘簡報」『考古与文物』1981年第1期15頁。
134 河北省文物研究所『䯼墓—戦国中山国国王之墓』第150頁、文物出版社、1996年。
135 戦国楚墓を例にみると、現在の湖南では、長沙で発見された2048基の春秋後期～戦国後期の楚墓では、計197基で鉄器240点が出土し、墓葬総数の9.6％を占める。益陽の47基の戦国楚墓では鉄斧1点と残鉄器3点が出土している。資興旧市の80基の戦国墓では23基の墓葬から鉄器計32点が出土し、墓葬総数の28.9％を占め、鉄器には凹口锸17点・夯錘2点と鋳・鑿・削刀・刮刀などがある。古丈白鶴湾の64基の戦国墓では鉄器8点が出土し、剣4点に斧・刮刀・削刀などがある。常徳徳山で発見された84基の春秋後期から戦国後期の墓葬では、3基の墓葬で鉄刮刀1点と鉄凹口锸2点が出土している。現在の湖北では、鄂城で発見された戦国中

期から秦漢の堺までの墓葬30基では、鉄器は出土していない（湖北省鄂城県博物館「鄂城楚墓」『考古学報』1983年第2期223頁）。江陵九店の578基に及ぶ春秋後期から戦国後期の楚墓では、戦国後期の7基で鉄器7点が出土したのみで、同時期の墓葬総数の3.6％を占め、鉄器には剣・刀・鋳各1点と残器4点がある。ただし当墓地の235基の墓葬で銅兵器580点と銅工具16点が出土している（湖北省文物考古研究所『江陵九店東周墓』第259頁、科学出版社、1995年）。当陽趙家湖で発見された297基の西周後期から戦国中・後期の堺ごろまでの楚墓では、戦国前期の2基の墓葬から鉄堅銎鑺1点と鉄条2点が出土したのみである（湖北宜昌地区博物館等『当陽趙家湖楚墓』第149頁、文物出版社、1992年）。黄州汪家冲などの3地点で発掘された96基の戦国前期〜後期の墓葬では、副葬品のある墓葬が計77基で、そのうち戦国中期の汪家冲62号墓でのみ鉄凹口鍤1点が出土した。この墓葬ではほかに銅剣・戈・戟・矛など4種の兵器が43点出土している（湖北省文物考古研究所「湖北黄州楚墓」『考古学報』2001年第2期227頁）。明らかに、年代のだいたい同じ楚墓においても、異なる地区・墓地の間に鉄器出土状況に大いに差があるのであり、地域文化の特色の反映ではあろう。ここから、楚国でも奥地の人々は埋葬の際鉄器を用いることは少なく、楚人の開発した越の地では埋葬時に比較的鉄器を用いたようである。こういった状況から、長沙楚墓の発掘整理者は、"大量の鉄器、特に鉄工具は長沙楚墓副葬品における特色である。……鉄器の大量出土は、楚人の開発と関連するであろう"とし、長沙楚墓における鉄器の文化情報は、越人・越文化と関連があるであろうと認識する（湖南省博物館等『長沙楚墓』第550頁、文物出版社、2000年）。この他重慶雲陽李家壩Ⅱ区の40基の戦国墓葬で、戦国中後期の2基から鉄錛・鉄刮刀各1点のみが出土している。この墓地では銅剣・矛・戈・鉞・斧など銅兵器計41点と、銅鍪・鼎・勺・壺・杯・などの銅容器13点が出土している（四川大学歴史文化学院考古学系等「重慶雲陽李家壩東周墓地1997年発掘報告」『考古学報』2002年第1期85頁）。ここでは鉄器の副葬は少ないが、楚文化の影響と関連があるかもしれない。この墓地は戦国巴人の墓葬であるが、楚文化の強い影響が見られる。

第8章 余　論

　我々は先秦両漢鉄器及び関連製鉄遺跡の研究を通じ、おおよそ中国古代鉄器・製鉄の起源と初期発展のあり様を描き出し、かつ先秦両漢鉄器・鉄器工業の発展の動因および鉄器の社会生活中における地位と役割について初歩考察を行った。そうすると、一つの重要な問題が我々の目前に現れる。すなわち鉄器と社会変革の関係の問題であり、丁寧に検討を進める価値がある。同時に、この新世紀において、どのように中国古代鉄器と鉄器工業発展史の研究を進めていくべきか、真摯に思考する価値がある。

1　理論の検討

　鉄器と社会変革の関係の問題は、一つの実践的問題であり、さらには重要な理論的問題である。そのため、それが説き及ぶのは、実際には科学技術と生産力、生産力と生産関係、生産方式と社会変革というような一系列の理論的問題である。

(1)　先学者の観点

　鉄器と社会変革の関係の問題は、1884年エンゲルスが『家族、私有財産および国家の起原』を著した際にすでに注意が払われていたが、ただ明確かつ具体的にこの問題に対して論を展開したわけではない[1]。中国では、この問題は20世紀50年代の中国古代社会時代区分の大論争の中で提出され討論が行われ、その後も継続され、論及する研究者も非常に多かった。学術界のこの問題に関する認識は、以下の諸例を挙げて代表とすることができる。

　郭沫若は、"鉄が耕器として使用されることは、周室の東遷前後に出現した。この重要な要素が農業の生産力を高め、次第に井田制の崩壊を促進し、さらには奴隷制の崩壊も招くこととなった"と認識し[2]、更に踏み込んで、"奴隷制から封建制への転換の主要な鍵は生産力の発展上に求められる。……どのような要素が生産力を向上させ、かつ時代を画するほどまでに生産力を高めたのであろうか？古代においては、鉄の出現と使用が、特に重視する価値のある鍵となる要素である"と指摘した[3]。また"奴隷制と封建制の交代が起こったのは春秋・戦国の境の時期であり、鉄の使用が更なる確固たる証拠である"と結論した[4]。結果として郭沫若は鉄器を生産力向上の指標の一つとして、かつ生産関係の変革と直接緊密に結び付くものとしたことが見て取れる。

　魚易は"鉄生産工具の出現は、必然的に社会関係に変化をもたらす"と認識する。春秋戦国の境の変革は、"一言につき、それは鉄生産工具の出現がこのような変革を押し進めた主要な要因である。生産力の発展は、まずもって労働工具の変化と改良であり、人類社会発展と変化の物質基礎である。社会生産力が一定の段階に到達すると、生産関係にも必然的に変化が起きるのである"とした[5]。魚易も同様に鉄器の出現を生産力発展の指標とし、生産関係の変革と結び付けていると捉えてよい。

　考古学者は60年代初めに新中国十年の考古収穫を総括した際に以下のことに言及した。すなわち、

"列国変法の多くは春秋末から戦国前・中期にある。ここ十年来の鉄製農具の発見情況は、我々に極めて重要な事実を提示する。鉄器が使用され始めるのは、列国変法の前であり、そして鉄製農具の普遍的な使用は列国変法以後である。この事実が説明するのは、春秋後期以来、鉄器利用などの要素により、封建性の個別的生産が可能となったことである。ただし戦国中期に至り、封建的土地所有制が基本的に形成された後に、鉄製農具は更なる普及を実現した"という。当時の考古発見は、中国古代鉄器が春秋後期に使用され始めたことを示し、上述の認識はそこから解釈されたと捉えられる。その意味としては、鉄器の出現と使用が社会生産力の発展を促し、結果として生産関係の変革を引き起こすが、ただし鉄器の大発展は新しい生産関係が打ち立てられたのちにようやく実現しえた、ということである。

冶金史学界でも、類似の観点をもつ学者がおり、華覚明は、"鉄器は新しい生産力として春秋後期に出現し、時代を画する意義を有する。それは奴隷制の崩壊を加速し、新たな生産関係を打ち立て、また却って製鉄業のさらなる発展を促した"と認識する。

童書業は、"鉄器の有無は、必ずしも奴隷社会と封建社会の主要な分野ではない。奴隷社会でも鉄器を用いることはできるからである"と認識する。さらに"銅と鉄は決して明確な時代の指標ではなく、旧説通り他人に付会する理由はない"という認識すらあった。

趙化成は郭沫若の観点に対し疑義を提示し、"われわれは鉄器時代の到来をもって社会変革の発展段階に対応させるのは困難である。工業時代においても、全世界にはなお多くの異なる社会制度があるのと同様に、生産力を社会制度と同一視するのは困難である"と指摘した。ただ残念ながら、これについてはさらに踏み込んだ検討はなされていない。

(2) 史実と思考

この関係について、学術界の観点は明らかにみな意見が異なる。この問題を正確に理解し認識する唯一の方法は、史実の究明から歴史唯物主義の指導の下、思考を深めることである。

先秦時代鉄器の発生と発展の歴史（中原地域を指す）について言及すると、これまでの考古発見と筆者の研究に基づくと、以下のように認識することができる。

紀元前800年前後の西周後期に、人工鉄器が出現する。最初の鉄は塊錬鉄と塊錬鉄滲炭鋼に属し、兵器と木工加工工具の刃部の製作に限られる、銅鉄複合製品であった。

紀元前700年前後に、銑鉄冶鋳技術が発明された。

紀元前600年前後に鏟・鋸・削刀などの全鉄製品が出現した。

紀元前5世紀中葉の春秋戦国の境に、全鉄製の鋼剣・鋳鉄容器・帯鈎などが出現し、脱炭鋳鉄・靭性鋳鉄・鋳鉄脱炭鋼技術が相継いで発明された。

紀元前4世紀中葉以後の戦国中後期に、農業生産に専門的に用いる钁冠・鎌刀・銍刀などの農耕具が出現し、鍛銎技法が出現・形成されていった。鉄器は農業と手工業などの生産領域に基本的に普及し、軍事領域における応用も急速に拡大し、日常生活での応用も初歩的な発展を得ていた。焼き入れ技術が発明されるなど、古代鉄器工業体系は初歩的な形成をみた。

先秦鉄器の発生と発展を、春秋戦国時代の社会歴史発展の背景の中に置いて考察を進めることは、充分妥当なことであり、その過程は、まさに当時の社会歴史変革が絶え間なく発生し発展する過程と重なる。これは偶然符合したわけではなく、二つの過程の間に何らかの関連が存在していること

を暗示する。この二つの発展過程と両者の間の関係について、一つには、鉄器の発生・発展と社会歴史の変革は、どちらも絶え間なく発展・変化する過程であり、両過程の間には密接な関係が存在し、完全に切り離すのは歴史の事実にそぐわない、と認識することができる。ただ一方では、鉄器の発生・発展と社会歴史変革の関係は必ずしも直接的ではなく、しかもその発展の進行情況は完全には歩を一にせず、それゆえ両者を機械的に、安易に対応させるのは、やはり歴史の事実にそぐわない、とも考えられる。

これに関して、第一に、鉄器発生の初めは、社会歴史発展に対して必ずしも直接には作用しない、ということである。中国の鉄器発生段階の実情では、当時の製鉄技術に採用されたのは塊錬鉄技術であり、塊錬鉄そのものは性能上青銅を超えていなかった。塊錬鉄滲炭鋼技術がすぐに発明されたことで鉄の性能は青銅を超えることとなる。ただし塊錬鉄技術の生産能力は低く、大量生産を進めることはできない。おそらくこれを原因として、最初の鉄は兵器・工具の刃部や小型器具の加工製作のみに限られ、その使用も小範囲に限定されていた。三門峡虢国墓地で出土した西周後期の鉄器はみな国君と貴族の墓葬から出土し、春秋前期の鉄器を出土した礼県秦公墓地・霊台景家荘1号墓・長清仙人台6号墓など、みな国君・貴族の墓葬であり、鉄器は当時においてなお珍奇なものであったことを反映する。鉄器が依然社会生産と生活において実際の応用に至っていない以上、社会歴史発展に作用するとはなおさら言えない。鉄器の発生初期における応用に関して、マルクス主義古典作家は早くに注目し論述を加えている。エンゲルスは、"鉄は、大きな面積の畑地耕作と広大な森林帯の開拓とをつくり出した。鉄は、どんな石も、ほかのどんな既知の金属も太刀打ちできない堅さと切れ味をもった道具を、手工業者にあたえた"と指摘したが、この段は広く人々に引用された。ただ注意すべきは、エンゲルスは続けて、"こうしたことはすべて徐々におこなわれた。最初の鉄は青銅よりもまだ軟らかいことがしばしばあった。だから、石の武器は徐々にしか消滅しなかった"と述べている。[11] 中国の情況もこのとおりである。中国の人工鉄器は青銅冶鋳業の高度の発展と青銅生産工具が比較的多く使用された歴史背景の下に生み出されたのであり、鉄器出現の初めはその優越性はすぐには現れなかった。これにより、鉄器発生後の一時期は、社会生産・生活の中で多用されたのは、なお青銅器や非金属工具であった。これについては前の章ですでに詳細に論じている。中国古代の実情から見て、鉄器の一定規模の生産と使用は、紀元前700年前後に銑鉄冶鋳技術が発明された後に漸次的に形成されたようである。紀元前600年前後に鑵・錛・削刀等の全鉄製品が出現したことは、鉄器が社会生産・生活の中で実際に使用され始めていた一つの直接の反映であろう。

第二は、鉄器の社会生産・生活における実際の応用が、社会生産力の大幅で急速な高上を直接促進し、最終的に社会歴史変革の発生を引き起こした、ということである。中国では、鉄は青銅製錬の発明に継いで発見され開発・利用された金属材料である。一面では、鉄金属の地殻埋蔵量と鉄自身の特性から、製鉄術が発明され一定時間の発展を経た後に、その堅固で鋭利な、かつ大量生産が可能な優越性を顕わにし、そして生産工具と兵器の製造に広範に応用され大量に使用されていった。もう一面では、中国商周青銅文明の突出した特徴として、青銅が青銅礼器・兵器・車馬器の製作に大量に用いられたが、しかし生産工具、中でも農業生産工具の製作と使用に用いることは比較的少なく、そのため製鉄の発明と初歩発展、特に銑鉄冶鋳技術が発明されたのち、鉄が生産工具の製作に大量に用いられる余地が大きかったのである。鉄は当時最も新型の材料であり、人類の材料開発

と利用の歴史上、"重要な新しい材料の発見と利用は、常に人類の自然を掌握する能力を新しい水準へと押し上げる[12]"こととなる。鉄が生産工具の製作に用いられ、疑いなく生産工具の性能は極めて大きく改善し、結果として社会生産力を急速に高上させることとなった。鉄器の社会生産における応用が急速で普遍的になれば、それに応じて生産力の高上も急速で高い水準となる。また社会生活における応用が急速で広汎ならば、それに応じて社会歴史に対する推進作用も大きく明確なものとなる。春秋戦国時代の社会変革と結び付けると、魯国では、紀元前594年に魯宣公が"初めて畝に税す"という改革を実行したほか、紀元前590年にはまた"丘甲を作す"改革を行い、紀元前483年には"田に賦を用いる"という改革をすすめた。鄭国では、紀元前543年に"都鄙に章あり、上下に服あり、田に封洫あり、廬井に伍あり"などの改革を行ったほか、紀元前538年にはまた"丘賦を作す"という軍賦改革を行った。秦国では、紀元前408年に"初めて禾に租す"の改革を実施した。これらは、内容上みな賦税制度の改革であるが、その基本的原則は公田・私田にかかわらず、一律に田畝の数量に応じて税賦を取ることであり、その核心は私田の合法性を認め、土地の私有制を漸次確立することであった[13]。注目すべきは、これらの改革を実行した客観的な原因と直接の背景は、私田の急速な増加であり、その数量は多い場合は公田を超えており、私田の大量の開墾は、鉄製伐採・土木農工具の使用と直接の関係をもっている。すでに論及しているが、戦国時代の高台建築や高大な墓冢、また大型水利施設・軍事防御施設の建設、大規模な築城運動の出現など、同様に鉄製土木工具の広汎な使用と直接の関係をもっている。政治経済学の理論上からいうと、生産力は労働者と生産手段から構成され、"生産手段の中で、労働手段の重要な構成部分である生産工具は生産力の発展に対して特殊な作用をもっている。生産力の発展は、まず生産工具の発展から始まるのである[14]"。まさにマルクスが"なにがつくられるかではなく、どのようにして、どんな労働手段でつくられるかが、いろいろな経済的時代を区別するのである[15]"というが如くである。生産力の不断の発展は、必然的に旧い生産関係に変革が発生するのを導き、新しい生産関係の出現を促す。これにより、社会変革の物質基礎上から、また生産量高上の意義上からいうと、古代においては、鉄器の出現と、社会生産中における実際の応用が達成されると、最終的には必然的に社会歴史変革の発生を引き起こすこととなる。

　第三は、鉄器の使用と社会歴史変革の間には同歩の関係ではなく、一種の"区間"関係がある、ということである。鉄器の使用が社会歴史変革の発生を引き起こすのは、間接的で漸次的な発展の過程であるからである。理論的に見ると、鉄器はまず必ず生産に応用され、社会生産力を高めることとなる。生産力の発展もまた低きから高きへの過程であり、それが一定水準に達し、旧い生産関係がもはや新しい生産力発展水準にそぐわなくなって初めて、ようやく社会変革が引き起こされるのである。まして、社会生産力は労働者と生産手段から構成されるのであり、生産手段はまた労働手段と労働対象を包括するのであり、生産工具は労働資料の重要組成部分である。それゆえ古代においては、仮に鉄器の使用が一定の水準に達したとしても、必ずしも社会変革を起こすとは限らないのである。実際のところから見ると、考古発見が表明するように、先秦時代の秦国の鉄器は、その出現が早いだけでなく、比較的高い発展速度と発展水準を持っていたが、しかし、秦国が"初めて禾に租す"の賦税制度の改革を実施したのは、魯国・鄭国の後の紀元前408年であり、また"井田を廃し、阡陌を開く"という商鞅の変法は、魏国李悝変法・楚国呉起変法などの変法の後に行われたものであり、時にして秦孝公十二年（紀元前350年）である。紀元前685年に斉相管仲列国の中

で率先して行った"地を相じて征を衰えしめ、その国を参じてその鄙を伍す"という賦税改革に至っては、鉄器の使用とはあまり関係が大きくないであろう。これは、別の一面から鉄器の使用と社会変革の間の"区間"関係を証左するものである。

第四は、社会変革と新しい生産関係の成立が、鉄器の発展に対し大きな推進作用をもたらす、ということである。これは、各国の変法ののち戦国中後期に鉄器の初歩的普及や鉄器工業発展の高潮が現れたこと、また鉄器工業体系が初歩的形成をみたことなどから充分証明され、生産関係が生産力上に反作用することから理論的支持を得られる。ここでは詳述しない。

(3) 初歩的認識

歴史事実と我々の思考に基づいて、ここでは鉄器の使用と社会変革の関係の問題について、以下の初歩的認識を提出する。

第一は、人工鉄器の出現はすなわち製鉄術の発明であり、本質的には新しい金属材料の利用であり、また科学の発明と技術の進歩である。鉄器の応用は最大限に社会生産力を高め、かつ最終的には社会歴史の変革と前進を押し進めることとなった。これにより、"科学技術は第一の生産力である"といえるのである。鉄器の使用は画期的な意義を有するであろう。

第二は、鉄器は一つの科学技術の発明・発展から一種の新しい生産力となったことであり、最初の出現から実際の応用に至る発展変化の過程、すなわち転化であり、このような転化の過程を経て初めて、科学技術は生産力へと転化するのである。

第三は、鉄器の使用が生産関係の変革を引き起こし、新たな生産関係が鉄器の発展を促進することであり、両者の間には一種の"互動"が存在する。ただし、両者間の発展過程に内在する関係と互動は決して歩を一にするわけではなく、一種の"区間"関係である。

(4) 二つの関連問題の分析

以上、鉄器と社会変革の関係問題について検討を進めたわけであるが、我々はあと二つの関連問題について分析をしなければならない。

問題の一つは、鉄器と社会発展段階の問題である。鉄器の出現と製鉄の発明は、疑いなく新しい時代—鉄器時代を切り開いた。ただ問題は、鉄器時代の到来に、社会経済形態あるいは社会政治制度のある発展段階と、同一の必然的な結び付きまたは対応関係が存在するか否か、ということである。エンゲルスに従えば、未開時代の高級段階に、"鉄鉱の熔解をもって始まり、音素文字の発明とそれを文書記録に使用することとによって、文明に移行する"[16]。つまり、先史時代の最終段階すなわち氏族共同体時代の末期、さらにいえば文明時代到来の前夜に、人工製鉄が発明されたことになる。中国新疆地域についてみると、鉄器は青銅器と非金属工具が共存して広汎に使用されていた段階に発生したものであり、当時の社会発展段階は決して氏族共同体の時代を超えてはおらず、おそらくは氏族共同体時代末期である。中原地域では、人工鉄器が出現した時は、まさに青銅文明の高度の繁栄時期であった。当時の社会発展段階について、奴隷制社会と認識するか、封建社会初期であるとするか、あるいは王国時代が帝国時代へ向かう過渡期であるとするかに関わらず、いずれにせよすでに氏族共同体の段階をはるかに超えており、すでに相当の発達をした古代国家段階である。中国東北地域北部の黒龍江流域では、鉄器発生時の社会発展段階は新疆地域と類似するところ

があり、まさにある研究者のいうように、黒龍江中流域における鉄器時代早期段階後段には、鉄刀・矛・鏃・馬具・鎧甲などの鉄器が存在しており、"鉄器の使用はすでに相当の位置を占めて"おり、社会生活においては"氏族の分化が始まるが、なお氏族社会の後期段階"[17]であった。鉄器文明発祥地の影響の下に鉄器が出現した鉄器文明次生地域では、その鉄器出現時の社会発展段階はさらに千差万別である。上述の歴史事実に基づくならば、次のように認識できる。人工鉄器は一種の科学技術・先進的生産力として、その出現と応用が、根本的に社会の前進を押し進め、最終的には社会の変革を引き起こすこととなり、一つの新時代の到来へと導いていく。これが一つの見方である。もう一つの見方として、世界的な範囲について言うと、鉄器の発生年代が地域によって異なるだけでなく、鉄器発生時の社会発展段階も地域・民族により同じでないのである。それゆえ、鉄器の出現を以ってある一つの社会発展段階の指標とすることは、明らかに歴史の実際とそぐわないのである。

　問題の二つめは、鉄器時代と青銅時代の関係についてである。中国（中でも中原地域）では、鉄器は青銅文明が高度に繁栄した段階に生じたもので、そのため両時代は自ずと結び付けられてきた。中国鉄器時代の始まりを人工鉄器が生まれた当初の紀元前8世紀初頭の西周後期とするか、もしくは鉄器が社会生産と社会生活の実際に応用された紀元前5世紀初頭の春秋後期に定めるか、いずれにせよ、当時は青銅器は数量が莫大であるだけでなく、なお社会生活において重要な役割を担っていた。ここから二つの問題が浮かびあがる。一つは鉄器出現と使用の青銅器発展への影響に関する問題であり、今一つは、鉄器時代と青銅時代の区分の問題である。確かに両時代は相い継続する二つの時代であり、鉄器の出現と使用、つまり鉄器時代の到来が、青銅時代を過去のものとした。ただし、鉄器時代の到来と青銅時代の終焉は、決してある一日のうちに完成したものではないのであり、実際にははっきり区別することはできないのである。これは鉄器出現後の青銅器生産と使用に対する影響の問題にも渉る。考古調査が示すように、春秋五覇と戦国七雄の都城にはみな冶銅・鋳銅工場が設置されている。[18]比較的小さい列国の都城ないし一般の城市（都市）も、たいてい冶銅・鋳銅工場を設置している。洛陽東周王城・上蔡蔡国故城・潢川黄国故城・曲阜魯国故城・平山中山国都霊寿故城など、みな戦国時代の冶銅・鋳銅遺跡が発見されており、この時の鋳銅業の分布点が商代・西周時代と大きく離れており、かつ規模も一般的に大きく鋳造技術もそれ以前より大きく進歩・成熟している。[19]青銅器そのものから見ると、東周時代の青銅器は商代・西周時代のものに比べて衰弱し、主に青銅礼器についていえる。ただし同時に春秋時代の青銅農具・青銅兵器の発展は青銅時代の高峰に到達し、青銅日用器具の種類と数量は明らかに増加し、青銅はさらに多く日常社会生活の中へと入っていく。礼器にしても、その数量と鋳造技術は低下しないだけでなく、却って増加し向上した部分もあった。戦国時代の思想領域である百家争鳴は青銅芸術の"百花斉放"を促進し、生活の息使いに充満し独自の芸術特色を具えた青銅器や、錯金鑲嵌銅器などが、盛行する青銅芸術中の傑作としてその華やかさを競ったのである。明らかに鉄器出現後の一時期に、青銅器の発展は停滞するどころか、却って一定時間内に新しい発展を得たのである。その原因を追求するなら、一つは青銅器と青銅冶鋳業そのものが継続して発展していたことがあり、また別には、鉄器の使用が大きく社会生産力を高め、一定時期において青銅器の発展を促進したことがある。歴史の実際は、鉄器の出現は青銅時代の終焉が一種の必然であることを暗示するが、ただし鉄器が青銅器に取って代わるのは漸進的な発展の緩慢な過程であることを提示する。それゆえ、我々は研究において鉄器

時代の始まりと青銅時代の関係を無視できないのであるが、ただし鉄器が次第に青銅器に取って代わる過程とその動因・社会的意義に、より焦点を定めるべきである。鉄器時代の確定に至っては、青銅器が鉄器に取って代えられるのが、生産工具と兵器から始まり次第に完成していき、鉄製日用器具が青銅日用器具に代わる過程が緩慢でかつ最終的には完全には実現しないという、こういった歴史事実から見るならば、その主に依拠すべきは鉄製生産工具と兵器の出現と使用状況である。トムセンが主に生産工具と兵器の材質の変化により石器時代・青銅時代・鉄器時代を区分した、その意義はまさにこの点にあるのである。

2 新世紀における古代鉄器考古学研究の思考と展望について

　20世紀以来の中国古代鉄器・鉄器工業の発展史に関する研究を回顧するならば、すでに目を見張るべき成果を挙げており、大部分において古代鉄器の考古発見と研究の進展およびそこから得た成果に基づいている。ただし同時に、鉄器の人類歴史上における重要な地位と役割について、中国古代製鉄の悠久の歴史・輝かしい成就、そして全ての東アジアの鉄器起源と発展における影響について、といった中国古代鉄器と鉄器工業発展史研究にはまだ多くの研究課題があるのであり、同様に古代鉄器の考古学研究もまた大きな任務に面しているのである。当面は以下の三方面の研究が重要かつ進展が求められているものである。

　第一に、新疆など辺境地域の初期鉄器研究の強化であり、中国製鉄起源の研究を深めるために重要な意義をもつ。一つには、初期鉄器の年代学研究を強化する必要がある。年代学の問題は、考古学研究ないし全ての歴史学研究の最も基本的な問題の一つである。年代が不明ならば、一切の問題の研究が端緒に就くことができない。鉄器研究も同様であり、とりわけ鉄器起源問題において年代問題は一つの鍵となる。例えば、三門峡虢国墓地出土の塊煉鉄製品の年代が西周末期に間違いなく比定できることに基づき、中国の人工製鉄の起源が紀元前8世紀初めを降らないとすることができ、山西天馬－曲村遺跡の春秋前期のやや晩い段階の共晶白口鉄の発見と結びつけて、中国の人工製鉄の最初が塊煉鉄であり、ただしまもなくすぐ液体銑鉄の冶鋳が出現し、その年代がおおよそ紀元前8世紀末に当たる、としたことがまさにそうである。また、新疆地域の考古発現の鉄器が紀元前8世紀あるいは中には紀元前10世紀前後に遡り得るもものもあり、これにより多くの研究者が新疆地域における鉄器の出現が中原地域よりも早く、さらには中原の製鉄術は新疆地域より伝来したものと認識することも同様である。ただし、新疆地域初期鉄器の年代の問題はまだ解決していないと見るべきである。例えば、察吾乎文化は初期鉄器を多く含む文化遺存であり、その年代の範囲は紀元前10世紀から前5世紀前後にあるが、察吾乎文化の鉄器が紀元前10世紀まで溯ることができるか否かは、なお証拠不十分である。なぜなら、察吾乎文化中には"鉄器は非常に少なく、一部の鉄器が出土したとしても、察吾乎文化が鉄器を有すると大雑把に言うことはできない。考古文化であるゆえ、一般的に発展から衰退の過程を経るのであり、……察吾乎文化の発展は四期の段階があり、特に後段において、すでに鉄器が使用された最初の段階すなわち初期鉄器時代に入った"からである。[20]こういった見解を重視するならば、新疆及び沙井文化など河西走廊地域の初期鉄器の年代問題を的確に解決することは、新疆鉄器の起源と中原地域鉄器起源との関係を最終的に解決する一つの鍵となるであろう。

　もう一つは、新疆初期鉄器の冶金学研究の進展が望まれることである。これにより、その鋼鉄技

術の特徴を究明することができ、また技術上から本格的に新疆初期鉄器と中原地域製鉄起源の関係を解き明かすことができよう。これと関連して、西アジア地域の古代鉄器とその考古学・冶金学研究の成果をできる限り把握して比較研究を進め、新疆地域と西アジア地域の製鉄起源の関係を検討することも、一つの重要な課題である。

　第二に、鉄工場遺跡の考古発掘と研究を強化することであり、これは、古代鋼鉄工業の発展過程およびその社会歴史発展過程における位置付けと役割を深く理解することに対し重要な意義を持っている。周知のように鉱山の開採や鉄金属の製錬、また鉄器の鋳造や加工製造などを行う場を内包する各種鉄工場遺跡は、豊富な古代鉄器と鉄器生産の様々な情報を持っているのであり、古代鉄器生産の直接の遺存なのである。20世紀以来中国における古代鉄器・鋼鉄技術研究上の大きな成果は、大部分において鉄工場遺跡の考古発掘と総合研究に依存しているのである。ただし残念なことに、現在までの鉄工場遺跡の考古発掘・研究では、一つには地域的な偏りが強く、河南地区で早くに展開され、継続して進められ、成果の顕著であるのを除けば、その他の地域は概してやや薄弱である。いま一つには、鉄工場遺跡の考古調査の多くは地表面の調査に限られ、大規模な発掘とその総合研究はやや少ないのである。この二つの問題の存在が、古代鉄器の考古学研究の深化を直接制約する大きな原因となっており、大いに改善を加えていく必要がある。

　第三は、漢代以後各時代の鉄器と製鉄遺跡の研究を重視し強化していくことであり、これは、中国古代鉄器と鉄器工業の発展歴程の全面において系統的な認識をすることに対して重要な意義を具えている。先秦両漢時代の千余年間は、中国古代鉄器・鉄器工業発展史上最も重要な鍵となり、かつその成就が最も輝かしい時代であり、それゆえ古代鉄器・製鉄を研究するにはまずここから着手しなければならない。ただし、古代鉄器と鉄器工業の発展は結局のところ一つの総体的なものであり、漢代以後の古代鉄器工業も依然として千数百年の歴史の道を辿ってきているのである。この後の千年以上に渉る鉄器と製鉄の研究を軽視しては、全ての古代鉄器と鉄器工業の発展史とその歴史的経験を系統的に理解し深く認識することはできないのである。もし先秦両漢鉄器の考古学研究が目下のところなお多くの課題に面しているとするならば、漢代以後の古代鉄器考古学研究の課題はさらに大きなものであると言えよう。それゆえ、迅速に力を入れていくことが必要となるのである。

　鉄は人類古代史上で開発・利用した最後の、また最も重要な金属であり、鉄器の出現は画期的な意義を有する重要な出来事であった。中国は悠久なる製鉄の歴史をもっており、それは独特の発展の道をたどり、また多くの注目される発明と創造を獲得し、全世界の古代鉄器文明に重要な貢献をすることとなった。さらに多くの人が古代鉄器の考古学研究に着手し、この研究が絶え間なく深化することを望むものである。

註
1　エンゲルスは未開時代の高級段階に、"鉄鉱の熔解をもって始まり、音素文字の発明とそれを文書記録に使用することとによって、文明に移行する"とした（エンゲルス『家族、私有財産および国家の起原』、大内兵衛・細川嘉六監訳『マルクス＝エンゲルス全集』第21巻第33頁、大月書店、1971年。）。エンゲルスは人工製鉄が未開時代高級段階到来の指標としており、製鉄の出現を同社会変革と結び付けていると捉えることができる。
2　郭沫若『奴隷制時代』第33頁、人民出版社、1973年第二版。この文は1952年に最初に発表された。
3　郭沫若「希望有更多的古代鉄器出土―関于古代分期問題的一個関鍵」『奴隷制時代』第202頁、人民出版社、1973年第二版。この文章は1956年に最初に発表された。

4　郭沫若「関于古代史的分期問題」『奴隷制時代』第6頁、人民出版社、1973年第二版。
5　魚易「東周考古上的一個問題」『文物』1959年第8期64頁。
6　中国科学院考古研究所『新中国的考古収穫』第61頁、文物出版社、1961年。
7　華覚明「中国古代鋼鉄技術的特色及其形成」『中国冶鋳史論集』第3頁、文物出版社、1986年。この論文は最初に1980年に発表された。
8　童書業「従中国開始用鉄的時代問題評胡適派的史学方法」『文史哲』1955年第2期30頁。
9　趙恩語「華夏何時開始使用金属」『安徽史学』1989年第2期9頁。
10　趙化成「論冶鉄術的発生及其鉄器的使用対中国古代社会発展進程的影響問題」『文化的饋贈——漢学研究国際会議論文集・考古学巻』第247頁、北京大学出版社、2000年。
11　エンゲルス『家族、私有財産および国家の起原』、大内兵衛・細川嘉六監訳『マルクス＝エンゲルス全集』第21巻第162頁、大月書店、1971年。
12　李成功『当代社会経済的先導—新材料』第5頁、新華出版社、1992年。
13　顧徳融『春秋史』第229〜236頁、上海人民出版社、2001年。
14　衛興華等主編『政治経済学原理』第4頁、経済科学出版社、1999年。
15　マルクス『資本論』、大内兵衛・細川嘉六監訳『マルクス＝エンゲルス全集』第23巻第一分冊第236頁、大月書店、1965年。
16　エンゲルス『家族、私有財産および国家の起原』、大内兵衛・細川嘉六監訳『マルクス＝エンゲルス全集』第21巻第33頁、大月書店、1971年。
17　譚英傑等「黒龍江中遊鉄器時代文化分期浅論」『考古与文物』1993年第4期90頁。
18　許宏『先秦城市考古学研究』第84〜108頁、北京燕山出版社、2000年。
19　賈峨「関于東周錯金鑲嵌銅器的幾個問題的探討」『江漢考古』1986年第4期34頁。
20　呂恩国「察吾乎文化研究」『新疆文物』1999年第3／4期80頁。

附表

1　先秦両漢鉄工場址一覧表

遺跡名称	調査発掘年	遺跡概況	時代	文献	備考
北京清河鎮朱房村古城址	1954	北京市北郊の清河鎮の西約1kmの朱房村に位置し、城址の北部で錬炉・炉滓・炉壁などの製鉄遺物が発見され、鉄器も表採されている。	漢代	A.考古1959-3-136、B.北京考古四十年-97	漢代広陽国薊県に属する。
北京房山竇店古城製鉄遺跡	1986	北京市房山区竇店郷西安荘村の西一帯、すなわち竇店古城東南角に位置し、炉基址・鉄滓・鉄塊・焼土などが発見される。	漢代	考古1992-8-707	この城址は漢代涿郡良郷県城とされる。
河北承徳採鉱製鉄遺跡	1953	承徳北山の東溝に位置し、調査中に採鉱坑・採鉱場・鉱石堆積場・製錬場4ヶ所・鉄滓などが発見され、鉄錘・帯鈎・六角鋤・削刀等の鉄器と磚瓦残片が採集されている。	前漢	考古1957-1-22	
河北興隆寿王墳鉄範出土地	1953～1954	興隆県寿王墳大副将溝の丘陵上に位置し、鉄範87点が発見される。調査中に切石建築基礎・鉄鉱石砕塊・焼土・陶器残片等が検出される。	戦国	考古1956-1-19	鉄範は村民が発見し、その後調査された。
河北易県燕下都高陌村5号鋳鉄工房址	1962～1964	燕下都東郭城西北部に位置し、面積9万平米で、調査中に鉄製生産工具が発見され、1964年には方形の鉄砧が発見される。	戦国	A.考古1962-1-15、B.燕下都-85	探査による調査。燕下都でここだけが専門の鉄工場址である。
河北邯鄲趙国故城大北城戦国鋳鉄遺跡	1970	邯鄲市区西南部邯鄲故城の大北城中部に位置し、二か所が確認されている。うちL1は体育場南側に位置し、長・寛それぞれ2mの炉基・錬滓・焼土塊等が発見され、L2では鉄滓・炭滓・焼土塊等が発見されている。	戦国	A.考古1980-2-146、B.考古学集刊-4-182	探査。
河北邯鄲趙国故城大北城漢代鋳鉄遺跡	1970	邯鄲市区西南部邯鄲故城の大北城中部に位置し、L3の一か所が確認されている。長1.75mの炉基残骸・木炭・鉄滓・歯輪鋳範・建築材料などが発見されている。	漢代	A.考古1980-2-146、B.考古学集刊-4-182	探査。
山西夏県禹王城廟後辛荘手工業工房址	1959～1962、1985～1992	夏県西北約7kmの禹王村付近の禹王城中城北部、西に城墻を隔てること約100m、北に城墻を隔てること約200m、現在の廟後辛荘村北一帯に位置し、遺跡分布範囲は約600平米。50年代に調査が行われ、90年代に発掘され、鋳・空首斧・竪銎钁・鋤板・削刀・条材・布幣などの陶鋳範と、鉄滓・焼結物・鉄銹・瓦などの建築材料等が出土している。	戦国中後期	A.文物1962-4／5-59、B.考古1963-9-474、C.文物季刊1993-2-11	この城址は古の安邑とされ、戦国時代は魏国都城であった。この遺跡は銅布幣の鋳造を包括する鋳鉄工房址である。
山西夏県禹王城小城鋳鉄遺跡	1959～1962、1990	夏県西北約7kmの禹王村付近の禹王城小城北部、北に城墻を隔てること約200m、現在の農場場部一帯に位置する。50年代に調査され、1990年に発掘された。発掘面	前漢中後期	A.文物1962-4／5-59B.考古1963-9-474、C.考古1994-9-685	この城址は東周魏都安邑城とされ、秦漢時代は河東郡治である。

		積は75平米で、犁鏵・鏟・六角釭・釜・盆・車軎・などの陶鋳範と、鉄滓・炉壁残塊・鉄直口錯・瓦当などの建築材料が出土した。鏟範上に"東三"の銘が見られる。		
山西翼城冶南村製鉄遺跡	1986	翼城県城関鎮冶南村村北の"鉄坡"と呼ばれる斜面上に位置し、東西約600m、南北約2000m。調査中に大型の不規則状鉄塊・鉄鉱石・鉄滓・炉壁残塊・陶範残片などの冶鋳遺物、鉄鍬・板瓦・筒瓦・瓦当などの建築材料、五銖銭・陶製日用器皿などが出土している。	前漢中後期	山西省考古学会論文集(三)-96	前漢河東郡絳県鉄官所属の鉄工場と推測される。
内蒙古呼和浩特美岱(二十家子)古城錬鉄遺跡	1959~1961	呼和浩特市郊二十家子西灘村東に位置する。調査中に錬鉄場が発見される。	漢代	文物1961-9-7	文物1961-9-20の簡報では言及されず、詳細は不明。この城址は漢代定襄郡の県城の一つとされるが、成楽県城とは確定できない。また和林格爾土城子製鉄遺跡ではない(考古1974-1-65)。
遼寧凌源安杖子古城鋳鉄遺跡	1979	凌源県城西南約4kmの大凌河南岸台地上に位置する。古城址の発掘中に鉄鍬鋌の陶鋳範・坩堝4点・鼓風管・炉壁と炉箅残塊・磚瓦など建築材料・大量の鉄器が出土している。	前漢	考古学報1996-2-227	この城址は右北平郡石城県城とされる。
江蘇徐州利国駅製鉄遺跡	1954	徐州以北の現在の利国駅鉄鉱一帯に位置する。調査中に錬炉4基・採鉱地点二か所が発見され、鉄錘・三歯鍬などの工具が採集される。	後漢	文物1960-4-46	漢代の彭城に属する。
江蘇泗洪県峰山鎮趙荘製鉄遺跡	1961	泗洪県峰山鎮趙荘村に位置する。溝渠断面上に焼土・鉄滓・鉄鉱石・錬鉄炉残基・漢代磚瓦が発見される。	漢代	考古1963-1-7	漢代の臨淮郡に属する鉄工場とされる。
福建武夷山市城村漢城製鉄遺跡	1980~1985	武夷山市興田鎮城村西南の城村漢城に位置し、城内の下崗寺で製鉄工房区一か所発見され、城外の福林崗・黄瓜山・元宝山・趙厝圩でも製鉄遺跡がある。	前漢前期	文物1985-11-37	探査。
福建福州新店古城錬鉄炉遺跡	1999	福州市北郊新店鎮新店古城内城墻南墻以北約500mに位置する。炉底石基座1基が検出され、鉄塊・鉄滓などが出土している。	戦国後期	考古2001-3-21	その年代・性質についてはなお議論の余地がある。
山東章丘東平陵故城製鉄遺跡	1954、1975	章丘市龍山鎮東平陵故城内に位置し、1954年の調査中に、城址中部で東西約150mの範囲に鉄滓等の製鉄遺存が発見され、併せて鉄器が採集された。1975年の調査では、城内西部の"鉄十里鋪"一帯で、東西約210m、南北約200mの製鉄遺跡が発見され、炉滓・鉄屑	戦国~漢代	A.考古通訊1955-4-64、B.考古学集刊-11-154	この城址は漢文帝十六年に建設された済南国都城で、前漢済南郡東平陵県治である。

附表　383

			の散布が見られ、多くの鉄器・鉄範などが採集された。			
山東滕県薛城皇殿崗村製鉄遺跡	1960、1964	山東滕県薛故城址中部の皇殿崗村東に位置し、その範囲は東西約200、南北約300mである。調査中に鉄鉱石・鉄滓・鉄塊、鏟・犂鏵・斧等の陶模、陶鋳範残片などの遺物が採集され、陶模と鋳範には"山陽二"・"鉅野二"の銘がある。	前漢〜後漢	A.考古1960-7-72、B.考古1965-12-629	この城址は漢代魯国属県の県城とされる。
山東莱蕪亓省荘鉄鋳範出土地	1972	莱蕪県城西南約25kmの亓省荘村南展雄寨山峰下の小山子山頂に位置し、地表下の窖蔵から空首斧・鏵冠、鏟・耙・鎌刀などの鉄鋳範計24点が発見され、調査中に亓省荘村の西で鉄滓・焼土堆積が発見された。鉄鋳範上には"山"・"李"・"氾"・"口"等の銘が見られる。	前漢前期	文物1977-7-68	鉄範は村民により発見され、のち調査された。この地は前漢時代に泰山郡嬴県に属する。
山東臨淄斉国故城内製鉄遺跡	1962〜1971	淄博市臨淄区斉国故城内に位置し、城内で5か所の戦国秦漢時代の鉄器工房址が発見されている。そのうち、小城西部の一か所は東周時代に属し、面積約1.5万平米である。大城内の石仏堂・付家廟・劉家寨・崔家荘など4か所の錬鉄遺跡は戦国秦漢時代遺存で、面積はいずれも4万平米以上である。劉家寨村南で漢代の"斉鉄官丞"・"斉采鉄印"の封泥が出土している。	戦国〜秦漢	文物1972-5-45	調査・探査がされる。
山東曲阜魯国故城内製鉄遺跡	1977〜1978	曲阜市区東北部魯国故城内に位置し、その中部と東北部でそれぞれ1か所の製鉄遺跡が発見されている。そのうち立新製鉄遺跡は面積約5万平米、体積厚は2mに達する。試掘中に戦国・前漢前期の冶錬遺跡が発見される。北関製鉄遺跡は東西約450、南北約120m、面積約5.4万平米で、ボーリング調査中に大量の鉄塊・鉄滓・焼土が発見されている。	戦国〜前漢	曲阜魯国故城-16	調査・試掘がされる。
山東高密城陰城鋳鉄遺跡	1981	高密県劉家荘村南城陰城古址の西南角に位置し、調査中に鉄滓・焼土・木炭塊などが発見され、ボーリング調査中に夯土基址が発見され、鉄犂鏵・鋤・鎌刀などが出土した。	漢代	考古与文物1991-5-23	調査。
河南鶴壁鹿楼製鉄遺跡	1960、1988	鶴壁市鹿楼郷故県村西に位置する。1960年に調査され、面積2.7万平米、錬炉13基、耐火磚・鉄鉱石・錬滓・鉄器51点・陶鋳模などが発見され、漢代とされた。1988年に発掘され、遺跡面積90数万平米とされ、415平米が発掘され、戦国時代の陶窯2基・火焼坑8基・灰坑6基・水井1基などの遺構が検出され、炉壁残塊・鼓風管	戦国中期〜前漢	A.考古1963-10-550、B.鶴壁鹿楼冶鉄遺址	漢代河内郡鉄官所属の鉄工場である。

		残片・陶範・石範・鋳模・鉄器・建築材料・生活器具、前漢時代の陶窯1基・炉壁残塊・鼓風管残片・陶範・鉄器・建築材料・生活器具などが出土した。			
河南安陽市北郊製鉄遺跡	1959	安陽市北郊に位置し、面積12万平米、錬炉17基・坩堝3点・耐火磚・鉄塊堆・鉄滓坑・鋳範・鋳模・鉄砧等の鉄器が出土した。	漢代	中国文物報2005-1-21	正式な報告はない。漢代は河内郡に属する。
河南林県正陽集製鉄遺跡	1974	林県順河郷正陽集西北霜溝南半部の"東冶"に位置し、面積1.6万平米、錬滓・炉壁残塊・磚瓦等が発見されている。	漢代～宋代	華夏考古1992-1-50	漢代は河内郡に属し、調査者は河内郡隆慮（林慮）鉄官所属の鉄工場と推測する。
河南温県招賢村鋳鉄遺跡	1970年代	温県西招賢経西招賢村西北台地上に位置し、温県故城北城壁中段の外側に当たる。遺跡面積は約1万平米で、地表には漢代陶片・鉄滓・炉磚・焼土・陶範残塊が散布する。発掘で烘範窯1基が検出され、窯室内には未使用の完全な陶畳鋳範500数組が並べて置かれており、その鋳造製品は16種類で36種の器形がある。主に車馬機具・権などの鋳範で、同時に日用陶器・鉄滓堆2か所・鉄条等の遺物が発見されている。	漢代	漢代畳鋳－温県烘範窯的発掘与研究	漢代は河内郡に属する。
河南淇県西壇村製鉄遺跡	1990年代	淇県朝歌故城内北部の西壇村に位置する。	戦国	A.20世紀河南考古発現与研究-438、B.中国文物報1986-10-3	漢代は河内郡に属する。
河南淇県付荘製鉄遺跡	1990年代	淇県朝歌故城東郊城外の付荘一帯に位置する。	戦国	20世紀河南考古発現与研究-438	漢代は河内郡に属する。
河南輝県古共城鋳鉄遺跡	1988	輝県古共城西北郊に位置し、面積1.5万平米、発掘で烘範窯1基が検出され、陶範・鉄器などが出土している。	戦国中後期	華夏考古1996-1-1	発掘者によると、古共城内でも製鉄遺跡が発見されている。
河南鄭州市古滎鎮漢代製鉄遺跡	1965、1966、1975	河南鄭州市西北20数kmの古滎鎮に位置し、漢代滎陽県城西壁外側に当たる。遺跡は南北長400m、東西寛300m、面積12万平米である。1965年・66年に調査と試掘が行われ、1975年に1700平米が発掘された。発掘で錬鉄炉2基・炉前坑1基・坑内堆積の大鉄塊9塊・鉱石堆1か所・多用途窯13基・水井・水池・四角柱坑・船形坑などが検出され、大量の炉滓・耐火磚・鼓風管残塊・餅形燃料塊、各種鉄範を鋳造するための陶模、鉄器318点が出土し、鉄器には鏟112点・錨18点・竪銎钁21点・鋳39点・鑿・犁鏵・鏵冠・双歯鎌・釭・棘輪・矛・その他があり、同時に銅銭幣・日用陶器・磚瓦などが発見されている。鏟などの陶鋳模上に	前漢中後期～後漢	A.文物1978-2-28、B.1978-2-44	漢代河南郡鉄官所轄の第一号鉄工場とされる。

附表　385

		は"河一"銘があり、鉄鏟銎部に陰文で"河一"銘のあるものもある。			
河南新鄭県倉城村鋳鉄遺跡	1960～1975	新鄭鄭韓故城外郭城（東城）内に位置し、面積4万平米、熔鉄炉基1基・烘範窯2基・陶範坑2基・が検出され、陶範・鉄器・陶器などが出土している。	戦国後期	A.考古1962-3-165、B.文物資料叢刊-3-62	探査・試掘。
河南永城芒碭山製鉄遺跡	1981	永城県芒碭山鎮魯荘の北に位置し、芒碭山前漢梁国墓群の中心に当たる。面積は1万平米以上で、錬滓・炉壁残塊などが発見されている。	前漢	永城西漢梁国王陵与寝園-286	梁国王陵造営のために設立した鉄工場である。
河南商水扶蘇故城製鉄遺跡	1980年代	商水県舒荘公社扶蘇故城内西北部に位置し、調査で鉄滓・鉄器が発見されている。	戦国後期～漢代	考古1983-9-846	調査。
河南西平酒店楊荘製鉄遺跡	1987	西平県酒店郷酒店村の南に位置し、面積2.8万平米、39平米が発掘され、製鉄炉1基が検出され、炉体残塊・陶器などが出土している。	戦国中後期	華夏考古1998-4-27	戦国時代は韓の地に属し、漢代は汝南郡に属する。
河南西平製鉄遺跡	1987	西平酒店製鉄遺跡の東4kmに位置する。	戦国	華夏考古1998-4-27	資料詳細は不明。漢代は汝南郡に属する。
河南西平酒店趙荘製鉄遺跡	1980年代	西平県酒店郷棠渓河南岸、酒店楊荘遺跡とは河を隔てて臨む場所に位置し、断崖上に錬炉・錬滓等が露出している。	戦国ないし漢代	中原古代冶金技術研究-54	漢代は汝南郡に属する。
河南西平酒店鉄炉後村製鉄遺跡	1980年代	西平県酒店郷鉄炉後村以南の高地上に位置し、地面には炉壁残塊・磚瓦残片などが散布している。	戦国～漢代	中原古代冶金技術研究-54	漢代は汝南郡に属する。
河南舞鋼許溝製鉄遺跡	1980年代	舞鋼区尹集郷許溝村南の台地上に位置し、地表には炉壁残塊・錬滓・陶範・石範残塊等が散布している。	戦国～漢代	中原古代冶金技術研究-54	漢代は汝南郡に属する。
河南舞鋼溝頭趙製鉄遺跡	1980年代	舞鋼区武功郷溝頭趙村内に位置し、調査中に錬滓・炉底積鉄などが発見された。	戦国ないし漢代	中原古代冶金技術研究-54	漢代は汝南郡に属する。
河南舞鋼翟荘製鉄遺跡	1980年代	舞鋼区楊荘郷翟荘村南に位置し、地表に錬滓・炉壁残塊・瓦片等が散見され、過去錬炉が発見されている。	戦国ないし漢代	中原古代冶金技術研究-54	漢代は汝南郡に属する。
河南舞鋼圪垱製鉄遺跡	1980年代	舞鋼区尚店郷圪垱趙村の西に位置し、地表に炉壁残塊・錬滓・瓦片・陶片などが見られ、錬炉基址がかつて発見されている。	戦国ないし漢代	中原古代冶金技術研究-54	漢代は汝南郡に属する。
河南尖山鉄鉱遺跡	1980年代	舞鋼区楊荘郷西範荘以西の尖山東部中腹に位置し、地表に大量に鉱石塊が散布し、陶器残片も見られる。	戦国ないし漢代	中原古代冶金技術研究-54	漢代は汝南郡に属する。
河南確山朗陵古城製鉄遺跡	1980年代	確山県南部任店盆地南縁の台地上に位置し、溝渠断面に鉄滓・炉滓・残鉄器・炉壁残塊・磚瓦残片などを包含する堆積層が露出する。付近の馬鞍山・薄山一帯で採鉱坑が発見されている。	漢代	考古与文物1987-5-103	漢代は汝南郡に属する。
河南泌陽下河湾	2004	泌陽県馬谷田鎮南崗村下河湾村東	戦国中	中国文物報	この地は戦国時代

製鉄遺跡		下河の西岸の台地上に位置し、面積約23万平米、調査中に陶窯址・房屋基址、炉基・錬滓・錬炉残塊・鼓風管・耐火磚・陶鋳模・陶鋳範・石鋳範・鉄板材・鉄器残片、磚・瓦・瓦当等建築材料、陶製日用器皿残片などが発見されている。	後期～前漢	2005-1-21	に前後して楚・韓に属し、のち秦に入り、漢代は南陽郡に属し、漢代の平氏・比陽・"陽二"などの鉄工場と関係があろう。
河南桐柏毛集採鉱製鉄遺跡	1975	桐柏県毛集西鉄山（毛集鉄山鉱）付近に位置する。採鉱遺跡では鉱坑・竪井などが発見され、鉄斧1点が採集されている。冶錬遺跡は鉄山廟西北500mに位置し、南北400、東西100m、面積4万平米、調査中に製鉄炉2基が発見され、鼓風管残塊・錬滓・残鉄塊・鉱石・陶片・磚瓦残片などが採集されている。	戦国後期～前漢	華夏考古 1988-4-16	漢代は南陽郡に属する。
河南桐柏張畈製鉄遺跡	1976	桐柏県固県郷張畈村東南に位置し、面積9400平米、錬滓・鉱石粉・炉壁残塊・鋤・錘・砧・斧・刀などの鉄器が採集されている。	前漢～六朝	華夏考古 1992-1-56	漢代は南陽郡に属する。
河南桐柏鉄楼村製鉄遺跡	1976	桐柏県毛集郷鉄楼村（王湾村）一帯に位置し、面積4万平米、炉壁残塊・鉱石滓・磚瓦など建築材料が発見されている。	後漢前期～六朝	華夏考古 1992-1-57	漢代は南陽郡に属する。
河南南陽瓦房荘鋳鉄遺跡	1959～1960	漢代南陽郡宛県故城東北角、現在の南陽市北関瓦房荘西北に位置し、面積28000平米。1954年に発見され、1959～1960年に4864平米（うち鋳銅遺跡900平米を含む）が発掘される。検出された前漢遺存には、錬鉄炉基址4基・水井9基・水池3基・勺形坑1基があり、また廃旧鉄材・耐火磚・炉滓・鋳範・鼓風管残塊、鉄器83点が出土している。後漢遺存には熔鉄炉基5基とその関連遺物、炒鋼炉1基・鍛鉄炉8基・水井2基・焼土槽4基・各種坑穴がある。大量の廃鉄材・陶範・陶模602点・鉄範・鉄器1106点が出土している。鐇冠陶内模上に"陽一"銘が見られる。	前漢前期～後漢後期	A．文物1960-1-58、B．華夏考古1991-1-1	漢代南陽郡鉄官所属第一号鉄工場とされる。
河南鎮平堯荘窖蔵鉄範出土地	1975	鎮平県城郊堯荘村に位置し、鉄器窖蔵1か所が発見され、鉄範84点が出土した。この窖蔵は漢代安国城外東南250mに位置し、付近に鋳鉄遺跡のあることが推測される。	後漢中後期	A．考古1982-3-243、B．華夏考古1991-1-1	漢代は南陽郡の属地である。
河南方城趙河村製鉄遺跡	不詳	不詳	漢代	華夏考古1991-1-1	漢代は南陽郡に属する。
河南南召草店製鉄遺跡	1957	南召県鴨河上流の草店以西に位置し、製鉄炉2基が発見されている。	漢代	文物1959-1-21	漢代は南陽郡に属する。
河南南召廟後村製鉄遺跡	1957	南召県鴨河上流の草店以西の廟後村北約100mに位置し、面積は3000平米、製鉄炉1基が発見され	漢代	文物1959-1-21	漢代は南陽郡に属する。

			ている。		
河南南召下村製鉄遺跡	1957	南召県鴨河上流の草店以西の下村以南50mに位置し、製鉄炉6基が発見されている。	漢代	文物1959-1-21	漢代は南陽郡に属する。
河南南召朱砂舗製鉄遺跡	1957	南召県鴨河上流の草店以西の朱砂舗村付近に位置し、製鉄炉3基が発見され、また村の西の山崗上に採鉱坑1か所が発見されている。	漢代	文物1959-1-21	漢代は南陽郡に属する。
河南魯山望城崗製鉄遺跡	1976、2000	魯山県城南関外の二か所の台地上に位置し、遺跡は現存で東西約1500m、南北訳500m、面積75万平米である。1976年に調査され、2000年に2000平米が発掘された。そのうち西大地の面積は3.4万平米で、錬炉・鉄滓・建築材料などが発見されている。東大地は面積約2万平米で、炉壁残塊・鉄滓・鼓風管残塊などが発見され、犁鏵模・鍬範・鋤範などが採集されている。発掘により炉基とその関連遺構、陶窯・房基・給水施設などが検出され、大鉄塊・陶範・磚瓦などが発見されている。1点の鏵冠陶鋳模上に"陽一"銘があり、他に"河□"銘をもつ陶鋳模がある。	前漢中期〜後漢前期	A.華夏考古1992-1-58、B.華夏考古2002-1-3	魯山県（秦漢時代の魯陽県）で、漢代は南陽郡に属する。南陽郡鉄官所属の鉄工場とされる。
河南魯山西馬楼製鉄遺跡	不詳	不詳（河南省文物研究所調査資料）	漢代	華夏考古1991-1-1	漢代は南陽郡に属する。
河南臨汝夏店錬鉄遺跡	1958	臨汝県城西北の夏店村付近に位置し、錬炉1基・鉄器坑1基・鉄空首斧300数点が発見されている。	漢代	文物1960-1-60	漢代は河南郡に属する。
河南臨汝範故城製鉄遺跡	不詳	臨汝県範故城に位置する（汝州市博物館調査資料）。	漢代	中原古代冶金技術研究-161	漢代は河南郡に属する。
河南登封告城鎮陽城鋳鉄遺跡	1977〜1978	登封県告城鎮東周陽城南郊に位置し、面積2.3万平米、400平米が発掘され、烘範窯・熔鉄炉・鋳鉄脱炭炉・水井などが検出され、鼓風管・鋳範・範模・鉄器・陶器などが発見されている。	戦国前期〜漢代	登封王城崗与陽城-256	漢代は潁川郡に属し、陽城に鉄官が設置されている。
河南登封鉄炉溝製鉄遺跡	不詳	不詳	漢代	中原古代冶金技術研究-161	漢代は潁川郡に属する。
河南禹州営里製鉄遺跡	不詳	不詳（河南省文物研究所調査資料）	漢代	中原古代冶金技術研究-161	漢代は潁川郡に属する。
河南鞏県鉄生溝製鉄遺跡	1958〜1959	鞏県（現鞏義市）鉄生溝村南側台地上に位置し、遺跡は東西長180、南北寛約120m、面積約21600平米、発掘面積は2000平米である。付近では当時鉱石を採掘した鉱井・巷道等の採鉱遺跡が発見されている。冶錬場では鉱石加工場1か所が検出されている。検出された遺跡には、錬炉8基・鍛炉1基・炒鋼炉1基・脱炭退火炉1基・烘範窯11基・多用途長方形排窯5基・廃鉄坑8基・配料池1基・房基4基、また鉄器と鉄材200点、陶器233点・熔炉耐火材料39点・鋳範1点・注口鉄3点・泥	前漢中期〜後漢前期	A.鞏県鉄生溝 B.考古学報1985-2-157	漢代河南郡鉄官所属第三号鉄工場とされる。

		範少量・鼓風管8点、そして各種耐火材料残塊と建築材料など1000点以上、銅銭幣がある。出土鉄器には鉄竪銎钁11点・鏟26点、錘・鑿・錛・双歯钁・鋤・犂鏵・刀等の生産工具92点、鈎・釘・釜など生活用具32点、剣・鏃各1点、その他がある。そのうち73点が金相分析がなされ、"河三"銘をもつ鉄器もある。			
河南宜陽故城製鉄遺跡	不詳	宜陽県宜陽故城に位置する（洛陽市第二文物工作隊調査）。	漢	中原古代冶金技術研究-161	漢代は弘農郡に属し、宜陽に鉄官が設置される。
河南新安上孤灯鋳鉄遺跡	1987	新安県城西北15kmの石寺郷上孤灯村東に位置し、遺跡は現存で東西300、南北200m、面積約6万平米である。鏟・鋤・鏵冠などの鉄鋳範窖蔵坑1か所が発見され、鉄範83点が出土。調査中に陶鋳範残塊・熔炉耐火磚・範托・陶器・建築材料などが発見されている。鏟と六角鋤範の型腔に"弘一"銘、鏵冠範の型腔に"弘二"銘が見られる。	前漢後期～新莽時期	華夏考古1988-2-42	漢代弘農郡鉄官所属の鉄工場で、調査者によると、新安県境内の鉄門・北冶・石寺などの地でも古代の製鉄遺跡が発見されている。
河南澠池車站南鋳鉄遺跡	1974	澠池県汽車駅東南250mに位置し、東は五里河から50m、南は澗河に臨み、北は隴海鉄道に至る。南北長250、東西寛220m、断崖に鉄滓・耐火材料残塊・焼結鉄などが見られる。西北部で鉄器窖蔵が1か所発見され、鉄器60数種計4000点以上が出土した。	漢代～北魏	文物1976-8-45	窖蔵の年代は北魏時代とされるが、鉄器には大量の漢代鉄器を含む。漢代弘農郡に属し、鉄官は澠池に設置される。
河南霊宝函谷関製鉄遺跡	不詳	霊宝県函谷関一帯に位置する（霊宝市文物保管所調査）。	漢代	中原古代冶金技術研究-161	漢代弘農郡鉄官所属の鉄工場とされる。
湖南桑植朱家台鋳鉄遺跡	1992～1995	湖南省桑植県城西澧水西岸の朱家台大地城に位置し、大地面積は約2平方km、朱家大田と菜園田の二つの遺跡を含む。両者は南北に相隔てること約150m。菜園田遺跡の発掘面積は約150平米で、炉基墩台2か所・熔鉄炉1基・水井・水池・灰坑等の遺構が検出され、鉄坩堝2点・泥質斧範・钁範、凹口锸4点・鍛銎钁5点・竪銎钁7点・錛5点・斧6点・直口锸・刀・錘・矛・剣・鏃など鉄器64点、磚瓦など建築材料、日用陶器などが出土している。朱家大田遺跡の発掘面積は700平米、炉基墩台2か所・水井・水塘・石板路等の遺構が検出され、鉄坩堝2点、泥質钁範・石質刀範、凹口锸2点・竪銎钁6点・鍛銎钁5点・斧5点・錛6点・刀・鏃・矛・削刀など鉄器31点、日用陶器などが出土している。	前漢後期～後漢前期	考古学報2003-3-401	漢代武陵郡充県所属の鉄工場と推測される。
陝西秦咸陽故城	1970年代	秦都咸陽城内宮殿区西北の聶家溝	秦代	文物1976-11-	調査。

聶家溝鋳鉄遺跡		溝頭西北一帯に位置し、鉄滓・鉄塊・炉滓・焼土・木灰などが発見されている。		27	
陝西鳳翔南古城村製鉄遺跡	1961	鳳翔県城南約3kmの南古城村付近に位置し、鉄滓等が発見されている。	戦国ないし漢代	考古1962-9-493	漢代は右扶風の雍の地であり、雍には鉄官が設置されている。
陝西韓城芝川鋳鉄遺跡	1980年代	韓城県城南約9kmの芝川鎮芝西村一帯に位置し、遺跡南北長219、東西寛194m、面積約4.2万平米、調査中に炉滓堆積区・陶範堆積区が発見され、両腔竪鋬钁範・鎌範・鏟範・両腔鑿範・削刀範・歯輪範などの陶鋳範と、磚瓦残片などが採集されている。	前漢	考古与文物1983-4-27	韓城は漢代には夏陽といい、夏陽は鉄官が設置され、この工場は夏陽鉄官所属と考えられる。
陝西耀県後河製鉄遺跡	1980年代	陝西耀県瑶曲郷草灘大隊後河村台地上に位置し、大型鉄釜7点・焼土・鉄滓・炉壁・漢代板瓦が発見されている（付近には炭鉱が多く、山後の石節一帯では鉄鉱石が産出する）。	漢魏	文博1987-2-36	調査。
陝西西安漢長安城西市鋳鉄遺跡	1992	漢長安城西北隅横門以西、北城墻以南の西市、現在の六村堡郷相家巷村南に位置し、発掘面積は138.8平米、烘範窯一組3基・廃料堆積坑5基・熔鉄炉基址1基が検出され、車馬器・日用器具を主とする叠鋳陶範8種と、鼓風管・鉄滓・磚瓦等建築材料・日用陶器が出土し、"東三"銘のある陶範もある。	前漢中後期	考古1995-9-792	
新疆庫車阿艾山製鉄遺跡	1958	庫車県阿艾山麓に位置し、調査で坩堝・鉄滓・鉱石・陶鼓風管・漢代陶罐などが出土している。	漢代	文物1960-6-27	漢代亀茲の故地に当たる。
新疆洛浦阿其克山製鉄遺跡	1958	洛浦県阿其克山麓に位置し、調査中に山斜面下で焼結した鉄塊・鼓風管残塊などが発見され、付近では五銖銭も発見されている。この一帯には赤鉄鉱が分布している。	漢代	A.文物1960-6-27、B.文物1962-7／8-16	漢代于闐の故地に当たる。
新疆民豊尼雅遺跡錬鉄遺跡	1959	民豊県尼雅遺跡内に位置し、直径30cmの炉址や、焼結した鉄塊、鉱石、製鉄工人の住居址、鉄空首斧・鏟などが発見されている。	漢代	A.文物1960-6-27、B.文物1962-7／8-24	漢代精絶国の故地に当たる。

2　先秦両漢鉄器科学分析鑑定一覧表

出土地点及び時間	鑑定サンプル及び数量	鑑定結果	時代	考古文献／鑑定文献
北京平谷劉家河殷代墓（1977）	鉄刃銅鉞1	隕鉄	殷代中期	文物1977-11／文物1990-7
北京大葆台漢墓（1974～1975）	錛2・斧1・簪2・箭杆1・扒釘1・削刀1・鑿1、計9点	過共晶白口鉄・展性鋳鉄・塊錬鉄・脱炭鋳鉄・鋳鉄脱炭鋼	前漢後期	北京大葆台漢墓／同上
北京清河鎮製鉄遺跡（1955）と漢墓（1950年代）	凹口錛1・𰀁鏵1・釘1・戟1・剣1・刀1、6点	鋳鉄脱炭・白口鋳鉄・靭性鋳鉄・鋳鉄脱炭鋼鉄器	後漢	考古1959-3／考古学報1960-1
河北藁城台西村殷代墓葬（1972）	鉄刃銅鉞1	A.人工製錬の錬鉄、B.隕鉄	殷代中期	考古1973-5／A.考古1973-5、B.考古学報1976-2、文物1976-11
河北興隆寿王墳鉄範（1953）	芯範1	白口鋳鉄	戦国後期	文物1956-1／考古学報1960-1、文物1960-2
河北石家荘市荘村遺跡（1955）	空首斧2	脱炭鋳鉄	戦国	考古学報1957-1／考古学報1960-1
河北易県燕下都M44（1965）	钁1・鋤1・剣3・戟1・鏃1・矛1・鐏1、計9点	A.純鉄ないし鋼製品・柔化処理を経た、あるいは未処理の銑鉄製品、B.熟鉄・低炭鋼・中炭鋼・靭性鋳鉄・共晶鋳鉄	戦国後期	考古1975-4／A.同上、B.燕下都-888表一
河北易県燕下都（1950～1990年代）	錛3・鑿2・刀1・鑷歯1・三歯钁1・鋤1・鋤板1・鏟1・竪銎钁5・鎌刀2・矛3・甲冑片3・鐏3・剣3・鉗1・残器1・鉄板1、計33点	錬鉄・低炭鋼・中炭鋼・高炭鋼・灰口鋳鉄・靭性鋳鉄・亜共晶鋳鉄・共晶鋳鉄・過共晶鋳鉄	戦国前期～後期	燕下都／同上
河北易県燕下都東沈村M22（1965）	削刀1	中炭鋼	漢代	考古1965-11／燕下都-888表一
河北満城漢墓（1968年）	犂鏵1・鏟1・钁3・外範1・内範2・車䥫1・器蓥1・炉1・鏃4・鎧甲片1・剣2・削刀1・戟1、計20点	麻口鋳鉄・靭性鋳鉄・亜共晶白口鋳鉄・灰口鋳鉄・塊錬鉄・鋳鉄脱炭鋼・塊錬滲炭鋼	前漢中期	満城漢墓発掘報告／同上。この鑑定は北京鋼鉄学院の行った金相分析である。
河北満城漢墓（1968）	钁1・内範1・鏃1・刀1・戟1・鑿1、計6点	過共晶白口鉄・低炭鋼・中炭鋼	前漢中期	満城漢墓発掘報告／同上。本鑑定は清華大学の行った金相分析である。
河北武安午汲古城址（1956）	竪銎钁1・犂鏵1、計2点	白口鋳鉄・鋳鉄脱炭	前漢、後漢	考古1957-4／考古学報1960-1
山西天馬-曲村遺跡（1984～1986）	鉄片1・鉄条1、計2点	塊錬鉄・過共晶白口鉄	春秋中期	天馬-曲村（1980～1989）／同上
山西侯馬喬村墓地（1959～1996）	剣5・錛4・鏟4・鑿1・削刀3・帯鉤6・鎌刀1・銍刀1・犂鏵1・釜1・勺1・頸鉗1・棒形器1・棺釘2・鉄片1、計33点	共晶白口鋳鉄・脱炭鋳鉄・鋳鉄脱炭鋼	戦国前期～後漢	侯馬喬村墓地／同上-1200
山西侯馬虎祁墓地（1996～1998）	犂鏵1・鏟1・鑿1・錛1・削刀6・刀1・鋋鏃2・帯鉤33・釜1・罐1・鉄片4、計	共晶白口鋳鉄・脱炭鋳鉄・鋳鉄脱炭鋼	戦国中後期	山西省考古学会論文集（三）-504／三晋地区出土戦国鉄器的調査与研究-57

	52点			
山西長治分水嶺東周墓（1954～1955）	竪銎钁1・削刀1、計2点	脱炭鋳鉄	戦国前期	考古学報1957-1／A．文物1998-2、B．侯馬喬村墓地-1215
山西長治屯留後河村墓地（1994）	鏟1・刀2・削刀3・匕首1・鏃1・帯鈎12・釘1・方環1、計22点	共晶白口鋳鉄・脱炭鋳鉄・鋳鉄脱炭鋼・鋼・黒心鋳鉄	戦国中後期	中国考古学年鑑（1995）／三晋地区出土戦国鉄器的調査与研究-57
山西長治潞城潞河墓地（1983～1984）	剣2・鏟1・帯鈎1、計4点	脱炭鋳鉄・鋳鉄脱炭鋼	戦国中後期	山西省考古学会論文集（三）-506／三晋地区出土戦国鉄器的調査与研究-57
山西長治長子孟家荘墓地（1988～1989）	帯鈎4・残器1、計5点	共晶白口鋳鉄・鋼・塊錬鉄	戦国中後期	三晋考古-1／三晋地区出土戦国鉄器的調査与研究-57
山西楡次猫爾嶺墓地（1984）	钁1・鋳3・剣7・削刀1・刀1・帯鈎7・残器1、計21点	共晶白口鋳鉄・鋳鉄脱炭鋼・塊錬滲炭鋼	戦国中後期	三晋考古-1／三晋地区出土戦国鉄器的調査与研究-57
山西永済趙杏村墓地（1993）	錛1・釜1、計2点	白口鋳鉄・脱炭鋳鉄	戦国中後期	中国文物報1994-6-5／三晋地区出土戦国鉄器的調査与研究-57
内蒙古呼和浩特二十家子古城（1960）	鎧甲片1	低炭鋼（塊錬鉄滲炭鋼鍛打製品）	前漢	考古1975-4／同上、考古学報1975-2
内蒙古商都県東大井墓地（1998）	刀1・環1・鳴鏑1・甲片1、計4点	低炭鋼鍛造製品	後漢後期	内蒙古地区鮮卑墓葬的発現与研究／同上
遼寧遼陽三道壕遺跡（1955）	車輻1・竪銎钁1・鋤1・剣1・鏃1・錐1・刀1、計7点	白口鋳鉄・脱炭鋳鉄・鋳鉄脱炭鋼鍛造製品	前漢後期	考古学報1957-1／考古学報1960-1
吉林楡樹老河深鮮卑墓地（1980～1981）	竪銎钁3・鎌刀1・直口錛1・鑿1・削刀2・帯扣1・環1・錐2・馬銜1・馬鑣1・剣2・刀4・矛1・鏃2・箭嚢1・甲片1、計25点	白口鉄・鋳鉄脱炭鋼・炒鋼	前漢末後漢初	楡樹老河深／同上
江蘇六合程橋M1（1964）	鉄丸1	銑鉄	春秋末期	考古1965-3／中国冶金簡史-44
江蘇六合程橋M2（1968）	鉄条1	塊錬鉄鍛造製	春秋末期	考古1974-2／考古学報1975-2
江蘇徐州子房山2号漢墓（1976）	竪銎钁1	鋳鉄固体脱炭鋼	前漢前期	文物資料叢刊-4／同上
江蘇徐州獅子山前漢楚王陵（1995）	刀1・鑿6・釜1・矛2・撬杠1・甲片7・墊片2・封門器1、計21点	白口鉄・塊錬鉄・塊錬滲炭鋼・鋳鉄脱炭鋼・炒鋼	前漢前期	文物1998-8・文物1999-7
江蘇徐州北洞山前漢楚王墓（1986）	方炉1・鑿3・竪銎钁1・戟1・楔1・匕首1、計7点	灰口鋳鉄・亜共晶白口鋳鉄（脱炭鋳鉄）・塊錬鉄・塊錬滲炭鋼・鋳鉄脱炭鋼	前漢中期	徐州北洞山西漢楚王墓／同上
江蘇高郵天山1号漢墓（1979）	鉄製生産工具	炒鋼等	前漢後期	文博通訊-32／文物1999-7 注[17]（正式鑑定報告待刊）
江蘇徐州段山漢墓（1978）	長剣1	炒鋼鍛造製（百錬鋼）	後漢前期（建初二年／77年）	文物1979-7／同上、自然科学史研究-3-4（1984）

山東莱蕪亓省荘鉄器窖蔵（1972）	鉄範	白口鉄・灰口鉄・麻口鉄	前漢前期	文物1977-7／同上
山東滕県薛城址（1950年代）	空首斧1	靭性鋳鉄	前漢	考古1960-7／考古学報1960-1
山東蒼山後漢墓（1974）	長刀1	炒鋼鍛造製（百錬鋼）	後漢後期（永初六年／112年）	文物1974-12／考古学報1975-2、自然科学史研究-3-4（1984）
山東章丘東平陵故城（1975）	鏟2・鏟刀1・鏟冠1・棘輪1・斧1、計6点	可鍛鋳鉄・亜共晶白鉄・炭素鋼	漢代	考古学集刊-11／同上
河南浚県辛村（1930年代）	鉄刃銅鉞1・銅内鉄援戈1、計2点	隕鉄	殷代末期	Two Early Chinese Bronze Weapons with Meteoritic Iron Blades（1971）
河南三門峡虢国墓地M2001（1990）	玉柄鉄剣1・銅内鉄援戈1、計2点	塊錬滲炭鋼・塊錬鉄	西周後期	三門峡虢国墓地／同上
河南三門峡虢国墓地M2009（1991）	銅骹鉄葉矛1・銅内鉄援戈1・銅銎鉄錛1・銅柄鉄削刀1、計4点	塊錬滲炭鋼（矛）・隕鉄（その他）	西周後期	三門峡虢国墓地／同上
河南新鄭唐戸村M7（1976）	板状鉄器1	脱炭鋳鉄	春秋後期	文物資料叢刊-2／中原文物1993-1
河南洛陽水泥製品廠出土鉄器（1975年以前）	錛1・鏟1、計2点	退火処理を経た銑鉄、展性鋳鉄	戦国前期	考古学報1975-2／同上
河南登封陽城鋳鉄遺跡（1977～1978）	戦国：鑿1・錛1・削刀1・刀1・竪銎鍤14・鋤9・板材2・鏃1、計30点、漢代：鋤1・鑊1・鋤板1・環1、計4点	戦国：脱炭鋳鉄・鋳鉄脱炭鋼・鍛打炒鋼（？）・靭性鋳鉄、漢代：脱炭鋳鉄・鋳鉄脱炭鋼・白口鉄	戦国前期、後期、漢代	登封王城崗与陽城／同上
河南登封県出土鉄器（1990年以前）	戦国：鏟1、漢代：鏟1・鏡1、計2点	脱炭鋳鉄・鋳鉄脱炭鋼	戦国、漢代	登封県文管所所蔵品／中原文物1993-1
河南新鄭倉城村鋳鉄遺跡（1980年以前）	板材1	鋳鉄脱炭候	戦国	文物資料叢刊-3／中原文物1993-1
河南新鄭倉城村鋳鉄遺跡（1980年以前）	条形材1	靭性鋳鉄	戦国	文物資料叢刊-3／第三屆国際中国科学史学術会議論文集（1990）
河南輝県固囲村戦国墓（1950）	錛1・削刀1・帯鉤1・鑿形器1・空首斧1・直口鍤1、計6点	早期冶錬法（固体還元法）製品	戦国後期	輝県発掘報告／考古学報1956-2
河南桐柏毛集鉄山廟採鉱製鉄遺跡（1985）	空首斧1	可鍛鋳鉄（刃部に焼き入れ処理が施される）	戦国後期～前漢	華夏考古1988-4／同上
河南南陽瓦房荘鋳鉄遺跡（1959～1960）	釬1・鑿3・錘1・犁鏵2・注口鉄2・範芯1・鑊1・稷鏵2・錛1・錨3・鋳1・鎌刀2・斧1・刀1・鉄板1・矛1、計24点	白口鋳鉄・灰口鋳鉄・高磷灰口鋳鉄・白心靭性鋳鉄・黒心靭性鋳鉄・脱炭鋳鉄・炒鋼・塊錬鉄	前漢前期～後漢後期	華夏考古1991-1／同上、自然科学史研究-1-1（1982）
河南陝県漢墓（1956～1958）	釜1・鼎足1・扞2・剣3、計7点	共晶白口鋳鉄・炒鋼	前漢	陝県東周秦漢墓／同上
河南永城前漢梁国王陵（1992～1994）	空首斧2・鋸1・凹口鍤2・錘1・鑿1・鏃	鋳鉄脱炭鋼鍛造製品・塊錬鉄加熱鍛打製品と非加	前漢	永城西漢梁国王陵与寝園／同上

	1・刀2・鏃1・門鼻1・板材1・鉄鋌1、計14点	熱鍛打製品・靭性鋳鉄・白口鋳鉄・脱炭鋼鍛打製品・鋳鉄脱炭		
河南鞏県鉄生溝製鉄遺跡（1958〜1959）	鏵10・犁鏵11・犁鏡1・直口錛3・鋤4・六角鋤1・双歯鏃4・鐱2・銹2・鑿1・錐形器1・刀1・釘2・環1・鏃1・剣1・弩機部品1・鋤柄1・残器4・注口鉄1・範芯1・鉄塊2・鉄板14・鉄片1・鉄条2、計73点	白口鉄・灰口鉄・可鍛鋳鉄・脱炭鋳鉄・表面脱炭及び鋳鉄脱炭鋼・炒鋼	前漢中期〜後漢前期	鞏県鉄生溝／A.河南文博通訊1980-4、B.考古学報1985-2
河南鄭州古滎鎮製鉄遺跡（1975）	梯形鉄板	炭素量0.1%の鋳鉄脱炭鋼	前関中後期〜後漢	文物1978-2／同上
河南長葛漢墓（1973）	直口錛1・鋸1、計2点	過共晶白口鉄・鋳鉄脱炭鋼鍛打製品	前漢末後漢初	考古1982-3
河南鎮平桑荘窖蔵鉄器（1975）	六角釭3・円形釭1・棘輪1・錘範7、計12点	共晶白口鉄・過共晶白口鉄・灰口鉄・白口鉄・麻口鉄	後漢中後期	考古1982-3-243／同上-320
河南新鄭県出土鉄器（1990）	犁鏡1	麻口鋳鉄	漢代	新鄭文管所所蔵品／中原文物1993-1
河南密県古桧城窖蔵鉄器（1990年以前）	鏵1・残器1・鑿2・鋸2・鎌刀1・刀3・犁鏡1、計11点	脱炭鋳鉄・靭性鋳鉄・麻口鋳鉄・鋳鉄脱炭鋼	漢代	密県文管所所蔵品／中原文物1993-1
河南魯山県望城崗製鉄遺跡（1976）	権1・鏵範1・鏵冠1、計3点	麻口鋳鉄・亜共晶白口鉄	漢代	華夏考古1992-1／中原文物1993-1
河南南召県出土鉄器（1990年以前）	鏵冠1	麻口鋳鉄	漢代	南召県文化館所蔵品／中原文物1993-1
河南鄧州市出土鉄器（1990年以前）	鏵冠1	亜共晶白口鉄	漢代	鄧州市文化館所蔵品／中原文物1993-1
河南鄭州東史馬村窖蔵鉄器（1974）	剪刀3	鋳鉄脱炭鋼	後漢末期	考古学集刊-1-181／中原文物1983特刊
河南澠池県鉄器窖蔵（1974）	砧1・鏵範2・斧範1・鏵1・斧5・鎌刀1、計10点	白口鋳鉄・灰口鋳鉄・麻口鋳鉄・展性鋳鉄・鋳鉄脱炭鋼・錬鉄	漢魏〜北朝	文物1976-8／A.同上、B.考古学報1975-2
湖北大冶銅緑山古鉱冶遺跡（1974〜1985）	耙1・鈷1・錘1・斧1・鋤1、計5点	塊錬鉄滲炭鋼鍛造製品・脱炭鋳鉄・銑鉄	戦国中後期	銅緑山古鉱冶遺址／文物1975-2
湖北荊門市包山楚墓（1986）	空首斧1・鈀釘1、計2点	可鍛鋳鉄・塊錬鉄低炭鋼	戦国中後期	包山楚墓／同上
湖北江陵県九店東周墓（1980年代）	剣1	鋳鋼	戦国後期	江陵九店東周墓／同上
湖南長沙楊家山M65（長沙楚墓M26）（1976）	鼎形器1・剣1、計2点	共晶白口鉄・塊錬滲炭鋼	春秋後期	文物1978-10／同上
湖南長沙窯嶺M15（長沙楚墓M102）（1977）	鼎1	亜共晶白口鋳鉄	戦国前期	文物1978-10／同上
湖南長沙左家塘M44（長沙楚墓M1023）（1957）	凹口錛1	靭性鋳鉄	戦国後期	長沙楚墓／考古学報1960-1

湖南長沙漢墓（1950年代）	剣1	鋳鉄脱炭鋼鍛造製品	前漢	不詳／考古学報1960-1
湖南資興漢墓M178（1978）	削刀1	低炭鋼	後漢後期	考古学報1984-1／同上
広東広州前漢南越王墓（1983）	鼎1・鎧甲片1・剣1・銼1・锛1・鑱1・削刀1・箭鋌1・鑷子1、計9点	亜共晶白口鉄鋳造製品・鍛造製品	前漢前期	西漢南越王墓／同上
広東広州漢墓（1953～1960）	凹口錛1・矛1・削刀1、計3点	金相組織はマルテンサイト＋オーステナイト	前漢前期	広州漢墓／広州漢墓-164
広東広州漢墓（1953～1960）	剣1	マルテンサイト＋残余オーステナイト、鍛鉄製品	後漢後期	広州漢墓-450／同上
広東広州龍生崗漢墓（1953）	刀1	鋳鉄脱炭鋼	後漢	考古学報1957-1／考古学報1960-1
雲南晋寧石寨山古墓（1956）	剣1	高炭鋼	前漢	雲南晋寧石寨山古墓群発掘報告／同上
雲南晋寧石寨山古墓（1956）	矛1・剣1、計2点	鋳鉄脱炭鋼鍛造製品	後漢	雲南晋寧石寨山古墓群発掘報告／考古学報1960-1
陝西宝鶏益門村M2（1992）	剣残片1	塊錬鉄	春秋後期	文物1993-10／文物1994-9
陝西西安半坡戦国墓（1954～1957）	鏨1・直口錛1、計2点	靭性鋳鉄・塊錬鉄	戦国中後期	考古学報1957-3／考古学報1960-1
陝西西安龍首原漢墓（1991～1992）	杵1・三足灯1、計2点	亜共晶白口鋳鉄・麻口鉄	前漢前期	西安龍首原漢墓／西安龍首原漢墓-267
陝西西安漢長安城未央宮遺跡（1980～1983）	鈎1・残塊1、計2点	廃鋼材鍛鉄製品・炒鋼鍛鉄製品	前漢	漢長安城未央宮／同上-269
陝西扶風官務村漢墓（1998）	剣1	炒鋼鍛造製品（百錬鋼）	新莽時期	考古与文物1999-3／同上
青海大通上孫家寨漢晋墓M122（1981）	直口錛1	鋳鉄製品	新莽時期	上孫家寨漢晋墓／同上-242

説明：鉄器の鑑定結果に関して、その説明が往々にして鑑定報告によって異なることがある。本表の鑑定結果欄では原則上鑑定報告の説明のほうを採用しており、統一は行なっていない。また、江蘇蘇州呉県の鉄鐮1点が塊錬滲炭鋼とされたこと、山東臨淄の鉄削刀1点が塊錬鉄とされたこと、甘粛霊台の銅柄鉄剣1点・寧夏固原の銅柄鉄剣2点・西吉の銅柄鉄剣1点・彭陽の銅柄鉄剣1点などが塊錬滲炭鋼とされたこと、湖北江陵の鋳斧1点が白口鉄とされたこと、湖北大冶の鉄斧1点が脱炭鋳鉄とされたこと、これらの鑑定結果（韓汝玢「中国早期鉄器（公元前5世紀以前）的金相学研究」『文物』1998年第2期92頁）に関しては、本表には含めていない。

主要参考文献

説明：本参考文献は主要な考古調査発掘報告の専門雑誌と報告集、また学術専著・古代文献などに限る。前二者については、著者氏名の五十音順に従い、著者が同じ場合は出版年の順序に従う。英文文献は最後にアルファベット順で付す。

１．考古調査発掘報告

内蒙古自治区文物考古研究所『万家寨水利枢紐工程考古報告集』遠方出版社、2001年。
　　　　　　　　　　　　『内蒙古地区鮮卑墓葬的発現与研究』科学出版社、2004年。
内蒙古文物考古研究所『内蒙古文物考古文集』（第一輯）、中国大百科全書出版社、1994年。
　　　　　　　　　　『内蒙古文物考古文集』（第二輯）、中国大百科全書出版社、1997年。
　　　　　　　　　　『内蒙古文物考古文集』（第三輯）、中国大百科全書出版社、2004年。
雲南省博物館『雲南晋寧石寨山古墓群発掘報告』文物出版社、1959年。
小野勝年等『陽高古城堡―中国山西省陽高県古城堡漢墓』六興出版、1990年。
河南省商丘市文物管理委員会『芒碭山西漢梁王墓地』文物出版社、2001年。
河南省文化局文物工作隊『鄭州二里岡』科学出版社、1959年。
河南省文物研究所『信陽楚墓』文物出版社、1986年。
河南省文物研究所等『登封王城崗与陽城』文物出版社1992年。
河南省文物考古研究所『永城西漢梁国王陵与寝園』中州古籍出版社、1996年。
　　　　　　　　　　『新蔡葛陵楚墓』大象出版社、2003年。
河北省文物研究所『燕下都』文物出版社、1996年。
　　　　　　　　『河北省考古文集』東方出版社、1998年。
　　　　　　　　『河北省考古文集』（二）、北京燕山出版社、2001年。
　　　　　　　　『䂮墓―戦国中山国国王墓』文物出版社、1996年。
咸陽市文物考古研究所『塔児坡秦墓』三秦出版社、1998年。
魏堅『内蒙古中南部漢代墓葬』中国大百科全書出版社、1998年。
吉林省文物考古研究所『楡樹老河深』文物出版社、1987年。
黄岡市博物館等『羅州城与漢墓』科学出版社、2000年。
広州市文物管理委員会等『広州漢墓』文物出版社、1981年。
　　　　　　　　　　　『西漢南越王墓』文物出版社、1991年。
広西壮族自治区博物館『広西貴県羅泊湾漢墓』文物出版社、1988年。
黄石市博物館『銅緑山古鉱冶遺址』文物出版社、1999年。
国家文物局三峡工程文物保護領導小組湖北工作站『三峡考古之発現』湖北科学技術出版社、1998年。
湖南省博物館等『長沙楚墓』文物出版社、2000年。
湖北省宜昌地区博物館『当陽趙家湖楚墓』文物出版社、1992年。
湖北省荊沙鉄路考古隊『包山楚墓』文物出版社、1991年。
湖北省荊州博物館『荊州高台秦漢墓』科学出版社、2000年。
湖北省文物考古研究所『江陵九店東周墓』科学出版社、1995年。
　　　　　　　　　　『江陵望山沙冢楚墓』文物出版社、1996年。
　　　　　　　　　　『赤壁土城―戦国両漢城址墓地調査勘探発掘報告』科学出版社、2004年。
駒井和愛等『邯鄲―戦国時代趙都城址の発掘』東亜考古学会、1954年。
山西省考古研究所『侯馬喬村墓地（1959～1996）』科学出版社、2004年。
山東省文物考古研究所等『曲阜魯国故城』斉魯書社、1982年。

山東省文物考古研究所『済青高級公路章丘工段考古発掘報告集』斉魯書社、1993年。
　　　　　　　　　　『山東省高速公路考古報告集（1997）』科学出版社、2000年。
四川省文物考古研究所『四川考古報告集』文物出版社、1998年。
淄博市博物館等『臨淄商王墓地』斉魯書社、1997年。
徐州博物館等『徐州北洞山西漢楚王墓』文物出版社、2003年。
新疆文物考古研究所『新疆察吾乎』東方出版社、1999年。
深圳博物館『深圳考古発現与研究』文物出版社、1994年。
西安市文物保護考古所『西安龍首原漢墓・甲編』西北大学出版社、1999年。
　　　　　　　　　　『西安南郊秦墓』陝西人民出版社、2004年。
西安市文物保護考古所等『長安漢墓』陝西人民出版社、2004年。
青海省文物考古研究所『上孫家寨漢晋墓』文物出版社、1993年。
成都市文物考古研究所『成都考古発現（1999）』科学出版社、2001年。
　　　　　　　　　　『成都考古発現（2000）』科学出版社、2002年。
陝西省考古研究所等『秦始皇陵兵馬俑坑一号坑発掘報告』文物出版社、1988年。
陝西省考古研究所『西漢京師倉』文物出版社、1990年。
　　　　　　　　『隴県店子秦墓』三秦出版社、1998年。
陝西省考古研究所等『秦始皇陵園考古報告（1999）』科学出版社、2000年。
陝西省考古研究所『白鹿原漢墓』三秦出版社、2003年。
　　　　　　　　『秦都咸陽考古報告』科学出版社、2004年。
大葆台漢墓発掘組『北京大葆台漢墓』文物出版社、1989年。
中国科学院考古研究所『輝県発掘報告』科学出版社、1956年。
　　　　　　　　　　『長沙発掘報告』科学出版社、1957年。
　　　　　　　　　　『山彪鎮与瑠璃閣』科学出版社、1959年。
　　　　　　　　　　『洛陽中州路（西工段）』科学出版社、1959年。
中国社会科学院考古研究所等『満城漢墓発掘報告』文物出版社、1980年。
中国社会科学院考古研究所『漢杜陵陵園遺址』科学出版社、1993年。
　　　　　　　　　　　　『陝県東周秦漢墓』科学出版社、1994年。
　　　　　　　　　　　　『漢長安城未央宮—1980〜1989年考古発掘報告』中国大百科全書出版社、1996年。
　　　　　　　　　　　　『西漢礼制建築遺址』文物出版社、2003年。
中国歴史博物館考古部等『垣曲古城東関』科学出版社、2001年。
長江水利委員会『宜昌路家河』科学出版社、2002年。
浜田耕作『貔子窩—南満洲碧流河畔の先史時代遺跡』東亜考古学会、1929年。
浜田耕作等『南山裡—南満洲老鉄山麓の漢代磚墓・鉄器墓』東亜考古学会、1933年。
原田淑人『牧羊城—南満洲老鉄山麓漢及漢以前遺跡』東亜考古学会、1931年。
福建博物院等『武夷山城村漢城遺址発掘報告（1980〜1996）』福建人民出版社、2004年。
北京大学考古学系商周組等『天馬－曲村（1980〜1989）』科学出版社、2000年。
水野清一等『萬安北沙城—蒙疆萬安県北沙城及び懐安漢墓』東亜考古学会、1946年。
洛陽区考古発掘隊『洛陽焼溝漢墓』科学出版社、1959年。

２．近現代学術著作

エンゲルス『家族、私有財産および国家の起原』、大内兵衛・細川嘉六監訳『マルクス＝エンゲルス全集』第21巻、大月書店、1971年。
奥野正男『鉄の古代史・弥生時代』白水社、1991年。
王学理等『秦物質文化史』三秦出版社、1994年。

王仲殊『漢代考古学概説』中華書局、1984年。

華覚明等『中国冶鋳史論集』文物出版社、1986年。

華覚明『中国古代金属技術—銅和鉄造就的文明』、大象出版社、1999年。

郭沫若『出土文物二三事』人民出版社、1972年。

　　　　『奴隷制時代』人民出版社、1973年第二版。

夏湘蓉等『中国古代鉱業開発史』地質出版社、1980年。

窪田蔵郎『鉄の文明史』雄山閣、1991年。

考古雑誌社『二十世紀中国百項考古台発現』中国社会科学出版社、2002年。

黄留珠主編『周秦漢唐文明』陝西人民出版社、1999年。

祝慈寿『中国古代工業史』学林出版社、1988年。

章鴻釗『石雅』中央地質調査所、1927年、北京。

蘇栄誉等『中国古代上古金属技術』山東科学技術出版社、1995年。

孫機『漢代物質文化資料図説』文物出版社、1991年。

段紅梅『三晋地区出土戦国鉄器的調査与研究——兼論中国鋼鉄技術的第一次大発展』北京科技大学2001年博士論文。

中国科学院考古研究所『新中国的考古収穫』文物出版社、1961年。

中国社会科学院考古研究所『新中国的考古発現与研究』文物出版社、1984年。

　　　　　　　　　　　『中国考古学中碳十四年代数据集（1965〜1991）』文物出版社、1991年。

童書業『中国手工業商業発展史』斉魯書社、1981年。

杜石然等『中国科学技術史稿』科学出版社、1983年。

杜石然主編『中国科学技術史・通史巻』科学出版社2003年。

文物出版社『新中国考古五十年』文物出版社、1999年。

文物編輯委員会『文物考古工作三十年』文物出版社、1979年。

北京科技大学『中国冶金史論文集』（二）、『北京鋼鉄学院学報』編輯部、1994年。

北京鋼鉄学院『中国冶金史』編写小組『中国冶金簡史』科学出版社、1978年。

　　　　　　　　　　　　『中国冶金史論文集』『北京鋼鉄学院学報』編輯部、1986年。

松井和幸『日本古代の鉄文化』雄山閣、2001年。

楊寛『中国土法冶鉄錬鋼技術発展史』上海人民出版社、1960年。

　　　『中国古代冶鉄技術発展史』上海人民出版社、1982年。

楊泓『中国古兵器論叢』（増訂本）文物出版社、1986年。

羅二虎『秦漢時代的中国西南』天地出版社、2000年。

欒豊実等『考古学理論・方法・技術』文物出版社、2002年。

李学勤『東周与秦代文明』文物出版社、1984年。

李京華『中原古代冶金技術研究』中州古籍出版社、1994年。

李京華等『南陽漢代冶鉄』中州古籍出版社、1995年。

李京華『中原古代冶金技術研究』（第二集）中州古籍出版社、2003年。

李剣農『先秦両漢経済史稿』中華書局、1962年。

劉慶柱『古代都城与帝陵考古学研究』科学出版社、2000年。

劉叙傑主編『中国古代建築史』（第一巻）中国建築工業出版社、2003年。

Freer Gallery of Art, A Descriptive and Illsutrative Catalogue of Chinese Bronzes Acquircd During the Administration of John Ellerton Lodge, Washington, 1946.

Joseph Needham, The Development of Iron and Steel Technology in China. The Newcomen Society, London, 1958.

R. J. Gettens, R. S. Clarke, Jr. and W. T. Chase, Two Early Chinese Bronze Weapons with Meteoritic Iron Blades, Freer Gallery of Art, Washington, 1971.

3．古代文献

（唐）孔穎達等編纂・（清）阮元校刻『十三経注疏』（附校勘記）、中華書局影印本、1980 年。

国学整理社輯『諸子集成』（二十八種）、中華書局、1986 年。

（呉）韋昭注『国語』（宋天聖明道二年本）、上海鴻宝斎、光緒二十二年石印本。

（漢）司馬遷撰・（唐）司馬貞索引・張守節正義・（宋）裴駰集解『史記』、中華書局、1962 年。

（漢）班固撰・（唐）顔師古注『漢書』、中華書局、1962 年。

（宋）范曄撰・（唐）李賢等注『後漢書』、中華書局、1965 年。

（晋）陳寿撰・『三国志』、中華書局、1982 年。

（漢）桓寛撰・王利器校注『塩鉄論校注』、古典文学出版社、1958 年。

（清）王先謙撰集『釈名疏証補』、上海古籍出版社、1984 年。

（清）孫楷撰・徐複訂補『秦会要訂補』、中華書局、1959 年。

袁珂校釈『山海経校釈』、上海古籍出版社、1985 年。

劉琳校注『華陽国志校注』、巴蜀書社、1984 年。

後　記

本書は博士論文を基礎に修訂を加えたもので、その『謝辞』において次のように記した。

　　本論文は指導教官である欒豊実教授の指導の下に完成したものである。その学業期間においては、欒豊実教授の多方面に渡るお気遣いと御指導・御援助を賜った。ここに謹んで欒豊実教授に心からの感謝を申し上げたい。
　　学業と論文作成の過程においては、歴史文化学院の于海広教授・王育済教授・馬良民教授・劉鳳君教授・方輝教授・任相宏教授・崔大庸教授ら諸先生方の多方面に渡る御指導を賜り、また崔紀新・王長青・王青・王彩玉・楊傑といった先生方の多くの御援助を得ることができた。ここに各先生方に心より感謝の意を表したい。
　　また学業期間において、外国語学院の周振美・于天禕・杜新宇といった先生方の御援助を賜り、ここに併せて感謝の意を表したい。
　　学業期間に、同学の趙平文氏に多方面にわたりお気遣い頂いた。車広錦・陳淑卿・陳傑・王建華・王芬・銭益匯という同学諸氏に御援助頂いた。そしてクラスメートである王徳鵬・林威・牛方玉らのお心遣いと御援助を得ることができた。ここに各位諸氏に心から感謝申し上げたい。
　　学業期間中、山東省文物局の指導者、山東省文物考古研究所の李伝栄所長・佟佩華副所長・鄭同修副所長といった指導者と多くの友人、山東省博物館の魯文生館長、済南市文物局と済南市考古所の指導者と友人たち、といった多くの方々から多方面に渡るお心遣いを賜った。ここに各指導者の方々と友人たちに心より感謝の意を表したい。
　　論文作成の間、中国社会科学院考古研究所科技考古センターの李淼・劉方・張蕾、考古情報資料センターの陳春生・申雲艶・高月宏・陸志紅、考古雑誌社の施勁松・馮浩璋・曹楠・楊暉という友人達に直接の御援助を頂いた。ここに各位同志達に心から御礼申し上げたい。
　　最後に、中国社会科学院考古研究所の劉慶柱所長と楊泓先生には、私の求学に対して激励と御鞭撻をいただき、学業に対して御指導・御教誨をいただき、また仕事と生活に対してお心遣いと御援助を頂いた。ここに感謝の意を申し上げたい。
　　この機会に、三年来様々な形で御理解・お気遣い・御足労・御支持・御指導・御援助を頂いた全ての指導者・諸先学・同僚・同志・友人に心より感謝の意を表したい。

この度本書の上梓に際し、上記の謝辞以外に記したかったことは、なお感謝の意であった。
　北京大学中国考古研究センター主任李伯謙教授・中国社会科学院考古研究所楊泓教授・中国文物研究所所長呉加安教授には私の論文に対し査閲を行ない貴重な御意見を頂いた。
　答弁委員会主席の劉慶柱教授、答弁委員会委員の吉林大学歴史系程妮娜教授・山東省文物考古研究所佟佩華教授・山東大学歴史文化学院于海広教授・胡新生教授・方輝教授・崔大庸教授といった先生方には、私の論文を詳細に査読し貴重な御意見を賜った。

私の古代鉄器に対する実地調査と本書の修訂の過程においては、以下の諸氏に多大な御支援・御協力を頂いた。河南省文物局副局長の孫英民先生、河南省文物考古研究所所長の孫新民先生・副所長の秦文生先生と陳彦堂先生、鄭州市文物考古研究所所長の張松林先生、河北省文物局處長郭瑞海先生、山西大学社科處處長孔徳安先生、中国社会科学院考古研究所の張静・李森・姜波・曹楠・徐龍国・張文輝・張蕾といった同僚たち。

　中国社会科学院考古研究所の劉慶柱所長には本書の序を書いていただいた。

　山東大学東方考古学研究センター主任欒豊実教授には激励と御鞭撻、御支援を頂いた。

　中国社会科学院考古研究所の主席編輯審定者である劉勲先生には、七十歳の高齢ながらも原稿の査読と仕上げに御足労を頂いた。

　科学出版社の閆向東氏と宋小軍氏には、本書の編輯・出版に多大な努力と貢献を頂いた。

　上記の方々に心より感謝の意を表したい。

　そして私の家族には、長年にわたり気遣いと理解・援助をしてもらい心から感謝したい。

　本書を上梓した際、不意に自身の求学求索の道程が思い起こされた。山東大学に入学してから今日に至るまでまさに三十年が過ぎ、天命を知る歳になった。三十年の光陰は、まさに矢の如くであった。田野考古でもまれ、学術期刊雑誌の編輯で練磨し、日本留学中に視野を広げ、科学研究・教育・職業管理の中で実践を積み重ねた。格言に学問の道は三十年にして成るとはいえ、私は平凡な学者であり未だ功績も残さず、汗顔を禁じえない。幸いに私は良い時代にめぐり合わせた。周りには多くの尊敬する先生方と信頼できる友人がいる。誠実に身を持し、勤勉に事に当たり、そして着実に学問の道を歩んできたことが誇りである。

　また本書の上梓に際し、私は感慨と自信も感じたが、なお心休まらず不安であった。感慨とは、博士研究生に出願し再度求学の路に踏み出した時、様々な迷いに直面したこと。そして二つの言葉を自らに言い聞かせた。私自身の言葉として、"自ら挑戦し完成をめざし、念願を実現させる"、もう一つは韓愈の言葉、"道を聞くに前後あり、業を術すに専攻あり"というものである。求学の路を振り返るならば、万感の思いを禁じえない。自信とは、八年前に尊敬する先学に私の論著を"灯光の下の作品"と批評していただき、この実事求是の評価に非常に感謝したいが、それでもなお十数年にわたり蓄積した基礎の上に完成したものであり、そして真摯に成し遂げたものである。そして私は、本書の中に不足・誤謬のあるのを免れないことに不安を覚える。それについては諸氏の海容と批評を切に願っている。もし本書の出版が中国の学術の発展にささやかながらも益があるならば、これ以上の喜びはない。

　　2005年3月20日　北京西郊求索書屋にて

著者　謹啓

訳者あとがき

　翻訳はあくまで原著者の意向を忠実に伝達する行為であり、白雲翔氏の原著そのものについて、訳者である私が批評を加えるのは分を超えたものであろう。またその点は、すでに原著前言（劉慶柱氏）と日文版序に紹介される各研究者の書評に、充分に述べられるところである。ただ、最後に紙面を借りて一言だけ申し添えておきたい。

　本訳書の出版計画は、2007年7月に開所した愛媛大学東アジア古代鉄文化研究センターの事業の一環として始まった。当センターでは中国四川省の成都文物考古研究所と協定を交わし、中国国家文物局の批准の下、四川省で製鉄遺跡の調査を進行中である（2008年現在）。そういった中、中国西南地域の鉄器・製鉄技術研究の意義とそれに対する当センターの指針を明確にするためにも、全国的な中国古代鉄器・製鉄の概要と研究の現状を日本で紹介する必要があった。白氏の原著はまさにその意に適うものであった。

　また、原著が出版されたのは2005年であり、本訳書の出版は遅きに失したかもしれない。それは訳者である私の怠慢以外の何ものでもないが、しかし幸いなことに、原著の内容に大きく変更を迫るような発見や研究はいまだ見られない。それだけ白氏の研究は、全面的に資料を扱い、周到な論考を進めたものであったということであろう。

　東アジア古代の鉄器研究における今後の出発点として、日本でこの研究書を翻訳し出版する意義は大きい。また伝え聞くところでは、韓国の学者も日文版の出版を期待しているという。もし原著の意にそぐわない部分があれば、訳者の語学の水準が至らず、また専門知識の不足が原因である。責任を痛感するとともに、大方のご海容を願う次第である。

　翻訳に当たっては、原著者である白雲翔氏に多くのご指導を頂き、また私の遅い仕事に対しても暖かい心で接していただいた。また東アジア古代鉄文化研究センター所長である村上恭通教授には、翻訳・出版のきっかけと多くのアドバイスを頂いた。そして出版に当たっては、同成社の山脇洋亮氏に多大なご援助を賜った。ここに心よりお礼申し上げたい。

　　　2009年1月1日

　　　　　　　　　　　　　　　　　　　　　　　　　　　　　　　　　　　　訳者

中国古代の鉄器研究

■著者略歴■

白雲翔（はく・うんしょう）

1955年　山東省淄博市に生まれる
1978年　山東大学考古系卒業　歴史学博士
現　在　中国社会科学院考古研究所副所長

〈主要著作〉

『二十世紀中国百項考古大発現』（副主編）中国社会科学出版社、2002年

『先秦両漢鉄器的考古学研究』科学出版社、2005年

『山東省臨淄斉国故城漢代鏡範的考古学研究』（主編）科学出版社、2007年

「戦国秦漢時期的甕棺葬研究」『考古学報』2001年第3期

「漢代臨淄銅鏡製造業的考古学研究」『探古求原』科学出版社、2007年

「漢長安城手工業生産遺存的考古学研究」『漢長安城考古与漢文化』科学出版社、2008年

■訳者略歴■

佐々木正治（ささき・まさはる）

1973年　埼玉県に生まれる
2003年　四川大学考古系博士課程修了　歴史学博士
現　在　愛媛大学東アジア古代鉄文化研究センター助教

〈主要著作〉

「四川における初期鉄器の系譜とその特殊性」『たたら研究』第42号、2002年

「漢代における蜀地の漢化過程」川越哲志先生退官記念事業会編『考古論集—川越哲志先生退官記念論文集—』2005年

「漢中出土の陂塘水田模型について」『愛媛大学法文学部論集　人文学科編』第二十五号、2008年

2009年2月15日発行

著者　白　　雲　　翔
訳者　佐々木正治
発行者　山　脇　洋　亮
印刷　藤原印刷株式会社

東京都千代田区飯田橋　㈱同成社
発行所　4-4-8 東京中央ビル内（〒102-0072）
TEL 03-3239-1467　振替 00140-0-20618

ISBN978-4-88621-467-6 C3022